As Formas Elementares
da Vida Religiosa

Émile Durkheim

As Formas Elementares da Vida Religiosa

O sistema totêmico na Austrália

Tradução
PAULO NEVES

martins fontes
selo martins

Título original: LES FORMES ÉLÉMENTAIRES DE LA VIE RELIGIEUSE.
Copyright © 1996, Martins Editora Livraria Ltda.,
São Paulo, para a presente edição.

Publisher	*Evandro Mendonça Martins Fontes*
Coordenação editorial	*Vanessa Faleck*
Produção gráfica	*Sidnei Simonelli*
Revisão da tradução	*Eduardo Brandão*
Revisões gráficas	*Sandra Rodrigues Garcia*
	Ceres Vecchione
Diagramação	*Studio 3 Desenvolvimento Editorial*

Dados Internacionais de Catalogação na Publicação (CIP)
(Câmara Brasileira do Livro, SP, Brasil)

Durkheim, Émile, 1858-1917.
As formas elementares da vida religiosa : o sistema totêmico na Austrália / Émile Durkheim ; tradução Paulo Neves. – São Paulo : Martins Fontes, 1996. – (Coleção Tópicos).

Título original: Les formes élémentaires de la vie religieuse.
ISBN 978-85-336-0515-2

1. Religião e sociologia 2. Religião primitiva 3. Totemismo – Austrália I. Título. II. Série.

96-2404   CDD-306.6

Índices para catálogo sistemático:
1. Totemismo : Religião : Sociologia   306.6

Todos os direitos desta edição reservados à
Martins Editora Livraria Ltda.
Av. Dr. Arnaldo, 2076
01255-000 São Paulo SP Brasil
Tel.: (11) 3116 0000
info@emartinsfontes.com.br
www.martinsfontes-selomartins.com.br

INTRODUÇÃO
OBJETO DA PESQUISA
Sociologia religiosa e teoria do conhecimento

I

Propomo-nos estudar neste livro a religião mais primitiva e mais simples atualmente conhecida, fazer sua análise e tentar sua explicação. Dizemos de um sistema religioso que ele é o mais primitivo que nos é dado observar, quando preenche as duas condições seguintes: em primeiro lugar, que se encontre em sociedades cuja organização não é ultrapassada por nenhuma outra em simplicidade[1]; é preciso, além disso, que seja possível explicá-lo sem fazer intervir nenhum elemento tomado de uma religião anterior.

Faremos o esforço de descrever a economia desse sistema com a exatidão e a fidelidade de um etnógrafo ou de um historiador. Mas nossa tarefa não se limitará a isso. A sociologia coloca-se problemas diferentes daqueles da história ou da etnografia. Ela não busca conhecer as formas extintas da civilização com o único objetivo de conhecê-las e reconstituí-las. Como toda ciência positiva, tem por objeto, acima de tudo, explicar uma realidade atual, próxima de nós, capaz portanto de afetar nossas idéias e nossos atos: essa realidade é o homem e, mais especialmente, o homem de hoje, pois não há outro que estejamos mais interessados em conhecer bem. Assim, não estudaremos a religião arcaica que iremos abordar, pelo simples prazer de contar suas extravagâncias e singularidades. Se a tomamos como objeto de nossa pesquisa é que nos pareceu mais apta que outra qualquer para fazer entender a natureza religiosa do homem, isto é, para nos revelar um aspecto essencial e permanente da humanidade.

Mas essa proposição não deixa de provocar fortes objeções. Considera-se estranho que, para chegar a conhecer a humanidade presente, seja preciso começar por afastar-se dela e transportar-se aos começos da história. Essa maneira de proceder afigura-se como particularmente paradoxal na questão que nos ocupa. De fato, costumam-se atribuir às religiões um valor e uma dignidade desiguais; diz-se, geralmente, que nem todas contêm a mesma parte de verdade. Parece, pois, que não se pode comparar as formas mais elevadas do pensamento religioso com as mais inferiores sem rebaixar as primeiras ao nível das segundas. Admitir que os cultos grosseiros das tribos australianas podem ajudar-nos a compreender o cristianismo, por exemplo, não é supor que este procede da mesma mentalidade, ou seja, que é feito das mesmas superstições e repousa sobre os mesmos erros? Eis aí como a importância teórica algumas vezes atribuída às religiões primitivas pôde passar por índice de uma irreligiosidade sistemática que, ao prejulgar os resultados da pesquisa, os viciava de antemão.

Não cabe examinar aqui se houve realmente estudiosos que mereceram essa crítica e que fizeram da história e da etnografia religiosa uma máquina de guerra contra a religião. Em todo caso, esse não poderia ser o ponto de vista de um sociólogo. Com efeito, é um postulado essencial da sociologia que uma instituição humana não pode repousar sobre o erro e a mentira, caso contrário não pode durar. Se não estivesse fundada na natureza das coisas, ela teria encontrado nas coisas resistências insuperáveis. Assim, quando abordamos o estudo das religiões primitivas, é com a certeza de que elas pertencem ao real e o exprimem; veremos esse princípio retornar a todo momento ao longo das análises e das discussões a seguir, e o que censuraremos nas escolas das quais nos separamos é precisamente havê-lo desconhecido. Certamente, quando se considera apenas a letra das fórmulas, essas crenças e práticas religiosas parecem, às vezes, desconcertantes, e podemos ser tentados a atribuí-las a uma espécie de aberração intrínseca. Mas, debaixo do símbolo, é preciso saber atingir a realidade que ele figura e lhe dá sua significação verdadeira. Os ritos mais bárbaros ou os mais extravagantes, os mitos mais estranhos traduzem alguma necessidade humana, algum aspecto da vida, seja individual ou social. As razões que o fiel concede a si próprio para justificá-los podem ser – e muitas vezes, de fato, são – errôneas; mas as razões verdadeiras não deixam de existir; compete à ciência descobri-las.

No fundo, portanto, não há religiões falsas. Todas são verdadeiras a seu modo: todas correspondem, ainda que de maneiras diferentes, a condições dadas da existência humana. Certamente não é impossível dispô-las segundo uma ordem hierárquica. Umas podem ser superiores a outras, no sentido de empregarem funções mentais mais elevadas, de serem mais ricas em idéias e em sentimentos, de nelas haver mais conceitos, menos sensações e imagens, e de sua sistematização ser mais elaborada. Mas, por reais que sejam essa complexidade maior e essa mais alta idealidade, elas não são suficientes para classificar as religiões correspondentes em gêneros separados. Todas são igualmente religiões, como todos os seres vivos são igualmente vivos, dos mais humildes plastídios ao homem. Portanto, se nos dirigimos às religiões primitivas, não é com a idéia de depreciar a religião de uma maneira geral; pois essas religiões não são menos respeitáveis que as outras. Elas correspondem às mesmas necessidades, desempenham o mesmo papel, dependem das mesmas causas; portanto, podem servir muito bem para manifestar a natureza da vida religiosa e, conseqüentemente, para resolver o problema que desejamos tratar.

Mas por que conceder-lhes uma espécie de prerrogativa? Por que escolhê-las de preferência a todas as demais como objeto de nosso estudo? Isso se deve unicamente a razões de método.

Em primeiro lugar, não podemos chegar a compreender as religiões mais recentes a não ser acompanhando na história a maneira como elas progressivamente se compuseram. A história, com efeito, é o único método de análise explicativa que é possível aplicar-lhes. Só ela nos permite decompor uma instituição em seus elementos constitutivos, uma vez que nos mostra esses elementos nascendo no tempo uns após os outros. Por outro lado, ao situar cada um deles no conjunto de circunstâncias em que se originou, ela nos proporciona o único meio capaz de determinar as causas que o suscitaram. Toda vez, portanto, que empreendemos explicar uma coisa humana, tomada num momento determinado do tempo – quer se trate de uma crença religiosa, de uma regra moral, de um preceito jurídico, de uma técnica estética ou de um regime econômico –, é preciso começar por remontar à sua forma mais simples e primitiva, procurar explicar os caracteres através dos quais ela se define nesse período de sua existência, fazendo ver, depois, de que maneira ela gradativamente se desenvolveu e complicou, de que maneira tornou-se o que é no momento considerado. Ora, concebe-se sem dificuldade a importância, para essa série de explicações progressivas, da determinação do ponto de partida do qual elas dependem. Era um princípio cartesiano que, no encadeamento das verdades científicas, o primeiro elo desempenha um papel preponderante. Claro que não se trata de colocar na base da ciência das religiões uma noção elaborada à maneira cartesiana, isto é, um conceito lógico, um puro possível, construído pelas forças do espírito. O que devemos encontrar é uma realidade concreta que só a observação histórica e etnográfica é capaz de nos revelar. Mas, embora essa concepção fundamental deva ser obtida por procedimentos diferentes, continua sendo verdadeiro que ela é chamada a ter uma influência considerável sobre toda a série de proposições que a ciência estabelece. A evolução biológica foi concebida de forma completamente diferente a partir do momento em que se soube da existência de seres monocelulares. Assim também, o detalhe dos fatos religiosos é explicado diferentemente, conforme se ponha na origem da evolução o naturismo, o animismo ou alguma outra forma religiosa. Mesmo os estudiosos mais especializados, se não pretendem limitar-se a uma tarefa de pura erudição, se desejam explicar os fatos que analisam, são obrigados a escolher uma dessas hipóteses e nela se inspirar. Queiram ou não, as questões que eles se colocam adquirem necessariamente a seguinte forma: de que maneira o naturismo ou o animismo foram determinados a adotar, aqui ou acolá, tal aspecto particular, a enriquecer-se ou a empobrecer-se deste ou daquele modo? Uma vez que não se pode evitar tomar um partido sobre esse problema inicial, e uma vez que a solução que lhe é dada está destinada a afetar o conjunto da ciência, convém abordá-lo frontalmente. É o que nos propomos fazer.

Aliás, inclusive sem considerar essas repercussões indiretas, o estudo das religiões primitivas tem, por si mesmo, um interesse imediato que é de primeira importância.

Se, de fato, é útil saber em que consiste esta ou aquela religião particular, importa ainda mais examinar o que é a religião de uma maneira geral. É o problema que, em todas as épocas, tentou a curiosidade dos filósofos, e não sem razão, pois ele interessa à humanidade inteira. Infelizmente, o método que eles costumam empregar para resolvê-lo é puramente dialético: limitam-se a analisar a idéia que fazem da religião, quando muito ilustrando os resultados dessa análise com exemplos tomados das religiões que realizam melhor seu ideal. Mas, se esse método deve ser abandonado, o problema permanece de pé e o grande serviço que a filosofia prestou foi impedir que ele fosse prescrito pelo desdém dos eruditos. Ora, tal problema pode ser retomado por outras vias. Como todas as religiões são comparáveis, e como todas são espécies de um mesmo gênero, há necessariamente elementos essenciais que lhes são comuns. Com isso, não nos referimos simplesmente aos caracteres exteriores e visíveis que todas apresentam igualmente e que lhes permitem dar, desde o início da pesquisa, uma definição provisória; a descoberta desses signos aparentes é relativamente fácil, pois a observação que exige não precisa ir além da superfície das coisas. Mas as semelhanças exteriores supõem outras, que são profundas. Na base de todos os sistemas de crenças e de todos os cultos, deve necessariamente haver um certo número de representações fundamentais e de atitudes rituais que, apesar da diversidade de formas que tanto umas como outras puderam revestir, têm sempre a mesma significação objetiva e desempenham por toda parte as mesmas funções. São esses elementos permanentes que constituem o que há de eterno e de humano na religião; eles são o conteúdo objetivo da idéia que se exprime quando se fala da religião em geral. De que maneira, portanto, é possível atingi-los?

Não, certamente, observando as religiões complexas que aparecem na seqüência da história. Cada uma é formada de tal variedade de elementos, que é muito difícil distinguir nelas o secundário do principal e o essencial do acessório. Que se pense em religiões como as do Egito, da Índia ou da Antiguidade clássica! É uma trama espessa de cultos múltiplos, variáveis com as localidades, com os templos, com as gerações, as dinastias, as invasões, etc. Nelas, as superstições populares estão mescladas aos dogmas mais refinados. Nem o pensamento, nem a atividade religiosa encontram-se igualmente distribuídos na massa dos fiéis; conforme os homens, os meios, as circunstâncias, tanto as crenças como os ritos são experimentados de formas diferentes. Aqui, são sacerdotes, ali, monges, alhures, leigos; há místicos e racionalistas, teólogos e profetas, etc. Em tais condições, é difícil perceber o que é comum a todos. Claro que se pode encontrar o meio de estudar proveitosamente, através de um ou outro desses sistemas, este ou aquele fato particular que neles se acha especialmente desenvolvido, como o sacrifício ou o profetismo, a vida monástica ou os mistérios; mas como descobrir o fundo comum da vida religiosa sob a luxuriante vegetação que a recobre? Como, sob o choque das teologias, das variações dos rituais, da multiplicidade dos grupos, da diversidade dos indivíduos, encontrar os estados fundamentais característicos da mentalidade religiosa em geral?

Algo bem diferente ocorre nas sociedades inferiores. O menor desenvolvimento das individualidades, a menor extensão do grupo, a homogeneidade das circunstâncias exteriores, tudo contribui para reduzir as diferenças e as variações ao mínimo. O grupo realiza, de maneira regular, uma uniformidade intelectual e moral cujo exemplo só raramente se encontra nas sociedades mais avançadas. Tudo é comum a todos. Os movimentos são estereotipados; todos executam os mesmos nas mesmas circunstâncias, e esse conformismo da conduta não faz senão traduzir o do pensamento. Sendo todas as consciências arrastadas nos mesmos turbilhões, o tipo individual praticamente se confunde com o tipo genérico. Ao mesmo tempo em que tudo é uniforme, tudo é simples. Nada mais tosco que esses mitos compostos de um mesmo e único tema que se repete sem cessar, que esses ritos feitos de um pequeno número de gestos recomeçados interminavelmente. A imaginação popular ou sacerdotal não teve ainda tempo nem meios de refinar e transformar a matéria-prima das idéias e práticas religiosas; esta se mostra, portanto, nua e se oferece espontaneamente à observação, que não precisa mais que um pequeno esforço para descobri-la. O acessório, o secundário, os desenvolvimentos de luxo não vieram ainda ocultar o principal[2]. Tudo é reduzido ao indispensável, àquilo sem o que não poderia haver religião. Mas o indispensável é também o essencial, ou seja, o que acima de tudo nos importa conhecer.

As civilizações primitivas constituem, portanto, casos privilegiados, por serem casos simples. Eis por que, em todas as ordens de fatos, as observações dos etnógrafos foram com freqüência verdadeiras revelações que renovaram o estudo das instituições humanas. Por exemplo, antes da metade do século XIX, todos estavam convencidos de que o pai era o elemento essencial da família; não se concebia sequer que pudesse haver uma organização familiar cuja pedra angular não fosse o poder paterno. A descoberta de Bachofen veio derrubar essa velha concepção. Até tempos bem recentes, considerava-se evidente que as relações morais e jurídicas que constituem o parentesco fossem apenas um outro aspecto das relações fisiológicas que resultam da comunidade de descendência; Bachofen e seus sucessores, Mac Lennan, Morgan e muitos outros, estavam ainda sob a influência desse preconceito. Desde que conhecemos a natureza do clã primitivo, sabemos, ao contrário, que o parentesco não poderia ser definido pela consangüinidade. Para voltarmos às religiões, a simples consideração das formas religiosas que nos são mais familiares fez acreditar durante muito tempo que a noção de deus era característica de tudo o que é religioso. Ora, a religião que estudaremos mais adiante é, em grande parte, estranha a toda idéia de divindade; as forças às quais se dirigem seus ritos são muito diferentes daquelas que ocupam o primeiro lugar em nossas religiões modernas; não obstante, elas nos ajudarão a melhor compreender estas últimas. Assim, nada mais injusto que o desdém que muitos historiadores conservam ainda pelos trabalhos dos etnógrafos. É certo, ao contrário, que a etnografia determinou muitas vezes, nos diferentes ramos da sociologia, as mais fecundas revoluções. Aliás, é pela mesma razão que a descoberta dos seres monocelulares, de que falávamos há pouco, transformou a idéia que se fazia correntemente da vida. Como nos seres muito simples a vida se reduz a seus traços essenciais, estes dificilmente podem ser ignorados.

Mas as religiões primitivas não permitem apenas destacar os elementos constitutivos da religião; têm também a grande vantagem de facilitar sua explicação. Posto que nelas os fatos são mais simples, as relações entre os fatos são também mais evidentes. As razões pelas quais os homens explicam seus atos não foram ainda elaboradas e desnaturadas por uma reflexão erudita; estão mais próximas, mais chegadas às motivações que realmente determinaram esses atos. Para compreender bem um delírio e poder aplicar-lhe o tratamento mais apropriado, o médico tem necessidade de saber qual foi seu ponto de partida. Ora, esse acontecimento é tanto mais fácil de discernir quanto mais se puder observar tal delírio num período próximo de seu começo. Ao contrário, quanto mais a doença se desenvolve no tempo, mais ela se furta à observação: é que, pelo caminho, uma série de interpretações intervieram, tendendo a recalcar no inconsciente o estado original e a substituí-lo por outros, através dos quais é difícil às vezes reencontrar o primeiro. Entre um delírio sistematizado e as impressões primeiras que lhe deram origem, a distância é geralmente considerável. O mesmo vale para o pensamento religioso. À medida que ele progride na história, as causas que o chamaram à existência, embora sempre permanecendo ativas, não são mais percebidas, senão através de um vasto sistema de interpretações que as deformam. As mitologias populares e as sutis teologias fizeram sua obra: sobrepuseram aos sentimentos primitivos sentimentos muito diferentes que, embora ligados aos primeiros, dos quais são a forma elaborada, só imperfeitamente deixam transparecer sua natureza verdadeira. A distância psicológica entre a causa e o efeito, entre a causa aparente e a causa efetiva, tornou-se mais considerável e mais difícil de percorrer para o espírito. O desenvolvimento desta obra será uma ilustração e uma verificação dessa observação metodológica. Veremos de que maneira, nas religiões primitivas, o fato religioso traz ainda visível a marca de suas origens: bem mais difícil nos teria sido inferi-las com base na simples consideração das religiões mais desenvolvidas.

O estudo que empreendemos é, portanto, uma maneira de retomar, mas em condições novas, o velho problema da origem das religiões. Se, por origem, entende-se um primeiro começo absoluto, por certo a questão nada tem de científica e deve ser resolutamente descartada. Não há um instante radical em que a religião tenha começado a existir, e não se trata de encontrar um expediente que nos permita transportar-nos a ele em pensamento. Como toda instituição humana, a religião não começa em parte alguma. Assim, todas as especulações desse gênero são justamente desacreditadas; só podem consistir em construções subjetivas e arbitrárias que não comportam controle de espécie alguma. Bem diferente é o problema que colocamos. Gostaríamos de encontrar um meio de discernir as causas, sempre presentes, de que dependem as formas mais essenciais do pensamento e da prática religiosa. Ora, pelas razões que acabam de ser expostas, essas causas são mais facilmente observáveis quando as sociedades em que as observamos são menos complicadas. Eis por que buscamos nos aproximar das origens[3]. Não que pretendamos atribuir às religiões inferiores virtudes particulares. Pelo contrário, elas são rudimentares e grosseiras; não é o caso, portanto, de fazer delas modelos que as religiões posteriores apenas teriam reproduzido. Mas seu próprio aspecto grosseiro as torna instrutivas, pois, deste modo, elas constituem experiências cômodas em que os fatos e suas relações são mais fáceis de perceber. O físico, para descobrir as leis dos fenômenos que estuda, procura simplificar esses últimos, desembaraçá-los de seus caracteres secundários. No que concerne às instituições, a natureza faz espontaneamente simplificações do mesmo tipo no início da história. Queremos apenas tirar proveito delas. É claro que só poderemos atingir, por esse método, fatos muito elementares. Quando, na medida do possível, os tivermos atingido, ainda assim não estarão explicadas as novidades de todo tipo que se produziram na seqüência da evolução. Mas, se não pensamos em negar a importância dos problemas que elas colocam, julgamos que tais problemas ganham em ser tratados na sua devida hora, e que há interesse em abordá-los somente depois daqueles cujo estudo iremos empreender.

II

Mas nossa pesquisa não interessa apenas à ciência das religiões. Toda religião, com efeito, tem um lado pelo qual vai além do círculo das idéias propriamente religiosas e, sendo assim, o estudo dos fenômenos religiosos fornece um meio de renovar problemas que até agora só foram debatidos entre filósofos.

Há muito se sabe que os primeiros sistemas de representações que o homem produziu do mundo e de si próprio são de origem religiosa. Não há religião que não seja uma cosmologia ao mesmo tempo que uma especulação sobre o divino. Se a filosofia e as ciências nasceram da religião, é que a própria religião começou por fazer as vezes de ciências e de filosofia. Mas o que foi menos notado é que ela não se limitou a enriquecer com um certo número de idéias um espírito humano previamente formado; também contribuiu para formar esse espírito. Os homens não lhe devem apenas, em parte notável, a matéria de seus conhecimentos, mas igualmente a forma segundo a qual esses conhecimentos são elaborados.

Na raiz de nossos julgamentos, há um certo número de noções essenciais que dominam toda a nossa vida intelectual; são aquelas que os filósofos, desde Aristóteles, chamam de categorias do entendimento: noções de tempo, de espaço[4], de gênero, de número, de causa, de substância, de personalidade, etc. Elas correspondem às propriedades mais universais das coisas. São como quadros sólidos que encerram o pensamento; este não parece poder libertar-se deles sem se destruir, pois tudo indica que não podemos pensar objetos que não estejam no tempo ou no espaço, que não sejam numeráveis, etc. As outras noções são contingentes e móveis; concebemos que possam faltar a um homem, a uma sociedade, a uma época, enquanto aquelas nos parecem quase inseparáveis do funcionamento normal do espírito. São como a ossatura da inteligência. Ora, quando analisamos metodicamente as crenças religiosas primitivas, encontramos naturalmente em nosso caminho as principais dessas categorias. Elas nasceram na religião e da religião, são um produto do pensamento religioso. É uma constatação que haveremos de fazer várias vezes ao longo desta obra.

Essa observação possui já um interesse por si própria; mas eis o que lhe confere seu verdadeiro alcance.

A conclusão geral do livro que se irá ler é que a religião é uma coisa eminentemente social. As representações religiosas são representações coletivas que exprimem realidades coletivas; os ritos são maneiras de agir que só surgem no interior de grupos coordenados e se destinam a suscitar, manter ou refazer alguns estados mentais desses grupos. Mas, então, se as categorias são de origem religiosa, elas devem participar da natureza comum a todos os fatos religiosos: também elas devem ser coisas sociais, produtos do pensamento coletivo. Como, no estado atual de nossos conhecimentos desses assuntos, devemos evitar toda tese radical e exclusiva, pelo menos é legítimo supor que sejam ricas em elementos sociais.

Aliás, é o que se pode, desde já, entrever para algumas delas. Que se tente, por exemplo, imaginar o que seria a noção de tempo, se puséssemos de lado os procedimentos pelos quais o dividimos, o medimos, o exprimimos através de marcas objetivas, um tempo que não seria uma sucessão de anos, meses, semanas, dias e horas! Seria algo mais ou menos impensável. Só podemos conceber o tempo se nele distinguirmos momentos diferentes. Ora, qual é a origem dessa diferenciação? Certamente os estados de consciência que já experimentamos podem reproduzir-se em nós, na mesma ordem em que se desenrolaram primitivamente; e, assim, porções de nosso passado voltam a nos ser presentes, embora distinguindo-se espontaneamente do presente. Mas, por importante que seja essa distinção para nossa experiência privada, ela está longe de bastar para constituir a noção ou categoria de tempo. Esta não consiste simplesmente numa comemoração, parcial ou integral, de nossa vida transcorrida. É um quadro abstrato e impessoal que envolve não apenas nossa existência individual, mas a da humanidade. É como um painel ilimitado, em que toda a duração se mostra sob o olhar do espírito e em que todos os acontecimentos possíveis podem ser situados em relação a pontos de referência fixos e determinados. Não é o meu tempo que está assim organizado; é o tempo tal como é objetivamente pensado por todos os homens de uma mesma civilização. Apenas isso já é suficiente para fazer entrever que uma tal organização deve ser coletiva. E, de fato, a observação estabelece que esses pontos de referência indispensáveis, em relação aos quais todas as coisas se classificam temporalmente, são tomados da vida social. As divisões em dias, semanas, meses, anos, etc., correspondem à periodicidade dos ritos, das festas, das cerimônias públicas[5]. Um calendário exprime o ritmo da atividade coletiva, ao mesmo tempo que tem por função assegurar sua regularidade[6].

O mesmo acontece com o espaço. Como demonstrou Hamelin[7], o espaço não é esse meio vago e indeterminado que Kant havia imaginado: puramente e absolutamente homogêneo, ele não serviria para nada e sequer daria ensejo ao pensamento. A representação espacial consiste essencialmente numa primeira coordenação introduzida entre os dados da experiência sensível. Mas essa coordenação seria impossível se as partes do espaço se equivalessem qualitativamente, se fossem realmente intercambiáveis umas pelas outras. Para poder dispor espacialmente as coisas, é preciso poder situá-las diferentemente: colocar umas à direita, outras à esquerda, estas em cima, aquelas embaixo, ao norte ou ao sul, a leste ou a oeste, etc., do mesmo modo que, para dispor temporalmente os estados da consciência, cumpre poder localizá-los em datas determinadas. Vale dizer que o espaço não poderia ser ele próprio se, assim como o tempo, não fosse dividido e diferenciado. Mas essas divisões, que lhe são essenciais, de onde provêm? Para o espaço mesmo, não há direita nem esquerda, nem alto nem baixo, nem norte nem sul. Todas essas distinções provêm, evidentemente, de terem sido atribuídos valores afetivos diferentes às regiões. E, como todos os homens de uma mesma civilização representam-se o espaço da mesma maneira, é preciso, evidentemente, que esses valores afetivos e as distinções que deles dependem lhes sejam igualmente comuns; o que implica quase necessariamente que tais valores e distinções são de origem social[8].

Por sinal, há casos em que esse caráter social tornou-se manifesto. Existem sociedades na Austrália ou na América do Norte em que o espaço é concebido sob a forma de um círculo imenso, porque o próprio acampamento tem uma forma circular[9], e o círculo espacial é exatamente dividido como o círculo tribal e à imagem deste último. Distinguem-se tantas regiões quantos são os clãs da tribo, e é o lugar ocupado pelos clãs no interior do acampamento que determina a orientação das regiões. Cada região define-se pelo totem do clã ao qual ela é destinada. Entre os zuñi, por exemplo, o *pueblo* compreende sete quarteirões; cada um deles é um grupo de clãs que teve sua unidade: com toda a certeza, havia primitivamente um único clã que depois se subdividiu. Ora, o espaço compreende igualmente sete regiões e cada um desses sete quarteirões do mundo está em íntima relação com um quarteirão do *pueblo*, isto é, com um grupo de clãs[10]. "Assim, diz Cushing, uma divisão deve estar em relação com o norte; uma outra representa o oeste, uma terceira o sul[11], etc." Cada quarteirão do *pueblo* tem sua cor característica que o simboliza; cada região do espaço tem a sua, que é exatamente a do quarteirão correspondente. Ao longo da história, o número de clãs fundamentais variou; o número de regiões variou da mesma maneira. Assim, a organização social foi o modelo da organização espacial, que é uma espécie de decalque da primeira. Até mesmo a distinção de direita e esquerda, longe de estar implicada na natureza do homem em geral, é muito provavelmente o produto de representações religiosas, portanto coletivas[12].

Mais adiante serão encontradas provas análogas relativas às noções de gênero, de força, de personalidade, de eficácia. Pode-se mesmo perguntar se a noção de contradição não depende, também ela, de condições sociais. O que leva a pensar assim é que a influência que ela exerceu sobre o pensamento variou segundo as épocas e as sociedades. O princípio de identidade domina hoje o pensamento científico; mas há vastos sistemas de representações que desempenharam na história das idéias um papel considerável e nos quais ele é freqüentemente ignorado: são as mitologias, desde as mais grosseiras até as mais elaboradas[13]. Elas tratam sem parar de seres que têm simultaneamente os atributos mais contraditórios, que são ao mesmo tempo unos e múltiplos, materiais e espirituais, que podem subdividir-se indefinidamente sem nada perder daquilo que os constitui; em mitologia, é um axioma a parte equivaler ao todo. Essas variações a que se submeteu na história a regra que parece governar nossa lógica atual provam que, longe de estar inscrita desde toda a eternidade na constituição mental do homem, essa regra depende, pelo menos em parte, de fatores históricos, e portanto sociais. Não sabemos exatamente que fatores são esses, mas podemos presumir que existem[14].

Uma vez admitida essa hipótese, o problema do conhecimento coloca-se em novos termos.

Até o presente, duas doutrinas apenas haviam se defrontado. Para uns, as categorias não podem ser derivadas da experiência: são logicamente anteriores a ela e a condicionam. São representadas como dados simples, irredutíveis, imanentes ao espírito humano em virtude de sua constituição natural. Por isso se diz dessas categorias que elas são *a priori*. Para outros, ao contrário, elas seriam construídas, feitas de peças e pedaços, e o indivíduo é que seria o operário dessa construção[15].

Mas ambas as soluções levantam graves dificuldades.

Adotaremos a tese empirista? Então, cumpre retirar das categorias todas as suas propriedades características. Com efeito, elas se distinguem de todos os outros conhecimentos por sua universalidade e sua necessidade. Elas são os conceitos mais gerais que existem, já que se aplicam a todo o real e, mesmo não estando ligadas a algum objeto particular, são independentes de todo sujeito individual: são o lugar-comum em que se encontram todos os espíritos. Mais: estes se encontram necessariamente aí, pois a razão, que não é outra coisa senão o conjunto das categorias fundamentais, é investida de uma autoridade à qual não podemos nos furtar à vontade. Quando tentamos insurgir-nos contra ela, libertar-nos de algumas dessas noções essenciais, deparamo-nos com fortes resistências. Portanto, elas não apenas não dependem de nós, como também se impõem a nós. Ora, os dados empíricos apresentam características diametralmente opostas. Uma sensação, uma imagem se relacionam sempre a um objeto determinado ou a uma coleção de objetos desse gênero e exprimem o estado momentâneo de uma consciência particular: elas são essencialmente individuais e subjetivas. Assim, podemos dispor, com relativa liberdade, das representações que têm essa origem. É claro que, quando nossas sensações são atuais, elas se impõem a nós *de fato*. Mas, *de direito*, temos o poder de concebê-las de maneira diferente do que são, de representá-las como se transcorressem numa ordem distinta daquela na qual se produziram. Diante delas, nada nos prende, enquanto considerações de um outro gênero não intervierem. Eis, portanto, dois tipos de conhecimentos que se encontram como que nos dois pólos contrários da inteligência. Nessas condições, submeter a razão à experiência é fazê-la desaparecer, pois é reduzir a universalidade e a necessidade que a caracterizam a serem apenas puras aparências, ilusões que, na prática, podem ser cômodas, mas que a nada correspondem nas coisas; conseqüentemente, é recusar toda realidade objetiva à vida lógica que as categorias têm por função regular e organizar. O empirismo clássico conduz ao irracionalismo; talvez até seja por esse último nome que convenha designá-lo.

Os aprioristas, apesar do sentido ordinariamente associado às denominações, são mais respeitosos com os fatos. Já que não admitem como verdade evidente que as categorias são feitas dos mesmos elementos que nossas representações sensíveis, eles não são obrigados a empobrecê-las sistematicamente, a esvaziá-las de todo conteúdo real, a reduzi-las a ser apenas artifícios verbais. Ao contrário, conservam todas as características específicas delas. Os aprioristas são racionalistas; crêem que o mundo tem um aspecto lógico que a razão exprime eminentemente. Mas, para isso, precisam atribuir ao espírito um certo poder de ultrapassar a experiência, de acrescentar algo ao que lhe é imediatamente dado; ora, desse poder singular, eles não dão explicação nem justificação. Pois não é explicar dizer apenas que esse poder é inerente à natureza da inteligência humana. Seria preciso fazer entender de onde tiramos essa surpreendente prerrogativa e de que maneira podemos ver, nas coisas, relações que o espetáculo das coisas não poderia nos revelar. Dizer que a própria experiência só é possível com essa condição, é talvez deslocar o problema, não é resolvê-lo. Pois se trata precisamente de saber por que a experiência não se basta, mas supõe condições que lhe são exteriores e anteriores, e de que maneira essas condições são realizadas quando e como convém. Para responder a essas questões, imaginou-se às vezes, por cima das razões individuais, uma razão superior e perfeita da qual as primeiras emanariam e na qual conservariam, por uma espécie de participação mística, sua maravilhosa faculdade: é a razão divina. Mas essa hipótese tem, no mínimo, o grave inconveniente de subtrair-se a todo controle experimental; não satisfaz portanto às condições requeridas de uma hipótese científica. Além disso, as categorias do pensamento humano jamais são fixadas de uma forma definida; elas se fazem, se desfazem, se refazem permanentemente; mudam conforme os lugares e as épocas. A razão divina, ao contrário, é imutável. De que modo essa imutabilidade poderia explicar essa incessante variabilidade?

Tais são as duas concepções que há séculos se chocam uma contra a outra; e, se o debate se eterniza, é que na verdade os argumentos trocados se equivalem sensivelmente. Se a razão é apenas uma forma da experiência individual, não existe mais razão. Por outro lado, se reconhecemos os poderes que ela se atribui, mas sem justificá-los, parece que a colocamos fora da natureza e da ciência. Em presença dessas objeções opostas, o espírito permanece incerto. Mas, se admitirmos a origem social das categorias, uma nova atitude torna-se possível, atitude que permitiria, acreditamos nós, escapar a essas dificuldades contrárias.

A proposição fundamental do apriorismo é que o conhecimento é formado de duas espécies de elementos irredutíveis um ao outro e como que de duas camadas distintas e superpostas[16]. Nossa hipótese mantém integralmente esse princípio. De fato, os conhecimentos que chamamos empíricos, os únicos que os teóricos do empirismo utilizaram para construir a razão, são aqueles que a ação direta dos objetos suscita em nossos espíritos. São, portanto, estados individuais, que se explicam inteiramente[17] pela natureza psíquica do indivíduo. Ao contrário, se as categorias são, como pensamos, representações essencialmente coletivas, elas traduzem antes de tudo estados da coletividade: dependem da maneira como esta é constituída e organizada, de sua morfologia, de suas instituições religiosas, morais, econômicas, etc. Há, portanto, entre essas duas espécies de representações toda a distância que separa o individual do social, e não se pode mais derivar as segundas das primeiras, como tampouco se pode deduzir a sociedade do indivíduo, o todo da parte, o complexo do simples[18]. A sociedade é uma realidade *sui generis*; tem suas características próprias que não se encontram, ou que não se encontram da mesma forma, no resto do universo. As representações que a exprimem têm, portanto, um conteúdo completamente distinto das representações puramente individuais, e podemos estar certos de antemão de que as primeiras acrescentam algo às segundas.

A maneira como ambas se formam acaba por diferenciá-las. As representações coletivas são o produto de uma imensa cooperação que se estende não apenas no espaço, mas no tempo; para criá-las, uma multidão de espíritos diversos associou, misturou, combinou suas idéias e seus sentimentos; longas séries de gerações nelas acumularam sua experiência e seu saber. Uma intelectualidade muito particular, infinitamente mais rica e mais complexa que a do indivíduo, encontra-se portanto como que concentrada aí. Compreende-se, assim, de que maneira a razão tem o poder de ultrapassar o alcance dos conhecimentos empíricos. Não deve isso a uma virtude misteriosa qualquer, mas simplesmente ao fato de que, segundo uma fórmula conhecida, o homem é duplo. Há dois seres nele: um ser individual, que tem sua base no organismo e cujo círculo de ação se acha, por isso mesmo, estreitamente limitado, e um ser social, que representa em nós a mais elevada realidade, na ordem intelectual e moral, que podemos conhecer pela observação, quero dizer, a sociedade. Essa dualidade de nossa natureza tem por conseqüência, na ordem prática, a irredutibilidade do ideal moral ao móbil utilitário, e, na ordem do pensamento, a irredutibilidade da razão à experiência individual. Na medida em que participa da sociedade, o indivíduo naturalmente ultrapassa a si mesmo, seja quando pensa, seja quando age.

Esse mesmo caráter social permite compreender de onde vem a necessidade das categorias. Diz-se de uma idéia que ela é necessária quando, por uma espécie de virtude interna, impõe-se ao espírito sem ser acompanhada de nenhuma prova. Há, portanto, nela, algo que obriga a inteligência, que conquista a adesão, sem exame prévio. Essa eficácia singular, o apriorismo a postula, mas sem se dar conta disso, pois dizer que as categorias são necessárias por serem indispensáveis ao funcionamento do pensamento, é simplesmente repetir que são necessárias. Mas se elas têm a origem que lhes atribuímos, não há nada mais que surpreenda em sua autoridade. Com efeito, elas exprimem as relações mais gerais que existem entre as coisas; ultrapassando em extensão todas as nossas outras noções, dominam todo detalhe de nossa vida intelectual. Se, portanto, a cada momento do tempo, os homens não se entendessem acerca dessas idéias essenciais, se não tivessem uma concepção homogênea do tempo, do espaço, da causa, do número, etc., toda concordância se tornaria impossível entre as inteligências e, por conseguinte, toda vida em comum. Assim, a sociedade não pode abandonar as categorias ao livre arbítrio dos particulares sem se abandonar ela própria. Para poder viver, ela não necessita apenas de um suficiente conformismo moral: há um mínimo de conformismo lógico sem o qual ela também não pode passar. Por essa razão, ela pesa com toda a sua autoridade sobre seus membros a fim de prevenir as dissidências. Se um espírito infringe ostensivamente essas normas do pensamento, ela não o considera mais um espírito humano no sentido pleno da palavra, e trata-o em conformidade. Por isso, quando tentamos, mesmo em nosso foro interior, libertar-nos dessas noções fundamentais, sentimos que não somos completamente livres, que algo resiste a nós, dentro e fora de nós. Fora de nós, há a opinião que nos julga; mas, além disso, como a sociedade é também representada em nós, ela se opõe desde dentro de nós a essas veleidades revolucionárias; temos a impressão de não podermos nos entregar a elas sem que nosso pensamento deixe de ser um pensamento verdadeiramente humano. Tal parece ser a origem da autoridade muito especial inerente à razão e que nos faz aceitar com confiança suas sugestões. É a autoridade da sociedade mesma[19], comunicando-se a certas maneiras de pensar que são como as condições indispensáveis de toda ação comum. A necessidade com que as categorias se impõem a nós não é, portanto, o efeito de simples hábitos de cujo domínio poderíamos nos desvencilhar com um pouco de esforço; não é também uma necessidade física ou metafísica, já que as categorias mudam conforme os lugares e as épocas: é uma espécie particular de necessidade moral que está para a vida intelectual assim como a obrigação moral está para a vontade[20].

Mas, se as categorias não traduzem originalmente senão estados sociais, não se segue daí que elas só podem aplicar-se ao resto da natureza a título de metáforas? Se elas são feitas unicamente para exprimir coisas sociais, parece que não poderiam ser estendidas aos outros reinos a não ser por convenção. Assim, na medida em que nos servem para pensar o mundo físico ou biológico, só poderiam ter o valor de símbolos artificiais, talvez úteis na prática, mas sem relação com a realidade. Portanto retornaríamos, por outra via, ao nominalismo e ao empirismo.

Mas interpretar dessa maneira uma teoria sociológica do conhecimento é esquecer que, se a sociedade é uma realidade específica, ela não é, porém, um império dentro de um império: ela faz parte da natureza, é sua manifestação mais elevada. O reino social é um reino natural que não difere dos outros, a não ser por sua maior complexidade. Ora, é impossível que a natureza, no que tem de mais essencial, seja radicalmente diferente de si mesma aqui e ali. As relações fundamentais que existem entre as coisas – justamente aquelas que as categorias têm por função exprimir – não poderiam, portanto, ser essencialmente dessemelhantes conforme os reinos. Se, por razões que teremos de investigar[21], elas sobressaem de forma mais evidente no mundo social, é impossível que não se encontrem alhures, ainda que sob formas mais encobertas. A sociedade as torna mais manifestas, mas ela não tem esse privilégio. Eis aí como noções que foram elaboradas com base no modelo das coisas sociais podem ajudar-nos a pensar coisas de outra natureza. Se essas noções, quando assim desviadas de sua significação primeira, desempenham num certo sentido o papel de símbolos, são símbolos bem-fundados. Se, pelo simples fato de serem conceitos construídos, há aí um artifício, é um artifício que segue de perto a natureza e que se esforça por aproximar-se dela cada vez mais[22]. Portanto, do fato de as idéias de tempo, de espaço, de gênero, de causa, de personalidade serem construídas com elementos sociais, não se deve concluir que sejam desprovidas de todo valor objetivo. Pelo contrário, sua origem social faz antes supor que tenham fundamento na natureza das coisas[23].

Assim renovada, a teoria do conhecimento parece destinada a reunir as vantagens contrárias das duas teorias rivais, sem seus inconvenientes. Ela conserva todos os princípios essenciais do apriorismo; mas, ao mesmo tempo, inspira-se nesse espírito de positividade que o empirismo procurava satisfazer. Conserva o poder específico da razão, mas justifica-o, e sem sair do mundo observável. Afirma como real a dualidade de nossa vida intelectual, mas explica-a, e mediante causas naturais. As categorias deixam de ser consideradas fatos primeiros e não analisáveis; no entanto, permanecem de uma complexidade que análises simplistas como aquelas com que se contentava o empirismo não poderiam vencer. Pois elas aparecem, então, não mais como noções muito simples que qualquer um é capaz de extrair de suas observações pessoais e que a imaginação popular desastradamente teria complicado, mas, ao contrário, como hábeis instrumentos de pensamento, que os grupos humanos laboriosamente forjaram ao longo dos séculos e nos quais acumularam o melhor de seu capital intelectual[24]. Toda uma parte da história da humanidade nelas se encontra como que resumida. Vale dizer que, para chegar a compreendê-las e julgá-las, cumpre recorrer a outros procedimentos que não aqueles utilizados até o presente. Para saber de que são feitas essas concepções que não foram criadas por nós mesmos, não poderia ser suficiente interrogar nossa consciência: é para fora de nós que devemos olhar, é a história que devemos observar, é toda uma ciência que é preciso instituir, ciência complexa, que só pode avançar lentamente, por um trabalho coletivo, e para a qual a presente obra traz, a título de ensaio, algumas contribuições fragmentárias. Sem fazer dessas questões o objeto direto de nosso estudo, aproveitaremos toda ocasião que se oferecer para captar em seu nascimento pelo menos algumas dessas noções, as quais, embora religiosas por suas origens, haveriam de permanecer na base da mentalidade humana.

LIVRO I
QUESTÕES PRELIMINARES

CAPÍTULO I
DEFINIÇÃO DO FENÔMENO RELIGIOSO E DA RELIGIÃO[1]

Para saber qual a religião mais primitiva e mais simples que a observação nos permite conhecer, é preciso primeiro definir o que convém entender por religião, caso contrário correríamos o risco de chamar de religião um sistema de idéias e de práticas que nada teria de religioso, ou de deixar de lado fatos religiosos sem perceber sua verdadeira natureza. O que mostra bem que o perigo nada tem de imaginário e que de modo nenhum se trata de um vão formalismo metodológico é que, por não haver tomado essa precaução, um estudioso, a quem não obstante a ciência comparada das religiões deve muito, o sr. Frazer, não soube reconhecer o caráter profundamente religioso das crenças e dos ritos que serão estudados mais adiante e que, para nós, constituem o germe inicial da vida religiosa da humanidade. Há aí, portanto, uma questão que precede o julgamento e que deve ser tratada antes de qualquer outra. Não que possamos pensar em atingir desde já as características profundas e verdadeiramente explicativas da religião: elas só podem ser determinadas ao término da pesquisa. Mas o que é necessário e possível é indicar um certo número de sinais exteriores, facilmente perceptíveis, que permitem reconhecer os fenômenos religiosos onde quer que se encontrem, e que impedem que os confundamos com outros. É a essa operação preliminar que iremos proceder.

Mas para que ela dê os resultados esperados, devemos começar por libertar nosso espírito de toda idéia preconcebida. Os homens foram obrigados a criar para si uma noção do que é a religião, bem antes que a ciência das religiões pudesse instituir suas comparações metódicas. As necessidades da existência nos obrigam a todos, crentes e incrédulos, a representar de alguma maneira as coisas no meio das quais vivemos, sobre as quais a todo momento emitimos juízos e que precisamos levar em conta em nossa conduta. Mas como essas pré-noções se formaram sem método, segundo os acasos e as circunstâncias da vida, elas não têm direito a crédito e devem ser mantidas rigorosamente à distância do exame que iremos empreender. Não é a nossos preconceitos, a nossas paixões, a nossos hábitos que devem ser solicitados os elementos da definição que necessitamos; é a realidade mesma que se trata de definir.

Coloquemo-nos, pois, diante dessa realidade. Deixando de lado toda concepção da religião em geral, consideremos as religiões em sua realidade concreta e procuremos destacar o que elas podem ter em comum; pois a religião só pode ser definida em função das características que se encontram por toda parte onde houver religião. Introduziremos portanto nessa comparação todos os sistemas religiosos que podemos conhecer, os do presente e os do passado, os mais simples e primitivos assim como os mais recentes e refinados, pois não temos nenhum direito e nenhum meio lógico de excluir uns para só reter os outros. Para aquele que vê na religião uma manifestação natural da atividade humana, todas as religiões são instrutivas, sem exceção, pois todas exprimem o homem à sua maneira e podem assim ajudar a compreender melhor esse aspecto de nossa natureza. Aliás, vimos o quanto falta para que a melhor forma de estudar a religião seja considerá-la de preferência sob a forma que apresenta nos povos mais civilizados[2].

Mas, para ajudar o espírito a libertar-se dessas concepções usuais que, por seu prestígio, podem impedi-lo de ver as coisas tais como são, convém, antes de abordar a questão por nossa conta, examinar algumas das definições mais correntes nas quais esses preconceitos vieram se exprimir.

I

Uma noção tida geralmente como característica de tudo o que é religioso é a de sobrenatural. Entende-se por isso toda ordem de coisas que ultrapassa o alcance de nosso entendimento; o sobrenatural é o mundo do mistério, do incognoscível, do incompreensível. A religião seria, portanto, uma espécie de especulação sobre tudo o que escapa à ciência e, de maneira mais geral, ao pensamento claro. "As religiões, diz Spencer, diametralmente opostas por seus dogmas, concordam em reconhecer tacitamente que o mundo, com tudo que contém e tudo que o cerca, é um mistério que pede uma explicação"; portanto, ele as faz consistir essencialmente na "crença na onipresença de alguma coisa que vai além da inteligência"[3]. Do mesmo modo, Max Müller via em toda religião "um esforço para conceber o inconcebível, para exprimir o inexprimível, uma aspiração ao infinito"[4].

É certo que o sentimento do mistério não deixou de desempenhar um papel importante em certas religiões, especialmente no cristianismo. Mas é preciso acrescentar que a importância desse papel variou singularmente nos diferentes momentos da história cristã. Há períodos em que essa noção passa ao segundo plano e se apaga. Para os homens do século XVII, por exemplo, o dogma nada tinha de perturbador para a razão; a fé conciliava-se sem dificuldade com a ciência e a filosofia, e pensadores como Pascal, que sentiam com intensidade o que há de profundamente obscuro nas coisas, estavam em tão pouca harmonia com sua época que permaneceram incompreendidos por seus contemporâneos[5]. Portanto, poderia ser precipitado fazer, de uma idéia sujeita a tais eclipses, o elemento essencial ainda que apenas da religião cristã.

Em todo caso, o que é certo é que essa noção só aparece muito tarde na história das religiões; ela é totalmente estranha não somente aos povos chamados primitivos, mas também a todos os que não atingiram um certo grau de cultura intelectual. É verdade que, quando os vemos atribuir a objetos insignificantes virtudes extraordinárias, povoar o universo com princípios singulares, feitos dos elementos mais díspares, reconhecemos de bom grado nessas concepções um ar de mistério. Acreditamos que os homens só puderam se resignar a idéias tão perturbadoras para nossa razão moderna por incapacidade de encontrar outras que fossem mais racionais. Em realidade, porém, essas explicações que nos surpreendem afiguram-se ao primitivo as mais simples do mundo. Ele não vê nelas uma espécie de *ultima ratio* a que a inteligência só se resigna em desespero de causa, mas sim a maneira mais imediata de representar e compreender o que observa a seu redor. Para ele, não há nada de estranho em poder-se, com a voz ou o gesto, comandar os elementos, deter ou precipitar o curso dos astros, provocar a chuva ou pará-la, etc. Os ritos que emprega para assegurar a fertilidade do solo ou a fecundidade das espécies animais de que se alimenta não são, a seus olhos, mais irracionais do que o são, aos nossos, os procedimentos técnicos que os agrônomos utilizam para a mesma finalidade. As potências que ele põe em jogo por esses diversos meios nada lhe parecem ter de especialmente misterioso. São forças que diferem, certamente, daquelas que o conhecedor moderno concebe e cujo uso nos ensina; elas têm uma outra maneira de comportar-se e não se deixam disciplinar pelos mesmos procedimentos; mas, para aquele que crê nelas, não são mais ininteligíveis do que o são a gravidade ou a eletricidade para o físico de hoje. Veremos aliás, ao longo desta obra, que a noção de forças naturais derivou muito provavelmente da noção de forças religiosas; assim, não poderia haver entre estas e aquelas o abismo que separa o racional do irracional. Mesmo o fato de as forças religiosas serem geralmente pensadas sob a forma de entidades espirituais, de vontades conscientes, de maneira nenhuma é uma prova de sua irracionalidade. À razão não repugna *a priori* admitir que os corpos ditos inanimados sejam, como os corpos humanos, movidos por inteligências, ainda que a ciência contemporânea dificilmente se acomode a essa hipótese. Quando Leibniz propôs conceber o mundo exterior como uma imensa sociedade de espíritos entre os quais não havia e não podia haver senão relações espirituais, ele entendia agir como racionalista e não via nesse animismo universal nada capaz de ofender o entendimento.

Aliás, a idéia de sobrenatural, tal como a entendemos, data de ontem: ela supõe, com efeito, a idéia contrária, da qual é a negação e que nada tem de primitiva. Para que se pudesse dizer de certos fatos que são sobrenaturais, era preciso já ter o sentimento de que existe uma ordem natural das coisas, ou seja, que os fenômenos do universo estão ligados entre si segundo relações necessárias chamadas leis. Uma vez adquirido esse princípio, tudo o que infringe essas leis devia necessariamente aparecer como exterior à natureza e, por conseqüência, à razão: pois o que é natural nesse sentido é também racional, tais relações necessárias não fazendo senão exprimir a maneira pela qual as coisas se encadeiam logicamente. Mas essa noção do determinismo universal é de origem recente; mesmo os maiores pensadores da Antiguidade clássica não chegaram a tomar plenamente consciência dela. É uma conquista das ciências positivas; é o postulado sobre o qual repousam e que elas demonstraram por seus progressos. Ora, enquanto ele inexistia ou ainda não se estabelecera solidamente, os acontecimentos mais maravilhosos nada possuíam que não parecesse perfeitamente concebível. Enquanto não se sabia o que a ordem das coisas tem de imutável e de inflexível, enquanto nela se via a obra de vontades contingentes, devia-se achar natural que essas vontades ou outras pudessem modificá-la arbitrariamente. Eis por que as intervenções miraculosas que os antigos atribuíam a seus deuses não eram, no seu entender, milagres, na acepção moderna da palavra. Para eles, eram espetáculos belos, raros ou terríveis, objetos de surpresa e de maravilhamento (θαύματα, *mirabilia*, *miracula*); mas de modo nenhum viam nisso uma espécie de acesso a um mundo misterioso que a razão não pode penetrar.

Podemos compreender tanto melhor essa mentalidade na medida em que ela não desapareceu completamente do meio de nós. Se o princípio do determinismo está hoje solidamente estabelecido nas ciências físicas e naturais, faz somente um século que ele começou a introduzir-se nas ciências sociais, e sua autoridade é ainda contestada. Apenas um pequeno número de espíritos está convencido da idéia de que as sociedades estão submetidas a leis necessárias e constituem um reino natural. Daí a crença de que nelas sejam possíveis verdadeiros milagres. Admite-se, por exemplo, que o legislador pode criar uma instituição do nada por uma simples injunção de sua vontade, transformar um sistema social em outro, assim como os crentes de tantas religiões admitem que a vontade divina criou o mundo do nada ou pode arbitrariamente transmutar os seres uns nos outros. No que concerne aos fatos sociais, temos ainda uma mentalidade de primitivos. No entanto, se, em matéria de sociologia, tantos contemporâneos apegam-se ainda a essa concepção antiquada, não é que a vida das sociedades lhes pareça obscura e misteriosa; pelo contrário, se se contentam tão facilmente com tais explicações, se se obstinam nessas ilusões que a experiência desmente sem cessar, é que os fatos sociais lhes parecem a coisa mais clara do mundo; é que não percebem sua obscuridade real; é que não reconheceram ainda a necessidade de recorrer aos procedimentos laboriosos das ciências naturais para dissipar progressivamente essas trevas. O mesmo estado de espírito encontra-se na raiz de muitas crenças religiosas que nos surpreendem por seu simplismo. Foi a ciência, e não a religião, que ensinou aos homens que as coisas são complexas e difíceis de compreender.

Mas, responde Jevons[6], o espírito humano não tem necessidade de uma cultura propriamente científica para notar que existem entre os fatos seqüências determinadas, uma ordem constante de sucessão, e para observar, por outro lado, que essa ordem é freqüentemente perturbada. Acontece que o sol se eclipse bruscamente, que a chuva falte na época em que é esperada, que a lua demore a ressurgir após seu desaparecimento periódico, etc. Como estão fora do curso ordinário das coisas, esses acontecimentos são atribuídos a causas extraordinárias, excepcionais, ou seja, em suma, extranaturais. É sob essa forma que a idéia de sobrenatural teria nascido desde o início da história, e foi assim que, a partir desse momento, o pensamento religioso se viu munido de seu objeto próprio.

Mas, em primeiro lugar, o sobrenatural não se reduz de modo algum ao imprevisto. O novo faz parte da natureza, assim como seu contrário. Se constatamos que, em geral, os fenômenos se sucedem numa ordem determinada, observamos igualmente que essa ordem é sempre aproximada, que não é idêntica duas vezes seguidas, que comporta todo tipo de exceções. Por menor que seja nossa experiência, estamos habituados à frustração freqüente de nossas expectativas e essas decepções retornam muito seguidamente para que as vejamos como extraordinárias. Uma certa contingência é um dado da experiência, assim como uma certa uniformidade; portanto, não há razão para relacionar uma a causas e forças inteiramente diferentes daquelas de que depende a outra. Assim, para que tenhamos a idéia do sobrenatural, não é suficiente que sejamos testemunhas de acontecimentos inesperados; é preciso, além disso, que estes sejam concebidos como impossíveis, isto é, como inconciliáveis com uma ordem que, certa ou errada, nos parece necessariamente implicada na natureza das coisas. Ora, essa noção de uma ordem necessária, foram as ciências positivas que pouco a pouco construíram, portanto a noção contrária não poderia lhes ser anterior.

Além disso, seja como for que os homens tenham se representado as novidades e as contingências que a experiência revela, não há nada nessas representações que possa servir para caracterizar a religião. Pois as concepções religiosas têm por objeto, acima de tudo, exprimir e explicar, não o que há de excepcional e anormal nas coisas, mas, ao contrário, o que elas têm de constante e regular. Quase sempre, os deuses servem menos para explicar monstruosidades, extravagâncias, anomalias, do que a marcha habitual do universo, do movimento dos astros, do ritmo das estações, do crescimento anual da vegetação, da perpetuidade das espécies, etc. Portanto, a noção do religioso está longe de coincidir com a do extraordinário e do imprevisto. Jevons responde que essa concepção das forças religiosas não é primitiva. No começo, estas teriam sido imaginadas para justificar desordens e acidentes, e só depois utilizadas para explicar as uniformidades da natureza[7]. Mas não se percebe o que teria levado os homens a atribuir sucessivamente a elas funções tão manifestamente contrárias. Além disso, a hipótese segundo a qual os seres sagrados teriam sido confinados de início num papel negativo de perturbadores, é inteiramente arbitrária. Veremos, com efeito, que, desde as religiões mais simples que conhecemos, eles tiveram por tarefa essencial manter, de uma maneira positiva, o curso normal da vida[8].

Assim, a idéia do mistério nada tem de original. Ela não foi dada ao homem: foi o homem que a forjou com suas próprias mãos, ao mesmo tempo que concebia a idéia contrária. Por isso, ela só ocorre num pequeno número de religiões avançadas. Não se pode, portanto, fazer dela a característica dos fenômenos religiosos sem excluir da definição a maioria dos fatos a definir.

II

Uma outra idéia pela qual se tentou com freqüência definir a religião é a da divindade. "A religião, diz A. Réville, é a determinação da vida humana pelo sentimento de um vínculo que une o espírito humano ao espírito misterioso no qual reconhece a dominação sobre o mundo e sobre si mesmo, e ao qual ele quer sentir-se unido."[9] É verdade que, se entendemos a palavra divindade num sentido preciso e estrito, a definição deixa de fora grande quantidade de fatos manifestamente religiosos. As almas dos mortos, os espíritos de toda espécie e de toda ordem, com que a imaginação religiosa de tantos povos diversos povoou a natureza, são sempre objeto de ritos e, às vezes, até de um culto regular; no entanto não se trata de deuses no sentido próprio da palavra. Mas, para que a definição os compreenda, basta substituir a palavra deus pela de ser espiritual, mais abrangente. Foi o que fez Tylor: "O primeiro ponto essencial quando se trata de estudar sistematicamente as religiões das raças inferiores, é, diz ele, definir e precisar o que se entende por religião. Se se continuar fazendo entender essa palavra como a crença numa divindade suprema... um certo número de tribos estará excluído do mundo religioso. Mas essa definição demasiado estreita tem o defeito de identificar a religião com alguns de seus desenvolvimentos particulares... Parece preferível colocar simplesmente como definição mínima da religião a crença em seres espirituais."[10] Por seres espirituais, devemos entender sujeitos conscientes, dotados de poderes superiores aos que possui o comum dos homens; essa qualificação convém, portanto, às almas dos mortos, aos gênios, aos demônios, tanto quanto às divindades propriamente ditas. É importante notar, de imediato, a concepção particular da religião que está implicada nessa definição. O único comércio que podemos manter com seres dessa espécie se acha determinado pela natureza que lhes é atribuída. São seres conscientes; não podemos, portanto, agir sobre eles, senão como agimos sobre as consciências em geral, isto é, por procedimentos psicológicos, tratando de convencê-los ou de comovê-los, seja por meio de palavras (invocações, preces), seja por oferendas e sacrifícios. E já que a religião teria por objeto regular nossas relações com esses seres especiais, só poderia haver religião onde há preces, sacrifícios, ritos propiciatórios, etc. Teríamos, assim, um critério muito simples que permitiria distinguir o que é religioso do que não é. É a esse critério que se referem sistematicamente Frazer[11] e, com ele, vários etnógrafos[12].

Contudo, por mais evidente que possa parecer essa definição, em conseqüência de hábitos de espírito que devemos à nossa educação religiosa, há muitos fatos aos quais ela não é aplicável e que, no entanto, dizem respeito ao domínio da religião.

Em primeiro lugar, existem grandes religiões em que a idéia de deuses e espíritos está ausente, nas quais, pelo menos, ela desempenha tão-só um papel secundário e apagado. É o caso do budismo. O budismo, diz Burnouf, "apresenta-se, em oposição ao bramanismo, como uma moral sem deus e um ateísmo sem Natureza"[13]. "Ele não reconhece um deus do qual o homem dependa, diz Barth; sua doutrina é absolutamente atéia"[14], e Oldenberg, por sua vez, chama-o "uma religião sem deus"[15]. De fato, o essencial do budismo consiste em quatro proposições que os fiéis chamam as quatro nobres verdades[16].

A primeira coloca a existência da dor como ligada ao perpétuo fluxo das coisas; a segunda mostra no desejo a causa da dor; a terceira faz da supressão do desejo o único meio de suprimir a dor; a quarta enumera as três etapas pelas quais é preciso passar para chegar a essa supressão: a retidão, a meditação e, enfim, a sabedoria, a plena posse da doutrina. Atravessadas essas três etapas, chega-se ao término do caminho, à libertação, à salvação pelo Nirvana.

Ora, em nenhum desses princípios está envolvida a divindade. O budista não se preocupa em saber de onde vem esse mundo do devir em que ele vive e sofre; toma-o como um fato[17] e todo o seu esforço está em evadir-se dele. Por outro lado, para essa obra de salvação, ele só pode contar consigo mesmo: "não tem nenhum deus para agradecer, assim como, no combate, não chama nenhum deus em seu auxílio"[18]. Em vez de rezar, no sentido usual da palavra, em vez de voltar-se para um ser superior e implorar sua assistência, concentra-se em si mesmo e medita. Isso não significa "que negue frontalmente a existência de seres chamados Indra, Agni, Varuna[19], mas julga que não lhes deve nada e que não precisa deles", pois o poder desses seres só pode estender-se sobre os bens deste mundo, os quais, para o budista, são sem valor. Portanto, ele é ateu no sentido de desinteressar-se da questão de saber se existem ou não deuses. Aliás, mesmo se existissem e estivessem investidos de algum poder, o santo, o libertado, julga-se superior a eles; pois o que faz a dignidade dos seres não é a extensão da ação que exercem sobre as coisas, é exclusivamente o grau de seu avanço no caminho da salvação[20].

É verdade que o Buda, pelo menos em certas divisões da Igreja budista, acabou por ser considerado uma espécie de deus. Tem seus templos; tornou-se objeto de um culto que, por sinal, é muito simples, pois se reduz essencialmente à oferenda de algumas flores e à adoração de relíquias ou imagens consagradas. Não é muito mais do que um culto da lembrança. Mas essa divinização do Buda, supondo-se que a expressão seja exata, primeiramente é particular ao chamado budismo setentrional. "Os budistas do Sul, diz Kern, e os menos avançados entre os budistas do Norte, podemos afirmar com base nos dados hoje conhecidos, falam do fundador de sua doutrina como se fosse um homem."[21] Certamente, eles atribuem ao Buda poderes extraordinários, superiores aos que possui o comum dos mortais; mas era uma crença muito antiga na Índia, e aliás muito comum numa série de religiões diversas, que um grande santo é dotado de virtudes excepcionais[22]; não obstante, um santo não é um deus, como tampouco um sacerdote ou um mágico, a despeito das faculdades sobre-humanas que geralmente lhes são atribuídas. Por outro lado, segundo os estudiosos mais autorizados, essa espécie de teísmo e a mitologia complexa que costuma acompanhá-lo não seriam senão uma forma derivada e desviada do budismo. A princípio, Buda teria sido considerado apenas como "o mais sábio dos homens"[23]. "A concepção de um Buda que não seria um homem que alcançou o mais alto grau de santidade, diz Burnouf, não pertence ao círculo das idéias que constituem o fundo mesmo dos Sutras simples"[24]; e, acrescenta o mesmo autor, "sua humanidade permaneceu um fato tão incontestavelmente reconhecido de todos que os autores de lendas, aos quais custavam tão pouco os milagres, não tiveram sequer a idéia de fazer dele um deus após sua morte"[25]. Assim, cabe perguntar se alguma vez ele chegou a despojar-se completamente desse caráter humano, e se temos o direito de assimilá-lo completamente a um deus[26]. Em todo caso, seria um deus de uma natureza muito particular e cujo papel de modo nenhum se assemelha ao das outras personalidades divinas. Pois um deus é, antes de tudo, um ser vivo com o qual o homem deve e pode contar; ora, o Buda morreu, entrou no Nirvana, nada mais pode sobre a marcha dos acontecimentos humanos[27].

Enfim, e não importa o que se pense da divindade do Buda, o fato é que essa é uma concepção inteiramente exterior ao que há de realmente essencial no budismo. Com efeito, o budismo consiste, antes de tudo, na noção de salvação, e a salvação supõe unicamente que se conheça e pratique a boa doutrina. Claro que ela não poderia ter sido conhecida se o Buda não tivesse vindo revelá-la; mas, uma vez feita essa revelação, a obra do Buda estava cumprida. A partir desse momento, ele deixou de ser um fator necessário da vida religiosa. A prática das quatro verdades sagradas seria possível ainda que a lembrança daquele que as fez conhecer se apagasse das memórias[28]. Algo bem diferente ocorre com o cristianismo, que, sem a idéia sempre presente e o culto sempre praticado de Cristo, é inconcebível; pois é por Cristo sempre vivo e a cada dia imolado que a comunidade dos fiéis continua a comunicar-se com a fonte suprema da vida espiritual[29].

Tudo o que precede aplica-se igualmente a uma outra grande religião da Índia, o jainismo. Aliás, as duas doutrinas têm sensivelmente a mesma concepção do mundo e da vida. "Como os budistas, diz Barth, os jainistas são ateus. Não admitem criador; para eles, o mundo é eterno, e negam explicitamente que possa haver um ser perfeito para toda a eternidade. Jaina tornou-se perfeito, mas não o era o tempo todo". Assim como os budistas do Norte, os jainistas, ou pelo menos alguns deles, se voltaram porém a uma espécie de deísmo; nas inscrições do Decão, fala-se de um Jinapati, espécie de Jaina supremo, que é chamado o primeiro criador; mas tal linguagem, diz o mesmo autor, "está em contradição com as declarações mais explícitas de seus escritores mais autorizados"[30].

Aliás, se essa indiferença pelo divino desenvolveu-se a tal ponto no budismo e no jainismo, é que ela já estava em germe no bramanismo, do qual derivaram ambas as religiões. Ao menos em algumas de suas formas, a especulação bramânica culminava em "uma explicação francamente materialista e atéia do universo"[31]. Com o tempo, as múltiplas divindades que os povos da Índia haviam de início aprendido a adorar acabaram como que se fundindo numa espécie de princípio uno, impessoal e abstrato, essência de tudo o que existe. Essa realidade suprema, que nada mais possui de uma personalidade divina, o homem contém em si, ou melhor, identifica-se com ela, uma vez que nada existe fora dela. Para encontrá-la e unir-se a ela, ele não precisa, portanto, buscar fora de si mesmo nenhum apoio exterior; basta concentrar-se em si e meditar. "Quando, diz Oldenberg, o budismo lança-se nesse grande empreendimento de imaginar um mundo de salvação em que o homem salva-se a si mesmo e de criar uma religião sem deus, a especulação bramânica já havia preparado o terreno para essa tentativa. A noção de divindade recuou gradativamente; as figuras dos antigos deuses pouco a pouco se apagam; o Brama pontifica em sua eterna quietude, muito acima do mundo terrestre, e resta apenas uma única pessoa a tomar parte ativa na grande obra da libertação: o homem."[32] Eis, portanto, uma porção considerável da evolução religiosa que consistiu, em suma, num recuo progressivo da idéia de ser espiritual e de divindade. Eis aí grandes religiões em que as invocações, as propiciações, os sacrifícios, as preces propriamente ditas, estão muito longe de ter uma posição preponderante e que, portanto, não apresentam o sinal distintivo no qual se pretende reconhecer as manifestações propriamente religiosas.

Mas, mesmo no interior das religiões deístas, encontramos um grande número de ritos que são completamente independentes de toda idéia de deus ou de seres espirituais. Antes de mais nada, há uma série de interdições. A Bíblia, por exemplo, ordena à mulher viver isolada todo mês durante um período determinado[33]; obriga-a a um isolamento análogo durante o parto[34]; proíbe atrelar juntos o jumento e o cavalo, usar um vestuário em que o cânhamo se misture com o linho[35], sem que seja possível perceber que papel a crença em Jeová pode ter desempenhado nessas interdições; pois ele está ausente de todas as relações assim proibidas e não poderia estar interessado por elas. O mesmo se pode dizer da maior parte das interdições alimentares. E essas proibições não são particulares aos hebreus, mas as encontramos, sob formas diversas e com o mesmo caráter, em numerosas religiões.

É verdade que esses ritos são puramente negativos; mas não deixam de ser religiosos. Além disso, há outros que reclamam do fiel prestações ativas e positivas, e que, no entanto, são da mesma natureza. Eles atuam por si mesmos, sem que sua eficácia dependa de algum poder divino; suscitam mecanicamente os efeitos que são sua razão de ser. Não consistem em preces, nem em oferendas dirigidas a um ser a cuja boa vontade o resultado esperado se subordina; esse resultado é obtido pela execução automática da operação ritual. Tal é o caso, em particular, do sacrifício na religião védica. "O sacrifício, diz Bergaigne, exerce uma influência direta sobre os fenômenos celestes"[36]; ele é onipotente por si mesmo e sem nenhuma influência divina. Foi ele, por exemplo, que rompeu as portas da caverna onde estavam encerradas as auroras e fez brotar a luz do dia[37]. Do mesmo modo, foram hinos apropriados que, por uma ação direta, fizeram cair sobre a terra as águas do céu, e *isto apesar dos deuses*[38]. A prática de certas austeridades tem a mesma eficácia. E mais: "O sacrifício é de tal forma o princípio por excelência, que a ele é relacionada não somente a origem dos homens, mas também a dos deuses. Tal concepção pode, com razão, parecer estranha. No entanto, ela se explica como uma das últimas conseqüências da idéia da onipotência do sacrifício."[39] Assim, em toda a primeira parte do trabalho de Bergaigne, só são abordados sacrifícios em que as divindades não desempenham nenhum papel.

Esse fato não é particular à religião védica, sendo, ao contrário, de grande generalidade. Em todo culto há práticas que atuam por si mesmas, por uma virtude que lhes é própria e sem que nenhum deus se intercale entre o indivíduo que executa o rito e o objetivo buscado. Quando, na festa dos Tabernáculos, o judeu movimentava o ar agitando ramos de salgueiro segundo um certo ritmo, era para fazer o vento levantar-se e a chuva cair; e acreditava-se que o fenômeno desejado resultasse automaticamente do rito, contanto que este fosse executado de forma correta[40].

Aliás, é isso o que explica a importância primordial dada por quase todos os cultos à parte material das cerimônias. Esse formalismo religioso, muito provavelmente a forma primária do formalismo jurídico, advém de que a fórmula a pronunciar, os movimentos a executar, tendo em si mesmos a fonte de sua eficácia, a perderiam, se não se conformassem exatamente ao tipo consagrado pelo sucesso.

Assim há ritos sem deuses e, inclusive, há ritos dos quais derivam os deuses. Nem todas as virtudes religiosas emanam de personalidades divinas, e há relações culturais que visam outra coisa que não unir o homem a uma divindade. Portanto, a religião vai além da idéia de deuses ou de espíritos, logo não pode se definir exclusivamente em função desta última.

III

Descartadas essas definições, é nossa vez de nos colocarmos diante do problema.

Em primeiro lugar observemos que, em todas essas fórmulas, é a natureza da religião em seu conjunto que se tenta exprimir diretamente. Procede-se como se a religião formasse uma espécie de entidade indivisível, quando ela é um todo formado de partes; é um sistema mais ou menos complexo de mitos, de dogmas, de ritos, de cerimônias. Ora, um todo não pode ser definido senão em relação às partes que o formam. É mais metódico, portanto, procurar caracterizar os fenômenos elementares dos quais toda religião resulta, antes do sistema produzido por sua união. Esse método impõe-se sobretudo pelo fato de existirem fenômenos religiosos que não dizem respeito a nenhuma religião determinada. É o caso dos que constituem a matéria do folclore. Em geral, são restos de religiões desaparecidas, sobrevivências inorganizadas; mas há outros também que se formaram espontaneamente sob a influência de causas locais. Nos países europeus, o cristianismo esforçou-se por absorvê-los e assimilá-los; imprimiu-lhes uma cor cristã. Todavia, muitos deles persistiram até uma data recente ou persistem ainda com uma relativa autonomia: festas da árvore de maio, do solstício de verão, do carnaval, crenças diversas relativas a gênios, a demônios locais, etc. Embora o caráter religioso desses fatos vá se apagando, sua importância religiosa, não obstante, é tal que permitiu a Mannhardt e sua escola renovarem a ciência das religiões. Uma definição que não levasse isso em conta não compreenderia, portanto, tudo o que é religioso.

Os fenômenos religiosos classificam-se naturalmente em duas categorias fundamentais: as crenças e os ritos. As primeiras são estados da opinião, consistem em representações; os segundos são modos de ação determinados. Entre esses dois tipos de fatos há exatamente a diferença que separa o pensamento do movimento.

Os ritos só podem ser definidos e distinguidos das outras práticas humanas, notadamente das práticas morais, pela natureza especial de seu objeto. Com efeito, uma regra moral, assim como um rito, nos prescreve maneiras de agir, mas que se dirigem a objetos de um gênero diferente. Portanto, é o objeto do rito que precisaríamos caracterizar para podermos caracterizar o próprio rito. Ora, é na crença que a natureza especial desse objeto se exprime. Assim, só se pode definir o rito após se ter definido a crença.

Todas as crenças religiosas conhecidas, sejam simples ou complexas, apresentam um mesmo caráter comum: supõem uma classificação das coisas, reais ou ideais, que os homens concebem, em duas classes, em dois gêneros opostos, designados geralmente por dois termos distintos que as palavras *profano* e *sagrado* traduzem bastante bem. A divisão do mundo em dois domínios que compreendem, um, tudo o que é sagrado, outro, tudo o que é profano, tal é o traço distintivo do pensamento religioso: as crenças, os mitos, os gnomos, as lendas, são representações ou sistemas de representações que exprimem a natureza das coisas sagradas, as virtudes e os poderes que lhes são atribuídos, sua história, suas relações mútuas e com as coisas profanas. Mas, por coisas sagradas, convém não entender simplesmente esses seres pessoais que chamamos deuses ou espíritos: um rochedo, uma árvore, uma fonte, um seixo, um pedaço de madeira, uma casa, em uma palavra, uma coisa qualquer pode ser sagrada. Um rito pode ter esse caráter; inclusive, não existe rito que não o tenha em algum grau. Há palavras, frases, fórmulas que só podem ser pronunciadas pela boca de personagens consagrados; há gestos e movimentos que não podem ser executados por todo o mundo. Se o sacrifício védico teve tal eficácia, se inclusive, segundo a mitologia, foi gerador de deuses, ao invés de ser apenas um meio de conquistar seus favores, é que ele possuía uma virtude comparável à dos seres mais sagrados. O círculo dos objetos sagrados não pode, portanto, ser determinado de uma vez por todas; sua extensão é infinitamente variável conforme as religiões. Eis de que maneira o budismo é uma religião: é que, na falta de deuses, ele admite a existência de coisas sagradas, que são as quatro verdades santas e as práticas que delas derivam[41].

Mas limitamo-nos até aqui a enumerar, a título de exemplos, um certo número de coisas sagradas; cumpre agora indicar através de que características gerais elas se distinguem das coisas profanas.

Poderíamos ser tentados a defini-las, de início, pelo lugar que geralmente lhes é atribuído na hierarquia dos seres. Elas costumam ser consideradas como superiores em dignidade e em poderes às coisas profanas e, em particular, ao homem, quando este é apenas um homem e nada possui, por si próprio, de sagrado. Com efeito, o homem é representado ocupando, em relação a elas, uma situação inferior e dependente; e essa representação por certo não deixa de ser verdadeira. Só que nisto não há nada que seja realmente característico do sagrado. Não basta que uma coisa seja subordinada a uma outra para que a segunda seja sagrada em relação à primeira. Os escravos dependem de seus senhores, os súditos de seu rei, os soldados de seus comandantes, as classes inferiores das classes dirigentes, assim como o avarento depende de seu ouro e o ambicioso, do poder e das mãos que o detêm; ora, se dizemos às vezes de um homem que ele tem a religião dos seres ou das coisas aos quais atribui, assim, um valor eminente e uma espécie de superioridade em relação a si próprio, é claro que, em todos esses casos, a palavra é tomada num sentido metafórico e que não há nada, nessas relações, que seja propriamente religioso[42].

Por outro lado, convém não perder de vista que há coisas sagradas de todo tipo e que há aquelas diante das quais o homem se sente relativamente à vontade. Um amuleto tem um caráter sagrado, no entanto o respeito que inspira nada tem de excepcional. Mesmo diante de seus deuses, o homem nem sempre se encontra numa posição de acentuada inferioridade, pois muitas vezes exerce sobre eles uma verdadeira coerção física para obter o que deseja. Bate-se no fetiche com o qual não se está contente, reconciliando-se com ele caso venha a se mostrar mais dócil aos desejos de seu adorador[43]. Para obter a chuva, lançam-se pedras na fonte ou no lago sagrado onde se supõe residir o deus da chuva; acredita-se, deste modo, obrigá-lo a sair e a se mostrar[44]. Aliás, se é verdade que o homem depende de seus deuses, a dependência é recíproca. Também os deuses têm necessidade do homem: sem as oferendas e os sacrifícios, eles morreriam. Teremos ocasião de mostrar que essa dependência dos deuses em relação a seus fiéis mantém-se inclusive nas religiões mais idealistas.

Mas, se uma distinção puramente hierárquica é um critério ao mesmo tempo muito geral e muito impreciso, não nos resta outra coisa para definir o sagrado em relação ao profano, a não ser sua heterogeneidade. E o que torna essa heterogeneidade suficiente para caracterizar semelhante classificação das coisas e distingui-la de qualquer outra é justamente o fato de ela ser muito particular: *ela é absoluta*. Não existe na história do pensamento humano um outro exemplo de duas categorias de coisas tão profundamente diferenciadas, tão radicalmente opostas uma à outra. A oposição tradicional entre o bem e o mal não é nada ao lado desta; pois o bem e o mal são duas espécies contrárias de um mesmo gênero, a moral, assim como a saúde e a doença são apenas dois aspectos diferentes de uma mesma ordem de fatos, a vida, ao passo que o sagrado e o profano foram sempre e em toda parte concebidos pelo espírito humano como gêneros separados, como dois mundos entre os quais nada existe em comum. As energias que se manifestam num não são simplesmente as que se encontram no outro, com alguns graus a mais; são de outra natureza. Conforme as religiões, essa oposição foi concebida de maneiras diferentes. Numa, para separar esses dois tipos de coisas, pareceu suficiente localizá-las em regiões distintas do universo físico; noutra, algumas delas são lançadas num meio ideal e transcendente, enquanto o mundo material é entregue às outras em plena propriedade. Mas, se as formas do contraste são variáveis[45], o fato mesmo do contraste é universal.

Isso não significa, porém, que um ser jamais possa passar de um desses mundos para o outro; mas a maneira como essa passagem se produz, quando ocorre, põe em evidência a dualidade essencial dos dois reinos. A passagem implica, com efeito, uma verdadeira metamorfose. É o que demonstram particularmente os ritos de iniciação, tais como são praticados por uma quantidade de povos. A iniciação é uma longa série de cerimônias que têm por objeto introduzir o jovem na vida religiosa: ele sai pela primeira vez do mundo puramente profano onde transcorreu sua primeira infância para entrar no círculo das coisas sagradas. Ora, essa mudança de estado é concebida, não como o simples e regular desenvolvimento de germes preexistentes, mas como uma transformação *totius substantiae*. Diz-se que, naquele momento, o jovem morre, que a pessoa determinada que ele era cessa de existir e que uma outra, instantaneamente, substitui a precedente. Ele renasce sob uma nova forma. Considera-se que cerimônias apropriadas realizam essa morte e esse renascimento, entendidos não num sentido simplesmente simbólico, mas tomados ao pé da letra[46]. Não é isso uma prova de que há solução de continuidade entre o ser profano que ele era e o ser religioso em que se torna?

Essa heterogeneidade inclusive é tal que não raro degenera num verdadeiro antagonismo. Os dois mundos não são apenas concebidos como separados, mas como hostis e rivais um do outro. Como só pode pertencer plenamente a um se tiver saído inteiramente do outro, o homem é exortado a retirar-se totalmente do profano, para levar uma vida exclusivamente religiosa. Daí a vida monástica que, ao lado e fora do meio natural onde vive o homem comum, organiza artificialmente um outro meio, fechado ao primeiro e que quase sempre tende a ser o seu oposto. Daí o ascetismo místico, cujo objeto é extirpar do homem tudo o que nele pode permanecer de apego ao mundo profano. Daí, enfim, todas as formas de suicídio religioso, coroamento lógico desse ascetismo, pois a única maneira de escapar totalmente à vida profana é, em última instância, evadir-se totalmente da vida.

A oposição desses dois gêneros irá, aliás, traduzir-se exteriormente por um signo visível que permita reconhecer com facilidade essa classificação muito especial, onde quer que ela exista. Como a noção de sagrado está, no pensamento dos homens, sempre e em toda parte separada da noção de profano, como concebemos entre elas uma espécie de vazio lógico, ao espírito repugna invencivelmente que as coisas correspondentes sejam confundidas ou simplesmente postas em contato, pois tal promiscuidade ou mesmo uma contigüidade demasiado direta contradizem violentamente o estado de dissociação em que se acham tais idéias nas consciências. A coisa sagrada é, por excelência, aquela que o profano não deve e não pode impunemente tocar. Claro que essa interdição não poderia chegar ao ponto de tornar impossível toda comunicação entre os dois mundos, pois, se o profano não pudesse de maneira nenhuma entrar em relação com o sagrado, este de nada serviria. Mas esse relacionamento, além de ser sempre, por si mesmo, uma operação delicada, que requer precauções e uma iniciação mais ou menos complicada[47], de modo nenhum é possível sem que o profano perca suas características específicas, sem que se torne ele próprio sagrado num certo grau e numa certa medida. Os dois gêneros não podem se aproximar e conservar ao mesmo tempo sua natureza própria.

Temos, desta vez, um primeiro critério das crenças religiosas. Claro que, no interior desses dois gêneros fundamentais, há espécies secundárias que, por sua vez, são mais ou menos incompatíveis umas com as outras[48]. Mas o característico do fenômeno religioso é que ele supõe sempre uma divisão bipartida do universo conhecido e conhecível em dois gêneros que compreendem tudo o que existe, mas que se excluem radicalmente. As coisas sagradas são aquelas que as proibições protegem e isolam; as coisas profanas, aquelas a que se aplicam essas proibições e que devem permanecer à distância das primeiras. As crenças religiosas são representações que exprimem a natureza das coisas sagradas e as relações que elas mantêm, seja entre si, seja com as coisas profanas. Enfim, os ritos são regras de conduta que prescrevem como o homem deve comportar-se com as coisas sagradas.

Quando um certo número de coisas sagradas mantém entre si relações de coordenação e de subordinação, de maneira a formar um sistema dotado de uma certa unidade, mas que não participa ele próprio de nenhum outro sistema do mesmo gênero, o conjunto das crenças e dos ritos correspondentes constitui uma religião. Vê-se, por essa definição, que uma religião não corresponde necessariamente a uma única e mesma idéia, não se reduz a um princípio único que, embora diversificando-se conforme as circunstâncias em que se aplica, seria, no fundo, por toda parte, idêntico a si mesmo: trata-se de um todo formado de partes distintas e relativamente individualizadas. Cada grupo homogêneo de coisas sagradas, ou mesmo cada coisa sagrada de alguma importância, constitui um centro organizador em torno do qual gravita um grupo de crenças e de ritos, um culto particular; e não há religião, por mais unitária que seja, que não reconheça uma pluralidade de coisas sagradas. Mesmo o cristianismo, pelo menos em sua forma católica, admite, além da personalidade divina – aliás, tripla ao mesmo tempo que una –, a Virgem, os anjos, os santos, as almas dos mortos, etc.

Assim, uma religião não se reduz geralmente a um culto único, mas consiste em um sistema de cultos dotados de certa autonomia. Essa autonomia, por sinal, é variável. Às vezes, os cultos são hierarquizados e subordinados a um culto predominante, no qual acabam inclusive por ser absorvidos; mas ocorre também estarem simplesmente justapostos e confederados. A religião que iremos estudar nos fornecerá justamente um exemplo desta última organização.

Ao mesmo tempo, explica-se que possa haver grupos de fenômenos religiosos que não pertencem a nenhuma religião constituída: é que eles não estão ou não mais estão integrados num sistema religioso. Se um dos cultos em questão conseguir manter-se por razões especiais quando o conjunto do qual fazia parte desaparece, ele irá sobreviver apenas no estado desintegrado. Foi o que aconteceu a tantos cultos agrários que sobreviveram a si próprios no folclore. Em certos casos, não é sequer um culto, mas uma simples cerimônia, um rito particular que persiste sob essa forma[49].

Embora essa definição seja apenas preliminar, ela já permite entrever em que termos se deve colocar o problema que domina necessariamente a ciência das religiões. Quando se acredita que os seres sagrados só se distinguem dos demais pela maior intensidade dos poderes que lhes são atribuídos, a questão de saber de que maneira os homens puderam ter a idéia desses seres é bastante simples: basta examinar quais são as forças que, por sua excepcional energia, foram capazes de impressionar tão vivamente o espírito humano para inspirar sentimentos religiosos. Mas se, como tentamos estabelecer, as coisas sagradas diferem em natureza das coisas profanas, se são de uma outra essência, o problema é muito mais complexo. Pois é preciso perguntar então o que levou o homem a ver no mundo dois mundos heterogêneos e incomparáveis, quando nada na experiência sensível parecia dever sugerir-lhe a idéia de uma dualidade tão radical.

IV

Entretanto, essa definição não é ainda completa, pois convém igualmente a duas ordens de fatos que, embora aparentados entre si, precisam ser distinguidos: trata-se da magia e da religião.

Também a magia é feita de crenças e de ritos. Assim como a religião, tem seus mitos e seus dogmas; eles são apenas mais rudimentares, certamente porque, buscando fins técnicos e utilitários, a magia não perde seu tempo com especulações. Ela tem igualmente suas cerimônias, seus sacrifícios, suas purificações, suas preces, seus cantos e suas danças. Os seres que o mágico invoca, as forças que emprega não são apenas da mesma natureza que as forças e os seres aos quais se dirige a religião; com muita freqüência, são exatamente os mesmos. Assim, desde as sociedades mais inferiores, as almas dos mortos são coisas essencialmente sagradas e são objeto de ritos religiosos. Ao mesmo tempo, porém, elas desempenharam na magia um papel considerável. Tanto na Austrália[50] como na Melanésia[51], tanto na Grécia como nos povos cristãos[52], as almas dos mortos, suas ossadas, seus cabelos, estão entre os intermediários muitas vezes utilizados pelo mágico. Os demônios são igualmente um instrumento usual da ação mágica. Ora, também os demônios são seres cercados de proibições; também eles são separados, vivem num mundo à parte e, inclusive, costuma ser difícil distingui-los dos deuses propriamente ditos[53]. Aliás, mesmo no cristianismo, não é o diabo um deus decaído? E, independente até de suas origens, não tem ele um caráter religioso pelo fato mesmo de o inferno, do qual é o preposto, ser um elemento indispensável da religião cristã? Há inclusive divindades regulares e oficiais que são invocadas pelo mágico. Algumas vezes, são os deuses de um povo estrangeiro: por exemplo, os mágicos gregos faziam intervir deuses egípcios, assírios ou judeus. Outras vezes, são deuses nacionais mesmos: Hécate e Diana eram objeto de um culto mágico; a Virgem, Cristo e os santos foram utilizados da mesma maneira pelos mágicos cristãos[54].

Será que se deveria então dizer que a magia não pode ser distinguida com rigor da religião? Que a magia está repleta de religião, como a religião de magia, e que, por conseguinte, é impossível separá-las e definir uma sem a outra? Mas o que torna essa tese dificilmente sustentável é a marcada repugnância da religião pela magia e, em contrapartida, a hostilidade da segunda pela primeira. A magia tem uma espécie de prazer profissional em profanar as coisas sagradas[55]; em seus ritos, realiza em sentido diametralmente oposto as cerimônias religiosas[56]. Por sua vez, a religião, se nem sempre condenou e proibiu os ritos mágicos, os vê geralmente com desagrado. Como observam Hubert e Mauss, há, nos procedimentos do mágico, algo de intrinsecamente anti-religioso[57]. Portanto, ainda que possa haver alguma relação entre esses dois tipos de instituições, é difícil que elas não se oponham em algum ponto; e é ainda mais necessário perceber em que se distinguem na medida em que pretendemos limitar nosso estudo à religião e deter no ponto em que começa a magia.

Eis de que maneira se pode traçar uma linha de demarcação entre esses dois domínios.

As crenças propriamente religiosas são sempre comuns a uma coletividade determinada, que declara aderir a elas e praticar os ritos que lhes são solidários. Tais crenças não são apenas admitidas, a título individual, por todos os membros dessa coletividade, mas são próprias do grupo e fazem sua unidade. Os indivíduos que compõem essa coletividade sentem-se ligados uns aos outros pelo simples fato de terem uma fé comum. Uma sociedade cujos membros estão unidos por se representarem da mesma maneira o mundo sagrado e por traduzirem essa representação comum em práticas idênticas, é isso a que chamamos uma igreja. Ora, não encontramos, na história, religião sem igreja. Às vezes a igreja é estritamente nacional, outras vezes estende-se para além das fronteiras; ora abrange um povo inteiro (Roma, Atenas, o povo hebreu), ora compreende apenas uma de suas frações (as sociedades cristãs desde o advento do protestantismo); ora é dirigida por um corpo de sacerdotes, ora é mais ou menos desprovida de qualquer órgão dirigente oficial[58]. Mas, onde quer que observemos uma vida religiosa, ela tem por substrato um grupo definido. Mesmo os cultos ditos privados, como o culto doméstico ou o culto corporativo, satisfazem essa condição, pois são sempre celebrados por uma coletividade – a família ou a corporação. Aliás, assim como essas religiões particulares são, na maioria das vezes, apenas formas especiais de uma religião mais geral que abarca a totalidade da vida[59], essas igrejas restritas, na realidade, não são mais que capelas de uma igreja mais vasta, a qual, por causa dessa extensão mesma, merece ainda mais ser chamada por esse nome[60].

Algo bem diferente se dá com a magia. Claro que as crenças mágicas jamais deixam de ter alguma generalidade; com freqüência estão difusas em largas camadas de população e há inclusive muitos povos em que seu número de praticantes não é menor que o da religião propriamente dita. Mas elas não têm por efeito ligar uns aos outros seus adeptos e uni-los num mesmo grupo, vivendo uma mesma vida. *Não existe igreja mágica.* Entre o mágico e os indivíduos que o consultam, como também entre esses indivíduos, não há vínculos duráveis que façam deles os membros de um mesmo corpo moral, comparável àquele formado pelos fiéis de um mesmo deus, pelos praticantes de um mesmo culto. O mágico tem uma clientela, não uma igreja, e seus clientes podem perfeitamente não manter entre si nenhum relacionamento, ao ponto de se ignorarem uns aos outros; mesmo as relações que estabelecem com o mágico são, em geral, acidentais e passageiras; são em tudo semelhantes às de um doente com seu médico. O caráter oficial e público com que às vezes ele é investido não modifica em nada a situação; o fato de exercer sua função abertamente não o une de maneira mais regular e durável aos que recorrem a seus serviços.

É verdade que, em certos casos, os mágicos formam entre si sociedades: acontece de se reunirem mais ou menos periodicamente para celebrarem em comum certos ritos; conhecemos o lugar que ocupam as reuniões de feiticeiras no folclore europeu. Mas, antes de mais nada, notar-se-á que tais associações de modo nenhum são indispensáveis ao funcionamento da magia; são inclusive raras e bastante excepcionais. O mágico não tem a menor necessidade, para praticar sua arte, de unir-se a seus confrades. Ele é sobretudo um isolado; em geral, longe de buscar a sociedade, a evita. "Mesmo em relação a seus colegas, conserva sempre uma atitude reservada."[61] Ao contrário, a religião é inseparável da idéia de igreja. Sob esse primeiro aspecto, já existe entre a magia e a religião uma diferença essencial. Além do mais, e sobretudo, essas sociedades mágicas, quando se formam, jamais compreendem, muito pelo contrário, todos os adeptos da magia, mas apenas os mágicos; os leigos, se é possível chamá-los assim, ou seja, aqueles em proveito dos quais os ritos são celebrados, aqueles, em suma, que representam os fiéis dos cultos regulares, são excluídos desses encontros. Ora, o mágico está para a magia assim como o sacerdote para a religião, e um colégio de sacerdotes não é uma igreja, como tampouco o seria uma congregação religiosa que prestasse a algum santo, na sombra do claustro, um culto particular. Uma igreja não é simplesmente uma confraria sacerdotal; é a comunidade moral formada por todos os crentes de uma mesma fé, tanto os fiéis como os sacerdotes. Uma sociedade desse gênero normalmente não se verifica na magia[62].

Mas, se introduzimos a noção de igreja na definição de religião, não estaremos excluindo dela, ao mesmo tempo, as religiões individuais que o indivíduo institui para si mesmo e celebra por conta própria? Ora, há poucas sociedades em que estas não ocorram. Cada Ojibway, como veremos mais adiante, tem seu *manitu* pessoal que ele próprio escolhe e ao qual presta deveres religiosos particulares; o melanésio nas ilhas Banks tem seu *tamaniu*[63]; o romano tem seu *genius*[64]; o cristão, seu santo padroeiro e seu anjo da guarda, etc. Todos esses cultos parecem, por definição, independentes da idéia de grupo. E essas religiões individuais não apenas são muito freqüentes na história: alguns se perguntam hoje se elas não estão destinadas a se tornar a forma eminente da vida religiosa e se não chegará o dia em que não haverá outro culto senão aquele que cada um celebrará livremente em seu foro interior[65].

Mas, deixando provisoriamente de lado essas especulações sobre o futuro, se nos limitarmos a considerar as religiões tais como são no presente e tais como foram no passado, aparece com evidência que esses cultos individuais constituem, não sistemas religiosos distintos e autônomos, mas simples aspectos da religião comum a toda igreja da qual os indivíduos fazem parte. O santo padroeiro dos cristãos é escolhido na lista oficial dos santos reconhecidos pela igreja católica, e são igualmente regras canônicas que prescrevem de que maneira cada fiel deve cumprir esse culto particular. Do mesmo modo, a idéia de que cada homem tem necessariamente um gênio protetor está, sob formas diferentes, na base de um grande número de religiões americanas, assim como da religião romana (para citar apenas dois exemplos); pois ela é, como veremos mais adiante, estreitamente solidária à idéia de alma, e a idéia de alma não é das que possam ser inteiramente abandonadas ao arbítrio dos particulares. Em uma palavra, é a igreja da qual ele é membro que ensina ao indivíduo o que são esses deuses pessoais, qual é seu papel, de que maneira deve entrar em contato com eles, de que maneira deve honrá-los. Quando analisamos metodicamente as doutrinas dessa igreja, seja qual for, surge um momento em que encontramos no trajeto aquelas que dizem respeito aos cultos especiais. Portanto, não temos aí duas religiões de tipos diferentes e voltadas em sentidos opostos, mas sim, de ambos os lados, as mesmas idéias e os mesmos princípios, aplicados aqui às circunstâncias que interessam à coletividade em seu conjunto, ali, à vida do indivíduo. A solidariedade é inclusive tão estreita que, em alguns povos[66], as cerimônias através das quais o fiel entra pela primeira vez em comunicação com seu gênio protetor se misturam a ritos de caráter público incontestável, a saber, os ritos de iniciação[67].

Restam as aspirações contemporâneas a uma religião que consistiria inteiramente em estados interiores e subjetivos, e que seria livremente construída por cada um de nós. Mas, por mais reais que sejam, elas não poderiam afetar nossa definição, pois esta só pode aplicar-se a fatos conhecidos e realizados, não a virtualidades incertas. Podemos definir as religiões tais como são ou tais como foram, não tais como tendem mais ou menos vagamente a ser. É possível que esse individualismo religioso seja destinado a traduzir-se nos fatos, mas, para poder dizer em que medida, seria preciso já saber o que é a religião, de que elementos é feita, de que causas resulta, que função preenche; questões todas essas cuja solução não se pode prejulgar enquanto não se tiver ultrapassado o limiar da pesquisa. É somente ao cabo desse estudo que poderemos tratar de antecipar o futuro.

Chegamos, pois, à seguinte definição: *uma religião é um sistema solidário de crenças e de práticas relativas a coisas sagradas, isto é, separadas, proibidas, crenças e práticas que reúnem numa mesma comunidade moral, chamada igreja, todos aqueles que a elas aderem.* O segundo elemento que participa assim de nossa definição não é menos essencial que o primeiro, pois, ao mostrar que a idéia de religião é inseparável da idéia de igreja, ele faz pressentir que a religião deve ser uma coisa eminentemente coletiva[68].

CAPÍTULO II
AS PRINCIPAIS CONCEPÇÕES DA RELIGIÃO ELEMENTAR

I – O animismo

Munidos dessa definição, podemos sair em busca da religião elementar que nos propomos alcançar.

As religiões, mesmo as mais grosseiras que a história e a etnografia nos fazem conhecer, já são de uma complexidade que se ajusta mal à idéia que algumas vezes se faz da mentalidade primitiva. Nelas encontramos não apenas um sistema cerrado de crenças e de ritos, mas inclusive tal pluralidade de princípios diferentes, tal riqueza de noções essenciais, que pareceu impossível perceber nelas outra coisa que o produto tardio de uma evolução bastante longa. Donde se concluiu que, para descobrir a forma realmente original da vida religiosa, era necessário descer, através da análise, mais abaixo dessas religiões observáveis, decompô-las em seus elementos comuns e fundamentais, para descobrir se, entre estes últimos, haveria algum do qual os outros derivaram.

Ao problema assim colocado, duas soluções contrárias foram propostas.

Não existe, por assim dizer, sistema religioso, antigo ou recente, no qual, sob formas diversas, não se encontrem lado a lado como que duas religiões, as quais, embora estreitamente unidas e até penetrando-se mutuamente, não deixam de ser distintas. Uma dirige-se às coisas da natureza, seja às grandes forças cósmicas, como os ventos, os rios, os astros, o céu, etc., seja aos objetos de todo tipo que povoam a superfície da terra, plantas, animais, pedras, etc.; por esse motivo lhe dão o nome de *naturismo*. A outra tem por objeto os seres espirituais, os espíritos, almas, gênios, demônios, divindades propriamente ditas, agentes animados e conscientes como o homem, mas que se distinguem dele pela natureza dos poderes que lhes são atribuídos e, sobretudo, pela característica particular de não afetarem os sentidos do mesmo modo: normalmente não são perceptíveis a olhos humanos. Chama-se *animismo* essa religião dos espíritos. Ora, para explicar a coexistência, por assim dizer universal, dessas duas espécies de culto, duas teorias contraditórias foram propostas. Para uns, o animismo seria a religião primitiva, da qual o naturismo seria apenas uma forma secundária e derivada. Para outros, ao contrário, o culto da natureza é que seria o ponto de partida da evolução religiosa, o culto dos espíritos sendo apenas um caso particular dele.

Essas duas teorias são, até o presente, as únicas pelas quais se tentou explicar racionalmente[1] as origens do pensamento religioso. Assim, o problema capital que a ciência das religiões se coloca freqüentemente se reduz a saber qual dessas duas soluções é preciso escolher, ou se não seria melhor combiná-las, e, neste caso, que lugar deve-se atribuir a cada um desses dois elementos[2]. Mesmo os estudiosos que não admitem nenhuma dessas hipóteses em sua forma sistemática, não deixam de conservar esta ou aquela das proposições sobre as quais elas repousam[3]. Há, portanto, um certo número de noções acabadas e de aparentes evidências que é necessário submeter à crítica antes de abordar, por nossa conta, o estudo dos fatos.

Compreender-se-á melhor que é indispensável tentar um novo caminho, quando se tiver compreendido a insuficiência dessas concepções tradicionais.

I

Foi Tylor quem constituiu, em seus traços essenciais, a teoria animista[4]. Spencer, que a retomou em seguida, não o fez, é verdade, sem nela introduzir algumas modificações[5]. Mas, em suma, tanto para um como para outro as questões se colocam nos mesmos termos, e as soluções adotadas, com exceção de uma, são exatamente as mesmas. Podemos portanto reunir essas duas doutrinas na exposição a seguir, assinalando, porém, no momento oportuno, o ponto a partir do qual elas divergem.

Para se ter o direito de ver nas crenças e práticas animistas a forma primitiva da vida religiosa, cumpre satisfazer a um triplo *desideratum*: 1) uma vez que, nessa hipótese, a idéia de alma é a noção cardinal da religião, é preciso mostrar como ela se formou sem tomar nenhum de seus elementos de uma religião anterior; 2) a seguir, é preciso ver de que maneira as almas tornaram-se objeto de um culto e transformaram-se em espíritos; 3) enfim, já que o culto dos espíritos não é tudo em nenhuma religião, resta explicar como o culto da natureza derivou do primeiro.

A idéia de alma teria sido sugerida ao homem pelo espetáculo, mal compreendido, da dupla vida que ele leva normalmente no estado de vigília, de um lado, e durante o sono, de outro. Para o selvagem[6], com efeito, suas representações durante a vigília e aquelas que percebe no sonho possuem, ao que se diz, o mesmo valor: ele objetiva as segundas como as primeiras, ou seja, vê nelas a imagem de objetos exteriores cujo aspecto elas reproduzem mais ou menos exatamente. Assim, quando sonha que visitou um país distante, acredita ter estado realmente lá. Mas ele só pode ter ido se existem dois seres nele: um, seu corpo, que permaneceu deitado no chão e que ele reencontra ao despertar na mesma posição; outro que, durante o mesmo tempo, moveu-se através do espaço. Do mesmo modo, se, durante o sono, se vê conversando com um de seus companheiros que ele sabe estar distante, conclui que também este último é composto de dois seres: um que dorme a uma certa distância, e outro que veio manifestar-se por meio do sonho. Dessas experiências repetidas desprende-se pouco a pouco a idéia de que existe em cada um de nós um duplo, um outro, que, em determinadas condições, tem o poder de deixar o organismo onde reside e sair a peregrinar ao longe.

Esse duplo reproduz naturalmente todos os traços essenciais do ser sensível que lhe serve de invólucro exterior; mas, ao mesmo tempo, distingue-se dele por várias características. É mais móvel, já que é capaz de percorrer num instante vastas distâncias. É mais maleável, mais plástico, pois, para sair do corpo, deve poder passar pelos orifícios do organismo, especialmente o nariz e a boca. É representado, portanto, como feito de matéria, sem dúvida, mas de uma matéria muito mais sutil e etérea do que todas aquelas que conhecemos empiricamente. Esse duplo é a alma. E tudo indica que, num grande número de sociedades, a alma foi concebida como uma imagem do corpo; acredita-se inclusive que ela reproduz as deformações acidentais do corpo, como as resultantes de ferimentos e mutilações. Certos australianos, após terem matado seu inimigo, cortam-lhe o polegar direito a fim de que sua alma, privada conseqüentemente do polegar, não possa atirar a lança e se vingar. Mas, embora assemelhando-se ao corpo, ela já possui ao mesmo tempo algo de semi-espiritual. Diz-se que "é a parte mais sutil e mais leve do corpo", que "não tem carne, nem ossos, nem nervos"; que, quando se quer pegá-la, nada se sente; que ela é "como um corpo purificado"[7].

Aliás, juntamente com esse dado fundamental do sonho, outros fatos da experiência vinham naturalmente agrupar-se para inclinar os espíritos no mesmo sentido: a síncope, a apoplexia, a catalepsia, o êxtase, em uma palavra, todos os casos de insensibilidade temporária. De fato, esses casos se explicam muito bem a partir da hipótese de que o princípio da vida e do sentimento pode deixar momentaneamente o corpo. Por outro lado, era natural que esse princípio fosse confundido com o duplo, uma vez que a ausência deste durante o sono tem cotidianamente por efeito suspender a vida e o pensamento. Assim observações diversas pareciam verificar-se mutuamente e confirmar a idéia da dualidade constitutiva do homem[8].

Mas a alma não é um espírito. Está presa a um corpo do qual só excepcionalmente sai; e, enquanto não for nada além disso, não é objeto de nenhum culto. O espírito, ao contrário, embora tendo geralmente por residência uma coisa determinada, é capaz de afastar-se dela à vontade e o homem só pode entrar em relações com ele observando precauções rituais. Portanto, a alma só podia tornar-se espírito com a condição de transformar-se: a simples aplicação das idéias precedentes ao fato da morte produziu naturalmente essa metamorfose. Para uma inteligência rudimentar, com efeito, a morte não se distingue de um longo desmaio ou de um sono prolongado; ela tem todas as aparências disso. Assim, parece que também ela consiste numa separação da alma e do corpo, análoga à que se produz toda noite; mas como, em semelhante caso, não se vê o corpo reanimar-se, forma-se a idéia de uma separação sem limite de tempo determinável. Inclusive, uma vez destruído o corpo – e os ritos funerários têm em parte por objeto apressar essa destruição –, a separação é tida necessariamente por definitiva. Eis, portanto, espíritos desligados de todo organismo e soltos livremente pelo espaço. Como seu número aumenta com o tempo, forma-se, ao lado da população viva, uma população de almas. Essas almas de homens têm necessidades e paixões de homens; procuram, portanto, misturar-se à vida de seus companheiros de ontem, seja para ajudá-los, seja para prejudicá-los, conforme os sentimentos que conservaram por eles. Ora, sua natureza faz delas, conforme o caso, ou auxiliares muito preciosos, ou adversários muito temidos. Essas almas podem, com efeito, graças à sua extrema fluidez, penetrar nos corpos e causar todo tipo de desordens, ou então, ao contrário, aumentar sua vitalidade. Assim, surge o hábito de atribuir-lhes todos os acontecimentos da vida que fogem um pouco do comum: há poucos desses acontecimentos que não possam explicar. Elas constituem, portanto, uma espécie de arsenal de causas sempre disponíveis e que jamais deixam em apuros o espírito em busca de explicações. Um homem parece inspirado? Fala com veemência? Encontra-se como que acima de si mesmo e do nível médio dos homens? É que uma alma benfazeja está dentro dele e o anima. Um outro sofre um ataque de loucura? É que um espírito mau introduziu-se em seu corpo e trouxe-lhe a perturbação. Não há doença que não possa ser relacionada a alguma influência desse gênero. Assim, o poder das almas cresce com tudo o que lhes é atribuído, de tal maneira que o homem acaba por ver-se prisioneiro desse mundo imaginário do qual, no entanto, é o autor e o modelo. Cai sob a dependência dessas forças espirituais que criou com sua própria mão e à sua própria imagem. Pois, se as almas determinam a tal ponto a saúde e a enfermidade, os bens e os males, é prudente obter sua benevolência ou apaziguá-las quando estão irritadas: daí as oferendas, os sacrifícios, as preces, em suma, todo o conjunto das observâncias religiosas[9].

Eis aí a alma transformada. De simples princípio vital, animando um corpo de homem, tornou-se um espírito, um gênio, bom ou mau, uma divindade inclusive, segundo a importância dos efeitos que lhe são imputados. Mas, já que a morte é que teria operado essa apoteose, é aos mortos, em última instância, às almas dos antepassados, que teria se dirigido o primeiro culto da humanidade. Assim, os primeiros ritos teriam sido ritos mortuários; os primeiros sacrifícios teriam sido oferendas alimentares destinadas a satisfazer as necessidades dos defuntos; os primeiros altares teriam sido túmulos[10].

Mas, como esses espíritos eram de origem humana, eles só se interessavam pela vida dos homens e agiam supostamente apenas sobre os acontecimentos humanos. Resta explicar de que maneira outros espíritos foram imaginados para explicar outros fenômenos do universo, e de que maneira, portanto, ao lado do culto dos antepassados, constitui-se um culto da natureza.

Para Tylor, essa extensão do animismo seria devida à mentalidade particular do primitivo que, como a criança, não sabe distinguir o animado do inanimado. Já que os primeiros seres dos quais a criança começa a formar-se uma idéia são homens, isto é, ela própria e seus próximos, é com base no modelo da natureza humana que ela tende a conceber todas as coisas. Nos seus brinquedos, nos objetos de todo tipo que afetam seus sentidos, ela vê seres vivos como ela. Ora, o primitivo pensa como uma criança. Conseqüentemente, também ele está inclinado a dotar as coisas, mesmo inanimadas, de uma natureza análoga à sua. Tendo chegado, portanto, pelas razões expostas mais acima, à idéia de que o homem é um corpo que um espírito anima, ele haveria necessariamente de atribuir aos próprios corpos brutos uma dualidade do mesmo gênero e almas semelhantes à sua. Todavia, a esfera de ação de ambas não podia ser a mesma. Almas de homens só têm influência direta sobre o mundo dos homens: elas têm pelo organismo humano uma espécie de predileção, mesmo quando a morte deu-lhes a liberdade. Ao contrário, as almas das coisas residem antes de tudo nas coisas e são consideradas causas produtoras de tudo o que nelas acontece. As primeiras explicam a saúde ou a doença, a habilidade ou a falta de jeito, etc.; através das segundas explicam-se sobretudo os fenômenos do mundo físico, a marcha dos rios ou dos astros, a germinação das plantas, a proliferação dos animais, etc. Foi assim que a primeira filosofia do homem, que está na base do culto dos antepassados, completou-se por uma filosofia do mundo.

Ante esses espíritos cósmicos, o homem viu-se num estado de dependência ainda mais evidente do que face aos duplos errantes de seus antepassados. Pois, com estes últimos, ainda podia manter um comércio ideal e imaginário, ao passo que ele depende realmente das coisas; para viver, tem necessidade delas; portanto, acreditou igualmente ter necessidade dos espíritos que supostamente animavam essas coisas e determinavam suas manifestações diversas. Implorou sua assistência, solicitou-a mediante oferendas, preces, e a religião do homem completou-se numa religião da natureza.

Herbert Spencer objeta a essa explicação que a hipótese sobre a qual repousa é contestada pelos fatos. Admite-se, diz ele, que houve um momento em que o homem não percebia as diferenças que separam o animado do inanimado. Ora, à medida que se sobe na escala animal, vê-se aumentar a capacidade de fazer essa distinção. Os animais superiores não confundem um objeto que se move por si mesmo e cujos movimentos se ajustam a fins, com aqueles movidos de fora e mecanicamente. "Quando um gato se entretém com um rato que pegou, se ele o vê permanecer por muito tempo imóvel, toca-o com a ponta da pata para fazê-lo correr. Evidentemente, o gato pensa que um ser vivo que for incomodado procurará escapar."[11] O homem, mesmo primitivo, não poderia, no entanto, ter uma inteligência inferior à dos animais que o precederam na evolução; assim, não pode ser por falta de discernimento que ele passou do culto dos antepassados ao culto das coisas.

Segundo Spencer, que neste ponto, mas somente neste, afasta-se de Tylor, essa passagem se deve de fato a uma confusão, mas de outra espécie. Ela seria, pelo menos na maior parte, o resultado de uma série de ambigüidades. Em muitas sociedades inferiores, é um costume muito difundido dar a cada indivíduo, seja no momento de seu nascimento, seja mais tarde, o nome de um animal, de uma planta, de um astro, de um objeto natural qualquer. Mas, por causa da extrema imprecisão de sua linguagem, é muito difícil ao primitivo distinguir uma metáfora da realidade. Portanto, ele logo teria perdido de vista que essas denominações eram apenas figuras e, tomando-as literalmente, teria acabado por acreditar que um antepassado chamado Tigre ou Leão era realmente um tigre ou um leão. Em conseqüência, o culto prestado até então a esse antepassado teria se transferido para o animal com o qual doravante era confundido; e operando-se a mesma substituição em relação às plantas, aos astros, a todos os fenômenos naturais, a religião da natureza teria tomado o lugar da velha religião dos mortos. Certamente, ao lado dessa confusão fundamental, Spencer assinala outras que teriam, aqui ou ali, reforçado a ação da primeira. Por exemplo, os animais que freqüentam os arredores dos túmulos ou as casas dos homens teriam sido tomados como almas reencarnadas, e é nessa qualidade que os teriam adorado[12]; ou, então, a montanha, que a tradição apontava como o lugar de origem da raça, teria acabado por se transformar na origem mesma dessa raça; teriam acreditado que os homens eram os descendentes dela porque os antepassados tinham vindo de lá e, portanto, ela própria seria vista como antepassado[13]. Mas, como confessa Spencer, essas causas acessórias só teriam tido uma influência secundária: o que teria principalmente determinado a instituição do naturismo é "a interpretação literal dos nomes metafóricos"[14].

Precisávamos expor essa teoria a fim de que nossa apresentação do animismo fosse completa; mas ela é muito inadequada aos fatos e está por demais universalmente abandonada hoje para que haja motivos de deter-se ainda mais nela. Para poder explicar por uma ilusão um fato tão geral como a religião da natureza, seria preciso que a ilusão invocada se devesse a causas de uma igual generalidade. Ora, ainda que enganos como os que Spencer menciona com uns raros exemplos pudessem explicar, lá onde os constatamos, a transformação do culto dos antepassados em culto da natureza, não se percebe por que razão eles teriam se produzido com uma espécie de universalidade. Nenhum mecanismo psíquico necessitava deles. Claro que a palavra, por sua ambigüidade, podia favorecer o equívoco; mas todas as lembranças pessoais deixadas pelo antepassado na memória dos homens deviam opor-se à confusão. Por que a tradição que representava o antepassado tal como havia sido, isto é, como um homem que viveu uma vida de homem, teria por toda parte cedido ao prestígio da palavra? Por outro lado, devia haver alguma dificuldade em admitir que os homens pudessem nascer de uma montanha, de um astro, de um animal ou de uma planta; a idéia de tal exceção às condições ordinárias da geração não poderia deixar de levantar fortes resistências. Assim, longe de o erro encontrar diante de si um caminho aberto, razões de toda ordem pareciam dever defender os espíritos contra ele. Portanto, não se compreende como, a despeito de tantos obstáculos, teria podido triunfar de uma maneira tão geral.

II

Resta a teoria de Tylor, cuja autoridade é sempre grande. Suas hipóteses sobre o sonho, sobre a gênese das idéias de alma e espírito, são ainda clássicas. É importante, pois, testar seu valor.

Em primeiro lugar, deve-se reconhecer que os teóricos do animismo prestaram um importante serviço à ciência das religiões e mesmo à história geral das idéias, ao submeterem a noção de alma à análise histórica. Ao invés de a considerarem, como tantos filósofos, um dado simples e imediato da consciência, viram nela, de maneira bem mais justa, um todo complexo, um produto da história e da mitologia. Não cabe duvidar, com efeito, que ela seja algo essencialmente religioso por sua natureza, suas origens e suas funções. Foi da religião que os filósofos a receberam; assim, não se pode compreender a forma sob a qual ela se apresenta entre os pensadores da Antiguidade, se não se levarem em conta os elementos míticos que serviram para formá-la.

Mas se Tylor teve o mérito de colocar o problema, a solução que ele oferece não deixa de levantar graves dificuldades.

Antes de mais nada, haveria reservas a fazer sobre o princípio mesmo que está na base dessa teoria. Admite-se como uma evidência que a alma é inteiramente distinta do corpo e que, dentro ou fora dele, ela vive normalmente uma vida própria e autônoma. Ora, veremos[15] que essa concepção não é a do primitivo; pelo menos, ela exprime apenas um aspecto da idéia que se faz da alma. Para o primitivo, a alma, embora independente, sob certos aspectos, do organismo que a anima, confunde-se em parte com este último, ao ponto de não poder ser separada radicalmente dele: há órgãos que são, não apenas sua sede privilegiada, mas sua forma exterior e sua manifestação material. A noção é, portanto, mais complexa do que supõe a doutrina e, conseqüentemente, é duvidoso que as experiências invocadas sejam suficientes para justificá-la, pois, mesmo se permitissem compreender de que maneira o homem acreditou-se duplo, elas não saberiam explicar como essa dualidade não exclui, mas, ao contrário, implica, uma unidade profunda e uma penetração íntima dos dois seres assim diferenciados.

Admitamos, porém, que a idéia de alma seja redutível à idéia de duplo e vejamos como teria se formado esta última. Ela teria sido sugerida ao homem pela experiência do sonho. Para compreender de que maneira, enquanto seu corpo permanecia deitado no chão, era capaz de ver durante o sono lugares mais ou menos distantes, ele teria sido levado a conceber-se como formado por dois seres:

seu corpo, de um lado, e, de outro, um segundo si mesmo, capaz de deixar o organismo no qual habita e de percorrer o espaço. Mas, em primeiro lugar, para que essa hipótese de duplo pudesse impor-se aos homens com uma espécie de necessidade, era preciso que fosse a única possível ou, pelo menos, a mais econômica. Ora, em realidade há hipóteses mais simples, cuja idéia, ao que parece, devia apresentar-se também naturalmente aos espíritos. Por que, por exemplo, o adormecido não teria imaginado que, durante o sono, era capaz de ver a distância? Para atribuir-se um tal poder, o dispêndio de imaginação seria menor do que para construir essa complexa noção de um duplo, feito de uma substância etérea, semi-invisível, do qual a experiência direta não oferecia nenhum exemplo. Em todo caso, supondo-se que certos sonhos peçam naturalmente a explicação animista, há com certeza muitos outros que são absolutamente refratários a ela. Com muita freqüência nossos sonhos relacionam-se a acontecimentos passados; revemos o que vimos ou fizemos durante a vigília, ontem, anteontem, em nossa juventude, etc.; sonhos como esses são freqüentes e ocupam um lugar considerável em nossa vida noturna. Ora, a idéia do duplo não é capaz de explicá-los. Se o duplo pode transportar-se de um ponto a outro do espaço, não se compreende como lhe seria possível remontar o curso do tempo. Como é que o homem, por mais rudimentar que fosse sua inteligência, poderia acreditar, uma vez desperto, que acabara de presenciar realmente ou de tomar parte em acontecimentos que ele sabia terem se passado outrora? Como poderia imaginar que tinha vivido durante o sono uma vida que ele sabia ter há muito transcorrido? Era bem mais natural que visse nessas imagens renovadas o que elas são realmente, isto é, lembranças, tais como ele as tem durante o dia, mas de uma intensidade particular.

Por outro lado, nas cenas em que somos atores e testemunhas enquanto dormimos, acontece freqüentemente que um de nossos contemporâneos desempenhe um papel ao mesmo tempo que nós: acreditamos vê-lo e ouvi-lo ali onde nós mesmos nos vemos. Segundo o animismo, o primitivo explicará esses fatos imaginando que seu duplo foi visitado ou encontrado pelo duplo deste ou daquele de seus companheiros. Mas será suficiente que os interrogue, ao despertar, para constatar que a experiência deles não coincide com a sua. Durante o mesmo tempo, também eles tiveram sonhos, mas diferentes. Não se viram participando da mesma cena; acreditam ter visitado lugares bem diversos. E uma vez que, em semelhante caso, tais contradições devem ser a regra, como elas não levariam os homens a dizer-se que houve provavelmente erro, que eles imaginaram, que foram vítimas de uma ilusão? Pois há um certo simplismo na cega credulidade que se atribui ao primitivo. É improvável que ele objetive necessariamente todas as suas sensações. Não deixará de perceber que, mesmo no estado de vigília, seus sentidos o enganam às vezes. Por que os acreditaria mais infalíveis à noite que durante o dia? Muitas razões se opunham, portanto, a que tomasse facilmente seus sonhos por realidades e os interpretasse como um desdobramento de seu ser.

Além do mais, mesmo que todo sonho se explicasse perfeitamente pela hipótese do duplo e inclusive não pudesse explicar-se de outro modo, faltaria dizer por que o homem buscou dar-lhe uma explicação. Certamente, o sonho constitui a matéria de um problema possível. Mas passamos constantemente ao largo de problemas que não nos colocamos, que não suspeitamos sequer, enquanto alguma circunstância não nos fez sentir a necessidade de colocá-los. Mesmo quando o gosto da pura especulação é despertado, a reflexão está longe de levantar todas as questões a que poderia eventualmente aplicar-se; somente a atraem as que apresentam um interesse particular. Sobretudo quando se trata de fatos que se reproduzem sempre da mesma maneira, o costume adormece facilmente a curiosidade e sequer pensamos em nos interrogar. Para sacudir esse torpor, é preciso que exigências práticas ou, pelo menos, um interesse teórico muito premente venham estimular nossa atenção e voltá-la para esse lado. Eis aí como, a cada momento da história, há tantas coisas que renunciamos a compreender, sem mesmo ter consciência de nossa renúncia. Até épocas não muito distantes, acreditava-se que o sol tivesse apenas alguns pés de diâmetro. Havia algo de incompreensível no fato de um disco luminoso tão pequeno ser suficiente para iluminar a Terra; no entanto, durante séculos, a humanidade não pensou em resolver essa contradição. A hereditariedade é um fato há muito conhecido, mas só recentemente procurou-se elaborar a sua teoria. Eram até aceitas certas crenças que a tornavam inteiramente ininteligível: assim, para várias sociedades australianas de que iremos falar, a criança não é fisiologicamente o produto de seus pais[16]. Essa preguiça intelectual é levada necessariamente ao máximo no primitivo. Esse ser frágil, disputando com dificuldade sua vida contra todas as forças que o assaltam, não tem tempo para o luxo em matéria de especulação. Só deve refletir quando incitado a isso. Ora, é difícil perceber o que pode tê-lo levado a fazer do sonho o tema de suas meditações. O que é o sonho em nossa vida? Como é pequeno o espaço que nela ocupa! Sobretudo por causa das impressões muito vagas que deixa na memória, da própria rapidez com que se apaga da lembrança. E como é surpreendente, portanto, que um homem de uma inteligência tão rudimentar tenha despendido tantos esforços para encontrar sua explicação! De suas duas existências sucessivas, a diurna e a noturna, é a primeira que devia interessá-lo mais. Não é estranho que a segunda tenha cativado suficientemente sua atenção para que fizesse dela a base de todo um sistema de idéias complicadas e destinadas a ter sobre seu pensamento e sua conduta uma influência tão profunda?

Tudo tende a provar, portanto, que a teoria animista da alma, apesar do crédito que ainda desfruta, deve ser revisada. Claro que, hoje, o próprio primitivo atribui seus sonhos, ou alguns deles, às movimentações de seu duplo. Mas isso não quer dizer que o sonho forneceu efetivamente os elementos com os quais a idéia de duplo ou de alma foi construída; pois ela pode ter sido aplicada posteriormente aos fenômenos do sonho, do êxtase e da possessão, sem no entanto derivar deles. É freqüente que uma idéia, uma vez constituída, seja empregada para coordenar ou esclarecer, com uma luz às vezes mais aparente que real, fatos com os quais ela primitivamente não se relacionava e que não podiam, por si próprios, sugeri-la. Hoje, prova-se correntemente Deus e a imortalidade da alma mostrando que essas crenças decorrem dos princípios fundamentais da moral; em realidade, elas têm uma origem bem diferente. A história do pensamento religioso poderia fornecer numerosos exemplos dessas justificações retrospectivas que nada podem nos ensinar sobre a maneira como se formaram as idéias nem sobre os elementos que as compõem.

Aliás, é provável que o primitivo distinga entre seus sonhos e não explique todos da mesma forma... Em nossas sociedades européias, mesmo as pessoas, muitas ainda, para quem o sono é uma espécie de estado mágico-religioso, no qual o espírito, aliviado parcialmente do corpo, tem uma acuidade de visão que não possui durante a vigília, não chegam ao ponto de considerar todos os seus sonhos como intuições místicas: muito pelo contrário, vêem na maior parte deles, como todo o mundo, apenas estados profanos, jogos de imagens insignificantes, simples alucinações. É possível supor que o primitivo sempre fez distinções análogas. Codrington diz formalmente, dos melanésios, que eles não atribuem a migrações de almas todos os seus sonhos indistintamente, mas apenas os que impressionam fortemente sua imaginação[17]. Certamente devem-se entender como tais aqueles em que o adormecido julga-se em contato com seres religiosos, gênios benfeitores ou malignos, almas dos mortos, etc. Do mesmo modo, os Dieri distinguem muito claramente os sonhos ordinários e as visões noturnas em que se mostram a eles um amigo ou um parente falecido. Dão nomes diferentes a esses dois tipos de estados. No primeiro, vêem uma simples fantasia de sua imaginação; atribuem o segundo à ação de um espírito maligno[18]. Todos os fatos que Howitt menciona a título de exemplos para mostrar como o australiano atribui à alma o poder de abandonar o corpo têm igualmente um caráter místico: o adormecido julga-se transportado ao país dos mortos ou então conversa com um companheiro defunto[19]. Esses sonhos são freqüentes entre os primitivos[20]. Foi provavelmente em torno desses fatos que se formou a teoria. Para explicá-los, admite-se que as almas dos mortos viessem reencontrar os vivos durante seu sono, explicação tanto mais facilmente aceita porque nenhum fato de experiência podia invalidá-la. Só que esses sonhos só eram possíveis onde já houvesse a idéia de espíritos, de almas, de país dos mortos, ou seja, onde a evolução religiosa estivesse relativamente avançada. Longe de poderem fornecer à religião a noção fundamental sobre a qual repousa, tais sonhos supunham um sistema religioso já constituído e do qual dependiam[21].

III

Mas chegamos ao que constitui o núcleo mesmo da doutrina.

De onde quer que venha a idéia de um duplo, ela não basta, como reconhecem os animistas, para explicar como se formou esse culto dos antepassados do qual se quis fazer o modelo inicial de todas as religiões. Para que o duplo se tornasse objeto de um culto, era preciso que deixasse de ser uma simples réplica do indivíduo e adquirisse as características necessárias para ser elevado à ordem dos seres sagrados. É a morte, dizem, que operaria essa transformação. Mas de onde pode vir a virtude que lhe atribuem? Ainda que a analogia do sono e da morte fosse suficiente para fazer crer que a alma sobrevive ao corpo (e há reservas a emitir sobre esse ponto), por que essa alma, pelo simples fato de estar agora desligada do organismo, mudaria completamente de natureza? Se, em vida, não era senão uma coisa profana, um princípio vital ambulante, de que maneira se transformaria de repente numa coisa sagrada, objeto de sentimentos religiosos? A morte não lhe acrescenta nada de essencial, salvo uma maior liberdade de movimentos. Não estando mais ligada a uma residência oficial, doravante ela pode fazer o tempo todo o que até então só fazia de noite; mas a ação que é capaz de exercer é sempre da mesma natureza. Por que então os vivos teriam visto nesse duplo desenraizado e vagabundo de seu companheiro de ontem algo mais do que um semelhante? Tratava-se de um semelhante cuja vizinhança podia ser incômoda; não se tratava de uma divindade[22].

Inclusive parece que a morte deveria ter por efeito debilitar as energias vitais, ao invés de realçá-las. De fato, é uma crença muito difundida nas sociedades inferiores que a alma participa intimamente da vida do corpo. Se este é ferido, ela também o é, e no lugar correspondente. Portanto ela deveria envelhecer juntamente com ele. Há povos em que não se prestam deveres funerários aos homens chegados à senilidade; eles são tratados como se também sua alma tivesse se tornado senil[23]. Acontece mesmo que sejam regularmente mortas, antes de terem alcançado a velhice, as personalidades privilegiadas, reis ou sacerdotes, tidas como detentoras de um poderoso espírito cuja proteção a sociedade deve conservar. Quer-se assim evitar que esse espírito seja atingido pela decadência física dos que são seus depositários momentâneos; para tanto, retiram-no do organismo em que reside antes que a idade possa enfraquecê-lo e o transportam, enquanto nada perdeu ainda de seu vigor, para um corpo mais jovem, no qual poderá conservar intacta sua vitalidade[24]. Assim, quando a morte resulta da doença ou da velhice, parece que a alma só pode conservar forças minguadas; e, uma vez dissolvido definitivamente o corpo, não se percebe como ela poderia lhe sobreviver, se é apenas seu duplo. A idéia de uma sobrevivência torna-se, desse ponto de vista, dificilmente inteligível. Há, portanto, um hiato, um vazio lógico e psicológico entre a idéia de um duplo em liberdade e a de um espírito ao qual se presta um culto.

Esse intervalo afigura-se mais considerável ainda quando se sabe o abismo que separa o mundo sagrado do mundo profano, pois é evidente que uma simples mudança de grau não poderia ser suficiente para fazer passar uma coisa de uma categoria à outra. Os seres sagrados não se distinguem apenas dos profanos pelas formas estranhas ou desconcertantes que assumem ou pelos poderes mais amplos que possuem; entre ambos, também não há medida comum. Ora, na noção de duplo não há nada que possa explicar uma heterogeneidade tão radical. Diz-se que, uma vez libertado do corpo, o duplo pode fazer aos vivos ou muito bem ou muito mal, segundo a maneira pela qual os trata. Mas não é suficiente que um ser cause inquietação no seu meio para que pareça de uma natureza diferente daqueles cuja tranqüilidade ameaça. É verdade que, no sentimento que o fiel experimenta pelas coisas que adora, entra sempre alguma reserva e algum temor; mas é um temor *sui generis*, feito de respeito mais que de pavor, no qual prevalece essa emoção muito particular que a *majestade* inspira ao homem. A idéia de majestade é essencialmente religiosa. Assim, pode-se dizer que nada se explicou da religião enquanto não se tiver descoberto de onde vem essa idéia, a que ela corresponde e o que pode tê-la despertado nas consciências. Simples almas de homens não poderiam ser investidas desse caráter pelo simples fato de terem desencarnado.

É o que mostra claramente o exemplo da Melanésia. Os melanésios crêem que o homem possui uma alma que abandona o corpo na morte; ela muda então de nome e torna-se o que eles chamam um *tindalo*, um *natmat*, etc. Por outro lado, existe entre eles um culto das almas dos mortos: dirigem-lhes preces, invocações, fazem-lhes oferendas e sacrifícios. Mas nem todo *tindalo* é objeto dessas práticas rituais; somente têm essa honra os que emanam de homens aos quais a opinião pública atribuía, em vida, uma virtude muito especial que os melanésios chamam de *mana*. Mais adiante teremos de precisar a idéia que essa palavra exprime; por ora, será suficiente dizer que é o caráter distintivo de todo ser sagrado. O mana, diz Codrington, "é o que permite produzir efeitos que estão fora do poder ordinário dos homens, fora dos processos ordinários da natureza"[25]. Um sacerdote, um feiticeiro, uma fórmula ritual têm o mana, assim como uma pedra sagrada ou um espírito. Portanto, os únicos *tindalo* aos quais são prestadas homenagens religiosas são aqueles que, quando seu proprietário era vivo, já eram por si mesmos seres sagrados. Quanto às outras almas, as dos homens comuns, da multidão dos profanos, elas são, diz o mesmo autor, "nada, tanto depois como antes da morte"[26]. A morte, portanto, espontaneamente e por si só, não possui nenhuma virtude divinizadora. Como ela consuma, de uma maneira mais completa e definitiva, a separação da alma em relação às coisas profanas, pode muito bem reforçar o caráter sagrado da alma, se esta já o possui, mas não o cria.

Aliás, se realmente, como supõe a hipótese animista, os primeiros seres sagrados foram as almas dos mortos e o primeiro culto o dos antepassados, deveríamos constatar que, quanto mais as sociedades são de um tipo inferior, tanto mais esse culto tem importância na vida religiosa. Ora, é antes o contrário que se verifica. O culto ancestral só se desenvolve e, inclusive, só se apresenta sob uma forma característica em sociedades avançadas como a China, o Egito, as cidades gregas e latinas; ao contrário, está ausente nas sociedades australianas que representam, como veremos, a forma de organização social mais baixa e mais simples que conhecemos. Nelas encontramos, certamente, ritos funerários e ritos de luto; mas essas práticas não constituem um culto, ainda que às vezes lhes tenha sido dado, erradamente, esse nome. Com efeito, um culto não é simplesmente um conjunto de prescrições rituais que o homem é obrigado a seguir em certas circunstâncias; é um sistema de ritos, de festas, de cerimônias diversos que *apresentam todos a característica de retornarem periodicamente*. Eles correspondem à necessidade que sente o fiel de manter e fortalecer, a intervalos de tempo regulares, o vínculo com os seres sagrados dos quais depende. Eis por que se fala de ritos nupciais, e não de um culto nupcial; de ritos de nascimento, e não de um culto do recém-nascido: é que os acontecimentos que ensejaram esses ritos não implicam nenhuma periodicidade. Do mesmo modo, só há culto dos antepassados quando sacrifícios são feitos de tempos em tempos sobre os túmulos, quando libações neles são derramadas em datas mais ou menos aproximadas, quando festas são regularmente celebradas em honra do morto. Mas o australiano não mantém com seus mortos nenhum comércio desse gênero. Claro que deve sepultar seus restos conforme o rito, chorá-los durante o tempo prescrito e da maneira prescrita, vingá-los, se for o caso[27]. Mas, uma vez quitados esses deveres piedosos, uma vez dessecados os ossos, e tendo o prazo do luto terminado, tudo está dito e os sobreviventes não têm mais obrigações para com seus parentes que deixaram de existir. Há, é verdade, uma forma pela qual os mortos continuam a conservar um lugar na vida de seus próximos, mesmo depois que o luto terminou: com efeito, conservam-se seus cabelos ou alguns de seus ossos[28], por causa das virtudes especiais que lhes são atribuídas. Mas nesse momento eles cessaram de existir como pessoas; reduzem-se à categoria de amuletos anônimos e impessoais. Nesse estado, não são objeto de nenhum culto; servem apenas a fins mágicos.

Há, no entanto, tribos australianas em que são periodicamente celebrados ritos em honra de antepassados fabulosos que a tradição coloca na origem dos tempos. Essas cerimônias consistem geralmente em representações dramáticas nas quais são imitadas as ações que os mitos atribuem a esses heróis legendários[29]. Só que os personagens assim colocados em cena não são homens que, após terem vivido uma vida de homens, teriam sido transformados em espécies de deuses pelo fato da morte. Supõe-se que, em vida, desfrutavam já de poderes sobre-humanos. Atribuem-lhes tudo o que se fez de grande na história da tribo e mesmo na história do mundo. Eles é que teriam feito em grande parte a terra tal como ela é e os homens tais como eles são. A glória que continua a cercá-los não lhes vem, portanto, apenas do fato de serem antepassados, mas de um caráter divino que sempre lhes foi atribuído; para retomar a expressão melanésia, eles são constitutivamente dotados de mana. Portanto, não há nada aí que demonstre ter a morte o menor poder de divinizar. Inclusive não se pode, sem impropriedade, dizer que esses ritos constituam um culto dos antepassados, visto que não se dirigem aos antepassados como tais. Para que possa haver um verdadeiro culto dos mortos, cumpre que os antepassados reais, os parentes que os homens perdem realmente todo dia, se tornem, quando mortos, objeto de um culto; ora, uma vez mais, de um culto desse gênero não existem vestígios na Austrália.

Assim, o culto que, segundo a hipótese, deveria ser preponderante nas sociedades inferiores, em realidade inexiste nelas. Definitivamente, o australiano só se ocupa de seus mortos no momento mesmo do falecimento e imediatamente após. No entanto, esses mesmos povos praticam, como veremos, em relação a seres sagrados de uma natureza completamente diferente, um culto complexo, feito de cerimônias múltiplas que ocupam às vezes semanas e até meses inteiros. É inadmissível que os poucos ritos que o australiano cumpre ao perder um parente tenham sido a origem desses cultos permanentes, que retornam regularmente todos os anos e preenchem uma boa parte de sua existência. O contraste entre ambos é mesmo tal que há fundamento em perguntar se não foram os primeiros que derivaram dos segundos, se as almas dos homens, longe de terem sido o modelo com base no qual se imaginaram os deuses, não foram concebidas, desde a origem, como emanações da divindade.

IV

A partir do momento em que o culto dos mortos não é primitivo, o animismo carece de base. Poderia parecer inútil, portanto, discutir a terceira tese do sistema, a que diz respeito à transformação do culto dos mortos em culto da natureza. Mas, como o postulado sobre o qual ela repousa aparece mesmo em historiadores que não admitem o animismo propriamente dito, tais como Brinton[30], Lang[31], Réville[32] e o próprio Robertson Smith[33], é necessário fazer seu exame.

Essa extensão do culto dos mortos ao conjunto da natureza viria do fato de tendermos instintivamente a representar todas as coisas à nossa imagem, isto é, como seres vivos e pensantes. Já vimos que o próprio Spencer contestava a realidade desse suposto instinto. Uma vez que o animal distingue claramente os corpos vivos dos corpos brutos, parecia-lhe impossível que o homem, herdeiro do animal, não tivesse, desde a origem, a mesma faculdade de discernimento. Por mais certos, porém, que sejam os fatos citados por Spencer, eles não têm, no ponto em questão, o valor demonstrativo que lhes atribui. Seu raciocínio supõe, com efeito, que todas as faculdades, os instintos e as aptidões dos animais passaram integralmente ao homem; ora, muitos erros têm por origem esse princípio, que se toma indevidamente como uma verdade óbvia. Por exemplo, do fato de o ciúme sexual ser geralmente muito forte nos animais superiores, concluiu-se que ele devia verificar-se no homem, desde o início da história, com a mesma intensidade[34]. Ora, está constatado hoje que o homem pode praticar um comunismo sexual que seria impossível se esse ciúme não fosse suscetível de atenuar-se e mesmo desaparecer quando necessário[35]. É que o homem, com efeito, não é apenas o animal com algumas qualidades a mais: é outra coisa. A natureza humana deveu-se a uma espécie de remodelagem da natureza animal, e, ao longo das operações complexas de que resultou essa remodelagem, ocorreram perdas e ganhos ao mesmo tempo. Quantos instintos não perdemos! A razão disso é que o homem não está apenas em relação com um meio físico, mas também com um meio social infinitamente mais extenso, mais estável e mais ativo que aquele que influencia os animais. Portanto, para viver, é preciso que ele se adapte a esse meio. Ora, a sociedade, para poder manter-se, requer com freqüência que vejamos as coisas sob um certo ângulo, que as sintamos de um certo modo; conseqüentemente, modifica as idéias que seríamos levados a ter dessas coisas, os sentimentos a que estaríamos inclinados se obedecêssemos apenas à nossa natureza animal; ela os altera ao ponto mesmo de substituí-los por sentimentos contrários. Acaso não chega a fazer-nos considerar nossa própria vida algo de pouco valor, quando ela é, para o animal, o bem por excelência[36]? Portanto, é enganoso buscar inferir a constituição mental do homem primitivo tomando como base a dos animais superiores.

Mas, se a objeção de Spencer não tem o alcance decisivo que lhe atribuía seu autor, o postulado animista não poderia, em troca, tirar nenhuma autoridade das confusões que as crianças parecem cometer. Quando ouvimos uma criança xingar com cólera um objeto que a feriu, concluímos que ela vê nesse objeto um ser consciente como ela; mas é interpretar mal suas palavras e seus gestos. Em realidade, isso não corresponde ao raciocínio complicado que lhe atribuímos. Se ela chuta a mesa que lhe causou um ferimento, não é que a suponha animada e inteligente, mas sim por ter-lhe causado um ferimento. A cólera, provocada pela dor, tem necessidade de se extravasar; portanto, busca algo sobre o que se descarregar e se dirige naturalmente para a coisa que a provocou, embora esta não tenha culpa. A conduta do adulto, em semelhante caso, é muitas vezes igualmente pouco razoável. Quando ficamos violentamente irritados, sentimos necessidade de invectivar, de destruir, sem que por isso atribuamos aos objetos sobre os quais despejamos nossa cólera uma espécie de má vontade consciente. Há tão pouca confusão que, quando a emoção da criança se acalmou, ela sabe muito bem distinguir uma cadeira de uma pessoa: não se comporta da mesma forma com as duas. É uma razão análoga que explica sua tendência a tratar seus brinquedos como se fossem seres vivos. É a intensa necessidade de brincar que cria uma matéria apropriada para si, assim como, no caso precedente, os sentimentos violentos que o sofrimento desencadeara criavam a sua. Portanto, para poder brincar conscienciosamente com seu polichinelo, a criança o imagina uma pessoa viva. Aliás, a ilusão é ainda mais fácil na criança por ser a imaginação soberana; ela quase só pensa por imagens, e sabe-se o quanto as imagens são coisas flexíveis que se dobram facilmente a todas as exigências do desejo. Mas ela não se ilude com sua própria ficção e seria a primeira a se espantar se, de repente, esta virasse realidade e seu fantoche a mordesse[37].

Deixemos de lado, portanto, essas duvidosas analogias. Para saber se o homem esteve primitivamente inclinado às confusões que lhe imputam, não é o animal nem a criança de hoje que devemos considerar, mas as próprias crenças primitivas. Se os espíritos e os deuses da natureza são realmente construídos à imagem da alma humana, eles devem trazer a marca de sua origem e evocar os traços essenciais de seu modelo. A característica por excelência da alma é ser concebida como o princípio interior que anima o organismo; é ela que o move, que produz sua vida, de modo que, quando dele se retira, a vida se detém ou é suspensa. É no corpo que ela tem sua residência natural, pelo menos enquanto existe. Ora, não é isso o que acontece com os espíritos atribuídos às diferentes coisas da natureza. O deus do Sol não se encontra necessariamente no Sol, nem o espírito desta pedra na pedra que lhe serve de hábitat principal. Claro que um espírito mantém estreitas relações com o corpo ao qual está ligado; mas emprega-se uma expressão inexata quando se diz que ele é a alma desse corpo. "Na Melanésia, diz Codrington, não parece que se creia na existência de espíritos que animam um objeto natural, como uma árvore, uma queda d'água, uma tempestade ou uma rocha, de maneira que estejam para esse objeto como a alma, supõe-se, está para o corpo humano. Os europeus, é verdade, falam dos espíritos do mar, da tempestade ou da floresta; mas a idéia dos indígenas, assim traduzida, é bem diferente. Estes pensam que o espírito freqüenta a floresta ou o mar, e tem o poder de provocar tempestades e fazer adoecer os viajantes."[38] Enquanto a alma encontra-se essencialmente no interior do corpo, o espírito passa a maior parte de sua existência fora do objeto que lhe serve de substrato. Eis já uma diferença que não parece testemunhar que a segunda idéia tenha vindo da primeira.

Por outro lado, se de fato o homem tivesse tido necessidade de projetar sua imagem nas coisas, os primeiros seres sagrados teriam sido concebidos à sua semelhança. Ora, o antropomorfismo, longe de ser primitivo, é antes a marca de uma civilização relativamente avançada. Na origem, os seres sagrados são concebidos sob uma forma animal ou vegetal da qual a forma humana só lentamente se desvencilhou. Veremos adiante de que maneira, na Austrália, animais e plantas situam-se no primeiro plano das coisas sagradas. Mesmo entre os índios da América do Norte, as grandes divindades cósmicas, que começam ali a ser objeto de um culto, são com muita freqüência representados sob espécies animais[39]. "A diferença entre o animal, o homem e o ser divino, diz Réville, que constata o fato não sem surpresa, não é sentida nesse estado de espírito e, na maioria das vezes, *dir-se-ia que é a forma ani-*

mal a forma fundamental."[40] Para encontrar um deus construído inteiramente com elementos humanos, é preciso chegar quase até o cristianismo. Aqui o Deus é um homem, não somente pelo aspecto físico sob o qual manifestou-se temporariamente, mas também pelas idéias e os sentimentos que exprime. Mas mesmo em Roma e na Grécia, embora os deuses fossem geralmente representados com traços humanos, vários personagens míticos traziam ainda a marca de uma origem animal: é Dioniso, que vemos seguidamente sob a forma de um touro ou pelo menos com os chifres de touro; é Deméter, representada com uma crina de cavalo, é Pã, é Sileno, são os Faunos, etc.[41] Faltava muito, portanto, para que o homem estivesse inclinado a impor sua forma às coisas. E mais: ele próprio começou por conceber-se como participando intimamente da natureza animal. Com efeito, é uma crença quase universal na Austrália, também muito difundida entre os índios da América do Norte, que os antepassados dos homens foram animais ou plantas, ou, pelo menos, que os primeiros homens tinham, na totalidade ou em parte, os caracteres distintivos de certas espécies animais ou vegetais. Assim, longe de ver em toda parte apenas seres semelhantes a ele, o homem começou por pensar a si próprio à imagem de seres dos quais especificamente se diferenciava.

V

A teoria animista implica, aliás, uma conseqüência que é talvez sua melhor refutação.

Se fosse verdadeira, seria preciso admitir que as crenças religiosas não passam de representações alucinatórias, sem nenhum fundamento objetivo. Supõe-se, com efeito, que todas sejam derivadas da noção de alma, já que não se vêem nos espíritos e nos deuses nada mais que almas sublimadas. Mas a noção de alma, esta, é inteiramente construída, segundo Tylor e seus discípulos, com as vagas e inconstantes imagens que ocupam nossos espíritos durante o sono, pois a alma é o duplo, e o duplo não é senão o homem tal como aparece a si mesmo enquanto dorme. Desse ponto de vista, os seres sagrados seriam, portanto, apenas concepções imaginárias que o homem teria produzido numa espécie de delírio que dele se apodera regularmente todo dia, sem que se possa perceber para que fins úteis elas servem ou a que correspondem na realidade. Se o homem reza, se faz sacrifícios e oferendas, se se submete às privações múltiplas que o rito lhe prescreve, é que uma espécie de aberração constitutiva o fez tomar os sonhos por percepções, a morte por um sono prolongado, os corpos brutos por seres vivos e pensantes. Assim, não apenas, como muitos tendem a admitir, a forma sob a qual as forças religiosas são ou foram representadas não as exprimiria exatamente; não apenas os símbolos através dos quais elas foram pensadas mascarariam parcialmente sua verdadeira natureza, mas também, por trás dessas imagens e dessas figuras, não haveria outra coisa senão pesadelos de espíritos incultos. A religião seria apenas, em última instância, um sonho sistematizado e vivido, mas sem fundamento no real[42]. Eis por que os teóricos do animismo, quando buscam as origens do pensamento religioso, se contentam, em suma, com muito pouco. Quando julgam ter conseguido explicar de que maneira o homem pôde ser induzido a imaginar seres com formas estranhas, vaporosas, como os que vemos em sonho, o problema lhes parece resolvido.

Em realidade, ele não foi sequer abordado. É inadmissível, com efeito, que sistemas de idéias como as religiões, que ocuparam na história um lugar tão considerável, nos quais os povos de todas as épocas vieram buscar a energia necessária para viver, sejam apenas tecidos de ilusões. Todos reconhecem hoje que o direito, a moral, o próprio pensamento científico nasceram na religião, durante muito tempo confundiram-se com ela e permaneceram penetrados de seu espírito. Como é que uma vã fantasmagoria teria podido modelar tão fortemente e de maneira tão duradoura as consciências humanas? Seguramente, deve ser um princípio, para a ciência das religiões, que a religião não exprime nada que não esteja na natureza; pois só existe ciência de fenômenos naturais. Toda a questão está em saber a que reino da natureza pertencem essas realidades e o que pôde levar os homens a concebê-las sob essa forma singular que é própria do pensamento religioso. Mas, para que essa questão possa ser colocada, é necessário começar por admitir que são coisas reais que são assim representadas. Quando os filósofos do século XVIII faziam da religião um vasto erro imaginado pelos padres, eles podiam ao menos explicar sua persistência pelo interesse da casta sacerdotal em enganar as multidões. Mas se os próprios povos foram fabricantes desses sistemas de idéias errôneas e, ao mesmo tempo, vítimas deles, como é que esse logro extraordinário pôde perpetuar-se ao longo de toda a história?

Deve-se mesmo perguntar se, nessas condições, o termo ciência das religiões pode ser empregado sem impropriedade. Uma ciência é uma disciplina que, não importa como seja concebida, se aplica sempre a uma realidade dada. A física e a química são ciências, porque os fenômenos físico-químicos são reais e de uma realidade que não depende das verdades que elas demonstram. Há uma ciência psicológica porque há realmente consciências cujo direito à existência não depende dos psicólogos. Ao contrário, a religião não poderia sobreviver à teoria animista, a partir do momento em que esta fosse reconhecida como verdadeira por todos os homens, pois estes necessariamente abandonariam os erros cuja natureza e origem lhes seriam assim reveladas. Que ciência seria essa, cuja principal descoberta consistiria em fazer desaparecer o objeto mesmo de que trata?

CAPÍTULO III
AS PRINCIPAIS CONCEPÇÕES DA RELIGIÃO ELEMENTAR
(Continuação)

II – O naturismo

Bem diferente é o espírito em que se inspira a escola naturista.

Seus adeptos, aliás, provêm de outros meios. Os animistas, na sua maior parte, são etnógrafos ou antropólogos. As religiões que estudaram figuram entre as mais grosseiras que a humanidade praticou. Daí a importância primordial que atribuem às almas dos mortos, aos espíritos, aos demônios, isto é, aos seres espirituais de segunda ordem: é que essas religiões praticamente não conhecem outros que sejam de uma ordem mais elevada[1]. Ao contrário, as teorias que iremos agora expor são obra de estudiosos que se ocuparam sobretudo das grandes civilizações da Europa e da Ásia.

Desde que, a partir dos irmãos Grimm, se percebeu o interesse que havia em comparar umas às outras as diferentes mitologias dos povos indo-europeus, chamaram a atenção as notáveis similitudes que elas apresentavam. Foram identificados personagens míticos que, sob nomes diferentes, simbolizavam as mesmas idéias e cumpriam as mesmas funções; inclusive compararam-se os nomes e julgou-se poder estabelecer que às vezes tinham algum parentesco. Tais semelhanças só pareciam poder explicar-se por uma comunidade de origem. Portanto, era-se levado a supor que essas concepções, por mais variadas na aparência, provinham, em realidade, de um fundo comum do qual não eram mais que formas diversificadas e que não era impossível identificar. Pelo método comparativo, devia-se poder remontar, para além dessas grandes religiões, a um sistema de idéias bem mais antigo, a uma religião realmente primitiva da qual as outras teriam derivado.

Porém, o que mais contribuiu para despertar essas ambições foi a descoberta dos Vedas. Com os Vedas, de fato, tinha-se um texto escrito cuja antiguidade certamente pode ter sido exagerada no momento de sua descoberta, mas que não deixa de ser um dos mais antigos existentes numa língua indo-européia. Estava-se assim em condições de estudar, com os métodos ordinários da filologia, uma literatura tão ou mais velha que a de Homero, uma religião considerada mais primitiva que a dos antigos germanos. Um documento de tal valor estava evidentemente destinado a lançar uma nova luz sobre os primórdios religiosos da humanidade, e a ciência das religiões não podia deixar de ser renovada por ele.

A concepção assim originada correspondia tão bem ao estado da ciência e à marcha geral das idéias que ela se manifestou quase ao mesmo tempo em dois países diferentes. Em 1856, Max Müller expunha os princípios dela nos seus *Oxford Essays*[2]. Três anos mais tarde, aparecia o livro de Adalbert Kuhn sobre a *Origem do fogo e da bebida divina*[3], que se inspira claramente na mesma concepção. A idéia, uma vez emitida, difundiu-se rapidamente nos meios científicos. Ao nome de Kuhn está intimamente associado o de seu cunhado Schwartz, cujo livro sobre a *Origem da mitologia*[4] foi publicado logo depois do precedente. Steinhal e toda a escola alemã da *Völkerpsychologie* ligam-se ao mesmo movimento. Em 1863, a teoria foi introduzida na França por Michel Bréal[5]. Ela encontrava tão pouca resistência que, segundo uma frase de Gruppe[6], "chegou um momento em que, com exceção de alguns filólogos clássicos, alheios aos estudos védicos, todos os mitólogos tomavam como ponto de partida de suas explicações os princípios de Max Müller ou de Kuhn"[7].

Convém portanto examinar em que consistem esses princípios e o que valem.

Como ninguém os apresentou de forma mais sistemática do que Max Müller, é sobretudo dele que tomaremos os elementos da exposição a seguir[8].

I

Vimos que o postulado subentendido do animismo é que a religião, pelo menos na sua origem, não exprime nenhuma realidade experimental. É do princípio contrário que parte Max Müller. Para ele, trata-se de um axioma a religião basear-se numa experiência da qual retira toda a sua autoridade. "A religião, diz ele, para ocupar o lugar que lhe cabe como elemento legítimo de nossa consciência, deve, como todos os nossos outros conhecimentos, começar por uma experiência sensível."[9] Retomando o velho adágio empírico *Nihil est in intellectu quod non ante fuerit in sensu*, ele o aplica à religião e declara que nada pode haver na fé que não tenha estado antes nos sentidos. Temos aqui, pois, uma doutrina que parece escapar, desta vez, à grave objeção que fazíamos ao animismo. Desse ponto de vista, com efeito, a religião parece dever necessariamente se apresentar, não como um vago e confuso devaneio, mas como um sistema de idéias e de práticas bem fundamentadas na realidade.

Mas quais são as sensações geradoras do pensamento religioso? Tal é a questão que o estudo dos Vedas devia ajudar a resolver.

Os nomes dos deuses védicos são geralmente nomes comuns, ainda empregados como tais, ou antigos nomes comuns cujo sentido original é possível recuperar. Ora, tanto uns como outros designam os principais fenômenos da natureza. Assim, *Agni*, nome de uma das principais divindades da Índia, significa, a princípio, apenas o fato material do fogo, tal como os sentidos o percebem e sem nenhuma adição mitológica. Mesmo nos Vedas ele é ainda empregado nessa acepção; em todo caso, o que mostra claramente o traço primitivo dessa significação é que ela se conservou em outras línguas indo-européias: o latino *ignis*, o lituano *ugnis*, o antigo eslavo *ogny* são evidentemente parentes próximos de *Agni*. Do mesmo modo, o parentesco entre o sânscrito *Dyaus*, o *Zeus* grego, o *Jovis* latino, o *Zio* do alto alemão, é hoje incontestado. Ele prova que essas palavras diferentes designam uma única e mesma divindade que os diferentes povos indo-europeus já reconheciam como tal antes de sua separação. Ora, *Dyaus* significa céu brilhante. Esses e outros fatos tendem a demonstrar que, nesses povos, os corpos e as forças da natureza foram os primeiros objetos aos quais se apegou o sentimento religioso: foram as primeiras coisas divinizadas. Dando um passo a mais no caminho da generalização, Max Müller julgou-se autorizado a concluir que a evolução religiosa da humanidade em geral tivera o mesmo ponto de partida.

É quase exclusivamente por considerações de ordem psicológica que ele justifica essa inferência. Os espetáculos variados que a natureza oferece ao homem lhe parecem preencher todas as condições necessárias para despertar imediatamente nos espíritos a idéia religiosa. Com efeito, diz ele, "ao primeiro olhar que os homens lançaram sobre o mundo, nada lhes pareceu menos natural que a natureza. A natureza era para eles a grande surpresa, o grande terror; era uma maravilha e um milagre permanente. Foi somente mais tarde, quando descobriram sua constância, sua invariabilidade, seu retorno regular, que certos aspectos desse milagre foram chamados naturais, no sentido de serem previstos, ordinários, inteligíveis... Ora, foi esse vasto domínio aberto aos sentimentos de surpresa e de temor, foi essa maravilha, esse milagre, esse imenso desconhecido oposto ao que é conhecido... que deu o primeiro impulso ao pensamento religioso e à linguagem religiosa"[10]. E, para ilustrar seu pensamento, Max Müller o aplica a uma força natural que ocupa um importante lugar na religião védica: ao fogo. "Procurem, diz ele, transportar-se em pensamento a esse estágio da vida primitiva em que é preciso, forçosamente, situar a origem e mesmo as primeiras fases da religião da natureza; poderão facilmente imaginar a impressão que deve ter causado sobre o espírito humano o primeiro aparecimento do fogo. Não importa como tenha se manifestado na origem, quer tenha vindo do raio, quer tenha sido obtido esfregando-se ramos de árvore uns contra os outros, ou ainda que tenha brotado das pedras sob forma de faíscas: era algo que funcionava, que fazia progredir, algo que era preciso preservar, que trazia a destruição consigo, mas, ao mesmo tempo, que tornava a vida possível no inverno, que protegia durante a noite, que servia como arma tanto ofensiva quanto defensiva. Graças a ele, o homem deixou de devorar a carne crua e tornou-se consumidor de alimentos cozidos. Foi também por intermédio do fogo que, mais tarde, trabalharam-se os metais, fabricaram-se os instrumentos e as armas; ele se tornou, assim, um fator indispensável de todo progresso técnico e artístico. Que seríamos nós, mesmo agora, sem o fogo?"[11] O homem, diz o mesmo autor numa outra obra, não pode entrar em relação com a natureza sem se dar conta de sua imensidão, de sua infinidade. Ela o excede por todos os lados. Além dos espaços que ele percebe, há outros que se estendem sem conta; cada um dos momentos da duração é precedido e seguido de um tempo para o qual nenhum limite pode ser fixado; o rio que corre manifesta uma força infinita, uma vez que nada o esgota[12]. Não há aspecto da natureza que não seja capaz de despertar em nós essa sensação esmagadora de um infinito que nos envolve e domina[13]. E é dessa sensação que teriam derivado as religiões[14].

No entanto, elas estavam aí apenas em germe[15]. A religião só se constituiu realmente quando essas forças naturais deixaram de ser representadas aos espíritos sob a forma abstrata. Foi preciso que elas se transformassem em agentes pessoais, em seres vivos e pensantes, em forças espirituais, em deuses; pois é a seres desse gênero que se dirige geralmente o culto. Vimos que o próprio animismo é obrigado a colocar-se a questão e de que maneira a resolveu: haveria no homem uma espécie de incapacidade nativa de distinguir o animado do inanimado e uma tendência irresistível a conceber o segundo sob a forma do primeiro. Essa solução é rejeitada por Max Müller[16]. Segundo ele, é a linguagem que, pela ação que exerce sobre o pensamento, teria operado essa metamorfose.

Explica-se facilmente que, intrigados por essas formas maravilhosas das quais dependiam, os homens tenham sido incitados a refletir sobre elas; que se tenham perguntado em que consistiam e se esforçado por substituir a obscura sensação que tinham primitivamente delas por uma idéia mais clara, um conceito mais bem definido. Mas a idéia e o conceito, diz justamente nosso autor[17], são impossíveis sem a palavra. A linguagem não é meramente o revestimento exterior do pensamento; é seu arcabouço interno. Não se limita a traduzi-lo externamente depois que ele se formou: serve para produzi-lo. No entanto, ela tem uma natureza que lhe é própria e, conseqüentemente, leis que não são as do pensamento. E já que ela contribui para elaborá-lo, não pode deixar, de certo modo, de violentá-lo e de deformá-lo. É uma deformação desse gênero que teria produzido o caráter singular das representações religiosas.

Pensar, com efeito, é ordenar nossas idéias; é, portanto, classificá-las. Pensar o fogo, por exemplo, é colocá-lo nesta ou naquela categoria de coisas, de maneira a poder dizer que ele é isto ou aquilo, isto e não aquilo. Mas, por outro lado, classificar é nomear, pois uma idéia geral só tem existência e realidade na e pela palavra que a exprime e que cria, por si só, sua individualidade. Assim, a língua de um povo sempre influencia a maneira como são classificadas nos espíritos, e conseqüentemente pensadas, as coisas novas dadas a conhecer; pois essas coisas são obrigadas a adaptar-se aos marcos preexistentes. Por essa razão, a língua que os homens falavam, quando decidiram fazer uma representação elaborada do universo, marcou com um traço indelével o sistema de idéias então originado.

Não deixamos de conservar algo dessa língua, pelo menos no que diz respeito aos povos indo-europeus. Por remota que seja, restam dela, em nossas línguas atuais, reminiscências que nos permitem conceber o que ela era: são as raízes. Essas palavras originárias, de que derivam os outros vocábulos que empregamos e que se encontram na base de todos os idiomas indo-europeus, são consideradas por Max Müller como ecos da língua que falavam os povos correspondentes antes de sua separação, isto é, no momento em que se constituiu essa religião da natureza que se trata precisamente de explicar. Ora, as raízes apresentam duas características notáveis que, certamente, só foram bem observadas nesse grupo particular de línguas, mas que nosso autor crê igualmente verificáveis nas outras famílias lingüísticas[18].

Em primeiro lugar, as raízes são típicas, ou seja, exprimem não coisas particulares, indivíduos, mas tipos, inclusive tipos extremamente gerais. Elas representam os temas mais genéricos do pensamento; nelas encontramos, como que fixadas e cristalizadas, essas categorias fundamentais do espírito que, em cada momento da história, dominam toda a vida mental e cujo sistema os filósofos tentaram muitas vezes reconstituir[19].

Em segundo lugar, os tipos aos quais correspondem são tipos de ação, não de objetos. O que elas traduzem são as maneiras mais gerais de agir que se podem observar nos seres vivos e, mais especialmente, no homem: a ação de bater, de empurrar, de esfregar, de ligar, de elevar, de apertar, de subir, de descer, de caminhar, etc. Em outros termos, o homem generalizou e nomeou seus principais modos de ação antes de generalizar e nomear os fenômenos da natureza[20].

Graças à sua extrema generalidade, essas palavras podiam facilmente estender-se a todo tipo de objetos que visavam primitivamente; foi essa extrema flexibilidade, aliás, que lhes permitiu dar origem às múltiplas palavras que delas derivaram. Assim, quando o homem, voltando-se para as coisas, começou a nomeá-las para poder pensá-las, aplicou-lhes esses vocábulos, embora não tivessem sido feitos para elas. Acontece que, em razão de sua origem, eles só podiam designar as diferentes forças da natureza por meio daquelas suas manifestações que mais se assemelham a ações humanas: o raio foi chamado *algo* que fende o chão ao cair ou que espalha o incêndio; o vento, *algo* que geme ou que sopra; o sol, *algo* que lança através do espaço flechas douradas; o rio, *algo* que corre, etc. E, como tais fenômenos naturais achavam-se assim assimilados a atos humanos, esse algo a que estavam relacionados foi necessariamente concebido sob a forma de agentes pessoais, mais ou menos semelhantes ao homem. Não era senão uma metáfora, mas foi tomada ao pé da letra; o erro era inevitável porque a ciência, a única que podia dissipar a ilusão, não existia ainda. Em uma palavra, como a linguagem era feita de elementos humanos que traduziam estados humanos, ela não pôde aplicar-se à natureza sem transfigurá-la[21]. Mesmo hoje, observa Bréal, ela nos obriga, numa certa medida, a conceber as coisas sob esse ângulo. "Não exprimimos uma idéia, ainda que designe uma simples qualidade, sem dar-lhe um gênero, isto é, um sexo; não podemos falar de um objeto, considerado de uma forma geral ou não, sem determiná-lo por um artigo; todo sujeito da frase é apresentado como um ser agente, toda idéia como uma ação, e cada ato, transitório ou permanente, é limitado em sua duração pelo tempo em que colocamos o verbo."[22] Claro que nossa cultura científica nos permite corrigir facilmente os erros que a linguagem poderia nos sugerir deste modo; mas a influência da palavra deve ter sido onipotente quando não havia contrapeso. Ao mundo material, tal como se revela aos nossos sentidos, a linguagem acrescentou, pois, um mundo novo, composto unicamente de seres espirituais que ela criou por inteiro e que foram considerados, a partir de então, como as causas determinantes dos fenômenos físicos.

Aliás, sua ação não se deteve aí. Uma vez que haviam sido forjadas palavras para designar essas personalidades que a imaginação popular colocara atrás das coisas, a reflexão aplicou-se a essas palavras mesmas: elas propunham enigmas de toda espécie, e foi para resolver esses problemas que os mitos foram inventados. Acontecia que um mesmo objeto recebesse uma pluralidade de nomes, correspondentes à pluralidade de aspectos sob os quais se apresentava na experiência; assim, há mais de vinte palavras nos Vedas para designar o céu. Como as palavras eram diferentes, acreditou-se que correspondiam a outras tantas personalidades distintas. Mas, ao mesmo tempo, era impossível não reconhecer que essas personalidades tinham um certo parentesco. Para explicá-lo, imaginou-se que formavam uma mesma família; inventaram-lhes genealogias, um estado civil, uma história. Em outras ocasiões, coisas diferentes eram designadas por um mesmo termo; para explicar essas homonímias, admitiu-se que as coisas correspondentes eram transformações umas das outras, e novas ficções se forjaram para tornar inteligíveis essas metamorfoses. Ou então, ainda, uma palavra que deixara de ser compreendida foi a origem de fábulas destinadas a dar-lhe um sentido. A obra criadora da linguagem prosseguiu portanto em construções cada vez mais complexas e, à medida que a mitologia veio dotar cada deus de uma biografia progressivamente mais extensa e completa, as personalidades divinas, a princípio confundidas com as coisas, acabaram por distinguir-se delas e por determinar-se.

Eis como teria se constituído a noção do divino. Quanto à religião dos antepassados, ela seria apenas um reflexo da precedente[23]. A noção de alma teria se formado, a princípio, por razões bastante análogas às que dera Tylor, exceto que, segundo Max Müller, ela teria se destinado a explicar a morte, e não o sonho[24]. Depois, sob a influência de diversas circunstâncias[25], em parte acidentais, as almas dos homens, uma vez separadas do corpo, teriam sido atraídas pouco a pouco para a esfera dos seres divinos, vindo elas próprias a ser divinizadas. Mas esse novo culto seria o produto apenas de uma formação secundária. É o que prova, aliás, o fato de os homens divinizados terem sido geralmente deuses imperfeitos, semideuses, que os povos sempre souberam distinguir das divindades propriamente ditas[26].

II

Essa doutrina repousa, em parte, em certo número de postulados lingüísticos que foram e são ainda muito discutidos. Contestou-se a realidade de muitas dessas concordâncias que Max Müller acreditava observar entre os nomes que designam os deuses nas diferentes línguas européias. Sobretudo, foi posta em dúvida a interpretação que lhes deu: perguntaram se, longe de serem o indício de uma religião muito primitiva, não seriam essas concordâncias um produto tardio, seja de empréstimos diretos, seja de encontros naturais[27]. Por outro lado, não mais se admite hoje que as raízes tenham existido em estado isolado, na qualidade de realidades autônomas, nem, portanto, que permitam reconstruir, mesmo hipoteticamente, a língua primitiva dos povos indo-europeus[28]. Enfim, pesquisas recentes tenderiam a provar que nem todas as divindades védicas tinham o caráter exclusivamente naturista que lhes atribuíam Max Müller e sua escola[29]. Mas deixaremos de lado essas questões cujo exame supõe uma competência muito especial de lingüista, para nos determos nos princípios gerais do sistema. Ainda mais que convém não confundir demasiadamente a idéia naturista com esses postulados controversos, pois ela é admitida por muitos estudiosos para os quais a linguagem não tem o papel preponderante que lhe atribui Max Müller.

Que o homem tenha interesse em conhecer o mundo que o cerca e que, por conseguinte, sua reflexão logo tenha se aplicado a ele, todos admitirão sem dificuldade. O concurso das coisas com as quais estava imediatamente em contato era-lhe demasiadamente necessário para que não buscasse investigar sua natureza. Mas se, como pretende o naturismo, foi dessas reflexões que nasceu o pensamento religioso, é inexplicável que este tenha podido sobreviver às primeiras tentativas de investigação, e a persistência com que se manteve torna-se ininteligível. Se, de fato, temos necessidade de conhecer as coisas, é para agir de uma maneira que lhes seja apropriada. Ora, a representação que a religião nos oferece do universo, sobretudo na origem, é demasiado grosseiramente truncada para ter podido suscitar práticas temporalmente úteis. As coisas são nada menos que seres vivos e pensantes, consciências, personalidades como aquelas que a imaginação religiosa transformou em agentes dos fenômenos cósmicos. Portanto, não era concebendo-as dessa forma e tratando-as segundo essa concepção que o homem podia fazê-las concorrer para seus fins. Não era dirigindo-lhes preces, celebrando-as com festas e sacrifícios, impondo-se jejuns e privações que ele podia impedi-las de prejudicá-lo, ou obrigá-las a servir a seus desígnios. Tais procedimentos só podiam ter êxito muito excepcionalmente e, por assim dizer, milagrosamente. Portanto, se razão de ser da religião fosse dar-nos do mundo uma representação que nos guiasse em nosso comércio com ele, ela não estaria em condições de cumprir sua função e os povos não tardariam a dar-se conta disso: os fracassos, infinitamente mais freqüentes que os êxitos, logo os teriam advertido do engano, e a religião, abalada a todo instante por sucessivos desmentidos, não teria podido durar.

Certamente ocorre às vezes que um erro se perpetue na história; mas, à parte um concurso de circunstâncias inteiramente excepcionais, ele só pode manter-se assim se for *praticamente verdadeiro*, isto é, se, mesmo sem nos dar uma noção teoricamente exata das coisas a que se relaciona, exprimir bastante corretamente a maneira pela qual elas nos afetam, seja para o bem, seja para o mal. Nessas condições, com efeito, os movimentos que ele determina têm todas as chances de ser, pelo menos na maior parte, os que convêm, e assim se explica que tenha podido resistir à prova dos fatos[30]. Mas um erro, sobretudo um sistema organizado de erros que só acarretam e só podem acarretar enganos práticos, não é viável. Ora, o que há de comum entre os ritos através dos quais o fiel procurava agir sobre a natureza e os procedimentos que as ciências nos ensinaram a utilizar e que sabemos agora serem os únicos eficazes? Se é isso o que os homens pediam à religião, não se pode compreender que ela tenha podido se manter, a menos que hábeis artifícios os tenham impedido de reconhecer que ela não lhes dava o que dela esperavam. Seria preciso, portanto, mais uma vez, retornar às explicações simplistas do século XVIII[31].

Assim, é somente em aparência que o naturismo escapa à objeção que há pouco fazíamos ao animismo. Também ele faz da religião um sistema de imagens alucinatórias, uma vez que a reduz a ser apenas uma imensa metáfora sem valor objetivo. É verdade que lhe atribui um ponto de partida no real, nas sensações que os fenômenos da natureza provocam em nós; mas, pela ação prestigiosa da linguagem, essa sensação se transforma em concepções extravagantes. O pensamento religioso só entra em contato com a realidade para cobri-la em seguida com um véu espesso, que dissimula suas formas verdadeiras;

esse véu é o tecido de crenças fabulosas que a mitologia produz. Portanto, o crente vive, como o delirante, num meio povoado de seres e coisas que têm apenas uma existência verbal. Aliás, é o que o próprio Max Müller reconhece, pois ele vê nos mitos o produto de uma doença do pensamento. Primitivamente os havia atribuído a uma doença da linguagem; mas como, segundo ele, linguagem e pensamento são inseparáveis, o que é verdade para um é verdade para o outro. "Quando, diz ele, tentei caracterizar brevemente a mitologia em sua natureza íntima, chamei-a uma doença da linguagem, ao invés de uma doença do pensamento. Mas, depois de tudo o que eu disse, em meu livro sobre *A ciência do pensamento*, sobre a inseparabilidade do pensamento e da linguagem, e, conseqüentemente, da identidade absoluta entre doença do pensamento e doença da linguagem, parece não ser mais possível nenhum equívoco... Conceber o deus supremo como culpado de todos os crimes, enganado pelos homens, zangado com sua mulher e batendo nos seus filhos, é seguramente um sintoma de condição anormal ou doença do pensamento, digamos claramente, de loucura bem caracterizada."[32] E o argumento não vale apenas contra Max Müller e sua teoria, mas contra o princípio mesmo do naturismo, não importa como se aplique. Se a religião tem por principal objeto exprimir as forças da natureza, não é possível ver nela outra coisa senão um sistema de ficções enganosas cuja sobrevivência é incompreensível.

É verdade que Max Müller acreditou escapar à objeção, cuja gravidade percebia, ao distinguir radicalmente a mitologia da religião e ao colocar a primeira fora da segunda. Ele reclama o direito de reservar o nome religião somente às crenças que são conformes às prescrições da moral saudável e aos ensinamentos de uma teologia racional. Os mitos, ao contrário, seriam construções parasitárias que, sob a influência da linguagem, teriam vindo se enxertar nessas representações fundamentais e desnaturá-las. Assim, a crença em Zeus teria sido religiosa na medida em que os gregos viam em Zeus o deus supremo, pai da humanidade, protetor das leis, vingador dos crimes, etc.; mas tudo o que concerne à biografia de Zeus, seus casamentos, suas aventuras, seria apenas mitologia[33].

A distinção, porém, é arbitrária. Certamente a mitologia interessa à estética ao mesmo tempo que à ciência das religiões, mas ela não deixa de ser um dos elementos essenciais da vida religiosa. Se o mito for retirado da religião, cumpre igualmente retirar dela o rito, pois os ritos se dirigem, na maioria das vezes, a personalidades definidas que têm um nome, um caráter, atribuições determinadas, uma história, e variam conforme a maneira como são concebidas essas personalidades. O culto que se presta à divindade depende da fisionomia que lhe é atribuída: e é o mito que fixa essa fisionomia. Com muita freqüência, inclusive, o rito não é outra coisa senão o mito em ação; a comunhão cristã é inseparável do mito pascal, do qual depende todo o seu sentido. Se, portanto, toda mitologia é o produto de uma espécie de delírio verbal, a questão que colocávamos permanece de pé: a existência e sobretudo a persistência do culto tornam-se inexplicáveis. Não se compreende como, durante séculos, os homens puderam continuar a fazer gestos sem objeto. Aliás, não são apenas os traços particulares das figuras divinas que são assim determinados pelos mitos: a idéia mesma de que há deuses, seres espirituais, encarregados dos diversos departamentos da natureza, é essencialmente mítica, não importa a maneira como são representados[34]. Ora, se suprimíssemos das religiões do passado tudo o que se refere à noção dos deuses concebidos como agentes cósmicos, o que restaria? A idéia da divindade em si, de uma força transcendente da qual o homem depende e sobre a qual se apóia? Mas essa é uma concepção filosófica e abstrata que jamais se realizou dessa forma em nenhuma religião histórica; ela carece de interesse para a ciência das religiões[35]. Evitemos, pois, distinguir entre as crenças religiosas, reter algumas, porque nos parecem justas e saudáveis, e rejeitar as outras como indignas de serem chamadas religiosas, porque nos ofendem e desconcertam. Todos os mitos, mesmo os que consideramos mais insensatos, foram objetos de fé[36]. O homem acreditou neles, não menos do que em suas próprias sensações; a partir deles estabeleceu sua conduta. Portanto, é impossível, a despeito das aparências, que sejam privados de fundamento objetivo.

Entretanto, dirão, seja como for que se expliquem as religiões, é certo que elas se enganaram sobre a verdadeira natureza das coisas: as ciências o demonstraram. Os modos de ação que elas aconselhavam ou prescreviam ao homem, só raramente, portanto, podiam ter efeitos úteis: não é com purificações que se curam as doenças, nem com cantos ou sacrifícios que se faz crescer a colheita. Assim a objeção que fizemos ao naturismo parece aplicar-se a todos os sistemas de explicação possíveis.

Há, no entanto, uma exceção. Suponhamos que a religião corresponda a uma necessidade bem diferente de nos adaptar às coisas sensíveis: ela não correrá o risco de ser enfraquecida só porque não satisfaz ou satisfaz mal essa necessidade. Se a fé religiosa não nasceu para pôr o homem em harmonia com o mundo material, as faltas que ela pode ter cometido em sua luta com o mundo não a atingem em sua fonte, porque ela se alimenta em outra fonte. Se não foi por tais razões que se chegou a crer, devia-se continuar a crer mesmo que essas razões fossem contraditas pelos fatos. Concebe-se mesmo que a fé tenha sido bastante forte, não apenas para suportar essas contradições, mas para negá-las e para impedir que o crente percebesse seu alcance, o que tinha por efeito torná-las inofensivas para a religião. Quando o sentimento religioso é forte, ele não admite que a religião possa ser culpada e sugere facilmente explicações que a inocentam: se o rito não produz os resultados esperados, imputa-se o fracasso a uma falha de execução, ou, então, à intervenção de uma divindade contrária. Mas, para tanto, é preciso que as idéias religiosas não tenham sua origem num sentimento melindrado por essas decepções da experiência, pois, nesse caso, de onde lhes viria sua força de resistência?

III

Mas mesmo que o homem tivesse tido realmente razões de se obstinar, a despeito de todas as desilusões, em exprimir em símbolos religiosos os fenômenos cósmicos, seria preciso ainda que estes fossem de natureza a sugerir essa interpretação. Ora, de onde lhes viria essa propriedade? Aqui também, vemo-nos em presença de um desses postulados que só são tidos por evidentes porque não se fez sua crítica. Coloca-se como um axioma que, no jogo natural das forças físicas, há tudo o que é preciso para despertar em nós a idéia do sagrado; mas, quando examinamos melhor as provas, aliás sumárias, que foram dadas dessa proposição, constatamos que ela se reduz a um preconceito.

Fala-se do maravilhamento que deviam sentir os homens à medida que descobriam o mundo. Mas, antes de mais nada, o que caracteriza a vida da natureza é uma regularidade que beira a monotonia. Toda manhã o sol se eleva no horizonte, todo fim de tarde se põe; a lua realiza o mesmo ciclo todos os meses; o rio corre de maneira ininterrupta no seu leito; as mesmas estações trazem periodicamente as mesmas sensações. Claro que, eventualmente, algum acontecimento inesperado se produz: é o sol que se eclipsa, é a lua que desaparece atrás das nuvens, é o rio que transborda, etc. Mas essas perturbações passageiras só podem dar origem a impressões igualmente passageiras, cuja lembrança se apaga ao cabo de algum tempo; portanto, elas não poderiam servir de base a esses sistemas estáveis e permanentes de idéias que constituem as religiões. Normalmente, o curso da natureza é uniforme e a uniformidade não saberia produzir fortes emoções. Imaginar o selvagem cheio de admiração diante dessas maravilhas é transportar para a origem da história sentimentos bem mais recentes. Ele estava por demais acostumado à natureza para surpreender-se fortemente com ela. São necessárias a cultura e a reflexão para sacudir esse jugo do costume e descobrir o que há de maravilhoso nessa regularidade mesma. Aliás, tal como observamos anteriormente[37], não basta que admiremos um objeto para que ele nos apareça como sagrado, isto é, para que seja marcado por essa característica que faz todo contato direto com ele parecer um sacrilégio e uma profanação. É desconhecer o que há de específico no sentimento religioso confundi-lo com toda impressão de surpresa admirativa.

Dirão porém que, na falta de admiração, há uma impressão que o homem não pode deixar de sentir em presença da natureza. Ele não pode deixar de perceber que ela o supera, o esmaga com sua imensidão. Essa sensação de um espaço infinito que o cerca, de um tempo infinito que antecedeu e virá após o instante presente, de forças infinitamente superiores às que ele possui, parece não poder deixar de despertar no homem a idéia de que existe, fora dele, um poder infinito do qual depende. Ora, essa idéia entra, como elemento essencial, em nossa concepção do divino.

Mas recordemos o que está em questão: trata-se de saber como o homem pôde chegar a pensar que havia, na realidade, duas categorias de coisas radicalmente heterogêneas e incomparáveis entre si. De que maneira o espetáculo da natureza poderia nos dar a idéia dessa dualidade? A natureza é sempre e por toda parte idêntica. Pouco importa que se estenda ao infinito: além do limite extremo onde pode chegar meu olhar, ela não difere do que é aquém. O espaço que concebo para além do horizonte é ainda espaço, idêntico ao que vejo. Esse tempo que não cessa de passar é feito de momentos idênticos aos que vivi. A extensão, como a duração, se repete indefinidamente: se as porções que dela experimento não têm, por si mesmas, caráter sagrado, como é que as outras teriam? O fato de não as perceber diretamente não é suficiente para transformá-las[38]. Por mais ilimitado que seja um mundo de coisas profanas, ele continua sendo um mundo profano. Dirão que as forças físicas com as quais lidamos excedem as nossas? Mas as forças sagradas não se distinguem simplesmente das profanas por sua maior intensidade: elas são outras, têm qualidades especiais que as segundas não têm. Ao contrário, todas as que se manifestam no universo são da mesma natureza, tanto as que estão dentro como as que estão fora de nós. Sobretudo, não há nenhuma razão que permita atribuir a umas uma espécie de dignidade eminente em relação às outras. Se, portanto, a religião tivesse realmente nascido da necessidade de atribuir causas aos fenômenos físicos, as forças que teriam sido imaginadas não seriam mais sagradas do que as concebidas pelo cientista de hoje para explicar os mesmos fatos[39]. Vale dizer que não teria havido seres sagrados nem, conseqüentemente, religião.

Além do mais, mesmo supondo-se que essa sensação de "esmagamento" seja realmente sugestiva da idéia religiosa, ela não poderia ter produzido esse efeito sobre o homem primitivo; pois essa sensação, ele não possui. De modo nenhum tem consciência de que as forças cósmicas sejam a tal ponto superiores às suas. Como a ciência ainda não veio ensinar-lhe a modéstia, ele atribui-se um domínio sobre as coisas que não possui, mas cuja ilusão é suficiente para impedi-lo de sentir-se dominado por elas. Ele se acredita capaz, como já dissemos, de governar os elementos, desencadear o vento, forçar a chuva a cair, deter o sol por um gesto, etc.[40] A própria religião contribui para dar-lhe essa segurança, pois supostamente o muniria de poderes que se estendem sobre a natureza. Os ritos são, em parte, meios destinados a permitir-lhe impor suas vontades ao mundo. Longe, portanto, de se originarem do sentimento que o homem teria de sua pequenez em face do universo, as religiões se inspiram antes no sentimento contrário. Mesmo as mais elevadas e idealistas têm por efeito confortar o homem em sua luta com as coisas: elas professam que a fé é capaz, por si só, de "remover montanhas", isto é, de dominar as forças da natureza. Como poderiam elas dar essa confiança se tivessem por origem uma sensação de fraqueza e de impotência?

Aliás, se de fato as coisas da natureza se tivessem tornado seres sagrados em razão de suas formas imponentes ou da força que manifestam, teríamos de constatar que o sol, a lua, o céu, as montanhas, o mar, os ventos, em uma palavra, as grandes forças cósmicas, foram as primeiras a ser elevadas a essa dignidade, pois não há outras mais capazes de impressionar os sentidos e a imaginação. Ora, na verdade elas só foram divinizadas tardiamente. Os primeiros seres a que se dirige o culto – teremos a prova disso nos capítulos que seguem – são humildes vegetais ou animais, diante dos quais o homem se encontrava, pelo menos, em pé de igualdade: o pato, a lebre, o canguru, a ema, o lagarto, a lagarta, a rã, etc. Suas qualidades objetivas evidentemente não poderiam ser a origem dos sentimentos religiosos que eles inspiraram.

CAPÍTULO IV
O TOTEMISMO COMO RELIGIÃO ELEMENTAR
Histórico da questão. Método para tratá-la

Por mais opostos que pareçam em suas conclusões, os dois sistemas que acabamos de estudar coincidem num ponto essencial: eles colocam o problema em termos idênticos. Ambos, com efeito, empreendem construir a noção do divino com as sensações que certos fenômenos naturais, físicos ou biológicos, despertam em nós. Para os animistas, o sonho, para os naturistas, certas manifestações cósmicas é que teriam sido o ponto de partida da evolução religiosa. Mas, tanto para uns como para outros, é na natureza, seja do homem, seja do universo, que se deveria buscar o germe da grande oposição que separa o profano do sagrado.

Tal empreendimento, entretanto, é impossível: ele supõe uma verdadeira criação *ex nihilo*. Um fato da experiência comum não pode nos dar a idéia de uma coisa que tem por característica estar fora do mundo da experiência comum. O homem, tal como se revela a si mesmo em seus sonhos, continua sendo apenas um homem. As forças naturais, tais como nossos sentidos as percebem, não são senão forças naturais, seja qual for sua intensidade. Daí procede a crítica comum que fazíamos a ambas as doutrinas. Para explicar como esses pretensos dados do pensamento religioso puderam adquirir um caráter sagrado que nada fundamenta objetivamente, era preciso admitir que todo um modo de representações alucinatórias veio sobrepor-se a eles, desnaturá-los a ponto de torná-los irreconhecíveis e substituir a realidade por uma pura fantasmagoria. Aqui, as ilusões do sonho é que teriam operado essa transfiguração; ali, o brilhante e vão cortejo de imagens evocadas pela palavra. Mas em ambos os casos acabava-se vendo na religião o produto de uma interpretação delirante.

Uma conclusão positiva se obtém, portanto, desse exame crítico. Se nem o homem nem a natureza possuem, em si mesmos, caráter sagrado, é que o derivam de uma outra fonte. Portanto, deve haver, fora do indivíduo humano e do mundo físico, alguma outra realidade em relação à qual essa espécie de delírio – que, em certo sentido, toda religião é de fato – adquire uma significação e um valor objetivo. Em outros termos: para além do que foi chamado de animismo e de naturismo, deve haver um outro culto, mais fundamental e mais primitivo, do qual os primeiros provavelmente são apenas formas derivadas ou aspectos particulares.

Esse culto existe, de fato; é o que foi chamado pelos etnógrafos de totemismo.

I

É somente no final do século XVIII que a palavra totem aparece na literatura etnográfica. Encontramo-la, pela primeira vez, no livro de um intérprete dos índios, J. Long, publicado em Londres em 1791[1]. Durante cerca de meio século, o totemismo foi conhecido como uma instituição exclusivamente americana[2]. Somente em 1841 Grey, num texto que ficou célebre[3], assinalou a existência de práticas inteiramente similares na Austrália. Começou-se desde então a suspeitar que se tratava de um sistema de uma certa generalidade.

Mas nele não se via muito mais do que uma instituição essencialmente arcaica, uma curiosidade etnográfica sem grande interesse para o historiador. Mac Lennan foi o primeiro a tentar vincular o totemismo à história geral da humanidade. Numa série de artigos publicados na *Fortnightly Review*[4], procurou mostrar não apenas que o totemismo era uma religião, mas que dessa religião derivou uma grande quantidade de crenças e de práticas que se encontram em sistemas religiosos bem mais avançados. Chegou a fazer dele, inclusive, a origem de todos os cultos zoolátricos e fitolátricos que podem ser observados nos povos antigos. Seguramente, essa extensão do totemismo era abusiva. O culto dos animais e das plantas depende de causas múltiplas que não se pode, sem simplismo, reduzir à unidade. Mas esse simplismo, por seus exageros mesmos, tinha pelo menos a vantagem de evidenciar a importância histórica do totemismo.

Por outro lado, os americanistas tinham notado há muito tempo que o totemismo era solidário de uma organização social determinada: a que tem por base a divisão da sociedade em clãs[5]. Em 1877, em sua *Ancient Society*[6], Lewis H. Morgan decidiu estudar essa organização, determinar suas características distintivas e, ao mesmo tempo, mostrar sua generalidade nas tribos indígenas da América setentrional e central. Quase no mesmo momento e, aliás, por sugestão direta de Morgan, Fison e Howitt[7] constatavam a existência do mesmo sistema social na Austrália, bem como suas relações com o totemismo.

Sob a influência dessas idéias diretoras, as observações puderam ser desenvolvidas com mais método. As pesquisas que o Bureau de Etnologia Americana suscitou contribuíram em grande parte para o progresso desses estudos[8]. Em 1887, os documentos eram suficientemente numerosos e significativos para que Frazer julgasse oportuno reuni-los e apresentá-los num quadro sistemático.

Tal é o objeto de seu pequeno livro intitulado *Totemism*[9], onde este é estudado ao mesmo tempo como religião e como instituição jurídica. Mas esse estudo era puramente descritivo; nenhum esforço havia nele para explicar o totemismo[10] ou para aprofundar suas noções fundamentais.

Robertson Smith foi o primeiro a empreender esse trabalho de elaboração. Ele sentia mais vivamente que qualquer um de seus predecessores o quanto essa religião grosseira e confusa era rica em germes de futuro. É verdade que Mac Lennan já havia aproximado o totemismo das grandes religiões da Antiguidade, mas isso unicamente porque julgava reconhecer, tanto aqui como lá, um culto dos animais e das plantas. Ora, reduzir o totemismo a uma espécie de zoolatria ou de fitolatria era perceber apenas o que ele tinha de mais superficial; era inclusive desconhecer sua verdadeira natureza. Smith, para além da manifestação das crenças totêmicas, buscou atingir os princípios profundos dos quais elas dependem. Já no seu livro sobre *O parentesco e o casamento na Arábia primitiva*[11], ele havia mostrado que o totemismo supõe uma consubstancialidade, natural ou adquirida, do homem e do animal (ou da planta). Em sua *Religião dos semitas*[12], fez dessa mesma idéia a origem primeira de todo o sistema sacrificial: é ao totemismo que a humanidade deveria o princípio da comunhão alimentar. É claro que se pode considerar a teoria de Smith unilateral: ela não é mais adequada aos fatos atualmente conhecidos; mas não deixava de conter uma idéia genial e exerceu, sobre a ciência das religiões, a mais fecunda influência. É nessas mesmas concepções que se inspira o *Golden Bough* [O Ramo de Ouro][13] de Frazer, em que o totemismo que Mac Lennan vinculara às religiões da Antiguidade clássica, e Smith às das sociedades semíticas, é associado ao folclore europeu. A escola de Mac Lennan e a de Morgan vinham juntar-se, assim, à de Mannhardt[14].

Nesse meio tempo, a tradição americana continuava a desenvolver-se com uma independência que, por sinal, conservou até pouco tempo. Três grupos de sociedades foram particularmente objeto de pesquisas que dizem respeito ao totemismo: em primeiro lugar, as tribos do Noroeste, os Tlinkit, os Haida, os Kwaliut, os Salish, os Tsimshian; em seguida, a grande nação dos Sioux; finalmente, no centro da América do Norte, os índios dos Pueblo. Os primeiros foram principalmente estudados por Dall, Krause, Boas, Swanron e Hill-Tout; os segundos por Dorsey; os últimos por Mindeleff, Sra. Stevenson e Cushing[15]. Mas, por rica que fosse a coleta de fatos vindos de todas as partes, os documentos de que se dispunha permaneciam fragmentários. Embora contenham numerosos traços de totemismo, as religiões americanas superam a fase propriamente totêmica. Por outro lado, na Austrália, as observações incidiam quase sempre sobre crenças esparsas e ritos isolados, ritos de iniciação e proibições relativas ao totem. Assim, foi com fatos recolhidos de todos os lados que Frazer tentou traçar uma visão de conjunto do totemismo. Ora, qualquer que seja o mérito incontestável dessa reconstituição, empreendida em tais condições, ela não podia deixar de ser incompleta e hipotética. Definitivamente, não se tinha visto ainda uma religião totêmica funcionar em sua integralidade.

Foi somente nos últimos anos que essa grave lacuna foi preenchida. Dois observadores de notável sagacidade, Baldwin Spencer e F.-J. Gillen, descobriram, em parte[16], no interior do continente australiano, um número considerável de tribos nas quais viram ser praticado um sistema religioso cuja base e unidade são formadas pelas crenças totêmicas. Os resultados dessa investigação foram consignados em duas obras que renovaram o estudo do totemismo. A primeira, *The Native Tribes of Central Australia*[17], trata das mais centrais dessas tribos: os Arunta, os Luritcha e, um pouco mais ao sul, à margem ocidental do lago Eyre, os Urabunna. A segunda, intitulada *The Northern Tribes of Central Australia*[18], refere-se às sociedades que vivem ao norte dos Urabunna; elas ocupam o território que vai dos montes Macdonnel ao golfo de Carpentária. São, para citar apenas as principais, os Unmatjera, os Kaitish, os Warramunga, os Worgaia, os Tjingilli, os Binbinga, os Walpari, os Gnanji e, enfim, nas bordas do mesmo golfo, os Mara e os Anula[19].

Mais recentemente, um missionário alemão, Carl Strehlow, que também passou muitos anos nessas mesmas sociedades do centro australiano[20], começou a publicar suas observações sobre duas dessas tribos, os Aranda e os Loritja (Arunda e Luritcha de Spencer e Gillen)[21]. Grande conhecedor da língua falada por esses povos[22], Strehlow pôde nos relatar um grande número de mitos totêmicos e cantos religiosos que nos são dados, em sua maior parte, no texto original. Apesar das divergências de detalhes que se explicam facilmente e cuja importância foi grandemente exagerada[23], veremos que as observações feitas por Strehlow, embora completando, precisando e às vezes até retificando as de Spencer e Gillen, as confirmam, em suma, em tudo o que têm de essencial.

Essas descobertas suscitaram uma abundante literatura sobre a qual voltaremos a falar. Os trabalhos de Spencer e Gillen, sobretudo, exerceram uma influência considerável, não apenas por serem os mais antigos, mas porque os fatos eram aí apresentados sob uma forma sistemática, capaz, ao mesmo tempo, de orientar as observações ulteriores[24] e estimular a especulação. Seus resultados foram comentados, discutidos e interpretados de todas as maneiras. Enquanto isso, Howitt, cujos estudos fragmentários dispersavam-se numa grande quantidade de publicações diferentes[25], resolve fazer, para as tribos do Sul, o que Spencer e Gillen haviam feito para as do Centro. Em *Native Tribes of South-East Australia*[26], ele nos oferece um painel da organização social dos povos que ocupam a Austrália meridional, a Nova Gales do Sul e uma boa parte do Queensland. Os progressos assim realizados sugeriram a Frazer a idéia de completar seu *Totemism* com uma espécie de compêndio[27] onde estariam reunidos todos os documentos importantes relacionados tanto à religião totêmica quanto à organização familiar e matrimonial da qual, com ou sem razão, essa religião é tida como solidária. A finalidade dessa obra não é oferecer uma visão geral e sistemática do totemismo, mas antes colocar à disposição dos pesquisadores os materiais necessários para uma construção desse gênero[28]. Nela, os fatos estão dispostos numa ordem estritamente etnográfica e geográfica: cada continente e, no interior de cada continente, cada tribo ou grupo étnico são estudados separadamente. Claro que um estudo tão extenso, no qual tantos povos diversos são sucessivamente passados em revista, não podia ser igualmente aprofundado em todas as suas partes; mesmo assim ele constitui um breviário útil para a consulta e capaz de facilitar as pesquisas.

II

Desse breve histórico resulta que a Austrália é o terreno mais favorável ao estudo do totemismo. Faremos dela, por esse motivo, a área principal de nossa observação.

Em seu *Totemism*, Frazer havia se dedicado sobretudo a levantar todos os traços de totemismo que se pode descobrir na história e na etnografia. Assim foi levado a incluir em seu estudo as sociedades mais diferentes quanto à natureza e o grau de cultura: o antigo Egito[29], a Arábia, a Grécia[30] e os eslavos do Sul[31] ali aparecem ao lado das tribos da Austrália e da América. Essa maneira de proceder nada tinha de surpreendente para um discípulo da escola antropológica. Essa escola, com efeito, não busca situar as religiões nos meios sociais de que fazem parte[32] e diferenciá-las em função dos meios diferentes aos quais estão assim relacionadas. Muito pelo contrário, como indica o próprio nome que essa escola se deu, seu objetivo é atingir, para além das diferenças nacionais e históricas, as bases universais e verdadeiramente humanas da vida religiosa. Ela supõe que o homem possua em si mesmo, em virtude de sua constituição própria e independentemente de quaisquer condições sociais, uma natureza religiosa, e se propõe determiná-la[33]. Para uma pesquisa desse gênero, todos os povos podem contribuir. Claro que haverão de ser interrogados de preferência os mais primitivos, porque neles essa natureza inicial tem mais chances de se mostrar nua; mas, como se pode igualmente verificá-la nos mais civilizados, é natural que também eles sejam chamados a depor. Com mais razão ainda, todos aqueles tidos como não muito afastados das origens, todos aqueles reunidos confusamente sob a rubrica imprecisa de *selvagens*, serão colocados no mesmo plano e consultados indiferentemente. Além disso, como os fatos, desse ponto de vista, só têm interesse proporcionalmente a seu grau de generalidade, considera-se obrigatório acumulá-los na maior quantidade possível; julga-se que nunca é demais poder ampliar o círculo das comparações.

Esse não poderia ser nosso método, e por várias razões.

Em primeiro lugar, tanto para o sociólogo como para o historiador, os fatos sociais são função do sistema do qual fazem parte; não se pode, portanto, compreendê-los quando separados desse sistema. Eis por que dois fatos, que dizem respeito a duas sociedades diferentes, não podem ser comparados com proveito pela simples razão de parecerem se assemelhar; é preciso também que essas sociedades mesmas se assemelhem, isto é, sejam apenas variedades de uma única espécie. O método comparativo seria impossível se não houvesse tipos sociais, e ele só pode ser aplicado proveitosamente no interior de um mesmo tipo. Quantos erros não foram cometidos por desconhecimento desse preceito! É assim que indevidamente se aproximaram fatos que, a despeito de suas semelhanças exteriores, não tinham nem o mesmo sentido, nem o mesmo alcance: a democracia primitiva e a de hoje, o coletivismo das sociedades inferiores e as tendências socialistas atuais, a monogamia freqüente nas tribos australianas e aquela sancionada em nossos códigos, etc. No próprio livro de Frazer encontram-se confusões desse gênero. Aconteceu-lhe com muita freqüência assimilar às práticas propriamente totêmicas simples ritos teriolátricos, quando a distância, às vezes enorme, que separa os meios sociais correspondentes, exclui toda idéia de assimilação. Portanto, se não quisermos cair nos mesmos erros, deveremos, ao invés de dispersar nossa pesquisa por todas as sociedades possíveis, concentrá-la num tipo claramente determinado.

É importante também que essa concentração seja tão restrita quanto possível. Só podem ser comparados proveitosamente fatos bem conhecidos. Ora, quando se decide abranger todo tipo de sociedades e civilizações, não se pode conhecer nenhuma delas com a competência que seria necessária; quando se reúnem, para aproximá-los, fatos de toda procedência, se é obrigado a tomá-los indiscriminadamente sem que haja meios ou mesmo tempo de fazer sua crítica. São essas aproximações tumultuosas e sumárias que desacreditaram o método comparativo junto a um certo número de bons espíritos. Ele só pode proporcionar resultados sérios se for aplicado a um número bastante restrito de sociedades para que cada uma delas possa ser estudada com suficiente precisão. O essencial é escolher aquelas onde a investigação tem mais chances de ser proveitosa.

Assim também, o valor dos fatos importa bem mais que seu número. A questão de saber se o totemismo foi mais ou menos difundido é, a nosso ver, muito secundária[34]. Se ele nos interessa, é antes de tudo porque, ao estudá-lo, esperamos descobrir relações capazes de nos fazer compreender melhor o que é a religião. Ora, para estabelecer relações, não é necessário nem sempre proveitoso amontoar experiências umas sobre as outras; bem mais importante é que haja algumas bem construídas e que sejam realmente significativas. Um fato único pode evidenciar uma lei, ao passo que uma quantidade de observações imprecisas e vagas é capaz de produzir apenas confusão. O estudioso de qualquer ciência seria submergido pelos fatos que a ele se ofereçam, se não efetuasse uma escolha. Ele deve discernir os que prometem ser os mais instrutivos, concentrar sobre eles sua atenção e afastar-se provisoriamente dos demais.

Eis por que, com uma reserva que será ulteriormente indicada, propomo-nos limitar nossa pesquisa às sociedades australianas. Elas preenchem todas as condições que acabam de ser enumeradas. São perfeitamente homogêneas, pertencem a um mesmo tipo, embora possamos discernir variedades entre elas. Sua homogeneidade é inclusive tão grande que os marcos da organização social não são apenas os mesmos, mas também designados por nomes idênticos ou equivalentes num grande número de tribos, às vezes muito distantes entre si[35]. Por outro lado, o totemismo australiano é aquele sobre o qual temos documentos mais completos. Enfim, o que queremos acima de tudo estudar neste trabalho é a religião mais primitiva e mais simples que se pode conhecer. Portanto, é natural que, para descobri-la, nos dirijamos às sociedades que mais se aproximam das origens da evolução; é nelas, evidentemente, que temos mais chances de encontrá-la e de observá-la bem. Ora, não há sociedades que apresentem esse caráter em mais alto grau do que as tribos australianas. Não somente sua técnica é muito rudimentar – a casa e mesmo a choupana são ainda ignoradas –, como também sua organização é a mais simples e primitiva das que se conhecem; é a que chamamos alhures[36] *organização à base de clãs*. Teremos ocasião, a partir do próximo capítulo, de evocar seus traços essenciais.

Contudo, mesmo fazendo da Austrália o objeto principal de nossa pesquisa, julgamos útil não fazer abstração completa das sociedades onde o totemismo foi descoberto pela primeira vez, isto é, as tribos indígenas da América do Norte.

Essa extensão do campo da comparação nada tem de ilegítima. É verdade que esses povos são mais avançados que os da Austrália. Sua técnica tornou-se bem mais elaborada: os homens vivem em casas ou em tendas; há inclusive aldeias fortificadas. O volume da sociedade é bem mais considerável e a centralização, completamente ausente na Austrália, começa a se manifestar; vemos vastas confederações, como a dos Iroqueses, submetidas a uma autoridade central. Às vezes encontramos um sistema complicado de classes diferenciadas e hierarquizadas. No entanto, as linhas essenciais da estrutura social continuam sendo semelhantes às da Austrália: trata-se sempre de organização à base de clãs. Portanto, estamos em presença, não de dois tipos diferentes, mas de duas variedades de um mesmo tipo, inclusive bastante próximas uma da outra. São dois momentos sucessivos de uma mesma evolução; a homogeneidade, por conseguinte, é suficientemente grande para permitir as aproximações.

Por outro lado, essas aproximações podem ter sua utilidade. Precisamente porque a técnica dos índios é bem mais avançada que a dos australianos, certos aspectos da organização social que lhes é comum são mais fáceis de estudar nos primeiros que nos segundos. Enquanto os homens estão ainda a dar os primeiros passos na arte de exprimir seu pensamento, não é fácil para o observador perceber o que os move, pois nada vem traduzir claramente o que se passa nessas consciências que têm apenas um sentimento confuso e fugaz de si próprias. Os símbolos religiosos, por exemplo, consistem, então, apenas em combinações informes de linhas e cores cujo sentido, como veremos, não é fácil adivinhar. Certamente há os gestos, os movimentos através dos quais se exprimem os estados interiores; mas, essencialmente fugazes, eles logo se furtam à observação. Eis por que o totemismo foi constatado mais cedo na América do que na Austrália: ali era mais visível, embora ocupasse relativamente menos lugar no conjunto da vida religiosa. Além disso, onde não adquirem uma forma material um pouco definida, as crenças e as instituições estão mais expostas a mudar sob a influência das menores circunstâncias ou a apagar-se totalmente das memórias. Assim, os clãs australianos têm algo de flutuante e proteiforme, ao passo que a organização correspondente, na América, tem geralmente maior estabilidade e contornos mais claramente definidos. Por isso, embora o totemismo americano esteja mais afastado das origens que o da Austrália, há nele particularidades importantes cuja lembrança se conservou melhor.

Em segundo lugar, para compreender bem uma instituição, geralmente é bom segui-la até as fases avançadas de sua evolução[37], pois, muitas vezes, é quando ela está plenamente desenvolvida que sua significação aparece com mais clareza. Também desse ponto de vista, o totemismo americano, por ter atrás de si uma história mais longa, poderá servir para esclarecer certos aspectos do totemismo australiano[38]. Ao mesmo tempo, ele nos permitirá perceber melhor de que maneira o totemismo se liga às formas religiosas que se seguiram e assinalar seu lugar no conjunto do desenvolvimento histórico.

Não nos privaremos, pois, de utilizar, nas análises a seguir, alguns fatos tomados das sociedades indígenas da América do Norte. Não que se trate aqui de estudar o totemismo americano[39]; tal estudo requer que seja feito diretamente, com essa finalidade, sem ser confundido com o que iremos empreender; ele coloca outros problemas e implica toda uma série de investigações especiais. Recorreremos aos fatos americanos apenas a título complementar e somente quando nos parecerem capazes de fazer compreender melhor os fatos australianos. São estes últimos que constituem o objeto verdadeiro e imediato de nossa pesquisa[40].

LIVRO II
AS CRENÇAS ELEMENTARES

CAPÍTULO I
AS CRENÇAS PROPRIAMENTE TOTÊMICAS

I – O totem como nome e como emblema

Nosso estudo compreenderá naturalmente duas partes. Como toda religião é composta de representações e de práticas rituais, deveremos tratar sucessivamente crenças e ritos que são próprios da religião totêmica. Claro que esses dois elementos da vida religiosa são por demais solidários para que seja possível separá-los radicalmente. Embora, em princípio, o culto derive das crenças, ele reage sobre elas; o mito modela-se freqüentemente sobre o rito a fim de justificá-lo, sobretudo quando seu sentido não é ou não é mais evidente. Inversamente, há crenças que só se manifestam claramente através dos ritos que as exprimem. Portanto, as duas partes da análise não podem deixar de se penetrar. Contudo, essas duas ordens de fatos são muito diferentes para que não seja indispensável estudá-las em separado. E como é impossível entender uma religião quando se ignoram as idéias sobre as quais repousa, é em primeiro lugar essas últimas que devemos buscar conhecer. O que visamos são as noções elementares que estão na base da religião; mas não se poderia querer segui-las através de todos os desenvolvimentos, às vezes intrincados, que a imaginação mitológica desde essas sociedades lhes proporcionou. Certamente nos serviremos de mitos quando puderem nos ajudar a compreender melhor essas noções fundamentais, mas sem fazer da mitologia o objeto de nosso estudo. Aliás, na medida em que é uma obra de arte, esta não diz respeito apenas à ciência das religiões. Além disso, os processos mentais dos quais ela resulta são de uma complexidade muito grande para que possam ser estudados indiretamente e de viés. Trata-se de um difícil problema que requer ser tratado em si mesmo, por si mesmo e segundo um método que lhe seja especial.

Entre as crenças sobre as quais repousa a religião totêmica, as mais importantes são naturalmente as relacionadas ao totem; portanto, é por elas que devemos começar.

I

Na base da maior parte das tribos australianas, encontramos um grupo que ocupa na vida coletiva um lugar preponderante: o clã. Dois traços essenciais o caracterizam.

Em primeiro lugar, os indivíduos que o compõem se consideram unidos por um laço de parentesco, mas de uma natureza muito especial. Esse parentesco não se deve a que mantenham uns com os outros relações definidas de consangüinidade; são parentes pelo simples fato de terem um mesmo nome. Não são pais, mães, filhos ou filhas, tios ou sobrinhos uns dos outros no sentido que damos atualmente a essas expressões; no entanto, consideram-se como formando uma mesma família, grande ou pequena, conforme as dimensões do clã, pela única razão de serem coletivamente designados pela mesma palavra. E, se dizemos que se consideram como de uma mesma família é porque reconhecem uns em relação aos outros deveres idênticos àqueles que sempre couberam aos parentes: deveres de assistência, de vendeta, de luto, obrigação de não se casar entre si, etc.

Mas, por essa primeira característica, o clã não se distingue da *gens* romana e do γένος; pois o parentesco dos gentios também se devia exclusivamente ao fato de todos os membros da *gens* terem o mesmo nome[1], o *nomen gentilicium*. E é claro que, num certo sentido, a *gens* é um clã; mas é uma variedade do gênero que não deve ser confundida com o clã australiano[2]. O que diferencia este último é que o nome que ele carrega é também o de uma espécie determinada de coisas materiais, com as quais ele julga manter relações muito particulares e cuja natureza teremos de explicar adiante: trata-se, notadamente, de relações de parentesco. A espécie de coisas que serve para designar coletivamente o clã chama-se seu *totem*. O totem do clã é, também, o de cada um de seus membros.

Cada clã tem seu totem que lhe pertence em particular: dois clãs diferentes de uma mesma tribo não poderiam ter o mesmo. Com efeito, participa-se de um clã pela única razão de portar um certo nome. Portanto, todos os que têm esse nome são membros dele com o mesmo direito; não importa como estejam distribuídos pelo território tribal, mantêm todos, uns com os outros, as mesmas relações de parentesco[3]. Em conseqüência, dois grupos que têm o mesmo totem são necessariamente duas seções do mesmo clã. Sem dúvida, acontece muitas vezes que um clã não resida por inteiro numa mesma localidade, mas conte com representantes em diferentes lugares. Sua unidade, porém, não deixa de ser reconhecida, ainda que não tenha base geográfica.

Quanto à palavra totem, é a que empregam os Ojibway, tribo algonquim, para designar a espécie de coisas que dá o nome a um clã[4]. Embora a expressão nada tenha de australiano[5] e inclusive só se verifique numa única sociedade da América, os etnógrafos a adotaram definitivamente e servem-se dela para denominar, de uma maneira geral, a instituição que estamos descrevendo. Foi Schoolcraft o primeiro a estender desse modo o sentido da palavra e a falar de um "sistema totêmico"[6]. Essa extensão, da qual há exemplos bastante numerosos em etnografia, seguramente tem inconvenientes. Não é normal que uma instituição de tal importância carregue um nome devido ao acaso, tomado de um idioma estritamente local, e que de maneira nenhuma evoca as características distintivas da coisa que exprime. Mas essa maneira de empregar a palavra é hoje tão universalmente aceita, que seria um excesso de purismo insurgir-se contra o costume[7].

Os objetos que servem de totens pertencem, na grande maioria dos casos, seja ao reino vegetal, seja ao reino animal, mas principalmente a este último. Quanto às coisas inanimadas, são empregadas bem mais raramente. Dos mais de quinhentos nomes totêmicos levantados por Howitt entre as tribos do sudeste australiano, não há mais de quarenta que não sejam nomes de plantas ou animais: são as nuvens, a chuva, o granizo, a geada, a lua, o sol, o vento, o outono, o verão, o inverno, certas estrelas, o trovão, o fogo, a fumaça, a água, o ocre vermelho, o mar. Notar-se-á o lugar muito restrito reservado aos corpos celestes e mesmo, de maneira mais geral, aos grandes fenômenos cósmicos que, no entanto, haveriam de ser muito privilegiados na seqüência do desenvolvimento religioso. Entre todos os clãs de que nos fala Howitt, apenas dois têm por totem a lua[8], dois o sol[9], três uma estrela[10], três o trovão[11], dois os relâmpagos[12]. A chuva é uma exceção, sendo, ao contrário, muito freqüente[13].

São esses os totens que poderiam ser ditos normais. Mas o totemismo tem suas anomalias. Assim, acontece ser o totem, não um objeto inteiro, mas uma parte de objeto. O fato parece bastante raro na Austrália[14]: Howitt cita um único exemplo[15]. No entanto, pode ser que ele se verificasse com certa freqüência nas tribos em que os grupos totêmicos se subdividiram em excesso; dir-se-ia que os próprios totens tiveram que se fragmentar para poder fornecer nomes a essas múltiplas divisões. É o que parece ter ocorrido entre os Arunta e os Loritja. Strehlow contou nessas duas sociedades 442 totens, vários dos quais designam não uma espécie animal, mas um órgão particular dos animais dessa espécie, por exemplo a cauda, o estômago do gambá, a gordura do canguru, etc.[16]

Vimos que, normalmente, o totem não é um indivíduo, mas uma espécie ou uma variedade: não é tal canguru, tal corvo, mas o canguru ou o corvo em geral. Às vezes, porém, é um objeto particular. É necessariamente o caso sempre que uma coisa única em seu gênero serve de totem, como o sol, a lua, tal constelação, etc. Mas acontece também que os clãs tiravam seu nome de uma ondulação ou uma depressão de terreno, geograficamente determinadas, de um formigueiro particular, etc. É verdade que só conhecemos um pequeno número desses exemplos na Austrália. Strehlow cita alguns deles[17]. Mas as causas mesmas que produziram esses totens anormais demonstram que eles são de uma origem relativamente recente. Com efeito, o que fez erigir em totens certos locais é que um antepassado mítico, dizem, teria ali se detido ou realizado algum ato de sua vida legendária[18]. Ora, esses antepassados, por sua vez, nos são apresentados nos mitos como pertencendo a clãs que tinham totens perfeitamente regulares, isto é, tomados das espécies animais ou vegetais. As denominações totêmicas que comemoram feitos e gestos desses heróis não podem portanto ter sido primitivas, mas correspondem a uma forma de totemismo já derivada e desviada. É lícito indagar se os totens meteorológicos não têm a mesma origem; pois o sol, a lua e os astros são com freqüência identificados com os antepassados da época fabulosa[19].

Às vezes, mas não menos excepcionalmente, é um antepassado ou um grupo de antepassados que serve diretamente de totem. O clã nomeia-se, então, não segundo uma coisa ou uma espécie de coisas reais, mas segundo um ser puramente mítico. Spencer e Gillen já haviam assinalado dois ou três totens desse gênero. Entre os Warramunga e os Tjingilli, existe um clã que tem o nome de um antepassado, chamado Thaballa, e que parece encarnar a alegria[20]. Um outro clã warramunga traz o nome de uma serpente fabulosa, monstruosa, da qual o clã supostamente descendeu[21]. Devemos a Strehlow alguns fatos similares[22]. Em todos os casos, é bastante fácil entrever o que deve ter ocorrido. Sob a influência de causas diversas, pelo desenvolvimento mesmo do pensamento mitológico, o totem coletivo e impessoal apagou-se diante de certos personagens míticos que passaram ao primeiro plano e tornaram-se eles próprios totens.

Essas diferentes irregularidades, por mais interessantes que possam ser sob outros aspectos, nada possuem que nos obrigue a modificar nossa definição do totem. Elas não constituem, como se acreditou às vezes[23], espécies de totens mais ou menos irredutíveis umas às outras e ao totem normal, tal como o definimos. São apenas formas secundárias e às vezes aberrantes de uma única e mesma noção que é, e em grande quantidade, a mais geral e que seguramente deve ser considerada também a mais primitiva.

Quanto à maneira como se adquire o nome totêmico, ela diz respeito antes ao recrutamento e à organização do clã do que à religião; portanto, tem mais a ver com a sociologia da família do que com a sociologia religiosa[24]. Assim, nos limitaremos a indicar sumariamente os princípios mais essenciais que norteiam a questão.

Conforme as tribos, três regras diferentes são aplicadas.

Num grande número, pode-se até dizer no maior número de sociedades, a criança tem por totem o de sua mãe, por direito de nascença: é o que acontece entre os Dieri e os Urabunna do centro da Austrália meridional; entre os Wotjobaluk e os Gournditch-Mara de Victoria; os Kamilaroi, os Wiradjuri, os Wonghibon e os Euahlayi da Nova Gales do Sul; os Wakelbura, os Pitta-Pitta e os Kurnandaburi do Queensland, para citar apenas os nomes mais importantes. Nesse caso, como a mãe, em virtude da regra exogâmica, é obrigatoriamente de um outro totem que seu marido, e como ela vive, por outro lado, na localidade deste último, os membros de um mesmo totem encontram-se necessariamente dispersos entre localidades diferentes, conforme os acasos dos casamentos que se efetuam. Resulta daí que o grupo totêmico carece de base territorial.

Numa segunda regra, o totem se transmite em linha paterna. Desta vez, como a criança permanece junto a seu pai, o grupo local é essencialmente formado de pessoas que pertencem ao mesmo totem; só as mulheres casadas representam aí totens estrangeiros. Dito de outro modo, cada localidade tem seu totem particular. Até tempos recentes, esse modo de organização só fora encontrado, na Austrália, em tribos onde o totemismo está em via de decadência, por exemplo entre os Narrinyeri, onde o totem quase não tem mais caráter religioso[25]. Supunha-se, portanto, que houvesse uma relação estreita entre o sistema totêmico e a filiação em linha materna. Mas Spencer e Gillen observaram, na parte setentrional do Centro australiano, todo um grupo de tribos em que a religião totêmica é ainda praticada e a transmissão do totem, não obstante, se faz em linha paterna: são os Warramunga, os Gnanji, os Umbaia, os Binbinga, os Mara e os Anula[26].

Enfim, uma terceira combinação é a que se observa entre os Arunta e os Loritja. Aqui, o totem da criança não é necessariamente nem o da mãe, nem o do pai: é o do antepassado mítico que, por procedimentos que os observadores nos relatam de diferentes maneiras[27], veio fecundar misticamente a mãe no momento da concepção. Uma técnica determinada permite reconhecer qual é esse antepassado e a que grupo totêmico pertence[28]. Mas, como é o acaso que faz esse antepassado encontrar-se nas proximidades da mãe e não de uma outra, o totem da criança acaba dependendo finalmente de circunstâncias fortuitas[29].

Independentemente e acima dos totens de clãs, há os totens de fratrias que, sem diferirem em natureza dos primeiros, devem no entanto ser distinguidos deles.

Chama-se fratria um grupo de clãs unidos entre si por laços particulares de fraternidade. Normalmente, uma tribo australiana é dividida em duas fratrias, entre as quais se distribuem os diferentes clãs. Há, certamente, sociedades onde essa organização desapareceu, mas tudo leva a crer que ela foi geral. Em todo caso, não existe tribo, na Austrália, em que o número de fratrias seja superior a dois.

Ora, em quase todos os casos em que as fratrias têm um nome cujo sentido pôde ser estabelecido, esse nome é o de um animal; trata-se portanto, ao que tudo indica, de um totem. É o que demonstrou claramente A. Lang numa obra recente[30]. Assim, entre os Gournditch-Mara (Victoria), uma das fratrias chama-se Krokitch e a outra Kaputch: a primeira palavra significa cacatua-branca, a segunda, cacatua-preta[31]. As mesmas expressões verificam-se, na totalidade ou em parte, entre os Buandik e os Wotjobaluk[32]. Entre os Wurun-Jerri, os nomes empregados são Bunfil e Waang, que significam águia-falcão e corvo[33]. As palavras Mukwara e Kilpara são usadas com idêntica finalidade por um grande número de tribos da Nova Gales do Sul[34]; designam os mesmos animais[35]. A águia-falcão e o corvo deram igualmente seus nomes às duas fratrias dos Ngarigo e dos Wolgal[36]. Entre os Kuinmurbura, é a cacatua-branca e o corvo[37]. Poderíamos citar outros exemplos. Vê-se, assim, na fratria, um antigo clã que teria se desmembrado; os clãs atuais seriam o produto desse desmembramento: e a solidariedade que os une, uma lembrança de sua primitiva unidade[38]. É verdade que, em certas tribos, as fratrias parecem não ter mais nomes determinados; noutras, em que esses nomes existem, seu sentido não é mais conhecido sequer pelos indígenas. Mas nisso não há nada que possa surpreender. As fratrias são certamente uma instituição primitiva, pois em toda parte estão em via de regressão: os clãs, oriundos delas, passaram ao primeiro plano. Portanto, é natural que os nomes que levavam tenham pouco a pouco se apagado das memórias, ou que tenham deixado de ser compreendidos, pois deviam pertencer a uma língua muito arcaica não mais em uso. Prova disso é que, em muitos casos em que sabemos de que animal a fratria tira o nome, a palavra que designa esse animal na língua corrente é inteiramente distinta daquela que serve para nomeá-lo[39].

Entre o totem da fratria e os totens dos clãs, há como que uma relação de subordinação. Com efeito, cada clã, em princípio, pertence a uma fratria e a uma só; é muito excepcional que tenha representantes noutra fratria. O caso talvez só se verifique em certas tribos do centro, particularmente entre os Arunta[40]; no entanto, mesmo onde ocorrem sobreposições desse gênero devidas a influências perturbadoras, o grosso do clã está inteiramente compreendido numa das duas metades da tribo; apenas uma minoria encontra-se do outro lado[41]. A regra, portanto, é que as duas fratrias não se misturem; conseqüentemente, a esfera dos totens que um indivíduo pode ter é predeterminada pela fratria a que ele pertence. Dito de outro modo, o totem da fratria é como um gênero do qual os totens dos clãs são espécies. Veremos mais adiante que essa aproximação não é puramente metafórica.

Além das fratrias e dos clãs, encontra-se com freqüência nas sociedades australianas um outro grupo secundário que não deixa de ter uma certa individualidade: as classes matrimoniais.

Com esse nome designam-se subdivisões da fratria, que são em número variável, conforme as tribos: encontramos ora duas, ora quatro por fratria[42]. Seu estabelecimento e seu funcionamento são regulados pelos dois princípios seguintes. 1) Em cada fratria, cada geração pertence a uma outra classe que não a da geração imediatamente anterior. Portanto, quando há apenas duas classes por fratria, elas se alternam necessariamente a cada geração. Os filhos são da classe da qual seus pais não fazem parte; mas os netos são da mesma classe que seus avós. Assim, entre os Kamila-roi a fratria Kupathin compreende duas classes, Ippai e Kumbo; a fratria Dilbi, duas outras, chamadas Murri e Kubbi. Como a filiação se faz em linha materna, a criança é da fratria de sua mãe; se esta for uma Kupathin, também ela será Kupathin. Mas se a mãe for da classe Ippai, a criança será uma Kumbo; os filhos desta, por sua vez, no caso de uma menina, voltarão a pertencer à classe Ippai. Do mesmo modo, os filhos das mulheres da classe Murri serão da classe Kubbi, e os filhos da mulheres de Kubbi serão Murri de novo. Quando há quatro classes por fratria, ao invés de duas, o sistema é mais complexo, mas o princípio é o mesmo. Essas quatro classes formam dois pares de duas classes cada um, e essas duas classes se alternam a cada geração, da maneira que acaba de ser indicada. 2) Os membros de uma classe só podem, em princípio[43], contrair casamento numa única das classes da outra fratria. Os Ippai devem casar-se na classe Kubbi; os Murri, na classe Kumbo. É por essa organização envolver profundamente relações matrimoniais que damos a esses agrupamentos o nome de classes matrimoniais.

Ora, perguntou-se se essas classes não tinham às vezes totens como as fratrias e como os clãs.

O que levantou a questão é que, em certas tribos do Queensland, cada classe matrimonial é submetida a interdições alimentares que lhe são específicas. Os indivíduos que a compõem devem abster-se da carne de certos animais que os outros podem livremente consumir[44]. Esses animais não seriam totens?

Mas a interdição alimentar não é o sinal característico do totemismo. Primeiramente e antes de tudo, o totem é um nome e, como veremos, um emblema. Ora, nas sociedades em questão, não existe classe matrimonial que tenha um nome de animal ou de planta, ou que se sirva de um emblema[45]. Certamente é possível que essas proibições tenham derivado indiretamente do totemismo. Pode-se supor que os animais que essas interdições protegem, serviam primitivamente de totens para clãs que teriam desaparecido, enquanto as classes matrimoniais se mantiveram. Com efeito, é certo que estas têm às vezes uma força de resistência que os clãs não possuem. Em conseqüência, as interdições, destituídas de seus suportes primitivos, teriam se generalizado na extensão de cada classe, uma vez que não havia mais outros agrupamentos aos quais se pudessem associar. Mas, se essa regulamentação nasceu do totemismo, percebe-se que não representa mais que uma forma enfraquecida e desnaturada dele[46].

Tudo o que acaba de ser dito do totem nas sociedades australianas se aplica às tribos indígenas da América do Norte. A única diferença é que, nessas últimas, a organização totêmica tem uma clareza de contornos e uma estabilidade ausentes na Austrália. Os clãs australianos não são simplesmente muito numerosos: são, para uma mesma tribo, em número quase ilimitado. Os observadores citam alguns deles a título de exemplo, mas sem jamais conseguir nos dar uma lista completa. É que em nenhum momento essa lista é definitivamente estabelecida. O mesmo processo de segmentação que desmembrou primitivamente a fratria e que deu origem aos clãs propriamente ditos prossegue ininterruptamente no interior desses últimos; por causa dessa fragmentação progressiva, um clã geralmente tem apenas um efetivo dos mais reduzidos[47]. Na América, ao contrário, o sistema totêmico possui formas mais bem definidas. Embora as tribos sejam aí, em média, sensivelmente mais volumosas que na Austrália, seus clãs são menos numerosos. Uma mesma tribo raramente conta com mais de uma dezena deles[48], na maioria das vezes menos; cada clã constitui, portanto, um agrupamento bem mais importante. Mas, sobretudo, seu número é melhor determinado: sabe-se quantos são e isso nos é dito[49].

Essa diferença deve-se à superioridade da técnica social. Os grupos sociais, desde o momento em que essas tribos foram observadas pela primeira vez, achavam-se fortemente enraizados num território, portanto mais capazes de resistir às forças dispersivas que os assaltavam. Ao mesmo tempo, a sociedade já possuía um sentimento demasiado vivo de sua unidade para permanecer inconsciente de si mesma e das partes que a compunham. O exemplo da América serve, assim, para nos explicar melhor o que é a organização à base de clãs. Enganar-nos-íamos se julgássemos essa última a partir do aspecto que apresenta atualmente na Austrália. Com efeito, aqui ela se encontra num estado de flutuação e dissolução que nada tem de normal; muito pelo contrário, devemos considerá-lo como o produto de uma degenerescência, imputável tanto ao desgaste natural do tempo quanto à ação desorganizadora dos brancos. Certamente é pouco provável que os clãs australianos alguma vez tenham tido as dimensões e a sólida estrutura dos clãs americanos. Deve ter havido, porém, um tempo em que a distância entre ambos era menos considerável do que hoje; pois as sociedades da América jamais teriam alcançado uma ossatura tão sólida se o clã sempre tivesse sido feito de uma matéria tão fluida e inconsistente.

Essa maior estabilidade permitiu inclusive ao sistema arcaico das fratrias manter-se na América com uma clareza e um relevo que não mais possui na Austrália. Acabamos de ver que, nesse último continente, a fratria está em decadência em toda parte; com muita freqüência, não passa de um agrupamento anônimo; quando tem um nome, ou ele não é mais compreendido, ou, em todo caso, é incapaz de significar grande coisa ao espírito do indígena, já que foi tomado de uma língua estrangeira ou que não se fala mais. Assim só pudemos inferir a existência dos totens das fratrias com base em algumas sobrevivências, tão pouco marcantes, na maior parte, que escaparam a muitos observadores. Ao contrário, esse sistema permaneceu em primeiro plano em alguns pontos da América. As tribos da costa noroeste, os Tlinkit e os Haida particularmente, já alcançaram um grau de civilização relativamente avançado, no entanto estão divididas em duas fratrias que se subdividem, por sua vez, num certo número de clãs: fratrias do Corvo e do Lobo, entre os Tlinkit[50], da Águia e do Corvo, entre os Haida[51]. E essa divisão não é simplesmente nominal: corresponde a um estado sempre atual dos costumes e marca profundamente a vida. A distância moral que separa os clãs é pouca coisa comparada à que separa as fratrias[52]. O nome de cada uma delas não é apenas uma palavra cujo sentido se esqueceu ou se conhece vagamente; é um totem em toda a força da expressão; possui todos os seus atributos essenciais, tais como serão descritos adiante[53]. Sobre esse ponto também, portanto, havia interesse em não negligenciar as tribos da América, já que nelas podemos observar diretamente esses totens de fratrias dos quais a Austrália não nos oferece mais que obscuros vestígios.

II

Mas o totem não é apenas um nome; é um emblema, um verdadeiro brasão, cujas analogias com o brasão heráldico foram freqüentemente assinaladas. "Cada família, diz Grey ao falar dos australianos, adota um animal ou um vegetal como suas armas e sua marca distintiva (*as their crest and sign*)"[54]; e o que Grey chama uma família é incontestavelmente um clã. "A organização australiana, dizem igualmente Fison e Howitt, mostra que o totem é, antes de tudo, o brasão de um grupo (*the badge of a group*)."[55] Schoolcraft exprime-se nos mesmos termos sobre os totens dos índios da América do Norte: "O totem, diz ele, é na verdade um desenho que corresponde aos emblemas heráldicos das nações civilizadas e que cada pessoa é autorizada a portar como prova da identidade da família à qual pertence. É o que demonstra a etimologia verdadeira da palavra, derivada de *dodaim*, que significa aldeia ou residência de um grupo familiar."[56] Assim, quando os índios entraram em relações com os europeus e se estabeleceram contratos entre ambos, é com seu totem que cada clã selava os tratados assim concluídos[57].

Os nobres da época feudal esculpiam, gravavam, figuravam de todas as maneiras seus brasões nos muros de seus castelos, em suas armas, em todos os objetos que lhes pertenciam; os negros da Austrália e os índios da América do Norte fazem o mesmo com seus totens. Os índios que acompanhavam Samuel Hearne os pintavam em seus escudos antes de saírem a combate[58]. Segundo Charlevoix, certas tribos indígenas tinham, em tempos de guerra, verdadeiras insígnias, feitas de cascas de árvore presas na ponta de uma vara e nas quais eram representados os totens[59]. Entre os Tlinkit, quando irrompia um conflito entre dois clãs, os membros dos dois grupos inimigos levavam na cabeça um capacete no qual se achavam representados seus respectivos totens[60]. Entre os Iroqueses, punha-se em cada *wigwam* [aldeia], como marca do clã, a pele do animal que servia de totem[61]. De acordo com outro observador, o animal empalhado é que era erguido diante da entrada[62]. Entre os Wyandot, cada clã tem seus ornamentos próprios e suas pinturas distintivas[63]. Entre os Omaha, e de maneira mais geral entre os Sioux, o totem é pintado na tenda[64].

Onde a sociedade tornou-se sedentária, onde a tenda é substituída pela casa, onde as artes plásticas já são mais desenvolvidas, é na madeira, nas paredes, que se grava o totem. Isso acontece, por exemplo, entre os Haida, os Tsimshian, os Salish, os Tlinkit. "Um ornamento muito particular da casa entre os Tlinkit, diz Krause, são os brasões do totem". Trata-se de formas animais, combinadas em certos casos com formas humanas e esculpidas em mastros, que se elevam ao lado da porta de entrada e que alcançam até quinze metros de altura; são geralmente pintadas em cores muito chamativas[65]. No entanto, numa aldeia Tlinkit, essas figurações totêmicas não são muito numerosas, verificando-se apenas diante das casas dos chefes e dos ricos. Elas são bem mais freqüentes na tribo vizinha dos Haida, onde há sempre várias por casa[66]. Com seus múltiplos mastros esculpidos que se erguem por todos os lados e às vezes a uma grande altura, uma aldeia Haida dá a impressão de uma cidade sagrada, toda coberta de minúsculos campanários ou minaretes[67]. Entre os Salish, é geralmente nas paredes interiores da casa que o totem é representado[68]. Encontramo-lo, além disso, em canoas, em utensílios de toda espécie e nos monumentos funerários[69].

Os exemplos que precedem são exclusivamente tomados dos índios da América do Norte. É que essas esculturas, essas gravuras, essas figurações só são possíveis onde a técnica das artes plásticas já chegou a um grau de aperfeiçoamento ainda não alcançado pelas tribos australianas. Por isso, representações totêmicas como as que acabam de ser mencionadas são mais raras ou menos aparentes na Austrália do que na América. Citam-se, no entanto, alguns casos. Entre os Warramunga, ao final das cerimônias mortuárias, enterram-se os ossos do morto, previamente dessecados e reduzidos a pó; ao lado do lugar onde são assim depositados, uma figura representativa do totem é traçada no chão[70]. Entre os Mara e os Anula, o corpo é colocado numa peça de madeira côncava, igualmente decorada com desenhos característicos do totem[71]. Na Nova Gales do Sul, Oxley encontrou gravadas em árvores, próximas do túmulo onde um indígena fora enterrado[72], figuras às quais Brough Smyth atribui um caráter totêmico. Os indígenas do alto Darling gravam em seus escudos imagens totêmicas[73]. Segundo Collins, quase todos os utensílios são cobertos de ornamentos que provavelmente têm a mesma significação; encontram-se figuras do mesmo gênero em pedras[74]. Esses desenhos totêmicos poderiam inclusive ser mais freqüentes do que parece, pois, por razões que serão expostas mais adiante, nem sempre é fácil perceber seu verdadeiro sentido.

Esses diferentes fatos já dão uma idéia da importância considerável que o totem possui na vida social dos primitivos. Até agora, porém, ele mostrou-se a nós relativamente exterior ao homem, pois somente o vimos representado nas coisas. Mas as imagens totêmicas não são apenas reproduzidas nas paredes das casas, em canoas, nas armas, nos instrumentos e nos túmulos; encontramo-las também no corpo dos homens. Estes não colocam seu brasão apenas nos objetos que possuem, carregam-no em sua pessoa; ele está impresso na carne, faz parte deles mesmos e, inclusive, esse modo de representação é de longe o mais importante.

Com efeito, é uma regra muito geral que os membros de cada clã procuram dar-se o aspecto exterior de seu totem. Entre os Tlinkit, em certas festas religiosas, o personagem encarregado de dirigir a cerimônia usa uma vestimenta que representa, na totalidade ou em parte, o corpo do animal que dá nome ao clã[75]. Máscaras especiais são empregadas com esse objetivo. Encontramos as mesmas práticas em todo o Noroeste americano[76]. Idêntico costume entre os Minnitaree quando vão ao combate[77], e entre os índios dos Pueblos[78]. Quando o totem é uma ave, os indivíduos levam na cabeça as plumas dessa ave[79]. Entre os Iowa, cada clã tem uma maneira especial de cortar os cabelos. No clã da Águia, dois grandes tufos são dispostos na frente da cabeça, enquanto um outro pende para trás; no clã do Búfalo, são dispostos em forma de cornos[80]. Dispositivos análogos verificam-se entre os Omaha, cada clã tendo seu penteado. No clã da Tartaruga, por exemplo, os cabelos são raspados para formar seis anéis, dois de cada lado da cabeça, um na frente e outro atrás, de maneira a imitar as patas, a cabeça e a cauda do animal[81].

Mas, na maioria das vezes, é no próprio corpo que é impressa a marca totêmica: é um modo de representação que está ao alcance inclusive das sociedades menos avançadas. Chegou-se a perguntar se o rito tão freqüente que consiste em arrancar dos rapazes os dois dentes superiores, na época da puberdade, não teria por finalidade reproduzir a forma do totem. O fato não está confirmado mas é notável que, às vezes, os próprios indígenas expliquem assim esse costume. Entre os Arunta, por exemplo, a extração dos dentes só é praticada no clã da chuva e da água; ora, segundo a tradição, essa operação teria por objetivo tornar as fisionomias semelhantes a certas nuvens negras, com bordos claros, que viriam anunciar a chegada da próxima chuva e, por essa razão, são consideradas coisas da mesma família[82]. É uma prova de que o próprio indígena tem consciência de que tais deformações têm por objeto dar-lhe, ao menos convencionalmente, o aspecto de seu totem. Entre os mesmos Arunta, durante os ritos da subincisão*, determinadas incisões na pele são praticadas nas irmãs e na futura mulher do noviço; disso resultam cicatrizes cuja forma é igualmente representada sobre um objeto sagrado, do qual falaremos daqui a pouco, chamado *churinga*; ora, veremos que as linhas desenhadas no *churinga* são emblemáticas do totem[83]. Entre os Kaitish, o euro é considerado parente próximo da chuva[84]; as pessoas do clã da chuva trazem nas orelhas pequenos pingentes feitos de dentes de euro[85]. Entre os Yerkla, durante a iniciação, inflige-se ao jovem um certo número de cutiladas que deixam cicatrizes: o número e a forma dessas cicatrizes variam conforme os totens[86]. Um dos informantes de Fison assinala o mesmo fato nas tribos que observou[87]. Segundo Howitt, uma relação do mesmo gênero existiria, nos Dieri, entre certas escarificações e o totem da água[88]. Quanto aos índios do Noroeste, o costume de tatuar o totem é muito comum entre eles[89].

Mas se as tatuagens realizadas por meio de mutilações ou de escarificações nem sempre têm uma significação totêmica[90], algo diferente ocorre com os simples desenhos efetuados no corpo: na maioria dos casos, eles são repre-

---

* Incisão nas partes inferiores do corpo, em especial no prepúcio. (N. do T.)

sentativos do totem. É verdade que o indígena não os carrega o tempo todo. Quando se entrega a ocupações puramente econômicas, quando os pequenos grupos familiares se dispersam para caçar e pescar, ele não se preocupa com esse costume, que não deixa de ser complicado. Mas, quando os clãs se reúnem e juntos se ocupam das cerimônias religiosas, ele obrigatoriamente se enfeita. Cada uma dessas cerimônias, como veremos, diz respeito a um totem particular e, em princípio, os ritos relacionados a um totem só podem ser celebrados por pessoas desse totem. Ora, os que desempenham o papel de oficiantes[91] e, às vezes, até os que assistem como espectadores levam sempre no corpo desenhos que representam o totem[92]. Um dos ritos principais da iniciação, o que faz o jovem entrar na vida religiosa da tribo, consiste precisamente em pintar-lhe no corpo o símbolo totêmico[93]. É verdade que, entre os Arunta, o desenho assim traçado não representa necessariamente o totem do iniciado[94]; mas essa é uma exceção, certamente devida ao estado de perturbação em que se encontra a organização totêmica dessa tribo[95]. De resto, mesmo entre os Arunta, no momento mais solene da iniciação, por ser seu coroamento e sua consagração, quando o neófito é admitido no santuário em que se conservam todos os objetos sagrados pertencentes ao clã, executa-se nele uma pintura emblemática, e desta vez é o totem do jovem que é representado[96]. Os laços que unem o indivíduo a seu totem são tão estreitos que, nas tribos da costa noroeste da América do Norte, o emblema do clã é pintado não apenas nos vivos, mas também nos mortos: antes de sepultar o cadáver, põe-se nele a marca totêmica[97].

III

Essas decorações totêmicas permitem pressentir que o totem não é somente um nome e um emblema. É durante as cerimônias religiosas que elas são o totem, ao mesmo tempo que este é uma etiqueta coletiva, tem um caráter religioso. Com efeito, é em relação a ele que as coisas são classificadas em sagradas e em profanas. Ele é o próprio modelo das coisas sagradas.

As tribos da Austrália central, principalmente os Arunta, os Loritja, os Kaitish, os Unmatjera, os Ilpirra, servem-se constantemente, em seus ritos, de certos instrumentos[98] que, entre os Arunta, são chamados *churinga*, segundo Spencer e Gillen, e *tjurunga*[99], segundo Strehlow. São peças de madeira ou pedaços de pedra polida, de formas muito variadas, mas geralmente ovais ou alongadas[100]. Cada grupo totêmico possui uma coleção mais ou menos importante dessas peças. *Ora, em cada uma delas, acha-se gravado um desenho que representa o totem desse mesmo grupo*[101]. Alguns desses churinga possuem, numa das extremidades, um buraco pelo qual passa um barbante, feito de cabelos humanos ou pêlos de gambá. Desses objetos, os que são de madeira e furados desse modo servem exatamente às mesmas finalidades que os instrumentos de culto aos quais os etnógrafos ingleses deram o nome de *bull-roarers*. Por meio do laço a que estão suspensos, são girados rapidamente no ar de maneira a produzir uma espécie de ronco idêntico ao que emitem os *zumbidores* que servem ainda hoje de brinquedo a nossas crianças; esse ruído ensurdecedor tem uma significação ritual e acompanha todas as cerimônias de alguma importância. Os churinga, portanto, são verdadeiros *bull-roarers*. Mas há outros que não são de madeira ou não são furados; em conseqüência, não podem ser empregados dessa maneira. Inspiram no entanto os mesmos sentimentos de respeito religioso.

Com efeito, todo churinga, não importa para que finalidade seja empregado, figura entre as coisas mais eminentemente sagradas, inclusive não há nenhuma que o supere em dignidade religiosa. É o que já indica a palavra que serve para designá-lo. Ao mesmo tempo um substantivo, é também um adjetivo que significa sagrado. Assim, entre os nomes que cada Arunta possui, há um tão sagrado que é proibido revelá-lo a um estrangeiro; só é pronunciado raramente, em voz baixa, numa espécie de murmúrio religioso. Ora, esse nome é *aritna churinga* (aritna quer dizer nome[102]). De maneira mais geral, a palavra churinga designa todos os atos rituais: por exemplo, *ilia churinga* significa o culto da Ema[103]. Empregado estritamente, como substantivo, churinga é, portanto, a coisa que tem por característica essencial ser sagrada. Assim, os profanos, isto é, as mulheres e os jovens ainda não iniciados à vida religiosa, não podem tocar nem mesmo ver os churinga; só lhes é permitido olhá-los de longe e, ainda assim, em raras ocasiões[104].

Os churinga são conservados piedosamente num lugar especial que é chamado, entre os Arunta, o *ertnatulunga*[105]. Trata-se de uma cavidade, uma espécie de pequeno subterrâneo dissimulado num local deserto. Sua entrada é cuidadosamente fechada por meio de pedras tão habilmente dispostas que um estranho que passar ao lado não poderá suspeitar que, junto dele, se acha o tesouro religioso do clã. O caráter sagrado dos churinga é tal, que se transmite ao lugar onde são assim depositados: as mulheres, os não-iniciados não podem se aproximar dele. Somente quando a iniciação terminou completamente é que os jovens têm acesso a ele; mesmo assim só são julgados dignos desse favor após vários anos de provações[106]. A religiosidade do lugar irradia-se inclusive além e comunica-se ao que está em volta: tudo o que aí se encontra participa do mesmo caráter e, por essa razão, é subtraído aos atos profanos. Um homem é perseguido por outro? Se ele chegar ao ertnatulunga, estará salvo, não poderá ser pego[107]. Mesmo um animal ferido que se refugia nesse lugar deve ser respeitado[108]. Ali as disputas são proibidas. É um lugar de paz, como se dirá nas sociedades germânicas, é um santuário do grupo totêmico, um verdadeiro lugar de asilo.

Mas as virtudes do churinga não apenas se manifestam na maneira como mantém o profano à distância. Se é assim isolado, é por ser uma coisa de alto valor religioso e cuja perda lesaria gravemente a coletividade e os indivíduos. Ele possui todo tipo de propriedades maravilhosas: por contato, cura as feridas, especialmente aquelas que resultam da circuncisão[109]; tem inclusive eficácia contra a doença[110]; serve para fazer crescer a barba[111]; confere importantes poderes à espécie totêmica, cuja reprodução normal ele assegura[112]; dá aos homens força, coragem, perseverança, e, ao contrário, deprime e enfraquece seus inimigos. Essa última crença é tão fortemente enraizada que, quando dois combatentes estão em luta, se um deles chega a perceber que seu adversário traz consigo um churinga, imediatamente perde confiança e sua derrota é certa[113]. Assim, não há instrumento ritual que ocupe um lugar mais importante nas cerimônias religiosas[114]. Mediante unções, seus poderes são transmitidos aos oficiantes ou aos assistentes; para tanto, após serem untados de graxa, são friccionados contra os membros, contra o estômago dos fiéis[115]. Ou então são recobertos de uma penugem que se solta e se dispersa em todas as direções quando agitados no ar: é uma maneira de disseminar as virtudes contidas neles[116].

Mas os churinga não são apenas úteis aos indivíduos: a sorte do clã inteiro está ligada à sua. Perdê-lo é um desastre; é a maior infelicidade que pode acontecer ao grupo[117]. Às vezes, eles deixam o ertnatulunga, por exemplo, quando são emprestados a um grupo estrangeiro[118]. Sucede, então, um verdadeiro luto público. Durante duas semanas, as pessoas do totem choram, se lamentam, o corpo untado de argila branca, como fazem ao perderem algum de seus próximos[119]. Por isso, os churinga não são deixados à livre disposição dos particulares; o ertnatulunga onde são conservados é posto sob o controle do chefe do grupo. Claro que cada indivíduo tem direitos especiais sobre alguns deles[120]; contudo, ainda que seja, numa certa medida, seu proprietário, só pode servir-se dele com o consentimento e sob a direção do chefe. Trata-se de um tesouro coletivo, a arca sagrada do clã[121]. Aliás, a devoção de que os churinga são objeto mostra o alto valor que se atribui a eles. Só são manipulados com um respeito que a solenidade dos gestos traduz[122]. São tratados com cuidado, untados, friccionados, polidos e, quando os transportam de uma localidade a outra, é em meio a cerimônias que testemunham ser esse deslocamento um ato da mais alta importância[123].

Ora, em si mesmos, os churinga são objetos de madeira e de pedra, como tantos outros; não se distinguem das coisas profanas do mesmo gênero a não ser por uma particularidade: neles está gravada ou desenhada a marca totêmica. Portanto, é essa marca, e somente ela, que lhes confere o caráter sagrado. É verdade que, segundo Spencer e Gillen, o churinga serviria de residência a uma alma de antepassado, e seria a presidência dessa alma que lhe conferiria suas propriedades[124]. Strehlow, por seu lado, embora declarando inexata essa interpretação, propõe uma outra que não difere sensivelmente da precedente: o churinga seria considerado uma imagem do corpo do antepassado ou esse próprio corpo[125]. Portanto, seriam mais uma vez os sentimentos inspirados pelo antepassado que se relacionariam ao objeto material e fariam dele uma espécie de fetiche. Mas, em primeiro lugar, tanto uma concepção quanto a outra – que, aliás, quase não diferem do mito a não ser na letra – foram manifestamente forjadas depois, para tornar inteligível o caráter sagrado atribuído aos churinga. Na constituição dessas peças de madeira e desses pedaços de pedra, em seu aspecto exterior, não há nada que os predestine a ser considerados a residência de uma alma de antepassado ou a imagem de seu corpo. Portanto, se os homens imaginaram esse mito, foi para poderem explicar a eles mesmos o respeito religioso que tais coisas lhes inspiravam, e não porque esse respeito fosse determinado pelo mito. Essa explicação, como tantas explicações míticas, só resolve a questão pela questão mesma, repetida em termos ligeiramente diferentes, pois dizer que o churinga é sagrado e dizer que ele contém esta ou aquela relação com um ser sagrado, é enunciar de duas maneiras o mesmo fato, não é explicá-lo. Aliás, como Spencer e Gillen reconhecem, mesmo entre os Arunta há alguns churinga que são fabricados, à vista de todo o mundo, pelos mais velhos do grupo[126]; estes, evidentemente, não provêm dos grandes antepassados. No entanto, possuem, com diferenças de graus apenas, a mesma eficácia que os demais e são conservados da mesma maneira. Enfim, há tribos inteiras em que o churinga de modo nenhum é concebido como associado a um espírito[127]. Sua natureza religiosa provém, portanto, de outra fonte, e de onde poderia provir senão da marca totêmica que carrega? Assim, é a essa imagem que se dirigem, em realidade, as demonstrações do rito; ela é que santifica o objeto no qual está gravada.

Há, no entanto, entre os Arunta e nas tribos vizinhas, dois outros instrumentos litúrgicos claramente relacionados ao totem e ao próprio churinga que entra ordinariamente em sua composição: o *nurtunja* e o *waninga*.

O nurtunja[128], verificado entre os Arunta do Norte e seus vizinhos imediatos[129], é feito essencialmente de um suporte vertical que consiste ou numa lança, ou em várias lanças reunidas em feixe, ou ainda numa simples vara[130]. Tufos de ervas são presos em volta por meio de pequenas tiras, feitas de cabelos. Por cima destes é acrescentada uma penugem, disposta em círculos ou em linhas paralelas, de cima a baixo do suporte. O topo é decorado com plumas de águia-falcão. Essa é apenas a forma mais geral e mais típica: ela comporta todo tipo de variações conforme os casos particulares[131].

O waninga, que se verifica apenas entre os Arunta do Sul, os Urabunna e os Loritja, tampouco apresenta um modelo único. Reduzido a seus elementos essenciais, também ele consiste num suporte vertical, formado por um bastão com cerca de meio metro de altura, ou por uma lança com vários metros de comprimento, e cortado ora por uma, ora por duas peças transversais[132]. No primeiro caso, tem o aspecto de uma cruz. Cordões feitos com cabelos humanos ou com pêlos de gambá ou de *bandicoot* atravessam em diagonal o espaço compreendido entre os braços da cruz e as extremidades do eixo central; eles são apertados uns contra os outros e constituem, assim, uma rede que tem a forma de um losango. Quando há duas barras transversais, esses cordões vão de uma à outra, e daí ao topo e à base do suporte. Às vezes são cobertos por uma camada bastante espessa de penugem que os dissimula aos olhares. O waninga tem, assim, o aspecto de um verdadeiro estandarte[133].

Ora, o nurtunja e o waninga, que tomam parte numa série de ritos importantes, são objeto de um respeito religioso muito semelhante ao inspirado pelos churinga. Procede-se à sua confecção e à sua ereção com a maior solenidade. Fixos no chão ou carregados por um oficiante, eles marcam o ponto central da cerimônia: é em torno deles que as danças e os ritos se desenvolvem. Durante a iniciação, levam o noviço ao pé de um nurtunja que foi erigido para a ocasião e lhe dizem: "Aí está o nurtunja de teu pai; ele já serviu para fazer muitos jovens." Depois disso, o iniciado deve beijar o nurtunja[134]. Por esse beijo, ele entra em contato com o princípio religioso que se supõe residir aí; trata-se de uma verdadeira comunhão que deve dar ao jovem a força necessária para suportar a terrível operação da subincisão[135]. Aliás, o nurtunja desempenha um papel considerável na mitologia dessas sociedades. Os mitos contam que, nos tempos fabulosos dos grandes antepassados, o território da tribo era atravessado em todos os sentidos por bandos compostos exclusivamente de indivíduos de um mesmo totem[136]. Cada um desses bandos trazia consigo um nurtunja. Quando se detinham para acampar, as pessoas, antes de se dispersarem para caçar, fixavam no solo seu nurtunja, no topo do qual eram suspensos os churinga[137]. Vale dizer que lhe confiavam tudo o que tinham de mais precioso. Ao mesmo tempo, ele era uma espécie de estandarte que servia como centro de reunião ao grupo. Não se pode deixar de ficar impressionado com as analogias que o nurtunja apresenta com o mastro sagrado dos Omaha[138].

Ora, esse caráter sagrado só lhe pode provir de uma causa: é que ele representa materialmente o totem. Com efeito, as linhas verticais ou os anéis de penugem que o recobrem, ou então os cordões multicoloridos que reúnem os braços do waninga ao eixo central, não são dispostos arbitrariamente pelos operadores, mas devem obrigatoriamente ostentar uma forma bem determinada pela tradição e que, no pensamento dos indígenas, representa o totem[139]. Aqui, já não há por que indagar, como no caso dos churinga, se a veneração a esse instrumento cultual não seria senão um reflexo daquela que os antepassados inspiram, pois uma regra estabelece que cada nurtunja ou cada waninga dure apenas o tempo da cerimônia em que é utilizado. Sempre que necessário, o confeccionam de novo, por completo, e, uma vez executado o rito, despojam-no de seus ornamentos e dispersam os elementos de que é feito[140]. Portanto, ele não é outra coisa senão uma imagem – e uma imagem temporária – do totem; conseqüentemente, é sob esse aspecto, e sob esse aspecto apenas, que desempenha um papel religioso.

Assim, o churinga, o nurtunja e o waninga devem unicamente sua natureza religiosa ao fato de portarem o emblema totêmico. É esse emblema que é sagrado, conservando esse caráter em qualquer objeto em que é representado. Pintam-no às vezes nas rochas. Ora, essas pinturas são chamadas *churinga ilkinia*, desenhos sagrados[141]. Os adornos com que se enfeitam oficiantes e assistentes nas cerimônias religiosas levam o mesmo nome, e é proibido às crianças e às mulheres vê-los[142]. Ocorre, às vezes, durante certos ritos, ser o totem desenhado no chão. Também aí, a técnica da operação mostra os sentimentos que esse desenho inspira e o alto valor que lhe é atribuído: com efeito, sendo traçado num terreno previamente aspergido com sangue humano[143], e veremos adiante que o sangue, por si mesmo, já é um líquido sagrado que serve apenas a ofícios devotos. Depois que a imagem foi traçada, os fiéis permanecem sentados no chão diante dela na atitude da mais pura devoção[144]. Com a condição de dar à palavra um sentido apropriado à mentalidade do primitivo, pode-se dizer que eles a adoram. Eis o que permite compreender de que maneira o brasão totêmico permaneceu, para os índios da América do Norte, algo muito precioso, sendo sempre cercado de uma espécie de auréola religiosa.

Mas para compreender por que as representações totêmicas são assim sagradas, é interessante saber em que consistem.

Entre os índios da América do Norte, são imagens pintadas, gravadas ou esculpidas que procuram reproduzir, o mais fielmente possível, o aspecto exterior do animal totêmico. Os procedimentos empregados são aqueles de que nos servimos ainda hoje em casos similares, exceto por serem, em geral, mais grosseiros. Mas o mesmo não acontece na Austrália, e é naturalmente nas sociedades australianas que devemos buscar a origem dessas figurações. Embora o australiano seja bastante capaz de imitar, ao menos de uma maneira rudimentar, as formas das coisas[145], as ornamentações sagradas parecem, na maioria dos casos, alheias a qualquer preocupação desse gênero: consistem essencialmente em desenhos geométricos executados nos churinga ou no corpo dos homens. São linhas, retas ou curvas, pintadas de maneiras diferentes[146], cujo conjunto só tem e só pode ter um sentido convencional. A relação entre a figura e a coisa figurada é a tal ponto indireta e distante que não se pode percebê-la quando não se tem ciência dela. Só os membros do clã podem dizer qual o sentido por eles atribuído a esta ou àquela combinação de linhas[147]. Geralmente, homens e mulheres são representados por semicírculos, os animais por círculos completos ou por espirais[148]; as pegadas de um homem ou de um animal por linhas pontilhadas, etc. A significação das figuras obtidas por tais procedimentos é tão arbitrária que um desenho idêntico pode ter dois sentidos diferentes para os membros de dois totens e representar aqui um animal, ali um outro ou uma planta. Isso é talvez ainda mais evidente no caso dos nurtunja e dos waninga. Cada um deles representa um totem diferente. Mas os elementos pouco numerosos e muito simples que entram em sua composição não poderiam produzir combinações bastante variadas. Disso resulta que dois nurtunja possam ter exatamente o mesmo aspecto, mas exprimir duas coisas tão diferentes quanto um eucalipto e uma ema[149]. No momento em que confeccionam o nurtunja, dão-lhe um sentido que ele conserva durante toda a cerimônia, mas que, em suma, é fixado por convenção.

Esses fatos provam que, se o australiano é fortemente inclinado a representar seu totem, não é para ter diante dos olhos um retrato que renove perpetuamente sua sensação, mas simplesmente porque sente a necessidade de representar-se a idéia que faz dele por meio de um signo material, exterior, não importa qual seja, aliás, esse signo. Não podemos ainda compreender o que moveu o primitivo a escrever em sua pessoa e em diferentes objetos a noção que tinha de seu totem, mas era importante constatar desde já a natureza da necessidade que deu origem a essas múltiplas figurações[150].

CAPÍTULO II
AS CRENÇAS PROPRIAMENTE TOTÊMICAS
(Continuação)

II – O animal totêmico e o homem

Mas as imagens totêmicas não são as únicas coisas sagradas. Existem seres reais que também são objeto de ritos em virtude das relações que mantêm com o totem: são eles, antes de quaisquer outros, os seres da espécie totêmica e os membros do clã.

I

Em primeiro lugar, como os desenhos que representam o totem despertam sentimentos religiosos, é natural que as coisas cujo aspecto esses desenhos reproduzem tenham, em alguma medida, a mesma propriedade.

Trata-se, na maioria dos casos, de animais e de plantas. O papel profano dos vegetais e mesmo dos animais é, geralmente, servir de alimento; assim, o caráter sagrado do animal ou da planta se reconhece pelo fato de ser proibido comê-los. Claro que, sendo coisas sagradas, podem entrar na composição de certas refeições místicas –

veremos, de fato, que servem às vezes de verdadeira eucaristia, mas, normalmente, não podem ser utilizados para o consumo vulgar. Quem desrespeitar essa proibição se expõe aos mais graves perigos. Não que o grupo intervenha sempre para reprimir artificialmente a infração cometida, mas acredita-se que o sacrilégio acarrete automaticamente a morte. Supõe-se resida na planta ou no animal totêmico um princípio temível que não pode penetrar num organismo profano sem desorganizá-lo ou destruí-lo[1]. Apenas os velhos, pelo menos em certas tribos, são liberados dessa interdição[2]; veremos mais adiante a razão disso.

Entretanto, se a proibição é formal num grande número de tribos[3] – com exceções que serão indicadas mais tarde –, é incontestável que ela tende a atenuar-se à medida que a velha organização totêmica é abalada. Mas as restrições então mantidas demonstram que essas atenuações não foram aceitas sem dificuldade. Por exemplo, mesmo onde se permitiu comer da planta ou do animal que serve de totem, isso não se faz em completa liberdade: só se pode consumir uma pequena quantidade de cada vez. Ultrapassar a medida constitui uma falta ritual com graves conseqüências[4]. Além disso, a proibição permanece intacta para as partes consideradas mais preciosas, isto é, mais sagradas, por exemplo, os ovos ou a gordura[5]. E esse consumo também só é tolerado sem reservas no caso de um animal que ainda não chegou à plena maturidade[6]. Sem dúvida, considera-se, nesse caso, que sua natureza sagrada ainda não está completa. Portanto, a barreira que isola e protege o ser totêmico cede apenas lentamente e não sem fortes resistências, que testemunham o que ela devia ser primitivamente.

É verdade que, segundo Spencer e Gillen, essas restrições não seriam os restos de uma proibição rigorosa que iria se atenuando, mas, ao contrário, o prelúdio de uma interdição que estaria começando a se estabelecer. De acordo com esses autores[7], a liberdade de consumo teria sido completa na origem, e as limitações que agora se impõem seriam relativamente recentes. Eles julgam encontrar a prova de sua tese nos dois seguintes fatos. Primeiro, como acabamos de dizer, há ocasiões solenes em que os membros do clã ou seu chefe não apenas podem como devem comer do animal ou da planta totêmicos. Além disso, os mitos contam que os grandes antepassados, fundadores dos clãs, comiam regularmente de seu totem; ora, dizem eles, essas narrativas só podem ser compreendidas como o eco de um tempo em que as proibições atuais não teriam existido.

Mas o fato de que, durante certas solenidades religiosas, um consumo – aliás moderado – do totem seja ritualmente obrigatório, de modo nenhum implica que ele alguma vez serviu para a alimentação vulgar. Muito pelo contrário, o alimento que se come nessas refeições místicas é essencialmente sagrado e, conseqüentemente, proibido aos profanos. Quanto aos mitos, é proceder segundo um método crítico um tanto sumário atribuir-lhes tão facilmente um valor de documentos históricos. Em geral, eles têm por objeto interpretar ritos existentes e não comemorar eventos passados; são muito mais uma explicação do presente do que uma história. No caso, essas tradições segundo as quais os antepassados da época fabulosa teriam se alimentado de seu totem estão em perfeito acordo com crenças e ritos sempre em vigor. Os velhos, as personalidades que chegaram a uma alta dignidade religiosa, são liberados das proibições que pesam sobre o homem comum[8]: podem comer das coisas santas porque eles próprios são santos. Aliás, essa é uma regra que não é particular apenas ao totemismo, mas que se encontra nas religiões mais diversas. Ora, os heróis ancestrais eram quase deuses. Portanto, devia parecer ainda mais natural que pudessem se nutrir do alimento sagrado[9], mas essa não é uma razão para que a mesma faculdade tenha sido concedida aos simples profanos[10].

Entretanto, não é certo nem mesmo provável que a proibição tenha alguma vez sido absoluta. Ela parece ter sido sempre suspensa em caso de necessidade, por exemplo, quando o indígena está faminto e não tem outra coisa de que se alimentar[11]. Com maior razão, isso acontece quando o totem é um alimento sem o qual o homem não pode passar. Assim, há um grande número de tribos em que existe um totem da água: uma proibição estrita, no caso, é manifestamente impossível. Contudo, mesmo nesse caso, a faculdade concedida submete-se a condições que restringem seu uso e que mostram perfeitamente que ela infringe um princípio reconhecido. Entre os Kaitish e os Warramunga, um homem desse totem não pode beber água livremente: é proibido de tirá-la do poço e só pode recebê-la das mãos de um terceiro que pertence obrigatoriamente à fratria da qual não é membro[12]. A complexidade desse procedimento e o transtorno que causa são ainda uma forma de reconhecer que o acesso à coisa sagrada não é livre. A mesma regra aplica-se, em certas tribos do Centro, toda vez que se come do totem, seja por necessidade, seja por alguma outra causa. Convém acrescentar que, quando essa formalidade não pode ser executada, isto é, quando o indivíduo está sozinho ou cercado apenas de membros de sua fratria, também ele pode, se houver urgência, dispensar qualquer intermediário. Vê-se que a interdição é suscetível de atenuações variadas.

No entanto, ela repousa sobre idéias tão fortemente arraigadas nas consciências, que sobrevive com muita freqüência a suas primeiras razões de ser. Vimos que, muito provavelmente, os diversos clãs de uma fratria são apenas subdivisões de um clã inicial que teria se desmembrado. Houve, portanto, um momento em que todos esses clãs fundidos tinham o mesmo totem; por conseguinte, onde a lembrança dessa origem comum não se apagou completamente, cada clã continua a sentir-se solidário dos demais e a considerar que os totens deles não lhe são alheios... Por essa razão, um indivíduo não pode comer com plena liberdade dos totens relacionados aos diferentes clãs da fratria da qual não é membro: só pode tocar neles se a planta ou o animal proibidos lhe forem apresentados por um membro da outra fratria[13].

Uma outra sobrevivência do mesmo tipo é a que diz respeito ao totem materno. Há fortes razões para crer que, na origem, o totem transmitia-se em linha uterina. Portanto, a filiação em linha paterna, onde foi adotada, provavelmente só aconteceu depois de um longo período, durante o qual o princípio oposto fora aplicado; conseqüentemente, a criança tinha, então, o totem de sua mãe e submetia-se a todas as interdições a ele associados. Ora, em certas tribos, em que, não obstante, o filho herda hoje o totem paterno, sobrevive algo das interdições que protegiam primitivamente o totem da mãe: não se pode comê-lo livremente[14]. No entanto, no estado presente de coisas, não há nada mais que corresponda a essa proibição.

À interdição de comer acrescenta-se, com freqüência, a de matar, ou, se o totem for uma planta, a de colher[15]. Mas também aqui há exceções e tolerâncias, em particular o caso de necessidade, quando, por exemplo, o totem é um animal nocivo[16] ou não há nada para comer. Inclusive há tribos em que é proibido caçar por sua conta o animal cujo nome se leva, e não obstante é permitido matá-lo por conta de outrem[17]. Mas, em geral, a maneira como o ato é realizado indica claramente algo de ilícito. Pedem-se desculpas, como de uma falta; manifestam-se sentimentos de tristeza, de repugnância[18], e tomam-se as precauções necessárias para que o animal sofra o mínimo possível[19].

Além das interdições fundamentais, citam-se casos de proibição de contato entre o homem e seu totem. Assim, entre os Omaha, no clã do Alce, ninguém pode tocar em nenhuma parte do corpo do animal macho; num subclã do Búfalo, não é permitido tocar na cabeça desse animal[20]. Entre os Bechuana, ninguém ousaria vestir-se com a pele do animal que tem por totem[21]. Mas esses casos são raros, e é natural que sejam excepcionais visto que, normalmente, o homem deve portar consigo a imagem de seu totem ou algo que o lembre. A tatuagem e os costumes totêmicos seriam impraticáveis se todo contato fosse proibido. Cumpre notar, aliás, que essa proibição não se observa na Austrália, mas somente em sociedades em que o totemismo já se afastou bastante de sua forma original; é provável, portanto, que ela seja de origem tardia e devida talvez à influência de idéias que nada têm de propriamente totêmicas[22].

Se aproximarmos agora essas diversas interdições das relacionadas ao emblema totêmico, veremos, contrariamente ao que se podia prever, que estas últimas são mais numerosas, mais estritas, mais severamente imperativas que as primeiras. As figuras de todo tipo que representam o totem são cercadas de um respeito sensivelmente superior ao inspirado pelo ser mesmo cuja forma é representada. Os churinga, o nurtunja, o waninga jamais devem ser manipulados pelas mulheres ou pelos não-iniciados, que só muito excepcionalmente são autorizados a entrevê-los e a uma distância respeitosa. Ao contrário, a planta ou o animal que dão nome ao clã podem ser vistos e tocados por todo o mundo. Os churinga são conservados numa espécie de templo, à entrada do qual cessam todos os ruídos da vida profana; ali é o domínio das coisas sagradas. Ao contrário, animais e plantas totêmicas vivem em território profano e estão misturados à vida comum. E, como o número e a importância das interdições que isolam uma coisa sagrada e a retiram de circulação correspondem ao grau de santidade de que ela é investida, chega-se ao curioso resultado de que *as imagens do ser totêmico são mais sagradas do que o próprio ser totêmico*. De resto, nas cerimônias do culto, o churinga, o nurtunja ocupam o primeiro lugar; o animal só aparece muito excepcionalmente. Num rito sobre o qual iremos falar[23], ele serve de matéria a uma refeição religiosa, mas não desempenha papel ativo. Os Arunta dançam ao redor do nurtunja, reúnem-se diante da imagem de seu totem e a adoram; jamais semelhante demonstração dirige-se ao ser totêmico ele mesmo. Se este fosse a coisa sagrada por excelência, é com ele, é com a planta ou o animal sagrado que o jovem iniciado deveria se comunicar quando é introduzido no círculo da vida religiosa; vimos, ao contrário, que o momento mais solene da iniciação é quando o noviço penetra no santuário dos churinga. É com eles, é com o nurtunja que o jovem se comunica. As representações do totem, portanto, têm uma eficácia mais ativa que o próprio totem.

II

Cumpre-nos agora determinar o lugar do homem no sistema das coisas religiosas.

Somos inclinados, por todo um conjunto de hábitos adquiridos e pela força mesma da linguagem, a conceber o homem comum, o simples fiel, como um ser essencialmente profano. É bem possível que essa concepção não seja verdadeira, a rigor, para nenhuma religião[24]; em todo caso, ela não se aplica ao totemismo. Cada membro do clã é investido de um caráter sagrado que não é sensivelmente inferior ao que acabamos de reconhecer para o animal. A razão dessa santidade pessoal é que o homem acredita ser, ao mesmo tempo que um homem no sentido usual da palavra, um animal ou uma planta da espécie totêmica.

Com efeito, ele tem o nome desse animal ou planta, e considera-se que a identidade do nome implica uma identidade de natureza. A primeira não é considerada simplesmente como o sinal exterior da segunda: ela a supõe logicamente. Pois o nome, para o primitivo, não é apenas uma palavra, uma combinação de sons, mas alguma coisa do ser, e alguma coisa essencial. Um membro do clã do Canguru chama a si próprio de canguru; portanto, num certo sentido, ele é um animal dessa mesma espécie. "Um homem, dizem Spencer e Gillen, considera o ser que lhe serve de totem como a mesma coisa que ele. Um indígena, com quem discutíamos a questão, respondeu-nos mostrando uma fotografia que havíamos tirado dele: 'Aí está exatamente a mesma coisa que eu'. Pois bem, ele diz o mesmo do canguru!" O canguru era seu totem[25]. Cada indivíduo tem portanto uma dupla natureza, nele coexistem dois seres, um homem e um animal.

Para dar uma aparência de inteligibilidade a essa dualidade, tão estranha para nós, o primitivo concebeu mitos que, certamente, nada explicam e não fazem senão deslocar a dificuldade, mas que, ao deslocá-la, parecem pelo menos atenuar seu escândalo lógico. Com variações no detalhe, todos são construídos segundo o mesmo plano: têm por objeto estabelecer entre o homem e o animal totêmico relações genealógicas que façam do primeiro um parente do segundo. Por essa comunhão de origem, aliás representada de maneiras diferentes, acredita-se explicar sua comunhão de natureza. Os Narrinyeri, por exemplo, imaginaram que, entre os primeiros homens, alguns tinham o poder de transformar-se em animais[26]. Outras sociedades australianas colocam no início da humanidade ou animais estranhos, dos quais os homens teriam descendido não se sabe muito bem como[27], ou seres mistos, intermediários entre os dois reinos[28], ou ainda criaturas informes, dificilmente representáveis, desprovidas de órgãos ou membros definidos, cujas diferentes partes do corpo mal eram esboçadas[29]. Potências míticas, às vezes concebidas na forma de animais, teriam intervindo a seguir e transformado em homens esses seres ambíguos e inomináveis que representam, dizem Spencer e Gillen, "uma fase de transição entre o estado de homem e o de animal"[30]. Essas transformações nos são apresentadas como o produto de operações violentas e quase cirúrgicas. É a golpes de machado, ou, quando o operador é uma ave, por meio de bicadas, que o indivíduo humano teria sido esculpido nessa massa amorfa, seus membros separados uns dos outros, sua boca aberta, suas narinas perfuradas[31]. Encontramos na América lendas análogas, com a diferença de que, em razão da mentalidade mais desenvolvida desses povos, as representações utilizadas não são de uma confusão tão perturbadora para o pensamento. Algumas vezes, um personagem legendário, por um ato de seu poder, teria metamorfoseado em homem o animal epônimo do clã[32]. Outras vezes o mito tenta explicar como, por uma série de eventos mais ou menos naturais e uma espécie de evolução espontânea, o próprio animal teria pouco a pouco se transformado e acabado por adquirir uma forma humana[33].

É verdade que existem sociedades (Haida, Tlinkit, Tsimshian) em que não mais se admite que o homem tenha nascido de um animal ou de uma planta: no entanto, a idéia de uma afinidade entre os animais da espécie totêmica e os membros do clã sobreviveu e se exprime em mitos que, embora diferenciando-se dos precedentes, não deixam de evocar o que eles têm de essencial. É esse, com efeito, um dos temas fundamentais. O antepassado epônimo é aí apresentado como um ser humano, mas que, após peripécias diversas, teria sido levado a viver durante um tempo mais ou menos longo em meio a animais fabulosos da espécie que deu seu nome ao clã. Por causa dessa convivência íntima e prolongada, tornou-se tão semelhante a seus novos companheiros que, ao voltar para junto dos homens, estes não mais o reconheceram. Deram-lhe, portanto, o nome do animal ao qual se assemelhava. É de sua temporada nesse país mítico que teria trazido o emblema totêmico com os poderes e as virtudes que lhe são tidos como inerentes[34]. Assim, nesse caso como nos anteriores, supõe-se que o homem faça parte da natureza animal, ainda que essa participação seja concebida de uma forma ligeiramente diferente[35].

Portanto, também o homem tem algo de sagrado. Difuso pelo organismo inteiro, esse caráter é mais particularmente visível em certos pontos privilegiados. Há órgãos e tecidos que são especialmente marcados por ele, sobretudo o sangue e os cabelos.

O sangue humano, em primeiro lugar, é algo tão sagrado que, nas tribos da Austrália central, serve muitas vezes para consagrar os instrumentos mais respeitados do culto. O nurtunja, por exemplo, é, em certas ocasiões, religiosamente ungido, de cima a baixo, com sangue de homem[36]. É sobre terra embebida com sangue que os do clã da Ema, entre os Arunta, desenham o emblema sagrado[37]. Veremos mais adiante de que maneira o sangue é derramado nos rochedos que representam as plantas ou os animais totêmicos[38]. Não há cerimônia religiosa em que o sangue não desempenhe algum papel[39]. Durante a iniciação, os adultos cortam suas veias e regam com seu sangue o noviço; e esse sangue é tão sagrado que se proíbe a presença de mulheres enquanto ele corre; sua visão lhes é proibida, assim como a de um churinga[40]. O sangue que o jovem iniciado perde nessas operações violentas que é obrigado a suportar tem virtudes muito particulares e serve a diversas comunhões[41]. O que corre durante a subincisão é, entre os Arunta, piedosamente recolhido e enterrado num sítio sobre o qual se coloca uma peça de madeira para assinalar aos passantes a santidade do lugar; nenhuma mulher deve aproximar-se dele[42]. Aliás, é pela natureza religiosa do sangue que se explica o papel, igualmente religioso, do ocre vermelho, também muito empregado nas cerimônias: esfregam com ele os churinga, utilizam-no nas ornamentações rituais[43]. É que ele é considerado, por causa de sua cor, uma substância aparentada ao sangue. Inclusive várias sedimentações de ocre vermelho encontradas em diferentes pontos do território Arunta são tidas como sangue coagulado que certas heroínas da época mítica teriam deixado escorrer pelo chão[44].

Os cabelos têm propriedades análogas. Os indígenas do Centro australiano portam cintos, feitos de cabelo humano, cujas funções religiosas já assinalamos: servem de faixas para envolver certos objetos do culto[45]. Se homem empresta a outro um de seus churinga, como prova de reconhecimento o segundo presenteia o primeiro com cabelos: essas duas espécies de coisas são consideradas como de mesma ordem e de valor equivalente[46]. Por isso, a operação de corte dos cabelos é um ato ritual acompanhado de cerimônias específicas: o indivíduo que se submete a ela deve manter-se agachado no chão, com a face voltada na direção do lugar onde supostamente acamparam os antepassados fabulosos de cujo clã sua mãe descenderia [47].

Pela mesma razão, assim que um homem morre, cortam-lhe os cabelos, depositam-nos num local afastado, pois nem as mulheres nem os não-iniciados têm o direito de vê-los; e é nesse local, longe dos olhares profanos, que se procede à confecção dos cintos[48].

Poderíamos assinalar outros tecidos orgânicos que, em graus diversos, manifestam propriedades análogas: tais são as costeletas, o prepúcio, a gordura do fígado, etc.[49] Mas é inútil multiplicar os exemplos. Os que precedem são suficientes para provar que existe no homem algo que mantém o profano a distância e que possui uma eficácia religiosa; em outros termos, o organismo humano oculta em suas profundezas um princípio sagrado que, em circunstâncias determinadas, vem ostensivamente aflorar no exterior. Esse princípio não difere especificamente daquele que faz o caráter religioso do totem. Com efeito, acabamos de ver que as diversas substâncias nas quais ele mais eminentemente se encarna entram na composição ritual dos intrumentos do culto (nurtunja, desenhos totêmicos), ou servem de unções cujo objetivo é revivificar as virtudes, seja dos churinga, seja das pedras sagradas. Portanto, são coisas da mesma espécie.

Todavia, a dignidade religiosa que, sob esse aspecto, é inerente a cada membro do clã, não é igual em todos. Os homens a possuem em mais alto grau que as mulheres, que são como que profanas em relação a eles[50]. Assim, toda vez que há uma assembléia do grupo totêmico ou do da tribo, os homens fazem um acampamento à parte, distinto do das mulheres e fechado a estas: eles são separados[51]. Mas há também diferenças na maneira como os homens são marcados pelo caráter religioso. Os jovens não-iniciados são totalmente desprovidos de tal caráter, por não serem admitidos nas cerimônias. É entre os anciãos que esse caráter atinge o máximo de intensidade. São tão sagrados que certas coisas proibidas ao vulgo lhes são permitidas: podem comer mais livremente do animal totêmico e, inclusive, como vimos, há tribos em que são liberados de toda proibição alimentar.

Deve-se evitar, pois, ver no totemismo uma espécie de zoolatria. O homem, diante dos animais ou das plantas cujo nome é o seu, de modo nenhum tem a atitude do fiel diante de seu deus, uma vez que pertence ele próprio ao mundo sagrado. Suas relações são antes as de dois seres situados no mesmo nível e de igual valor. Quando muito se pode dizer que, ao menos em certos casos, o animal parece ocupar uma posição ligeiramente mais elevada na hierarquia das coisas sagradas. Assim, ele é chamado às vezes de pai ou avô dos homens do clã, o que parece indicar que estes se sentem diante dele num certo estado de dependência moral[52]. Mas, com freqüência, talvez até com muita freqüência, as expressões empregadas denotam antes um sentimento de igualdade. O animal totêmico é chamado de amigo, de irmão mais velho de seus congêneres humanos[53]. Em suma, os vínculos entre ambos assemelham-se bem mais aos que unem os membros de uma mesma família: animais e homens são feitos da mesma carne, como dizem os Buandik[54]. Em razão desse parentesco, o homem vê nos animais da espécie totêmica benfeitores associados, com a assistência dos quais acredita poder contar. Chama-os em sua ajuda[55] e eles vêm orientá-lo na caça, adverti-lo dos perigos que pode correr[56]. Em troca, o homem trata-os com consideração, não os brutaliza[57]; mas as atenções que dedica a eles de maneira nenhuma se assemelham a um culto.

Às vezes o homem parece ter sobre seu totem inclusive uma espécie de direito místico de propriedade. A interdição de matá-lo e de comê-lo só se aplica, naturalmente, aos membros do clã; não poderia estender-se às pessoas estranhas sem tornar a vida materialmente impossível. Se, numa tribo como a dos Arunta, em que há grande quantidade de totens diferentes, fosse proibido comer não apenas do animal ou da planta cujo nome se carrega, mas também de todos os animais e plantas que servem de totem aos outros clãs, as fontes alimentares seriam reduzidas a zero. Há, no entanto, tribos em que o consumo da planta ou do animal totêmicos não é permitido sem restrições, mesmo para o forasteiro. Entre os Wakelbura, ele não deve ocorrer em presença das pessoas do totem[58]. Fora isso, é permitido. Por exemplo, entre os Kaitish e os Unmatjera, quando um homem do totem da Ema, achando-se numa localidade ocupada por um clã da Semente do Capim (*grass seed*), colhe algumas dessas sementes, deve procurar o chefe, antes de comê-las, e dizer-lhe: "Colhi estas sementes em suas terras." Ao que o chefe responde: "Está bem, pode comê-las." Mas se o homem da Ema comesse as sementes antes de pedir autorização, acredita-se que ficaria doente e se arriscaria a morrer[59]. Há inclusive casos em que o chefe do grupo deve ficar com uma pequena parte e comê-la ele próprio: é uma espécie de taxa que se é obrigado a pagar[60]. Pela mesma razão, o churinga transmite ao caçador um certo poder sobre o animal correspondente, proporcionando maiores chances de caçá-lo[61]. É a prova de que o fato de fazer parte da natureza de um ser totêmico confere sobre este último uma espécie de direito eminente. Enfim, há uma tribo no Queensland setentrional, os Karingbool, em que as pessoas do totem são as únicas com o direito de matar o animal totêmico ou, se o totem for uma árvore, de retirar-lhe a casca. O concurso dessas pessoas é indispensável a todo estrangeiro que queira utilizar para fins pessoais a carne desse animal ou a casca dessa árvore[62]. Portanto, elas desempenham o papel de proprietários, embora evidentemente se trate aqui de uma propriedade muito especial, que temos certa dificuldade de conceber.

CAPÍTULO III
AS CRENÇAS PROPRIAMENTE TOTÊMICAS
(Continuação)

III – O sistema cosmológico do totemismo e a noção de gênero

Começamos a entrever que o totemismo é uma religião bem mais complexa do que podia parecer à primeira vista. Já distinguimos três categorias de coisas que ele reconhece, em graus diversos, como sagradas: o emblema totêmico, a planta ou o animal cujo aspecto esse emblema reproduz, os membros do clã. No entanto, esse quadro não é ainda completo. Uma religião, com efeito, não é simplesmente uma coleção de crenças fragmentárias, relativas a objetos muito particulares, como os que acabam de ser mencionados. Todas as religiões conhecidas foram, umas mais, outras menos, sistemas de idéias que tendiam a abarcar a universalidade das coisas e a dar-nos uma representação total do mundo. Para que o totemismo possa ser considerado como uma religião comparável às outras, é preciso que nos ofereça também uma concepção do universo. Ora, ele satisfaz essa condição.

I

O que leva a negligenciar geralmente esse aspecto do totemismo é que se fez do clã uma noção muito estreita. Costuma-se ver nele apenas um grupo de seres humanos. Simples subdivisão da tribo, parece, como esta, só poder ser composto de homens. Mas, raciocinando deste modo, pomos nossas idéias européias no lugar daquelas que o primitivo tem do mundo e da sociedade. Para o australiano, as próprias coisas, todas as coisas que povoam o universo, fazem parte da tribo; são elementos constitutivos e, por assim dizer, elementos regulares dela; portanto, da mesma forma que os homens, elas têm um lugar determinado no âmbito da sociedade: "O selvagem da Austrália do Sul, diz Fison, considera o universo a grande tribo, a uma de cujas divisões ele pertence, e todas as coisas, animadas ou inanimadas, que são classificadas no mesmo grupo dele, são partes do corpo do qual ele próprio é membro."[1] Em virtude desse princípio, quando a tribo se divide em duas fratrias, todos os seres conhecidos são repartidos entre elas. "Toda a natureza, diz Palmer a propósito das tribos do rio Bellinger, é dividida conforme os nomes das fratrias... O Sol, a Lua e as estrelas... pertencem a esta ou àquela fratria assim como os próprios negros."[2] A tribo de Port-Mackay, no Queensland, compreende duas fratrias que têm os nomes de Yungaroo e Wootaroo, e o mesmo acontece com as tribos vizinhas. Ora, diz Bridgmann, "todas as coisas animadas e inanimadas são divididas por essas tribos em duas classes chamadas Yungaroo e Wootaroo"[3]. Mas essa classificação não se detém aí. Os homens de cada fratria são repartidos entre um certo número de clãs; do mesmo modo, as coisas relacionadas a cada fratria se distribuem, por sua vez, entre os clãs que a compõem. Tal árvore, por exemplo, será atribuída ao clã do Canguru, e a ele só, e conseqüentemente terá, assim como os membros humanos do clã, o Canguru por totem; aquela outra pertencerá ao clã da Serpente; as nuvens serão atribuídas a certo totem, o Sol a outro, etc. Todos os seres conhecidos acham-se assim dispostos numa espécie de quadro, de classificação sistemática, que abrange a natureza inteira.

Reproduzimos num outro estudo um certo número dessas classificações[4]; limitamo-nos a recordar algumas delas a título de exemplos. Uma das mais conhecidas é a que se observou na tribo do Mont-Gambier. Essa tribo compreende duas fratrias que levam o nome, uma de Kumita, a outra de Kroki; cada uma delas, por sua vez, divide-se em cinco clãs. Ora, "todas as coisas da natureza pertencem a um ou outro desses dez clãs"[5]; Fison e Howitt dizem que elas estão "incluídas" neles. De fato, são classificadas nesses dez totens como espécies em seus respectivos gêneros. É o que mostra a seguinte tabela, construída com base nas informações recolhidas por Curr e por Fison e Howitt[6]:

FRATRIAS	CLÃS	COISAS CLASSIFICADAS EM CADA CLÃ
Kumita	O falcão pescador....	A fumaça, a madressilva, certas árvores, etc.
	O pelicano................	A árvore de madeira escura, os cães, o fogo, o gelo, etc.
	O corvo.....................	A chuva, o trovão, o relâmpago, as nuvens, o granizo, o inverno, etc.
	A cacatua-preta.........	As estrelas, a Lua, etc.
	Uma serpente não venenosa................	O peixe, a foca, a enguia, as árvores de casca fibrosa.
	Uma árvore de chá...	O pato, o lagostim, o mocho, etc.
Kroki	Uma raiz comestível..	A abetarda, a codorniz, uma espécie de canguru, etc.
	A cacatua-branca sem crista................	O canguru, o verão, o Sol, o vento, o outono, etc.

Sobre o 4º e o 5º clãs kroki, faltam detalhes.

A lista das coisas associadas a cada clã é, por sinal, bastante incompleta; o próprio Curr nos adverte que se limitou a enumerar algumas delas. Mas, graças aos trabalhos de Mathews e de Howitt[7], temos hoje, sobre a classificação adotada pela tribo dos Wotjobaluk, informações mais amplas que permitem compreender melhor de que maneira um sistema desse tipo é capaz de abarcar todo o universo conhecido dos indígenas. Também os Wotjobaluk dividem-se em duas fratrias, uma chamada Gurogity e a outra Gumaty (Krokitch e Gamutch, segundo Howitt[8]): para não estender essa enumeração, nos contentaremos em indicar, de acordo com Mathews, as coisas classificadas em alguns dos clãs da fratria Gurogity.

No clã do Inhame são classificados o peru das planícies, o gato selvagem, o *mopoke*, o mocho *dyim-dyim*, a galinha *mallee*, o papagaio rosela, o *peewee*.

No clã do Mexilhão[9], a ema-cinzenta, o porco-espinho, o maçarico-real, a cacatua-branca, o pato dos bosques, o lagarto *mallee*, a tartaruga fétida, o esquilo voador, o gambá com cauda em forma de anel, o pombo com asas cor de bronze (*bronze-wing*), o *wijuggla*.

No clã do Sol, o *bandicoot*, a Lua, o rato-canguru, a pega-preta e a pega-branca, o gambá, o falcão *ngùrt*, a lagarta do eucalipto, a lagarta *u mimoisa* (*wattle-tree*), o planeta Vênus.

No clã do Vento quente[10], a águia-falcão com cabeça cinzenta, a cobra-tapete, o papagaio fumador, o papagaio com escamas (*shell*), o falcão *murrakan*, a cobra *dikkomur*, o papagaio de coleira, a cobra *mirndai*, o lagarto com dorso furta-cor.

Se considerarmos que há muitos outros clãs (Howitt enumera doze, Mathews catorze, e este último adverte que sua lista é muito incompleta[11]), compreenderemos de que maneira todas as coisas pelas quais o indígena se interessa encontram naturalmente seu lugar nessas classificações.

Foram observados arranjos similares nos pontos mais diversos do continente australiano: na Austrália do Sul, no

Estado de Victoria, na Nova Gales do Sul (entre os Euahlayi[12]); encontram-se traços bem evidentes deles nas tribos do Centro[13]. No Queensland, onde os clãs parecem ter desaparecido e as classes matrimoniais são as únicas subdivisões da fratria, é entre essas classes que se distribuem as coisas. Assim, os Wakelbura dividem-se em duas fratrias, Mallera e Wutaru; as classes da primeira são chamadas Kurgilla e Banbe, as classes da segunda, Wungo e Obu. Ora, aos Banbe pertencem o gambá, o canguru, o cão, o mel da abelha pequena, etc. Aos Wungo são atribuídos a ema, o *bandicoot,* o pato-preto, a cobra-preta, a cobra-castanha; aos Obu, a cobra-tapete, o mel das abelhas que ferroam, etc.; aos Kurgilla, o porco-espinho, o peru das planícies, a água, a chuva, o fogo, o trovão, etc.[14]

Encontramos a mesma organização entre os índios da América do Norte. Os Zuñi têm um sistema de classificação que, em linhas essenciais, é comparável ponto por ponto aos que acabamos de descrever. O dos Omaha baseia-se nos mesmos princípios que o dos Wotjobaluk[15]. Um eco dessas mesmas idéias persiste até em sociedades mais avançadas. Entre os Haida, todos os deuses, todos os seres místicos que governam os diferentes fenômenos da natureza, também são classificados, da mesma forma que os homens, numa ou noutra das duas fratrias da tribo; uns são Águias, os outros, Corvos[16]. Ora, os deuses das coisas são apenas um outro aspecto das próprias coisas que eles governam[17]. Essa classificação mitológica, portanto, é apenas uma outra forma das anteriores. Assim, estamos seguros de que esse modo de conceber o mundo é independente de qualquer particularidade étnica ou geográfica; mas, ao mesmo tempo, manifesta-se com evidência que ele está intimamente ligado ao conjunto das crenças totêmicas.

II

No trabalho a que nos referimos já várias vezes, mostramos que luz esses fatos lançam sobre a maneira como se formou, na humanidade, a noção de gênero ou de classe. Com efeito, essas classificações sistemáticas eram as primeiras que encontrávamos na história; ora, acabamos de ver que elas se modelaram com base na organização social, ou melhor, tomaram por marcos os próprios marcos da sociedade. As fratrias serviram de gêneros e os clãs, de espécies. Foi por estarem agrupados que os homens puderam agrupar as coisas, pois, para classificar estas últimas, limitaram-se a oferecer-lhes um lugar nos grupos que eles próprios formavam. E se essas diversas classes de coisas não foram simplesmente justapostas umas às outras, mas ordenadas segundo um plano unitário, é que os grupos sociais com os quais elas se confundem também são solidários e formam por sua união um todo orgânico, a tribo. A unidade desses primeiros sistemas lógicos apenas reproduz a unidade da sociedade. Uma primeira ocasião nos é assim oferecida de verificar a proposição que enunciávamos no início desta obra e de nos assegurar que as noções fundamentais do espírito, as categorias essenciais do pensamento, podem ser o produto de fatores sociais. O que acabamos de ver demonstra, com efeito, que esse é o caso da própria noção de categoria.

Isso não significa, porém, que pretendamos recusar à consciência individual, mesmo reduzida a suas forças isoladas, a faculdade de perceber semelhanças entre as coisas particulares que ela se representa. Ao contrário, vemos claramente que as classificações, inclusive as mais simples e primitivas, já supõem essa faculdade. Não é ao acaso que o australiano ordena as coisas num mesmo clã ou em clãs diferentes. Tanto nele como em nós, as imagens similares se atraem, as imagens opostas se repelem, e é de acordo com o sentimento dessas afinidades e repulsas que ele classifica, aqui ou ali, as coisas correspondentes.

Aliás, há casos em que vislumbramos as razões que o inspiraram. As duas fratrias muito provavelmente constituíram os quadros iniciais e fundamentais dessas classificações que, conseqüentemente, começaram por ser dicotômicas. Ora, quando uma classificação se reduz a dois gêneros, estes são quase necessariamente concebidos sob a forma antitética: são utilizados, antes de tudo, como meio de separar claramente as coisas entre as quais o contraste é mais acentuado. Colocam-se umas à direita, as outras à esquerda. Tal é, com efeito, o caráter das classificações australianas. Se a cacatua-branca é classificada numa fratria, a cacatua-preta o será na outra; se o Sol está num lado, a Lua e os astros da noite estarão no lado oposto[18]. Com muita freqüência, os seres que servem de totens às duas fratrias têm cores contrárias[19]. Encontramos essas oposições mesmo fora da Austrália. Lá onde uma das fratrias é encarregada da paz, a outra o será da guerra[20]; se uma tem a água por totem, a outra tem por totem a terra[21]. Certamente é o que explica que as duas fratrias tenham sido, em geral, concebidas como naturalmente antagônicas uma da outra. Admite-se que haja entre elas uma espécie de rivalidade e, mesmo, de hostilidade constitutiva[22]. A oposição das coisas estendeu-se às pessoas; o contraste lógico duplicou-se numa espécie de conflito social[23].

Por outro lado, no interior de cada fratria, dispuseram-se num mesmo clã as coisas que pareciam ter mais afinidade com aquela que servia de totem. Por exemplo, pôs-se a Lua junto com a cacatua-preta, e o Sol, ao contrário, bem como a atmosfera e o vento, junto com a cacatua-branca. Ou, então, reuniu-se ao animal totêmico tudo o que serve à alimentação[24], assim como os animais com os quais ele está mais intimamente associado[25]. Claro que nem sempre podemos compreender a obscura psicologia que presidiu a muitas dessas aproximações ou distinções. Mas os exemplos dados são suficientes para mostrar que uma certa intuição das semelhanças ou diferenças que as coisas apresentam desempenhou um papel na gênese de tais classificações.

Uma coisa, porém, é o sentimento das semelhanças, outra coisa a noção de gênero. O gênero é o quadro exterior cujo conteúdo é formado, em parte, por objetos percebidos como semelhantes. Ora, o conteúdo não pode fornecer o quadro no qual se dispõe. Ele é feito de imagens *vagas e flutuantes*, devidas à sobreposição e à fusão parcial de um *número determinado de imagens* individuais que eventualmente têm elementos comuns; o quadro, ao contrário, é uma *forma definida*, com contornos nítidos, mas suscetível de aplicar-se a um *número determinado de coisas*, percebidas ou não, atuais ou possíveis. Todo gênero, com efeito, tem um campo de extensão que ultrapassa infinitamente o círculo dos objetos cuja semelhança percebemos por experiência direta. Eis por que toda uma escola de pensadores se recusa, não sem razão, a identificar as idéias de gênero e de imagem genérica. A imagem genérica não é senão a representação residual, de fronteiras indecisas, que representações semelhantes deixam em nós, quando se apresentam simultaneamente na consciência; já o gênero é um símbolo lógico através do qual pensamos distintamente essas similitudes e outras análogas. De resto, a melhor prova da distância que separa essas duas noções é que o animal é capaz de formar imagens genéricas, ao passo que ignora a arte de pensar por gêneros e por espécies.

A idéia de gênero é um instrumento do pensamento que foi manifestamente construído pelos homens. Mas, para construí-lo, nos foi preciso, pelo menos, um modelo: pois como teria ela podido surgir, se não houvesse nada em nós ou fora de nós que fosse capaz de sugeri-la? Responder que ela nos é dada *a priori*, não é responder; essa solução preguiçosa é, como foi dito, a morte da análise. Ora, não se percebe onde teríamos podido encontrar esse modelo indispensável, senão no espetáculo da vida coletiva. Um gênero, com efeito, é um grupamento ideal, mas claramente definido, de coisas entre as quais existem laços internos, análogos aos laços de parentesco. E os únicos grupamentos desse tipo, que a experiência nos dá a conhecer, são aqueles formados pelos homens ao se associarem. As coisas materiais podem formar coleções, amontoados, agregados mecânicos sem unidade interna, mas não grupos no sentido que acabamos de dar à palavra. Uma pilha de areia, um monte de pedras nada têm de comparável a esse tipo de sociedade definida e organizada que é um gênero. Portanto, é muito provável que jamais teríamos podido pensar em reunir os seres do universo em grupos homogêneos, chamados gêneros, se não tivéssemos diante dos olhos o exemplo das sociedades humanas, e inclusive se não tivéssemos começado por fazer das próprias coisas membros da sociedade dos homens, de tal maneira que grupamentos humanos e grupamentos lógicos foram a princípio confundidos[26].

Por outro lado, uma classificação é um sistema cujas partes estão dispostas segundo uma ordem hierárquica. Há caracteres dominantes e outros subordinados aos primeiros; as espécies e suas propriedades distintivas dependem dos gêneros e dos atributos que os definem; ou, ainda, as diferentes espécies de um mesmo gênero são concebidas como situadas no mesmo nível, tanto umas quanto as outras. Se o ponto de vista da compreensão é o que prevalece, representam-se então as coisas segundo uma ordem inversa: colocam-se em cima as espécies mais particulares e mais ricas em realidade, embaixo, os tipos mais gerais e mais pobres em qualidades. Mas não se deixa de concebê-los sob uma forma hierárquica. E não se deve pensar que a expressão tenha aqui apenas um sentido metafórico: trata-se realmente de relações de subordinação e coordenação que uma classificação tem por objeto estabelecer, e o homem sequer teria pensado em ordenar seus conhecimentos dessa maneira se não soubesse, antes, o que é uma hierarquia. Ora, nem o espetáculo da natureza física, nem o mecanismo das associações mentais poderiam ser capazes de nos fornecer essa idéia. A hierarquia é exclusivamente uma coisa social. Somente na sociedade existem superiores, inferiores, iguais. Conseqüentemente, ainda que os fatos não fossem a tal ponto demonstrativos, a simples análise dessas noções seria suficiente para revelar-lhes a origem. Foi da sociedade que as tomamos para projetá-las em seguida em nossa representação do mundo. Foi a sociedade que forneceu o suporte sobre o qual trabalhou o pensamento lógico.

III

Mas essas classificações primitivas dizem respeito, não menos diretamente, à gênese do pensamento religioso.

Elas implicam, com efeito, que todas as coisas assim classificadas num mesmo clã ou numa mesma fratria são parentes próximas tanto umas das outras quanto daquela que serve de totem a essa fratria ou a esse clã. Quando o australiano da tribo de Port-Mackay diz do Sol, das serpentes, etc., que eles são da fratria Yungaroo, não está querendo simplesmente aplicar a todos esses seres díspares um rótulo comum, mas puramente convencional: a palavra tem para ele uma significação objetiva. Ele acredita que, realmente, "os jacarés *são* Yungaroo e que os cangurus *são* Wootaroo. O Sol *é* Yungaroo, a Lua Wootaroo, e assim por diante para as constelações, as árvores, as plantas, etc."[27]. Um laço interno os prende ao grupo no qual são classificados, são membros regulares dele. Diz-se que pertencem a esse grupo[28] da mesma forma que os indivíduos humanos que dele fazem parte; por conseguinte, uma relação do mesmo gênero os une a estes últimos. O homem vê nas coisas de seu clã parentes ou associados; chama-as seus amigos, considera-as como feitas da mesma carne que ele[29]. Assim, existem entre elas e ele afinidades eletivas e relações de conveniência muito particulares. Coisas e pessoas comunicam-se, de certo modo, entendem-se, harmonizam-se naturalmente. Por exemplo, quando enterram um wakelbura da fratria Mallera, o tablado sobre o qual o corpo é exposto "deve ser feito da madeira de uma árvore pertencente à fratria Mallera"[30]. O mesmo em relação às ramagens que cobrem o cadáver. Se o defunto é da classe Banbe, deverá se empregar uma árvore Banbe. Na mesma tribo, um mágico só pode servir-se, para sua arte, de coisas relacionadas à sua fratria[31]; porque as outras, sendo-lhe estranhas, não saberiam obedecer-lhe. Um laço de simpatia mística une assim cada indivíduo aos seres, vivos ou não, que lhe são associados; disso resulta que se acredita poder induzir o que ele fará ou o que ele fez a partir do que esses seres fazem. Entre os mesmos Wakelbura, quando um indivíduo sonha que matou um animal pertencente a determinada divisão social, ele espera deparar-se no dia seguinte com um homem da mesma divisão[32]. Inversamente, as coisas associadas a um clã ou a uma fratria não podem servir contra os membros dessa fratria ou desse clã. Entre os Wotjobaluk, cada fratria tem suas árvores que lhe são próprias. Ora, para caçar um animal da fratria Gurogity, podem-se empregar apenas armas cuja madeira é tirada das árvores da outra fratria e inversamente; senão o caçador tem certeza de que falhará[33]. O indígena está convencido de que a flecha se desviaria espontaneamente do alvo e se recusaria, por assim dizer, a atingir um animal parente e amigo.

Assim, as pessoas do clã e as coisas que nele são classificadas formam, por sua reunião, um sistema solidário em que todas as partes estão ligadas e vibram simpaticamente. Essa organização que, à primeira vista, podia nos parecer puramente lógica, é, ao mesmo tempo, moral. Um mesmo princípio a anima e faz sua unidade: é o totem. Assim como um homem pertencente ao clã do Corvo tem nele algo desse animal, também a chuva, por ser do mesmo clã e depender do mesmo totem, é necessariamente considerada como "sendo a mesma coisa que um corvo"; pela mesma razão, a Lua é uma cacatua-preta, o Sol uma cacatua-branca, toda árvore de madeira escura um pelicano, etc. Todos os seres classificados num mesmo clã – homens, animais, plantas, objetos inanimados – são, portanto, simples modalidades do ser totêmico. Eis aí o que significa a fórmula mencionada há pouco e que produz verdadeiros congêneres: todos são realmente da mesma carne no sentido de que todos participam da natureza do animal totêmico. Aliás, os qualificativos que lhes dão são os mesmos dados ao totem[34]. Os Wotjobaluk chamam pelo mesmo nome *Mir* o totem e as coisas que ele abrange[35]. Entre os Arunta, onde, como veremos, existem ainda traços visíveis de classificação, palavras diferentes, é verdade, designam o totem e os seres a ele associados; no entanto, o nome dado a estes últimos testemunha os fortes vínculos que os unem ao animal totêmico. Diz-se que são seus *íntimos*, seus *sócios*, seus *amigos*; acredita-se que são inseparáveis dele[36]. Tem-se, portanto, o sentimento de um parentesco muito próximo.

Mas, por outro lado, sabemos que o animal totêmico é um ser sagrado. Logo, todas as coisas classificadas no clã do qual ele é o emblema têm o mesmo caráter, uma vez que são, num certo sentido, animais da mesma espécie, assim como o homem. Também elas são sagradas; e as classificações que as situam em relação às outras coisas do universo, ao mesmo tempo atribuem-lhes um lugar no conjunto do sistema religioso. Por isso, as que são animais ou plantas não podem ser livremente consumidas pelos membros humanos do clã. Assim, na tribo do Mont-Gambier, as pessoas que têm por totem uma serpente não venenosa não devem apenas se abster da carne dessa serpente; a das focas, das enguias, etc., lhes é igualmente proibida[37]. Se, forçados pela necessidade, vierem a comer dessa carne, devem pelo menos atenuar o sacrilégio mediante ritos expiatórios, como se se tratasse de totens propriamente ditos[38]. Entre os Euahlayi[39], onde é permitido servir-se do totem, mas sem abusar dele, a mesma regra se aplica às outras coisas do clã. Entre os Arunta, a interdição que protege o animal totêmico estende-se aos animais associados[40] e, em qualquer circunstância, devem-se a estes últimos considerações muito particulares[41]. Os sentimentos que tanto um quanto os outros inspiram são idênticos[42].

Mas o que mostra ainda melhor que todas as coisas assim ligadas a um totem não diferem deste em natureza e têm, portanto, um caráter religioso, é o fato de eventualmente desempenharem o mesmo papel. São totens acessórios, secundários, ou, segundo uma expressão hoje consagrada pelo uso, subtotens[43]. Por influência de simpatias, a todo momento se formam, num clã, afinidades particulares, grupos mais restritos, associações mais limitadas que tendem a levar uma vida relativamente autônoma e a constituir como que uma subdivisão nova, uma espécie de subclã no interior do primeiro. Esse subclã, para distinguir-se e individualizar-se, tem necessidade de um totem particular, portanto de um subtotem[44]. Ora, é entre as coisas diversas classificadas sob o totem principal que se escolhem os totens desses grupos secundários. Elas são, assim, literalmente, totens virtuais, e a menor circunstância é suficiente para fazê-las passar ao ato. Há, nelas, uma natureza totêmica latente, que se manifesta tão logo as condições o permitam ou o exijam. Ocorre, assim, que um mesmo indivíduo tenha dois totens: um totem principal, comum à totalidade do clã, e um subtotem específico do subclã de que ele faz parte. É algo como o *nomen* e o *cognomen* dos romanos[45].

Às vezes, vemos inclusive um subclã libertar-se totalmente e tornar-se um grupo autônomo, um clã independente: o subtotem, então, torna-se um totem propriamente dito. Uma tribo em que esse processo de segmentação foi, por assim dizer, levado a seu extremo limite é a dos Arunta. Indicações contidas no primeiro livro de Spencer e Gillen já demonstravam que havia entre os Arunta cerca de sessenta totens[46]; mas as recentes pesquisas de Strehlow estabeleceram que o número é bem mais considerável, chegando a 442[47]. Portanto, Spencer e Gillen não cometiam nenhum exagero quando diziam que, "na região ocupada pelos indígenas, não existe um objeto, animado ou inanimado, que não dê seu nome a algum grupo totêmico de indivíduos"[48]. Ora, essa quantidade de totens, prodigiosa se comparada ao número da população, deve-se ao fato de os clãs primitivos, sob a influência de circunstâncias particulares, terem se dividido e subdividido ao infinito; com isso, quase todos os subtotens passaram à condição de totens.

É o que as observações de Strehlow demonstraram definitivamente. Spencer e Gillen haviam citado apenas alguns casos isolados de totens associados[49]. Strehlow mostrou que se tratava, em realidade, de uma organização absolutamente geral e pôde elaborar um quadro em que praticamente todos os totens dos Arunta são classificados de acordo com esse princípio: todos se ligam, na qualidade de associados ou auxiliares, a uns sessenta totens principais[50]. Os primeiros são considerados como estando a serviço dos segundos[51]. Esse estado de dependência é muito provavelmente o eco de um tempo em que os "aliados" de hoje eram somente subtotens, um tempo em que, portanto, a tribo só contava com um pequeno número de clãs, subdivididos em subclãs. Numerosas sobrevivências confirmam essa hipótese. Ocorre freqüentemente que dois grupos assim associados tenham o mesmo emblema totêmico: ora, a unidade do emblema só é explicável se, primitivamente, os dois grupos formavam apenas um[52]. Além disso, o parentesco dos dois clãs se manifesta pela participação e o interesse de cada um deles nos ritos do outro. Os dois cultos ainda estão apenas imperfeitamente separados; é que, com toda a certeza, no início se confundiam completamente[53]. A tradição explica o vínculo que os une imaginando que, outrora, os dois clãs ocupavam hábitats vizinhos[54]. Noutros casos, o mito diz expressamente que um deles derivou do outro. Conta-se que o animal associado começou por pertencer à espécie que serve ainda de totem principal; só teria se diferenciado dela numa época posterior. Assim, as aves chantunga, hoje associadas à lagarta witchetty, teriam sido, nos tempos fabulosos, lagartas witchetty que depois se transformaram em aves. Duas espécies atualmente ligadas ao totem da formiga-pastora teriam sido formigas-pastoras primitivamente, etc.[55] Essa transformação de um subtotem em totem efetua-se, aliás, por graus imperceptíveis, de modo que, em certos casos, a situação é indecisa e é bastante difícil dizer se se trata de um totem principal ou de um totem secundário[56]. Como diz Howitt a propósito dos Wotjobaluk, há subtotens que são totens em via de formação[57]. Assim, as diferentes coisas classificadas num clã constituem como que outros tantos centros em torno dos quais podem se formar novos cultos totêmicos. É a melhor prova dos sentimentos religiosos que elas inspiram. Se não tivessem um caráter sagrado, não poderiam ser promovidas tão facilmente à mesma dignidade das coisas sagradas por excelência, os totens propriamente ditos.

O círculo das coisas religiosas estende-se, portanto, bem além dos limites dentro dos quais parecia a princípio encerrado. Ele não compreende apenas os animais totêmicos e os membros humanos do clã, mas como não existe nada de conhecido que não seja classificado num clã ou sob um totem, também não existe nada que não receba, em graus diversos, algum reflexo de religiosidade. Quando, nas religiões que se formarão posteriormente, os deuses propriamente ditos aparecerem, cada um deles será encarregado de uma categoria especial de fenômenos naturais, este do mar, aquele da atmosfera, um terceiro da colheita ou dos frutos, etc., e cada uma dessas províncias da natureza será considerada como devendo a vida que possui ao deus do qual ela depende. É precisamente essa repartição da natureza entre as diferentes divindades que constitui a representação que essas religiões nos dão do universo. Ora, enquanto a humanidade não ultrapassa a fase do totemismo, os diferentes totens desempenham exatamente o papel que caberá mais tarde às personalidades divinas. Na tribo do Mont-Gambier, que tomamos como principal exemplo, há dez clãs; por conseguinte, o mundo inteiro é dividido em dez classes, ou melhor, em dez famílias, sendo que cada uma tem um totem especial por origem. É dessa origem que todas as coisas classificadas num clã obtêm sua realidade, já que são concebidas como modos variados do ser totêmico; para retomar nosso exemplo, a chuva, o trovão, o relâmpago, as nuvens, o granizo, o inverno são vistos como tipos diferentes de corvo. Reunidas, essas dez famílias de coisas constituem uma representação completa e sistemática do mundo, e essa representação é religiosa, uma vez que são noções religiosas que fornecem seus princípios. Longe de limitar-se a uma ou duas categorias de seres, o domínio da religião totêmica estende-se, portanto, até os últimos limites do universo conhecido. Assim como a religião grega, ela coloca o divino em toda parte; a fórmula célebre παντὰ πληρή θεῶν [Tudo está cheio de deuses] pode igualmente servir-lhe de divisa.

Só que, para se poder conceber assim o totemismo, é preciso modificar, num ponto essencial, a noção que por muito tempo se teve dele. Até as descobertas dos últimos anos, faziam-no consistir inteiramente no culto de um totem particular e o definiam como a religião do clã. Desse ponto de vista, parecia haver, numa mesma tribo, tantas religiões totêmicas, independentes umas das outras, quantos fossem os clãs nela existentes. Essa concepção, por sinal, estava de acordo com a idéia que se faz correntemente do clã: uma sociedade autônoma[58], mais ou menos fechada às sociedades similares ou mantendo com estas apenas relações exteriores e superficiais. Mas a realidade é mais complexa. Claro que o culto de cada totem tem sua sede no clã correspondente; é aí e somente aí que ele é celebrado; são os membros do clã que têm esse encargo; é através deles que o totem é transmitido de uma geração a outra, bem como as crenças que constituem sua base. Mas, por outro lado, os diferentes cultos totêmicos assim praticados no interior de uma mesma tribo não se desenvolvem paralelamente e ignorando-se uns aos outros, como se cada um fosse uma religião completa e auto-suficiente. Ao contrário, eles se implicam mutuamente; são apenas partes de um mesmo todo, elementos de uma mesma religião. Os homens de um clã de modo nenhum consideram as crenças dos clãs vizinhos com a indiferença, o ceticismo ou a hostilidade que uma religião alheia ordinariamente inspira; eles próprios partilham essas crenças. As pessoas do Corvo também estão convencidas de que as da Serpente têm uma serpente mítica como antepassado e devem a essa origem virtudes especiais e poderes maravilhosos. Acaso não vimos que, em certas condições pelo menos, um homem não pode comer de um totem que não é o seu, senão após ter observado formalidades rituais? Em particular, ele pede autorização aos indivíduos desse totem, se acaso estiverem presentes. Portanto, também para ele esse alimento não é puramente profano; também ele admite que, entre os membros de um clã de que não faz parte e o animal que lhes dá o nome, existem íntimas afinidades. Aliás, essa comunhão de crenças manifesta-se às vezes no culto. Se, em princípio, os ritos relacionados a um totem só podem ser efetuados pelas pessoas desse totem, é muito freqüente, porém, que representantes de clãs diferentes os presenciem. Acontece inclusive não ser seu papel o de simples espectadores; sem dúvida, não são eles que oficiam, mas ornamentam os oficiantes e preparam o serviço. Eles próprios estão interessados em que o rito se celebre; por isso, em certas tribos, são eles que convidam o clã qualificado a proceder a tal celebração[59].

Há, inclusive, todo um ciclo de ritos que se desenrola obrigatoriamente em presença da tribo reunida: as cerimônias totêmicas da iniciação[60].

De resto, a organização totêmica, tal como acabamos de descrevê-la, deve manifestamente resultar de uma espécie de entendimento entre todos os membros da tribo indistintamente. É impossível que cada clã tenha elaborado suas crenças de uma maneira absolutamente independente; é preciso, forçosamente, que os cultos dos diversos totens tenham sido de algum modo ajustados uns aos outros, visto que se completam com exatidão. De fato, vimos que, normalmente, um mesmo totem não se repetia duas vezes na mesma tribo e que o universo inteiro era repartido entre os totens assim constituídos, para que o mesmo objeto não se achasse em dois clãs diferentes. Uma repartição tão metódica não poderia ter sido feita sem um acordo, tácito ou explícito, de que a tribo inteira deveria participar. O conjunto de crenças assim originado é, portanto, em parte (mas apenas em parte), uma coisa tribal[61].

Em resumo: para se fazer uma idéia adequada do totemismo, convém não se limitar ao clã, mas considerar a tribo em sua totalidade. Seguramente, o culto particular de cada clã goza de uma grande autonomia: pode-se mesmo prever desde agora que é no clã que se encontra o fermento ativo da vida religiosa. Mas, por outro lado, todos esses cultos são solidários uns dos outros e a religião totêmica é o sistema complexo formado pela reunião deles, assim como o politeísmo grego era constituído pela reunião de todos os cultos particulares que se endereçavam às diferentes divindades. Com isso, mostramos que o totemismo, assim entendido, também tem sua cosmologia.

CAPÍTULO IV
AS CRENÇAS PROPRIAMENTE TOTÊMICAS
(Final)

IV – O totem individual e o totem sexual

No que precede, estudamos o totemismo apenas como uma instituição pública: os únicos totens que foram vistos até aqui eram objeto comum de um clã, de uma fratria ou, num certo sentido, da tribo[1]; o indivíduo só participava enquanto membro do grupo. Mas sabemos que não há religião que não tenha um aspecto individual. Essa observação geral se aplica ao totemismo. Ao lado dos totens impessoais e coletivos que figuram em primeiro plano, há outros que são próprios de cada indivíduo, que exprimem sua personalidade e cujo culto ele celebra em particular.

I

Em algumas tribos australianas e na maior parte das sociedades indígenas da América do Norte[2], cada indivíduo mantém pessoalmente com uma coisa determinada uma relação comparável àquela que cada clã mantém com seu totem. Essa coisa é, às vezes, um ser inanimado ou um objeto artificial, mas na maioria das vezes é um animal. Em certos casos, uma porção restrita do organismo, como a cabeça, os pés, o fígado, cumpre a mesma função[3].

O nome da coisa serve também de nome ao indivíduo. É seu nome pessoal, seu prenome que se acrescenta ao totem coletivo, como o *proenomen* dos romanos ao *nomem gentilicium*. É verdade que o fato nos é afirmado apenas de um certo número de sociedades[4]; mas ele é provavelmente geral. Com efeito, mostraremos, daqui a pouco, que há identidade de natureza entre a coisa e o indivíduo; ora, a identidade de natureza implica a do nome. Conferido durante cerimônias religiosas particularmente importantes, esse prenome possui um caráter sagrado. Não é pronunciado nas circunstâncias ordinárias da vida profana. Ocorre mesmo que a palavra da língua usual que serve para designar a coisa seja mais ou menos modificada para servir a esse emprego particular[5]. É que os termos da língua usual são excluídos da vida religiosa.

Pelo menos nas tribos americanas, esse nome é reforçado por um emblema que pertence a cada indivíduo e que, sob formas diversas, representa a coisa que esse nome designa. Cada Mandan, por exemplo, leva a pele do animal de que é o homônimo[6]. Se for uma ave, ele se enfeita com suas plumas[7]. Os Huranianos, os Algonquins tatuam-se com a imagem desse animal[8]. Representam-no em suas armas[9]. Nas tribos do Noroeste, o emblema individual é gravado ou esculpido, assim como o emblema coletivo do clã, nos utensílios, nas casas[10], etc.; o primeiro serve de marca de propriedade pessoal[11]. Muitas vezes os dois emblemas se combinam; é o que explica, em parte, a grande diversidade de aspectos que apresentam, nesses povos, os brasões totêmicos[12].

Entre o indivíduo e seu animal epônimo existem os vínculos mais estreitos. O homem participa da natureza do animal; tem suas qualidades, assim como também seus defeitos. Por exemplo, quem tem a águia como brasão individual possuiria o dom de ver futuro; se leva o nome do urso, diz-se que se arrisca a ser ferido em combates, porque o urso é lento e pesado e deixa-se apanhar facilmente[13]; se o animal é desprezado, o homem é objeto do mesmo desprezo[14]. A afinidade dos dois seres é mesmo tal que, em certas circunstâncias, sobretudo de perigo, acredita-se que o homem pode tomar a forma do animal[15]. Inversamente, o animal é considerado um duplo do homem, seu *alter ego*[16]. Uma associação tão íntima que seus destinos são tidos geralmente como solidários: nada pode atingir um deles sem se refletir no outro[17]. Se o animal morre, a vida do homem é ameaçada. Por isso, é uma regra muito geral que não se deve matar o animal nem, sobretudo, comer sua carne. A interdição, que, no caso do totem do clã, comporta uma série de atenuações e adaptações, é aqui bem mais formal e absoluta[18].

Por seu lado, o animal protege o homem e lhe serve, de certo modo, de padroeiro. Adverte-o dos perigos possíveis e dos meios de escapar deles[19]; dizemos que ele é seu amigo[20]. Inclusive, como é tido geralmente por possuir poderes maravilhosos, transmite-os a seu associado humano. Este julga-se à prova de balas, flechas, ataques de toda espécie[21]. A confiança que o indivíduo tem na eficácia de seu protetor é tal que ele afronta os maiores perigos e realiza proezas desconcertantes com uma serena intrepidez: a fé lhe dá a coragem e a força necessárias[22]. Contudo, as relações do homem com seu padroeiro não são de pura e simples dependência. O indivíduo, por sua vez, pode agir sobre o animal. Dá-lhe ordens, exerce influência sobre ele. Um Kurnai que tem o tubarão como amigo e aliado acredita poder, por meio de um encantamento, dispersar os tubarões que ameaçam um barco[23]. Noutros casos, o vínculo assim contraído daria ao homem uma aptidão particular para caçar o animal com sucesso[24].

A natureza mesma dessas relações parece indicar claramente que o ser ao qual cada indivíduo está assim associado só pode ser, ele próprio, um indivíduo, não uma classe. Não se tem uma espécie como *alter ego*. De fato, há casos em que é com certeza tal árvore, tal pedra determinada que desempenha esse papel[25]. É o que acontece necessariamente sempre que se trata de um animal, e a existência desse animal e a do homem são consideradas solidárias. Seria impossível estar unido por uma solidariedade desse tipo a uma espécie inteira, pois não há dia nem instante, por assim dizer, em que essa espécie não perca algum de seus membros. Todavia, há no primitivo uma certa incapacidade de pensar o indivíduo separadamente da espécie; o vínculo que o une a um estende-se naturalmente à outra; ele os confunde no mesmo sentimento. Por isso, a espécie inteira lhe é sagrada[26].

Esse ser protetor é naturalmente chamado por nomes diferentes conforme as sociedades: *nagual* entre os índios do México[27], *manitu* entre os Algonquins, *okki* entre os Huranianos[28], *snam* entre alguns Salish[29], *sulia* entre outros[30], *budjan* entre os Yuin[31], *yunbeai* entre os Euahlayi[32], etc.

Por causa da importância que têm essas crenças entre os índios da América do Norte, propôs-se criar a palavra *nagualismo* ou *manituísmo* para designá-las[33]. Mas dando-lhes um nome especial e distintivo, arriscamo-nos a desconhecer sua relação com o totemismo. Com efeito, são os mesmos princípios que se aplicam aqui ao clã e ali ao indivíduo. Em ambos os casos, trata-se da mesma crença na existência de vínculos vitais entre as coisas e os homens, as primeiras sendo dotadas de poderes especiais de que seus aliados humanos tiram proveito. Trata-se também do mesmo costume de dar ao homem o nome da coisa à qual é associado e juntar a esse nome um emblema. O totem é o padroeiro do clã, assim como o padroeiro do indivíduo serve-lhe de totem pessoal. Há interesse, portanto, em que a terminologia torne sensível essa afinidade dos dois sistemas; por isso, com Frazer, chamaremos *totemismo individual* o culto que cada indivíduo presta a seu padroeiro. Em certos casos, essa expressão justifica-se ainda mais porque o próprio primitivo serve-se da mesma palavra para designar o totem do clã e o animal protetor do indivíduo[34]. Se Tylor e Powell rejeitaram essa denominação e reclamaram termos diferentes para esses dois tipos de instituições religiosas, é porque, segundo eles, o totem coletivo não passa de um nome, de uma designação comum, sem caráter religioso[35]. Mas sabemos, ao contrário, que ele é uma coisa sagrada, e inclusive em mais alto grau que o animal protetor. A continuação desse estudo irá mostrar, aliás, o quanto esses dois tipos de totemismo são inseparáveis um do outro[36].

Contudo, por maior que seja a afinidade dessas duas instituições, há entre elas diferenças importantes. Enquanto o clã se considera oriundo do animal ou da planta que lhe serve de totem, o indivíduo não acredita manter nenhuma relação de descendência com seu totem pessoal. Este é um amigo, um sócio, um protetor; não é um ascendente. O homem se beneficia das virtudes que ele supostamente possui, mas não são do mesmo sangue. Em segundo lugar, os membros de um clã permitem aos clãs vizinhos comer do animal cujo nome carregam coletivamente, com a única condição de que formalidades necessárias sejam observadas. Ao contrário, o indivíduo não somente respeita a espécie à qual pertence seu totem pessoal, como também se esforça para protegê-la contra os estrangeiros, pelo menos em toda parte que o destino do homem e do animal sejam tidos como conexos.

Mas esses dois tipos de totens diferem sobretudo pela maneira como são adquiridos.

O totem coletivo faz parte do estatuto legal de cada indivíduo, é geralmente hereditário; em todo caso, é o nascimento que o designa, sem que a vontade dos homens intervenha. Ora a criança tem o totem de sua mãe (Kamilaroi, Dieri, Urabunna, etc.), ora o do pai (Narrinyeri, Warramunga, etc.), ora ainda o que predomina no lugar em que sua mãe concebeu (Arunta, Loritja). Ao contrário, o totem individual é adquirido por um ato deliberado[37]: toda uma série de operações rituais é necessária para determiná-lo. O método mais comumente empregado entre os índios da América é o seguinte: na época da puberdade, quando se aproxima o momento da iniciação, o jovem retira-se num lugar afastado, por exemplo uma floresta. Lá, por um período de tempo que varia de alguns dias a alguns anos, submete-se a uma série de exercícios estafantes e contrários à natureza. Jejua, mortifica-se, inflige-se diversas mutilações. Ora vagueia soltando gritos violentos, ora estende-se no chão, imóvel e lamentando-se. Às vezes dança, reza, invoca suas divindades ordinárias. Acaba assim por colocar-se num estado de intensa excitação muito próximo do delírio. Quando chega a esse paroxismo, suas representações adquirem facilmente um caráter alucinatório. "Quando, diz Heckewelder, um rapaz está às vésperas de ser iniciado, é submetido a um regime alternado de jejum e tratamento médico; abstém-se de todo alimento, ingere as drogas mais energéticas e as mais repugnantes; eventualmente, bebe líquidos intoxicantes até que seu espírito esteja num verdadeiro estado de desvario. Nesse momento, ele tem ou julga ter visões, sonhos extraordinários, aos quais todo esse arrebatamento naturalmente o predispõs. Imagina-se voando pelos ares, andando sob a terra, saltando de um monte a outro por cima dos vales, combatendo e dominando gigantes e monstros"[38]. Nessas condições, se ele vê ou, o que dá no mesmo, se acredita ver, em sonho ou no estado de vigília, um animal apresentar-se numa atitude que lhe parece demonstrar intenções amistosas, imaginará ter descoberto o padroeiro que esperava[39].

Entretanto, esse procedimento é raramente empregado na Austrália[40]. Nesse continente, o totem pessoal parece antes ser imposto por um terceiro, seja no nascimento[41], seja no momento da iniciação[42]. É geralmente um parente que desempenha esse papel, ou um personagem investido de poderes especiais, como um velho ou um mágico. Para esse objetivo, utilizam-se às vezes procedimentos divinatórios. Por exemplo, na baía Charlotte, no cabo Bedford, junto ao rio Proserpine, a avó ou outras mulheres velhas pegam uma pequena porção do cordão umbilical, à qual se prende a placenta, e fazem-no girar violentamente. Nesse meio-tempo, outras mulheres velhas, sentadas em círculo, propõem sucessivamente diferentes nomes. Adota-se aquele pronunciado exatamente no momento em que o cordão se rompe[43]. Entre os Yarraikanna do cabo York, depois que um dente foi arrancado ao jovem iniciado, dão-lhe um pouco de água para bochechar e convidam-no a cuspir num balde cheio d'água. Os velhos examinam com cuidado a espécie de coágulo formado de sangue e saliva que foi assim cuspido, e o objeto natural cuja forma ele lembra torna-se o totem pessoal do jovem iniciado[44]. Noutros casos, o totem é diretamente transmitido de um indivíduo a outro, por exemplo, de pai a filho, de tio a sobrinho[45]. Esse procedimento é igualmente empregado na América. Num exemplo relatado por Hill Tout, o operador era um xamã[46] que queria transmitir seu totem a seu sobrinho. "O tio pegou o emblema simbólico de seu *snam* (totem pessoal); era, no caso, a pele dessecada de uma ave. Convidou seu sobrinho a soprar nela, depois ele próprio fez o mesmo e pronunciou palavras misteriosas. Pareceu então a Paul (era o nome do sobrinho) que a pele transformava-se numa ave viva que se pôs a adejar em torno deles por alguns momentos, para em seguida desaparecer. Paul recebeu a instrução de procurar, no mesmo dia, a pele de uma ave da mesma espécie e cobrir-se com ela, o que fez. Na noite seguinte, teve um sonho em que o *snam* lhe apareceu sob a forma de um ser humano, revelando-lhe o nome misterioso que se deve pronunciar quando se quer invocá-lo e prometendo-lhe proteção."[47]

Não apenas o totem individual é adquirido, e não dado, como também sua aquisição geralmente não é obrigatória. Na Austrália, há uma série de tribos em que esse costume parece inteiramente desconhecido[48]. Além disso, mesmo onde ele existe, com freqüência é facultativo. Assim, entre os Euahlayi, se todos os mágicos têm um totem individual do qual obtêm seus poderes, há um grande número de leigos desprovidos dele. Trata-se de um favor que o mágico distribui, mas que reserva sobretudo a seus amigos, a seus favoritos, aos que aspiram a tornar-se seus confrades[49]. Do mesmo modo, entre alguns Salish, os indivíduos que querem distinguir-se particularmente, seja na guerra, seja na caça, ou os aspirantes à função de xamã são os únicos a munir-se de um protetor desse gênero[50]. O totem individual parece, pois, ser considerado, pelo menos por certos povos, uma vantagem e um bem suplementar, não tanto uma necessidade. É bom contar com ele, mas não se é obrigado a tê-lo. Inversamente, nada obriga a contentar-se com um único totem: se alguém quiser ser mais bem protegido, pode tentar adquirir vários deles[51] e, por outro lado, se aquele que possui cumpre mal seu papel, pode trocá-lo[52].

Mas, ao mesmo tempo que tem algo de mais livre e facultativo, o totemismo individual possui uma força de resistência que o totemismo de clã está longe de atingir. Um dos principais informantes de Hill Tout era um Salish batizado; no entanto, apesar de haver abandonado sinceramente as crenças de seus antepassados, apesar de haver se tornado um catequista modelo, sua fé na eficácia dos totens pessoais permanecia inabalável[53]. Do mesmo modo, embora não restem mais traços visíveis do totemismo coletivo nos países civilizados, a idéia de que existe uma solidariedade entre cada indivíduo e um animal, uma planta ou um objeto exterior qualquer está na base de costumes ainda observáveis em vários países da Europa[54].

II

Entre o totemismo coletivo e o totemismo individual, existe uma forma intermediária que faz parte de ambos: o totemismo sexual. Só é encontrado na Austrália, num pequeno número de tribos. Verifica-se sobretudo em Victoria e na Nova Gales do Sul[55]. Mathews, é verdade, declara tê-lo observado em todas as partes da Austrália que visitou, mas sem relatar fatos precisos em apoio de sua afirmação[56].

Nesses diferentes povos, todos os homens da tribo, de um lado, e todas as mulheres, de outro, em qualquer clã particular a que ambos pertençam, formam como que duas sociedades distintas e mesmo antagônicas. Ora, cada uma dessas duas corporações sexuais acredita-se unida por laços místicos a um animal determinado. Entre os Kurnai, os homens se consideram irmãos da ema-garriça (Yeerùng) e as mulheres, irmãs da soberba toutinegra (Djeetgùn); todos os homens são Yeerùng e todas as mulheres Djeetgùn. Entre os Wotjobaluk e os Wurunjerri, são o morcego e o *nightjar* (espécie de coruja) que desempenham esse papel. Noutras tribos, o *nightjar* é substituído pelo pica-pau. Cada sexo vê no animal a que é aparentado um protetor que convém tratar com o maior respeito: é proibido matá-lo e comê-lo[57].

Assim, esse animal protetor desempenha, em relação a cada sociedade sexual, o mesmo papel do totem do clã em relação a este último grupo. A expressão totemismo sexual, que tomamos emprestada de Frazer[58], justifica-se portanto. Inclusive esse totem de um novo gênero assemelha-se particularmente ao do clã, no sentido de que também ele é coletivo: pertence indistintamente a todos os indivíduos de um mesmo sexo. Assemelha-se igualmente pelo fato de implicar, entre o animal padroeiro e o sexo correspondente, uma relação de descendência e de consangüinidade: entre os Kurnai, todos os homens são tidos como descendentes de Yeerùng e todas as mulheres de Djeetgùn[59]. O primeiro observador que, já em 1834, assinalou essa curiosa instituição, a descrevia nos seguintes termos: "Tilmun, uma pequena ave do tamanho de um tordo (é uma espécie de picanço), é considerado pelas mulheres como tendo sido o primeiro a fazer mulheres.

Essas aves são veneradas pelas mulheres apenas[60]." Tratava-se, pois, de um grande antepassado. Mas, por outro lado, esse mesmo totem aproxima-se do totem individual. Com efeito, acredita-se que cada membro do grupo sexual esteja ligado pessoalmente a um indivíduo determinado da espécie animal correspondente. As duas vidas ligam-se tão intimamente que a morte do animal acarreta a do homem. "A vida de um morcego, dizem os Wotjobaluk, é a vida de um homem."[61] Por isso não apenas cada sexo respeita seu totem, mas obriga os membros do outro sexo a respeitá-lo igualmente. Toda violação dessa regra provoca, entre homens e mulheres[62], verdadeiras e sangrentas batalhas.

Em suma, o que têm de realmente original esses totens é que eles são, num certo sentido, totens tribais. Resultam do fato de se conceber a tribo inteira como originada de um par de seres míticos. Tal crença parece indicar claramente que o sentimento tribal adquiriu força suficiente para prevalecer, numa certa medida, sobre o particularismo dos clãs. Quanto à origem distinta atribuída aos homens e às mulheres, a razão deve ser buscada, certamente, na situação de separação em que vivem os sexos[63].

Seria interessante saber como, no pensamento australiano, os totens sexuais se ligam aos totens de clãs, que relações há entre os dois antepassados colocados na origem da tribo e aqueles dos quais cada clã em particular teria descendido. Mas os dados etnográficos atualmente disponíveis não permitem resolver a questão. Aliás, por mais natural e mesmo necessária que essa questão nos pareça, é bem possível que os indígenas jamais a tenham colocado. De fato, eles não sentem, no mesmo grau que nós, a necessidade de coordenar e de sistematizar suas crenças[64].

CAPÍTULO V
ORIGENS DESSAS CRENÇAS

I – Exame crítico das teorias

As crenças que acabamos de passar em revista são de natureza manifestamente religiosa, já que implicam uma classificação das coisas em sagradas e profanas. Claro que não se trata aí de seres espirituais e, ao longo de nossa exposição, nem chegamos a pronunciar as palavras espíritos, gênios, personalidades divinas. Mas se, por essa razão, alguns escritores, dos quais precisaremos aliás falar de novo, se recusaram a ver no totemismo uma religião, é que eles tinham do fenômeno religioso uma noção inexata.

Por outro lado, temos a certeza de que essa religião é a mais primitiva das que podem atualmente ser observadas e até mesmo, muito provavelmente, de todas que existiram. Com efeito, ela é inseparável da organização social à base de clãs. Não apenas, conforme mostramos, só se pode defini-la em função desta última, como também o clã, na forma que apresenta num grande número de sociedades australianas, parece não poder ter existido sem o totem. Pois os membros de um mesmo clã não estão unidos entre si por uma comunidade de hábitat ou de sangue, uma vez que não são necessariamente consangüíneos e com freqüência estão dispersos em pontos diferentes do território tribal. Sua unidade, portanto, decorre unicamente de terem um mesmo nome e um mesmo emblema, de acreditarem manter as mesmas relações com as mesmas categorias de coisas, de praticarem os mesmos ritos, ou seja, de comungarem no mesmo culto totêmico. Assim, o totemismo e o clã, pelo menos enquanto este último não se confunde com o grupo local, implicam-se mutuamente. Ora, a organização à base de clãs é a mais simples que conhecemos. Ela existe, com todos os seus elementos essenciais, tão logo a sociedade compreende dois clãs primários; por conseguinte, não pode haver outra mais rudimentar enquanto não forem descobertas sociedades reduzidas a um único clã, e acreditamos que até hoje não se tenham encontrado vestígios disso. Uma religião tão estreitamente solidária do sistema social, que ultrapassa todas as outras em simplicidade, pode ser considerada como a mais elementar que nos é dada a conhecer. Se chegarmos, pois, a encontrar as origens das crenças que acabam de ser analisadas, teremos chances de descobrir também as causas que fizeram brotar o sentimento religioso na humanidade.

Mas antes de nós mesmos tratarmos o problema, convém examinar as soluções mais autorizadas que lhe foram propostas.

I

Encontramos em primeiro lugar um grupo de estudiosos que acreditaram poder explicar o totemismo derivando-o diretamente de uma religião anterior.

Para Tylor[1] e Wilken[2], o totemismo seria uma forma particular do culto dos antepassados; a doutrina da transmigração das almas, certamente muito difundida, é que teria servido de transição entre esses dois sistemas religiosos. Um grande número de povos crêem que a alma, após a morte, não permanece eternamente desencarnada, mas vem animar novamente algum corpo vivo; por outro lado, "como a psicologia das raças inferiores não estabelece nenhuma linha de demarcação bem definida entre a alma dos homens e a dos animais, ela admite sem grande dificuldade a transmigração da alma humana no corpo dos animais"[3]. Tylor cita um certo número de exemplos[4]. Nessas condições, o respeito religioso que o antepassado inspira transporta-se naturalmente para o animal ou a planta com que doravante se confunde. O animal, que serve assim de receptáculo a um ser venerado, torna-se, para todos os descendentes do antepassado, isto é, para o clã que dele se originou, uma coisa sagrada, o objeto de um culto, em uma palavra, um totem.

Fatos observados por Wilken nas sociedades do arquipélago malaio tenderiam a provar que é assim, com efeito, que as crenças totêmicas se originaram. Em Java, em Sumatra, os crocodilos são particularmente honrados; são vistos como benevolentes protetores que não se deve matar; fazem-lhes oferendas. Ora, o culto prestado a esses animais advém de que encarnariam almas dos antepassados. Os malaios das Filipinas consideram o crocodilo como seu avô; o tigre é tratado da mesma maneira e pelas mesmas razões. Crenças análogas foram observadas entre os Bantos[5]. Na Melanésia, acontece às vezes que um homem influente, no momento de morrer, anuncie sua vontade de reencarnar-se em determinado animal ou planta; explica-se, assim, que o objeto que ele escolheu como morada póstuma se torne em seguida sagrado para toda a sua família[6]. Longe de constituir um fato primitivo, o totemismo seria apenas o produto de uma religião mais complexa que o teria precedido[7].

Mas as sociedades das quais esses fatos são tomados, já alcançaram uma cultura bastante elevada; em todo caso, ultrapassaram a fase do puro totemismo. Há entre elas famílias, e não clãs totêmicos[8]. Inclusive a maior parte dos animais, aos quais se prestam homenagens religiosas, é venerada não por grupos familiares determinados, mas por tribos inteiras. Portanto, se essas crenças e essas práticas podem ter ainda relação com antigos cultos totêmicos, agora não representam mais que formas alteradas desses cultos[9] e, conseqüentemente, não são muito próprias para nos revelar suas origens. Não é considerando uma instituição no momento em que está em plena decadência que se chegará a compreender como ela se formou. Se quisermos saber de que maneira o totemismo se originou, não é Java, nem Sumatra, nem a Melanésia que devemos observar: é a Austrália. Ora, aqui não existe culto dos mortos[10] nem doutrina da transmigração. Claro que se acredita que os heróis míticos, fundadores do clã, se reencarnam periodicamente, *mas exclusivamente em corpos humanos*; cada nascimento, como veremos, é o produto de uma dessas reencarnações. Se os animais da espécie totêmica são, portanto, objeto de ritos, não é porque almas ancestrais residiriam neles. É verdade que esses primeiros antepassados costumam ser representados sob forma animal, e essa representação, muito freqüente, é um fato importante que precisaremos levar em conta; mas não é a crença na metempsicose que pode tê-lo originado, já que ela é desconhecida das sociedades australianas.

Aliás, longe de poder explicar o totemismo, essa crença supõe um dos princípios fundamentais sobre os quais ele repousa, isto é, toma como dado exatamente aquilo que é preciso explicar. Com efeito, da mesma forma que o totemismo, ela implica que o homem é concebido como intimamente ligado ao animal, pois, se os dois reinos fossem claramente distinguidos nos espíritos, não se acreditaria que a alma humana pudesse passar de um a outro com essa facilidade. É preciso mesmo que o corpo do animal seja considerado sua verdadeira pátria, pois se supõe que ela volta a ele assim que retoma sua liberdade. Ora, se a doutrina da transmigração postula essa singular afinidade, não a explica de maneira nenhuma. A única razão dada por Tylor é que o homem, às vezes, lembra certos traços da anatomia e da psicologia do animal. "O selvagem, diz ele, observa com admiração simpática os traços semi-humanos, as ações e o caráter dos animais. Não é o animal a encarnação mesma, se podemos exprimir assim, de qualidades familiares ao homem? E quando aplicamos, como epíteto, a certos homens o nome de leão, de urso, de raposa, de mocho, de papagaio, de víbora, de verme, não resumimos, numa palavra, alguns traços característicos de uma vida humana?"[11] Mas se ocorrem, de fato, essas semelhanças, elas são incertas e excepcionais; o homem assemelha-se antes de tudo a seus pais, a seus companheiros, e não a plantas ou a animais. Analogias tão raras e duvidosas não poderiam prevalecer sobre evidências tão partilhadas, nem induzir o homem a pensar a si próprio e a seus antepassados sob formas que contradissessem todos os dados da experiência diária. Portanto, a questão permanece de pé e, enquanto não for resolvida, não se pode dizer que o totemismo esteja explicado[12].

Enfim, toda essa teoria repousa sobre um equívoco fundamental. Tanto para Tylor como para Wundt, o totemismo seria apenas um caso particular do culto dos animais[13]. Sabemos, ao contrário, que é preciso ver nele algo bem diferente de uma espécie de zoolatria[14]. O animal de maneira nenhuma é adorado no totemismo; o homem é quase seu igual e às vezes até dispõe dele como coisa própria, longe de lhe estar subordinado como um fiel a seu deus. Se realmente os animais da espécie totêmica fossem considerados encarnações dos antepassados, não se deixaria os membros de clãs estrangeiros consumir livremente sua carne. Em realidade, não é ao animal como tal que se dirige o culto, mas ao emblema, à imagem do totem. Ora, entre essa religião do emblema e o culto dos antepassados não existe nenhuma relação.

Enquanto Tylor reduz o totemismo ao culto dos antepassados, Jevons o vincula ao culto da natureza[15], e eis de que maneira o deriva dele.

Uma vez que, sob o impacto da surpresa que lhe causavam as irregularidades constatadas no curso dos fenômenos, povoou o mundo de seres sobrenaturais[16], o homem sentiu a necessidade de conciliar-se com as forças temíveis de que ele próprio se havia cercado. Para não ser esmagado por elas, compreendeu que o melhor meio era aliar-se a algumas dessas forças e contar assim com seu apoio. Ora, nessa fase da história, não se conhece outra forma de aliança e de associação a não ser a que resulta do parentesco. Todos os membros de um mesmo clã se ajudam mutuamente porque são parentes ou, o que dá no mesmo, porque se vêem como tais; ao contrário, clãs diferentes são tratados como inimigos porque são de sangue diferente. A única maneira de obter o apoio dos seres sobrenaturais era, portanto, adotá-los como parentes e fazer-se adotar por eles na mesma qualidade: os procedimentos bem conhecidos do *blood-covenant* [pacto de sangue] permitiam atingir facilmente esse resultado. Mas, como nesse momento o indivíduo não tinha ainda personalidade própria, como não via nele senão uma parte qualquer de seu grupo, isto é, de seu clã, foi o clã em conjunto, e não o indivíduo, que contraiu coletivamente esse parentesco. Pela mesma razão, contraiu-o, não com um objeto em particular, mas com o grupo natural, isto é, com a espécie da qual esse objeto fazia parte; pois o homem pensa o mundo como pensa a si mesmo, e, assim como não se concebe separado de seu clã, não poderia conceber uma coisa separada da espécie à qual pertence. Ora, uma espécie de coisa unida a um clã por laços de parentesco, diz Jevons, é um totem.

É certo, de fato, que o totemismo implica uma estreita associação entre um clã e uma categoria determinada de objetos. Mas que essa associação, como pretende Jevons, tenha sido assumida deliberadamente, com plena consciência do propósito visado, é o que parece pouco de acordo com o que nos ensina a história. As religiões são coisas complexas, correspondem a múltiplas e obscuras necessidades para que possam ter sua origem num ato claramente refletido da vontade. Aliás, ao mesmo tempo que peca por excesso de simplismo, essa hipótese está carregada de inverossimilhanças. Diz-se que o homem teria buscado o apoio dos seres sobrenaturais dos quais as coisas dependem. Mas, então, deveria ter se dirigido de preferência aos mais poderosos dentre eles, àqueles cuja proteção prometia ser mais eficaz[17]. Ora, muito pelo contrário, os seres com os quais ele estabeleceu esse parentesco místico figuram na maioria das vezes entre os mais humildes. Por outro lado, se realmente se tratasse apenas de fazer aliados e defensores, o homem teria buscado contar com o maior número possível deles, pois assim estaria melhor defendido. No entanto, em realidade, cada clã se contenta sistematicamente com um único totem, isto é, com um único protetor, deixando os outros clãs usufruir do deles em completa liberdade: cada clã se encerra rigorosamente no domínio religioso que lhe é próprio, sem jamais querer usurpar o dos vizinhos. Essa reserva e essa moderação são ininteligíveis na hipótese que examinamos.

II

Todas essas teorias, aliás, cometem o erro de omitir uma questão que domina todo o assunto. Vimos que existem duas espécies de totemismo: o do indivíduo e o do clã. Entre os dois, há um parentesco demasiado evidente para que não mantenham qualquer relação. Cabe, portanto, perguntar se um não derivou do outro e, em caso de resposta afirmativa, qual o mais primitivo. Conforme a solução adotada, o problema das origens do totemismo se colocará em termos diferentes. Essa questão se impõe sobretudo por apresentar um interesse muito geral. O totemismo individual é o aspecto individual do culto totêmico. Logo, se for ele o fato primitivo, cumpre dizer que a religião nasceu da consciência do indivíduo, que ela responde antes de tudo a aspirações individuais e que só secundariamente adquiriu uma forma coletiva.

O espírito simplista, que ainda inspira com freqüência muitos etnógrafos e sociólogos, levaria muitos estudiosos a explicar, tanto aqui como alhures, o complexo pelo simples, o totem do grupo pelo do indivíduo. Tal é, com efeito, a teoria defendida por Frazer, em seu *Golden Bough*[18], por Hill Tout[19], pela srta. Fletcher[20], por Boas[21] e por Swanton[22]. Ela tem a vantagem, aliás, de estar de acordo com a concepção que correntemente se faz da religião, isto é, ver nela algo de muito íntimo e pessoal. Desse ponto de vista, o totem do clã só pode ser um totem individual que teria se generalizado. Um homem marcante, após ter experimentado o valor de um totem que livremente escolhera, o teria transmitido a seus descendentes; estes, multiplicando-se com o tempo, teriam acabado por formar essa família extensa que é o clã e, assim, o totem teria se tornado coletivo.

Hill Tout julgou encontrar uma prova em apoio dessa teoria na maneira como o totemismo é entendido por certas sociedades do Noroeste americano, especialmente pelos Salish e os índios do rio Thompson. Entre esses povos, com efeito, verificam-se tanto o totemismo individual como o de clã; mas, ou eles não coexistem numa mesma tribo, ou, quando coexistem, são desigualmente desenvolvidos. Variam na razão inversa um do outro: lá onde o totem de clã tende a ser a regra geral, o totem individual tende a desaparecer, e vice-versa. Não equivale isso a dizer que o primeiro é uma forma mais recente do segundo, que ele exclui ao substituí-lo[23]? A mitologia parece confirmar essa interpretação. Nas mesmas sociedades, de fato, o antepassado do clã não é um animal totêmico, o fundador do grupo sendo geralmente representado sob os traços de um ser humano que, em dado momento, teria entrado em relação e em comércio familiar com um animal fabuloso, do qual teria recebido seu emblema totêmico. Esse emblema, com os poderes especiais a ele ligados, teria em seguida passado aos descendentes desse herói mítico por direito de herança. Esses povos parecem, pois, reconhecer no totem coletivo um totem individual que teria se perpetuado numa mesma família[24]. De fato, acontece ainda hoje que um pai transmite seu totem aos filhos. Portanto, ao imaginar que, de maneira geral, o totem coletivo teve essa mesma origem, apenas se afirma do passado um fato que é ainda presentemente observável[25].

Resta explicar de onde vem o totemismo individual. A resposta a essa questão varia segundo os autores.

Hill Tout vê nele um caso particular do fetichismo. Sentindo-se cercado de espíritos temíveis por todos os lados, o indivíduo teria experimentado o sentimento que, ainda há pouco, Jevons atribuía ao clã: para poder se manter, teria buscado nesse mundo misterioso algum protetor poderoso. É assim que o costume do totem individual teria se estabelecido[26]. Para Frazer, essa mesma instituição seria antes um subterfúgio, uma artimanha de guerra inventada pelos homens para escapar a certos perigos. Sabe-se que, segundo uma crença muito difundida num grande número de sociedades inferiores, a alma humana pode, sem inconvenientes, deixar temporariamente o corpo que habita; por mais distante que possa estar, continua a animá-lo por uma espécie de ação a distância. Mas com isso, em certos momentos críticos que ameaçariam particularmente a vida, pode haver interesse em retirar a alma do corpo e depositá-la num lugar ou num objeto, onde ela estaria mais segura. E, de fato, há um certo número de práticas destinadas a exteriorizar a alma a fim de subtraí-la a algum perigo, real ou imaginário. Por exemplo, no momento em que as pessoas vão penetrar numa casa recém-construída, um mágico extrai suas almas e as põe num saco, restituindo-as a seus proprietários somente depois que o limiar for atravessado. É que o momento de entrada numa casa nova é excepcionalmente crítico: corre-se o risco de perturbar e, portanto, ofender, os espíritos que residem no solo, sobretudo debaixo do limiar, e, se não forem tomadas precauções, eles poderiam fazer o homem pagar caro sua audácia. Mas, uma vez passado o perigo, uma vez que se pôde prevenir a cólera dos espíritos e até mesmo contar com seu apoio graças ao cumprimento de certos ritos, as almas podem voltar a seu lugar habitual[27]. Essa mesma crença teria dado origem ao totem individual. Para se proteger contra malefícios mágicos, os homens teriam julgado prudente ocultar suas almas na multidão anônima de uma espécie animal ou vegetal. Estabelecida essa relação, cada indivíduo sentiu-se intimamente unido ao animal ou à planta em que residiria seu princípio vital. Dois seres tão solidários acabaram inclusive sendo considerados praticamente indistintos: acreditou-se que um participava da natureza do outro. Essa crença, uma vez admitida, facilitou e ativou a transformação do totem pessoal em totem hereditário e, portanto, coletivo, pois pareceu muito evidente que esse parentesco de natureza devesse se transmitir hereditariamente do pai aos filhos.

Não nos deteremos a discutir longamente essas duas explicações do totem individual: são engenhosas noções do espírito, mas carecem totalmente de provas positivas. Para poder reduzir o totemismo ao fetichismo, seria preciso ter estabelecido que o segundo é anterior ao primeiro; ora, não apenas nenhum fato é alegado para demonstrar essa hipótese, como também ela é contestada por tudo o que sabemos. O conjunto, mal determinado, de ritos chamados fetichismo, parece efetivamente só se manifestar entre povos que já atingiram um certo grau de civilização. É um tipo de culto desconhecido na Austrália. É verdade que se qualificou o churinga de fetiche[28]; mas, supondo-se que essa qualificação se justifique, ela não poderia provar a anterioridade que se postula. Muito pelo contrário, o churinga supõe o totemismo, já que é essencialmente um instrumento do culto totêmico e deve exclusivamente às crenças totêmicas as virtudes que lhe são atribuídas.

Quanto à teoria de Frazer, ela supõe no primitivo uma espécie de absurdo intrínseco que os fatos conhecidos não permitem atribuir-lhe. O primitivo tem uma lógica, por mais estranha que possa às vezes nos parecer; ora, a menos que fosse totalmente desprovido dela, ele não poderia fazer o raciocínio que lhe imputam. Que ele julgasse garantir a sobrevivência de sua alma dissimulando-a num lugar secreto e inacessível, como o teriam feito tantos heróis dos mitos e das fábulas, nada mais natural. Mas como poderia ele julgá-la mais segura no corpo de um animal do que no seu próprio? Claro que, perdida assim na espécie, a alma poderia ter chances de escapar mais facilmente aos sortilégios do mágico, mas, ao mesmo tempo, achava-se totalmente exposta aos ataques dos caçadores. Seria um meio singular de proteção envolvê-la numa forma material que se expunha a riscos a todo instante[29]. Sobretudo, é inconcebível que povos inteiros se deixassem levar por semelhante aberração[30]. Enfim, num grande número de casos, a função do totem individual é manifestamente muito distinta da que lhe atribui Frazer: trata-se, antes de tudo, de um meio de conferir a mágicos, a caçadores, a guerreiros, poderes extraordinários[31]. Quanto à solidariedade do homem e da coisa, com todos os inconvenientes que implica, ela é aceita como uma conseqüência obrigatória do rito, mas não é desejada em si mesma e por si mesma.

Há menos motivos ainda de nos determos nessa controvérsia quando o verdadeiro problema não se encontra aí. O que importa saber antes de tudo é se o totem individual é realmente o fato primitivo do qual o totem coletivo teria derivado, pois, conforme a resposta que dermos a essa questão, deveremos buscar o núcleo da vida religiosa em duas direções opostas.

Ora, contra a hipótese de Hill Tout, da srta. Fletcher, de Boas, de Frazer, há um tal conjunto de fatos decisivos que nos surpreendemos que ela tenha sido aceita de uma maneira tão fácil e tão geral.

Em primeiro lugar, sabemos que o homem muito freqüentemente tem um forte interesse em não apenas respeitar, mas em fazer respeitar por seus companheiros os animais da espécie que lhe serve de totem pessoal; trata-se de sua própria vida. Portanto, se o totemismo coletivo fosse apenas a forma generalizada do totemismo individual, ele deveria se basear no mesmo princípio. Os membros de um clã não só deveriam se abster de matar e comer seu animal-totem, como também deveriam fazer o possível para reclamar dos estrangeiros a mesma abstenção. Ora, na verdade, muito longe de impor essa renúncia a toda a tribo, cada clã, através de ritos que decreveremos adiante, cuida para que a planta ou o animal que lhe serve de totem cresça e prospere, a fim de assegurar aos outros clãs uma alimentação abundante. Assim, seria preciso ao menos admitir que, ao tornar-se coletivo, o totemismo individual transformou-se profundamente, e seria preciso explicar essa transformação.

Em segundo lugar, como explicar desse ponto de vista que, exceto onde o totemismo está em decadência, dois clãs de uma mesma tribo tenham sempre totens diferentes? Parece que nada impedia dois ou vários membros de uma mesma tribo, sobretudo quando não havia nenhum parentesco entre eles, de escolher seu totem pessoal na mesma espécie animal e de transmiti-lo em seguida a seus descendentes. Não acontece hoje, entre nós, duas famílias distintas terem o mesmo nome? A maneira, estritamente regulamentada, com que totens e subtotens são distribuídos primeiro entre as duas fratrias, depois entre os diversos clãs de cada fratria, supõe manifestamente um entendimento social, uma organização coletiva. Vale dizer que o totemismo é algo mais do que uma prática individual que teria espontaneamente se generalizado.

Aliás, não se pode derivar o totemismo coletivo do individual, a menos que se desconheçam as diferenças que os separam. O primeiro é designado à criança por ocasião de seu nascimento, é um elemento de seu estado civil. O outro é adquirido ao longo da vida, supõe o cumprimento de um rito determinado e uma mudança de estado. Acredita-se diminuir a distância inserindo entre eles, como uma espécie de termo médio, o direito que todo detentor de um totem teria de transmiti-lo a quem quisesse. Mas essas transferências, não importa onde as observemos, são atos raros, relativamente excepcionais; não podem ser operadas senão por mágicos ou personagens investidos de poderes especiais[32]; em todo caso, só podem ocorrer por meio de cerimônias rituais que efetuam a mudança. Seria preciso explicar, portanto, de que maneira o que era prerrogativa de alguns tornou-se direito de todos; de que maneira o que implicava, antes de mais nada, uma mudança profunda na constituição religiosa e moral do indivíduo pôde tornar-se um elemento dessa constituição; de que maneira, enfim, uma transmissão que, primitivamente, era conseqüência de um rito, foi depois considerada como se produzindo espontaneamente, pela força das coisas e sem a intervenção de nenhuma vontade humana.

Em apoio de sua interpretação, Hill Tout alega que certos mitos atribuem ao totem de clã uma origem individual: neles se conta que o emblema totêmico foi adquirido por um indivíduo determinado que depois o teria transmitido a seus descendentes. Mas, em primeiro lugar, esses mitos são tomados de tribos indígenas da América do Norte, ou seja, de sociedades que chegaram a um grau bastante elevado de cultura. Como é que uma mitologia tão afastada das origens poderia reconstituir, com alguma segurança, a forma primitiva de uma instituição? Há muitas chances de que causas intercorrentes tenham desfigurado gravemente a lembrança que os homens poderiam ter conservado dela. Além disso, é muito fácil opor, a esses mitos, outros que parecem ser mais primitivos e cuja significação é completamente diferente. Nestes, o totem é representado como o ser mesmo do qual o clã descendeu. É ele, pois, que constitui a substância do clã; os indivíduos trazem-no consigo desde o nascimento; trazem-no em sua carne e em seu sangue, ao invés de o terem recebido de fora[33]. E tem mais: os próprios mitos sobre os quais se apóia Hill Tout contêm um eco dessa antiga concepção. O fundador epônimo do clã possui aí claramente uma figura de homem; mas é um homem que, após ter vivido em meio aos animais de uma espécie determinada, teria acabado por assemelhar-se a eles. É que certamente chegou um momento em que os espíritos eram cultivados demais para continuar a admitir, como no passado, que os homens pudessem nascer de um animal; portanto, eles substituíram o animal ancestral, impossível de ser representado, por um ser humano, mas imaginaram que esse homem havia adquirido, por imitação ou por outros procedimentos, certas características da animalidade. Assim, mesmo essa mitologia tardia traz a marca de uma época mais remota em que o totem do clã de maneira nenhuma era concebido como uma espécie de criação individual.

Mas essa hipótese não levanta apenas graves dificuldades lógicas: ela é diretamente contestada pelos fatos que seguem.

Se o totemismo individual fosse o fato inicial, ele deveria ser tanto mais desenvolvido e tanto mais evidente quanto mais primitivas fossem as sociedades; inversamente, deveríamos vê-lo perder terreno e apagar-se entre os povos mais avançados. Ora, é o contrário que se verifica. As tribos australianas são muito mais atrasadas que as da América do Norte; no entanto, a Austrália é a terra de predileção do totemismo coletivo. *Na grande maioria das tribos, ele reina sozinho, ao passo que não há uma delas, em nosso conhecimento, em que o totemismo individual seja o único praticado*[34]. Só encontramos este último, sob uma forma caracterizada, num número ínfimo de tribos[35], e, mesmo aí, quase sempre em estado rudimentar. Ele consiste, então, em práticas individuais e facultativas, mas que não possuem nenhum caráter de generalidade. Os mágicos são os únicos a conhecer a arte de estabelecer relações misteriosas com espécies animais a que não são naturalmente aparentados. As pessoas comuns não gozam desse privilégio[36]. Ao contrário, na América, o totem coletivo está em plena decadência; nas sociedades do Noroeste, em particular, ele não possui senão um caráter religioso bastante apagado. Inversamente, entre esses mesmos povos, o totem individual desempenha um papel considerável. Atribui-se a ele uma eficácia muito grande; tornou-se uma verdadeira instituição pública. É que ele é característico de uma civilização mais avançada. Eis aí, certamente, como se explica a inversão que Hill Tout acredita ter observado nos Salish entre essas duas formas de totemismo. Se, onde o totemismo coletivo é plenamente desenvolvido, o outro praticamente inexiste, não é porque o segundo recuou diante do primeiro; ao contrário, é porque as condições necessárias à sua existência não se realizaram plenamente.

Mas o que é ainda mais demonstrativo é que o totemismo individual, longe de ter dado origem ao totemismo de clã, supõe este último. É no contexto do totemismo coletivo que ele se originou e se move, como parte integrante dele. Com efeito, mesmo nas sociedades em que é preponderante, os noviços não têm o direito de tomar por totem pessoal um animal qualquer; a cada clã é atribuído um certo número de espécies determinadas, fora das quais não é permitido escolher. Em troca, aquelas que assim lhe pertencem são sua propriedade exclusiva; os membros de um clã estrangeiro não podem usurpá-las[37]. Essas espécies são concebidas como mantendo relações de estreita dependência com aquela que serve de totem ao clã inteiro. Há inclusive casos em que é possível perceber essas relações: o totem individual representa uma parte ou um aspecto particular do totem coletivo[38]. Entre os Wotjobaluk, cada membro do clã considera os totens pessoais de seus companheiros como sendo em parte seus[39]; tudo indica, portanto, que sejam subtotens. Ora, o subtotem supõe o totem, assim como a espécie supõe o gênero. Deste modo, a primeira forma de religião individual que encontramos na história nos aparece, não como o princípio ativo da religião pública, mas, ao contrário, como um simples aspecto desta última. O culto que o indivíduo organiza para si mesmo e, de certo modo, em seu foro interior, longe de ser o germe do culto coletivo, não é senão este adaptado às necessidades do indivíduo.

III

Num trabalho mais recente[40], que lhe foi sugerido pelas obras de Spencer e Gillen, Frazer tentou uma nova explicação do totemismo em substituição à que ele havia inicialmente proposto e que acaba de ser discutida. Ela se baseia no postulado de que o totemismo dos Arunta é o mais primitivo que conhecemos; Frazer chegará a dizer que esse totemismo quase não difere do tipo verdadeira e absolutamente original[41].

O que ele tem de singular é que os totens, aqui, não estão ligados nem a pessoas, nem a grupos de pessoas determinados, mas a localidades. Cada totem possui, de fato, seu centro num lugar definido. É aí que se supõe residirem as almas dos primeiros antepassados que, na origem dos tempos, constituíam o grupo totêmico. É aí que se encontra o santuário onde são conservados os churinga e onde o culto é celebrado. É também essa distribuição geográfica dos totens que determina a maneira pela qual os clãs se formam. A criança, com efeito, tem por totem não o de seu pai ou de sua mãe, mas aquele que tem seu centro no lugar onde a mãe acredita ter sentido os primeiros sintomas de sua maternidade próxima. Pois o Arunta ignora, diz-se, a relação precisa que une o fato da geração ao ato sexual[42]; acredita que toda concepção é devida a uma espécie de fecundação mística. Ela implica, segundo ele, que uma alma de antepassado penetrou no corpo de uma mulher e tornou-se aí o princípio de uma vida nova. No momento, portanto, em que a mulher percebe as primeiras contrações da criança, ela imagina que uma das almas que têm sua residência principal no lugar onde se encontra acaba de penetrar nela. E, como a criança que nasce a seguir não é outra coisa senão esse antepassado reencarnado, seu totem é necessariamente o mesmo; ou seja, o clã dessa criança é determinado pela localidade onde ela teria sido misticamente concebida.

Ora, é esse totemismo local que representaria a forma original do totemismo; quando muito, se distanciaria dessa forma por um intervalo muito curto. Eis como Frazer explica sua gênese.

No instante preciso em que a mulher se percebe grávida, ela deve pensar que o espírito que a possui veio dos objetos que a cercam, sobretudo de um daqueles que, nesse momento, atraíam sua atenção. Portanto, se estava ocupada na coleta de alguma planta, ou se vigiava um animal, acreditará que a alma desse animal ou dessa planta passou para ela. Entre as coisas a que será particularmente levada a atribuir sua gravidez, encontram-se, em primeiríssimo lugar, os alimentos que acabou de ingerir. Se comeu recentemente carne de ema ou inhame, não duvidará que uma ema ou um inhame se originou e se desenvolve dentro dela. Sendo assim, explica-se que a criança, por sua vez, seja considerada como uma espécie de ema ou de inhame, que veja a si própria como um congênere dos animais ou das plantas da mesma espécie, que lhes demonstre simpatia e consideração, que se proíba de comê-los, etc.[43] A partir de então, o totemismo existe em seus traços essenciais: a noção que o indígena teria da geração é que o teria originado, por isso Frazer chama o totemismo primitivo de *concepcional*.

É desse tipo original que todas as outras formas de totemismo teriam derivado. "Se várias mulheres, uma após a outra, perceberem os sinais premonitórios da maternidade num mesmo lugar e nas mesmas circunstâncias, esse lugar será visto como freqüentado por espíritos de uma espécie particular; e, assim, com o tempo, a região será dotada de centros totêmicos e dividida em distritos totêmicos[44]." Eis como o totemismo local dos Arunta teria nascido. Para que em seguida os totens se separem de sua base territorial, bastará conceber que as almas ancestrais, ao invés de permanecer imutavelmente fixas num lugar determinado, sejam capazes de se mover livremente sobre toda a superfície do território e de seguir, em suas viagens, os homens e as mulheres do mesmo totem que elas. Deste modo, uma mulher poderá ser fecundada por um espírito de seu próprio totem ou do totem de seu marido, ainda que ela resida num distrito totêmico diferente. Conforme se imaginar que são os antepassados do marido ou os da mulher que seguem o jovem casal espreitando a ocasião de reencarnar-se, o totem da criança será o de seu pai ou o de sua mãe. De fato, é exatamente assim que os Gnanji e os Umbaia, de um lado, e os Urabunna, de outro, explicam seus sistemas de filiação.

Mas essa teoria, como a de Tylor, repousa sobre uma petição de princípio. Para poder imaginar que as almas humanas são almas de animais ou de plantas, já era preciso crer que o homem tomasse do mundo animal ou do mundo vegetal o que há de mais essencial nele. Ora, essa crença é precisamente uma das que estão na base do totemismo. Colocá-la como uma evidência é, portanto, apoiar-se naquilo que seria preciso explicar.

Desse ponto de vista, além do mais, o caráter religioso do totem é inteiramente inexplicável; pois a vaga crença num obscuro parentesco do homem e do animal não é suficiente para fundar um culto. Essa confusão de reinos distintos não poderia ter por efeito desdobrar o mundo em profano e sagrado. É verdade que, coerente consigo mesmo, Frazer se recusa a ver no totemismo uma religião, sob pretexto de que nele não se encontram nem seres espirituais, nem preces, nem invocações, nem oferendas, etc. Para ele, seria apenas um sistema mágico, entendendo por isto uma espécie de ciência grosseira e errônea, um primeiro esforço para descobrir as leis das coisas[45]. Mas sabemos o que essa concepção da religião e da magia tem de inexata. Há religião assim que o sagrado distingue-se do profano, e vimos que o totemismo é um vasto sistema de coisas sagradas. Explicá-lo é, portanto mostrar por que essas coisas foram marcadas por tal caráter[46]. Ora, esse problema não é sequer colocado por Frazer.

Mas o que acaba de arruinar esse sistema é que, hoje, o postulado sobre o qual repousa não é mais sustentável. Toda a argumentação de Frazer supõe, com efeito, que o totemismo local dos Arunta é o mais primitivo que conhecemos e, sobretudo, que é sensivelmente anterior ao totemismo hereditário, seja em linha paterna, seja em linha materna. Ora, com base nos simples fatos que a primeira obra de Spencer e Gillen já punha à nossa disposição, pudemos conjeturar que deve ter havido um momento na história do povo Arunta em que os totens, em vez de estar ligados a localidades, transmitiam-se hereditariamente da mãe aos filhos[47]. Essa conjetura é definitivamente demonstrada pelos novos fatos descobertos por Strehlow[48] e que aliás não fazem senão confirmar observações anteriores de Schulze[49]. Esses dois autores nos mostram que, ainda hoje, cada arunta, além de seu totem local, tem um outro que é independente de toda condição geográfica, mas que lhe pertence por direito de nascimento: é o de sua mãe. Esse segundo totem, assim como o primeiro, é considerado pelos indígenas como uma potência amiga e protetora, que provê o alimento deles, que os adverte dos perigos possíveis, etc. Eles têm o direito de participar de seu culto. Quando os enterram, dispõem o cadáver de maneira a que o rosto fique virado para a região onde se localiza o centro totêmico da mãe. Isso significa que esse centro é também, de certa forma, o do defunto. De fato, dão-lhe o nome de *tmara altjira*, que quer dizer: campo do totem que me é associado. Portanto é certo que, entre os Arunta, o totemismo hereditário em linha uterina não é posterior ao totemismo local, devendo, ao contrário, tê-lo precedido. Pois o totem materno hoje não possui mais que um papel acessório e complementar, é um totem secundário, o que explica que tenha podido escapar a observadores tão atentos e avisados como Spencer e Gillen. Mas para que se mantivesse assim em segundo plano, como uma repetição do totem local, é preciso que tenha havido um tempo em que ele é que ocupava o primeiro plano na vida religiosa. Trata-se, em parte, de um totem decaído, mas que lembra uma época em que a organização totêmica dos Arunta era muito diferente da que é hoje. Toda a construção de Frazer acha-se, assim, minada na sua base[50].

IV

Embora Andrew Lang tenha combatido vivamente essa teoria de Frazer, a que ele propõe em suas últimas obras[51] aproxima-se dela em mais de um ponto. Como Frazer, ele faz o totemismo consistir inteiramente na crença numa espécie de consubstancialidade do homem e do animal. Mas explica-a de outro modo.

Deriva-a inteiramente do fato de o totem ser um nome. Tão logo houve grupos humanos constituídos[52], cada um deles teria sentido a necessidade de distinguir uns dos outros os grupos vizinhos com os quais se relacionava e, com essa finalidade, lhes teria dado nomes diferentes. Esses nomes foram tomados preferencialmente da fauna e da flora circundantes, porque animais e plantas podem ser facilmente designados por meio de gestos ou representados por desenhos[53]. As semelhanças mais ou menos precisas que os homens podiam ter com este ou aquele animal ou planta determinaram a forma como essas denominações coletivas foram distribuídas entre os grupos[54].

Ora, é um fato conhecido que, "para espíritos primitivos, os nomes e as coisas designadas por esses nomes estão unidos por uma relação mística e transcendental"[55]. Por exemplo, o nome que um indivíduo tem não é considerado uma simples palavra, um signo convencional, mas parte essencial do próprio indivíduo. Assim, quando se tratava de um nome de animal, o homem que o tinha devia necessariamente crer que ele próprio possuía os atributos mais característicos desse animal. Essa crença propagou-se tanto mais facilmente quanto mais se tornavam remotas e se apagavam das memórias as origens históricas de tais denominações. Mitos se formaram para representar melhor aos espíritos essa estranha ambigüidade da natureza humana. Para explicá-la, imaginou-se que o animal era o antepassado do homem ou que ambos descendiam de um ancestral comum. Assim teriam sido concebidos os laços de parentesco que uniriam cada clã à espécie de coisa cujo nome é o seu. Ora, uma vez explicadas as origens desse parentesco fabuloso, parece a nosso autor que o totemismo não tenha mais mistério.

Mas de onde vem, então, o caráter religioso das crenças e das práticas totêmicas? Pois o fato de o homem crer-se um animal de tal espécie não explica por que ele atribui a essa espécie virtudes maravilhosas, nem, sobretudo, por que dedica às imagens que a simbolizam um verdadeiro culto. A essa questão, Lang dá a mesma resposta que Frazer: ele nega que o totemismo seja uma religião. "Não encontro na Austrália, diz ele, nenhum exemplo de práticas religiosas tais como as que consistem em rezar, nutrir ou sepultar o totem[56]." Apenas numa época posterior, e quando já estava constituído, é que o totemismo teria sido como que atraído e envolvido por um sistema de concepções propriamente religiosas. Segundo uma observação de Howitt[57], quando os indígenas procuram explicar as instituições totêmicas, eles não as atribuem nem aos próprios totens, nem a um homem, mas a algum ser sobrenatural, como Bunjil ou Baiame. "Se, diz Lang, aceitarmos esse testemunho, uma fonte do caráter religioso do totemismo nos é revelada. O totemismo obedece aos decretos de Bunjil, assim como os cretenses obedeciam aos decretos divinos dados por Zeus a Minos." Ora, a noção dessas grandes divindades formou-se, segundo Lang, fora do sistema totêmico; este, portanto, não seria por si mesmo uma religião, apenas teria se colorido de religiosidade em contato com uma religião propriamente dita.

Mas esses mitos mesmos vão contra a concepção que Lang faz do totemismo. Se os australianos só tivessem visto no totem uma coisa humana e profana, não lhes teria vindo a idéia de fazer dele uma instituição divina. Se, ao contrário, sentiram a necessidade de relacioná-lo a uma divindade, é que lhe reconheciam um caráter sagrado. Essas interpretações mitológicas demonstram, pois, a natureza religiosa do totemismo, mas não a explicam.

Aliás, o próprio Lang percebe que essa solução não poderia ser suficiente. Ele reconhece que as coisas totêmicas são tratadas com um respeito religioso[58]; que sobretudo o sangue do animal, como também o do homem, é objeto de múltiplas interdições, ou, como ele diz, de tabus que essa mitologia mais ou menos tardia é incapaz de explicar[59]. Mas de onde elas provêm então? Eis em que termos Lang responde a essa questão: "Assim que os grupos com nomes de animais desenvolveram as crenças universalmente difundidas sobre o *wakan* ou o *mana*, ou sobre a qualidade mística e sagrada do sangue, os diferentes tabus totêmicos devem igualmente ter aparecido."[60] As palavras *wakan* e *mana*, como veremos no capítulo seguinte, implicam a noção mesma de *sagrado*: uma é tomada da língua dos Sioux, a outra, dos povos melanésios. Explicar o caráter sagrado das coisas totêmicas postulando esse caráter, é responder à questão com a questão. O que seria preciso mostrar é de onde provém a noção de *wakan* e de que maneira se aplicou ao totem e a tudo que dele deriva. Enquanto essas duas questões não forem resolvidas, nada foi explicado.

V

Passamos em revista as principais explicações que foram dadas das crenças totêmicas[61], esforçando-nos respeitar a individualidade de cada uma. Mas, agora que esse exame terminou, podemos constatar que uma crítica comum vale indistintamente para todos esses sistemas.

Se nos ativermos à letra das fórmulas, eles parecem dividir-se em duas categorias. Uns (Frazer, Lang) negam o caráter religioso do totemismo, o que significa, aliás, negar os fatos. Outros o reconhecem, mas julgam poder explicá-lo derivando-o de uma religião anterior, da qual o totemismo teria surgido. Em realidade, essa distinção é apenas aparente: a primeira categoria reaparece na segunda. Nem Frazer nem Lang puderam manter seu princípio até o fim e explicar o totemismo como se ele não fosse uma religião. Pela força das coisas, foram obrigados a introduzir em suas explicações noções de natureza religiosa. Acabamos de ver como Lang teve de fazer intervir a idéia de sagrado, isto é, a idéia cardinal de toda religião. Frazer, por seu lado, tanto na primeira como na segunda teoria que propôs, apela abertamente para a idéia de alma ou de espírito, pois, segundo ele, o totemismo viria ou de os homens acreditarem poder colocar sua alma em segurança num objeto exterior, ou de atribuírem o fato da concepção a uma espécie de fecundação espiritual, cujo agente seria um espírito. Ora, a alma, e o espírito mais ainda, são coisas sagradas, objetos de ritos; as noções que os exprimem são, portanto, essencialmente religiosas, e assim, por mais que Frazer faça do totemismo um sistema puramente mágico, também ele só consegue explicá-lo em função de uma outra religião.

Mas mostramos as insuficiências tanto do naturismo como do animismo; portanto, não se pode recorrer a eles, como fizeram Tylor e Jevons, sem se expor às mesmas objeções. No entanto, nem Frazer nem Lang parecem entrever a possibilidade de uma outra hipótese[62]. Por outro lado, sabemos que o totemismo está estreitamente ligado à organização social mais primitiva que conhecemos e, muito provavelmente, que pode ser conhecida. Portanto, supor que ele foi precedido de uma outra religião que não diferia dele apenas em grau, é sair dos dados da observação para entrar no domínio das conjeturas arbitrárias e inverificáveis. Se quisermos permanecer em concordância com os resultados anteriormente obtidos, devemos, ao mesmo tempo que afirmamos a natureza religiosa do totemismo, impedir-nos de reduzi-lo a uma religião diferente de si mesmo. Não que seja o caso de atribuir-lhe como causa idéias que não seriam religiosas. Mas, entre as representações que integram a gênese de que ele resultou, pode haver algumas que invocam por si mesmas e diretamente o caráter religioso. São estas que devemos pesquisar.

CAPÍTULO VI
ORIGENS DESSAS CRENÇAS
(Continuação)

II – A noção de princípio ou mana totêmico e a idéia de força

Já que o totemismo individual é posterior ao totemismo de clã e parece inclusive ter derivado dele, é a este que devemos nos dedicar inicialmente. Mas, como a análise que fizemos o decompôs numa multiplicidade de crenças que podem parecer heterogêneas, é necessário, antes de avançar, que busquemos perceber o que constitui a unidade do totemismo de clã.

I

Vimos que o totemismo coloca em primeiro lugar, entre as coisas que reconhece como sagradas, as representações figuradas do totem; a seguir vêm os animais ou os vegetais que dão seu nome ao clã e, finalmente, os membros desse clã. Como todas essas coisas são igualmente sagradas, embora em diferentes graus, seu caráter religioso não pode depender de nenhum dos atributos particulares que as distinguem umas das outras. Se tal espécie animal ou vegetal é objeto de um temor reverencial, não é em razão de suas propriedades específicas, já que os membros humanos do clã gozam do mesmo privilégio, embora num grau ligeiramente inferior, e já que a simples imagem dessa mesma planta ou desse mesmo animal inspira um respeito ainda mais pronunciado. Os sentimentos semelhantes que essas diferentes espécies de coisas despertam na consciência do fiel e que fazem sua natureza sagrada, evidentemente só podem vir de um princípio que é comum a todos indistintamente, tanto aos emblemas totêmicos quanto aos membros do clã e aos indivíduos da espécie que serve de totem. É a esse princípio comum que se dirige, em realidade, o culto. Em outras palavras, o totemismo é a religião, não de tais animais, ou de tais homens, ou de tais imagens, mas de uma espécie de força anônima e impessoal que se manifesta em cada um desses seres, sem no entanto confundir-se com nenhum deles. Nenhum a possui inteiramente e todos dela participam. Ela é independente dos sujeitos particulares em que se encarna, tanto assim que os precede como sobrevive a eles. Os indivíduos morrem; as gerações passam e são substituídas por outras; mas essa força permanece sempre atual, viva e idêntica. Ela anima as gerações de hoje, assim como animava as de ontem e como animará as de amanhã. Tomando a palavra num sentido bastante amplo, poder-se-ia dizer que ela é o deus que cada culto totêmico adora. Só que é um deus impessoal, sem nome, sem história, imanente ao mundo, difuso numa quantidade incalculável de coisas.

Mesmo assim, temos somente uma idéia imperfeita da ubiqüidade real dessa entidade quase divina. Ela não está apenas espalhada em toda a espécie totêmica, em todo o clã, em todos os objetos que simbolizam o totem: o círculo de sua ação estende-se mais além. Com efeito, vimos que, além dessas coisas eminentemente santas, todas aquelas que são atribuídas ao clã como dependências do totem principal possuem, em alguma medida, o mesmo caráter. Também elas têm algo de religioso, visto que algumas são protegidas por interdições e outras cumprem funções determinadas nas cerimônias do culto. Essa religiosidade não difere em natureza daquela que diz respeito ao totem, sob o qual essas coisas são classificadas; ela deriva necessariamente do mesmo princípio. É que o deus totêmico – para retomar a expressão metafórica que acabamos de utilizar – está nessas coisas santas assim como está na espécie que serve de totem e nos membros do clã. Percebe-se o quanto ele difere dos seres nos quais reside, uma vez que é a alma de tantos seres diferentes.

Mas essa força impessoal, o australiano não a concebe sob sua forma abstrata. Por influência de causas que teremos de pesquisar, ele foi levado a concebê-la sob a forma de um animal ou de um vegetal, em uma palavra: de uma coisa sensível. Eis em que consiste realmente o totem: ele é tão-só a forma material sob a qual é representada para as imaginações essa substância imaterial, essa energia que se difunde por todo tipo de seres heterogêneos e que é o único objeto verdadeiro do culto. Assim, podemos compreender melhor o que o indígena quer dizer quando afirma que os membros da fratria do Corvo, por exemplo, são corvos. Ele não entende precisamente que sejam corvos no sentido vulgar e empírico da palavra, mas que em todos eles se acha um princípio que constitui o que têm de mais essencial, que lhes é comum com os animais do mesmo nome e que é pensado sob a forma exterior do corvo. Deste modo, o universo, tal como o concebe o totemismo, é atravessado, animado por um certo número de forças que a imaginação se representa através de figuras tomadas, com poucas exceções, do reino animal ou do reino vegetal: há tantas dessas forças quantos são os clãs da tribo, e cada uma delas circula através de certas categorias de coisas das quais ela é a essência e o princípio de vida.

Quando dizemos desses princípios que são forças, não tomamos a palavra numa acepção metafórica: elas agem como verdadeiras forças. São inclusive, num certo sentido, forças materiais que engendram mecanicamente efeitos físicos. Se um indivíduo entra em contato com elas sem ter tomado as precauções necessárias, recebe um choque que pode ser comparado ao efeito de uma descarga elétrica. Às vezes elas parecem ser concebidas como fluidos que escapam pelas pontas[1]. Quando se introduzem num organismo que não é feito para recebê-las, produzem nele a doença e a morte, por uma reação completamente automática[2]. Fora do homem, elas desempenham o papel de princípio vital; é agindo sobre elas, como veremos[3], que se assegura a reprodução das espécies. É sobre elas que repousa a vida universal.

Mas, ao mesmo tempo que um aspecto físico, elas têm um caráter moral. Quando se pergunta a um indígena por que ele observa seus ritos, ele responde que seus antepassados sempre os observaram e que deve seguir seu exemplo[4]. Portanto, se ele se comporta desta ou daquela maneira com os seres totêmicos, não é somente porque as forças que neles residem são em princípio fisicamente temíveis, é porque ele se sente moralmente obrigado a comportar-se assim; tem o sentimento de que obedece a uma espécie de imperativo, de que cumpre um dever. Não tem apenas temor pelos seres sagrados, mas respeito. Aliás, o totem é a fonte da vida moral do clã. Todos os seres que comungam do mesmo princípio totêmico se consideram, por isso, moralmente ligados uns aos outros; têm deveres definidos de assistência mútua, de vendeta, etc., e são esses deveres que constituem o parentesco. O princípio totêmico, portanto, é ao mesmo tempo uma força material e uma potência moral; por isso, veremos que ele se transforma facilmente em divindade propriamente dita.

Aliás, não há nada aí que seja específico do totemismo. Mesmo nas religiões mais avançadas, talvez não haja deus que não tenha conservado algo dessa ambigüidade e que não cumpra funções simultaneamente cósmicas e morais. Ao mesmo tempo que uma disciplina espiritual, toda religião é uma espécie de técnica que permite ao homem enfrentar o mundo com mais confiança. Mesmo para o cristão, não é Deus Pai o guardião da ordem física, assim como o legislador e o juiz da conduta humana?

II

Talvez perguntarão se, interpretando deste modo o totemismo, não atribuímos ao primitivo idéias que ultrapassam o alcance de seu espírito. Por certo, não somos capazes de afirmar que ele conceba essas forças com a clareza relativa que tivemos que colocar em nossa análise. Podemos mostrar claramente que essa noção é implicada pelo conjunto de suas crenças e que ela as domina; mas não saberíamos dizer até que ponto ela é expressamente consciente, em que medida, ao contrário, não é apenas implícita e confusamente sentida. Faltam de todo os meios para precisar o grau de clareza que tal idéia pode ter nessas consciências obscuras. Mas o que mostra bem, em todo caso, que ela em nada excede a mentalidade primitiva, o que confirma, ao contrário, o resultado ao qual acabamos de chegar, é que encontramos, em sociedades aparentadas às tribos australianas ou mesmo nestas últimas, e de forma explícita, concepções que não diferem da precedente senão em graus e em nuanças.

As religiões indígenas de Samoa certamente ultrapassaram a fase totêmica. Nelas encontramos verdadeiros deuses, que têm nomes próprios e, de certo modo, uma fisionomia pessoal. No entanto, os vestígios de totemismo são dificilmente contestáveis. Cada deus, com efeito, está ligado a um grupo, seja local ou doméstico, assim como o totem a seu clã[5]. Ora, cada um desses deuses é concebido como imanente a uma espécie animal determinada. Ele não reside num indivíduo em particular: está em todos ao mesmo tempo, difunde-se na espécie inteira. Quando um animal morre, as pessoas do grupo que o veneram lamentam sua morte e prestam-lhe deveres piedosos, porque um deus habita nele; mas o deus não está morto. Ele é eterno como a espécie. Não se confunde com a geração presente; era já a alma da que precedeu, como será a alma da que virá depois[6]. Portanto, ele possui todas as características do princípio totêmico. Trata-se de um princípio totêmico que a imaginação revestiu de formas ligeiramente pessoais. Mas uma personalidade exagerada não seria muito compatível com essa difusão e essa ubiqüidade. Se seus contornos fossem claramente definidos, ela não poderia dispersar-se e espalhar-se por uma multidão de coisas.

Nesse caso, porém, é incontestável que a noção de força religiosa impessoal começa a alterar-se; mas há outros em que ela se afirma em sua pureza abstrata e atinge inclusive um grau de generalidade bem mais alto do que na Austrália. Embora os diferentes princípios totêmicos aos quais se dirigem os diversos clãs de uma mesma tribo sejam distintos uns dos outros, eles não deixam de ser, no fundo, comparáveis entre si, pois todos desempenham o mesmo papel em sua respectiva esfera. Ora, há sociedades que tiveram o sentimento dessa comunhão de natureza e que se elevaram, por conseguinte, à noção de uma força religiosa única, da qual todos os outros princípios sagrados seriam apenas modalidades e que faria a unidade do universo. E, como essas sociedades estão ainda completamente impregnadas de totemismo, como permanecem ligadas a uma organização social idêntica à dos povos australianos, é lícito afirmar que o totemismo trazia essa idéia no ventre.

É o que se pode observar num grande número de tribos americanas, especialmente as que pertencem à grande família dos Sioux: Omaha, Ponka, Kansas, Osage, Assiniboin, Dakota, Iowa, Winnebago, Mandan, Hidatsa, etc. Várias dessas sociedades são ainda organizadas em clãs, como os Omaha[7], os Iowa[8]; outras o eram há não muito tempo e, segundo Dorsey, nelas se encontram "todas as fundações do sistema totêmico como nas outras sociedades dos Sioux"[9]. Ora, entre esses povos, acima de todos os deuses particulares aos quais os homens prestam um culto, existe uma potência eminente chamada *wakan*[10], da qual as demais são como que formas derivadas. Por causa de sua situação preponderante no panteão sioux, esse princípio foi visto às vezes como uma espécie de deus soberano, de Júpiter ou Jeová, e os viajantes freqüentemente traduziram wakan por "grande espírito". Era equivocar-se gravemente sobre sua natureza verdadeira. O wakan não é, de maneira alguma, um ser pessoal: os indígenas não o concebem sob formas determinadas. "Eles dizem, conta um observador citado por Dorsey, que jamais viram o wakanda; por isso, não podem pretender personificá-lo."[11] Não é sequer possível defini-lo por atributos e caracteres determinados. "Nenhum termo, diz Riggs, pode exprimir a significação da palavra entre os Dakota. Ela compreende todo mistério, todo poder secreto, toda divindade."[12] Os seres que o Dakota reverencia, "a Terra, os quatro ventos, o Sol, a Lua, as estrelas, são manifestações dessa vida misteriosa e desse poder" que circula através de todas as coisas. Ora ele é representado sob a forma do vento, como um sopro que tem sua sede nos quatro pontos cardeais e que move tudo[13]; ora é a voz que se faz ouvir quando o trovão ressoa[14]; o Sol, a Lua, as estrelas são wakan[15]. Mas não há enumeração capaz de esgotar essa noção infinitamente complexa. Não se trata de um poder definido e definível, o poder de fazer isto ou aquilo; trata-se do Poder, de uma maneira absoluta, sem epíteto nem determinação de espécie alguma. As diversas potências divinas são apenas suas manifestações particulares e personificações; cada uma delas é esse poder visto sob um de seus múltiplos aspectos[16]. É o que levou um observador a dizer que "se trata de um deus essencialmente proteiforme, que muda de atributos e de funções conforme as circunstâncias"[17]. E os deuses não são os únicos seres que o wakan anima: ele é o princípio de tudo o que vive, age e se move. "Toda a vida é wakan. E o mesmo acontece com tudo o que manifesta algum poder, como os ventos e as nuvens que se acumulam, ou resistência passiva, como o rochedo à beira do caminho."[18]

Entre os Iroqueses, cuja organização social tem um caráter totêmico ainda mais pronunciado, encontramos a mesma noção: a palavra *orenda* que serve para exprimi-la é o equivalente exato do wakan dos Sioux. "É uma potência mística, diz Hewitt, que o selvagem concebe como inerente a todos os corpos que compõem o meio onde ele vive... inerente às pedras, aos cursos d'água, às plantas e às árvores, aos animais e ao homem, aos ventos e às tempestades, às nuvens, ao trovão, aos relâmpagos, etc."[19] Essa potência é "vista pelo espírito rudimentar do homem como a causa eficiente de todos os fenômenos, de todas as atividades que se manifestam ao redor dele"[20]. Um feiticeiro, um xamã, tem orenda, mas o mesmo se dirá de um homem bem-sucedido em seus empreendimentos. No fundo, não há nada no mundo que não tenha sua parte de orenda; só que as partes são desiguais. Há seres, homens ou coisas, que são favorecidos, outros relativamente deserdados, e a vida universal consiste nas lutas desses orenda de desigual intensidade. Os mais intensos subordinam os mais fracos. Um homem supera seus concorrentes na caça ou na guerra? É que ele tem mais orenda. Se um animal escapa ao caçador que o persegue, é que o orenda do primeiro é maior que o do segundo.

A mesma idéia encontra-se entre os Shoshone com o nome de *pokunt,* entre os Algonquins com o nome de *manitu*[21], de *nauala* entre os Kwakiutl[22], de *yek* entre os Tlinkit[23] e de *sgâna* entre os Haida[24]. Mas ela não é particular aos índios da América; foi na Melanésia que se a estudou pela primeira vez. É verdade que, em certas ilhas melanésias, a organização social atualmente não é mais de base totêmica; mas em todas elas o totemismo é ainda visível[25], não importa o que tenha dito Codrington a respeito. Ora, encontramos nesses povos, sob o nome de *mana*, uma noção que é o equivalente exato do wakan dos Sioux e do orenda dos Iroqueses. Eis a definição de *mana* dada por Codrington: "Os melanésios crêem na existência de uma força absolutamente distinta de toda força material, que age de todas as formas, seja para o bem, seja para o mal, e que o homem tem o maior interesse em possuir e dominar. É o *mana*. Creio compreender o sentido que essa palavra tem para os indígenas... Trata-se de uma força, de uma influência de ordem imaterial e, num certo sentido, sobrenatural; mas é pela força física que ela se revela, ou, então, por todo tipo de poder ou de superioridade que o homem possui. O mana não está fixado num objeto determinado, pode se estender a toda espécie de coisas... Toda a religião do melanésio consiste em tentar obter o mana, seja para proveito próprio, seja para o proveito de outrem."[26] Não é essa a noção mesma de força anônima e difusa cujo germe descobríamos há pouco no totemismo australiano? É a mesma impessoalidade, pois, diz Codrington, deve-se evitar ver nela uma espécie de ser supremo, idéia essa que "é completamente estranha" ao pensamento melanésio. A mesma ubiqüidade: o mana não está situado em parte alguma de maneira definida, está em toda parte. Todas as formas da vida, todas as eficácias da ação, seja dos homens, dos seres vivos ou dos simples minerais, são atribuídas à sua influência[27].

Portanto, não há temeridade alguma em atribuir às sociedades australianas uma idéia como a que tiramos da análise das crenças totêmicas, uma vez que a reencontramos, mas levada a um grau mais alto de abstração e de generalidade, na base de religiões que mergulham suas raízes no sistema australiano e que trazem visivelmente sua marca. As duas concepções são manifestamente aparentadas; diferem apenas em grau. Enquanto o mana é difuso em todo o universo, o que chamamos deus, ou, para ser mais exato, princípio totêmico, está localizado num círculo, certamente muito extenso, porém mais limitado, de seres e de coisas de espécies diferentes. É mana, mas um pouco mais especializado, embora essa especialização seja, em suma, muito relativa.

Aliás, há o caso em que essa relação de parentesco tornou-se particularmente evidente. Entre os Omaha, existem totens de todo tipo, individuais e coletivos[28]; ora, todos eles são apenas formas particulares do wakan. "A fé do índio na eficácia do totem, diz a srta. Fletcher, repousava na sua concepção da natureza e da vida. Essa concepção era complexa e envolvia duas idéias essenciais. A primeira é que todas as coisas, animadas ou inanimadas, são penetradas por um princípio comum de vida; a segunda é que essa vida é contínua."[29] Ora, esse princípio comum de vida é o wakan. O totem é o meio pelo qual o indivíduo se coloca em relação com essa fonte de energia; se o totem tem poderes, é porque encarna o wakan. Se o homem que violou as interdições que protegem seu totem é atacado pela doença ou a morte, é porque a força misteriosa diante da qual se depara, o wakan, reage contra ele com uma intensidade proporcional ao choque sofrido[30]. Inversamente, do mesmo modo que o totem é wakan, o wakan, por sua vez, lembra, às vezes, pela maneira como é concebido, suas origens totêmicas. Com efeito, entre os Dakota, diz Say, o "wahconda" se manifesta ora sob a forma de um urso cinzento, ora de um bisão, de um castor ou de algum outro animal[31]. Claro que essa fórmula não poderia ser aceita sem reserva. O wakan é avesso a toda personificação e, portanto, é pouco provável que alguma vez tenha sido pensado em sua generalidade abstrata com o auxílio de símbolos tão definidos. Mas a observação de Say aplica-se provavelmente às formas particulares que ele assume ao especializar-se na realidade concreta da vida. Ora, se realmente houve um tempo em que essas especializações do wakan testemunhavam uma afinidade tão marcada pela forma animal, teríamos aí mais uma prova dos laços estreitos que unem essa noção às crenças totêmicas[32].

Pode-se, aliás, explicar por que, na Austrália, a idéia de mana era incapaz de atingir o grau de abstração e generalidade que alcançou em sociedades mais avançadas. Não é somente por causa da insuficiente aptidão que pode ter o australiano para abstrair e generalizar: a natureza do meio social, antes de tudo, é que impunha esse particularismo. Com efeito, enquanto o totemismo permanece na base da organização cultual, o clã conserva, na sociedade religiosa, uma autonomia muito pronunciada, embora não absoluta. É verdade que, num certo sentido, pode-se dizer que cada grupo totêmico não é mais que uma capela da igreja tribal; mas é uma capela que goza de larga independência. O culto que aí se celebra, sem formar um todo auto-suficiente, mantém, no entanto, com os demais apenas relações exteriores: eles se justapõem sem se penetrarem; o totem de um clã só é plenamente sagrado para esse clã. Por conseguinte, o grupo das coisas que dizem respeito a cada clã e que fazem parte dele tanto quanto os homens, tem a mesma individualidade e a mesma autonomia. Cada qual é representado como irredutível aos grupos similares, como que separado deles por uma solução de continuidade, constituindo uma espécie de reino distinto. Nessas condições, não podia surgir a idéia de que esses mundos heterogêneos fossem apenas manifestações variadas de uma única e mesma força fundamental; devia-se, ao contrário, supor que a cada um deles correspondia um mana especificamente diferente e cuja ação não podia estender-se além do clã e do círculo de coisas que lhe eram atribuídas. A noção de um mana único e universal só podia nascer a partir do momento em que uma religião da tribo se desenvolvesse acima dos cultos de clãs e os absorvesse mais ou menos completamente. Foi com o sentido da unidade tribal que despertou o sentido da unidade substancial do mundo. Certamente, mostraremos mais adiante[33] que as sociedades da Austrália já conhecem um culto comum à tribo inteira. Mas, se esse culto representa a forma mais elevada das religiões australianas, ele não conseguiu modificar os princípios sobre os quais elas repousam: o totemismo é essencialmente uma religião federativa que não pode ultrapassar certo grau de centralização sem deixar de ser o que é.

Um fato característico mostra bem que é essa a razão profunda que, na Austrália, manteve a noção de mana nesse estado de especialização. As forças propriamente religiosas, pensadas sob a forma dos totens, não são as únicas com as quais o australiano se crê obrigado a contar. Há também aquelas de que o mágico, mais particularmente, dispõe. Enquanto as primeiras são, em princípio, consideradas como salutares e benéficas, as segundas têm por função, acima de tudo, causar a morte e a doença. Ao mesmo tempo que pela natureza de seus efeitos, elas diferem também pelas relações que mantêm respectivamente com a organização da sociedade. Um totem é sempre próprio de um clã, ao passo que a magia é uma instituição tribal e mesmo intertribal. As forças mágicas não pertencem como algo específico a uma porção determinada da tribo. Para servir-se delas, basta possuir as receitas eficazes. Do mesmo modo, todos estão expostos a sentir seus efeitos e devem, portanto, procurar se prevenir. Trata-se de forças vagas que não se prendem especialmente a nenhuma divisão social determinada e que podem inclusive estender sua ação para além da tribo. Ora, é notável que, entre os Arunta e os Loritja, elas sejam concebidas como simples aspectos e formas particulares de uma mesma e única força, chamada em arunta *Arungquiltha* ou *Arunkulta*[34]. "Esse é um termo, dizem Spencer e Gillen, de significação um pouco vaga; mas, na sua base, encontra-se sempre a idéia de *um poder sobrenatural de natureza ruim*... A palavra se aplica indiferentemente à má influência que se desprende de um objeto ou ao objeto mesmo onde ela reside a título temporário ou permanente."[35] "Por arùnkulta, diz Strehlow, o indígena entende uma força que suspende bruscamente a vida e ocasiona a morte daquele em quem ela se introduziu."[36] Dá-se esse nome às ossadas, às peças de madeira de onde se tiram sortilégios maléficos, aos venenos animais ou vegetais.

Trata-se, pois, muito precisamente, de um mana nocivo. Grey assinala nas tribos que observou uma noção exatamente idêntica[37]. Assim, entre esses diferentes povos, enquanto as forças propriamente religiosas não conseguem se desfazer de uma certa heterogeneidade, as forças mágicas são concebidas como sendo todas da mesma natureza: são representadas aos espíritos em sua unidade genérica. Como pairam acima da organização social, acima de suas divisões e subdivisões, elas se movem num espaço homogêneo e contínuo onde não encontram nada que as diferencie. As outras, ao contrário, estando localizadas em contextos sociais definidos e distintos, diversificam-se e particularizam-se à imagem dos meios onde estão situadas.

Assim se percebe o quanto a noção de força religiosa impessoal está no sentido e no espírito do totemismo australiano, pois ela se constitui com clareza tão logo não haja causa contrária que se lhe oponha. É verdade que o arungquiltha é uma força puramente mágica. Mas, entre as forças mágicas e as forças religiosas, não há diferença de natureza[38]; às vezes, elas são até designadas pelo mesmo nome: na Melanésia, o mágico e seus sortilégios possuem mana, da mesma forma que os agentes e os ritos do culto regular[39]. A palavra orenda, entre os Iroqueses[40], é empregada da mesma maneira. Pode-se, portanto, inferir legitimamente a natureza de umas com base na das outras[41].

III

O resultado a que nos conduz a análise precedente não interessa apenas à história do totemismo, mas também à gênese do pensamento religioso em geral.

Sob pretexto de que o homem, na origem, é dominado pelos sentidos e pelas representações sensíveis, afirmou-se com freqüência que ele havia começado por conceber o divino sob a forma concreta de seres definidos e pessoais. Os fatos não confirmam essa conjetura. Acabamos de descrever um conjunto, sistematicamente articulado, de crenças religiosas que temos motivos para considerar como muito primitivo, no entanto não encontramos nele personalidades desse tipo. O culto propriamente totêmico não se dirige nem a estes animais ou àquelas plantas determinadas, nem mesmo a uma espécie vegetal ou animal, mas a uma vaga potência, dispersa através das coisas[42]. Mesmo nas religiões mais elevadas que saíram do totemismo, como as que vemos entre os índios da América do Norte, essa idéia, longe de apagar-se, torna-se mais consciente de si; enuncia-se com uma clareza que não possuía antes, ao mesmo tempo em que alcança uma generalidade mais alta. É ela que domina todo o sistema religioso.

Tal é a matéria-prima com que foram construídos os seres diversos que as religiões de todos os tempos consagraram e adoraram. Os espíritos, os demônios, os gênios e os deuses de todo porte não são senão as formas concretas que essa energia, essa "potencialidade", como diz Howitt[43], assumiu ao individualizar-se, ao fixar-se num objeto determinado ou em certo ponto do espaço, ao concentrar-se em torno de um ser ideal e legendário, mas concebido como real pela imaginação popular. Um dakota, interrogado pela srta. Fletcher, exprimia numa linguagem cheia de detalhes essa consubstancialidade essencial de todas as coisas sagradas. "Tudo o que se move, detém-se aqui ou ali, num momento ou noutro. O pássaro que voa se detém num lugar para fazer o ninho, num outro para descansar de seu vôo. O homem que caminha, detém-se quando lhe agrada. Acontece o mesmo com a divindade. O Sol, tão brilhante e magnífico, é um lugar onde ela se deteve. As árvores e os animais são outros. O índio pensa nesses lugares e envia a eles suas preces, para que estas atinjam o local onde o deus estacionou e para que obtenham assistência e bênção."[44] Dito de outro modo, o wakan (pois é dele que se trata) vai e vem pelo mundo, e as coisas sagradas são os pontos onde ele pousa. Eis-nos, desta vez, bem longe tanto do naturismo como do animismo. Se o Sol, a Lua e as estrelas foram adorados, não deveram essa honra à sua natureza intrínseca, às suas propriedades distintivas, mas ao fato de terem sido concebidos como participantes dessa força que é a única a conferir às coisas seu caráter sagrado, que se encontra em vários outros seres, inclusive os mais ínfimos. Se as almas dos mortos foram objeto de ritos, não é porque as supunham feitas de uma espécie de substância fluida e impalpável; não é porque se assemelhavam à sombra projetada por um corpo ou a seu reflexo na superfície das águas. A leveza, a fluidez não são suficientes para conferir a santidade; mas só foram investidas dessa dignidade na medida em que havia nelas algo dessa mesma força, fonte de toda religiosidade.

Pode-se compreender melhor, agora, por que nos foi impossível definir a religião pela idéia de personalidades míticas, deuses ou espíritos: é que essa maneira de representar as coisas religiosas de modo nenhum é inerente à sua natureza. O que encontramos na origem e na base do pensamento religioso não são objetos ou seres determinados e distintos que possuem por si próprios um caráter sagrado, mas sim poderes indefinidos, forças anônimas, mais ou menos numerosas conforme as sociedades, às vezes até reduzidas à unidade, cuja impessoalidade é estritamente comparável à das forças físicas que têm suas manifestações estudadas pelas ciências da natureza. Quanto às coisas sagradas particulares, são apenas formas individualizadas desse princípio essencial. Portanto, não é surpreendente que, mesmo nas religiões em que existem divindades reconhecidas, haja ritos que possuem uma virtude eficaz em si mesmos e independentemente de toda intervenção divina. É que essa força pode ligar-se às palavras pronunciadas, aos gestos efetuados, tanto quanto a substâncias corporais; a voz e os movimentos podem servir-lhe de veículo, e por intermédio deles ela pode produzir os efeitos de que é capaz, sem que nenhum deus ou espírito colaborem. Inclusive, se ela vier a concentrar-se eminentemente num rito, este se tornará, através dela, criador de divindades[45]. Eis também por que talvez não haja personalidade divina que não conserve algo de impessoal. Mesmo aqueles que a concebem mais claramente sob uma forma concreta e sensível, pensam-na, ao mesmo tempo, como um poder abstrato que só pode ser definido pela natureza de sua eficácia, como uma força que se desdobra no espaço e que está, ao menos em parte, em cada um de seus efeitos.

É o poder de produzir a chuva ou o vento, a colheita ou a luz do dia; Zeus está em cada uma das gotas de chuva que caem, assim como Ceres em cada um dos feixes da colheita[46]. Muitas vezes, inclusive, essa eficácia é tão imperfeitamente determinada que o crente só pode ter uma noção muito imprecisa dela. Foi essa imprecisão, aliás, que tornou possíveis os sincretismos e desdobramentos ao longo dos quais os deuses se fragmentaram, se desmembraram, se confundiram de várias maneiras. Talvez não haja religião em que o mana original, seja único ou plural, tenha se determinado inteiramente num número bem definido de seres discretos e incomunicáveis entre si; cada um deles conserva sempre uma espécie de auréola de impessoalismo que o torna apto a entrar em combinações novas, e isto não por causa de uma simples sobrevivência, mas porque está na natureza das forças religiosas não poder individualizar-se completamente.

Essa concepção que o simples estudo do totemismo nos sugeriu, tem a seu favor, além disso, o fato de vários estudiosos terem sido recentemente conduzidos a ela através de pesquisas muito diferentes e independentes umas das outras. Tende a se produzir sobre esse ponto uma concordância espontânea que merece ser assinalada, pois se trata de uma conjetura de objetividade.

Desde 1899, mostrávamos a necessidade de não fazer entrar na definição do fato religioso nenhuma noção de personalidade mítica[47]. Em 1900, Marrett assinalava a existência de uma fase religiosa que ele chamava *pré-animis-*

ta, e na qual os ritos teriam se dirigido a forças impessoais, tais como o mana melanésio ou o wakan dos Omaha e dos Dakota[48]. Contudo, Marrett não chegava a afirmar que, sempre e em todos os casos, a noção de espírito é lógica e cronologicamente posterior à de mana e dela derivada; ele parecia até disposto a admitir que essa noção teria às vezes se constituído de maneira independente e que, portanto, o pensamento religioso decorre de uma dupla fonte[49]. Por outro lado, concebia o mana como uma propriedade inerente às coisas, como um elemento de sua fisionomia, pois, segundo ele, se trataria simplesmente do caráter que atribuímos a tudo o que vai além do ordinário, a tudo o que nos inspira um sentimento de temor ou de admiração[50]. Era quase voltar à teoria naturista[51].

Pouco tempo depois, Hubert e Mauss, empreendendo fazer uma teoria geral da magia, estabeleciam que a magia inteira repousa na noção de mana[52]. Dado o estreito parentesco entre o rito mágico e o rito religioso, podia-se prever que a mesma teoria devesse ser aplicável à religião. Foi o que sustentou Preuss numa série de artigos publicados em *Globus*[53] no mesmo ano. Apoiando-se sobretudo em fatos tomados das civilizações americanas, Preuss empenhou-se em demonstrar que as idéias de alma e de espírito só se constituem depois das de poder e de força impessoal, que as primeiras não são mais que uma transformação das segundas e que conservam, até uma época relativamente tardia, a marca de sua impessoalidade primeira. Ele mostrou, com efeito, que, mesmo em religiões avançadas, tais idéias são representadas sob a forma de vagos eflúvios que emanam automaticamente das coisas nas quais residem, que tendem inclusive a escapar por todas as vias que lhes são abertas: a boca, o nariz, todos os orifícios do corpo, o hálito, o olhar, a fala, etc. Ao mesmo tempo, Preuss mostrava tudo o que elas têm de proteiformes, a extrema plasticidade que lhes permite adaptar-se sucessivamente e quase simultaneamente aos empregos mais variados[54]. É verdade que, se nos ativéssemos à letra da terminologia empregada por esse autor, poderíamos pensar que essas forças são para ele de natureza mágica, e não religiosa: ele as chama feitiços (*Zauber, Zauberkräfte*). Mas é visível que, ao exprimir-se assim, ele não entende colocá-las fora da religião, pois é em ritos essencialmente religiosos que as mostra atuantes, por exemplo, nas grandes cerimônias mexicanas[55]. Se utiliza tais expressões, é certamente na falta de outras que marquem melhor a impessoalidade dessas forças e a espécie de mecanismo segundo o qual elas operam.

Assim, de todos os lados, a mesma idéia tende a se manifestar[56]. Tem-se cada vez mais a impressão de que as construções mitológicas, mesmo as mais elementares, são produtos secundários[57] e encobrem um fundo de crenças – ao mesmo tempo mais simples e mais obscuras, mais vagas e mais essenciais – que constituem as bases sólidas sobre as quais os sistemas religiosos se edificaram. Foi esse fundo primitivo que nos permitiu fazer a análise do totemismo. Os vários autores cujas pesquisas acabamos de mencionar só chegaram a essa concepção através de fatos tomados de religiões muito diversas, algumas delas correspondendo inclusive a uma civilização já bastante avançada, por exemplo, as religiões do México, muito utilizadas por Preuss. Podia-se, portanto, perguntar se a teoria se aplicava igualmente às religiões mais simples. Mas, como não se pode descer mais abaixo do totemismo, não nos expusemos a esse risco de erro e, ao mesmo tempo, temos chances de haver encontrado a noção inicial da qual derivaram as idéias de wakan e de mana: é a noção do princípio totêmico[58].

IV

Mas essa noção não é apenas de uma importância primordial, por causa do papel que desempenhou no desenvolvimento das idéias religiosas: possui também um aspecto leigo que interessa à história do pensamento científico. É a primeira forma da noção de força.

O wakan, com efeito, tem no mundo, tal como o concebem os Sioux, o mesmo papel que as forças através das quais a ciência explica os diversos fenômenos da natureza. Não que ele seja pensado sob a forma de uma energia exclusivamente física; veremos, ao contrário, no capítulo seguinte, que os elementos que servem para formar sua idéia são tomados dos reinos mais diferentes. Mas essa natureza compósita lhe permite precisamente ser utilizado como um princípio de explicação universal. É dele que provém toda vida[59]: "toda vida é wakan", e pelo termo vida deve-se entender tudo o que age e reage, tudo o que move ou é movido, tanto no reino mineral como no biológico. O wakan é a causa de todos os movimentos que se produzem no universo. Vimos do mesmo modo que o orenda dos Iroqueses é "a causa eficiente de todos os fenômenos e de todas as atividades que se manifestam ao redor do homem". Trata-se de um poder "inerente a todos os corpos, a todas as coisas"[60]. É o orenda que faz que o vento sopre, que o Sol ilumine e aqueça a Terra, que as plantas cresçam, que os animais se reproduzam, que o homem seja forte, hábil, inteligente. Quando o iroquês diz que a vida da natureza inteira é o produto dos conflitos que se estabelecem entre os orenda de intensidade desigual dos diferentes seres, ele não faz senão exprimir em sua linguagem a idéia moderna de que o mundo é um sistema de forças que se limitam, se contêm e se equilibram.

O melanésio atribui ao mana o mesmo tipo de eficácia. É graças a seu mana que um homem é bem-sucedido na caça ou na guerra, que suas plantações têm um bom rendimento, que seus rebanhos prosperam. Se a flecha atinge seu alvo, é que está carregada de mana; a mesma razão faz que uma rede pegue muitos peixes, que uma canoa navegue bem[61], etc. É verdade que, se tomássemos ao pé da letra certas expressões de Codrington, o mana seria a causa a que se refere especialmente "tudo o que ultrapassa o poder do homem, tudo o que está fora do andamento normal da natureza"[62]. Mas, dos exemplos mesmos que ele cita, resulta que a esfera do mana é bem mais extensa. Em realidade, ele serve para explicar fenômenos usuais e correntes; não há nada de sobre-humano nem de sobrenatural em um barco navegar, em um caçador pegar a caça, etc. Só que, entre esses acontecimentos da vida diária, há alguns tão insignificantes e familiares que passam despercebidos, não reparamos neles e, portanto, não sentimos necessidade de explicá-los. O conceito de mana só se aplica àqueles que têm suficiente importância para atrair a reflexão, para despertar um mínimo de interesse e curiosidade; mas eles não são maravilhosos por esse motivo. E o que é verdade para o mana, como para o orenda e o wakan, pode igualmente ser dito do princípio totêmico. É por ele que se mantém a vida dos membros do clã, dos animais ou das plantas da espécie totêmica, assim como de todas as coisas classificadas sob o totem e que participam de sua natureza.

A noção de força é, pois, de origem religiosa. Foi da religião que a filosofia, primeiro, e depois as ciências, a tomaram emprestada. É o que já havia pressentido Comte, por isso ele fazia da metafísica a herdeira da "teologia". Só que ele concluía daí que a idéia de força está destinada a desaparecer da ciência, pois, em razão de suas origens míticas, recusava-lhe todo valor objetivo. Iremos mostrar, ao contrário, que as forças religiosas são reais, por mais imperfeitos que possam ser os símbolos com a ajuda dos quais foram pensadas. E veremos que o mesmo se dá com o conceito de força em geral.

CAPÍTULO VII
ORIGENS DESSAS CRENÇAS
(Final)

III – Gênese da noção de princípio ou mana totêmico

A proposição estabelecida no capítulo precedente determina os termos nos quais deve se colocar o problema das origens do totemismo. Já que o totemismo é dominado inteiramente pela noção de um princípio quase divino, imanente a certas categorias de homens e de coisas e pensado sob uma forma animal ou vegetal, explicar essa religião é essencialmente explicar essa crença; é saber como os homens puderam ser levados a construir tal idéia e com que materiais a construíram.

I

Manifestamente, isso não se deve às sensações que as coisas que serviam de totens podiam despertar nas consciências; mostramos que elas são em geral insignificantes. O lagarto, a lagarta, o rato, a formiga, a rã, o peru, a carpa, a ameixeira, a cacatua, etc., para citar apenas nomes que ocorrem com freqüência nas listas de totens australianos, não são capazes de produzir no homem essas grandes e fortes impressões que por algum aspecto se assemelhem às emoções religiosas e de imprimir nos objetos que as suscitam um caráter sagrado. Claro que o mesmo não vale para os astros, para os grandes fenômenos atmosféricos que, ao contrário, têm tudo para impressionar as imaginações; mas ocorre justamente que só em circunstâncias muito excepcionais eles servem de totens; é provável inclusive que tenham sido chamados a cumprir esse ofício apenas tardiamente[1]. Portanto, não era a natureza intrínseca da coisa cujo nome o clã trazia que a designava a ser objeto de um culto. Aliás, se os sentimentos que ela inspira fossem realmente a causa determinante dos ritos e das crenças totêmicas, essa coisa seria também o ser sagrado por excelência; os animais ou as plantas empregados como totens é que desempenhariam o papel eminente na vida religiosa. Ora, sabemos que o centro do culto encontra-se noutra parte. São as representações figurativas dessa planta ou desse animal, são os diversos emblemas e símbolos totêmicos que possuem o máximo de santidade; é neles, portanto, que está a fonte da religiosidade, e os objetos reais que esses emblemas representam não recebem senão um reflexo dela.

Assim, o totem é antes de tudo um símbolo, a expressão material de alguma outra coisa[2]. Mas de quê?

Da análise mesma a que procedemos, resulta que ele exprime dois tipos de coisas diferentes. De um lado, é a forma exterior e sensível daquilo que chamamos de princípio ou deus totêmico. Mas, por outro lado, é também o símbolo dessa sociedade determinada que é o clã. O totem é sua bandeira, o sinal pelo qual cada clã se distingue dos demais, a marca visível de sua personalidade, marca que se estende a tudo que faz parte do clã de uma maneira ou outra, homens, animais e coisas. Portanto, se ele é, ao mesmo tempo, símbolo do deus e da sociedade, não é que o deus e a sociedade são uma coisa só? De que maneira o emblema do grupo poderia ter se tornado a figura dessa quase divindade, se o grupo e a divindade fossem duas realidades distintas? Por conseguinte, o deus do clã, o princípio totêmico, só pode ser o próprio clã, mas hipostasiado e representado às imaginações sob as aparências sensíveis do vegetal ou do animal que serve de totem.

Mas como foi possível essa apoteose e por que ela ocorreu desse modo?

II

De uma maneira geral, não há dúvida de que uma sociedade tem tudo o que é preciso para despertar nos espíritos, pela simples ação que exerce sobre eles, a sensação do divino; pois ela é para seus membros o que um deus é para seus fiéis. Com efeito, um deus é antes de tudo um ser que o homem concebe, sob certos aspectos, como superior a si mesmo e do qual acredita depender. Quer se trate de uma personalidade consciente, como Zeus ou Jeová, quer de forças abstratas, como aquelas postas em ação no totemismo, o fiel, em ambos os casos, se crê obrigado a certas maneiras de agir que lhe são impostas pela natureza do princípio sagrado com o qual se sente em contato. Ora, também a sociedade provoca em nós a sensação de uma perpétua dependência. Por ter uma natureza que lhe é própria, diferente da nossa natureza de indivíduo, ela persegue fins que lhe são igualmente específicos, mas, como não pode atingi-los, a não ser por intermédio de nós, reclama imperiosamente nossa colaboração. Exige que, esquecidos de nossos interesses, façamo-nos seus servidores e submete-nos a todo tipo de aborrecimentos, privações e sacrifícios, sem os quais a vida social seria impossível. É assim que a todo instante somos obrigados a sujeitar-nos a regras de conduta e de pensamento que não fizemos nem quisemos, e que, inclusive, são às vezes contrárias a nossas inclinações e a nossos instintos mais fundamentais.

Todavia, se a sociedade obtivesse de nós essas concessões e esses sacrifícios apenas por uma coerção material, ela não poderia despertar em nós mais que a idéia de uma força física à qual devemos ceder por necessidade, não de uma potência moral como aquelas que as religiões adoram. Mas, em realidade, o domínio que ela exerce sobre as consciências deve-se bem menos à supremacia física cujo privilégio detém, do que à autoridade moral de que é investida. Se acatamos suas ordens, não é simplesmente porque está armada de maneira a triunfar de nossas resistências; é antes de tudo por ser o objeto de um verdadeiro respeito.

Diz-se de um sujeito, individual ou coletivo, que ele inspira respeito quando a representação que o exprime nas consciências é dotada de tal força que, automaticamente, suscita ou inibe atos, *sem levar em conta qualquer consideração relativa aos efeitos úteis ou prejudiciais desses atos*. Quando obedecemos a uma pessoa em razão da autoridade moral que lhe reconhecemos, seguimos seus conselhos, não porque nos pareçam sensatos, mas porque é imanente à idéia que fazemos dessa pessoa uma energia psíquica de um certo tipo, que dobra nossa vontade e a inclina no sentido indicado. O respeito é a emoção que experimentamos quando sentimos essa pressão interior e inteiramente espiritual produzir-se em nós. O que nos determina, então, não são as vantagens ou os inconvenientes da atitude que nos é prescrita ou recomendada, mas a maneira pela qual nos representamos aquele que nos recomenda ou prescreve tal atitude. Eis por que o mandamento se exprime geralmente em formas breves, categóricas, que não dão margem à hesitação: na medida em que é um mandamento e age por suas próprias forças, ele exclui toda idéia de deliberação e de cálculo e deve sua eficácia à intensidade do estado mental no qual é dado. É essa intensidade que constitui o que chamamos de ascendente moral.

Ora, as maneiras de agir que a sociedade tem o maior interesse em impor a seus membros estão marcadas, por isso mesmo, com o sinal distintivo que provoca o respeito. Como elas são elaboradas em comum, a vivacidade com que são pensadas por cada espírito particular repercute em todos os outros e reciprocamente. As representações que as exprimem em cada um de nós têm, portanto, uma intensidade que os estados de consciência puramente privados não poderiam atingir, pois elas têm a força das inumeráveis representações individuais que serviram para formar cada uma delas. É a sociedade que fala pela boca daqueles que as afirmam em nossa presença; é ela que ouvimos ao ouvi-los, e a voz de todos tem um acento que a de um só não poderia ter[3]. A violência mesma com que a sociedade reage, por meio da censura ou da repressão material, contra as tentativas de dissidência, manifestando com estrépito o ardor da convicção comum, contribui para reforçar seu domínio[4]. Em uma palavra, quando uma coisa é objeto de um estado da opinião, a representação que cada indivíduo faz dela extrai de suas origens, das condições nas quais ela se formou, um poder de ação que é sentido mesmo por aqueles que não se submetem a ela. Essa representação tende a rechaçar, a manter à distância as que a contradizem; ela ordena, ao contrário, atos que a realizem, e isto não por uma coerção material ou pela perspectiva de uma coerção desse gênero, mas pela simples irradiação da energia mental nela contida. Ela possui uma eficácia que se deve unicamente a suas propriedades psíquicas, e é precisamente por este sinal que se reconhece a autoridade moral. A opinião, coisa social por excelência, é portanto uma fonte de autoridade, e pode-se mesmo perguntar se toda autoridade não é filha da opinião[5]. Objetar-se-á que a ciência é com freqüência antagonista da opinião, cujos erros combate e retifica. Mas a ciência só pode ter êxito nessa tarefa se tiver suficiente autoridade e não pode obter essa autoridade a não ser da própria opinião. Se um povo não tiver fé na ciência, nenhuma demonstração científica terá influência sobre os espíritos. Mesmo hoje, se a ciência vier a resistir a uma corrente muito forte da opinião pública, correrá o risco de perder seu crédito[6].

Uma vez que é por vias mentais que a pressão social se exerce, ela não podia deixar de dar ao homem a idéia de que existe fora dele uma ou várias forças, morais e ao mesmo tempo eficazes, das quais depende. Essas forças, ele devia concebê-las, em parte, como exteriores a ele, já que lhe falam num tom de comando, inclusive ordenando-lhe às vezes a praticar violência contra suas inclinações mais naturais. Certamente, se ele pudesse ver imediatamente que essas influências que sofre emanam da sociedade, o sistema das interpretações mitológicas não teria nascido. Mas a ação social segue caminhos muito indiretos e obscuros, emprega mecanismos psíquicos complexos demais para que o observador vulgar possa perceber de onde ela vem. Enquanto a análise científica não vier ensinar-lhe isto, ele perceberá que é agido, mas não por quem é agido. Assim, é obrigado a construir peça por peça a noção dessas forças com as quais se sente em contato, e por aí já se pode entrever de que maneira foi levado a concebê-las sob formas que lhes são estranhas e a transfigurá-las pelo pensamento.

Mas um deus não é apenas uma autoridade da qual dependemos; é também uma força sobre a qual se apóia nossa força. O homem que obedeceu a seu deus e que, por essa razão, acredita tê-lo consigo, aborda o mundo com confiança e com o sentimento de uma energia acrescida. Do mesmo modo, a ação social não se limita a reclamar de nós sacrifícios, privações e esforços. Pois a força coletiva não nos é inteiramente exterior, não nos move apenas de fora; como a sociedade não pode existir senão nas consciências individuais e por elas[7], é preciso que ela penetre e se organize em nós; torna-se, assim, parte integrante de nosso ser e, por isso mesmo, eleva-o e o faz crescer.

Há circunstâncias em que essa ação reconfortante e vivificadora da sociedade é particularmente manifesta. No seio de uma assembléia que uma paixão comum inflama, tornamo-nos suscetíveis de sentimentos e atos de que seríamos incapazes quando reduzidos a nossas simples forças; e, quando a assembléia é dissolvida, quando, novamente sós, recaímos em nosso nível ordinário, podemos avaliar então a altura a que fôramos elevados acima de nós mesmos. A história está cheia de exemplos desse tipo. Basta pensar na noite de 4 de agosto [de 1789], em que uma assembléia foi de repente levada a um ato de sacrifício e abnegação ao qual cada um de seus membros se recusava na véspera e do qual todos se surpreenderam no dia seguinte[8]. É por essa razão que todos os partidos, políticos, econômicos, confessionais, preocupam-se em realizar periodicamente reuniões em que seus adeptos possam renovar sua fé manifestando-a em comum. Para revigorar sentimentos que, entregues a si próprios, se estiolariam, basta reaproximar e pôr em contato mais íntimo e mais ativo aqueles que os experimentam. Eis também o que explica a atitude tão particular do homem que fala a uma multidão, se, ao menos, chegou a entrar em comunhão com ela. Sua linguagem tem uma espécie de grandiloqüência que seria ridícula nas circunstâncias ordinárias; seus gestos têm algo de dominador; seu pensamento mesmo é impaciente com a moderação e deixa-se levar facilmente a todo tipo de exageros. É que ele sente dentro de si como que uma pletora anormal de forças que transbordam e tendem a se espalhar ao redor; às vezes, inclusive, dá a impressão de ser dominado por uma força moral que o ultrapassa e da qual é apenas o intérprete. É nesse traço que se reconhece o que seguidamente foi chamado de demônio da inspiração oratória. Ora, esse acréscimo excepcional de forças é muito real: vem-lhe do grupo mesmo ao qual se dirige. Os sentimentos que ele provoca com sua fala retornam para ele, mas acrescidos, amplificados, e reforçam ainda mais seu sentimento próprio. As energias passionais que ele desencadeia repercutem nele e fazem aumentar seu tom vital. Não é mais um simples indivíduo que fala, é um grupo encarnado e personificado.

Além desses estados passageiros ou intermitentes, há outros mais duráveis em que essa influência tonificante da sociedade se faz sentir com mais continuidade e muitas vezes até com mais impacto. Há períodos históricos em que, sob a influência de uma grande comoção coletiva, as interações sociais tornam-se bem mais freqüentes e ativas. Os indivíduos se procuram, se reúnem mais. Disso resulta uma efervescência geral, característica das épocas revolucionárias ou criativas. Ora, essa superatividade tem por efeito uma estimulação geral das forças individuais. Vive-se mais e de outra forma do que em tempos normais. As mudanças não são apenas de nuanças e de graus; o homem torna-se outro. As paixões que o agitam são de tal intensidade que não podem se satisfazer senão por atos violentos, desmesurados: atos de heroísmo sobre-humano ou de barbárie sanguinária. É o que explica, por exemplo, as Cruzadas[9] e tantas cenas, sublimes ou selvagens, da Revolução Francesa[10]. Sob a influência da exaltação geral, vemos o burguês mais medíocre ou mais inofensivo transformar-se ou em herói, ou em carrasco[11]. E todos esses processos mentais são tão claramente os que estão na raiz da religião, que os próprios indivíduos com freqüência representaram sob uma forma expressamente religiosa a pressão à qual cediam assim. Os cruzados acreditavam sentir Deus presente no meio deles e ordenando-lhes partir à conquista da Terra Santa; Joana d'Arc acreditava obedecer a vozes celestes[12].

Mas não é somente nessas circunstâncias excepcionais que a ação estimulante da sociedade se faz sentir; não há, por assim dizer, um instante de nossa vida no qual algum afluxo de energia não nos venha de fora. O homem que cumpre seu dever encontra, nas manifestações de todo tipo pelas quais se exprimem a simpatia, a estima, a afeição que seus semelhantes têm por ele, uma impressão de reconforto, da qual muitas vezes não se dá conta, mas que o sustenta. O sentimento que a sociedade tem dele realça o sentimento que ele tem de si mesmo. Por estar em harmonia moral com seus companheiros, ele terá mais confiança, coragem, ousadia na ação, exatamente como o fiel que crê sentir o olhar de seu deus voltado com benevolência para ele. Produz-se, assim, como que uma sustentação perpétua de nosso ser moral. Como ela varia conforme grande quantidade de circunstâncias exteriores, conforme nossas relações com os grupos sociais que nos cercam sejam mais ou menos ativas, conforme o que são esses grupos, não podemos deixar de sentir que esse vigor moral depende de uma causa externa: mas não percebemos onde está essa causa nem o que ela é. Assim, concebemo-la correntemente sob a forma de uma força moral que, embora nos sendo imanente, representa em nós algo mais que nós: é a consciência moral da qual, aliás, o homem comum jamais fez uma representação um pouco distinta, a não ser com a ajuda de símbolos religiosos.

Além dessas forças em estado livre que a todo momento vêm renovar as nossas, há aquelas que estão fixadas nas técnicas e tradições de todo tipo que utilizamos. Falamos uma língua que não fomos nós que fizemos; servimo-nos de instrumentos que não inventamos; invocamos direitos que não instituímos; a cada geração é transmitido um tesouro de conhecimentos que não foi ela que acumulou, etc. É à sociedade que devemos esses bens variados da civilização, e se, em geral, não vemos de que fonte os obtivemos, sabemos pelo menos que não são obra nossa. Ora, são eles que dão ao homem sua fisionomia pessoal entre todos os seres, pois o homem só é um homem porque é civilizado. Portanto, não podia deixar de sentir que existem fora dele causas atuantes de que procedem os atributos característicos de sua natureza e como que poderes benevolentes que o assistem, que o protegem e que lhe asseguram um destino privilegiado. E a esses poderes ele devia necessariamente conceder uma dignidade compatível com o alto valor dos bens que lhes atribuía[13].

Assim, o meio no qual vivemos nos aparece povoado de forças ao mesmo tempo imperiosas e de amparo, augustas e benfazejas, com as quais estamos em contato. Já que elas exercem sobre nós uma pressão de que temos consciência, necessitamos localizá-las fora de nós, como fazemos em relação às causas objetivas de nossas sensações. Mas, por outro lado, os sentimentos que elas nos inspiram diferem em natureza dos que temos para com as simples coisas sensíveis. Enquanto estas se reduzem a seus caracteres empíricos tais como se manifestam na experiência vulgar, enquanto a imaginação religiosa não veio metamorfoseá-las, nada sentimos por elas que se assemelhe ao respeito e elas não possuem nada capaz de nos elevar acima de nós mesmos. As representações que as exprimem nos aparecem, portanto, como muito diferentes daquelas que as influências coletivas despertam em nós. Tanto umas quanto as outras formam em nossa consciência dois círculos de estados mentais, distintos e separados, como as duas formas de vida a que correspondem. Em conseqüência, temos a impressão de estarmos em contato com duas espécies de realidades distintas, que uma linha de demarcação claramente traçada separa uma da outra: o mundo das coisas profanas, de um lado, e o das coisas sagradas, de outro.

De resto, tanto no presente como na história, vemos a sociedade incessantemente criar de todas as maneiras coisas sagradas. Se ela vier a se apaixonar por um homem, se acreditar descobrir nele as principais aspirações que a agitam, assim como os meios de satisfazê-las, esse homem será posto numa categoria à parte e como que divinizado. Ele será investido pela opinião de uma majestade inteiramente análoga à que protege os deuses. Foi o que aconteceu com tantos soberanos, em quem sua época depositava fé: se não eram transformados em deuses, pelo menos eram vistos como representantes diretos da divindade. E o que mostra bem que a sociedade é a única autora desse tipo de apoteose, é que seguidamente sucedeu-lhe consagrar homens que, por seu mérito próprio, nenhum direito tinham a isso. Aliás, a simples deferência que os homens investidos de altas funções sociais inspiram não é de natureza diferente do respeito religioso. Ela se traduz pelos mesmos movimentos: guarda-se distância em relação a uma alta personalidade; ela só é abordada com precauções; para conversar com ela empregam-se outra linguagem e outros gestos, diferentes daqueles destinados ao mortal comum. O sentimento experimentado nessas circunstâncias é tão próximo do sentimento religioso que muitos povos os confundiram. Para explicar a consideração de que gozam os príncipes, os nobres, os chefes políticos, atribuiu-se-lhes um caráter sagrado. Na Melanésia e na Polinésia, por exemplo, diz-se de um homem influente que ele tem mana, e é a esse mana que atribuem sua influência[14]. É claro, porém, que sua situação se deve unicamente à importância que lhe dá a opinião. Mas isso porque o poder moral conferido pela opinião e aquele de que são investidos os seres sagrados têm, no fundo, uma mesma origem e são feitos dos mesmos elementos. É o que explica que uma mesma palavra possa servir para designar a ambos.

Da mesma forma que homens, a sociedade consagra coisas, em particular idéias. Se uma crença for unanimemente partilhada por um povo, será proibido, pelas razões que expusemos mais acima, tocar nela, isto é, negá-la ou contestá-la. Ora, a interdição da crítica é uma interdição como as outras e prova que estamos diante de algo sagrado. Mesmo hoje, por maior que seja a liberdade que concedemos uns aos outros, um homem que negasse totalmente o progresso, que achincalhasse o ideal humano a que as sociedades modernas se devotam, daria a impressão de um sacrílego. Há, pelo menos, um princípio que os povos mais apaixonados pelo livre-exame tendem a colocar acima da discussão e a considerar como intangível, isto é, como sagrado: o princípio mesmo do livre-exame.

Essa aptidão da sociedade a erigir-se em deus ou a criar deuses não foi em parte alguma mais visível que durante os primeiros anos da Revolução Francesa. Nesse momento, com efeito, sob a influência do entusiasmo geral, coisas puramente leigas por natureza foram transformadas pela opinião pública em coisas sagradas: a Pátria, a Liberdade, a Razão[15]. Uma religião com seus dogmas[16], seus símbolos[17], seus altares[18] e suas festas[19] tendeu espontaneamente a se estabelecer. Foi a essas aspirações espontâneas que o culto da Razão e do Ser supremo procurou dar uma espécie de satisfação oficial. Essa renovação religiosa teve, é verdade, apenas uma duração efêmera. Acontece que o próprio entusiasmo patriótico que, na origem, empolgava as massas foi se debilitando[20]. Desaparecendo a causa, o efeito não podia se manter. Mas a experiência, por ter sido curta, conserva todo o seu interesse sociológico. O fato é que vimos, num caso determinado, a sociedade e suas idéias essenciais se tornarem, diretamente e sem transfiguração de nenhuma espécie, objeto de um verdadeiro culto.

Todos esses fatos já permitem entrever de que maneira o clã é capaz de despertar entre seus membros a idéia de que existem fora deles forças que os dominam e, ao mesmo tempo, os sustentam, isto é, em suma, forças religiosas: é que não há outra sociedade a que o primitivo esteja mais direta e mais intimamente ligado. Seus vínculos com a tribo são mais frouxos e menos sentidos. Embora ela certamente não lhe seja estranha, é com as pessoas de seu clã que o primitivo tem mais coisas em comum; é a ação desse grupo que ele percebe mais imediatamente; portanto é também esta ação, preferencialmente a qualquer outra, que devia se exprimir em símbolos religiosos.

Mas essa primeira explicação é demasiado geral, pois se aplica indiferentemente a toda espécie de sociedade e, por conseguinte, de religião. Busquemos, pois, precisar que forma particular essa ação coletiva assume no clã e de que maneira suscita nele a sensação do sagrado. Afinal, em nenhuma outra parte ela é mais facilmente observável nem mais visível em seus resultados.

III

A vida das sociedades australianas passa alternadamente por duas fases diferentes[21]. Ora a população está dispersa em pequenos grupos que se ocupam, independentemente uns dos outros, de suas tarefas; cada família vive então à parte, caçando, pescando, tentando, enfim, obter o alimento indispensável por todos os meios disponíveis. Ora, ao contrário, a população se concentra e se condensa, por um tempo que varia de vários dias a vários meses, em pontos determinados. Essa concentração ocorre quando um clã ou uma parte da tribo[22] são convocados em suas assembléias, celebrando-se nessa ocasião uma cerimônia religiosa ou realizando-se o que é chamado, na linguagem usual da etnografia, um *corrobori*[23].

Essas duas fases contrastam uma com a outra da maneira mais nítida. Na primeira, a atividade econômica é preponderante, sendo em geral uma fase de intensidade medíocre. A coleta de grãos ou de ervas necessários à alimentação, a caça ou a pesca não são ocupações capazes de despertar paixões muito fortes[24]. O estado de dispersão em que se encontra então a sociedade acaba por tornar a vida uniforme, desinteressante e opaca[25]. Mas, quando acontece um corrobori, tudo muda. Como as faculdades emotivas e passionais do primitivo só se submetem imperfeitamente à sua razão e à sua vontade, ele perde facilmente o autocontrole. Um acontecimento de alguma importância coloca-o de imediato fora de si. Recebe uma notícia feliz? São transportes de entusiasmo. No caso contrário, vemo-lo correr para cá e para lá como um doido, entregar-se a todo tipo de movimentos desordenados, gritar, urrar, juntar a poeira e lançá-la em todas as direções, morder-se, brandir suas armas com ar furioso, etc.[26] Ora, o simples fato da aglomeração age como um excitante excepcionalmente poderoso. Uma vez reunidos os indivíduos, sua aproximação libera uma espécie de eletricidade que os transporta rapidamente a um grau extraordinário de exaltação. Cada sentimento expresso vem repercutir, sem resistência, em todas essas consciências largamente abertas às impressões exteriores: cada uma delas ecoa as outras e reciprocamente. O impulso inicial vai assim se amplificando à medida que repercute, como uma avalanche aumenta à medida que avança. E como paixões tão intensas e tão liberadas de todo controle não podem deixar de se extravasar, o que se vê, de todos os lados, são gestos violentos, gritos, verdadeiros urros, ruídos ensurdecedores, que contribuem para intensificar ainda mais o estado que manifestam. É claro que, como um sentimento coletivo só pode se exprimir se observar uma certa ordem que permita a coordenação e os movimentos de conjunto, esses gestos e esses gritos tendem naturalmente a ritmar-se e a regularizar-se; daí, os cantos e as danças. Mas, ao tomarem uma forma mais regular, eles nada perdem de sua violência natural: o tumulto regulado permanece tumulto. A própria voz humana é insuficiente nessas ocasiões. Sua ação é reforçada por procedimentos artificiais: batem-se os bumerangues uns contra os outros; fazem-se girar os *bull-roarers*. É provável que esses instrumentos, cujo emprego é tão generalizado nas cerimônias religiosas da Austrália, tenham servido, antes de tudo, para traduzir de maneira mais adequada a agitação experimentada. Mas, ao mesmo tempo que a traduzem, eles a reforçam. A efervescência chega muitas vezes a provocar atos inusitados. As paixões desencadeadas são de tal impetuosidade que não se deixam conter por nada. As pessoas se sentem fora das condições ordinárias da vida e têm tanta consciência disso que experimentam como que uma necessidade de colocar-se fora e acima da moral ordinária. Os sexos se juntam contrariamente às regras que presidem ao comércio sexual. Os homens trocam suas mulheres. Às vezes até uniões incestuosas, que em tempos normais são julgadas abomináveis e severamente condenadas, se realizam ostensiva e impunemente[27]. Se acrescentarmos que tais cerimônias ocorrem geralmente à noite, em meio às trevas que a luz das fogueiras penetra aqui e ali, conceberemos facilmente o efeito que devem produzir semelhantes cenas sobre o espírito de todos os seus participantes. Essas cenas determinam uma superexcitação tão violenta da vida física e mental, que esta não pode ser suportada por muito tempo: o ator que detém o papel principal acaba por cair exausto no chão[28].

Eis, em acréscimo, para ilustrar e precisar esse quadro necessariamente esquemático, o relato de algumas cenas que tomamos emprestadas de Spencer e Gillen.

Uma das solenidades religiosas mais importantes entre os Warramunga é a que concerne à serpente Wollunqua. Trata-se de uma série de cerimônias que se desenvolvem por vários dias. No quarto dia, tem lugar a que vamos descrever.

De acordo com o cerimonial praticado pelos Warramunga, representantes das duas fratrias dela participam, uns na qualidade de oficiantes, outros como preparadores e assistentes. Apenas os membros da fratria Uluuru estão qualificados para celebrar o rito, mas são os da fratria Kingilli que devem ornamentar os atores, preparar o local, os instrumentos e desempenhar o papel da assistência. São também encarregados de fazer previamente, com areia molhada, uma espécie de montículo sobre o qual é executado um desenho, feito de penugem vermelha, que representa a serpente Wollunqua. A cerimônia propriamente dita, à qual Spencer e Gillen assistiram, só começou depois de anoitecer. Por volta de dez ou onze da noite, os Uluuru e os Kingilli chegaram ao local; sentaram-se no montículo e puseram-se a cantar. Todos estavam num estado de evidente superexcitação (*every one was evidently very excited*). Um pouco mais tarde, os Uluuru trouxeram suas mulheres e as entregaram aos Kingilli[29], que tiveram relações com elas. A seguir foram chamados jovens recém-iniciados, aos quais toda a cerimônia foi explicada em detalhe, e até as três da madrugada os cantos prosseguiram sem interrupção. Aconteceu, então, uma cena de um frenesi verdadeiramente selvagem (*a scene of the wildest excitement*). Enquanto as fogueiras, acesas de todos os lados, faziam sobressair violentamente a brancura dos eucaliptos no fundo das trevas em volta, os Uluuru se ajoelharam uns atrás dos outros ao lado do túmulo da serpente; depois, levantando-se todos de uma só vez, com as duas mãos apoiadas nas coxas, e ajoelhando-se de novo um pouco mais adiante, foram dando a volta ao montículo. Ao mesmo tempo, inclinavam seus corpos ora à direita, ora à esquerda, todos soltando, a cada um desses movimentos, um grito retumbante, um verdadeiro urro, *Yrrsh! Yrrsh! Yrrsh!* Enquanto isso, os Kingilli, num grande estado de exaltação, faziam ressoar seus bumerangues, e o chefe deles parecia ainda mais agitado que os outros. Assim que a procissão dos Uluuru deu duas voltas ao redor do montículo, eles deixaram a posição ajoelhada, sentaram-se e puseram-se de novo a cantar; por momentos, o canto arrefecia, depois recomeçava bruscamente. Quando começou a amanhecer, todos se levantaram; as fogueiras que se extinguiam foram reavivadas e os Uluuru, pressionados pelos Kingilli, atacaram furiosamente o túmulo com bumerangues, lanças, pedaços de pau. Em poucos minutos, nada mais restava dele. As fogueiras se apagaram e ficou um profundo silêncio[30].

Uma cena mais violenta ainda é a que foi presenciada pelos mesmos observadores durante as cerimônias do fogo, entre os Warramunga.

Desde o anoitecer, processões, danças e cantos já se haviam realizado à luz de tochas; a efervescência geral era crescente. Em determinado momento, doze assistentes pegaram cada qual uma espécie de grande tocha inflamada, e um deles, segurando a sua como uma baioneta, investiu contra um grupo de indígenas, os quais se defenderam brandindo paus e lanças. Uma confusão geral se armou. Os homens saltavam, enfureciam-se, soltavam urros selvagens; as tochas brilhavam, crepitavam ao bater nas cabeças e nos corpos, lançavam fagulhas em todas as direções.

"A fumaça, as tochas flamejantes, essa chuva de fagulhas, esse amontoado de homens dançando e urrando, tudo isso, dizem Spencer e Gillen, formava uma cena de uma selvageria impossível de descrever com palavras."[31]

Concebe-se sem dificuldade que, chegado a esse estado de exaltação, o homem não mais se reconhece. Sentindo-se dominado, arrebatado por uma espécie de poder exterior que o faz pensar e agir de modo diferente que o normal, naturalmente tem a impressão de não ser mais ele mesmo. Parece-lhe ter-se tornado um ser novo: os ornamentos, as máscaras que cobrem seu rosto, figuram materialmente essa transformação interior, mais ainda do que contribuem para determiná-la. E como todos os seus companheiros, no mesmo momento, sentem-se transfigurados da mesma maneira e traduzem seu sentimento por gritos, gestos, atitudes, tudo se passa como se ele realmente fosse transportado a um mundo especial, muito diferente daquele onde costuma viver, a um meio povoado de forças excepcionalmente intensas que o invadem e o metamorfoseiam. De que forma experiências como estas, sobretudo quando se repetem todo dia durante semanas, não lhe dariam a certeza de que há efetivamente dois mundos heterogêneos e incomparáveis entre si? Um é aquele onde ele arrasta sem interesse sua vida cotidiana; ao contrário, ele não pode penetrar no outro sem logo entrar em contato com potências extraordinárias que o galvanizam até o delírio. O primeiro é o mundo profano, o segundo, o das coisas sagradas.

Portanto, é nesses meios sociais efervescentes e dessa efervescência mesma que parece ter nascido a idéia religiosa. E o que tende a confirmar que essa é de fato sua origem, é que, na Austrália, a atividade propriamente religiosa concentra-se quase exclusivamente nos momentos em que se realizam esses encontros. Certamente, não há povo em que as grandes solenidades do culto não sejam mais ou menos periódicas; mas, nas sociedades mais avançadas, não há dia, por assim dizer, em que alguma manifestação ritual não seja dirigida aos deuses. Na Austrália, ao contrário, fora das festas do clã e da tribo, o tempo é quase inteiramente preenchido por funções leigas e profanas. Claro que há proibições que devem ser e que são observadas mesmo durante esses períodos de atividade temporal: jamais é permitido matar ou alimentar-se livremente do animal totêmico, pelo menos onde a interdição conservou seu rigor primitivo, mas não se celebra, então, quase nenhum rito positivo, nenhuma cerimônia de alguma importância. Estas só ocorrem no seio dos grupos reunidos. A vida religiosa do australiano passa, portanto, por fases sucessivas de completa atonia e, ao contrário, de hiperexcitação, a vida social oscilando de acordo com o mesmo ritmo. É o que põe em evidência o vínculo existente entre ambas, enquanto que, entre os povos ditos civilizados, a continuidade relativa de uma e da outra mascara em parte suas relações. Pode-se mesmo perguntar se a violência desse contraste não era necessária para fazer sobressair a sensação do sagrado em sua forma primeira. Ao concentrar-se quase inteiramente em momentos determinados do tempo, a vida coletiva podia alcançar, com efeito, o máximo de intensidade e de eficácia e, portanto, dar ao homem um sentimento mais forte da dupla existência que ele vive e da dupla natureza da qual participa.

Mas a explicação é ainda incompleta. Mostramos de que forma o clã, pela maneira como age sobre seus membros, desperta neles a idéia de forças exteriores que o dominam e o exaltam; mas resta-nos saber o que faz que essas forças sejam pensadas sob as espécies do totem, ou seja, sob a figura de um animal ou de uma planta.

A razão é que esse animal ou essa planta deram seu nome ao clã e lhe servem de emblema. Com efeito, é uma lei conhecida que os sentimentos despertados em nós por uma coisa se transmitem espontaneamente ao símbolo que a representa. O preto é para nós sinal de luto; assim, ele nos sugere impressões e idéias tristes. Essa transferência de sentimentos advém simplesmente de que a idéia da coisa e a idéia de seu símbolo estão intimamente ligadas em nossos espíritos; disso resulta que as emoções provocadas por uma se estendem contagiosamente à outra. Mas esse contágio, que sempre se produz em algum grau, é muito mais completo e marcante toda vez que o símbolo é algo simples, definido, facilmente representável, ao passo que a coisa, por suas dimensões, o número de suas partes e a complexidade de sua organização, é difícil de abarcar pelo pensamento. Pois não poderíamos considerar numa entidade abstrata, que só representamos laboriosamente e com uma noção confusa, a origem dos sentimentos fortes que experimentamos. Não podemos explicá-los a nós mesmos senão relacionando-os a um objeto concreto cuja realidade sentimos vivamente. Portanto, se a própria coisa não preenche essa condição, não pode servir para nela fixarem-se as impressões experimentadas, embora tenha sido ela que as provocou. É o signo então que toma seu lugar; é para ele que se voltam as emoções que ela suscita. Ele é que é amado, temido, respeitado; a ele somos gratos, por ele nos sacrificamos. O soldado que morre por sua bandeira, morre por sua pátria, mas de fato, em sua consciência, é a idéia da bandeira que está em primeiro plano. Ocorre inclusive que ela determine diretamente a ação. Se uma bandeira isolada permanecer ou não nas mãos do inimigo, a pátria não estará perdida por isso, no entanto o soldado se faz matar para retomá-la. Perde-se de vista que a bandeira é apenas um signo, que não tem valor por si mesma, mas somente faz lembrar a realidade que representa; tratam-na como se ela própria fosse essa realidade.

Ora, o totem é a bandeira do clã. É natural, portanto, que as impressões que o clã desperta nas consciências individuais – impressões de dependência e de vitalidade acrescida – se liguem muito mais à idéia do totem que à do clã, pois o clã é uma realidade demasiado complexa para que inteligências tão rudimentares possam concebê-la claramente em sua unidade concreta. Aliás, o primitivo nem mesmo percebe que essas impressões lhe vêm da coletividade. Não sabe que a aproximação de um certo número de homens associados numa mesma vida tem por efeito liberar energias novas que transformam cada um deles. Tudo o que ele sente é que é erguido acima de si mesmo e que vive uma vida diferente da comum. Entretanto, é preciso que ele relacione essas sensações a algum objeto exterior como à causa delas. Ora, o que ele vê a seu redor? Em toda parte, o que se oferece a seus sentidos, o que chama sua atenção, são as múltiplas imagens do totem. É o waninga, o nurtunja, símbolos entre outros do ser sagrado. São os *bull-roarers*, os churinga, sobre os quais geralmente são gravadas combinações de linhas que têm a mesma significação. São as ornamentações que cobrem as diferentes partes de seu corpo e que são outras tantas marcas totêmicas. Como é que essa imagem, repetida por toda parte e sob todas as formas, não teria nos espíritos uma importância excepcional? Assim colocada no centro da cena, torna-se representativa dela. É nela que se fixam os sentimentos experimentados, pois é o único objeto concreto ao qual eles podem se ligar. Ela continua a lembrá-los e a evocá-los, mesmo dissolvido o encontro; pois sobrevive a este, gravada nos instrumento do culto, nas superfícies das rochas, nos escudos, etc. Através dela, as emoções sentidas são perpetuamente conservadas e reavivadas. Tudo acontece, portanto, como se ela as inspirasse diretamente. É ainda mais natural atribuí-las a ela porque, como essas emoções são comuns ao grupo, só podem ser relacionadas a uma coisa que lhe seja igualmente comum. Ora, o emblema totêmico é o único a satisfazer a essa condição. Por definição, ele é comum a todos. Durante a cerimônia, é o ponto de convergência de todos os olhares. Enquanto as gerações mudam, ele permanece imutável: é o elemento permanente da vida social. É dele, portanto, que parecem emanar as forças misteriosas com as quais os homens se sentem em contato, e assim se explica que eles tenham sido levados a conceber essas forças sob os traços do ser, animado ou inanimado, que dá seu nome ao clã.

Isto posto, estamos em condições de compreender tudo o que há de essencial nas crenças totêmicas.

Já que a força religiosa não é outra coisa senão a força coletiva e anônima do clã, e já que esta só é representável aos espíritos sob a forma do totem, o emblema totêmico é como que o corpo visível do deus. É dele, portanto, que parecem emanar as ações, benéficas ou temidas, que o culto tem por objeto provocar ou prevenir; em conseqüência, é especialmente a ele que se dirigem os ritos. Assim se explica que, na série das coisas sagradas, ele ocupe o primeiro lugar.

Mas o clã, como toda espécie de sociedade, só pode viver nas e através das consciências individuais que o compõem. Assim, se por um lado, enquanto é concebida como incorporada ao emblema totêmico, a força religiosa aparece como exterior aos indivíduos e dotada, em relação a eles, de uma espécie de transcendência, por outro lado, assim como o clã de que é símbolo, ela só pode se realizar neles e através deles; neste sentido, a força religiosa lhes é, portanto, imanente e eles a concebem necessariamente como tal. Sentem-na presente e atuante neles, pois é ela que os eleva a uma vida superior. Eis aí como o homem acreditou que havia nele um princípio comparável ao que reside no totem; como, portanto, atribuiu a si mesmo um caráter sagrado, mas menos marcante que o do emblema. É que o emblema é a fonte eminente da vida religiosa; o homem só participa dele indiretamente e tem consciência disso; percebe que a força que o transporta ao círculo das coisas sagradas não lhe é inerente, mas lhe vem de fora.

Por uma outra razão, os animais ou vegetais da espécie totêmica deviam ter o mesmo caráter, e até em mais alto grau. Pois, se o princípio totêmico não é outra coisa senão o clã, o que o emblema representa é o clã pensado sob uma forma material; ora, essa forma é também a dos seres concretos cujo nome é o do clã. Em razão dessa semelhança, estes não podiam deixar de despertar sentimentos análogos aos que o próprio emblema suscita. Já que este último é objeto de um respeito religioso, também eles deviam inspirar um respeito do mesmo tipo e aparecer como sagrados. Era impossível que o fiel não pusesse forças da mesma natureza sob formas exteriores tão perfeitamente idênticas. Eis por que é proibido matar, comer do animal totêmico, por que sua carne é tida por possuidora de virtudes positivas que os ritos utilizam: é que o animal totêmico se assemelha ao emblema do clã, isto é, à sua própria imagem. E como, naturalmente, se assemelha mais do que o homem, situa-se também numa posição superior na hierarquia das coisas sagradas. Claro que entre esses dois seres há um forte parentesco, já que comungam na mesma essência: ambos encarnam algo do princípio totêmico. Só que, como esse princípio é concebido sob uma forma animal, o animal parece encarná-lo mais eminentemente que o homem. Por isso, se o homem o considera e o trata como um irmão, é pelo menos como um irmão mais velho[32].

Embora o princípio totêmico tivesse seu centro de eleição numa espécie animal ou vegetal determinada, não podia permanecer localizado aí. O caráter sagrado é, no mais alto grau, contagioso[33]; estendeu-se portanto do ser totêmico a tudo o que com ele se parece, de perto ou de longe. Os sentimentos religiosos que o animal inspirava transmitiram-se às substâncias de que ele se alimenta e que servem para fazer ou refazer sua carne e seu sangue, às coisas que se assemelham a ele, aos seres diversos com os quais está constantemente em contato. É assim que pouco a pouco se associaram aos totens os subtotens, e se constituíram os sistemas cosmológicos que as classificações primitivas traduzem. Finalmente, o mundo inteiro se viu partilhado entre os princípios totêmicos da mesma tribo.

Agora nos explicamos de onde vem a ambigüidade que as forças religiosas apresentam quando aparecem na história, de que maneira elas são físicas e humanas, morais e materiais ao mesmo tempo. Elas são forças morais por serem construídas inteiramente com as impressões que esse ser moral que é a coletividade desperta nesses outros seres morais que são os indivíduos; elas traduzem, não a maneira pela qual as coisas físicas afetam nossos sentidos, mas o modo como a consciência coletiva age sobre as consciências individuais. Sua autoridade não é senão uma forma da influência moral que a sociedade exerce sobre seus membros. Mas, por outro lado, por serem concebidas sob formas materiais, elas não podem deixar de ser vistas como muito próximas das coisas materiais[34]. Elas dominam, portanto, os dois mundos. Residem nos homens, mas, ao mesmo tempo, são os princípios vitais das coisas. Vivificam as consciências e as disciplinam; mas são elas também que fazem que as plantas cresçam e os animais se reproduzam. É graças a essa dupla natureza que a religião pôde ser como a matriz em que se elaboraram os principais germes da civilização humana. Posto que ela abarcava a realidade inteira, tanto o universo físico como o universo moral, as forças que movem o corpo e as que conduzem os espíritos foram concebidas sob forma religiosa. Eis aí como as técnicas e as práticas mais diversas, tanto as que asseguram o funcionamento da vida moral (direito, moral, belas-artes) quanto as que servem à vida material (ciências da natureza, técnicas industriais), são, direta ou indiretamente, derivadas da religião[35].

IV

Com freqüência se atribuíram as primeiras concepções religiosas a um sentimento de fraqueza e dependência, de temor e angústia que teria se apoderado do homem ao entrar em contato com o mundo. Vítima de uma espécie de pesadelo criado por ele próprio, o homem teria se acreditado cercado de forças hostis e temíveis que caberia aos ritos apaziguar. Acabamos de mostrar que as primeiras religiões têm uma origem completamente diferente. A famosa fórmula *Primus in orbe deos fecit timor** de maneira nenhuma é justificada pelos fatos. O primitivo não viu, em seus deuses, estrangeiros, inimigos, seres essencialmente e necessariamente maléficos cujos favores era obrigado a atrair a qualquer preço; muito pelo contrário, são antes amigos, parentes, protetores naturais. Não é assim que ele chama os seres da espécie totêmica? A potência à qual se dirige o culto não é representada pairando muito acima dele e esmagando-o com sua superioridade; ao contrário, está bem perto dele e lhe confere poderes úteis que ele não extrai de sua natureza. Talvez nunca a divindade esteve mais próxima do homem do que nesse momento da história, já que está presente nas coisas que povoam seu meio imediato e é, em parte, imanente a ele próprio. O que está na raiz do totemismo são, em última análise, sentimentos de alegre confiança mais do que de terror e de opressão. Descontados os ritos funerários – lado sombrio de toda religião –, o culto totêmico celebra-se em meio a cantos, danças, representações dramáticas. As expiações cruéis, como veremos, são relativamente raras; mesmo as mutilações obrigatórias e dolorosas da iniciação não têm esse caráter. Os deuses ciumentos e terríveis só aparecem mais tarde na evolução religiosa. É que as sociedades primitivas não são espécies de Leviatã que esmagam o homem com a enormidade de seu poder e o submetem a uma dura disciplina[36]; o homem entrega-se a elas espontaneamente e sem resistência. Como a alma social é feita então apenas de um pequeno número de idéias e de sentimentos, ela se encarna facilmente em cada consciência individual. O indivíduo a carrega por inteiro

---

* O medo (foi o que) primeiro fez os deuses no mundo, isto é, suscitou a idéia da divindade. Cf. tradução de Paulo Rónai. (N. do T.)

em si; ela faz parte dele e, portanto, quando ele cede aos impulsos vindos dela, não acredita ceder a uma coerção, mas ir aonde sua natureza o chama[37].

Ora, essa maneira de entender a gênese do pensamento religioso escapa às objeções que as teorias clássicas mais acreditadas levantam. Vimos como naturistas e animistas pretendiam construir a noção de seres sagrados com as sensações provocadas em nós por diversos fenômenos de ordem física e biológica e mostramos o que essa tentativa tinha de impossível e mesmo de contraditória. Nada provém de nada. As impressões que o mundo físico desperta em nós não poderiam, por definição, conter nada que ultrapassasse esse mundo. Com o sensível, não se pode produzir senão o sensível; com o extenso, não se pode fazer o inextenso. Assim, para poder explicar como a noção do sagrado pôde se formar nessas condições, a maior parte desses teóricos era obrigada a admitir que o homem sobrepôs à realidade, tal como é dada à observação, um mundo irreal, construído inteiramente com as imagens fantasmáticas que agitam seu espírito durante o sonho, ou com as aberrações geralmente monstruosas que a imaginação mitológica teria produzido sob a influência prestigiosa, mas enganadora, da linguagem. Mas, com isso, tornava-se incompreensível que a humanidade se obstinasse, durante séculos, em erros que a experiência logo lhe teria feito perceber.

Do nosso ponto de vista, essas dificuldades desaparecem. A religião deixa de ser sabe lá que inexplicável alucinação para tomar pé na realidade. Podemos dizer, com efeito, que o fiel não se engana quando crê na existência de uma força moral da qual depende e da qual extrai o melhor de si: essa força existe, é a sociedade. Quando o australiano é transportado acima de si mesmo, quando sente crescer nele uma vida cuja intensidade o surpreende, ele não é vítima de uma ilusão; essa exaltação é real e é realmente o produto de forças exteriores e superiores ao indivíduo. Claro que ele se engana quando crê que esse aumento de vitalidade é obra de um poder com forma de animal ou de planta. Mas o erro incide apenas sobre a letra do símbolo por meio do qual esse ser é representado aos espíritos, sobre o aspecto de sua existência. Por trás dessas figuras e dessas metáforas, mais grosseiras ou mais refinadas, há uma realidade concreta e viva. A religião adquire assim um sentido e uma razão que o racionalista mais intransigente não pode desconhecer. Seu objeto principal não é dar ao homem uma representação do universo físico, pois, se fosse essa sua tarefa essencial, não se compreenderia como pôde se manter, visto que, sob esse aspecto, não é muito mais do que um tecido de erros. Mas ela é antes de tudo um sistema de noções através das quais os indivíduos se representam a sociedade da qual são membros e as relações, obscuras mas íntimas, que mantêm com ela. Tal é seu papel primordial. E, ainda que metafórica e simbólica, essa representação não é infiel. Ela traduz, ao contrário, tudo o que há de essencial nas relações que se trata de exprimir, pois é uma verdade eterna que existe fora de nós algo de maior que nós e com o qual nos comunicamos.

Por isso, podemos estar certos de antemão que as práticas do culto, sejam elas quais forem, são algo mais do que movimentos sem alcance e gestos sem eficácia. Pelo simples fato de terem por função aparente estreitar os vínculos que unem o fiel a seu deus, elas ao mesmo tempo estreitam realmente os vínculos que unem o indivíduo à sociedade da qual é membro, já que o deus não é senão a expressão figurada da sociedade. Concebe-se mesmo que a verdade fundamental que a religião assim continha tenha sido suficiente para compensar os erros secundários que ela implicava quase necessariamente e que, portanto, os fiéis tenham sido impedidos de afastar-se dela, apesar das decepções que deviam resultar desses erros. Certamente deve ter acontecido muitas vezes que as receitas que ela recomendava ao homem para agir sobre as coisas revelaram-se ineficazes. Mas esses fracassos não podiam ter influência profunda, porque não atingiam a religião em seus princípios[38].

Objetar-se-á no entanto que, mesmo nessa hipótese, a religião continua sendo o produto de um certo delírio. Que outro nome, com efeito, pode-se dar à exaltação em que se encontram os homens quando, devido a uma efervescência coletiva, crêem-se transportados a um mundo inteiramente diferente daquele que têm sob os olhos?

Realmente é verdade que a vida religiosa não pode alcançar um certo grau de intensidade sem implicar uma exaltação psíquica que tem algo a ver com o delírio. É por essa razão que os profetas, os fundadores de religiões, os grandes santos, em uma palavra, os homens cuja consciência religiosa é excepcionalmente sensível, apresentam com muita freqüência sinais de um nervosismo excessivo e mesmo propriamente patológico: essas taras fisiológicas os predestinavam às grandes tarefas religiosas. O emprego ritual de bebidas intoxicantes explica-se da mesma maneira[39]. Por certo, não é que a fé ardente seja necessariamente um fruto da embriaguez e das perturbações mentais que a acompanham, mas, como a experiência logo mostrou aos povos as analogias existentes entre a mentalidade do delirante e a do vidente, buscou-se chegar à segunda suscitando artificialmente a primeira. Se, por essa razão, pode-se dizer que a religião sempre se acompanha de um certo delírio, é preciso porém acrescentar que esse delírio, se tem as causas que lhe atribuímos, *é bem-fundamentado*. As imagens de que é feito não são puras ilusões, como aquelas que naturistas e animistas põem na base da religião; elas correspondem a algo no real. Claro que faz parte da natureza das forças morais que elas exprimem não poder afetar com alguma energia o espírito humano sem colocá-lo fora de si, sem mergulhá-lo num estado que se pode qualificar de *extático*, contanto que a palavra seja tomada em seu sentido etimológico ἔκστασις; mas disso não se segue, de maneira nenhuma, que elas sejam imaginárias. Muito pelo contrário, a agitação mental que suscitam atesta sua realidade. É simplesmente uma nova prova de que uma vida social muito intensa causa sempre ao organismo, como à consciência do indivíduo, uma espécie de violência que perturba seu funcionamento normal. Assim, ela só pode durar um tempo muito limitado[40].

De resto, se chamarmos delírio todo estado no qual o espírito acrescenta aos dados imediatos uma intuição sensível e projeta seus sentimentos e impressões nas coisas, talvez não haja representação coletiva que não seja, num certo sentido, delirante; as crenças religiosas são apenas um caso particular de uma lei muito geral. O meio social inteiro nos aparece como povoado de forças que, em realidade, só existem em nosso espírito. Sabemos o que a bandeira significa para o soldado; em si, ela não é mais que um pedaço de pano. O sangue humano não é senão um líquido orgânico; no entanto, ainda hoje, não podemos vê-lo correr sem experimentar uma violenta emoção que suas propriedades físico-químicas não saberiam explicar. O homem não é outra coisa, do ponto de vista físico, que um sistema de células e, do ponto de vista mental, que um sistema de representações: em ambos os aspectos, ele diferencia-se apenas em grau do animal. E, não obstante, a sociedade o concebe e nos obriga a concebê-lo como investido de um caráter *sui generis* que o isola, que rechaça os contatos temerários, que, numa palavra, impõe o respeito. Essa dignidade que o singulariza aparece-nos como um de seus atributos distintivos, embora seja impossível encontrar na natureza empírica do homem alguma coisa que a fundamente. Um selo postal carimbado pode valer uma fortuna; é evidente que esse valor de modo nenhum está implicado em suas propriedades naturais. Num certo sentido, nossa própria representação do mundo exterior não passa de um tecido de alucinações, pois os odores, os sabores e as cores que atribuímos aos corpos não são, ou, pelo menos, não são exatamente como percebemos. No entanto, nossas sensações olfativas, gustativas e visuais não deixam de corresponder a certos estados objetivos das coisas representadas; exprimem a seu modo as propriedades ou de partículas materiais, ou de movimentos do éter, que, de fato, têm sua origem nos corpos que percebemos como odoríferos, saborosos ou coloridos. Mas as representações coletivas atribuem com freqüência às coisas às quais se relacionam propriedades que nelas não existem sob nenhuma forma e em nenhum grau. Do objeto mais vulgar, elas podem fazer um ser sagrado e muito poderoso.

No entanto, embora puramente ideais, os poderes que lhe são assim conferidos agem como se fossem reais; determinam a conduta do homem com a mesma necessidade que forças físicas. O arunta que se friccionou corretamente com seu churinga sente-se mais forte; ele é mais forte. Se comeu da carne de um animal que, embora perfeitamente são, lhe é interdito, sentir-se-á doente e poderá morrer em conseqüência disso. O soldado que tomba ao defender sua bandeira certamente não crê ter se sacrificado por um pedaço de pano. É que o pensamento social, por causa de sua autoridade imperativa, possui uma eficácia que o pensamento individual não poderia ter; pela ação que exerce sobre nossos espíritos, é capaz de nos fazer ver as coisas sob a luz que lhe convém; ele acrescenta ou suprime coisas do real, conforme as circunstâncias. Há, assim, uma região da natureza em que a fórmula do idealismo aplica-se quase ao pé da letra: é o reino social. Aí, bem mais do que em outra parte, a idéia produz a realidade. Claro que, mesmo nesse caso, o idealismo precisa ser temperado. Não podemos jamais escapar à dualidade de nossa natureza e libertar-nos completamente das necessidades físicas: para exprimirmos nossas próprias idéias a nós mesmos, temos necessidade, como mostraremos em seguida, de fixá-las em coisas materiais que as simbolizem. Mas, aqui, a participação da matéria é reduzida ao mínimo. O objeto que serve de suporte à idéia é insignificante, comparado à superestrutura ideal sob a qual desaparece e, além disso, nada tem a ver com essa superestrutura. Eis em que consiste o pseudodelírio que encontramos na base de tantas representações coletivas: não é senão uma forma desse idealismo essencial[41]. Portanto, não se trata de um delírio propriamente dito; pois as idéias que assim se objetivam têm fundamento, não certamente na natureza das coisas materiais sobre as quais se enxertam, mas na natureza da sociedade.

Pode-se agora compreender de que maneira o princípio totêmico e, de maneira mais geral, toda força religiosa é exterior às coisas nas quais reside[42]. É que sua noção não é construída em absoluto com as impressões que essa coisa produz diretamente sobre nossos sentidos e sobre nosso espírito. A força religiosa não é senão o sentimento que a coletividade inspira a seus membros, mas projetado fora das consciências que o experimentam e objetivado. Para se objetivar, ele se fixa num objeto que, assim, se torna sagrado; mas qualquer objeto pode desempenhar esse papel. Em princípio, não há objetos predestinados a isso por sua natureza, com exclusão de outros; tampouco há os que sejam necessariamente refratários[43]. Tudo depende das circunstâncias que fazem o sentimento gerador das idéias religiosas colocar-se aqui ou ali, em tal ponto e não num outro. O caráter sagrado que uma coisa adquire não está, portanto, implicado nas propriedades intrínsecas dessa coisa: *é acrescentado a ela*. O mundo do religioso não é um aspecto particular da natureza empírica; é sobreposto a ela.

Essa concepção do religioso permite, enfim, explicar um importante princípio que encontramos na base de uma grande quantidade de mitos e de ritos e que pode ser assim enunciado: quando um ser sagrado subdivide-se, ele permanece por inteiro em cada uma de suas partes. Em outros termos, para o pensamento religioso, a parte equivale ao todo; tem os mesmos poderes, a mesma eficácia. Um fragmento de relíquia tem as mesmas virtudes que a relíquia integral. A menor gota de sangue contém o mesmo princípio ativo que o sangue inteiro. A alma, como veremos, pode fragmentar-se em quase tantas partes quantos são os órgãos e tecidos do organismo; cada uma dessas almas parciais equivale à alma total. Essa concepção seria inexplicável se o caráter sagrado dependesse das propriedades constitutivas da coisa que lhe serve de substrato, pois, então, ele deveria variar conforme essa coisa, crescer e decrescer com ela. Mas, se as virtudes que a coisa possui não lhe são intrínsecas, se lhe vêm de certos sentimentos que ela evoca e simboliza, embora tenham sua origem fora dela, e como ela não tem necessidade, para cumprir esse papel evocador, de possuir dimensões determinadas, então a coisa terá o mesmo valor, quer seja inteira, quer não. Como a parte lembra o todo, ela evoca também os sentimentos que o todo sugere. Um simples fragmento da bandeira representa a pátria tanto quanto a própria bandeira; assim, ele é sagrado pela mesma razão e no mesmo grau[44].

V

Mas se essa teoria do totemismo nos permitiu explicar as crenças mais características dessa religião, ela própria repousa sobre um fato ainda não explicado. Dada a noção do totem, emblema do clã, o restante se segue; mas falta saber como essa noção se constituiu. A questão é dupla e pode subdividir-se assim: 1) o que levou o clã a escolher para si um emblema? 2) Por que esses emblemas foram tomados do mundo animal e vegetal, mais particularmente do primeiro?

Que um emblema seja, para toda espécie de grupo, um útil foco de congraçamento, é algo que nem se precisa demonstrar. Ao exprimir a unidade social sob uma forma material, ele a torna mais sensível a todos e, também por essa razão, o emprego dos símbolos emblemáticos deve ter se generalizado rapidamente assim que sua idéia surgiu. Mas, além disso, essa idéia deve ter brotado espontaneamente das condições da vida em comum; pois o emblema não é apenas um procedimento cômodo que torna mais claro o sentimento que a sociedade tem de si; ele serve para produzir esse sentimento, ele próprio é um elemento constitutivo deste.

Com efeito, as consciências individuais, por elas mesmas, estão fechadas umas às outras; não podem se comunicar senão por meio de signos que traduzam seus estados interiores. Para que o comércio que se estabelece entre elas possa levar a uma comunhão, isto é, a uma fusão de todos os sentimentos particulares num sentimento comum, é preciso que os signos que as manifestam venham a se fundir, eles próprios, numa única resultante. É o aparecimento dessa resultante que indica aos indivíduos que eles estão em uníssono e que os faz tomar consciência de sua unidade moral. É soltando um mesmo grito, pronunciando uma mesma palavra, executando um mesmo gesto relacionado a um mesmo objeto, que eles se põem e se sentem de acordo. É verdade que também as representações individuais determinam no organismo reações que não são sem importância; elas podem, no entanto, ser concebidas sem levar em conta essas repercussões físicas que as acompanham ou que as seguem, mas que não as constituem. Com as representações coletivas ocorre algo bem diferente. Elas supõem que consciências ajam e reajam umas sobre as outras; elas resultam dessas ações e reações que, por sua vez, só são possíveis graças a intermediários materiais. Estes não se limitam, portanto, a revelar o estado mental ao qual estão associados: contribuem para produzi-lo. Os espíritos particulares não podem se encontrar e se comunicar, a não ser que saiam deles mesmos; mas só podem exteriorizar-se sob a forma de movimentos. É a homogeneidade desses movimentos que dá ao grupo o sentimento de si e que faz, portanto, que ele exista. Uma vez estabelecida essa homogeneidade, uma vez que os movimentos tomaram uma forma e uma figuração estereotipada, eles servem para simbolizar as representações correspondentes. Mas só as simbolizam porque contribuíram para formá-las.

Aliás, sem símbolos, os sentimentos sociais não poderiam ter senão uma existência precária. Muito fortes enquanto os homens estão reunidos e se infuenciam reciprocamente, eles não subsistem quando a reunião termina, a não ser na forma de lembranças que, se forem abandonadas a si mesmas, irão se apagando cada vez mais; pois, como nesse momento o grupo não está mais presente e atuante, os temperamentos individuais retomam facilmente o comando. As paixões violentas que se desencadearam no seio de uma multidão refluem e se extinguem assim que ela se dissolve, e os indivíduos se perguntam com espanto como puderam se deixar arrebatar a tal ponto fora de seu caráter. Mas se os movimentos pelos quais esses sentimentos são expressos vêm se inscrever em coisas que duram, eles próprios se tornam duradouros. Essas coisas não cessam de evocá-los aos espíritos e os mantêm perpetuamente despertos; é como se a causa inicial que os suscitou continuasse a agir. Assim, o emblematismo, necessário para permitir que a sociedade tome consciência de si, não é menos indispensável para assegurar a continuidade dessa consciência.

Cumpre, portanto, não ver nesses símbolos meros artifícios, etiquetas que se acrescentariam a representações inteiramente prontas para torná-las mais manejáveis: eles são parte integrante delas. Mesmo o fato de que sentimentos coletivos se achem assim ligados a coisas que lhes são estranhas não é puramente convencional: ele não faz senão mostrar sob uma forma sensível um caráter real dos fatos sociais, a saber, sua transcendência em relação às consciências individuais. Sabe-se, com efeito, que os fenômenos sociais se originam, não no indivíduo, mas no grupo. Seja qual for nossa participação em sua gênese, cada um de nós os recebe de fora[45]. Portanto, quando os representamos como emanando de um objeto material, não nos equivocamos completamente sobre sua natureza. É claro que eles não vêm da coisa determinada com a qual nos relacionamos; mas continua sendo verdade que têm sua origem fora de nós. Embora a força moral que sustenta o fiel não provenha do ídolo que ele adora, do emblema que venera, ela não deixa porém de lhe ser exterior e ele sabe disso. A objetividade do símbolo não faz mais que traduzir essa exterioridade.

Assim, a vida social, sob todos os seus aspectos e em todos os momentos de sua história, só é possível graças a um vasto simbolismo. Os emblemas materiais, as representações figuradas, de que nos ocupamos mais especialmente no presente estudo, são uma forma particular disso; mas há muitas outras. Os sentimentos coletivos podem igualmente se encarnar em pessoas ou em fórmulas: há fórmulas que são bandeiras; há personagens, reais ou míticos, que são símbolos. Mas há um tipo de emblema que deve ter surgido rápido, independente de todo cálculo e de toda reflexão: é exatamente o que vimos desempenhar no totemismo um papel considerável – a tatuagem. Fatos conhecidos demonstram, com efeito, que ela se produz com uma espécie de automatismo em determinadas condições. Quando homens de cultura inferior se associam numa vida comum, geralmente são levados, como que por uma tendência instintiva, a pintar ou a gravar em seus corpos imagens que lembram essa comunidade de existência. Segundo um texto de Procópio, os primeiros cristãos imprimiam na pele o nome de Cristo ou o sinal da cruz[46]. Durante muito tempo, os grupos de peregrinos que iam à Palestina faziam-se igualmente tatuar, nos braços ou nos punhos, desenhos que representavam a cruz ou o monograma de Cristo[47]. Observa-se o mesmo costume nas peregrinações que se fazem a certos lugares santos da Itália[48]. Um curioso caso de tatuagem espontânea é relatado por Lombroso: vinte jovens de um colégio italiano, no momento de se separarem, fizeram-se gravar tauagens que, sob formas diversas, lembravam os anos que eles acabavam de passar juntos[49]. A mesma prática foi com freqüência observada entre os soldados de um mesmo quartel, entre os marinheiros de um mesmo barco, entre os prisioneiros encerrados numa casa de detenção[50]. Compreende-se, de fato, que, sobretudo onde a técnica é ainda rudimentar, a tatuagem seja o meio mais direto e expressivo pelo qual se pode afirmar a comunhão das consciências. A melhor maneira de atestar a si mesmo e a outrem que se faz parte de um mesmo grupo é imprimir no corpo uma mesma marca distintiva. E o que prova que essa é exatamente a razão de ser da imagem totêmica é que, como mostramos, ela não busca reproduzir o aspecto da coisa que supostamente representa. Ela é feita de linhas e de pontos aos quais se atribui uma significação inteiramente convencional[51]. Não tem por objetivo figurar e lembrar um objeto determinado, mas testemunhar que um certo número de indivíduos participa de uma mesma vida moral.

O clã, aliás, é uma sociedade que, mais que qualquer outra, não pode passar sem emblema e símbolo, pois poucas carecem tanto de consistência como ela. O clã não pode se definir por seu chefe, pois, se nem toda autoridade central é ausente, esta pelo menos é incerta e instável[52]. Também não pode se definir pelo território que ocupa, pois a população, sendo nômade[53], não está estreitamente ligada a uma localidade determinada. Além disso, em virtude da lei de exogamia, o marido e a mulher são obrigatoriamente de totens diferentes; portanto, lá onde o totem se transmite em linha materna – e esse sistema de filiação é ainda hoje o mais geral[54] –, os filhos são de um totem diferente de seu pai, embora vivendo junto deste. Por todos esses motivos, encontram-se no interior de uma mesma família e, mais ainda, no interior de uma mesma localidade, representantes dos mais variados clãs. Assim, a unidade do grupo só é perceptível graças ao nome coletivo que possuem todos os seus membros e ao emblema, igualmente coletivo, que reproduz a coisa designada por esse nome. Um clã é essencialmente uma reunião de indivíduos que têm um mesmo nome e que se unem em torno de um mesmo signo. Sem o nome e o signo que o materializa, o clã não é mais sequer representável. Como ele só era possível nessa condição, explicam-se tanto a instituição do emblema quanto a importância desse emblema na vida do grupo.

Resta saber por que esses nomes e esses emblemas foram tomados, de uma maneira quase exclusiva, do reino animal e do reino vegetal, mas sobretudo do primeiro.

Parece-nos verossímil que o emblema desempenhou um papel mais importante que o nome. Em todo caso, o signo escrito ocupa ainda hoje na vida do clã um lugar mais central que o signo falado. Ora, a matéria da imagem emblemática só podia ser pedida a uma coisa suscetível de ser figurada por um desenho. Por outro lado, era preciso que essas coisas fossem daquelas com as quais os homens do clã estavam mais imediatamente e mais habitualmente em contato. Os animais preenchiam em mais alto grau essa condição. Para esses povos de caçadores e pescadores, o animal constituía, com efeito, o elemento essencial do meio econômico. Sob esse aspecto, as plantas vinham apenas a seguir, pois elas têm necessariamente importância secundária na alimentação enquanto não são cultivadas. Aliás, o animal está mais intimamente associado à vida do homem que a planta, quando não por causa do parentesco de natureza que une esses dois seres. Ao contrário, o Sol, a Lua e os astros estavam demasiado longe e davam a impressão de pertencer a um outro mundo[55]. Ademais, enquanto as constelações não eram distinguidas e classificadas, o firmamento não oferecia suficiente diversidade de coisas diferenciadas o bastante para poderem designar todos os clãs e subclãs de uma tribo; em compensação, a variedade da flora e sobretudo da fauna era quase inesgotável. Por essas razões, os corpos celestes, a despeito de sua ostentação, da forte impressão que causavam aos sentidos, eram impróprios ao papel de totens, para o qual, ao contrário, os animais e vegetais eram perfeitamente indicados.

Uma observação de Strehlow permite inclusive precisar a maneira pela qual foram provavelmente escolhidos esses emblemas. Strehlow diz ter observado que os centros totêmicos estão na maioria das vezes situados nas proximidades de uma montanha, de uma fonte, de um desfiladeiro, onde os animais que servem de totem ao grupo se encontram em abundância, e cita vários exemplos desse fato[56]. Ora, esses centros totêmicos são certamente os locais consagrados onde o clã realizava seus encontros. Parece, portanto, que cada grupo tomou por insígnia o animal ou o vegetal mais difundido nas vizinhanças do lugar onde tinha o hábito de se reunir[57].

VI

Essa teoria do totemismo vai nos dar a chave de um traço curioso da mentalidade humana que, se era mais marcado outrora do que hoje, nem por isso desapareceu e que, em todo caso, desempenhou um papel considerável na história do pensamento. Será mais uma ocasião de constatar que a evolução lógica é estreitamente solidária da evolução religiosa e depende, como esta última, de condições sociais[58].

Se há uma verdade que se nos afigura hoje como plenamente evidente, é que seres que se diferenciam, não apenas por sua aparência exterior, mas por suas propriedades mais essenciais – como os minerais, as plantas, os animais e os homens –, não poderiam ser considerados equivalentes e diretamente substituíveis entre si. Um longo costume, que a cultura científica enraizou ainda mais fortemente em nossos espíritos, nos ensinou a estabelecer entre os diversos reinos da natureza barreiras cuja existência o próprio transformismo não nega; pois, se ele admite que a vida pode ter nascido da matéria não-viva e o homem do animal, não ignora que os seres vivos, uma vez formados, são outra coisa que os minerais, e o homem, outra coisa que um animal. No interior de cada reino, as mesmas barreiras separam as diferentes classes: não concebemos como um mineral poderia ter os caracteres distintivos de um outro mineral, ou uma espécie animal os de uma outra espécie. Mas essas distinções, que nos parecem tão naturais, não têm nada de primitivo. Na origem, todos os reinos se confundem uns com os outros. Os rochedos têm um sexo, têm o poder de engendrar; o Sol, a Lua, as estrelas são homens ou mulheres, que experimentam e exprimem sentimentos humanos, enquanto os homens, ao contrário, são concebidos como animais ou plantas. Esse estado de indistinção encontra-se na base de todas as mitologias. Daí o caráter ambíguo dos seres que os mitos põem em cena; não se pode classificá-los em nenhum gênero definido, pois participam ao mesmo tempo dos gêneros mais opostos. Por isso admite-se sem dificuldade que eles possam transformar-se uns nos outros; e é por transformações desse tipo que os homens, durante muito tempo, acreditaram poder explicar a gênese das coisas.

Que o instinto antropomórfico que os animistas atribuíram ao primitivo não possa explicar essa mentalidade, é o que demonstra a natureza das confusões que a caracterizam. Elas decorrem, com efeito, não de o homem ter estendido desmesuradamente o reino humano ao ponto de fazê-lo abranger todos os outros, mas de haver misturado os reinos mais díspares. Ele não concebeu o mundo à sua imagem mais do que se concebeu à imagem do mundo: procedeu de ambas as maneiras ao mesmo tempo. Na idéia que fazia das coisas, ele certamente introduziu elementos humanos; mas, na idéia que fazia de si mesmo, introduziu elementos que lhe vinham das coisas.

No entanto, não havia nada na experiência que lhe pudesse sugerir essas aproximações ou essas misturas. Do ponto de vista da observação sensível, tudo é diverso e descontínuo. Em parte nenhuma, na realidade, vemos os seres misturarem sua natureza e metamorfosearem-se uns nos outros. É preciso, pois, que uma causa excepcionalmente poderosa tenha intervindo para transfigurar o real de modo a fazê-lo mostrar-se sob um aspecto que não é o seu.

Foi a religião o agente dessa transfiguração; foram as crenças religiosas que substituíram o mundo, tal como o percebem os sentidos, por um mundo diferente. É o que mostra o caso do totemismo. O que há de fundamental nessa religião é que as pessoas do clã e os seres diversos cuja forma o emblema totêmico reproduz são tidos como feitos da mesma essência. Ora, uma vez admitida essa crença, estava lançada a ponte entre os diferentes reinos. O homem era representado como uma espécie de animal ou de planta, as plantas e os animais como parentes do homem; ou melhor, todos esses seres, tão diferentes para os sentidos, eram concebidos como participando de uma mesma natureza. Assim, essa notável capacidade de confundir o que nos parece tão manifestamente distinto provém de que as primeiras forças com que a inteligência humana povoou o universo foram elaboradas pela religião. Como elas eram feitas de elementos tomados dos diferentes reinos, fez-se delas o princípio comum das coisas mais heterogêneas, que se viram assim dotadas de uma única e mesma essência.

Mas sabemos, por outro lado, que essas concepções religiosas são o produto de causas sociais determinadas. Como o clã não pode existir sem um nome e sem um emblema, e como esse emblema está sempre presente aos olhares dos indivíduos, é para ele e para os objetos de que é a imagem que se voltam os sentimentos que a sociedade desperta em seus membros. Os homens tiveram, assim, necessidade de representar a força coletiva cuja ação sentiam, sob as aparências da coisa que servia de bandeira ao grupo. Na noção dessa força se achavam confundidos, portanto, os reinos mais diferentes; num certo sentido, ela era essencialmente humana, visto que feita de idéias e de sentimentos humanos; mas, ao mesmo tempo, ela não podia deixar de aparecer como estreitamente aparentada ao ser animado ou inanimado que lhe emprestava suas formas exteriores. A causa cuja ação percebemos aqui não é, aliás, particular apenas ao totemismo; não há sociedade onde ela não atue. De uma maneira geral, um sentimento coletivo não pode tomar consciência de si a não ser fixando-se num objeto material[59]; mas, e por isso mesmo, ele participa da natureza desse objeto e reciprocamente. Portanto, foram necessidades sociais que fizeram fundirem-se noções que, à primeira vista, pareciam distintas, e a vida social facilitou essa fusão pela grande efervescência mental que determina[60]. É mais uma prova de que o entendimento lógico é função da sociedade, uma vez que toma as formas e as atitudes que esta lhe imprime.

É verdade que essa lógica nos desconcerta. Não devemos, porém, depreciá-la: por mais grosseira que possa nos parecer, ela trazia, para a evolução intelectual da humanidade, uma contribuição da mais alta importância. Através dela, com efeito, foi possível uma primeira explicação do mundo. Claro que os hábitos mentais que ela implica impediam o homem de ver a realidade tal como lhe mostram os sentidos; mas a realidade, tal como é mostrada pelos sentidos, tem o grave inconveniente de ser refratária a toda explicação. Pois explicar é ligar as coisas entre si, é estabelecer entre elas relações que as façam aparecer como função umas das outras, vibrando simpaticamente segundo uma lei interior, fundada em sua natureza. Ora, a sensação, que não percebe nada além do exterior, seria incapaz de nos fazer descobrir essas relações e esses laços internos; somente o espírito pode criar a noção deles. Quando aprendo que A precede regularmente B, meu conhecimento se enriqueceu de um novo saber; minha inteligência de maneira nenhuma se satisfaz com uma constatação que não contenha em si sua razão. Só começo a *compreender* se me for possível conceber B por um viés que o mostre a mim como não sendo estranho a A, como estando unido a A por alguma relação de parentesco. O grande serviço que as religiões prestaram ao pensamento é ter construído uma primeira representação do que podiam ser essas relações de parentesco entre as coisas. Nas condições em que foi tentado, o empreendimento evidentemente só poderia chegar a resultados precários. Mas será que alguma vez ele produz resultados definitivos? E não é necessário retomá-lo a todo instante? Além do mais, o que importava era menos o êxito que a ousadia. O essencial era não deixar o espírito subjugado às aparências sensíveis, mas, ao contrário, ensinar-lhe a dominá-las e a aproximar o que os sentidos separam, pois, a partir do momento em que o homem teve o sentimento de que existem conexões internas entre as coisas, a ciência e a filosofia se tornavam possíveis. A religião abriu-lhes o caminho. Mas, se pôde desempenhar esse papel, é porque ela é coisa social. Para impor a lei às impressões dos sentidos e substituí-las por uma nova maneira de representar o real, era preciso que um pensamento de um novo tipo se constituísse: o pensamento coletivo. Se somente este podia ter tal eficácia, é porque, para criar todo um mundo de ideais através do qual o mundo das realidades percebidas aparecesse transfigurado, era preciso uma superexcitação das forças intelectuais que só é possível na e pela sociedade.

Portanto, é um erro pensar que essa mentalidade nada tenha a ver com a nossa. Nossa lógica nasceu dessa lógica. As explicações da ciência contemporânea são mais seguras de ser objetivas porque são mais metódicas, porque se baseiam em observações mais severamente controladas, mas elas não diferem em natureza daquelas que satisfazem o pensamento primitivo. Tanto hoje como outrora, explicar é mostrar como uma coisa participa de uma ou de várias outras. Foi dito que as participações cuja existência é postulada pelas mitologias violam o princípio de contradição e que, por isso, elas se opõem àquelas contidas nas explicações científicas[61]. Afirmar que um homem é um canguru, que o Sol é um pássaro, não é identificar o mesmo e o outro? Mas não pensamos de maneira diferente quando dizemos, do calor, que é um movimento, da luz, que é uma vibração do éter, etc. Sempre que unimos por um vínculo interno termos heterogêneos, necessariamente identificamos contrários. Claro que os termos que unimos deste modo não são os que o australiano aproxima; nós os escolhemos por outros critérios e por outras razões; mas o procedimento pelo qual o espírito os põe em relação não difere essencialmente.

É verdade que, se o pensamento primitivo tivesse pela contradição a indiferença geral e sistemática que lhe é atribuída[62], ele contrastaria, nesse ponto, e de maneira acentuada, com o pensamento moderno, sempre cioso de guardar sua coerência. Mas não acreditamos que seja possível caracterizar a mentalidade das sociedades inferiores por uma espécie de tendência unilateral e exclusiva para a indistinção. Se o primitivo confunde coisas que distinguimos, ele distingue outras, inversamente, que aproximamos, e concebe inclusive essas distinções sob a forma de oposições violentas e nítidas. Entre dois seres classificados em duas fratrias diferentes, não há apenas separação, mas antagonismo[63]. Por essa razão, o mesmo australiano que confunde o Sol e a cacatua-branca opõe esta última à cacatua-preta como a seu contrário. Uma e outra lhe parecem pertencer a dois gêneros separados entre os quais não há nada em comum. Uma oposição ainda mais acentuada é a que existe entre coisas sagradas e coisas profanas. Elas se repelem e se contradizem com tal força, que o espírito se recusa a pensá-las ao mesmo tempo. Expulsam-se mutuamente da consciência.

Assim, entre a lógica do pensamento religioso e a lógica do pensamento científico não há um abismo. Ambas são feitas dos mesmos elementos essenciais, mas desenvolvidos de maneira desigual e diferente. O que parece sobretudo caracterizar a primeira é um gosto natural tanto pelas confusões intemperantes quanto pelos contrastes de opostos. Ela tende a ser excessiva nos dois sentidos. Quando aproxima, confunde; quando distingue, opõe. Não conhece a medida e as nuanças, busca os extremos; por conseguinte, emprega os mecanismos lógicos com uma espécie de imperícia, mas não ignora nenhum deles.

CAPÍTULO VIII
A NOÇÃO DE ALMA

Estudamos, nos capítulos anteriores, os princípios fundamentais da religião totêmica. Pudemos ver que toda idéia de alma, de espírito, de personagem mítico está ausente dela. No entanto, se a noção de seres espirituais não está na base do totemismo nem, conseqüentemente, do pensamento religioso em geral, não há religião em que essa noção não se verifique. Convém, portanto, saber como ela se constituiu. Para termos certeza de que ela é o produto de uma formação secundária, precisamos estabelecer de que maneira derivou das concepções que anteriormente expusemos e explicamos.

Entre os seres espirituais, existe um que deve em primeiro lugar reter nossa atenção, por ser o protótipo a partir do qual os demais foram construídos: a alma.

I

Assim como não há sociedade conhecida sem religião, também não existe nenhuma, por mais grosseiramente organizada que seja, em que não se verifique todo um sistema de representações coletivas relacionadas à alma, à sua origem, a seu destino. Tanto quanto se pode julgar com base nos dados da etnografia, a idéia de alma parece ter sido contemporânea da humanidade e parece ter tido desde o início todas as suas características essenciais, de sorte que as religiões mais avançadas e a filosofia praticamente se limitaram a depurá-la, sem nada lhe acrescentar de realmente fundamental. Todas as sociedades australianas admitem, com efeito, que cada corpo humano abriga um ser interior, princípio da vida que o anima: a alma. É verdade que as mulheres constituem exceção à regra geral: há tribos em que elas são consideradas como não tendo alma[1]. A acreditar em Dawson, o mesmo aconteceria com as crianças pequenas nas tribos que ele observou[2]. Mas estes são casos excepcionais, provavelmente tardios[3]; o último afigura-se inclusive suspeito e poderia muito bem ser devido a uma interpretação errônea dos fatos[4].

É difícil determinar a idéia que o australiano faz da alma, a tal ponto ela é obscura e flutuante, e não poderíamos nos surpreender com isso. Se perguntássemos a nossos contemporâneos, àqueles mesmos que crêem mais firmemente na existência da alma, de que maneira a concebem, suas respostas não teriam muito mais coerência e precisão. É que se trata de uma noção muito complexa, em que entra uma quantidade de impressões mal analisadas, cuja elaboração foi sendo feita durante séculos, sem que os homens tivessem uma consciência clara a respeito. Eis aqui, não obstante, os caracteres mais essenciais – freqüentemente contraditórios, aliás – pelos quais ela se define.

Num certo número de casos, dizem-nos que ela tem o aspecto exterior do corpo[5]. Mas acontece também ser representada como do tamanho de um grão de areia; ela teria dimensões tão reduzidas que poderia passar pelos menores orifícios e fendas[6]. Veremos que ela é, ao mesmo tempo, concebida sob aparências animais. Vale dizer que sua forma é essencialmente inconsistente e indeterminada[7]; ela modifica-se de um instante a outro ao sabor das circunstâncias, conforme as exigências do mito e do rito. A substância de que é feita não é menos indefinível. Ela não é privada de matéria, já que possui uma forma, por mais vaga que seja. E, de fato, mesmo durante esta vida, ela tem necessidades físicas: come e, inversamente, pode ser comida. Sucede-lhe sair do corpo e, em suas viagens, alimentar-se de almas estrangeiras[8]. Quando se libertou completamente do organismo, supõem que ela leve uma vida inteiramente análoga à que levava nesta terra: bebe, come, caça, etc.[9] Ao esvoaçar nos ramos das árvores, produz ruídos e estalidos que mesmo os ouvidos profanos percebem[10]. Mas, ao mesmo tempo, é tida como invisível ao vulgo[11]. Os mágicos, é verdade, ou os velhos, têm a faculdade de ver as almas, mas isso porque, em virtude de poderes especiais, que devem à idade ou a uma cultura especial, eles percebem coisas que escapam aos nossos sentidos. Quanto aos indivíduos comuns, eles só teriam o mesmo privilégio, segundo Dawson, num único momento de sua existência: quando estão às vésperas de morrer de uma morte prematura. Assim, essa visão quase miraculosa é tida como um sinistro presságio. Ora, a invisibilidade é geralmente considerada como um dos sinais da espiritualidade. Portanto, numa certa medida, a alma é concebida como imaterial, pois não afeta os sentidos à maneira dos corpos: ela não tem ossos, dizem as tribos do rio Tully[12]. Para conciliar todos esses caracteres opostos, representam-na como feita de uma matéria infinitamente rara e sutil, como algo de etéreo[13], comparável à sombra ou à respiração[14].

Ela é distinta e independente do corpo, uma vez que, já nesta vida, pode sair momentaneamente dele. Ela o abandona durante o sono, durante o desmaio, etc.[15] Pode inclusive permanecer ausente por algum tempo sem que advenha a morte; todavia, nessas ausências, a vida se reduz, e irá cessar se a alma não voltar à sua morada[16]. Mas é sobretudo na morte que essa distinção e essa independência se mostram com mais clareza. Enquanto o corpo deixa de existir e dele não restam mais traços visíveis, a alma continua a viver; num mundo à parte, ela leva uma existência autônoma.

Mas, por mais real que seja essa dualidade, ela não tem nada de absoluto. Seria um erro conceber o corpo como uma espécie de hábitat em que a alma reside, mas com o qual só mantém relações exteriores. Muito pelo contrário, ela está unida a ele pelos laços mais estreitos; inclusive só é separável de maneira difícil e imperfeita. Já vimos que ela possui ou, pelo menos, pode adquirir o aspecto exterior do corpo. Conseqüentemente, o que atinge um atinge a outra: todo ferimento do corpo se propaga até a alma[17]. Ela está tão intimamente associada à vida do organismo que cresce e enfraquece com ele. É por isso que o homem que chegou a uma certa idade desfruta de privilégios que são recusados aos jovens: o princípio religioso que se encontra nele adquiriu mais forma e eficácia à medida que avançava na vida. Mas, no caso da senilidade propriamente dita, quando o velho tornou-se incapaz de desempenhar um papel útil nas grandes cerimônias religiosas em que os interesses vitais da tribo estão em jogo, não mais lhe demonstram deferências. Considera-se que a debilidade do corpo transmitiu-se à alma. Não tendo mais os mesmos poderes, o sujeito não tem mais direito ao mesmo prestígio[18].

Entre a alma e o corpo não há somente estreita solidariedade, mas parcial confusão. Assim como há algo do corpo na alma, já que esta reproduz às vezes a forma daquele, também há algo da alma no corpo. Certas regiões, certos produtos do organismo teriam uma afinidade muito especial com ela: é o caso do coração, da respiração, da placenta[19], do sangue[20], da sombra[21], do fígado, da gordura do fígado, dos rins[22], etc. Esses diversos substratos materiais não são, para a alma, meros hábitats; são a própria alma vista de fora. Quando o sangue escorre, a alma escapa com ele. A alma não está na respiração: ela é a respiração. Compõe uma coisa só com a parte do corpo onde reside. Daí veio a concepção segundo a qual o homem tem uma pluralidade de almas. Dispersa pelo organismo, a alma se diferenciou e se fragmentou. Cada órgão como que individualizou a porção de alma que contém e que assim se tornou uma entidade distinta. A do coração não poderia ser idêntica à da respiração, da sombra ou da placenta. Embora todas sejam aparentadas, elas requerem ser distinguidas e têm inclusive nomes diferentes[23].

Aliás, se está mais particularmente localizada em certos pontos do organismo, a alma não está ausente dos outros. Em graus diversos, encontra-se difusa no corpo inteiro. É o que mostram bem os ritos mortuários. Assim que o último suspiro é exalado e a alma supostamente abandona o corpo, parece que ela deveria imediatamente aproveitar a liberdade assim reconquistada para se mover à vontade e voltar o mais rápido possível à sua verdadeira pátria, que está alhures. No entanto, ela permanece junto ao cadáver; o laço que a prende a ele se afrouxou, não se rompeu. É preciso toda uma série de ritos especiais para fazê-la afastar-se definitivamente. Por meio de gestos, de movimentos significativos, convidam-na a partir[24]. Abrem-lhe caminhos, preparam-lhe saídas para que ela possa levantar vôo mais facilmente[25]. É que ela não saiu por completo do corpo; impregnava-o muito profundamente para poder soltar-se dele de um só golpe. Daí procede o rito tão freqüente da antropofagia funerária: as carnes do morto são consumidas porque se supõe que nelas resida um princípio sagrado, que não é outro senão a alma[26]. Para extirpá-la definitivamente, dissolvem as carnes, submetendo-as seja ao calor do Sol[27], seja à ação de um fogo artificial[28]. A alma se vai com os líquidos que escoam. Mas os ossos dessecados conservam ainda alguma coisa dela. Assim são empregados como objetos sagrados ou como instrumentos mágicos[29]; ou então, se se quer pôr em completa liberdade o princípio que eles contêm, quebram-nos[30].

Chega um momento, porém, em que a separação definitiva é consumada; a alma liberada empreende seu vôo. Mas ela é, por natureza, tão intimamente associada ao corpo, que essa soltura não ocorre sem uma grave transformação de seu estado. Por isso ela adquire um outro nome[31]. Embora conserve todos os traços do indivíduo que animava, seu humor, suas boas e más qualidades[32], ela tornou-se um ser novo. A partir de então, começa para ela uma nova existência.

Ela se dirige ao país das almas. Esse país é diversamente concebido conforme as tribos; encontram-se inclusive concepções diferentes que coexistem lado a lado numa mesma sociedade. Às vezes ele está situado debaixo da terra, e cada grupo totêmico tem o seu. É o lugar onde os primeiros antepassados, fundadores do clã, em determinado momento penetraram no solo e passaram a viver após sua morte. Assim existe, no mundo subterrâneo, uma distribuição geográfica dos mortos que corresponde à dos vivos. Lá, brilha um sol perpétuo; lá, correm rios que jamais ficam secos. Tal é a concepção que Spencer e Gillen atribuem às tribos do Centro, os Arunta[33], os Warramunga[34], etc. Ela também se verifica entre os Wotjobaluk[35]. Outras vezes, todos os mortos, sejam quais forem seus totens, são tidos por viverem juntos num mesmo lugar, mais ou menos vagamente localizado, para além do mar, numa ilha[36], ou nas margens de um lago[37]. Às vezes, enfim, é para o céu, além das nuvens, que se supõe que as almas se dirigem. "Lá, diz Dawson, encontra-se um magnífico lugar, abundante em cangurus e em caça de todo tipo, onde se leva uma vida feliz. Lá as almas se reencontram e se reconhecem."[38] É provável que alguns dos traços de que é composto esse quadro tenham sido tomados do paraíso dos missionários cristãos[39]; mas a idéia de que as almas ou, pelo menos, de que certas almas vão ao céu depois da morte, parece ser autóctone; pois a encontramos em outros pontos do continente[40].

Em geral, todas as almas têm o mesmo destino e levam a mesma vida. Entretanto, ocorre que um tratamento diferente seja aplicado conforme a maneira como elas se conduziram na terra, e vemos surgir como que um primeiro esboço desses compartimentos distintos e inclusive opostos entre os quais se dividirá mais tarde o mundo do além. As almas dos que se destacaram, em vida, como caçadores, guerreiros, dançarinos, etc., não se confundem com a multidão dos outros; um lugar especial lhes é reservado[41]. Às vezes, esse lugar é o céu[42]. Strehlow relata inclusive que, de acordo com um mito, as almas dos maus são devoradas por espíritos temíveis e aniquiladas[43]. Contudo, essas concepções sempre permanecem muito imprecisas na Austrália[44]; só começam a adquirir um pouco de definição e clareza em sociedades mais avançadas, como as da América[45].

II

Tais são, em sua forma mais primitiva, e reduzidas a seus traços essenciais, as crenças relativas à natureza da alma e a seu destino. Devemos agora tentar explicá-las. O que pode ter levado o homem a pensar que havia nele dois seres, um dos quais possuindo os caracteres tão especiais que acabam de ser enumerados? Para responder a essa questão, comecemos por examinar que origem o próprio primitivo atribui ao princípio espiritual que acredita sentir nele: bem analisada, sua própria concepção nos colocará no caminho da solução.

Segundo o método que nos esforçamos por praticar, estudaremos as idéias em questão num grupo determinado de sociedades em que elas foram observadas com uma precisão muito particular: as tribos do centro australiano. A área de nossa observação, embora extensa, será, portanto, limitada. Mas há razões para acreditar que essas mesmas idéias, sob formas diversas, são ou foram de uma grande generalidade, mesmo fora da Austrália. Além disso, e sobretudo, a noção de alma, nessas tribos centrais, não é especificamente diferente do que nas outras sociedades australianas; por toda parte, ela apresenta os mesmos caracteres essenciais. Como um mesmo efeito tem sempre uma mesma causa, há razões para pensar que essa noção, sempre idêntica, não resulta, aqui e ali, de elementos diferentes. A origem que seremos levados a atribuir-lhe através do estudo das tribos que abordaremos mais especificamente, deverá, portanto, ser considerada como igualmente verdadeira para as outras. As primeiras nos permitirão fazer, de certo modo, uma experiência cujos resultados, como os de toda experiência bem feita, serão suscetíveis de ser generalizados. A homogeneidade da civilização australiana seria suficiente, por si só, para justificar essa generalização; mas teremos o cuidado de confirmá-la em seguida por meio de fatos tomados de outros povos, tanto da Austrália quanto da América.

Como as concepções que nos fornecerão a base de nossa demonstração foram relatadas em termos diferentes por Spencer e Gillen, de um lado, e por Strehlow, de outro, devemos expor sucessivamente essas duas versões. Veremos que, bem interpretadas, elas diferem mais na forma que no fundo e que, em última instância, têm a mesma significação sociológica.

Segundo Spencer e Gillen, as almas que, a cada geração, vêm animar os corpos dos recém-nascidos não são o produto de criações especiais e originais; todas essas tribos admitiam que existe um estoque definido de almas, cujo número não pode ser acrescido de uma unidade[46] e que se reencarnam periodicamente. Quando um indivíduo morre, sua alma deixa o corpo onde residia e, uma vez cumprido o luto, dirige-se ao país das almas; mas, ao cabo de um certo tempo, volta a encarnar-se de novo, e são essas reencarnações que ocasionam as concepções e os nascimentos. Essas almas fundamentais são aquelas que, na origem mesma das coisas, animavam os antepassados, fundadores do clã. Numa época, além da qual a imaginação não remonta e que é considerada o primeiro começo dos tempos, existiam seres que não derivavam de nenhum outro. O arunta os chama, por essa razão, *Aljirangamitjina*[47], os incriados, os que existem desde toda a eternidade, e, segundo Spencer e Gillen, ele daria o nome de *Alcheringa*[48] ao período em que esses seres fabulosos teriam vivido. Organizados em clãs totêmicos, assim como os homens de hoje, eles passavam seu tempo em viagens, ao longo das quais realizaram todo tipo de ações prodigiosas, cuja lembrança os mitos perpetuam. Mas chegou um momento em que essa vida terrestre teve fim: isoladamente ou em grupos, eles se enterraram no solo. Seus corpos transformaram-se em árvores ou em rochedos que são vistos ainda nos locais onde teriam desaparecido debaixo da terra. Mas suas almas duram sempre; elas são imortais. Continuam inclusive a freqüentar os lugares onde terminou a existência de seus primeiros hospedeiros. Esses lugares têm, aliás, em razão das lembranças que evocam, um caráter sagrado; é lá que se encontram os *oknanikilla*, espécies de santuários onde são conservados os churinga do clã e que são como os centros dos diferentes cultos totêmicos. Quando uma das almas que vagueiam em torno de um desses santuários se introduz no corpo de uma mulher, o resultado é uma concepção e, mais tarde, um nascimento[49]. Portanto, cada indivíduo é considerado como um novo avatar de um antepassado determinado: ele é esse antepassado mesmo, retornando num novo corpo e sob novos traços. Ora, o que eram esses antepassados?

Em primeiro lugar, eram dotados de poderes infinitamente superiores aos que possuem os homens de hoje, mesmo os velhos mais respeitados e os mágicos de maior reputação. Atribuem-lhes virtudes que poderíamos qualificar de milagrosas: "Eles podiam viajar no chão, debaixo do chão, nos ares; aberta uma de suas veias, ela podia inundar terras inteiras ou, ao contrário, fazer emergir terras novas; numa muralha de rochas, faziam surgir um lago ou abrir-se um desfiladeiro que lhes serviria de passagem; no ponto onde fincavam seu nurtunja, rochas ou árvores brotavam do chão."[50] Foram eles que deram ao solo a forma que tem atualmente. Criaram todo tipo de seres, homens ou animais. São quase deuses. Suas almas, portanto, têm igualmente um caráter divino. E já que as almas dos homens são essas almas ancestrais reencarnadas em corpos humanos, elas próprias são seres sagrados.

Em segundo lugar, esses antepassados não eram homens, no sentido próprio da palavra, mas animais ou vegetais, ou então seres mistos em que o elemento animal ou vegetal predominava: "Os antepassados que viviam nesses tempos fabulosos, dizem Spencer e Gillen, eram, segundo a opinião dos indígenas, tão intimamente associados aos animais e às plantas cujo nome traziam, que um personagem do Alcheringa pertencente ao totem do canguru, por exemplo, é freqüentemente representado como um homem-canguru ou um canguru-homem. Sua personalidade humana não raro é absorvida pela da planta ou do animal de que ele teria descendido."[51] Suas almas, que duram sempre, têm necessariamente a mesma natureza; nelas também se casam o elemento humano e o elemento animal, com uma certa tendência do segundo a predominar sobre o primeiro. Elas são, portanto, feitas da mesma substância que o princípio totêmico; pois sabemos que este último tem precisamente por característica apresentar esse duplo aspecto, sintetizar e confundir em si os dois reinos.

Como não existem outras almas a não ser estas, chegamos à conclusão de que a alma, de uma maneira geral, não é senão o princípio totêmico encarnado em cada indivíduo. E nessa derivação não há nada que possa nos surpreender. Já sabemos que esse princípio é imanente a cada um dos membros do clã. Mas, ao penetrar nos indivíduos, é inevitável que ele próprio se individualize. Como as consciências, das quais ele se torna assim um elemento integrante, diferem umas das outras, ele se diferencia à imagem delas; como cada uma tem sua fisionomia própria, ele assume, em cada uma, uma fisionomia distinta.

É verdade que esse princípio, em si mesmo, permanece uma força exterior e estranha ao homem; mas sua parcela presente em cada um não pode deixar de contrair fortes afinidades com o sujeito particular no qual reside: ela participa de sua natureza, numa certa medida se torna sua. Assim, ela possui dois caracteres contraditórios, mas cuja coexistência é um dos traços distintivos da noção de alma. Tanto hoje como outrora, a alma é, por um lado, o que de melhor e mais profundo existe em nós, a parte eminente de nosso ser; no entanto, é também um hóspede de passagem que nos veio de fora, que vive em nós uma existência distinta da do corpo e que deve retomar um dia sua completa independência. Em uma palavra, assim como a sociedade só existe nos e pelos indivíduos, o princípio totêmico só vive nas e pelas consciências individuais, cuja associação forma o clã. Se elas não o sentissem em si, esse princípio não existiria; são elas que o põem nas coisas. Ele tem necessidade, pois, de se partilhar e se fragmentar entre elas. Cada um desses fragmentos é uma alma.

Um mito que encontramos num número bastante grande de sociedades do centro autraliano e que, por sinal, não é senão uma forma particular dos precedentes, mostra ainda melhor que tal é de fato a matéria de que é feita a idéia de alma. Nessas tribos, a tradição coloca na origem de cada clã, não uma pluralidade de antepassados, mas apenas dois[52], ou mesmo um só[53]. Esse ser único, enquanto permaneceu assim solitário, continha em si a totalidade do princípio totêmico, pois nesse momento ainda não existia nada a que esse princípio pudesse se comunicar. Ora, segundo a mesma tradição, todas as almas humanas que existem, tanto as que animam presentemente os corpos dos homens quanto as que, atualmente desempregadas, estão em reserva para o futuro, teriam saído desse personagem único; elas seriam feitas de sua substância. Ao se mover na superfície do solo, ao se agitar, ao se sacudir, ele as teria feito sair de seu corpo e as teria semeado nos diversos lugares por onde se acredita que passou. Não é isso dizer, sob uma forma simbólica, que elas são parcelas da divindade totêmica?

Mas tal conclusão supõe que as tribos de que falamos admitem a doutrina da reencarnação. Ora, segundo Strehlow, esta seria ignorada pelos Arunta, isto é, pela sociedade que Spencer e Gillen melhor e mais longamente estudaram. Se, nesse caso particular, esses dois observadores tivessem se enganado a tal ponto, o conjunto de seus testemunhos deveria ser considerado suspeito. Importa, pois, determinar o alcance real dessa divergência.

Segundo Strehlow, a alma, uma vez definitivamente liberta do corpo pelos ritos do luto, não se reencarnaria de novo. Ela partiria para a ilha dos mortos, onde passaria os dias a dormir e as noites a dançar, até que chovesse sobre a terra. Nesse momento, retornaria entre os vivos e faria o papel de gênio protetor junto aos filhos pequenos ou, na falta deles, junto aos netos que a morte a fez deixar; ela se introduziria em seus corpos e facilitaria seu crescimento. Permaneceria assim, em meio à sua antiga família, durante um ou dois anos; depois disso, retornaria ao país das almas. Mas, ao cabo de algum tempo, o deixaria mais uma vez para voltar a passar na terra uma nova temporada, que seria a última. Chegaria um momento em que seria obrigada a retomar, desta vez sem retorno, o caminho da ilha dos mortos; e lá, após diversos incidentes cujos detalhes é inútil relatar, sobreviria uma tempestade durante a qual seria fulminada por um raio. Sua carreira, então, estaria definitivamente terminada[54].

Ela não poderia, pois, se reencarnar; em conseqüência, as concepções e os nascimentos não seriam devidos à reencarnação de almas que, periodicamente, recomeçariam novas existências em corpos novos. É claro que Strehlow, da mesma forma que Spencer e Gillen, afirma que, para os Arunta, o comércio dos sexos de maneira nenhuma é a condição determinante da geração[55]; esta seria o produto de operações místicas, mas diferentes daquelas que os observadores anteriores nos mostraram, e se processaria por um ou outro dos seguintes caminhos.

Em todo lugar onde um antepassado do Alcheringa[56] teria se metido no solo, encontra-se uma pedra ou uma árvore que representa seu corpo. Chama-se *nanja*, segundo Spencer e Gillen[57], e *ngarra*, segundo Strehlow[58], a árvore ou a pedra que mantêm essa relação mística com o herói desaparecido. Às vezes, é um remoinho que teria se formado desse modo. Ora, em cada uma dessas árvores, dessas pedras, desses remoinhos, vivem embriões de crianças, chamados *ratapa*[59], que pertencem ao mesmo totem do antepassado correspondente. Por exemplo, num eucalipto que representa um antepassado do clã do Canguru encontram-se ratapa que têm, todos, o canguru por totem. Se uma mulher vier a passar e se for da classe matrimonial a que devem regularmente pertencer as mães desses *ratapa*[60], um deles poderá se introduzir nela pelo quadril. A mulher é advertida dessa posse por dores características que são os primeiros sintomas da gravidez. A criança assim concebida será naturalmente do mesmo totem que o antepassado no corpo místico do qual ela residia antes de se encarnar[61].

Em outros casos, o procedimento empregado é ligeiramente diferente: é o antepassado em pessoa que intervém. Num dado momento, ele sai de seu retiro subterrâneo e lança sobre a mulher que passa um pequeno churinga, de uma forma especial, chamado *namatuna*[62]. O churinga penetra no corpo da mulher e aí adquire uma forma humana, enquanto o antepassado desaparece de novo no solo[63].

Esses dois modos de concepção são tidos como freqüentes, tanto um quanto outro. É o rosto da criança que revelaria a maneira como foi concebida: de acordo com a forma que tiver, ou larga ou alongada, diz-se que ele é devido à encarnação de um ratapa ou de um namatuna.

Além desses dois processos de fecundação, Strehlow assinala um terceiro, mas que é tido como bem mais raro. O próprio antepassado, depois que seu namatuna penetrou no corpo da mulher, se introduziria e se submeteria voluntariamente a um novo nascimento. Desta vez, portanto, a concepção se deveria a uma verdadeira reencarnação do antepassado. Só que o caso seria muito excepcional e, além disso, quando o homem assim concebido morre, a alma ancestral que o animava partiria, como as almas comuns, para a ilha dos mortos, onde, após as demoras usuais, seria definitivamente aniquilada. Portanto, ela não sofreria novas reencarnações[64].

Tal é a versão de Strehlow[65]. No pensamento desse autor, ela se oporia radicalmente à de Spencer e Gillen. Em realidade, ela difere apenas pela letra das fórmulas e dos símbolos, pois em ambos os casos, sob variações de forma, o tema mítico é o mesmo.

Em primeiro lugar, todos esses observadores estão de acordo quanto a ver em cada concepção o produto de uma encarnação. Só que, segundo Strehlow, o que se encarna não é uma alma, mas um ratapa ou um namatuna. E o que é um ratapa? É um embrião completo, diz Strehlow, feito ao mesmo tempo de uma alma e de um corpo. Mas a alma é sempre representada sob formas materiais; ela dorme, dança, caça, come, etc. Portanto, também ela compreende um elemento corporal. Inversamente, o ratapa não é visível pelo vulgo; ninguém o percebe quando se introduz no corpo da mulher[66]; vale dizer que é feito de uma matéria comparável à da alma. Assim, sob esse aspecto, parece não ser possível diferenciá-los claramente um do outro. Trata-se, em última instância, de seres míticos sensivelmente concebidos segundo o mesmo modelo. Schulze chama-os almas de crianças[67]. Além disso, da mesma forma que a alma, o ratapa mantém as relações mais estreitas com o antepassado cujas formas materializadas são a árvore ou a pedra. Ele é do mesmo totem que esse antepassado, da mesma fratria, da mesma classe matrimonial[68]. Seu lugar no contexto social da tribo é exatamente aquele que o antepassado teria ocupado outrora. Tem o mesmo nome[69]. É uma prova de que essas duas personalidades são, pelo menos, muito aparentadas uma da outra.

Mais: esse parentesco chega inclusive a uma completa identidade. Com efeito, foi no corpo místico do antepassado que o ratapa se formou; é daí que ele provém, como uma parcela que se tivesse destacado. Em suma, trata-se de algo do antepassado que penetra no seio da mãe e que se torna a criança. Assim, voltamos à concepção de Spencer e Gillen: o nascimento é devido à encarnação de um personagem ancestral. Claro que não é o personagem inteiro que se encarna, mas apenas uma emanação dele. A diferença, porém, é de interesse muito secundário, uma vez que, quando um ser sagrado se divide e se desdobra, ele está presente, com todos os seus caracteres essenciais, em cada um dos fragmentos entre os quais se dividiu. O antepassado do Alcheringa está, portanto, no fundo, inteiro nesse elemento de si próprio que se transforma num ratapa[70].

O segundo modo de concepção, distinguido por Strehlow, tem a mesma significação. Com efeito, o churinga, especialmente esse churinga particular chamado namatuna, é considerado um avatar do ancestral; é o corpo dele, segundo Strehlow[71], da mesma forma que a árvore nanja. Em outras palavras, a personalidade do ancestral, seu churinga, sua árvore nanja, são seres sagrados que inspiram os mesmos sentimentos e aos quais se atribui o mesmo valor religioso. Por isso, eles se transformam uns nos outros: onde um ancestral perdeu um churinga, uma árvore ou uma pedra sagradas brotaram do chão, o mesmo acontecendo no lugar onde ele próprio se enterrou[72]. Há, portanto, uma equivalência mítica entre um personagem do Alcheringa e seu churinga; por conseguinte, quando o primeiro lança um namatuna no corpo de uma mulher, é como se ele próprio penetrasse. De fato, vimos que, às vezes, ele se introduz aí em pessoa depois do namatuna; segundo outros relatos, ele o precede, como se lhe abrisse o caminho[73]. O fato de esses temas coexistirem num mesmo mito acaba mostrando que um não é senão o substituto do outro.

Aliás, seja como for que a concepção ocorra, não há dúvida de que cada indivíduo está unido a um antepassado determinado do Alcheringa por laços excepcionalmente íntimos. Em primeiro lugar, cada homem tem seu antepassado titular: duas pessoas não podem ter simultaneamente o mesmo. Dito de outro modo, um ser do Alcheringa sempre conta com um único representante entre os vivos[74]. Além disso, um é apenas um aspecto do outro. Com efeito, o churinga deixado pelo antepassado exprime, como sabemos, sua personalidade; se adotarmos a interpretação de Strehlow, que é talvez a mais satisfatória, diremos que é seu corpo. Mas esse mesmo churinga está relacionado da mesma maneira ao indivíduo que teria sido concebido sob a influência do antepassado, ou seja, é o fruto de suas obras místicas. Quando introduzem o jovem iniciado no santuário do clã, mostram-lhe o churinga de seu antepassado e dizem-lhe: "Tu és este corpo; és a mesma coisa que isto."[75] Portanto, segundo a expressão mesma de Strehlow, o churinga é "o corpo comum do indivíduo e de seu antepassado"[76]. Para que possam ter o mesmo corpo, é preciso que, pelo menos por um aspecto, suas duas personalidades se confundam. Aliás, é o que reconhece explicitamente Strehlow: "Pelo tjutunga (churinga), o indivíduo é unido a seu antepassado pessoal."[77]

Assim, tanto para Strehlow quanto para Spencer e Gillen, há em cada recém-nascido um princípio religioso, místico, que emana de um antepassado do Alcheringa. É esse princípio que faz a essência de cada indivíduo; ele, portanto, sua alma, ou, em todo caso, sua alma é feita da mesma matéria e da mesma substância. Ora, é unicamente nesse fato fundamental que nos apoiamos para determinar a natureza e a origem da idéia de alma. As diferentes metáforas por meio das quais ele chegou a ser expresso têm para nós um interesse apenas secundário[78].

Longe de contradizer os dados sobre os quais repousa nossa tese, as recentes observações de Strehlow nos trazem novas provas que a confirmam. Nosso raciocínio consistia em inferir a natureza totêmica da alma humana a partir da natureza totêmica da alma ancestral, da qual a primeira é uma emanação e uma espécie de réplica. Ora, alguns dos fatos novos que devemos a Strehlow demonstram, mais categoricamente ainda que aqueles de que dispúnhamos até então, esse caráter que ambas possuem. Em primeiro lugar, Strehlow insiste, da mesma forma que Spencer e Gillen, sobre "as relações íntimas que unem cada antepassado a um animal, a uma planta ou a um outro objeto natural". Alguns desses Altjirangamitjina (são os ancestrais do Alcheringa de Spencer e Gillen) "devem, diz ele, ter se manifestado diretamente na qualidade de animais; outros tomavam a forma animal de maneira passageira"[79]. Ainda hoje, acontece-lhes a todo momento transformar-se em animais[80]. Em todo caso, e não importa seu aspecto exterior, "em cada um deles, as qualidades próprias e distintivas do animal sobressaem com evidência". Por exemplo, os antepassados do clã do Canguru comem erva como cangurus verdadeiros e fogem diante do caçador; os do clã da Ema correm e se alimentam como as emas[81], etc. E mais: aqueles dentre os antepassados que tinham por totem um vegetal se transformaram, ao morrer, nesse vegetal![82] Aliás, o estreito parentesco do antepassado e do ser totêmico é percebido com tanta intensidade pelo indígena, que isso afeta a terminologia. Entre os Arunta, o filho chama de *altjira* o totem de sua mãe, que lhe serve de totem secundário[83]. Como, primitivamente, a filiação se fazia em linha uterina, houve um tempo em que cada indivíduo não tinha outro totem a não ser o de sua mãe; é muito provável, portanto, que esse termo *altjira* designasse o totem propriamente dito. Ora, vemos que ele entra evidentemente na composição da palavra que significa grande antepassado, *altjirangamitjina*[84].

A idéia de totem e a de antepassado são, inclusive, tão próximas uma da outra que, às vezes, parecem ser confundidas. Assim, após nos haver falado do totem da mãe ou altjira, Strehlow acrescenta: "Esse *altjira* aparece aos negros em sonho e lhes faz advertências, do mesmo modo que leva informações sobre eles a seus amigos adormecidos."[85] Esse *altjira* que fala, que está ligado pessoalmente a cada indivíduo, é evidentemente um antepassado; no entanto, é também uma encarnação do totem. Um texto de Roth a respeito de invocações dirigidas ao totem deve, certamente, ser interpretado nesse sentido[86]. Parece claro, portanto, que o totem seja às vezes representado nos espíritos sob a forma de uma coleção de seres ideais, de personagens míticos que são mais ou menos indistintos dos antepassados. Em uma palavra, os antepassados são o totem fragmentado[87].

Mas, se o antepassado confunde-se a tal ponto com o ser totêmico, o mesmo deve acontecer com a alma individual que se mantém tão próxima da alma ancestral. Aliás, é o que se deduz igualmente dos estreitos laços que unem cada homem a seu churinga. Sabemos, com efeito, que o churinga exprime a personalidade do indivíduo que dele teria nascido[88]; mas ele exprime igualmente o animal totêmico. Quando apresentou a cada um dos membros do clã do Canguru seu churinga pessoal, o herói civilizador, Mangarkunjerkunja se exprimiu neste termos: "Eis o corpo de um canguru."[89] Assim, o churinga é, ao mesmo tempo, o corpo do antepassado, do indivíduo atual e do animal totêmico; esses três seres formam, portanto, segundo uma forte e justa expressão de Strehlow, "uma unidade solidária"[90]. São termos em parte equivalentes e substituíveis entre si. Vale dizer que são concebidos como aspectos diferentes de uma mesma e única realidade, que se define igualmente pelos atributos distintivos do totem. O princípio totêmico é que é a essência comum deles. A própria linguagem exprime essa identidade. As palavras *ratapa* e, na língua dos Loritja, *aratapi* designam o embrião mítico que se separa do antepassado e se torna a criança; ora, as mesmas palavras designam também o totem dessa criança, tal como é determinado pelo lugar onde a mãe acredita ter concebido[91].

III

O que foi visto sobre a doutrina da reencarnação diz respeito, é verdade, apenas às tribos da Austrália central, portanto poder-se-iam julgar demasiado estreitas as bases sobre as quais repousa nossa inferência. Mas, em primeiro lugar, pelas razões que expusemos, a experiência tem um alcance que vai além das sociedades que observamos diretamente. Além do mais, fatos em abundância mostram que as mesmas concepções se verificam nos pontos mais diversos da Austrália ou que neles, pelo menos, deixaram vestígios aparentes. Encontramo-los inclusive na América.

Na Austrália meridional, Howitt assinala-os entre os Dieri[92]. A palavra *Mura-mura*, que Gason traduzia por Bom-Espírito e na qual acreditava ver expressa a crença num deus criador[93], é, em realidade, um nome coletivo que designa o grupo de antepassados que o mito coloca na origem da tribo. Eles continuam a existir hoje como outrora. "Acredita-se que habitem em árvores que, por essa razão, são sagradas." Certos arranjos do solo, das pedras, das fontes são identificados com esses Mura-mura[94] que, deste modo, se assemelham singularmente aos Altjirangamitjina dos Arunta. Os Kurnai da Gippsland, embora entre eles existam apenas vestígios de totemismo, crêem igualmente na existência de ancestrais chamados *Muk-Kurnai*, concebidos como seres intermediários entre o homem e o animal[95]. Entre os Nimbaldi, Taplin observou uma teoria da concepção que lembra a que Strehlow atribui aos Arunta[96]. No Estado de Victoria, entre os Wotjobaluk, encontramos integralmente a crença na reencarnação. "Os espíritos dos mortos, diz Mathews, reúnem-se nos *miyur*[97] de seus respectivos clãs; dali saem para nascer de novo sob forma humana quando uma ocasião favorável se apresenta."[98] Mathews afirma inclusive que "a crença na reencarnação ou na transmigração das almas está fortemente enraizada em todas as tribos australianas"[99].

Se passarmos para as regiões setentrionais, encontraremos no Noroeste, entre os Niol-Niol, a pura doutrina dos Arunta; todo nascimento é atribuído à encarnação de uma alma preexistente que se introduz no corpo de uma mulher[100]. No Queensland do Norte, mitos que se diferenciam dos precedentes apenas na forma traduzem exatamente as mesmas idéias. Nas tribos do rio Pennefather, acredita-se que todo homem tem duas almas: uma, chamada *ngai*, reside no coração; a outra, *choi*, permanece na placenta. Logo após o nascimento, a placenta é enterrada num lugar consagrado. Um gênio particular, de nome Anje-a, encarregado do fenômeno da procriação, irá recolher esse *choi* e conservá-lo até que a criança, tornando-se adulta, se case. Quando chega o momento de dar-lhe um filho, Anje-a pega uma parcela do *choi* desse homem, insere-a no embrião que fabrica e que introduz no seio da mãe. Portanto, é com a alma do pai que é feita a da criança. É verdade que esta não recebe a princípio a alma paterna na sua integralidade, pois o *ngai* continua no coração do pai enquanto ele estiver vivo. Mas, quando morre, o *ngai*, liberado, também irá se encarnar no corpo dos filhos, repartindo-se igualmente entre eles, se forem vários. Há, assim, uma perfeita continuidade espiritual entre as gerações; a mesma alma transmite-se do pai aos filhos e destes a seus filhos, e essa alma única, sempre idêntica apesar das divisões e subdivisões sucessivas, é a que animava na origem das coisas o primeiro antepassado[101]. Entre essa teoria e a das tribos do Centro há apenas uma diferença de certa importância: é que, nela, a reencarnação é obra não dos próprios antepassados, mas de um gênio especial, profissionalmente encarregado dessa função. Mas tudo indica que esse gênio é o produto de um sincretismo que fez fundir numa mesma e única figura as múltiplas figuras dos primeiros antepassados. O que torna essa hipótese ao menos verossímil, é que as palavras Anje-a e Anjir são evidentemente muito próximas; ora, a segunda designa o primeiro homem, o antepassado inicial de quem todos os homens teriam se originado[102].

As mesmas idéias verificam-se nas tribos indígenas da América. Entre os Tlinkit, diz Krause, as almas dos mortos voltariam à terra e se introduziriam no corpo das mulheres grávidas de sua família. "Assim, quando uma mulher grávida sonha com algum parente falecido, ela crê que a alma deste último penetrou nela. Se o recém-nascido apresentar algum sinal característico que o defunto possuía, considera-se que ele é o próprio defunto, retornado à terra, e dá-se-lhe o mesmo nome."[103] Essa crença é igualmente generalizada entre os Haida. É a xamã da tribo que revela qual o parente que se reencarnou na criança e, conseqüentemente, qual o nome que esta deve ter[104]. Entre os Kwakiutl, acredita-se que o último morto retorna à vida na pessoa da primeira criança que nasce na família[105]. O mesmo acontece entre os Hurons, os Iroqueses, os Tinneh e muitas outras tribos dos Estados Unidos[106].

A generalidade dessas concepções estende-se naturalmente à conclusão que delas deduzimos, ou seja, à explicação que propusemos da idéia da alma. O alcance geral dessa conclusão é confirmado, aliás, pelos fatos que seguem.

Sabemos[107] que cada indivíduo contém em si algo da força anônima que está difusa na espécie sagrada; ele próprio é membro dessa espécie. Mas não enquanto ser empírico e sensível, pois, a despeito dos desenhos e sinais simbólicos com que enfeita seu corpo, ele nada possui, sob esse aspecto, que lembre a forma de um animal ou de uma planta. Isso significa, portanto, que existe nele um outro ser no qual não deixa de se reconhecer, mas que concebe sob as aparências de um animal ou de um vegetal. Não é evidente que esse duplo só pode ser a alma, visto que a alma já é, por si mesma, um duplo do sujeito que ela anima? O que justifica em definitivo essa identificação, é que os órgãos nos quais mais eminentemente se encarna o princípio totêmico que cada indivíduo contém são também aqueles onde a alma reside. É o caso do sangue. Há no sangue algo da natureza do totem, como o prova o papel que ele desempenha nas cerimônias totêmicas[108]. Mas, ao mesmo tempo, o sangue é uma das sedes da alma; ou melhor, é a alma mesma vista de fora. Quando o sangue sai do corpo, é a vida que escapa, mas também a alma. A alma se confunde, pois, com o princípio sagrado imanente ao sangue.

Por outro lado, se nossa explicação tem fundamento, o princípio totêmico, ao penetrar, como supomos, no indivíduo, deve conservar nele uma certa autonomia, já que é especificamente distinto do sujeito no qual se encarna. Ora, é precisamente o que Howitt diz ter observado entre os Yuin: "Que o totem, diz ele, seja concebido nessas tribos como sendo, de alguma maneira, uma parte do homem, é o que prova claramente o caso do chamado Umbara, de quem já falei. Este contou-me que, há alguns anos, um indivíduo do clã dos lagartos-rendados (*lace-lizards*) enviou-lhe seu totem enquanto ele dormia. O totem penetrou pela garganta do adormecido e quase comeu-lhe o totem que residia em seu peito, por pouco não lhe causando a morte."[109] Portanto, é certo que o totem se fragmenta ao individualizar-se e que cada uma das parcelas que assim se separam desempenha o papel de um espírito, de uma alma que reside no corpo[110].

Mas eis aqui fatos mais diretamente demonstrativos. Se a alma não é senão o princípio totêmico individualizado, ela deve, ao menos em certos casos, manter relações mais ou menos próximas com a espécie animal ou vegetal cuja forma o totem reproduz. E, de fato, "os Geawe-Gal (tribo da Nova Gales do Sul) crêem que cada um tem em si uma afinidade pelo espírito de alguma ave, mamífero ou réptil. Não que o indivíduo seja considerado descendente desse animal, mas julga-se haver um parentesco entre o espírito que anima o homem e o espírito do animal"[111].

Há inclusive casos em que a alma é tida por emanar imediatamente do animal ou do vegetal que serve de totem. Segundo Strehlow, entre os Arunta, quando uma mulher comeu abundantemente de um fruto, acredita-se que ela dará à luz uma criança que terá esse fruto por totem. Se, no momento em que sentiu as primeiras contrações do filho, ela olhava para um canguru, acredita-se que um ratapa de canguru penetrou seu corpo e a fecundou[112]. H. Basedow relatou o mesmo fato a respeito dos Wogait[113]. Sabemos, por outro lado, que o ratapa e a alma são coisas mais ou menos indistintas. Ora, não se poderia ter atribuído à alma uma tal origem se não se pensasse que ela é feita da mesma substância que os animais ou os vegetais da espécie totêmica.

Assim, a alma é com freqüência representada sob forma animal. Sabe-se que, nas sociedades inferiores, a morte jamais é considerada um acontecimento natural, devido à ação de causas puramente físicas; geralmente é atribuída aos malefícios de algum feiticeiro. Num grande número de tribos australianas, para determinar qual o autor responsável por essa morte, parte-se do princípio de que, cedendo a uma espécie de necessidade, a alma do matador vem inevitavelmente visitar sua vítima. Por isso, o corpo é colocado sobre um andaime; depois, debaixo do cadáver e ao redor, alisa-se cuidadosamente a terra de modo que a menor marca se torne facilmente perceptível. Volta-se no dia seguinte; se, no intervalo, um animal passou por lá, pode-se reconhecer seus traços sem dificuldade. A forma revela a espécie à qual ele pertence, e daí se infere o grupo social de que faz parte o culpado. Diz-se que é um homem de tal classe ou de tal clã[114] conforme o animal seja um totem desse clã ou dessa classe. Portanto, é a alma que teria vindo sob a figura do animal totêmico.

Em outras sociedades, onde o totemismo enfraqueceu ou desapareceu, a alma continua mesmo assim a ser pensada sob forma animal. Os indígenas de Cap Bedford (Queensland do Norte) crêem que a criança, no momento em que entra no corpo da mãe, é um maçarico se for uma menina, uma serpente se for um menino. Só depois ela adquire forma humana[115]. Muitos índios da América do Norte, diz o príncipe de Wied, dizem que têm um animal no corpo[116]. Os Bororo do Brasil representam sua alma sob a forma de uma ave e, por essa razão, acreditam ser aves dessa mesma variedade[117]. Em outros lugares ela é concebida como uma serpente, um lagarto, uma mosca, uma abelha, etc.[118]

Mas é sobretudo após a morte que a natureza animal da alma se manifesta. Durante a vida, esse caráter é como que parcialmente encoberto pela própria forma do corpo humano. Mas, assim que a morte a pôs em liberdade, a alma volta a ser o que era. Entre os Omaha, em pelo menos dois dos clãs do búfalo, acredita-se que as almas dos mortos vão se juntar aos búfalos, seus antepassados[119]. Os Hopi estão divididos num certo número de clãs, dos quais os antepassados eram animais ou seres com forma animal. Ora, segundo Schoolcraft, eles dizem que na morte retomam sua forma original; cada um deles volta a ser urso, cervo, conforme o clã a que pertence[120]. Com muita freqüência, a alma se reencarnaria num corpo de animal[121]. Provavelmente é daí que veio a doutrina, tão difundida, da metempsicose. Vimos o quanto Tylor se atrapalha para explicá-la[122]. Se a alma é um princípio essencialmente humano, que pode haver de mais singular, com efeito, que essa marcada predileção que ela manifesta, num número tão grande de sociedades, pela forma animal? Tudo se explica, ao contrário, se, por sua constituição mesma, a alma é parente próximo do animal, pois, nesse caso, ao voltar, após a vida, ao mundo da animalidade, ela apenas retorna à sua verdadeira natureza. Assim, a generalidade da crença na metempsicose é mais uma prova de que os elementos constitutivos da idéia de alma foram principalmente tomados do reino animal, como supõe a teoria que acabamos de expor.

IV

A noção de alma é, portanto, uma aplicação particular das crenças relativas aos seres sagrados. Deste modo se explica o caráter religioso que essa idéia apresentou desde que apareceu na história e que conserva ainda hoje. Com efeito, a alma sempre foi considerada uma coisa sagrada; nesse aspecto ela se opõe ao corpo, que é naturalmente profano. Ela não se distingue apenas de seu invólucro material, como o dentro em relação ao fora; não é representada simplesmente como feita de uma matéria mais sutil, mais fluida; além disso, ela inspira algo dos sentimentos que por toda parte estão reservados ao que é divino. Se não se faz dela um deus, percebe-se nela pelo menos uma centelha da divindade. Esse caráter essencial seria inexplicável se a idéia de alma fosse apenas uma solução pré-científica ao problema do sonho, pois, como não há nada no sonho capaz de despertar a emoção religiosa, a causa pela qual é explicado não poderia ser de outra natureza. Mas se a alma é parte da substância divina, ela representa em nós algo mais que nós mesmos; se é feita da mesma matéria mental que os seres sagrados, é natural que ela seja o objeto dos mesmos sentimentos.

E o caráter que o homem assim se atribui não é o produto de uma pura ilusão; da mesma forma que a noção de força religiosa e de divindade, a noção de alma não é desprovida de realidade. A verdade é que somos formados de duas partes distintas que se opõem uma à outra como o profano ao sagrado, e se pode dizer, num certo sentido, que existe divino em nós. Pois a sociedade, essa fonte única de tudo o que é sagrado, não se limita a nos mover de fora e a nos afetar passageiramente; ela se organiza em nós de maneira duradoura, suscitando todo um mundo de idéias e de sentimentos que a exprimem, mas que ao mesmo tempo fazem parte integrante de nós mesmos. Quando o australiano sai de uma cerimônia religiosa, as representações que a vida comum despertou ou tornou a despertar nele não são abolidas de vez. As figuras dos grandes antepassados, os feitos heróicos cuja lembrança os ritos comemoram, as coisas importantes das quais o culto o fez participar, em uma palavra, os ideais diversos que ele elaborou coletivamente continuam a viver em sua consciência e, pelas emoções que despertam, pela influência muito especial que exercem, distinguem-se claramente das impressões vulgares nele mantidas por seu comércio cotidiano com as coisas exteriores. As idéias morais têm o mesmo caráter. Foi a sociedade que as gravou em nós, e, como o respeito que ela inspira transmite-se naturalmente a tudo o que vem dela, as normas imperativas da conduta se acham, em razão de sua origem, investidas de uma autoridade e de uma dignidade que nossos outros estados interiores não possuem – por isso, atribuímos a elas um lugar à parte no conjunto de nossa vida psíquica. Embora nossa consciência moral faça parte de nossa consciência, não nos sentimos no mesmo plano que ela. Nessa voz que se faz ouvir apenas para nos dar ordens e enunciar proibições, não podemos reconhecer nossa voz; o próprio tom com que ela nos fala indica que ela exprime em nós algo além de nós. Eis aí o que há de objetivo na idéia de alma: é que as representações cuja trama constitui nossa vida interior são de duas espécies diferentes e irredutíveis entre si. Umas relacionam-se ao mundo exterior e material; as outras, a um mundo ideal ao qual atribuímos uma superioridade moral sobre o primeiro. Somos, portanto, realmente feitos de dois seres que estão orientados em sentidos divergentes e quase contrários, sendo que um exerce sobre o outro uma verdadeira preeminência. Tal é o sentido profundo da antítese que todos os povos conceberam mais ou menos claramente entre o corpo e a alma, entre o ser sensível e o ser espiritual que coexistem em nós. Moralistas e pregadores afirmaram freqüentemente que não se pode negar a realidade do dever e seu caráter sagrado sem cair no materialismo. De fato, se não tivéssemos a noção dos imperativos morais e religiosos[123], nossa vida psíquica seria nivelada, todos os nossos estados de consciência estariam no mesmo plano e todo sentimento de dualidade se dissiparia. Certamente, para exprimir essa dualidade inteligível, de maneira nenhuma é necessário imaginar, sob o nome de alma, uma substância misteriosa e irrepresentável que se oporia ao corpo. Mas, tanto aqui como quando se tratou da noção do sagrado, o erro tem a ver com a letra do símbolo empregado, não com a realidade do fato simbolizado. Continua sendo verdade que nossa natureza é dupla: há realmente em nós uma parcela de divindade porque há em nós uma parcela desses grandes ideais que são a alma da coletividade.

A alma individual, portanto, não é senão uma porção da alma coletiva do grupo; é a força anônima que está na base do culto, mas encarnada num indivíduo cuja personalidade ela esposa; ela é *mana* individualizado. O sonho pode efetivamente ter contribuído para determinar certos caracteres secundários da idéia. A inconsistência e a instabilidade das imagens que ocupam nosso espírito durante o sono, sua notável capacidade de transformar-se umas nas outras, forneceram talvez o modelo dessa matéria sutil, diáfana e proteiforme de que a alma seria feita. Por outro lado, os fenômenos de síncope, catalepsia, etc., podem ter sugerido a idéia de que a alma era móvel e, já nesta vida, abandonava temporariamente o corpo; o que, por via indireta, serviu para explicar certos sonhos. Mas todas essas experiências e observações não puderam ter senão uma influência acessória e complementar, cuja existência é inclusive difícil de estabelecer. O que há de realmente essencial na noção provém de outra parte.

Mas essa gênese da idéia de alma não desconhece o caráter essencial dela? Se a alma é apenas uma forma particular do princípio impessoal que está difuso no grupo, na espécie totêmica e nas coisas de todo tipo que a ele se associam, ela própria é impessoal na sua base. Portanto deve ter, com poucos graus de diferença, as mesmas propriedades da força da qual não é senão um modo especial, em particular a mesma difusão, a mesma capacidade de se espalhar contagiosamente, a mesma ubiqüidade. Ora, muito pelo contrário, a alma costuma ser representada como um ser concreto, inteiramente concentrado nele mesmo e incomunicável aos outros; fez-se dele a base de nossa personalidade.

Mas essa maneira de conceber a alma é o produto de uma elaboração tardia e filosófica. A representação popular, tal como espontaneamente brota da experiência comum, é muito diferente, sobretudo na origem. Para o australiano, a alma é uma entidade muito vaga, com formas indecisas e flutuantes, espalhada pelo organismo inteiro. Embora se manifeste mais especialmente em certos pontos, talvez não haja onde ela esteja totalmente ausente. Portanto, ela tem uma difusão, uma contagiosidade, uma onipresença comparáveis às do *mana*. Da mesma forma que o mana, ela pode se dividir e se desdobrar ao infinito, embora permanecendo inteira em cada uma de suas partes; é dessas divisões e desses desdobramentos que resulta a pluralidade das almas. Por outro lado, a doutrina da reencarnação, cuja generalidade já estabelecemos, mostra tudo o que entra de elementos impessoais na idéia de alma e o quanto eles são essenciais. Pois, para que uma mesma alma possa adquirir uma personalidade nova a cada geração, é preciso que as formas individuais nas quais ela se envolve sucessivamente lhe sejam igualmente exteriores e não se prendam à sua natureza verdadeira. Trata-se de uma espécie de substância genérica que se individualiza apenas secundária e superficialmente. Aliás, essa concepção da alma está longe de haver desaparecido totalmente. O culto das relíquias demonstra que, ainda hoje, para a multidão dos crentes, a alma de um santo continua a aderir a seus diversos restos, com todos os seus poderes essenciais; o que implica que a concebam como capaz de se difundir, de se subdividir, de se incorporar simultaneamente às coisas mais diferentes.

Assim como se encontram na alma os atributos característicos do mana, mudanças secundárias e superficiais são suficientes para que o mana se individualize sob forma de alma. Passa-se da primeira idéia à segunda sem solução de continuidade. Toda força religiosa que se liga, nomeadamente, a um ser determinado, participa dos caracteres desse ser, adquire sua fisionomia, torna-se seu duplo espiritual. Tregear, em seu dicionário Maori-Polinésio, julgou poder aproximar da palavra *mana* todo um grupo de outras palavras, como *manawa, manamana*, etc., que parecem ser da mesma família e significam coração, vida, consciência. Não equivale isso a dizer que deve existir igualmente alguma relação de parentesco entre as idéias correspondentes, ou seja, entre as noções de poder impessoal e as de vida interior, de força mental, em suma, de alma?[124] Eis por que a questão de saber se o churinga é sagrado porque serve de hábitat a uma alma, como crêem Spencer e Gillen, ou porque possui virtudes especiais, como pensa Strehlow, nos parece de pouco interesse e sem alcance sociológico. Se a eficácia de um objeto sagrado é representada nos espíritos sob forma abstrata ou atribuída a algum agente pessoal, é algo que no fundo não importa. As raízes psicológicas tanto de uma como da outra crença são exatamente as mesmas: uma coisa é sagrada porque inspira, por uma razão qualquer, um sentimento coletivo de respeito que a subtrai aos ataques profanos. Para explicar esse sentimento, os homens ora o relacionam a uma causa vaga e imprecisa, ora a um ser espiritual determinado, dotado de um nome e de uma história; mas essas interpretações diferentes se juntam a um processo fundamental que é o mesmo nos dois casos.

É que o explica, aliás, as singulares confusões cujos exemplos encontramos pelo caminho. O indivíduo, a alma de antepassado que ele reencarna ou da qual a sua é uma emanação, seu churinga, os animais da espécie totêmica, são, dizíamos, coisas parcialmente equivalentes e substituíveis umas pelas outras. É que todas, sob certos aspectos, estão relacionadas à consciência coletiva da mesma maneira. Se o churinga é sagrado, é por causa do sentimento de respeito que o emblema totêmico, gravado em sua superfície, inspira; ora, o mesmo sentimento liga-se aos animais ou aos vegetais cuja forma exterior o totem reproduz, à alma do indivíduo, já que ela própria é pensada sob as aparências do ser totêmico, e finalmente à alma ancestral da qual a precedente não é senão um aspecto particular. Assim todos esses objetos diversos, reais ou ideais, têm um lado comum através do qual suscitam nas consciências um mesmo estado afetivo e, deste modo, se confundem. Na medida em que são expressos por uma mesma e única representação, eles são indistintos. Eis aí como o arunta pôde ser levado a ver no churinga o corpo comum do indivíduo, do antepassado e mesmo do ser totêmico. É uma maneira de exprimir a ele próprio a identidade dos sentimentos relacionados a essas diferentes coisas.

Todavia, do fato de que a idéia de alma derive da idéia de mana, de maneira nenhuma se segue que a primeira tenha uma origem relativamente tardia, nem que tenha havido uma época da história em que os homens só teriam conhecido as forças religiosas sob suas formas impessoais. Quando, pela palavra pré-animismo, procura-se designar um período histórico durante o qual o animismo teria sido totalmente ignorado, constrói-se uma hipótese arbitrária[125], pois não há povo em que a idéia de alma e a idéia de mana não coexistam. Não há razão, portanto, para supor que elas se formaram em dois momentos distintos; tudo prova, ao contrário, que elas são sensivelmente contemporâneas. Assim como não há sociedades sem indivíduos, também as formas impessoais que emanam da coletividade não podem se constituir sem se encarnar em consciências individuais nas quais se individualizam. Em realidade, não há aí dois processos diferentes, mas dois aspectos diferentes de um mesmo e único processo. É verdade que eles não têm igual importância: um deles é mais essencial que o outro. A idéia de mana não supõe a idéia de alma, pois, para que o mana possa individualizar-se e fragmentar-se em almas particulares, é preciso primeiro que ele seja, e o que ele é em si mesmo não depende das formas que assume ao individualizar-se. Ao contrário, a idéia de alma só se pode compreender em relação à idéia de mana. Sob esse aspecto, pode-se de fato dizer que ela é devida a uma formação secundária; mas trata-se de uma formação secundária no sentido lógico, e não cronológico, da palavra.

V

Mas por que os homens acreditaram que a alma sobrevivia ao corpo e podia mesmo sobreviver-lhe por um tempo indefinido?

Da análise a que procedemos, resulta que a crença na imortalidade de maneira nenhuma se constituiu sob a influência de idéias morais. O homem não imaginou prolongar sua existência além-túmulo a fim de que uma justa retribuição dos atos morais pudesse ser garantida numa outra vida, depois desta, pois vimos que toda consideração desse gênero era estranha à primitiva concepção do além.

Também não se pode considerar a hipótese segundo a qual a outra vida teria sido concebida como um meio de escapar à perspectiva angustiante do aniquilamento. Em primeiro lugar, a necessidade de sobrevivência pessoal está longe de ter sido tão intensa na origem. O primitivo aceita geralmente a idéia da morte com uma espécie de indiferença. Acostumado a levar pouco em conta sua individualidade, habituado a expor constantemente a vida, ele renuncia a ela bastante facilmente[126]. Além disso, a imortalidade que lhe é prometida pelas religiões que pratica nada tem de pessoal. Num grande número de casos, a alma não conserva ou não conserva por muito tempo a personalidade do defunto, uma vez que, esquecida de sua existência anterior, parte para animar outros corpos, ao cabo de algum tempo, tornando-se assim o princípio vivificador de personalidades novas. Mesmo entre povos mais avançados, não era a pálida e triste existência das sombras no Scheol ou no Érebo que podia atenuar os lamentos que a recordação da vida perdida deixava.

Uma explicação mais satisfatória é a que relaciona a concepção de uma vida póstuma às experiências do sonho. Nossos parentes, nossos amigos mortos nos reaparecem em sonho: vemo-los agir, ouvimo-los falar; era natural concluir que continuassem a existir. Mas se essas observações puderam servir para confirmar a idéia, uma vez surgida, elas não parecem capazes de tê-la suscitado integralmente. Os sonhos em que vemos reviver pessoas desaparecidas são muito raros, muito breves e deixam lembranças muito vagas para que, por si sós, tenham sugerido aos homens um sistema de crenças tão importante. Há uma forte desproporção entre o efeito e a causa a que é atribuído.

O que torna a questão embaraçosa é que, por ela mesma, a noção de alma não implicava a idéia de sobrevivência, mas parecia antes excluí-la. Com efeito, vimos que a alma, embora distinta do corpo, é tida como estreitamente solidária dele: envelhece quando ele envelhece, reflete todas as enfermidades que o atingem; portanto, devia parecer natural que morresse junto com ele. Pelo menos, deveria se acreditar que ela cessasse de existir, a partir do momento em que o corpo tivesse definitivamente perdido sua forma primeira, em que nada mais restasse do que ele havia sido. No entanto, é justamente então que se abre para ela uma nova vida.

Os mitos que relatamos anteriormente nos fornecem a única explicação que pode ser dada dessa crença. Vimos que as almas dos recém-nascidos eram ou emanações de almas ancestrais, ou essas próprias almas reencarnadas. Mas, para que elas pudessem se reencarnar ou liberar periodicamente emanações novas, era preciso que sobrevivessem a seus primeiros detentores. Parece claro, portanto, que se admitiu a sobrevivência dos mortos para poder explicar o nascimento dos vivos. O primitivo não tem a idéia de um deus todo-poderoso que cria as almas do nada. Parece-lhe que só se podem fazer almas com almas. As que nascem, portanto, só podem ser formas novas das que existiram; por conseguinte, é preciso que estas continuem a existir para que outras possam se formar. A crença na imortalidade das almas, em última instância, é a única maneira que o homem possui de explicar a si mesmo um fato que não pode deixar de chamar sua atenção: a perpetuidade da vida do grupo. Os indivíduos morrem, mas o clã sobrevive. As forças que fazem sua vida devem assim ter a mesma perpetuidade. Ora, essas forças são as almas que animam os corpos individuais; pois é nelas e através delas que o grupo se realiza. Por essa razão, é preciso que elas durem. É inclusive necessário que, ao durarem, permaneçam idênticas a si mesmas, pois, como o clã conserva sempre sua fisionomia característica, a substância espiritual de que ele é feito deve ser concebida como qualitativamente invariável. Já que se trata sempre do mesmo clã com o mesmo princípio totêmico, é preciso que as almas sejam as mesmas, as almas não sendo senão o princípio totêmico fragmentado e particularizado. Há, assim, como que um plasma germinativo, de ordem mística, que se transmite de geração a geração e que produz, ou pelo menos deveria produzir, a unidade espiritual do clã através da duração. E essa crença, apesar de seu caráter simbólico, não é desprovida de verdade objetiva. Pois, se o grupo não é imortal no sentido absoluto da palavra, a verdade é que ele dura por sobre os indivíduos, renascendo e se reencarnando a cada geração nova.

Um fato confirma essa interpretação. Segundo o testemunho de Strehlow, vimos que os Arunta distinguem dois tipos de almas: há, de um lado, as dos antepassados do Alcheringa e, de outro, as dos indivíduos que, a cada momento da história, compõem realmente o efetivo da tribo. As segundas só sobrevivem ao corpo durante um tempo bastante curto; não tardam a ser totalmente aniquiladas. Somente as primeiras são imortais; assim como são incriadas, elas não perecem. Ora, é notável que estas sejam também as únicas cuja imortalidade é necessária para explicar a permanência do grupo, pois é a elas e somente a elas que incumbe a função de assegurar a perpetuidade do clã, já que toda concepção é obra delas. As outras não têm, sob esse aspecto, nenhum papel a desempenhar. Portanto, as almas só são ditas imortais na medida em que essa imortalidade é útil para tornar inteligível a continuidade da vida coletiva.

Assim, as causas que suscitaram as primeiras crenças relativas a uma outra vida nada tiveram a ver com as funções que as instituições de além-túmulo haveriam de cumprir mais tarde. Mas, uma vez nascidas, elas logo foram utilizadas para finalidades diferentes daquelas que haviam sido suas primeiras razões de ser. Já nas sociedades australianas, vemo-las começar a se organizar nessa direção. Aliás, para isso elas não precisaram sofrer transformações fundamentais. Tanto é verdade que uma mesma instituição social pode, sem mudar de natureza, cumprir sucessivamente funções diferentes!

VI

A idéia de alma foi por muito tempo e continua sendo em parte a forma popular da idéia de personalidade[127]. A gênese da primeira dessas idéias deve, portanto, nos ajudar a compreender como a segunda se constituiu.

Resulta do que precede que a noção de pessoa é o produto de dois tipos de fatores. Um é essencialmente impessoal: é o princípio espiritual que serve de alma à coletividade. É ele, com efeito, que constitui a substância mesma das almas individuais. Ora, esse princípio não pertence a ninguém em particular: faz parte do patrimônio coletivo; nele e através dele, todas as consciências se comunicam. Mas, por outro lado, para que haja personalidades separadas, deve intervir um outro fator que fragmente esse princípio e que o diferencie: em outros termos, deve haver um fator de individuação. É o corpo que desempenha esse papel. Como os corpos são distintos uns dos outros, como ocupam pontos diferentes no tempo e no espaço, cada um deles constitui um meio especial em que as representações coletivas vêm se refratar e se colorir diferentemente. Disso resulta que, se todas as consciências envolvidas nesses corpos têm os olhos voltados para o mesmo mundo, isto é, o mundo de idéias e sentimentos que fazem a unidade moral do grupo, elas não o vêem sob o mesmo ângulo: cada uma o exprime a seu modo.

Desses dois fatores igualmente indispensáveis, o primeiro certamente não é o menos importante, pois é ele que fornece a matéria-prima da idéia de alma. Talvez cause surpresa atribuir um papel tão considerável ao elemento impessoal na gênese da noção de personalidade. Mas a análise filosófica da idéia de pessoa, que antecedeu em muito a análise sociológica, chegou a resultados análogos sobre esse ponto. Entre todos os filósofos, Leibniz é um dos que mais intensamente sentiram o que é a personalidade, pois a mônada, antes de tudo, é um ser pessoal e autônomo. No entanto, para Leibniz, o conteúdo de todas as mônadas é idêntico. Todas, com efeito, são consciências que exprimem um mesmo e único objeto, o mundo; e como o próprio mundo é apenas um sistema de representações, cada consciência particular não é, em suma, senão um reflexo da consciência universal. Só que cada uma a exprime de seu ponto de vista e à sua maneira. Sabemos de que maneira essa diferença de perspectivas decorre do fato de as mônadas estarem diversamente situadas umas em relação às outras e em relação ao sistema total que constituem.

Sob uma outra forma, Kant exprime a mesma idéia. Para ele, a pedra angular da personalidade é a vontade. Ora, a vontade é a faculdade de agir conforme a razão, e a razão é o que há de mais impessoal em nós. Pois a razão não é minha razão, é a razão humana em geral. Ela é o poder que tem o espírito de elevar-se acima do particular, do contingente, do individual, para pensar sob a forma do universal. Pode-se dizer, portanto, desse ponto de vista, que o que faz do homem uma pessoa é aquilo através do qual ele se confunde com os outros homens, o que faz dele um homem, e não determinado homem. Os sentidos, o corpo, em uma palavra, tudo o que individualiza, é, ao contrário, considerado por Kant como o antagonista da personalidade.

É que a individuação não é a característica essencial da pessoa. Uma pessoa não é apenas um sujeito singular, que se distingue de todos os outros. Mais do que isso, e sobretudo, é um ser ao qual é atribuída uma autonomia relativa em relação ao meio com o qual está mais imediatamente em contato. Representamo-lo como capaz, numa certa medida, de se mover por si mesmo. É o que Leibniz exprimia de uma maneira exagerada, ao dizer da mônada que ela é completamente fechada para o exterior. Ora, nossa análise permite conceber de que maneira se formou essa concepção e a que ela corresponde.

A alma, com efeito, expressão simbólica da personalidade, tem esse mesmo caráter. Embora estreitamente unida ao corpo, é considerada profundamente distinta dele e desfrutaria, em relação a ele, de uma larga independência. Durante a vida, pode deixá-lo provisoriamente e abandona-o em definitivo na morte. Longe de depender dele, ela o domina com a dignidade mais alta que possui. Pode muito bem tomar-lhe emprestada a forma exterior sob a qual se individualiza, mas não lhe deve nada de essencial. Ora, essa autonomia que todos os povos atribuíram à alma não é puramente ilusória, e sabemos agora qual o seu fundamento objetivo. Realmente é verdade que os elementos que servem para formar a idéia de alma e os que entram na representação do corpo provêm de duas fontes diferentes e independentes uma da outra. Uns são feitos com as impressões e as imagens provenientes de todos os pontos do organismo; os outros consistem em idéias e em sentimentos que vêm da sociedade e que a exprimem. Os primeiros, portanto, não derivam dos segundos. Assim, há realmente uma parte de nós mesmos que não está colocada sob a dependência imediata do fator orgânico: é tudo o que, em nós, representa a sociedade. As idéias gerais que a religião ou a ciência imprimem em nossos espíritos, as operações mentais que essas idéias supõem, as crenças e os sentimentos que estão na base de nossa vida moral, todas essas formas superiores da atividade psíquica que a sociedade desperta e desenvolve em nós não estão a reboque do corpo, como nossas sensações e nossos estados cenestésicos. É que, conforme mostramos, o mundo das representações no qual se desenrola a vida social se acrescenta a seu substrato material, longe de provir dele: o determinismo que reina aí é, portanto, bem mais flexível que o que tem suas raízes na constituição de nossos tecidos, e deixa ao agente uma impressão justificada de maior liberdade. O meio no qual assim nos movemos tem algo de menos opaco e de menos resistente: nele nos sentimos e ficamos mais à vontade. Em uma palavra, o único meio de nos liberarmos das forças físicas é opor-lhes as forças coletivas.

Mas o que obtemos da sociedade é comum a nós e a nossos companheiros. Portanto, estamos longe de ser tanto mais pessoais quanto mais individualizados. Os dois termos de modo nenhum são sinônimos: num certo sentido, eles se opõem mais do que se implicam. A paixão individualiza, no entanto escraviza. Nossas sensações são essencialmente individuais; mas somos tanto mais pessoas quanto mais livres dos sentidos, quanto mais capazes de pensar e agir por conceitos. Os que insistem, pois, em tudo o que há de social no indivíduo, não pretendem, com isso, negar ou rebaixar a personalidade. Apenas se recusam a confundi-la com o fato da individuação[128].

CAPÍTULO IX
A NOÇÃO DE ESPÍRITOS E DE DEUSES

Com a noção de alma, saímos do círculo das forças impessoais. Mas mesmo as religiões australianas já reconhecem, acima da alma, personalidades míticas de uma ordem superior: espíritos, heróis civilizadores e inclusive deuses propriamente ditos. Sem entrar nos detalhes das mitologias, precisamos, pelo menos, saber de que forma essas três categorias de seres espirituais se apresentam na Austrália e de que maneira elas se ligam ao conjunto do sistema religioso.

I

Uma alma não é um espírito. Com efeito, ela está internada num organismo determinado; embora possa sair dele em certos momentos, ela normalmente é prisioneira. Só consegue escapar definitivamente na morte, e mesmo assim vimos com que dificuldade essa separação se consuma. O espírito, ao contrário, embora com freqüência esteja unido por laços estreitos a um objeto particular, a uma fonte, a uma pedra, a uma árvore, a um astro, etc., embora de preferência resida aí, pode afastar-se à vontade para levar uma existência independente no espaço. Assim ele tem um raio de ação mais amplo. Pode agir sobre todos os indivíduos que dele se aproximam ou dos quais se aproxima. A alma, ao contrário, não tem muita influência, a não ser sobre o corpo que ela anima; só muito excepcionalmente, ao longo de sua vida terrestre, acontece-lhe afetar outros sujeitos.

Mas se a alma não possui os caracteres distintivos do espírito, ela os adquire, ao menos em parte, através da morte. De fato, uma vez desencarnada e enquanto não entrou de novo num corpo, ela tem a mesma liberdade de movimentos de um espírito. Certamente, quando os ritos do luto são cumpridos, supõe-se que ela parta para o país das almas; mas, primeiro, ela permanece por bastante tempo em volta do túmulo. Além disso, mesmo quando se afastou definitivamente, acredita-se que continue a rondar o acampamento, no mato[1]. Geralmente a representam como um ser benéfico, sobretudo para os membros de sua família que sobrevivem: vimos inclusive que a alma do pai vem ajudar o crescimento de seus filhos ou de seus netos. Mas acontece também que ela demonstre uma verdadeira crueldade: tudo depende de seu humor e da maneira pela qual é tratada pelos vivos[2]. Assim, é recomendado, sobretudo às mulheres e às crianças, não se aventurarem fora do acampamento durante a noite, a fim de evitar perigosos encontros[3].

Entretanto, uma alma de outro mundo não é um verdadeiro espírito. Primeiro, por ter geralmente apenas uma capacidade de ação restrita; depois, por não ter atribuições definidas. É um sonho vagabundo ao qual não compete nenhuma tarefa determinada, pois a morte teve por efeito justamente colocá-lo fora de todas as funções regulares; em relação aos vivos, é uma espécie de desclassificado. Um espírito, ao contrário, tem sempre uma eficácia de certo tipo e é exatamente por isso que ele se define; é encarregado de uma certa ordem de fenômenos, cósmicos ou sociais; tem uma função mais ou menos precisa a cumprir no sistema do mundo.

Mas há almas que satisfazem essa dupla condição e que, portanto, são, no sentido próprio, espíritos. São as almas dos personagens míticos que a imaginação popular colocou na origem dos tempos, os antepassados do Alcheringa ou Altjiranamitjina dos Arunta, os Mura-Mura das tribos do lago Eyre, os Muk-Kurnai dos Kurnai, etc. Num certo sentido, são ainda almas, já que outrora teriam animado corpos dos quais se separaram num dado momento. Mas, mesmo quando viviam uma vida terrestre, essas almas já possuíam, como vimos, poderes excepcionais; tinham um mana superior ao dos homens comuns e o conservaram. Além disso, estão encarregadas de funções determinadas.

Em primeiro lugar, quer se aceite a versão de Spencer e Gillen ou a de Strehlow, é a elas que compete garantir o recrutamento periódico do clã. São responsáveis pelo fenômeno da concepção.

Uma vez operada a concepção, a tarefa do antepassado não terminou. Compete-lhe zelar pelo recém-nascido. Mais tarde, quando a criança tornou-se adulto, acompanha-o na caça, ajuda a encontrar as presas, avisa-o, por meio dos sonhos, dos perigos que pode correr, protege-o contra seus inimigos, etc. Nesse ponto, Strehlow está inteiramente de acordo com Spencer e Gillen[4]. Perguntar-se-á, é verdade, de que maneira, na versão destes últimos, é possível ao antepassado cumprir essa função, pois, se ele reencarna no momento da concepção, parece que deveria se confundir com a alma da criança e, por conseguinte, não poderia protegê-la desde fora. Mas é que, em realidade, ele não reencarna por inteiro; apenas se desdobra. Uma parte dele penetra no corpo da mulher e a fecunda; uma outra continua a existir fora e, sob o nome especial de Arumburinga, cumpre a função de gênio tutelar[5].

Vê-se quão grande é o parentesco desse espírito ancestral com o *genius* dos latinos e o δαίμων dos gregos[6]. A identidade funcional é completa. Com efeito o *genius*, é em primeiro lugar aquele que engendra, *qui gignit*; ele exprime e personifica a potência geradora[7]. Mas ao mesmo tempo é o protetor, o diretor do indivíduo particular a cuja pessoa está ligado[8]. Enfim, ele se confunde com a personalidade mesma desse indivíduo; representa o conjunto das inclinações e tendências que o caracterizam e lhe dão uma fisionomia distinta em meio aos outros homens[9]. É daí que vêm as expressões conhecidas *indulgere genio*, *defraudare genium* com o sentido de *seguir seu temperamento natural*. No fundo, o *genius* é uma outra forma, um duplo da alma do indivíduo. É o que prova a sinonímia parcial de *genius* e de *manes*[10]. Os *manes* são o *genius* após a morte, mas também o que sobrevive do defunto, isto é, sua alma. Da mesma maneira, a alma do arunta e o espírito ancestral que lhe serve de *genius* não são senão dois aspectos diferentes de um mesmo e único ser.

Mas não é somente em relação às pessoas que o antepassado está situado de uma maneira definida, é também em relação às coisas. Embora se considere que seu verdadeiro hábitat seja debaixo da terra, acredita-se que ele freqüenta constantemente o lugar onde se acham a árvore ou a pedra nanja, o remoinho que se formou espontaneamente no ponto preciso em que ele desapareceu no chão, após ter terminado sua primeira existência. Como essa árvore ou essa pedra representariam o corpo do herói, imagina-se que sua alma mesma retorna a todo instante a esse lugar e o habita mais ou menos a título permanente; é pela presença dessa alma que se explica o respeito religioso que tais lugares inspiram. Ninguém pode quebrar um ramo da árvore nanja sem correr o risco de ficar doente[11]. "Outrora, o fato de abatê-la ou causar-lhe estrago era punido de morte. Um animal ou um pássaro que nela se refugia não deve ser morto. Mesmo o mato ao redor deve ser respeitado; a relva não deve ser queimada. Também as pedras devem ser tratadas com respeito. É proibido deslocá-las e quebrá-las."[12] Como esse caráter sagrado é atribuído ao antepassado, este aparece como o espírito dessa árvore, dessa pedra, desse redemoinho, dessa fonte[13]. Se a fonte for considerada como tendo algumas relações com a chuva[14], ele se tornará um espírito da chuva. Assim, as mesmas almas que, por um lado, servem de gênios protetores aos homens, cumprem ao mesmo tempo funções cósmicas. É certamente neste sentido que se deve entender um texto de Roth segundo o qual, no Queensland setentrional, os espíritos da natureza seriam as almas de falecidos, que teriam eleito domicílio nas florestas ou nas cavernas[15].

Eis, portanto, desta vez, seres espirituais que são outra coisa que não almas errantes e sem eficácia definida. Strehlow os chama de deuses[16]; mas a expressão é imprópria, pelo menos na grande maioria dos casos. Com efeito, numa sociedade como a dos Arunta, onde cada um tem seu antepassado protetor, haveria tantos ou mais deuses do que indivíduos. Seria introduzir confusão na terminologia dar o nome de deus a um ser sagrado que tem apenas um fiel. Pode acontecer, é verdade, que a figura do antepassado cresça ao ponto de parecer a de uma divindade propriamente dita. Entre os Warramunga, conforme dissemos[17], o clã inteiro é tido como descendente de um único antepassado. Explica-se facilmente que, em certas condições, esse antepassado coletivo tenha podido tornar-se o objeto de uma devoção coletiva. Foi o que aconteceu em particular com a serpente Wollunqua[18]. Esse animal mítico, do qual o clã de mesmo nome teria se originado, continua a viver, acredita-se, num remoinho d'água que é cercado de um respeito religioso. Assim, ele é o objeto de um culto que o clã celebra coletivamente: através de ritos determinados, procura-se agradá-lo, atrair seus favores, dirigindo-lhe algo como preces, etc. Pode-se dizer, portanto, que é uma espécie de deus do clã. Mas trata-se de um caso excepcional, inclusive único, segundo Spencer e Gillen. Normalmente, o termo espíritos é o único que convém para designar esses personagens ancestrais.

Quanto à maneira como se formou essa concepção, ela resulta de tudo o que precede.

Conforme mostramos, a existência de almas individuais, uma vez admitida, não se podia compreender se não se imaginasse, no princípio das coisas, um fundo original de almas fundamentais de que todas as outras fossem derivadas. Ora, essas almas arquetípicas deviam necessariamente ser concebidas como contendo nelas a fonte de toda eficácia religiosa, pois, como a imaginação não consegue ir mais além, é delas e somente delas que proviriam todas as coisas sagradas, os instrumentos do culto, os membros do clã, os animais da espécie totêmica. Elas encarnam toda a religiosidade difusa na tribo e no mundo, e é por isso que lhes são atribuídos poderes sensivelmente superiores aos das simples almas de homens. Aliás, o tempo, por si só, aumenta e reforça o caráter sagrado das coisas. Um churinga antigo inspira muito mais respeito que um churinga recente e teria mais virtudes[19]. É como se os sentimentos de veneração de que foi objeto durante as gerações sucessivas que o manejaram tivessem se acumulado nele. Pela mesma razão, personagens que, há séculos, são objeto de mitos transmitidos respeitosamente de boca em boca, e que os ritos põem periodicamente em ação, não podiam deixar de assumir, na imaginação popular, um lugar inteiramente à parte.

Mas como se explica que, ao invés de permanecer fora dos marcos da sociedade, eles tenham se tornado seus membros regulares?

É que cada indivíduo é o duplo de um antepassado. Ora, quando dois seres se aproximam a tal ponto, eles são naturalmente concebidos como solidários; como participam de uma mesma natureza, o que afeta um parece dever afetar necessariamente o outro. O grupo dos antepassados míticos foi ligado, assim, por um vínculo moral, à sociedade dos vivos; a ambos se atribuíram os mesmos interesses e as mesmas paixões; foram vistos como sócios. Só que, como os primeiros tinham uma dignidade mais alta que os segundos, essa associação tomou, no espírito público, a forma de uma relação entre superiores e inferiores, entre patrões e empregados, entre benfeitores e assistidos. Foi assim que surgiu essa curiosa noção de gênio tutelar, ligado a cada indivíduo.

A questão de saber como o antepassado foi posto em relação não apenas com os homens, mas também com as coisas, pode parecer mais embaraçosa; pois não se percebe, à primeira vista, que relação pode haver entre um personagem desse tipo e uma árvore ou uma pedra. Mas uma informação que devemos a Strehlow nos fornece uma solução pelo menos verossímil desse problema.

Essas árvores e essas pedras não estão situadas em qualquer ponto do território tribal, mas principalmente concentradas em volta dos santuários, chamados ertnatulunga, segundo Spencer e Gillen, e arknanaua, segundo Strehlow, nos quais se depositam os churinga do clã[20]. Sabemos o respeito de que esses locais são cercados pelo simples fato de que aí se conservam os mais preciosos instrumentos do culto. Por isso, cada um deles irradia santidade a seu redor. É por tal motivo que as árvores e as pedras vizinhas aparecem como sagradas, sendo proibido destruí-las ou danificá-las, toda violência exercida sobre elas constituindo sacrilégio. Esse caráter sagrado é devido, em realidade, a um simples fenômeno de contágio psíquico, mas o indígena, para explicá-lo, é obrigado a admitir que esses diferentes objetos estão em contato com os seres nos quais ele vê a origem de todo poder religioso, isto é, os antepassados do Alcheringa. Daí decorre o sistema de mitos que mencionamos. Imaginou-se que cada ertnatulunga marcava o lugar onde um grupo de antepassados havia sumido sob a terra. Os túmulos, as árvores que cobriam o chão, representariam seus corpos. Mas como a alma, de maneira geral, conserva uma espécie de afinidade em relação ao corpo no qual viveu, naturalmente se foi levado a acreditar que as almas ancestrais continuavam a freqüentar, de preferência, esses sítios onde seu invólucro material subsistia. Situaram-na, portanto, nessas árvores, nessas pedras, nesses remoinhos. Assim cada uma delas, embora continuando ligada à proteção de um indivíduo determinado, viu-se transformada numa espécie de *genius loci* e cumpre essa função[21].

Essas concepções, assim elucidadas, nos capacitam a compreender uma forma de totemismo que tivemos de deixar, até agora, sem explicação: o totemismo individual.

Um totem individual se define essencialmente pelos dois seguintes caracteres: 1) é um ser com forma animal ou vegetal, que tem por função proteger um indivíduo; 2) a sorte desse indivíduo e a de seu padroeiro estão estreitamente ligadas: tudo o que atinge o segundo se comunica simpaticamente ao primeiro. Ora, os espíritos ancestrais de que tratamos correspondem à mesma definição. Também eles se relacionam, ao menos em parte, ao reino animal ou vegetal. Também eles são gênios tutelares. Enfim, um vínculo simpático une cada indivíduo a seu antepassado protetor. A árvore nanja, corpo místico desse antepassado, não pode, com efeito, ser destruída sem que o homem se sinta ameaçado. A crença, é verdade, perde hoje força. No entanto, Spencer e Gillen ainda a observaram e, em todo caso, julgam que outrora era geral[22].

A identidade verifica-se inclusive nos detalhes das duas concepções.

As almas ancestrais residem em árvores ou pedras que são consideradas sagradas. Do mesmo modo, entre os Euahlayi, o espírito do animal que serve de totem individual habitaria numa árvore ou numa pedra[23]. Essa árvore ou essa pedra são sagradas; ninguém pode tocar nelas, salvo o proprietário do totem; e, mesmo assim, quando se trata de uma pedra ou rocha, a interdição é absoluta[24]. Disso resulta que são verdadeiros locais de refúgio.

Enfim, vimos que a alma individual é apenas um outro aspecto do espírito ancestral; este, segundo a expressão de Strehlow, serve, de certo modo, de segundo eu[25].

Assim também, segundo uma expressão da sra. Parker, o totem individual dos Euahlayi, chamado Yunbeai, é um *alter ego* do indivíduo: "A alma do homem está em seu Yunbeai e a alma de seu Yunbeai está nele."[26] Trata-se portanto, no fundo, de uma mesma alma em dois corpos. O parentesco dessas duas noções é tão grande que às vezes elas são expressas por uma mesma e única palavra. É o caso na Melanésia e na Polinésia: *atai* na ilha Mota, *tamaniu* na ilha Aurora, *talegia* em Motlaw designam ao mesmo tempo a alma do indivíduo e seu totem pessoal[27]. O mesmo acontece com *aitu* em Samoa[28]. É que o totem individual é apenas a forma exterior e visível do eu, da personalidade, cuja forma interior e invisível é a alma[29].

Assim, o totem individual tem todos os caracteres essenciais do antepassado protetor e cumpre o mesmo papel; e isso porque tem a mesma origem e procede da mesma idéia.

Ambos, com efeito, consistem num desdobramento da alma. O totem, como o antepassado, é a alma do indivíduo, mas exteriorizada e investida de poderes superiores aos que ela possuiria no interior do organismo. Ora, esse desdobramento é o produto de uma necessidade psicológica, pois apenas exprime a natureza da alma que, como vimos, é dupla. Num certo sentido, ela é nossa: exprime nossa personalidade. Mas, ao mesmo tempo, está fora de nós, já que é apenas o prolongamento em nós de uma força religiosa que nos é exterior. Não podemos nos confundir completamente com ela, já que lhe atribuímos uma excelência e uma dignidade através das quais se eleva acima de nós e de nossa individualidade empírica. Há, assim, toda uma parte de nós mesmos que tendemos a projetar fora de nós. Essa maneira de nos concebermos acha-se tão bem fundada em nossa natureza que não podemos escapar a ela, ainda que tentemos nos pensar sem recorrer a nenhum símbolo religioso. Nossa consciência moral é como o núcleo em torno do qual se formou a noção de alma; no entanto, quando ela nos fala, dá-nos a impressão de uma força exterior e superior a nós, que nos dita a lei e nos julga, mas que também nos ajuda e nos sustenta. Quando a temos a nosso favor, sentimo-nos mais fortes contra as provações da vida, mais seguros de triunfar delas, da mesma forma que o australiano, confiante em seu antepassado ou em seu totem pessoal, sente-se mais valente contra seus inimigos[30]. Há, portanto, algo de objetivo na base dessas diferentes concepções, quer se trate do *genius* romano, do totem individual ou do antepassado do Alcheringa; e é por isso que, sob formas diversas, elas sobreviveram até nossos dias. Tudo se passa como se tivéssemos realmente duas almas; uma que está em nós, ou melhor, que é nós; outra que está acima de nós e cuja função é assistir e controlar a primeira. Frazer percebia claramente que, no totem individual, havia uma alma exterior; mas acreditava que essa exterioridade era o produto de um artifício e de uma artimanha mágica. Em realidade, ela está implicada na constituição mesma da idéia de alma[31].

II

Os espíritos de que acabamos de falar são essencialmente benéficos. Certamente agem com severidade, se o homem não se comporta com eles como convém[32]; mas sua função não é prejudicar.

Entretanto, o espírito, por si mesmo, pode servir tanto ao mal quanto ao bem. Por isso, ante os espíritos auxiliares e tutelares, constituiu-se naturalmente uma classe de gênios malignos que permitiram aos homens explicarem-se os males permanentes de que devem padecer, os pesadelos[33], as doenças[34], os furacões e as tempestades[35], etc. Não que todas essas misérias humanas, é claro, parecessem coisas demasiado anormais para só poderem ser explicadas por forças sobrenaturais; mas é que todas as forças são então pensadas sob forma religiosa. Um princípio religioso é considerado a fonte da vida; era lógico, portanto, relacionar a um princípio do mesmo gênero todos os acontecimentos que perturbam a vida ou que a destroem.

Esses espíritos prejudiciais parecem claramente ter sido concebidos segundo o mesmo modelo que os gênios benéficos de que acabamos de falar. São representados sob forma animal, ou em parte animal, em parte humana[36]; mas há uma tendência natural a atribuir-lhes dimensões enormes e um aspecto repugnante[37]. Assim como as almas dos antepassados, supõe-se que habitem árvores, pedras, remoinhos d'água, cavernas subterrâneas[38]. Muitos nos são representados como almas de pessoas que viveram uma vida terrestre[39]. No que se refere aos Arunta em particular, Spencer e Gillen dizem expressamente que esses maus gênios, conhecidos pelo nome de Oruncha, são seres do Alcheringa[40]. Entre os personagens da época fabulosa, havia vários, com efeito, de temperamentos diferentes: alguns tinham instintos cruéis e maldosos que ainda conservam[41]; outros tinham naturalmente má constituição; eram magros e descarnados; assim, quando se enterraram no chão, as pedras nanja a que deram origem foram consideradas focos de perigosas influências[42].

Mas eles se distinguem de seus congêneres, os heróis do Alcheringa, por caracteres particulares. Esses maus espíritos não se reencarnam; entre os homens vivos, não há jamais quem os represente; são privados de posteridade humana[43]. Quando, por certos sinais, acredita-se que uma criança é o produto de suas obras, matam-na assim que ela nasce[44]. Por outro lado, não se relacionam a nenhum centro totêmico determinado; estão fora dos marcos sociais[45]. Por todos esses traços, admite-se que são potências muito mais mágicas do que religiosas. E, de fato, é sobretudo com o mágico que estão em contato; é delas, com muita freqüência, que este obtém seus poderes[46]. Chegamos aqui, portanto, ao ponto onde termina o mundo da religião e começa o da magia; e, como este último está fora de nossa pesquisa, não nos cabe levar adiante esse estudo[47].

III

O aparecimento da noção de espírito marca um importante progresso na individualização das forças religiosas.

Todavia, os seres espirituais de que se falou até agora não são ainda mais que personagens secundários. Eles ou são gênios maléficos que pertencem mais à magia do que à religião, ou, ligados a um indivíduo e a um lugar determinados, só podem fazer sentir sua influência num raio de ação muito limitado. Portanto, só podem ser o objeto de ritos privados e locais. Mas, uma vez constituída a idéia de espírito, ela se estendeu naturalmente a esferas mais elevadas da vida religiosa, e com isso surgiram personalidades míticas de uma ordem superior.

Se as cerimônias próprias a cada clã diferem umas das outras, elas não deixam de se relacionar a uma mesma religião; assim, existe entre elas um certo número de similitudes essenciais. Como todos os clãs são apenas partes de uma mesma e única tribo, a unidade da tribo não pode deixar de se fazer sentir através da diversidade dos cultos particulares. De fato, não há grupo totêmico que não tenha seus churinga, seus *bull-roarers*, que em toda parte são empregados de forma semelhante. A organização da tribo em fratrias, em classes matrimoniais, em clãs, as interdições exogâmicas a eles ligadas, constituem igualmente verdadeiras instituições tribais. Todas as festas da iniciação compreendem algumas práticas fundamentais – extração do dente, circuncisão, subincisão, etc. –, que, para uma mesma tribo, não variam com os totens. A uniformidade em relação a esse ponto se estabelece ainda mais facilmente porque a iniciação sempre ocorreu em presença da tribo, ou, pelo menos, por ocasião de uma assembléia para a qual diferentes clãs foram convocados. A razão disso é que a iniciação tem por finalidade introduzir o neófito na vida religiosa, não apenas do clã onde ele nasceu, mas da tribo inteira; portanto, é necessário que os aspectos variados da religião tribal sejam representados diante dele e passem, de certo modo, por seus olhos. É nessa ocasião que melhor se afirma a unidade moral e religiosa da tribo.

Há, assim, em cada sociedade, um certo número de ritos que se distinguem dos demais por sua homogeneidade e sua generalidade. Uma concordância tão notável só pareceu poder se explicar por uma unidade de origem. Imaginou-se, portanto, que cada grupo de ritos similares havia sido instituído por um mesmo e único antepassado que os teria revelado à tribo inteira. Assim, entre os Arunta, é um antepassado do clã do Gato-Selvagem, chamado Putiaputia[48], que teria ensinado aos homens a maneira de fabricar os churinga e de empregá-los ritualmente; entre os Warramunga, é Murtu-murtu[49]; entre os Urabunna, Witurna[50]; entre os Kaitish[51], Atnatu, e entre os Kurnai[52], Tundun. Do mesmo modo, as práticas da circuncisão são atribuídas pelos Dieri do Leste e várias outras tribos[53] a dois Mura-mura determinados, pelos Arunta, a um herói do Alcheringa chamado Mangarkunjerkunja[54], do totem do Lagarto. Ao mesmo personagem são atribuídas a instituição das interdições matrimoniais e a organização social que elas implicam, a descoberta do fogo, a invenção da lança, do escudo, do bumerangue, etc. Com muita freqüência, aliás, o inventor do *bull-roarer* é também considerado como o fundador dos ritos da iniciação[55].

Esses antepassados especiais não podiam ser postos no mesmo nível dos outros. Por um lado, os sentimentos de veneração que inspiravam não eram limitados a um clã, mas comuns a toda a tribo. Além disso, era a eles que se atribuía o que de mais estimado havia na civilização tribal. Por essa dupla razão, eles se tornaram objeto de uma consideração muito particular. Diz-se de Atnatu, por exemplo, que ele nasceu no céu, numa época inclusive anterior aos tempos do Alcheringa, que criou a si mesmo e deu-se o nome que tem. As estrelas são suas mulheres ou suas filhas. Além do céu onde ele vive, há um outro com um outro Sol. Seu nome é sagrado e jamais deve ser pronunciado diante das mulheres ou dos não-iniciados[56].

No entanto, qualquer que fosse o prestígio desses personagens, não havia motivo para instituir em sua honra ritos particulares, pois eles próprios não são mais que ritos personificados. Não têm outra razão de ser senão explicar práticas existentes, das quais são apenas um outro aspecto. O churinga forma uma coisa só com o antepassado que o inventou; ambos têm, às vezes, o mesmo nome[57]. Quando se faz ressoar o *bull-roarer*, diz-se que é a voz do antepassado que se faz ouvir[58]. Mas, precisamente porque cada um desses heróis se confunde com o culto que teria instituído, acredita-se que ele está atento à maneira pela qual este é celebrado. Só fica satisfeito se os fiéis cumprem exatamente seus deveres; pune os que são negligentes[59]. Portanto, ele é visto como guardião do rito, ao mesmo tempo que seu fundador, razão pela qual se acha investido de um verdadeiro papel moral[60].

IV

Entretanto, essa formação mitológica não é a mais elevada que encontramos entre os australianos. Há um certo número de tribos que chegaram à concepção de um deus, senão único, pelo menos supremo, situado numa posição preeminente em relação às outras entidades religiosas.

A existência dessa crença havia sido há muito assinalada por diferentes observadores[61], mas foi Howitt quem mais contribuiu para estabelecer sua relativa generalidade. Ele a constatou, com efeito, numa área geográfica muito extensa que compreende o Estado de Victoria, a Nova Gales do Sul e se estende até mesmo ao Queensland[62]. Em toda essa região, um número considerável de tribos crê na existência de uma verdadeira divindade tribal que, segundo as regiões, possui nomes diferentes. Os mais freqüentemente empregados são os de Bunjil ou Punjil[63], Daramulun[64] e Baiame[65]. Mas verificam-se também os de Nuralie ou Nurelle[66], Kohin[67], Mungan-ngaua[68]. Encontra-se a mesma concepção mais a oeste, entre os Narrinyeri, onde um grande deus é chamado Nurunderi ou Ngurrunderi[69]. Entre os Dieri, é bastante provável que, acima dos Mura-mura ou antepassados ordinários, exista um que goze de uma espécie de supremacia[70]. Enfim, contrariamente às afirmações de Spencer e Gillen, que declaravam não ter observado entre os Arunta nenhuma crença numa divindade propriamente dita[71], Strehlow garante que, sob o nome de Altjira, esse povo, assim como os Loritja, reconhece um verdadeiro "bom deus"[72].

Os caracteres essenciais desse personagem são em toda parte os mesmos. Trata-se de um ser imortal, até mesmo eterno, pois não deriva de nenhum outro. Após ter habitado a Terra durante algum tempo, subiu ou foi levado ao céu[73], onde continua a viver cercado de sua família, pois lhe atribuem geralmente uma ou várias mulheres, filhos e irmãos[74] que, às vezes, o assistem em suas funções. Em razão do lugar onde reside, ele e os seus costumam ser identificados com estrelas determinadas[75]. Atribuem-lhe, aliás, um poder sobre os astros. Foi ele que estabeleceu e ordenou a marcha do Sol e da Lua[76]; ele lhes dá ordens[77]. Ele é que faz cintilar o relâmpago da nuvem e que lança o raio[78]. Como é o trovão, relaciona-se igualmente com a chuva[79]: é a ele que se dirigem quando falta água ou quando chove demais[80].

Fala-se dele como de uma espécie de criador: é chamado o pai dos homens e diz-se que os criou. Segundo uma lenda que circulava em Melbourne, Bunjil teria feito o primeiro homem da seguinte maneira: com argila, teria fabricado uma estatueta; depois teria dançado ao redor dela várias vezes, lhe teria soprado nas narinas, e a estatueta teria se animado e começado a andar[81]. Segundo um outro mito, ele teria acendido o Sol; a Terra teria então se aquecido e os homens dela teriam brotado[82]. Ao mesmo tempo que os homens[83], esse personagem divino fez os animais, as árvores[84]; é a ele que se devem todas as artes da vida, as armas, a linguagem, os ritos tribais[85]. Ele é o benfeitor da humanidade, para a qual continua a desempenhar o papel de uma espécie de Providência. Ele é que provê a seus fiéis o necessário à existência[86]. Está em comunicação com eles, seja diretamente, seja por intermediários[87]. Mas, ao mesmo tempo, guardião da moral tribal, castiga quando esta é violada[88]. A julgar por certos observadores, cumpriria inclusive, após a vida, a função de juiz; distinguiria entre bons e maus e não trataria uns da mesma forma que os outros[89]. Em todo caso, costuma ser apresentado como encarregado do país dos mortos[90] e como acolhedor das almas, quando chegam no além[91].

Como a iniciação é a forma principal do culto tribal, lhe são mais especialmente devotados os ritos de iniciação; ele é o centro desses ritos. Com muita freqüência, é representado, então, por uma imagem talhada numa casca de árvore ou modelada na terra. Dança-se ao seu redor; canta-se em sua honra; dirigem-lhe até verdadeiras preces[92].

Explicam aos jovens quem é o personagem que essa imagem representa; dizem-lhes seu nome secreto, aquele que as mulheres e os não-iniciados devem ignorar; contam-lhes sua história, o papel que a tradição lhe atribui na vida da tribo. Em outros momentos, levantam as mãos para o céu onde se supõe que ele resida; ou então apontam na mesma direção as armas ou os instrumentos rituais que manejam[93]: é um meio de entrar em comunicação com ele. Por toda parte sentem sua presença. Ele vela pelo neófito quando este se retira na floresta[94]. Está atento à maneira pela qual as cerimônias são celebradas. A iniciação é seu culto. Por isso, cuida que esses ritos, em particular, sejam exatamente observados: quando faltas ou negligências são cometidas, ele as reprime de maneira terrível[95].

A autoridade de cada um desses deuses, aliás, não se limita a uma única tribo: ela é igualmente reconhecida por uma pluralidade de tribos vizinhas. Bunjil é adorado em quase todo o Estado de Victoria; Baiame, numa boa parte da Nova Gales do Sul, etc. É o que explica que esses deuses sejam em tão pequeno número para uma área geográfica relativamente extensa. Os cultos de que são objeto têm, portanto, um caráter internacional. Acontece inclusive que essas diferentes mitologias se misturem, se combinem, se façam mutuamente empréstimos. Assim, a maior parte das tribos que crêem em Baiame admitem também a existência de Daramulun; só que lhe concedem uma menor dignidade. Fazem de Daramulun um filho ou um irmão de Baiame, subordinado a este último[96]. A fé em Daramulun acha-se assim difundida, sob formas diversas, em toda a Nova Gales do Sul. Portanto, o internacionalismo religioso está longe de ser uma particularidade das religiões mais recentes e avançadas. Desde o início da história, as crenças religiosas manifestam uma tendência a não se encerrar numa sociedade política estreitamente limitada; há nelas como que uma aptidão natural a transpor as fronteiras, a se difundir, a se internacionalizar. Claro que houve povos e épocas em que essa aptidão espontânea foi barrada por necessidades sociais opostas; mas ela não deixa de ser real e, como se percebe, muito primitiva.

Essa concepção pareceu a Tylor de uma teologia tão elevada que ele se recusou a ver aí outra coisa que o produto de uma importação européia: seria uma idéia cristã mais ou menos desnaturada[97]. A. Lang, ao contrário[98], considera-a autóctone; mas, admitindo, também ele, que ela contrasta com o conjunto das crenças australianas e se baseia em princípios completamente diferentes, conclui que as religiões da Austrália são feitas de dois sistemas heterogêneos, superpostos um ao outro e derivados, conseqüentemente, de uma dupla origem. Haveria, de um lado, as idéias relativas aos totens e aos espíritos, que teriam sido sugeridas ao homem pelo espetáculo de certos fenômenos naturais. Mas, ao mesmo tempo, por uma espécie de intuição sobre cuja natureza nada é explicado[99], a inteligência humana teria concebido desde o início um deus único, criador do mundo, legislador da ordem moral. Lang julga inclusive que, na origem, em particular na Austrália, essa idéia era mais pura de qualquer elemento estrangeiro do que nas civilizações que vieram imediatamente depois. Com o tempo, essa idéia teria sido pouco a pouco recoberta e obscurecida pela massa sempre crescente das superstições animistas e totêmicas. Assim, ela teria sofrido uma espécie de degenerescência progressiva, até o momento em que, por efeito de uma cultura privilegiada, teria conseguido se recuperar e se afirmar de novo, com um brilho e uma clareza que não possuía no princípio[100].

Mas os fatos não admitem nem a hipótese cética de Tylor, nem a interpretação teológica de Lang.

Em primeiro lugar, é hoje certo que as idéias relativas ao grande deus tribal são de origem indígena. Elas foram observadas quando a influência dos missionários não tivera ainda tempo de se fazer sentir[101]. Mas disso não se segue que devamos atribuí-las a uma misteriosa revelação. Longe de derivarem de uma outra fonte que não as crenças propriamente totêmicas, elas são, ao contrário, a conseqüência lógica e a forma mais elevada dessas crenças.

Vimos, com efeito, que a noção dos antepassados míticos está implicada nos princípios mesmos sobre os quais repousa o totemismo, pois cada um deles é um ser totêmico. Ora, embora os grandes deuses lhes sejam certamente superiores, há entre uns e outros apenas diferenças de graus: passa-se dos primeiros aos segundos sem solução de continuidade. Um grande deus, de fato, é ele próprio um antepassado particularmente importante. Com freqüência falam-nos dele como de um homem, certamente dotado de poderes mais que humanos, mas que viveu na terra uma vida perfeitamente humana[102]. Pintam-no como um grande caçador[103], um poderoso mágico[104], o fundador da tribo[105]. Ele é o primeiro dos homens[106]. Uma lenda o representa inclusive sob os traços de um velho fatigado que mal pode se mover[107]. Se existiu entre os Dieri um deus supremo chamado Mura-mura, a palavra é significativa, pois serve para designar a classe dos antepassados. Assim também, Nuralie, nome do grande deus nas tribos do rio Murray, é às vezes empregado como uma expressão coletiva aplicada ao conjunto dos seres míticos que a tradição coloca na origem das coisas[108]. São personagens inteiramente comparáveis aos do Alcheringa[109]. Inclusive encontramos no Queensland um deus Anje-a ou Anjir, que cria os homens e, não obstante, parece claramente ser apenas o primeiro dos humanos[110].

O que ajudou o pensamento dos australianos a passar da pluralidade dos gênios ancestrais à idéia do deus tribal foi que, entre esses dois extremos, intercalou-se um termo médio, que serviu de transição: os heróis civilizadores. Os seres fabulosos que chamamos com esse nome são, de fato, simples antepassados aos quais a mitologia atribuiu um papel eminente na história da tribo e que, por essa razão, foram colocados acima dos outros. Vimos mesmo que eles faziam regularmente parte da organização totêmica: Mangarkunjerkunja é do totem do Lagarto e Putiaputia do totem do Gato-Selvagem. Mas, por outro lado, as funções que eles supostamente cumprem ou teriam cumprido se assemelham muito às que competem ao grande deus. Também este é tido por haver iniciado os homens nas artes da civilização, por ter sido o fundador das principais instituições sociais e o revelador das grandes cerimônias religiosas que continuam sob seu controle. Se ele é o pai dos homens, é antes por tê-los fabricado do que engendrado; mas Mangarkunjerkunja faz a mesma coisa. Antes dele, não havia homens, apenas massas de carne informes em que os diferentes membros, inclusive os diferentes indivíduos, não estavam separados uns dos outros. Foi ele que esculpiu essa matéria-prima e dela tirou seres propriamente humanos[111]. Entre esse modo de fabricação e aquele que o mito de que falamos atribui a Bunjil, há apenas nuanças. Aliás, o que mostra bem o laço que une essas duas figuras uma à outra é que uma relação de filiação é às vezes estabelecida entre elas. Entre os Kurnai, Tundun, o herói do *bull-roarer*, é o filho do grande deus Mungan-ngaua[112]. Do mesmo modo, entre os Euahlayi, Daramulun, filho ou irmão de Baiame, é idêntico a Gayandi, que é o equivalente do Tundun dos Kurnai[113].

Seguramente, de todos esses fatos não se deve concluir que o grande deus não é nada mais que um herói civilizador. Há casos em que esses dois personagens são nitidamente diferenciados. Mas, se não se confundem, pelo menos são parentes. Também acontece que se tenha alguma dificuldade em distingui-los: há os que podem ser igualmente bem classificados tanto numa como noutra categoria. Por isso, falamos de Atnatu como de um herói civilizador, mas ele está bem mais perto de ser um grande deus.

A noção de deus supremo depende mesmo tão intimamente do conjunto de crenças totêmicas que conserva ainda sua marca. Tundun é um divino herói muito próximo da divindade tribal, como acabamos de ver; ora, a mesma palavra, entre os Kurnai, quer dizer totem[114]. Do mesmo modo, entre os Arunta, Altjira é o nome do grande deus e também o nome do totem materno[115]. E mais: muitos grandes deuses têm um aspecto manifestamente totêmico. Daramulun é uma águia-falcão[116], tem por mãe uma ema[117]. É sob os traços de uma ema que Baiame é igualmente representado[118]. O próprio Altjira dos Arunta tem pernas de ema[119]. Nuralie, antes de ser o nome de um grande deus, designava, como vimos, os antepassados fundadores da tribo, uns dos quais eram corvos e os outros falcões[120]. Bunjil, segundo Howitt[121], é sempre figurado sob uma forma humana; no entanto, a mesma palavra serve para designar um totem de fratria, a águia-falcão.

Um de seus filhos, pelo menos, é um dos totens abrangidos pela fratria à qual ele deu ou emprestou seu nome[122]. Seu irmão é Pallyan, o morcego; ora, este serve de totem sexual aos homens em numerosas tribos de Victoria[123].

Podemos mesmo ir além e precisar ainda mais a relação que os grandes deuses mantêm com o sistema totêmico. Daramulun, como Bunjil, é uma águia-falcão, e sabe-se que esse animal é um totem de fratria num grande número de tribos do Sudeste[124]. Nuralie, dissemos, parece ter sido inicialmente um termo coletivo que designava indistintamente águias-falcões ou corvos; ora, nas tribos em que esse mito foi observado, o corvo serve de totem a uma das duas fratrias, a águia-falcão à outra[125]. Por outro lado, a história legendária dos grandes deuses lembra muito a dos totens de fratria. Os mitos, e às vezes os ritos, comemoram as lutas que cada uma dessas divindades teve de travar contra uma ave carnívora, da qual triunfou não sem dificuldade. Bunjil, ou o primeiro homem, após ter feito o segundo homem, Karween, entrou em conflito com este e, durante uma espécie de duelo, feriu-o gravemente e transformou-o em corvo[126]. As duas espécies de Nuralie são apresentadas como dois grupos inimigos que, primitivamente, estavam a todo momento em guerra[127]. Baiame, por sua vez, teve de lutar contra Mullian, a águia-falcão canibal, que, aliás, é idêntica a Daramulun[128]. Ora, vimos que entre os totens de fratria há igualmente uma espécie de hostilidade constitutiva. Esse paralelismo acaba demonstrando que a mitologia dos grandes deuses e a dos totens são parentes próximas. O parentesco ficará ainda mais evidente se observarmos que o êmulo do deus é regularmente ou o corvo, ou a águia-falcão, que são, de maneira geral, totens de fratria[129].

Baiame, Daramulun, Nuralie, Bunjil parecem, portanto, ser totens de fratria que foram divinizados. Eis como é possível conceber que ocorreu essa apoteose. Sem dúvida nenhuma, essa concepção se elaborou nas assembléias que se realizam a propósito da iniciação; pois os grandes deuses só desempenham um papel de alguma importância nesses ritos, enquanto são alheios às outras cerimônias religiosas. Aliás, como a iniciação é a forma principal do culto tribal, é somente nessa ocasião que uma mitologia tribal podia surgir. Já vimos como o ritual da circuncisão e o da subincisão tendiam espontaneamente a se personificar na forma de heróis civilizadores. Só que esses heróis não exerciam nenhuma supremacia; estavam no mesmo plano que os outros benfeitores legendários da sociedade. Mas lá onde a tribo adquiriu um sentimento mais forte de si, esse sentimento encarnou-se naturalmente num personagem que se tornou seu símbolo. Para explicar a si mesmos os vínculos que os uniam uns aos outros, não importa o clã a que pertencessem, os homens imaginaram que tinham saído de um mesmo tronco, que eram filhos de um mesmo pai a quem deviam a existência, sem que este a devesse a ninguém. O deus da iniciação era talhado sob medida para esse papel, pois, segundo uma expressão que retorna com freqüência aos lábios dos indígenas, a iniciação tem precisamente por finalidade fazer, fabricar homens. Atribuiu-se, pois, a esse deus um poder criador e, por todas essas razões, ele se viu investido de um prestígio que o pôs bem acima dos outros heróis da mitologia. Estes tornaram-se seus subordinados, seus auxiliares; fez-se deles seus filhos ou seus irmãos menores, como Tundun, Gayandi, Karween, Pallyan, etc. Mas já existiam outros seres sagrados que ocupavam no sistema religioso da tribo um lugar igualmente eminente: os totens de fratria. Onde se mantiveram, são tidos por conservar sob sua dependência os totens dos clãs. Assim tinham tudo o que era preciso para que eles próprios se tornassem divindades tribais. Era natural, portanto, que uma confusão parcial se estabelecesse entre esses dois tipos de figuras míticas. Foi assim que um dos dois totens fundamentais da tribo emprestou seus traços ao grande deus. Mas como era preciso explicar por que somente um deles fora chamado a essa dignidade da qual o outro estava excluído, supôs-se que este último, durante uma luta contra seu rival, fora vencido e que sua exclusão fora a conseqüência de sua derrota. A idéia foi ainda mais facilmente aceita por estar de acordo com o conjunto da mitologia, já que os totens de fratria são geralmente considerados inimigos um do outro.

Um mito que a sra. Parker observou entre os Euahlayi[130] pode servir para confirmar essa explicação, pois ele apenas a traduz sob uma forma figurada. Conta-se que, nessa tribo, os totens eram a princípio apenas os nomes dados às diferentes partes do corpo de Baiame. Os clãs seriam, portanto, num certo sentido, como que fragmentos do corpo divino. Não é outra maneira de dizer que o grande deus é a síntese de todos os totens e, conseqüentemente, a personificação da unidade tribal?

Mas o grande deus adquiriu ao mesmo tempo um caráter internacional. Com efeito, os membros da tribo à qual pertencem os jovens iniciados não são os únicos que assistem às cerimônias da iniciação; representantes das tribos vizinhas são especialmente convocados para essas festas, que se assemelham a feiras internacionais, a uma só vez religiosas e leigas[131]. Crenças que se elaboram em meios sociais assim compostos não podem permanecer como patrimônio exclusivo de uma nacionalidade determinada. O estrangeiro a quem elas foram reveladas as comunica, assim que retorna, à sua tribo natal; e como, cedo ou tarde, chegará sua vez de convidar seus anfitriões da véspera, vão se produzindo, de sociedade a sociedade, contínuas trocas de idéias. Constituiu-se, assim, uma mitologia internacional, cujo elemento essencial acabou sendo naturalmente o grande deus, já que essa mitologia tinha sua origem nos ritos da iniciação que ele tem por função personificar. Seu nome passou, pois, de uma língua a outra com as representações que a ele estavam associadas. O fato de os nomes das fratrias serem geralmente comuns a tribos muito diferentes só pôde facilitar essa difusão. O internacionalismo dos totens de fratria abriu caminho para o do grande deus.

V

Chegamos, assim, à concepção mais alta a que se elevou o totemismo. É o ponto em que ele se junta e prepara as religiões que seguirão, e nos ajuda a compreendê-las. Mas, ao mesmo tempo, pode-se ver que essa noção culminante liga-se sem interrupção às crenças mais grosseiras que analisamos em primeiro lugar.

Com efeito, o grande deus tribal não é senão um espírito ancestral que acabou por conquistar um lugar eminente. Os espíritos ancestrais não são senão entidades forjadas à imagem das almas individuais, cuja gênese estão destinados a explicar. As almas, por sua vez, não são senão a forma que adquirem, ao individualizar-se em corpos particulares, as forças impessoais que encontramos na base do totemismo. A unidade do sistema iguala sua complexidade.

Nesse trabalho de elaboração, a idéia de alma desempenhou, certamente, um papel importante: foi através dela que a idéia de personalidade se introduziu no domínio religioso. Mas, ao contrário do que afirmam os teóricos do animismo, ela está longe de conter toda a religião em germe. Em primeiro lugar, supõe antes dela a noção de *mana* ou de princípio totêmico, da qual não é mais que um modo particular. Em segundo, se os espíritos e os deuses não podiam ser concebidos antes da alma, eles são, no entanto, outra coisa que simples almas humanas, liberadas pela morte; pois de onde lhes viriam seus poderes sobre-humanos? A idéia de alma apenas serviu para orientar a imaginação mitológica numa nova direção, para sugerir-lhe construções de um novo tipo. Mas a matéria dessas construções foi tomada, não da representação da alma, mas desse reservatório de forças anônimas e difusas que constitui o fundo primitivo das religiões. A criação de personalidades míticas foi apenas um outro modo de pensar essas forças essenciais.

Quanto à noção de grande deus, ela se deve inteiramente a um sentimento cuja ação já observamos na gênese das crenças mais especificamente totêmicas: o sentimento tribal. Vimos, com efeito, que o totemismo não era obra isolada dos clãs, mas que se elaborava sempre no interior de uma tribo, que tinha, em algum grau, consciência de sua unidade. É por essa razão que os diferentes cultos particulares a cada clã se reúnem e se completam de maneira a formar um todo solidário[132]. Ora, é esse mesmo sentimento da unidade tribal que se exprime na concepção de um deus supremo, comum à tribo inteira. Portanto, são exatamente as mesmas causas que estão agindo da base ao topo desse sistema religioso.

Todavia, consideramos até aqui as representações religiosas como se elas se bastassem e se pudessem explicar por si mesmas. Na verdade, elas são inseparáveis dos ritos, não apenas porque neles se manifestam, mas porque sofrem indiretamente sua influência. Sem dúvida o culto depende das crenças, mas reage sobre elas. Para compreendê-las melhor, convém, portanto, conhecê-lo melhor. Chegou o momento de abordar seu estudo.

LIVRO III
AS PRINCIPAIS ATITUDES RITUAIS

CAPÍTULO I
O CULTO NEGATIVO E SUAS FUNÇÕES. OS RITOS ASCÉTICOS

Não temos a intenção de tentar, no que segue, uma descrição completa do culto primitivo. Preocupados antes de tudo em atingir o que há de mais elementar e fundamental na vida religiosa, não buscaremos reconstituir no detalhe a multiplicidade, não raro confusa, de todos os gestos rituais. Mas gostaríamos, através da extrema diversidade das práticas, de captar as atitudes mais características que o primitivo observa na celebração de seu culto, de classificar as formas mais gerais de seus ritos, de determinar suas origens e sua significação, a fim de controlar e, se possível, precisar os resultados a que nos conduz a análise das crenças[1].

Todo culto apresenta um duplo aspecto: um negativo, outro positivo. Certamente, na realidade, as duas espécies de ritos que assim denominamos estão intimamente associadas; veremos que uma supõe a outra. Mas não deixam de ser diferentes e, ainda que fosse apenas para compreender suas relações, é necessário distingui-las.

I

Os seres sagrados são, por definição, seres separados. O que os caracteriza é que, entre eles e os seres profanos, há uma solução de continuidade. Normalmente, uns são exteriores aos outros. Todo um conjunto de ritos tem por objeto realizar esse estado de separação que é essencial. Como sua função é evitar misturas e aproximações indevidas, impedir que um dos domínios avance sobre o outro, esses ritos só podem promulgar abstenções, ou seja, atos negativos. Por essa razão, propomos chamar de culto negativo o sistema formado por esses ritos especiais. Eles não prescrevem ao fiel que cumpra ações efetivas, mas se limitam a proibir-lhe certas maneiras de agir; portanto, adquirem todos a forma da interdição, ou, como se diz correntemente em etnografia, do *tabu*. Esta última palavra é a que se emprega nas línguas polinésias para designar a instituição em virtude da qual certas coisas são retiradas do uso comum[2]; é também um adjetivo que exprime o caráter distintivo desse tipo de coisas. Já tivemos a ocasião de mostrar o quanto é impróprio transformar assim, num termo genérico, uma expressão estritamente local e dialetal. Não há religião em que não existam interdições e em que elas não desempenhem um papel considerável; portanto, é lamentável que a terminologia consagrada pareça fazer, de uma instituição tão universal, uma particularidade própria da Polinésia[3]. A expressão *interditos* ou *interdições* nos parece bem mais preferível. Entretanto, a palavra tabu, como totem, é tão usual que haveria um excesso de purismo em proibi-la sistematicamente; além disso, os inconvenientes que ela apresenta são atenuados tão logo se tenha o cuidado de precisar seu sentido e seu alcance.

Mas há interdições de espécies diferentes, que importa distinguir, pois, no presente capítulo, não iremos tratar de todos os seus tipos.

Antes de mais nada, além daquelas relacionadas à religião, há as que dizem respeito à magia. Ambas têm em comum o fato de promulgarem incompatibilidades entre certas coisas e de separarem as coisas assim declaradas incompatíveis. Mas há, entre elas, diferenças consideráveis. Em primeiro lugar, as sanções não são as mesmas nos dois casos. Certamente, como veremos mais adiante, acredita-se com freqüência que as violações dos interditos religiosos determinam mecanicamente desordens materiais que o culpado teria de padecer e que são consideradas uma punição por seu ato. Mas, ainda que se produza realmente, esta punição automática não é a única; sempre é acompanhada por uma outra, que supõe uma intervenção humana. Ou uma pena propriamente dita acrescenta-se a ela, quando não a antecipa, pena essa que é deliberadamente infligida pelos homens; ou, pelo menos, há censura, reprovação pública. Ainda que o sacrilégio tenha sido como que punido pela doença ou a morte natural de seu autor, ele é, além disso, estigmatizado; ele ofende a opinião, que reage contra ele; põe aquele que o cometeu em estado de falta. Ao contrário, a interdição mágica é sancionada apenas pelas conseqüências materiais que o ato interdito supostamente produz, com uma espécie de necessidade física. Ao desobedecer, correm-se riscos, como aqueles aos quais se expõe um enfermo que não segue os conselhos de seu médico; mas a desobediência, nesse caso, não constitui uma falta, não causa indignação. Não há pecado mágico. Essa diferença nas punições deve-se, aliás, a uma diferença profunda na natureza das interdições. A interdição religiosa implica necessariamente a noção do sagrado, vem do respeito que o objeto sagrado inspira e tem por finalidade impedir que falte esse respeito. Ao contrário, as interdições mágicas supõem apenas a noção perfeitamente leiga de propriedade. As coisas que o mágico recomenda manter separadas são aquelas que, em razão de suas propriedades características, não podem ser misturadas ou aproximadas sem perigos. Mesmo se ele vem a convidar seus clientes a manterem distância de certas coisas sagradas, não o faz por respeito a elas e por temor de que sejam profanadas, pois a magia, como sabemos, vive de profanações[4], mas unicamente por razões de utilidade temporal. Em uma palavra, as interdições religiosas são imperativos categóricos; as outras são máximas utilitárias, primeira forma de interdições higiênicas e médicas. Não se pode, sem confusão, estudar simultaneamente, e sob o mesmo nome, duas ordens de fatos tão diferentes. Iremos nos ocupar aqui apenas das interdições religiosas[5].

Mas, mesmo entre estas últimas, uma nova distinção é necessária.

Há interdições religiosas que têm por objeto separar, umas das outras, coisas sagradas de espécies diferentes. O leitor se lembra, por exemplo, de como, entre os Wakelbura, o tablado sobre o qual o morto fica exposto deve ser exclusivamente construído com materiais que pertencem à fratria do defunto; vale dizer que é interdito todo contato entre o morto, que é sagrado, e as coisas da outra fratria, que também são sagradas, mas a títulos diferentes. Além disso, as armas utilizadas para caçar um animal não devem ser feitas de uma madeira que esteja classificada no mesmo grupo social que esse animal[6]. Mas as mais importantes dessas interdições são as que estudaremos num próximo capítulo: elas se destinam a prevenir toda comunicação entre o sagrado puro e o sagrado impuro, entre o sagrado fasto e o sagrado nefasto. Todas essas interdições têm uma característica comum: advêm, não do fato de haver coisas sagradas e outras que não o são, mas de existirem entre as coisas sagradas relações de inconveniência e de incompatibilidade. Portanto, não dizem respeito ao que há de essencial na idéia do sagrado. Assim, a observância dessas proibições pode dar ensejo apenas a ritos isolados, particulares e quase excepcionais, mas não seria capaz de constituir um culto propriamente dito, pois um culto é feito, antes de tudo, de relações regulares entre o profano e o sagrado como tal.

Mas existe um outro sistema de interdições religiosas muito mais extenso e mais importante: é o que separa, não espécies diferentes, mas tudo o que é sagrado de tudo o que é profano. Deriva imediatamente, portanto, da noção mesma de sagrado, que esse sistema se limita a exprimir e a realizar. Assim, ele fornece a matéria de um verdadeiro culto, e mesmo de um culto que está na base de todos os outros, pois a atitude que prescreve é aquela de que o fiel jamais deve se desviar em suas relações com os seres sagrados. É o que chamamos de culto negativo. Pode-se dizer, portanto, dessas interdições, que elas são as interdições religiosas por excelência[7]. É somente delas que se tratará nas páginas seguintes.

Mas elas assumem formas múltiplas. Eis aqui os tipos principais que se observam na Austrália.

Antes de tudo, há interdições de contato: são os tabus primários dos quais os outros não são muito mais que variedades particulares. Eles se baseiam no princípio de que o profano não deve tocar o sagrado. Já vimos que em caso nenhum os churinga ou os *bull-roarers* devem ser manejados por não-iniciados. Se os adultos têm essa liberdade, é que a iniciação lhes conferiu um caráter sagrado. O sangue, e particularmente o que corre durante a iniciação, tem uma virtude religiosa[8]; ele está submetido à mesma interdição[9]. O mesmo acontece com os cabelos[10]. O morto é um ser sagrado, porque a alma que animava o corpo adere ao cadáver; por essa razão, é às vezes proibido transportar os ossos do morto a não ser envolvidos numa casca de árvore[11]. O lugar mesmo onde ocorreu o falecimento deve ser evitado, pois acredita-se que a alma do defunto continue a residir ali. Por isso, a aldeia é desmontada e transportada a uma certa distância[12]; em alguns casos, ela é destruída com tudo o que contém[13], e um tempo decorre antes que se possa voltar ao mesmo local[14]. Acontece, algumas vezes, que o moribundo já provoque como que um vazio a seu redor; ele é, então, abandonado, depois de instalado tão confortavelmente quanto possível[15].

Um contato excepcionalmente íntimo é o que resulta da absorção de um alimento. Daí vem a interdição de comer os animais ou os vegetais sagrados, particularmente os que servem de totens[16]. Um tal ato afigura-se tão sacrílego que a proibição aplica-se inclusive aos adultos ou, pelo menos, à maior parte deles; somente os velhos atingem suficiente dignidade religiosa para nem sempre se submeterem a essa interdição. Explicou-se às vezes essa proibição pelo parentesco mítico que une o homem aos animais cujo nome ele tem; esses animais seriam protegidos pelo sentimento de simpatia que inspiram na qualidade de parentes[17]. Mas, o que mostra bem que a interdição não tem por origem uma simples reação do sentimento de solidariedade doméstica é que o consumo da carne proibida é tido por determinar automaticamente a doença e a morte. Trata-se, portanto, de forças de outro gênero que estão em jogo, análogas àquelas que, em todas as religiões, reagiriam contra os sacrilégios.

Aliás, se certos alimentos são proibidos ao profano por serem sagrados, outros, ao contrário, são proibidos, por serem profanos, às pessoas marcadas de um caráter sagrado. Assim, é freqüente que animais determinados sejam especialmente destinados à alimentação das mulheres; acredita-se que participam da natureza feminina e que, portanto, são profanos. O jovem iniciado, ao contrário, é submetido a um conjunto de ritos de particular gravidade; para poder transmitir-lhe as virtudes que lhe permitirão penetrar no mundo das coisas sagradas de onde estava excluído até então, faz-se convergir sobre ele um feixe excepcionalmente poderoso de forças religiosas. Ele se encontra num estado de santidade que afasta para longe tudo o que é profano. Assim lhe é proibido comer da caça que estaria destinada às mulheres[18].

Mas o contato pode se estabelecer de outra forma que não pelo tato. Entra-se em relação com uma coisa pelo simples fato de olhá-la: o olhar é um contato. Por isso, a visão das coisas sagradas é, em certos casos, proibida aos profanos. A mulher jamais deve ver os instrumentos do culto; quando muito lhe é permitido vislumbrá-los de longe[19]. O mesmo acontece com as pinturas totêmicas executadas sobre o corpo dos oficiantes por ocasião de cerimônias particularmente importantes[20]. A excepcional solenidade dos ritos de iniciação faz que, em certas tribos, as mulheres não possam sequer ver os locais onde são celebrados[21] nem o próprio neófito[22]. O caráter sagrado imanente à cerimônia inteira manifesta-se naturalmente na pessoa dos que a dirigem ou que dela participam; disso resulta que o noviço não pode levantar os olhos para eles, e a proibição se mantém mesmo depois que o rito se realizou[23]. Também o morto é às vezes subtraído aos olhares: sua face é recoberta de maneira a não poder ser vista[24].

A fala é um outro meio de entrar em contato com as pessoas ou com as coisas. O ar expirado estabelece a comunicação, é algo de nós que se espalha para fora. Por isso, é proibido aos profanos dirigir a palavra aos seres sagrados ou, simplesmente, falar em sua presença. Do mesmo modo que não deve olhar os oficiantes nem os assistentes, ao neófito é proibido conversar com eles, salvo por sinais; e essa interdição persiste até que tenha sido levantada por intermédio de um rito especial[25]. De uma maneira geral, há, entre os Arunta, durante as grandes cerimônias, momentos em que o silêncio é obrigatório[26]. Assim que os churinga são expostos, todos se calam; ou, se falam, é em voz baixa e calmamente[27].

Além das coisas sagradas, há palavras e sons que têm o mesmo caráter; não devem sair dos lábios dos profanos nem chegar a seus ouvidos. Há cantos rituais que as mulheres não devem ouvir sob pena de morte[28]. Elas podem perceber o ruído dos *bull-roarers*, mas apenas à distância. Todo nome próprio é considerado um elemento essencial da pessoa que o tem; intimamente associado nos espíritos à idéia dessa pessoa, o nome participa dos sentimentos que ela inspira. Se, portanto, ela é sagrada, também ele o é. Assim não pode ser pronunciado ao longo da vida profana. Há, entre os Warramunga, um totem que é particularmente venerado; trata-se da serpente mítica chamada Wollunqua, cujo nome é tabu[29]. O mesmo ocorre com Baiame, Daramulun, Bunjil: a forma esotérica de seus nomes não pode ser revelada aos não-iniciados[30]. Durante o luto, o nome do morto não deve ser mencionado, ao menos por seus parentes, salvo quando há absoluta necessidade e, mesmo nesse caso, somente em voz baixa[31]. Essa interdição é muitas vezes perpétua para a viúva e para alguns parentes[32]. Em certos povos, ela se estende inclusive além da família; todos os indivíduos que têm o mesmo nome do defunto são obrigados a mudá-lo temporariamente[33]. Mais: os parentes e os íntimos proíbem-se às vezes certas palavras da língua usual, certamente porque eram empregadas pelo morto; preenchem-se essas lacunas por meio de perífrases ou empréstimos tomados de algum dialeto estrangeiro[34]. Além de seu nome público e vulgar, os homens têm um outro guardado em segredo: as mulheres e as crianças o ignoram; jamais se faz uso dele na vida ordinária. É que ele possui um caráter religioso[35]. Há também cerimônias durante as quais se é obrigado a falar uma linguagem especial que não se pode utilizar nas relações profanas. Trata-se de um começo de língua sagrada[36].

Os seres sagrados não somente são separados dos profanos, como também nada do que concerne, direta ou indiretamente, à vida profana deve se misturar à vida religiosa. Uma nudez completa não raro é exigida do indígena como condição prévia para poder participar do rito[37]; ele é obrigado a despojar-se de todos os seus ornamentos habituais, mesmo daqueles a que tem mais apego e dos quais é mais difícil separar-se por causa das virtudes protetoras que lhes atribui[38]. Se, para desempenhar seu papel ritual, ele é obrigado a enfeitar-se, essa ornamentação deve ser feita especialmente para a circunstância: é uma indumentária cerimonial, um traje de festa[39]. Como esses ornamentos são sagrados em razão do uso que deles se fez, é proibido utlizá-los no convívio profano. Uma vez encerrada a cerimônia, são enterrados ou queimados[40]; os homens devem inclusive lavar-se de maneira a não conservar nenhum vestígio dos ornamentos que os cobriam[41].

De maneira mais geral, os atos característicos da vida ordinária são interditos enquanto se desenrolam os da vida religiosa. O ato de comer é, por si mesmo, profano, pois acontece todos os dias, satisfaz necessidades essencialmente utilitárias e materiais, faz parte de nossa existência vulgar[42]. Por isso ele é proibido em tempos religiosos. Assim, quando um grupo totêmico emprestou seus churinga a um clã estrangeiro, é um momento solene aquele em que são trazidos de volta e recolocados no ertnatulunga: todos os que tomam parte da cerimônia devem permanecer em jejum enquanto ela durar, e ela dura bastante[43]. A mesma regra se observa durante a celebração dos ritos[44], que veremos no capítulo seguinte, bem como em certos momentos da iniciação[45].

Pela mesma razão, todas as ocupações temporais são suspensas quando ocorrem as grandes solenidades religiosas. Conforme uma observação de Spencer e Gillen[46] que já tivemos a ocasião de citar, a vida do australiano é feita de duas partes muito distintas: uma é dedicada à caça, à pesca, à guerra, a outra é consagrada ao culto. E essas duas atividades se excluem e se repelem mutuamente. É nesse princípio que se baseia a instituição universal do descanso religioso. O caráter distintivo dos dias de festa, em todas as religiões conhecidas, é a paralisação do trabalho, a suspensão da vida pública e privada, na medida em que esta não tem objetivo religioso. Esse repouso não é simplesmente uma espécie de folga temporária que os homens teriam se concedido para se entregarem mais livremente aos sentimentos de alegria que os feriados geralmente despertam, pois há festas tristes, consagradas ao luto e à penitência, durante as quais ele não é menos obrigatório. Mas é que o trabalho é a forma eminente da atividade profana, não tem outra finalidade aparente a não ser prover às necessidades temporais da vida; ele só nos põe em contato com coisas profanas. Ao contrário, nos dias de festa, a vida religiosa atinge um grau de excepcional intensidade. Portanto, o contraste entre as duas formas de existência, nesse momento, é particularmente acentuado; por conseguinte, elas não podem ser vizinhas. O homem é incapaz de se aproximar intimamente de seu deus quando traz ainda em si as marcas de sua vida profana; inversamente, ele só pode retornar às suas ocupações usuais depois de santificado pelo rito. Assim o descanso ritual é apenas um caso particular da incompatibilidade geral que separa o sagrado do profano; é o resultado de uma interdição.

Não poderíamos enumerar aqui todos os tipos de interdições que são observadas, ainda que apenas nas religiões australianas. Da mesma forma que a noção de sagrado sobre a qual repousa, o sistema das interdições estende-se às relações mais diversas; inclusive é deliberadamente utilizado para fins utilitários[47]. Mas, por mais complexo que possa ser, ele resulta finalmente em duas interdições fundamentais que o resumem e o dominam.

Em primeiro lugar, a vida religiosa e a vida profana não podem coexistir num mesmo espaço. Portanto, para que a primeira possa se desenvolver, é preciso providenciar-lhe um local especial de onde a segunda esteja excluída. Daí a instituição dos templos e dos santuários: são porções de espaço destinadas às coisas e aos seres sagrados e que lhes servem de hábitat, pois estes só podem se estabelecer ali com a condição de apropriar-se totalmente daquele chão num raio determinado. Essas providências são tão indispensáveis à vida religiosa que mesmo as religiões mais inferiores não podem passar sem elas. O ertnatulunga, local onde são depositados os churinga, é um verdadeiro santuário. Assim é proibido aos não-iniciados aproximar-se dele. É proibido mesmo entregar-se ali a uma ocupação profana, qualquer que seja. Veremos a seguir que existem outros lugares santos onde se celebram importantes cerimônias[48].

Do mesmo modo, a vida religiosa e a vida profana não podem coexistir nas mesmas unidades de tempo. Portanto, é necessário reservar à primeira dias ou períodos determinados dos quais todas as ocupações profanas sejam retiradas. Foi assim que surgiram as festas. Não há religião nem, conseqüentemente, sociedade que não tenha conhecido e praticado essa divisão do tempo em duas partes definidas que se alternam segundo uma lei variável com os povos e as civilizações; é muito provável até, como dissemos, que a necessidade dessa alternância tenha levado os homens a introduzir, na continuidade e homogeneidade da duração, distinções e diferenciações que ela não comporta naturalmente[49]. Claro que é praticamente impossível que a vida religiosa venha a se concentrar de forma hermética nos meios espaciais e temporais que lhe são assim atribuídos; é inevitável que um pouco dela se escoe no exterior. Há sempre coisas sagradas fora dos santuários; há ritos que podem ser celebrados em dias de trabalho. Mas trata-se de coisas sagradas de ordem secundária e de ritos de menor importância. A concentração permanece a característica dominante dessa organização. Ela é até mesmo geralmente completa em tudo o que concerne ao culto público, que só pode ser celebrado em comum. O culto privado, individual, é o único que chega a se misturar com a vida temporal. Assim o contraste entre essas duas fases sucessivas da vida humana atinge seu máximo de intensidade nas sociedades inferiores, como são as tribos australianas, pois é lá que o culto individual é o mais rudimentar[50].

II

Até agora, o culto negativo só se apresentou a nós como um sistema de abstenções. Ele parece, portanto, servir apenas para inibir a atividade, não para estimulá-la e tonificá-la. No entanto, por um reflexo inesperado desse efeito inibidor, ele acaba exercendo, sobre a natureza religiosa e a moral do indivíduo, uma ação positiva da mais alta importância.

De fato, em razão da barreira que separa o sagrado do profano, o homem só pode entrar em contato íntimo com as coisas sagradas se se despojar do que há de profano nele. Só pode viver uma vida religiosa um pouco intensa, se começar por retirar-se mais ou menos completamente da vida temporal. O culto negativo é, pois, em certo sentido, um meio tendo em vista um objetivo: ele é a condição de acesso ao culto positivo. Não se limita a proteger os seres sagrados dos contatos vulgares mas age sobre o próprio fiel, modificando-lhe positivamente o estado. O homem que se submeteu às interdições prescritas não é, depois delas, o mesmo que era antes. Antes, era um ser comum que, por essa razão, devia permanecer afastado das forças religiosas. Depois, encontra-se mais junto delas, pois aproximou-se do sagrado pelo simples fato de ter se afastado do profano; purificou-se e santificou-se por ter se separado das coisas baixas e triviais que entorpeciam sua natureza. Os ritos negativos conferem, assim, poderes eficazes tanto quanto os ritos positivos; os primeiros, como os segundos, podem servir para elevar a energia religiosa dos indivíduos. Segundo uma justa observação que foi feita, ninguém pode se envolver numa cerimônia religiosa de alguma importância sem se submeter a uma espécie de iniciação prévia que o introduza progressivamente no mundo sagrado[51]. Para isso, podem se empregar unções, purificações, bênçãos, todas elas operações essencialmente positivas; mas chega-se ao mesmo resultado por meio de jejuns, vigílias, pelo retiro e pelo silêncio, isto é, por abstinências rituais que não são senão a prática de interdições determinadas.

Quando se trata apenas de ritos negativos particulares e isolados, sua ação é geralmente pouco acentuada para ser facilmente perceptível. Mas há circunstâncias em que um sistema completo de interdições está concentrado num único sujeito; nesse caso, seus efeitos se acumulam e se tornam mais manifestos. É o que acontece, na Austrália, por ocasião da iniciação. O neófito é adstrito a uma extrema variedade de ritos negativos. Deve se retirar da sociedade na qual, até então, passou sua existência e de quase todo contato humano. É proibido não apenas de ver mulheres e não-iniciados[52], como também vai viver no mato, longe de seus semelhantes, sob a orientação de alguns velhos que lhe servem de padrinhos[53]. A floresta é a tal ponto considerada seu meio natural, que a palavra pela qual se designa a iniciação num certo número de tribos significa *o que é da floresta*[54]. Pela mesma razão, durante as cerimônias a que assiste, o neófito com muita freqüência é enfeitado de folhagem[55]. Assim ele passa longos meses[56], entrecortados, de tempo em tempo, pelos ritos de que deve participar. Para ele, esse tempo é um período de abstinências de toda espécie. Uma série de alimentos lhe são proibidos; só lhe é permitida a quantidade de comida estritamente indispensável para viver[57]; não raro é submetido a um jejum rigoroso[58], ou então é obrigado a comer algo imundo[59]. Quando se alimenta, ele não pode tocar na comida com as mãos; são os padrinhos que a introduzem em sua boca[60]. Em certos casos, deve sair a mendigar sua subsistência[61]. Do mesmo modo, dorme apenas o indispensável[62]. Deve abster-se de falar enquanto não lhe dirigem a palavra; é por sinais que manifesta suas necessidades[63]. Toda distração lhe é interdita[64]. Não pode se lavar[65]; às vezes não pode se mover. Permanece estendido no chão, imóvel[66], sem roupas de nenhuma espécie[67]. Ora, o resultado dessas interdições múltiplas é determinar no iniciado uma mudança de estado radical. Antes da iniciação, vivia com as mulheres, estava excluído do culto. Doravante, é admitido na sociedade dos homens, toma parte nos ritos, adquiriu um caráter sagrado. A metamorfose é tão completa, que muitas vezes é representada como um segundo nascimento. Imagina-se que o personagem profano que o jovem era até então, morreu;

que foi morto e levado pelo deus da iniciação, Bunjil, Baiame ou Daramulun, e que um indivíduo completamente diferente tomou o lugar do que não existe mais[68]. Portanto vêem-se nitidamente aqui os efeitos positivos que os ritos negativos são capazes de ter. Claro que não queremos afirmar que estes últimos produzam, por si sós, essa grande transformação, mas certamente contribuem para ela, e em larga medida.

À luz desses fatos, pode-se compreender o que é o ascetismo, que importância tem na vida religiosa e de onde vêm as virtudes que de maneira muito geral lhe foram atribuídas. Com efeito, não há interdição cuja observância não tenha, em algum grau, um caráter ascético. Abster-se de uma coisa que pode ser útil ou de uma forma de atividade que, por ser usual, deve corresponder a uma necessidade humana, é impor-se, obrigatoriamente, renúncias, constrangimentos. Para que haja ascetismo propriamente dito, basta portanto que essas práticas se desenvolvam de maneira a tornar-se a base de um verdadeiro regime de vida. Normalmente, o culto negativo serve apenas de introdução e de preparação ao culto positivo. Mas pode acontecer que ele se liberte dessa subordinação e passe ao primeiro plano, que o sistema de interdições cresça e se expanda ao ponto de invadir a existência inteira. Assim se origina o ascetismo sistemático que, conseqüentemente, não é outra coisa senão uma hipertrofia do culto negativo. As virtudes especiais que ele supostamente confere são tão-só uma forma amplificada daquelas que, em menor grau, a prática de toda interdição confere. Elas têm a mesma origem, pois se baseiam igualmente no princípio de que nos santificamos pelo simples fato de nos esforçarmos para nos separar do profano. O puro asceta é um homem que se eleva acima dos homens e que adquire uma santidade particular por meio de jejuns, de vigílias, pelo retiro e pelo silêncio, em uma palavra, por meio de privações, mais do que por atos de piedade positiva (oferendas, sacrifícios, preces, etc.). A história mostra, por outro lado, o alto prestígio religioso que pode ser alcançado por essa via: o santo budista é essencialmente um asceta, e é igual ou superior aos deuses.

Segue-se daí que o ascetismo não é, como se poderia pensar, um fruto raro, excepcional e quase anormal da vida religiosa; ao contrário, é um elemento essencial dela. Toda religião o contém ao menos em germe, pois não há nenhuma em que não se verifique um sistema de interdições. A única diferença entre os cultos, sob esse aspecto, é que esse germe é mais ou menos desenvolvido neles. Mesmo assim, convém acrescentar que provavelmente não existe um único no qual esse desenvolvimento não adquira, pelo menos de forma temporária, os traços característicos do ascetismo propriamente dito. É o que ocorre geralmente em certos períodos críticos, nos quais, num tempo relativamente curto, é preciso suscitar num sujeito uma grave mudança de estado. Então, para introduzi-lo mais rapidamente no círculo das coisas sagradas com as quais se busca pô-lo em contato, ele é separado violentamente do mundo profano; e isso é acompanhado de abstinências múltiplas e de um recrudescimento excepcional do sistema das interdições. É precisamente o que ocorre, na Austrália, no momento da iniciação. Para transformar os jovens em homens, faz-se que eles vivam uma verdadeira vida de ascetas. A sra. Parker chama-os, muito justamente, os monges de Baiame[69].

Mas abstinências e privações são inseparáveis dos sofrimentos. Apegamo-nos por todas as fibras de nossa carne ao mundo profano; nossa sensibilidade nos prende a ele; nossa vida depende dele. Ele não é apenas o palco natural de nossa atividade; penetra-nos por todos os lados, faz parte de nós. Não podemos, pois, separarmo-nos dele sem violentar nossa natureza, sem machucar dolorosamente nossos instintos. Em outras palavras: o culto negativo não pode se desenvolver sem fazer sofrer. A dor é uma condição necessária dele. Assim, acabou-se por considerá-la como constituindo ela mesma uma espécie de rito; viu-se na dor um estado de graça que é preciso buscar e suscitar, mesmo artificialmente, por causa dos poderes e dos privilégios que confere tanto quanto os sistemas de interdições, dos quais ela é o acompanhamento natural. Preuss foi o primeiro, em nosso conhecimento, que percebeu o papel religioso[70] atribuído à dor desde as sociedades inferiores. Ele cita o caso dos Arapaho que, para se imunizarem contra os perigos das batalhas, infligem-se verdadeiros suplícios; dos índios Gros-Ventre [Barriga-Grande] que, na véspera das expedições militares, submetem-se a verdadeiras torturas; dos Hupa que, para garantir o sucesso de seus empreendimentos, nadam em rios gelados e permanecem em seguida, pelo maior tempo possível, estendidos junto à margem; dos Karaya que, para fortalecer seus músculos, tiram de tempos em tempos sangue dos braços e das pernas por meio de raspadeiras feitas com dentes de peixe; dos povos de Dallmannhafen (Terra do Imperador Guilherme, na Nova-Guiné) que combatem a esterilidade de suas mulheres praticando-lhes incisões sangrentas na parte superior da coxa[71].

Mas encontramos fatos análogos sem sair da Austrália, particularmente durante as cerimônias de iniciação. Muitos dos ritos praticados nessa ocasião consistem precisamente em infligir ao neófito sofrimentos determinados, tendo em vista modificar seu estado e fazê-lo adquirir as qualidades características do homem. Assim, entre os Larakia, enquanto os jovens estão em retiro na floresta, seus padrinhos e vigilantes lhes aplicam a todo instante golpes violentos, sem advertência prévia e sem razão[72]. Entre os Urabunna, num dado momento, o noviço é estendido no chão, a face contra o solo. Todos os homens presentes batem nele duramente; depois fazem-lhe nas costas uma série de entalhes, de quatro a oito, dispostos de cada lado da espinha dorsal, e uma na linha média da nuca[73]. Entre os Arunta, o primeiro rito da iniciação consiste em escarnecer do jovem; os homens o jogam para cima, pegam-no quando cai e jogam-no outra vez[74]. Na mesma tribo, no encerramento dessa longa série de cerimônias, o jovem se estende num leito de folhas sob o qual se colocam brasas ardentes; ele permanece deitado, imóvel em meio ao calor e a uma fumaça sufocantes[75]. Entre os Urabunna, observa-se um rito similar; mas, ainda por cima, enquanto o paciente encontra-se nessa penosa situação, batem-lhe nas costas[76]. De uma maneira geral, todos os exercícios a que o jovem é submetido têm esse caráter, a tal ponto que, quando chega a hora de retomar sua vida comum, ele está com um aspecto lastimável e parece meio estupefato[77]. É verdade que todas essas práticas são com freqüência apresentadas como ordálios destinados a provar o valor do neófito e a mostrar se ele é digno de ser admitido na sociedade religiosa[78]. Mas, em realidade, a função probatória do rito é tão-só um outro aspecto de sua eficácia. Pois o que prova a maneira como ele foi suportado é precisamente que o rito produziu seu efeito, isto é, conferiu as qualidades que são sua primeira razão de ser.

Em outros casos, essas sevícias rituais são exercidas não sobre o organismo em seu conjunto, mas sobre um órgão ou um tecido particular, cuja vitalidade elas têm por objetivo estimular. Assim, entre os Arunta, os Warramunga e várias outras tribos[79], num certo momento da iniciação, personagens determinados são encarregados de morder com vontade o couro cabeludo do noviço. A operação é tão dolorosa que, em geral, o paciente é incapaz de suportá-la sem gritos. Ora, o objetivo dessa operação é fazer crescer os cabelos[80]. Aplica-se o mesmo tratamento para fazer crescer a barba. O rito de depilação, que Howitt assinala em outras tribos, poderia muito bem ter a mesma razão de ser[81]. Segundo Eylmann, entre os Arunta e os Kaitish, homens e mulheres se fazem pequenos ferimentos no braço por meio de bastões em brasa, a fim de se tornarem hábeis em fazer o fogo ou de adquirirem a força necessária para carregar pesadas cargas de madeira[82]. Segundo o mesmo observador, as jovens warramunga amputam-se, numa das mãos, a segunda e a terceira falange do indicador, crendo que o dedo se torna, assim, mais apto a descobrir os inhames[83].

Não seria impossível que a extração dos dentes se destinasse, às vezes, a produzir efeitos semelhantes. Em todo caso, é certo que os ritos cruéis da circuncisão e da subincisão têm por objeto conferir aos órgãos genitais poderes particulares. Com efeito, o homem jovem só é admitido ao casamento após ter se submetido a eles; portanto, ele deve a esses ritos virtudes especiais. O que torna indispensável essa iniciação *sui generis* é que a união dos sexos, em todas as sociedades inferiores, é marcada por um caráter religioso. Ela colocaria em jogo forças temíveis que o homem não pode abordar sem perigo, a menos que tenha adquirido, através de procedimentos rituais, a imunidade necessária[84]. Para tanto, é empregada toda uma série de práticas, positivas e negativas, das quais a circuncisão e a subincisão são o preâmbulo. Ao se mutilar dolorosamente um órgão, dá-se-lhe, portanto, um caráter sagrado, pois ele é tornado capaz, por isso mesmo, de resistir a forças igualmente sagradas que não poderiam ser enfrentadas de outro modo.

Dizíamos no início desta obra que todos os elementos essenciais do pensamento e da vida religiosos devem se manifestar, ao menos em germe, desde as religiões mais primitivas. Os fatos precedentes confirmam essa afirmação. Se há uma crença tida como específica das religiões mais recentes e idealistas, é a que atribui à dor um poder santificador. Ora, essa mesma crença está na base dos ritos que acabam de ser observados. Claro que ela é desdobrada diferentemente conforme os momentos da história em que a considerarmos. Para o cristão, é principalmente sobre a alma que ela agiria, depurando-a, enobrecendo-a, espiritualizando-a. Para o australiano, sua eficácia é sobre o corpo, aumentando as energias vitais, fazendo crescer a barba e os cabelos, enrijecendo os membros. Mas, em ambos os casos, o princípio é o mesmo:

admite-se que a dor é geradora de forças excepcionais. E essa crença não é sem fundamento. Com efeito, é pela maneira como enfrenta a dor que melhor se manifesta a grandeza do homem. Em nenhum outro momento este se eleva com mais brilho acima de si mesmo do que quando doma sua natureza, ao ponto de fazê-la seguir uma direção contrária à que ela tomaria espontaneamente. Deste modo, ele se singulariza entre todas as outras criaturas, que vão cegamente para onde o prazer as chama; deste modo, cria para si um lugar à parte no mundo. A dor é o sinal de que se romperam alguns dos laços que o prendem ao meio profano; portanto, atesta que ele se libertou parcialmente desse meio e, por conseguinte, é justamente considerada como o instrumento da libertação. Assim, quem se libertou deste modo não é vítima de uma pura ilusão quando se crê investido de uma espécie de domínio sobre as coisas: ele realmente se elevou acima delas, exatamente por ter renunciado a elas; é mais forte que a natureza, por tê-la feito calar-se.

Aliás, essa virtude está longe de possuir apenas um valor estético: toda a vida religiosa a supõe. Sacrifícios e oferendas são inseparáveis de privações que custam ao fiel. Mesmo que os ritos não exijam dele prestações materiais, demandam seu tempo e suas forças. Para servir aos deuses, cumpre que ele se esqueça; para reconhecer-lhes o lugar que ocupam em sua vida, cumpre sacrificar seus interesses profanos. O culto positivo, portanto, só é possível se o homem é levado à renúncia, à abnegação, ao desprendimento de si e, conseqüentemente, ao sofrimento. Este não deve ser temido. Aliás, ele só pode cumprir alegremente seus deveres se o sofrimento for amado em certo grau. Mas, para tanto, é indispensável que seja exercido, e é isso que buscam as práticas ascéticas. As dores que elas impõem não são, portanto, crueldades arbitrárias e estéreis; é uma escola necessária em que o homem se forma e se tempera, em que adquire as qualidades de desapego e paciência sem as quais não há religião. Inclusive, para que esse resultado seja obtido, convém que o ideal ascético venha a se encarnar eminentemente em personagens particulares cuja especialidade é, por assim dizer, representar, quase em excesso, esse aspecto da vida ritual, pois eles são como modelos vivos que incitam ao esforço. Tal é o papel histórico dos grandes ascetas. Quando se analisam em detalhe suas façanhas e seus gestos, pergunta-se qual a finalidade útil disso. Fica-se impressionado com o que há de excessivo no desprezo que professam por tudo o que apaixona ordinariamente os homens. Mas esses excessos são necessários para manter entre os fiéis um desdém suficiente pela vida fácil e os prazeres comuns. É preciso que uma elite coloque o objetivo demasiado alto para que a multidão não o coloque demasiado baixo. É preciso que alguns exagerem para que a média permaneça no nível que convém.

Mas o ascetismo não serve apenas a fins religiosos. Aqui, como alhures, os interesses religiosos são apenas a forma simbólica de interesses sociais e morais. Os seres ideais aos quais os cultos se dirigem não são os únicos a reclamar de seus servidores um certo desprezo da dor: também a sociedade só é possível a esse preço. Embora exaltando as forças do homem, ela com freqüência é rude para com os indivíduos: exige deles perpétuos sacrifícios; não cessa de reprimir nossos apetites naturais, precisamente porque nos eleva acima de nós mesmos. Para que possamos cumprir nossos deveres para com ela, é preciso, pois, que sejamos adestrados a violentar às vezes nossos instintos, a contrariar, quando necessário, as inclinações naturais. Assim, há um ascetismo que, inerente à vida social, está destinado a sobreviver a todas as mitologias e a todos os dogmas; faz parte integrante da cultura humana. E é ele, no fundo, a razão de ser e a justificação daquele que as religiões de todos os tempos ensinaram.

III

Após haver determinado em que consiste o sistema das interdições e quais são suas funções negativas e positivas, precisamos saber as causas que o originaram. Num certo sentido, ele está logicamente implicado na noção mesma do sagrado. Tudo o que é sagrado é objeto de respeito, e todo sentimento de respeito se traduz, naquele que o experimenta, por movimentos de inibição. Com efeito, um ser respeitado sempre se exprime na consciência por uma representação que, em razão da emoção que inspira, está carregada de uma alta energia mental; por conseguinte, ela está disposta de maneira a repelir longe de si qualquer outra representação que a negue, seja em totalidade, seja em parte. Ora, o mundo sagrado mantém com o mundo profano uma relação de antagonismo. Eles correspondem a duas formas de vida que se excluem ou que, pelo menos, não podem ser vividas simultaneamente com a mesma intensidade. Não podemos, ao mesmo tempo, nos dedicar inteiramente aos seres ideais aos quais o culto se dirige e inteiramente a nós mesmos e a nossos interesses sensíveis; inteiramente à coletividade e inteiramente a nosso egoísmo. Há aí dois sistemas de estados de consciência que estão orientados e orientam nossa conduta para dois pólos contrários. O que tiver mais poder de ação deve, portanto, tender a rechaçar o outro para fora da consciência. Quando pensamos nas coisas santas, a idéia de um objeto profano não pode se apresentar ao espírito sem provocar resistências; algo em nós se opõe a que essa idéia se instale aí. É a representação do sagrado que não tolera essa vizinhança. Mas esse antagonismo psíquico, essa exclusão mútua das idéias deve naturalmente levar à exclusão das coisas correspondentes. Para que as idéias não coexistam, é preciso que as coisas não se toquem, não estejam de maneira nenhuma em contato. Esse é o princípio mesmo da interdição.

Além disso, o mundo do sagrado é, por definição, um mundo à parte. Como ele se opõe, por todos os caracteres que dissemos, ao mundo profano, deve ser tratado de uma maneira que lhe seja própria: seria desconhecer sua natureza e confundi-lo com o que não é ele empregar, em nossas relações com as coisas que o compõem, os gestos, a linguagem, as atitudes que empregamos em nossas relações com as coisas profanas. Podemos livremente manejar estas últimas; falamos livremente com os seres vulgares; porém não tocaremos nos seres sagrados, ou só tocaremos neles com reserva; não falaremos em presença deles ou não falaremos a língua comum. Tudo o que é usual em nosso comércio com uns deve ser excluído de nosso comércio com os outros.

Mas, mesmo não sendo inexata, essa explicação é insuficiente. Com efeito, há muitos seres que são objeto de respeito sem serem protegidos por sistemas de interdições rigorosas como os que descrevemos. Certamente, há uma tendência geral do espírito a localizar em meios diferentes coisas diferentes, sobretudo quando elas são incompatíveis entre si. Mas o meio profano e o meio sagrado não são apenas distintos, são ambos fechados: entre eles existe um abismo. Deve haver, portanto, na natureza dos seres sagrados, uma razão particular que torne necessário esse estado de isolamento excepcional e de mútua oclusão. E, de fato, por uma espécie de contradição, o mundo sagrado está como que inclinado, por sua própria natureza, a se difundir nesse mesmo mundo profano que ele, por outro lado, exclui: ao mesmo tempo que o repele, tende a se escoar nele, bastando que haja uma simples aproximação. Por isso, é necessário mantê-los à distância um do outro e criar, de certo modo, o vazio entre eles.

O que obriga a essas precauções é a extraordinária contagiosidade do caráter sagrado. Longe de permanecer ligado às coisas por ele marcadas, ele é dotado de uma espécie de fugacidade. Mesmo o contato mais superficial ou mais indireto é suficiente para que ele se estenda de um objeto a outro. As forças religiosas são representadas aos espíritos de tal modo, que parecem sempre prontas a escapar dos pontos onde residem para invadir tudo o que está a seu alcance. A árvore nanja onde habita o espírito de um antepassado é sagrada para o indivíduo que se considera a reencarnação desse antepassado. Mas todo pássaro que vem pousar nessa árvore participa do mesmo caráter: é igualmente proibido tocar nele[85]. Já tivemos a ocasião de mostrar como o simples contato de um churinga basta para santificar pessoas e coisas[86]; aliás, é nesse princípio de contagiosidade do sagrado que se baseiam todos os ritos de consagração. A santidade dos churinga é mesmo tal que faz sentir sua ação à distância. Recorde o leitor como ela se estende não apenas à cavidade em que são conservados, mas também a toda a região vizinha, aos animais que nela se refugiam e que é proibido matar, às plantas que nela crescem e nas quais não se deve tocar[87]. Um totem da serpente tem seu centro num lugar onde se encontra um redemoinho d'água. O caráter sagrado do totem transmite-se ao lugar, ao remoinho, à própria água, que é interdita a todos os membros do grupo totêmico[88]. O iniciado vive numa atmosfera inteiramente carregada de religiosidade e ele próprio está como que impregnado dela[89]. Por conseguinte, tudo o que ele possui, tudo o que ele toca é interdito às mulheres e subtraído ao contato delas, mesmo a ave que ele bateu com seu bastão, o canguru que atravessou com sua lança, o peixe que mordeu seu anzol[90]. Mas, por outro lado, os ritos aos quais se submete e as coisas que neles desempenham um papel são de uma santidade superior à sua: essa santidade transmite-se contagiosamente a tudo o que evoca a idéia tanto de uns como das outras. O dente que lhe foi arrancado é considerado santo[91]. Por essa razão, ele não pode comer de animais que tenham dentes proeminentes, porque fazem pensar no dente extraído. As cerimônias do Kuringal encerram-se com uma lavagem ritual[92]; as aves aquáticas são interditas ao neófito porque lembram esse rito. Os animais que trepam até o topo das árvores são igualmente sagrados porque estão muito próximos de Daramulun, que vive nos céus[93]. A alma do morto é um ser sagrado: já vimos que a mesma propriedade transmite-se ao corpo onde essa alma residiu, ao lugar onde foi sepultado, à aldeia onde habitou quando vivo e que é destruída ou abandonada, ao nome que ele tinha, à sua mulher e a seus parentes[94]. Também eles são como que investidos de um caráter sagrado; portanto, convém manter-se a distância deles; não são tratados como simples profanos. Nas sociedades observadas por Dawson, seus nomes, assim como o do morto, não podem ser pronunciados durante o período de luto[95]. Alguns dos animais que ele comia freqüentemente também são proibidos[96].

Essa contagiosidade do sagrado é um fato muito conhecido[97] para que seja preciso demonstrar sua existência através de mais exemplos; queríamos apenas estabelecer que ela é verdadeira tanto para o totemismo como para as religiões mais avançadas. Uma vez constatada, ela explica facilmente o extremo rigor das interdições que separam o sagrado do profano. Considerando que, em virtude dessa extraordinária capacidade de expansão, o contato mais leve, a menor proximidade material ou simplesmente moral de um ser profano é suficiente para arrastar as forças religiosas para fora de seu domínio, e considerando que, por outro lado, elas não podem sair desse domínio sem contradizer sua natureza, todo um sistema de medidas é indispensável para manter os dois mundos a uma distância respeitosa um do outro. Eis por que proíbe-se ao vulgo não apenas tocar, mas ver e ouvir o que é sagrado e por que esses dois gêneros de vida não devem se misturar nas consciências. As precauções são tanto mais necessárias para mantê-los separados na medida em que eles, embora se opondo um ao outro, tendem a se confundir um no outro.

Ao mesmo tempo que a multiplicidade dessas interdições, compreende-se a maneira como elas funcionam e as sanções que a elas estão ligadas. Por causa da contagiosidade inerente a tudo o que é sagrado, um ser profano não pode violar uma interdição sem que a força religiosa da qual indevidamente se aproximou não se estenda até ele e não estabeleça sobre ele seu domínio. Mas como, entre ela e ele, há antagonismo, ele se vê colocado sob a dependência de uma potência hostil, cuja hostilidade não pode deixar de se manifestar sob forma de reações violentas que tendem a destruí-lo. Por isso, a doença ou a morte são consideradas conseqüências naturais de toda transgressão desse gênero; e são conseqüências que se produziriam espontaneamente, por uma espécie de necessidade física. O culpado sente-se invadido por uma força que o domina e contra a qual é impotente. Se comeu do animal totêmico, sentirá que este o penetra e rói-lhe as entranhas; irá deitar-se no chão e esperar a morte[98]. Toda profanação implica uma consagração, mas que é temível ao sujeito consagrado e àqueles mesmos que dele se aproximam. São as conseqüências dessa consagração que sancionam em parte a interdição[99].

Observar-se-á que essa explicação das interdições não depende dos símbolos variáveis por meio dos quais podem ser concebidas as forças religiosas. Pouco importa que elas sejam representadas sob a forma de energias anônimas e impessoais, ou figuradas por personalidades dotadas de consciência e de sentimento. Claro que, no primeiro caso, elas reagiriam contra as transgressões profanadoras de maneira automática e inconsciente, enquanto que, no segundo, obedeceriam a movimentos passionais, determinados pela ofensa sentida. Mas, no fundo, essas duas concepções, que, aliás, têm os mesmos efeitos práticos, apenas exprimem em duas línguas diferentes um mesmo e único mecanismo psíquico. O que está na base de ambas é o antagonismo do sagrado e do profano, combinado com a notável capacidade do primeiro em contagiar o segundo; ora, esse antagonismo e esse contágio agem do mesmo modo, seja o caráter sagrado atribuído a forças cegas ou a consciências. Assim, longe de a vida propriamente religiosa só começar lá onde existem personalidades míticas, vê-se, nesse caso, que o rito permanece o mesmo, quer os seres religiosos sejam ou não personificados. Essa é uma constatação que precisaremos repetir em cada um dos capítulos que seguem.

IV

Mas se a contagiosidade do sagrado contribui para explicar o sistema das interdições, de que maneira ela própria se explica?

Acreditou-se poder explicá-la pelas leis, bastante conhecidas, da associação das idéias. Os sentimentos que uma pessoa ou uma coisa nos inspiram, estendem-se contagiosamente da idéia dessa coisa ou dessa pessoa para as representações a elas associadas e, por conseguinte, aos objetos que essas representações exprimem. O respeito que temos por um ser sagrado transmite-se, pois, a tudo o que tem contato com esse ser, a tudo o que se parece com ele e faz lembrá-lo. Certamente o homem culto não se engana com essas associações; sabe que essas emoções derivadas devem-se a simples jogos de imagens, a combinações inteiramente mentais, e não se entrega às superstições que tais ilusões tendem a determinar. Mas, dizem, o primitivo objetiva ingenuamente suas impressões sem criticá-las. Uma coisa inspira-lhe um temor reverencial? Ele conclui que uma força augusta e temível reside realmente nela; portanto, mantém-se à distância dessa coisa e a trata como se fosse sagrada, mesmo que ela não tenha nenhum direito a esse título[100].

Mas isso é esquecer que as religiões mais primitivas não são as únicas que atribuíram ao caráter sagrado essa capacidade de propagação. Mesmo nos cultos mais recentes existe um conjunto de ritos que repousam sobre esse princípio. Toda consagração por meio de unção ou de purificação não consiste, por acaso, em transferir a um objeto profano as virtudes santificadoras de um objeto sagrado? No entanto, é difícil perceber, no católico esclarecido de hoje, uma espécie de selvagem tardio, que continua a ser enganado por suas associações de idéias, sem que nada, na natureza das coisas, explique ou justifique essa maneira de pensar. Aliás, é muito arbitrariamente que se atribui ao primitivo essa tendência a objetivar cegamente todas as suas emoções. Em sua vida normal, no detalhe de suas ocupações leigas, ele não atribui a uma coisa as propriedades de sua vizinha ou reciprocamente. Se ele é menos apaixonado do que nós por clareza e distinção, falta muito para que haja nele não sei que deplorável aptidão a misturar e a confundir tudo. Só o pensamento religioso tem uma inclinação acentuada por esse tipo de confusões. Portanto, é precisamente na natureza especial das coisas religiosas, e não nas leis gerais da inteligência humana, que devemos buscar a origem dessas predisposições.

Quando uma força ou uma propriedade nos parece ser uma parte integrante, um elemento constitutivo do sujeito no qual reside, não podemos nos representar facilmente que ela se separe dele para se transportar alhures. Um corpo se define por sua massa e sua composição atômica; assim, não concebemos que ele possa comunicar, por meio de contato, algum desses caracteres distintivos. Mas, ao contrário, se se trata de uma força que penetrou o corpo desde fora, como nada a prende a ele, como ela está nele na qualidade de estranha, não há nada de irrepresentável no fato de que ela possa escapar dele. É assim que o calor ou a eletricidade, que um objeto qualquer recebeu de uma fonte externa, são transmissíveis ao meio ambiente, e o espírito aceita sem resistência a possibilidade dessa transmissão. Portanto, a extrema facilidade com que as forças religiosas se irradiam e se difundem nada tem de surpreendente, se forem geralmente concebidas como exteriores aos seres nos quais residem. Ora, é exatamente isso que a teoria que propusemos implica.

Com efeito, elas são apenas forças coletivas hipostasiadas, isto é, forças morais; são feitas das idéias e dos sentimentos que o espetáculo da sociedade desperta em nós, não das sensações que nos vêm do mundo físico. Elas são, portanto, heterogêneas às coisas sensíveis nas quais nos situamos. Podem perfeitamente tomar dessas coisas as formas exteriores e materiais sob as quais são representadas; mas nada lhes devem daquilo que faz sua eficácia. Elas não estão presas por laços internos aos suportes diversos sobre os quais vêm se colocar; não têm raízes neles; de acordo com uma expressão que já empregamos[101] e que pode servir para caracterizá-las melhor, *elas se acrescentam a eles*. Assim, não há objetos que sejam, à exclusão de todos os demais, predestinados a recebê-las; os mais insignificantes, inclusive os mais vulgares, podem cumprir esse papel: são circunstâncias adventícias que decidem quais serão eleitos. Lembremo-nos dos termos em que Codrington fala do mana: "É uma força, diz ele, *que não está fixada num objeto material, mas que pode ser levada a quase todo tipo de objeto.*"[102] Assim, também, o dakota da sra. Fletcher nos representava o wakan como uma espécie de força ambulante que vai e vem pelo mundo, colocando-se aqui ou ali sem se fixar definitivamente em parte alguma[103]. A própria religiosidade inerente ao homem não tem outro caráter. Certamente, no mundo da experiência, não há ser que esteja mais próximo da fonte mesma de toda vida religiosa, ninguém participa mais diretamente dela, uma vez que é nas consciências humanas que ela se elabora. No entanto, sabemos que o princípio religioso que anima o homem, a saber, a alma, lhe é parcialmente exterior.

Mas, se as forças religiosas não têm em parte alguma lugar próprio, sua mobilidade é facilmente explicável. Como nada as prende às coisas onde as localizamos, é natural que, ao menor contato, escapem – a despeito delas mesmas, por assim dizer – e se propaguem mais adiante. A intensidade delas incita-as a essa propagação que tudo favorece. Por isso, a própria alma, embora esteja ligada ao corpo por laços muito pessoais, ameaça a todo momento sair dele: todos os orifícios, todos os poros do organismo são vias pelas quais ela tende a se espalhar e a se difundir exteriormente[104].

Mas explicaremos ainda melhor o fenômeno que procuramos compreender se, ao invés de considerarmos a noção de forças religiosas plenamente constituída, remontarmos ao processo mental do qual ela resulta.

Vimos, com efeito, que o caráter sagrado de um ser não se devia a nenhum de seus atributos intrínsecos. Não é porque o animal totêmico tem este aspecto ou aquela propriedade que ele inspira sentimentos religiosos; estes resultam de causas totalmente alheias à natureza do objeto sobre o qual vêm se fixar. O que os constitui são as impressões de reconforto e de dependência que a ação da sociedade provoca nas consciências. Por si mesmas, essas emoções não estão ligadas à idéia de nenhum objeto determinado, mas, por serem emoções, e emoções particularmente intensas, elas também são eminentemente contagiosas. Elas se alastram, portanto; estendem-se a todos os outros estados mentais que ocupam então o espírito; penetram e contaminam particularmente as representações nas quais se exprimem os diversos objetos que o homem, no mesmo momento, tem nas mãos ou sob os olhos – desenhos totêmicos que recobrem seu corpo, *bull-roarers* que ele faz ressoar, pedras que o cercam, o chão que ele pisa, etc. É assim que esses objetos adquirem um valor religioso que, em realidade, não lhes é inerente, mas sim conferido de fora. O contágio, portanto, não é uma espécie de processo secundário pelo qual o caráter sagrado, uma vez adquirido, se propaga; é o processo mesmo pelo qual ele se adquire. É por contágio que ele se fixa; não é de admirar que ele se transmita contagiosamente. O que faz sua realidade é uma emoção especial; se ele se liga a um objeto, é que essa emoção encontrou esse objeto em seu caminho. Portanto, é natural que ela se estenda, deste, a todos aqueles que encontrar igualmente nas proximidades, ou seja, a todos aqueles que uma razão qualquer, contigüidade material ou pura similitude, aproximou do primeiro no espírito.

Assim, a contagiosidade do caráter sagrado encontra sua explicação na teoria que propusemos das forças religiosas e, por isso mesmo, serve para confirmá-la[105]. Ao mesmo tempo, ela nos ajuda a compreender um traço da mentalidade primitiva para o qual chamamos anteriormente a atenção.

Vimos[106] com que facilidade o primitivo confunde os reinos e identifica as coisas mais heterogêneas, homens, animais, plantas, astros, etc. Percebemos agora uma das causas que mais contribuíram para facilitar essas confusões. Como as forças religiosas são eminentemente contagiosas, acontece a todo instante que um mesmo princípio anime do mesmo modo as coisas mais diferentes: ele passa sucessivamente de umas às outras, seja por uma simples aproximação material, seja por similitudes até superficiais. É assim que homens, animais, plantas, pedras são tidos por participar do mesmo totem; os homens, porque levam o nome do animal; os animais, porque lembram o emblema totêmico; as plantas, porque servem para alimentar esses animais; as pedras, porque guarnecem o lugar onde se celebram as cerimônias. Ora, as forças religiosas são consideradas a fonte de toda eficácia; portanto, seres que tinham um mesmo princípio religioso deveriam ser considerados como tendo a mesma essência e como só se diferenciando uns dos outros por caracteres secundários. Por isso, pareceu muito natural colocá-los numa mesma categoria e ver neles apenas variedades de um mesmo gênero, transmutáveis umas nas outras.

Essa relação estabelecida faz os fenômenos de contágio aparecerem sob um novo aspecto. Tomados em si mesmos, eles parecem estranhos à vida lógica. Acaso não têm por efeito misturar e confundir os seres, a despeito de suas diferenças naturais? Mas vimos que essas confusões e participações desempenharam um papel lógico e de grande utilidade: serviram para vincular as coisas que a sensação deixa exteriores umas às outras. Fonte dessas aproximações e dessas misturas, o contágio, portanto, está longe de possuir essa espécie de irracionalidade fundamental que seríamos a princípio levados a atribuir-lhe. Ele abriu caminho às explicações científicas do futuro.

CAPÍTULO II
O CULTO POSITIVO

I – Os elementos do sacrifício

Seja qual for a importância do culto negativo e apesar de produzir indiretamente efeitos positivos, ele não tem, em si, razão de ser: introduz à vida religiosa, porém a supõe mais do que a constitui. Se prescreve ao fiel afastar-se do mundo profano, é para aproximá-lo do mundo sagrado. Jamais o homem concebeu que seus deveres para com as forças religiosas pudessem se reduzir a uma simples abstenção de todo comércio: sempre considerou que mantinha com elas relações positivas e bilaterais que um conjunto de práticas rituais tem por função regular e organizar. A esse sistema especial de ritos damos o nome de *culto positivo*.

Durante muito tempo, ignoramos quase totalmente em que podia consistir o culto positivo da religião totêmica. Conhecíamos pouco mais do que os ritos de iniciação, e mesmo assim os conhecíamos insuficientemente. Mas as observações de Spencer e Gillen, preparadas pelas de Schulze, confirmadas pelas de Strehlow, sobre as tribos do Centro australiano, preencheram, em parte, essa lacuna de nossas informações. Há sobretudo uma festa que esses exploradores se dedicaram particularmente a nos descrever e que parece, aliás, dominar claramente todo o culto totêmico: a que os Arunta, segundo Spencer e Gillen, chamariam *Intichiuma*. É verdade que Strehlow contesta que seja este o sentido da palavra. Segundo ele, *intichiuma* (ou, como escreve, *intijiuma*) significaria instruir e designaria as cerimônias representadas diante do jovem para iniciá-lo às tradições da tribo. A festa que iremos descrever teria o nome de *mbatjalkatiuma*, que significa fecundar, colocar em boas condições[1]. Mas deixaremos de lado essa questão de vocabulário, que não nos parece essencial, na medida em que os ritos de que falaremos são igualmente celebrados durante a iniciação. Por outro lado, como a palavra Intichiuma pertence hoje à linguagem corrente da etnografia, como ela se tornou quase um nome comum, parece-nos inútil substituí-la por uma outra[2].

A data em que se realiza o Intichiuma depende, em grande parte, da estação. Existem, na Austrália, duas estações claramente definidas: uma, seca, que dura muito tempo; a outra, chuvosa, que é, ao contrário, muito curta e geralmente irregular. Assim que chegam as chuvas, as plantas brotam da terra como por encanto, os animais se multiplicam e regiões que, na véspera, não passavam de desertos estéreis, rapidamente se recobrem de uma fauna e de uma flora luxuriantes. É justamente no momento em que a boa estação parece próxima que se celebra o Intichiuma. Só que, como o período das chuvas é muito variável, a data das cerimônias não pode ser fixada de uma vez por todas. Ela varia conforme as circunstâncias climáticas, que somente o chefe do grupo totêmico, o Alatunja, está qualificado para apreciar: no dia que ele julga conveniente, comunica aos seus companheiros que o momento chegou[3].

Cada grupo totêmico tem, com efeito, seu Intichiuma. Mas se o rito é geral nas sociedades do Centro, ele não é idêntico em toda parte; entre os Warramunga não é o mesmo que entre os Arunta; varia, não apenas conforme as tribos, mas, numa mesma tribo, conforme os clãs. Para falar a verdade, os diferentes mecanismos assim empregados são muito próximos uns dos outros para poderem se dissociar completamente. Talvez não haja cerimônias em que não se verifiquem vários deles, mas muito desigualmente desenvolvidos: o que, num caso, só existe em estado de germe, noutro se manifesta plenamente, e vice-versa. É importante, porém, distingui-los com cuidado, pois constituem tipos rituais diferentes que devem ser descritos e explicados separadamente, para só depois perguntarmos se há um tronco comum do qual derivaram.

Começaremos pelos que se observam mais especialmente entre os Arunta.

I

A festa compreende duas fases sucessivas. Os ritos que se sucedem na primeira têm por objeto assegurar a prosperidade da espécie animal ou vegetal que serve de totem ao clã. Os meios empregados para isso podem ser reduzidos a alguns tipos principais.

Lembramos que os antepassados fabulosos dos quais cada clã teria descendido viveram outrora na terra e deixaram vestígios de sua passagem. Esses vestígios consistem especialmente em pedras ou em rochas que eles teriam depositado em certos lugares ou que teriam se formado nos pontos onde eles desapareceram no chão. Essas rochas e essas pedras são consideradas corpos ou partes do corpo dos antepassados cuja lembrança assinalam: elas os representam. Por conseguinte, representam igualmente os animais e as plantas que serviam de totens a esses mesmos antepassados, já que um indivíduo e seu totem são uma coisa só. Atribui-se-lhes portanto a mesma realidade, as mesmas propriedades que aos animais ou às plantas semelhantes que vivem atualmente. Mas as pedras e as rochas têm sobre estes últimos a vantagem de serem imperecíveis, de não conhecerem a doença e a morte. Portanto, constituem como uma reserva permanente, imutável e sempre disponível de vida animal e vegetal. E é a essa reserva que, num certo número de casos, se recorre anualmente para assegurar a reprodução da espécie.

Eis aqui, por exemplo, de que maneira, em Alice Springs, o clã da Lagarta witchetty procede a seu Intichiuma[4].

No dia fixado pelo chefe, todos os membros do grupo totêmico se reúnem no acampamento principal. Os homens dos outros totens se retiram a alguma distância[5], pois, entre os Arunta, lhes é proibido estar presentes à celebração do rito, que tem todas as características de uma cerimônia secreta. Um indivíduo de um totem diferente, mas da mesma fratria, pode muito bem ser convidado, por amabilidade, a assistir a ela, mas apenas na qualidade de testemunha. Sob hipótese nenhuma poderá ter uma participação ativa.

Uma vez reunidos os membros do totem, eles se põem a caminho, deixando no acampamento apenas dois ou três deles. Inteiramente nus, sem armas, sem nenhum de seus ornamentos habituais, avançam uns atrás dos outros, num profundo silêncio. Sua atitude e sua marcha denotam uma gravidade religiosa: é que o ato do qual tomam parte tem, para eles, uma importância excepcional. Por isso, até o final da cerimônia, são obrigados a observar um jejum rigoroso.

A região que atravessam está repleta de lembranças deixadas pelos gloriosos antepassados. Eles chegam, assim, a um lugar onde um grande bloco de quartzo está plantado no solo, tendo a seu redor pedras arredondadas. O bloco representa a lagarta witchetty no estado adulto. O Alatunja bate nele com uma pequena gamela de madeira chamada *apmara*[6], ao mesmo tempo que salmodia um canto cuja finalidade é convidar o animal a pôr ovos. Faz o mesmo com as pedras, que representam os ovos do animal, e, com uma delas, esfrega o estômago de cada assistente. Feito isso, descem todos um pouco mais abaixo, ao pé de um rochedo também celebrado nos mitos do Alcheringa, na base do qual se encontra uma outra pedra que representa, igualmente, a lagarta witchetty. O Alatunja bate nela com seu apmara; as pessoas que o acompanham fazem o mesmo com ramos de eucalipto que recolheram no caminho, tudo em meio a cantos que renovam o convite anteriormente dirigido ao animal. Cerca de dez locais diferentes são sucessivamente visitados, alguns deles situados às vezes a uma milha de distância entre si. Em cada um, no fundo de uma espécie de gruta ou buraco, encontra-se alguma pedra que representaria a lagarta witchetty num de seus aspectos ou numa das fases de sua existência, e junto a cada uma dessas pedras as mesmas cerimônias são repetidas.

O sentido do rito é evidente. Se o Alatunja bate nas pedras sagradas, é para liberar sua poeira. Os grãos dessa poeira santa são considerados germes de vida, cada qual contendo um princípio espiritual que, ao se introduzir num organismo da mesma espécie, dará origem a um novo ser. Os ramos de árvore que os assistentes carregam servem para dispersar em todas as direções essa preciosa poeira; ela irá, por todos os lados, fazer sua obra fecundante. Dessa maneira, acredita-se ter assegurado a reprodução abundante da espécie animal que o clã protege, por assim dizer, e da qual depende.

Os próprios indígenas dão essa interpretação do rito. Assim, no clã do *ilpirla* (espécie de mana) procede-se da seguinte maneira. Quando chega o dia do Intichiuma, o grupo se reúne num lugar onde se ergue uma grande pedra, de cerca de um metro e meio de altura; acima dela, eleva-se uma segunda, com aspecto muito semelhante à primeira e cerca de outras menores. Ambas representam quantidades de mana. O Alatunja cava o solo junto a essas pedras e retira um churinga, que teria sido enterrado nos tempos do Alcheringa e que constitui como que a quintessência do mana. A seguir, ele sobe ao alto da pedra mais elevada e esfrega-a primeiramente com esse churinga, depois com as pedras menores que estão ao redor. Enfim, com ramos de árvore, varre a poeira que se acumulou na superfície da pedra: cada um dos assistentes repete a operação. Ora, dizem Spencer e Gillen, o pensamento dos indígenas "é que a poeira assim dispersa irá se colocar nas árvores mulga e nelas produzir mana". E, de fato, essas operações são acompanhadas de um canto pela assistência, no qual essa idéia é expressa[7].

Com variações, encontra-se o mesmo rito em outras sociedades. Entre os Urabunna, há uma rocha que representa um antepassado do clã do Lagarto; extraem-se dela pedras que são lançadas em todas as direções, a fim de obter uma grande produção de lagartos[8]. Nessa mesma tribo, existe um banco de areia ao qual as lembranças mitológicas associam intimamente o totem do piolho. No mesmo lugar se acham duas árvores, uma delas chamada árvore do piolho comum, e a outra, árvore do piolho-caranguejo. Os indígenas pegam a areia, esfregam-na contra essas árvores, lançam-na em todas as direções, convencidos de que assim nascerão muitos piolhos[9]. Entre os Mara, é dispersando poeira retirada de pedras sagradas que se realiza o Intichiuma das abelhas[10]. Para o canguru das planícies emprega-se um método ligeiramente diferente. Pega-se bosta de canguru; envolve-se-a numa certa erva que esse animal gosta muito de comer e que, por essa razão, está relacionada ao totem do Canguru. Deposita-se a bosta, assim envolvida, no chão entre duas camadas dessa mesma erva e põe-se fogo em tudo. Com a chama que se libera, inflamam-se ramos de árvore que são agitados, a seguir, de maneira que as fagulhas se dispersem em todas as direções. Essas fagulhas desempenham o mesmo papel que a poeira nos casos precedentes[11].

Num certo número de clãs[12], para tornar o rito mais eficaz, os homens misturam à substância da pedra algo de sua própria substância. Jovens abrem-se as veias e deixam o sangue escorrer sobre a pedra. É o que ocorre particularmente no Intichiuma da flor Hakea, entre os Arunta.

A cerimônia realiza-se num local sagrado, em torno de uma pedra igualmente sagrada, que representa, aos olhos dos indígenas, flores Hakea. Após algumas operações preliminares, "o velho que dirige a execução do rito convida um jovem a sangrar-se. Este obedece-lhe e deixa seu sangue espalhar-se livremente sobre a pedra, enquanto os assistentes continuam a cantar. O sangue corre até que a pedra esteja completamente coberta"[13]. O objeto dessa prática é revivificar, de certo modo, as virtudes da pedra e reforçar sua eficácia. Convém não esquecer, com efeito, que os membros do clã são eles próprios parentes da planta ou do animal cujo nome têm; nele, e particularmente em seu sangue, reside o mesmo princípio de vida. Assim, é natural que se sirvam desse sangue e dos germes místicos que possui para assegurar a reprodução regular da espécie totêmica. Quando um homem está doente ou fatigado, acontece freqüentemente entre os Arunta que, para reanimá-lo, um de seus jovens companheiros abre-se as veias e rega-o com seu sangue[14]. Se o sangue pode redespertar a vida num homem, não é surpreendente que possa também servir para despertá-la na espécie animal ou vegetal com a qual os homens do clã se confundem.

O mesmo procedimento é empregado no Intichiuma do Canguru em Undiara (Arunta). O palco da cerimônia é um remoinho junto ao qual se ergue um rochedo a pique. Esse rochedo representa um animal canguru do Alcheringa que foi morto e depositado nesse lugar por um homem-canguru da mesma época; por isso, supõe-se que numerosos espíritos de canguru residam nessa área. Depois que um certo número de pedras sagradas foram esfregadas umas contra as outras da maneira que descrevemos, vários dos assistentes sobem na rocha, ao longo da qual deixam escorrer seu sangue[15]. "O objetivo da cerimônia, segundo o que dizem os indígenas, é atualmente o seguinte: o sangue de homem-canguru, assim derramado na rocha, destina-se a retirar dela os espíritos dos cangurus-animais que aí se encontram e a dispersá-los em todas as direções, o que deve ocasionar um aumento do número de cangurus[16]."

Há inclusive um caso, entre os Arunta, em que o sangue parece ser o princípio ativo do rito. No grupo da Ema, não se empregam pedras sagradas ou algo que se assemelhe a elas. O Alatunja e alguns de seus assistentes regam o solo com seu sangue; na terra embebida, são traçadas linhas, de diversas cores, que representam as diferentes partes do corpo da ema. Todos se ajoelham em volta desse desenho e cantam um canto monótono. É da ema fictícia assim encantada e, conseqüentemente, do sangue que serviu para fazê-la, que partiriam os princípios vivos que, ao animar os embriões da nova geração, impedirão a espécie de desaparecer[17].

Entre os Wonkgongaru[18], um clã tem por totem um certo tipo de peixe. É também o sangue que desempenha o papel principal no Intichiuma desse totem. O chefe do grupo, depois de pintar-se cerimonialmente, entra num remoinho e senta-se. Então, com pequenos ossos pontudos, perfura sucessivamente o escroto e a pele ao redor do umbigo. "O sangue que corre dessas diferentes feridas espalha-se na água e faz nascer os peixes"[19].

É por uma prática inteiramente similar que os Dieri crêem assegurar a reprodução de dois de seus totens, a cobra-tapete [*serpent tapis*] e a serpente woma (serpente comum). Um Mura-mura chamado Minkani é tido por residir sob uma duna. Seu corpo é representado por ossadas fósseis de répteis como os que se encontram, diz-nos Howitt, nos deltas dos rios que desaguam no lago Eyre. Quando chega o dia da cerimônia, os homens se reúnem e se dirigem ao lugar onde está o Minkani. Lá, cavam a areia até atingir uma camada de terra úmida e o que chamam de "os excrementos do Minkani". Depois continuam a cavar com grandes precauções, até que apareça "o cotovelo do Minkani". Então, dois homens sangram-se e deixam o sangue escorrer sobre a pedra sagrada. Entoa-se o canto do Minkani enquanto os assistentes, tomados por um verdadeiro frenesi, batem-se uns nos outros com suas armas. A batalha dura até que estejam de volta ao acampamento, situado a uma distância de aproximadamente uma milha. Lá, as mulheres intervêm e põem fim ao combate. O sangue que corre dos ferimentos é recolhido, misturado aos "excrementos do Minkani", e o produto da mistura é semeado na duna. Concluído o rito, todos estão convencidos de que as cobras-tapete nascerão em abundância[20].

Em alguns casos, emprega-se, como princípio vivificador, a substância mesma que se busca produzir. Assim, entre os Kaitish, durante uma cerimônia que tem por objetivo fazer chover, rega-se com água uma pedra sagrada, que representa heróis míticos do clã da água. É evidente que, desse jeito, acredita-se aumentar as virtudes produtoras da pedra da mesma forma que com o sangue, e pelas mesmas razões[21]. Entre os Mara, o operador vai buscar água num remoinho sagrado, bebe-a e cospe-a em todas as direções[22]. Entre os Worgaia, quando os inhames começam a brotar, o chefe do clã do Inhame envia os membros da fratria, à qual ele próprio não pertence, para colher essas plantas; estes lhe trazem algumas e solicitam sua intervenção para que a espécie se desenvolva bem. Ele toma uma delas, morde-a e cospe os pedaços para todos os lados[23]. Entre os Kaitish, quando, depois de ritos variados que não descreveremos, certa semente de capim chamada Erlipinna chegou a seu pleno desenvolvimento, o chefe do totem leva um punhado delas ao acampamento e as mói entre duas pedras; recolhem-se piedosamente os farelos assim obtidos e colocam-se alguns grãos nos lábios do chefe que, ao soprar, dispersa-os em todos os sentidos. Esse contato com a boca do chefe, que possui uma virtude sacramental toda especial, tem por objetivo, certamente, estimular a vitalidade dos germes que esses grãos contêm e que, projetados em todas as direções do horizonte, vão transmitir às plantas as propriedades fecundantes que possuem[24].

A eficácia desses ritos não é posta em dúvida pelo indígena: ele está convencido de que devem se produzir os resultados que espera, com uma espécie de necessidade. Se suas esperanças se frustram, simplesmente conclui que os ritos foram contrariados pelos malefícios de algum grupo hostil. Em todo caso, não lhe vem ao espírito que um resultado favorável possa ser obtido por outros meios. Se, por acaso, a vegetação cresce ou se os animais proliferam antes de ter se realizado o próprio Intichiuma, ele supõe que um outro Intichiuma foi celebrado, debaixo da terra, pelas almas dos antepassados e que os vivos recolhem os benefícios dessa cerimônia subterrânea[25].

II

Tal é o primeiro ato da festa.

No período imediatamente posterior, não há cerimônia propriamente dita. No entanto, a vida religiosa permanece intensa: ela se manifesta por um agravamento do sistema ordinário das interdições. O caráter sagrado do totem é como que reforçado; ousa-se menos tocar nele. Enquanto, em tempos normais, os Arunta podem comer do animal ou da planta que lhes serve de totem, ainda que moderadamente, no dia seguinte ao Intichiuma esse direito é suspenso; a interdição alimentar é estrita e incondicional. Acredita-se que qualquer violação dessa interdição terá por resultado neutralizar os efeitos benéficos do rito e impedir o crescimento da espécie. Os membros dos outros totens que se encontram na mesma localidade não estão submetidos, é verdade, à mesma proibição. Mas, nesse momento, sua liberdade é menor do que de costume. Eles não podem consumir o animal totêmico num lugar qualquer, por exemplo, no mato; são obrigados a trazê-lo para o acampamento, e é somente lá que ele deve ser cozido[26].

Uma última cerimônia vem pôr um termo a essas interdições extraordinárias e encerrar definitivamente essa longa série de ritos. Ela varia um pouco conforme os clãs; mas seus elementos essenciais são por toda parte os mesmos. Eis aqui duas das principais formas que ela apresenta entre os Arunta. Uma está relacionada à Lagarta witchetty, a outra ao Canguru.

Assim que as lagartas chegam à plena maturidade e se mostram em abundância, os membros do totem, assim como os estrangeiros, saem a apanhar o maior número possível delas; trazem ao acampamento as que encontraram e as fazem cozinhar, até que fiquem duras e quebradiças. Os produtos do cozimento são conservados em vasos de madeira chamados *pitchi*. A coleta das lagartas só é possível durante um tempo muito curto, pois elas só aparecem depois da chuva. Quando começam a tornar-se menos numerosas, o Alatunja convoca todo o mundo ao acampamento dos homens; a seu convite, cada um traz sua provisão. Os estrangeiros depositam a sua diante das pessoas do totem. O Alatunja pega então um desses *pitchi* e, com a ajuda de seus companheiros, mói seu conteúdo entre duas pedras; feito isso, come um pouco do pó assim obtido, seus assistentes fazem o mesmo, e o resto é devolvido aos membros dos outros clãs que podem, a seguir, dispor livremente dele. A partir desse momento, os homens e as mulheres do totem podem comer dele, mas somente um pouco; pois, se ultrapassassem os limites permitidos, perderiam os poderes necessários para celebrar o Intichiuma e a espécie não se reproduziria. Mas, se não comessem nem um pouco e, sobretudo, se, nas circunstâncias que acabamos de citar, o Alatunja se abstivesse totalmente de comer, seriam vítimas da mesma incapacidade.

No grupo totêmico do Canguru que tem seu centro em Undiara, algumas das características da cerimônia são marcadas de uma maneira mais evidente. Depois que os ritos que descrevemos se realizam na rocha sagrada, os jovens saem a caçar canguru e trazem sua caça ao acampamento dos homens. Lá, os velhos, entre os quais está o Alatunja, comem um pouco da carne do animal e untam com a gordura o corpo daqueles que participaram do Intichiuma. O resto é partilhado entre os homens reunidos. A seguir, as pessoas do totem se enfeitam com desenhos totêmicos e a noite transcorre em cantos que lembram os feitos realizados no tempo do Alcheringa pelos homens e os animais cangurus. No dia seguinte, os jovens voltam a caçar na floresta, trazendo um número ainda maior de cangurus que da primeira vez, e a cerimônia da véspera recomeça[27].

Com variações de detalhes, encontra-se o mesmo rito em outros clãs arunta[28], entre os Urabunna[29], os Kaitish[30], os Unmatjera[31], na tribo da baía do Encontro[32]. Em toda parte ele é feito dos mesmos elementos essenciais. Alguns espécimes da planta ou do animal totêmico são apresentados ao chefe do clã, que os come solenemente e tem a obrigação de comê-los. Se não cumprisse esse dever, perderia seu poder de celebrar eficazmente o Intichiuma, isto é, de recriar anualmente a espécie. Às vezes, o consumo ritual é acompanhado de uma unção feita com a gordura do animal ou certas partes da planta[33]. Geralmente, o rito é repetido, depois, pelas pessoas do totem ou, pelo menos, pelos velhos, e, uma vez executado, as interdições excepcionais são levantadas.

Nas tribos situadas mais ao norte, entre os Warramunga e nas sociedades vizinhas[34], essa cerimônia atualmente não acontece. Todavia, encontram-se ainda vestígios que parecem testemunhar que houve um tempo em que ela não era ignorada. É verdade que jamais o chefe do clã come ritualmente e obrigatoriamente do totem. Mas, em certos casos, as pessoas que não são do totem cujo Intichiuma acaba de ser celebrado são obrigadas a trazer o animal ou a planta à aldeia e a oferecê-lo ao chefe, perguntando-lhe se quer comer. Ele recusa e acrescenta: "Fiz isso por vocês; vocês podem comer livremente dele."[35] O costume da apresentação subsiste, portanto, e a questão colocada ao chefe parece claramente referir-se a uma época em que o consumo ritual era praticado[36].

III

O interesse do sistema de ritos que acaba de ser descrito está em que nele se encontram, na forma mais elementar atualmente conhecida, todos os princípios essenciais de uma grande instituição religiosa, que estava destinada a tornar-se um dos fundamentos do culto positivo nas religiões superiores: a instituição sacrificial.

Sabemos que revolução os trabalhos de Robertson Smith determinaram na teoria tradicional do sacrifício[37]. Até ele, via-se no sacrifício apenas uma espécie de tributo ou homenagem, obrigatória ou gratuita, análoga às que os súditos devem a seus príncipes. Robertson Smith foi o primeiro a observar que essa explicação clássica não levava em conta duas características essenciais do rito. Em primeiro lugar, trata-se de uma refeição; são alimentos que constituem sua matéria. Além disso, trata-se de uma refeição da qual os fiéis que a oferecem tomam parte juntamente com o deus a quem ela é oferecida. Certas partes da vítima são reservadas à divindade; outras são atribuídas aos sacrificantes que as consomem; por isso, na Bíblia, o sacrifício é às vezes chamado uma refeição feita diante de Jeová. Ora, num grande número de sociedades, considera-se que as refeições realizadas em comum criam entre seus participantes um laço de parentesco artificial. Parentes, com efeito, são seres naturalmente feitos da mesma carne e do mesmo sangue. Mas a alimentação refaz constantemente a substância do organismo. Portanto, uma alimentação comum pode produzir os mesmos efeitos que uma origem comum. Segundo Smith, os banquetes sacrificiais teriam precisamente por objeto fazer comungar numa mesma carne o fiel e seu deus, a fim de estabelecer entre eles um laço de parentesco. Desse ponto de vista, o sacrifício revelava-se sob um aspecto inteiramente novo. O que o constituía essencialmente não era mais, como se pensou por muito tempo, o ato de renúncia que a palavra sacrifício exprime comumente; era, antes de tudo, um ato de comunhão alimentar.

Haveria certamente algumas reservas a fazer, nos pormenores, acerca dessa maneira de explicar a eficácia dos banquetes sacrificiais. Esta não resulta exclusivamente do fato da comensalidade. O homem não se santifica unicamente por sentar-se, de certo modo, à mesma mesa que o deus, mas sobretudo porque o alimento que consome nessa refeição ritual tem um caráter sagrado. Mostramos, com efeito, de que maneira, no sacrifício, toda uma série de operações preliminares, purificações, unções, preces, etc., transformam o animal que deve ser imolado numa coisa santa, cuja dignidade transmite-se em seguida ao fiel que dele come[38]. Mesmo assim, a comunhão alimentar continua sendo um dos elementos essenciais do sacrifício. Ora, pensemos no rito através do qual se encerram as cerimônias do Intichiuma; também ele consiste num ato desse gênero. Uma vez morto o animal totêmico, o Alatunja e os velhos comem solenemente dele. Comungam, pois, com o princípio sagrado que nele reside e o assimilam. A única diferença é que, aqui, o animal é sagrado naturalmente, ao passo que, em geral, só adquire esse caráter artificialmente, ao longo do sacrifício.

O objeto dessa comunhão, por sinal, é manifesto. Todo membro de um clã totêmico traz em si uma espécie de substância mística que constitui a parte eminente de seu ser, pois é dela que é feita sua alma. É dela que procedem os poderes que ele se atribui e seu papel social; é através dela que ele é uma pessoa. Há, portanto, um interesse vital em conservá-la intacta, em mantê-la, tanto quanto possível, num estado de perpétua juventude. Infelizmente, todas as forças, mesmo as mais espirituais, se desgastam com o tempo, se nada vier repor a energia que perdem no curso natural das coisas: temos aí uma necessidade primordial que, como veremos, é a razão profunda do culto positivo. Os membros de um totem só podem, portanto, manter sua identidade se tornarem a vivificar o princípio totêmico que se encontra dentro deles; e, como representam esse princípio sob a forma de um vegetal ou de um animal, é à espécie vegetal ou animal correspondente que irão pedir as forças suplementares que necessitam para renová-lo e rejuvenescê-lo. Um homem do clã do Canguru se julga, se sente um canguru; é por essa qualidade que se define; é ela que marca seu lugar na sociedade. Para conservá-la, ele faz passar para sua própria substância, de tempos em tempos, um pouco da carne desse mesmo animal. Algumas parcelas são suficientes, em virtude da regra: *a parte equivale ao todo*[39].

Mas, para que essa operação possa produzir todos os efeitos que dela se esperam, é importante que não se realize num momento qualquer. O mais oportuno é aquele em que a nova geração chega a seu completo desenvolvimento, pois é também o momento em que as forças que animam a espécie totêmica atingem sua plena expansão. Elas mal acabaram de ser extraídas desses ricos reservatórios de vida que são as árvores e as pedras sagradas. Além disso, todo tipo de meios foram empregados para fazer aumentar ainda mais sua intensidade; é o que buscavam os ritos realizados na primeira parte do Intichiuma. De resto, por seu aspecto mesmo, os primeiros produtos da colheita manifestam a energia que contêm: o deus totêmico neles se afirma com todo o esplendor da juventude. Eis por que, em todos os tempos, as primícias foram consideradas um alimento sagrado, reservado a seres santos. É natural, portanto, que o australiano sirva-se delas para se regenerar espiritualmente. Assim se explicam tanto a data como as circunstâncias da cerimônia.

Talvez surpreenda que um alimento tão sagrado possa ser consumido por simples profanos. Mas, em primeiro lugar, não há culto positivo que não se mova nessa contradição. Todos os seres sagrados, em razão do caráter que possuem, são subtraídos ao acesso profano; mas, por outro lado, eles de nada serviriam e não teriam razão de ser se não se pusessem em contato com esses mesmos fiéis que, ao mesmo tempo, devem permanecer respeitosamente afastados deles. Não há rito positivo que, no fundo, não constitua um verdadeiro sacrilégio, pois o homem não pode comerciar com os seres sagrados sem atravessar a barreira que, normalmente, deve mantê-los separados. Tudo o que importa é que o sacrilégio seja feito com precauções que o atenuem. Entre as que são empregadas, a mais usual consiste em conduzir a transição e introduzir o fiel no círculo das coisas sagradas apenas de maneira lenta e gradual. Fragmentado e diluído, o sacrilégio não fere, assim, violentamente, a consciência religiosa; não é sentido como tal e se desvanece. Ora, é isso o que acontece no caso que examinamos. A série de cerimônias que precedeu o momento em que o totem é solenemente comido teve por efeito santificar progressivamente aqueles que participaram ativamente delas. Foi um período essencialmente religioso que eles não puderam atravessar sem que seu estado religioso se transformasse. Os jejuns, o contato com as pedras sagradas, com os churinga[40], as ornamentações totêmicas, etc., pouco a pouco lhes conferiram um caráter que não tinham anteriormente e que os coloca, sem profanação chocante e perigosa, frente a esse alimento desejado e temido que, em tempos normais, lhes seria interdito[41].

Se o ato pelo qual um ser sagrado é imolado e depois comido pelos que o adoram pode ser chamado um sacrifício, o rito que acabamos de ver tem direito à mesma denominação. De resto, o que mostra claramente sua significação são as analogias impressionantes que apresenta com outras práticas que se verificam num grande número de cultos agrários. Com efeito, é uma regra bastante geral, mesmo entre povos que alcançaram um alto grau de civilização, que os primeiros produtos da colheita sirvam de matéria a refeições rituais, das quais o banquete pascal é o exemplo mais conhecido[42]. Como, por outro lado, os ritos agrários encontram-se na base das formas mais elevadas do culto, percebe-se que o Intichiuma das sociedades australianas está mais próximo de nós do que faria supor seu aparente primarismo.

Por uma intuição genial, Smith, sem conhecer esses fatos, teve o pressentimento deles. Por uma série de engenhosas deduções – que é inútil reproduzir aqui, pois têm apenas um interesse histórico[43] –, ele acreditou poder estabelecer que, na origem, o animal imolado nos sacrifícios devia ter sido considerado quase divino e parente próximo dos que o imolavam. Ora, essas características são precisamente aquelas pelas quais se define a espécie totêmica. Smith supôs também que o totemismo deveria ter conhecido e praticado um rito inteiramente análogo ao que acabamos de estudar; ele tendia mesmo a ver nessa espécie de sacrifício a base fundamental de toda a instituição sacrificial[44]. O sacrifício não teria sido instituído, na origem, para criar entre o homem e seus deuses um laço de parentesco artificial, mas para manter e renovar o parentesco natural que os unia primitivamente. Aqui, como alhures, o artifício só teria nascido para imitar a natureza. Mas essa hipótese não se apresentava no livro de Smith senão como uma idéia geral, que os fatos então conhecidos justificavam apenas imperfeitamente. Os raros casos de sacrifício totêmico que ele cita em apoio de sua tese não têm a significação que lhes dá; os animais que aí figuram não são totens propriamente ditos[45]. Mas hoje é lícito afirmar, num ponto pelo menos, que a demonstração está feita: acabamos de ver que, num número importante de sociedades, o sacrifício totêmico, tal como Smith o concebia, é ou foi praticado. Claro que de maneira nenhuma temos a prova de que essa prática seja necessariamente inerente ao totemismo, nem que ela seja o germe de que todos os outros tipos de sacrifício saíram. Mas, se a universalidade do rito é hipotética, sua existência não mais é contestável. Doravante, deve-se considerar como estabelecido que a forma mais mística de comunhão alimentar já se verifica na religião mais rudimentar presentemente conhecida.

IV

Mas, num outro ponto, os fatos novos de que dispomos invalidam as teorias de Smith.

Segundo ele, a comunhão não seria apenas um elemento essencial do sacrifício; seria, pelo menos na origem, seu elemento único. Não somente haveria equívoco quando se reduzisse o sacrifício a ser apenas um tributo ou uma oferenda, como também a idéia de oferenda estaria primitivamente ausente; só teria aparecido tardiamente, sob a influência de circunstâncias exteriores, e dissimularia a natureza verdadeira desse mecanismo ritual, longe de poder ajudar a compreendê-lo. Smith acreditava, com efeito, descobrir na própria noção de oblação um absurdo demasiado revoltante para que fosse possível ver nela a razão profunda de tão grande instituição. Uma das funções mais importantes que cabem à divindade é assegurar aos homens os alimentos necessários para viver; parece, portanto, impossível que o sacrifício, por sua vez, consista numa apresentação de alimentos à divindade. Parece contraditório que os deuses esperem do homem seu alimento, quando é por eles que este é alimentado. Como teriam necessidade do concurso dele para obter sua justa parte sobre as coisas que o próprio homem recebe de suas mãos? Dessas considerações, Smith concluía que a idéia do sacrifício-oferenda só tinha podido nascer nas grandes religiões, em que os deuses, separados das coisas com as quais se confundiam primitivamente, foram concebidos como espécies de reis, proprietários eminentes da terra e de seus produtos. A partir desse momento, o sacrifício foi assimilado ao tributo que os súditos pagam a seu príncipe, em troca dos direitos que lhes são concedidos. Mas essa interpretação nova teria sido, em realidade, uma alteração e mesmo uma corrupção da concepção primitiva. Pois "a idéia de propriedade materializa tudo o que ela toca"; ao se introduzir no sacrifício, ela o desnaturou e fez dele uma espécie de mercado entre o homem e a divindade[46].

Mas os fatos que expusemos derrubam essa argumentação. Os ritos descritos figuram certamente entre os mais primitivos até agora observados. Neles não vemos aparecer ainda nenhuma personalidade mítica determinada, nem deuses, nem espíritos propriamente ditos; apenas se referem a forças vagas, anônimas e impessoais. No entanto, os raciocínios que supõem são precisamente os que Smith declarava impossíveis em razão de seu absurdo.

Reportemo-nos, com efeito, ao primeiro ato do Intichiuma, aos ritos destinados a assegurar a fecundidade da espécie animal ou vegetal que serve de totem ao clã. Essa espécie é a coisa sagrada por excelência; nela é que se encarna essencialmente o que pudemos chamar, por metáfora, a divindade totêmica. Vimos, porém, que, para se perpetuar, ela tem necessidade do concurso do homem. É ele que, todo ano, dá vida à geração nova; sem ele, ela não veria a luz. Se o homem deixar de celebrar o Intichiuma, os seres sagrados desaparecerão da superfície da terra. É a ele, portanto, num certo sentido, que os seres sagrados devem a existência; no entanto, sob outro aspecto, é a eles que o homem deve a sua; pois, assim que chegarem à maturidade, lhe darão as forças necessárias para preservar e renovar seu ser espiritual. Assim, é o homem que produz seus deuses, pode-se dizer, ou, pelo menos, é ele que os faz durar; mas, ao mesmo tempo, é graças aos deuses que ele dura. Portanto, o homem perfaz regularmente o círculo que, segundo Smith, estaria implicado na noção mesma de tributo sacrificial: dá aos seres sagrados um pouco do que recebe deles e recebe deles tudo o que lhes dá.

Mais: as oblações que ele é assim obrigado a fazer anualmente não diferem em natureza das que se farão mais tarde nos sacrifícios propriamente ditos. Se o sacrificante imola um animal, é para que os princípios vivos nele existentes saiam do organismo e possam alimentar a divindade. Do mesmo modo, os grãos de poeira que o australiano libera da rocha sagrada são outros tantos princípios que ele dispersa no espaço, para que saiam a animar a espécie totêmica e assegurar sua renovação. O gesto pelo qual se faz essa dispersão é o mesmo que acompanha normalmente as oferendas. Em certos casos, a semelhança dos dois ritos verifica-se inclusive nos pormenores dos movimentos efetuados. Vimos que, para fazer chover, o kaitish derrama água sobre uma pedra sagrada; em certos povos, o sacerdote, com o mesmo objetivo, derrama água sobre o altar[47]. As efusões de sangue, que são comuns num certo número de Intichiuma, constituem verdadeiras oblações. Assim como o Arunta ou o Dieri regam com sangue a rocha sagrada ou o desenho totêmico, acontece com freqüência, em cultos mais avançados, que o sangue da vítima sacrificada ou do próprio fiel seja derramado diante ou em cima do altar[48]. Nesse caso, ele é dado aos deuses, que o consideram seu alimento preferido; na Austrália, ele é dado à espécie sagrada. Portanto, não há mais motivo para ver na idéia de oblação um produto tardio da civilização.

Um documento que devemos a Strehlow põe em evidência esse parentesco do Intichiuma e do sacrifício. Trata-se de um canto que acompanha o Intichiuma do Canguru; a cerimônia é aí descrita, ao mesmo tempo em que são expostos os efeitos que dela se esperam. Um pedaço da gordura do canguru foi depositado pelo chefe sobre um suporte feito de ramagens. Ora, o texto diz que essa gordura faz crescer a gordura dos cangurus[49]. Desta vez, o oficiante não se limita a espalhar poeira sagrada ou sangue humano; o próprio animal é imolado, sacrificado, pode-se dizer, depositado numa espécie de altar e oferecido à espécie cuja vida ele deve conservar.

Vê-se, agora, em que sentido se pode dizer do Intichiuma que ele contém os germes do sistema sacrificial. Na forma que apresenta quando plenamente constituído, o sacrifício compõe-se de dois elementos essenciais: um ato de comunhão e um ato de oblação. O fiel comunga com seu deus ao ingerir um alimento sagrado e, ao mesmo tempo, faz a esse deus uma oferenda. Reconhecemos esses dois atos no Intichiuma, tal como acaba de ser descrito. A única diferença é que, no sacrifício propriamente dito[50], eles se fazem simultaneamente ou se seguem imediatamente, ao passo que, na cerimônia australiana, estão separados. Ali são partes de um mesmo rito indiviso; aqui, ocorrem em tempos diferentes e podem até estar separados por um intervalo bastante longo. Mas o mecanismo, no fundo, é o mesmo. O Intichiuma, tomado em conjunto, é o sacrifício, mas cujos membros não estão ainda articulados e organizados.

Essa aproximação tem a dupla vantagem de nos fazer compreender melhor a natureza do Intichiuma e a do sacrifício.

Compreendemos melhor o Intichiuma. De fato, a concepção de Frazer, que fazia dele uma simples operação mágica, desprovida de todo caráter religioso[51], revela-se agora insustentável. Não se pode pensar em colocar fora da religião um rito que é como o preâmbulo de uma instituição religiosa tão importante.

Mas compreendemos melhor, também, o que vem a ser o próprio sacrifício. Em primeiro lugar, a igual importância dos dois elementos que o compõem está doravante estabelecida. Se o australiano faz oferendas a seus seres sagrados, não há razão para supor que a idéia de oblação fosse estranha à organização primitiva da instituição sacrificial e perturbasse sua economia natural. A teoria de Smith deve ser revisada nesse ponto[52]. Claro que o sacrifício é, em parte, um procedimento de comunhão; mas é também, e não menos essencialmente, uma doação, um ato de renúncia. Ele supõe sempre que o fiel abandone aos deuses algo de sua substância ou de seus bens. Toda tentativa de reduzir um desses elementos ao outro é vã. Talvez até a oblação seja mais permanente que a comunhão[53].

Em segundo lugar, o sacrifício, sobretudo a oblação sacrificial, em geral parece poder dirigir-se apenas a seres pessoais. Ora, as oblações que acabamos de verificar na Austrália não implicam nenhuma noção desse gênero. Vale dizer que o sacrifício é independente das formas variáveis sob as quais são pensadas as forças religiosas; está ligado a razões mais profundas, que teremos de examinar mais adiante.

Todavia, é claro que o ato de oferecer desperta naturalmente nos espíritos a idéia de um sujeito moral que essa oferenda está destinada a satisfazer. Os gestos rituais que descrevemos tornam-se mais facilmente inteligíveis quando cremos que se dirigem a pessoas. As práticas do Intichiuma, embora referindo-se apenas a forças impessoais, abriam, assim, caminho a uma concepção diferente[54]. Seguramente, elas não teriam bastado para suscitar por completo a idéia de personalidades míticas. Mas, uma vez formada essa idéia, ela foi levada, pela própria natureza desses ritos, a penetrar no culto; na mesma medida, tornou-se menos especulativa; misturada mais diretamente à ação e à vida, adquiriu ao mesmo tempo mais realidade. Pode-se, portanto, pensar que a prática do culto favoreceu, de maneira secundária certamente, mas que mesmo assim merece ser notada, a personificação das forças religiosas.

V

Mas resta explicar a contradição na qual R. Smith via um inadmissível escândalo lógico.

Se os seres sagrados manifestassem sempre seus poderes de uma maneira perfeitamente idêntica, seria inconcebível, de fato, que o homem pudesse pensar em oferecer-lhes seus serviços, pois não se percebe que necessidade poderiam ter deles. Mas, em primeiro lugar, na medida em que se confundem com as coisas, na medida em que se vê neles os princípios da vida cósmica, os próprios seres sagrados estão submetidos ao ritmo dessa vida. Ora, a vida submete-se a oscilações em sentidos contrários e que se sucedem segundo uma lei determinada. Ora ela se afirma em todo o seu esplendor, ora se debilita ao ponto de perguntarmos se não irá se deter. Todos os anos as plantas morrem: irão elas renascer? As espécies animais tendem a se extinguir pela morte natural ou violenta: irão renovar-se a tempo e da maneira que convém? A chuva, sobretudo, é caprichosa; há longos períodos durante os quais ela parece ter desaparecido sem retorno. O que essas curvas periódicas da natureza testemunham é que, nas épocas correspondentes, os seres sagrados dos quais dependem os animais, as plantas, a chuva, etc. passam pelos mesmos estados críticos; portanto, também eles têm seus períodos de fraqueza. Mas o homem não poderia assistir a esses espetáculos como testemunha indiferente. Para que ele viva, é preciso que a vida universal continue e, conseqüentemente, que os deuses não morram. Ele busca, pois, sustentá-los, ajudá-los; para isso, põe a serviço deles as forças de que dispõe e que mobiliza para a circunstância. O sangue que corre em suas veias tem virtudes fecundantes: ele o derramará. Nas pedras sagradas que seu clã possui, irá buscar os germes de vida adormecidos e os semeará no espaço. Em uma palavra, fará oblações.

Essas crises externas e físicas somam-se, além disso, a crises internas e mentais que tendem ao mesmo resultado. Os seres sagrados só existem porque são representados como tais nos espíritos. Se cessarmos de acreditar neles, será como se não existissem. Mesmo aqueles que têm uma forma material e se dão na experiência sensível dependem, sob esse aspecto, do pensamento dos fiéis que os adoram, pois o caráter sagrado que faz deles objetos de culto não é dado em sua constituição natural; ele lhes é acrescentado pela crença. O canguru não é mais que um animal como os outros; mas para as pessoas do Canguru ele contém em si um princípio que o distingue dos outros seres, e esse princípio só existe nos espíritos que o pensam[55]. Para que os seres sagrados, uma vez concebidos, não tivessem necessidade dos homens para durar, seria preciso, portanto, que as representações que os exprimem permanecessem sempre idênticas a si mesmas. Mas essa estabilidade é impossível. Com efeito, é na vida em grupo que tais representações se formam, e a vida em grupo é essencialmente intermitente. Elas participam, assim, necessariamente, da mesma intermitência. Atingem seu máximo de intensidade no momento em que os indivíduos estão reunidos e em relações imediatas uns com os outros, em que todos comungam uma mesma idéia ou um mesmo sentimento. Mas assim que a assembléia se dissolveu e cada um retomou sua existência própria, elas perdem progressivamente sua energia primeira. Cobertas pouco a pouco pela maré montante das sensações cotidianas, acabariam por submergir no inconsciente, se não encontrássemos um meio de trazê-las de volta à consciência e de revivificá-las. Ora, essas representações não podem se debilitar sem que os seres sagrados percam sua realidade, uma vez que eles só existem nelas e através delas. Se os pensarmos menos fortemente, contam menos para nós e contamos menos com eles; existem em menor grau. Eis aí, portanto, mais um ponto de vista pelo qual os serviços dos homens lhes são necessários. Essa segunda razão de assisti-los é ainda mais importante que a primeira, pois ela vale em todas as épocas. As intermitências da vida física só afetam as crenças religiosas quando as religiões não se separaram ainda de sua vasa cósmica. As intermitências da vida social, ao contrário, são inevitáveis, mas as religiões mais idealistas não saberiam escapar a elas.

Aliás, é graças a esse estado de dependência em que se encontram os deuses em relação ao pensamento do homem que este pode julgar sua assistência eficaz. A única forma de rejuvenescer as representações coletivas relacionadas aos seres sagrados é mergulhá-las de novo na fonte mesma da vida religiosa, isto é, nos grupos reunidos. Ora, as emoções suscitadas pelas crises periódicas que atingem as coisas exteriores levam os homens a se reunir, a fim de poder descobrir o que convém fazer. Mas, pelo simples fato de estarem reunidos, eles se reconfortam mutuamente;

encontram o remédio porque o procuram juntos. A fé comum reanima-se naturalmente no seio da coletividade reconstituída; renasce, porque volta a se encontrar nas condições mesmas em que nasceu primitivamente. Uma vez restaurada, essa fé triunfa sem dificuldade de todas as dúvidas privadas que podem ter se formado nos espíritos. A imagem das coisas sagradas readquire suficiente força para poder resistir às causas internas ou externas que tendiam a enfraquecê-la. A despeito de suas fraquezas aparentes, não se pode mais pensar que os deuses morrerão, pois sente-se que eles revivem no âmago de cada um. Os procedimentos empregados para socorrê-los, seja qual for sua rudeza, não podem parecer vãos, já que tudo se passa como se eles agissem efetivamente. As pessoas ficam mais confiantes porque se sentem mais fortes, e realmente estão mais fortes porque forças que esmoreciam voltaram a ser despertadas nas consciências.

Não devemos portanto pensar, com Smith, que o culto tenha sido exclusivamente instituído em benefício dos homens e que os deuses não fizessem caso dele: necessitam-no tanto quanto seus fiéis. Claro que, sem os deuses, os homens não poderiam viver. Mas, por outro lado, os deuses morreriam se o culto não lhes fosse prestado. Portanto, este não tem por finalidade apenas fazer comungar os sujeitos profanos com os seres sagrados, mas também preservar a vida desses últimos, refazê-los e regenerá-los perpetuamente. Certamente não são as oblações materiais que, por suas virtudes próprias, produzem essa restauração; são os estados mentais que esses expedientes, ilusórios por si mesmos, despertam ou acompanham. A razão de ser verdadeira dos cultos, mesmo os aparentemente mais materialistas, não deve ser buscada nos gestos que prescrevem, mas na renovação interior e moral que esses gestos contribuem a determinar. O que o fiel oferece realmente a seu deus não é o alimento que deposita no altar, nem o sangue que faz correr de suas veias: é seu pensamento. Da mesma forma, entre a divindade e seus adoradores há uma mistura de favores que se condicionam mutuamente. A regra *do ut des* [dou, para que dês], pela qual às vezes se definiu o princípio do sacrifício, não é uma invenção tardia de teóricos utilitários: ela apenas traduz, de maneira explícita, o próprio mecanismo do sistema sacrificial e, de maneira mais geral, de todo culto positivo. O círculo assinalado por Smith é, portanto, bem real; mas ele nada tem de humilhante para a razão. Decorre do fato de os seres sagrados, embora superiores aos homens, não poderem viver a não ser em consciências humanas.

Mas esse círculo se revelará mais natural ainda e compreenderemos melhor seu sentido e sua razão de ser, se, levando mais longe a análise e substituindo os símbolos religiosos pelas realidades que eles exprimem, examinarmos de que maneira estas se comportam no rito. Se, como procuramos estabelecer, o princípio sagrado não é outra coisa senão à sociedade hipostasiada e transfigurada, a vida ritual deve poder ser interpretada em termos leigos e sociais. E, de fato, da mesma forma que esta última, a vida social se move num círculo. Por um lado, o indivíduo deve à sociedade o melhor de si mesmo, tudo o que lhe dá uma fisionomia e um lugar à parte entre os outros seres, sua cultura intelectual e moral. Se do homem forem retiradas a linguagem, as ciências, as artes, as crenças da moral, ele cairá no nível da animalidade. Os atributos característicos da natureza humana nos vêm, portanto, da sociedade. Mas, por outro lado, a sociedade só existe e só vive nos e através dos indivíduos. Se a idéia da sociedade se extinguir nos espíritos individuais, se as crenças, as tradições e as aspirações da coletividade deixarem de ser sentidas e partilhadas pelos particulares, a sociedade morrerá. Pode-se dizer dela, portanto, o que se dizia mais acima da divindade: ela só tem realidade na medida em que ocupa lugar nas consciências humanas, e esse lugar somos nós que lhe damos. Entrevemos agora a razão profunda pela qual os deuses não podem passar sem seus fiéis nem estes sem seus deuses: é que a sociedade, da qual os deuses não são mais que a expressão simbólica, também não pode passar sem os indivíduos nem estes sem a sociedade.

Tocamos aqui o substrato sólido sobre o qual são edificados todos os cultos e que os faz persistir desde que existem sociedades humanas. Quando vemos de que são feitos os ritos e para o que parecem dirigir-se, perguntamo-nos com espanto como os homens puderam conceber a idéia deles e sobretudo como permaneceram tão fielmente ligados a eles. De onde lhes pode ter vindo a ilusão de que, com alguns grãos de areia lançados ao vento, com algumas gotas de sangue derramadas sobre uma rocha ou sobre a pedra de um altar, era possível manter a vida de uma espécie animal ou de um deus? Certamente, já demos anteriormente um passo para a solução desse problema quando, sob esses movimentos exteriores e aparentemente desarrazoados, descobrimos um mecanismo mental que lhes dá um sentido e um alcance moral. Mas nada nos garante que esse mecanismo não seja um simples jogo de imagens alucinatórias. Mostramos claramente que processo psicológico leva os fiéis a acreditar que o rito faz renascer junto deles as forças espirituais de que necessitam; mas, do fato de ser psicologicamente explicável, não se segue que essa crença tenha um valor objetivo. Para que estejamos autorizados a ver na eficácia atribuída aos ritos algo mais do que o produto de um delírio crônico com o qual a humanidade se enganaria, é preciso poder estabelecer que o culto tem de fato por efeito recriar periodicamente um ser moral do qual dependemos, assim como ele depende de nós. Ora, esse ser existe: é a sociedade.

De fato, basta as cerimônias religiosas terem alguma importância para que mobilizem a coletividade: os grupos se reúnem para celebrá-las. Seu primeiro efeito, portanto, é aproximar os indivíduos, multiplicar seus contatos e torná-los mais íntimos. Isso faz que o conteúdo das consciências se modifique. Durante os dias comuns, são as preocupações utilitárias e individuais que mais absorvem os espíritos. Todos estão dispersos em suas tarefas pessoais; trata-se antes de tudo, para a maior parte, de satisfazer às exigências da vida material, e a principal motivação da atividade econômica sempre foi o interesse privado. Claro que os sentimentos sociais não poderiam estar totalmente ausentes. Permanecemos em contato com nossos semelhantes; os hábitos, as idéias, as tendências que a educação imprimiu em nós e que presidem normalmente nossas relações com outrem continuam a exercer sua ação. Mas estas são constantemente combatidas e neutralizadas pelas tendências antagônicas que despertam e mantêm as necessidades da luta cotidiana. Elas resistem de maneira mais ou menos eficaz, conforme sua energia intrínseca; mas essa energia não é renovada. Vivem de seu passado e, portanto, se consumiriam com o tempo se nada viesse repor-lhes um pouco da força que perdem nesses conflitos e atritos incessantes. Quando os australianos, disseminados em pequenos grupos, caçam ou pescam, eles perdem de vista o que concerne a seu clã ou à sua tribo: pensam apenas em obter o máximo possível de caça. Nos feriados, ao contrário, essas preocupações se eclipsam obrigatoriamente; essencialmente profanas, elas são excluídas dos períodos sagrados. O que ocupa, então, o pensamento são as crenças comuns, as tradições comuns, as lembranças dos grandes antepassados, o ideal coletivo do qual eles são a encarnação; em uma palavra, são coisas sociais. Mesmo os interesses materiais que as grandes cerimônias religiosas têm por objeto satisfazer, são de ordem pública, portanto social. A sociedade inteira está interessada em que a colheita seja abundante, em que a chuva chegue a tempo e sem excesso, em que os animais se reproduzam regularmente. Assim, é ela que figura em primeiro plano nas consciências; é ela que domina e dirige a conduta; o que equivale a dizer que ela é, então, mais viva, mais atuante e, por conseguinte, mais real do que em tempo profano. Assim, os homens não se enganam quando sentem, nesse momento, que há, fora deles, algo que renasce, forças que se reanimam, uma vida que torna a despertar. Essa primavera de maneira nenhuma é imaginária, e os próprios indivíduos se beneficiam dela. Pois a parcela de ser social que cada um traz em si participa necessariamente dessa renovação coletiva. Também a alma individual se regenera ao banhar-se de novo na fonte mesma de onde obtém a vida; por isso, ela se sente mais forte, mais senhora de si, menos dependente das necessidades físicas.

Sabemos que o culto positivo tende naturalmente a tomar formas periódicas: é um de seus traços distintivos. Claro que há ritos que o homem celebra ocasionalmente, para enfrentar situações passageiras. Mas essas práticas episódicas jamais desempenham senão um papel acessório, e, nas religiões que estudamos especialmente neste livro, elas são quase excepcionais. O que constitui essencialmente o culto é o ciclo das festas que retornam regularmente em épocas determinadas. Temos condições agora de compreender de onde provém essa tendência à periodicidade: o ritmo a que a vida religiosa obedece apenas exprime o ritmo da vida social e dele resulta. A sociedade não pode reavivar o sentimento que tem de si mesma a menos que se reúna. Mas ela é incapaz de manter perpetuamente seus encontros. As exigências da vida não lhe permitem permanecer indefinidamente em estado de congregação; portanto, ela se dispersa para se reunir de novo, quando, mais uma vez, sentir necessidade. É a essas alternâncias necessárias que corresponde a alternância regular dos tempos sagrados e dos tempos profanos. Como, na origem, o culto tem por objeto, pelo menos aparente, regularizar o curso dos fenômenos naturais, o ritmo da vida cósmica após sua marca no ritmo da vida ritual. Por isso, as festas, durante muito tempo, foram sazonais; vimos que já era esse o caráter do Intichiuma australiano. Mas as estações forneceram apenas o contexto exterior dessa organização, não o princípio sobre o qual ela repousa; pois mesmo os cultos que visam fins exclusivamente espirituais permaneceram periódicos. Portanto, essa periodicidade deve-se a outras causas. Como as mudanças sazonais são, por natureza, épocas críticas, elas são uma ocasião natural de encontros e, por conseguinte, de cerimônias religiosas. Mas outros acontecimentos podiam desempenhar e efetivamente desempenharam o papel de causas ocasionais. É preciso reconhecer, porém, que esse quadro, embora puramente exterior, demonstrou uma singular força de resistência, pois encontramos sinais dele até nas religiões mais afastadas de toda base física. Muitas das festas cristãs ligam-se, sem solução de continuidade, às festas pastoris e agrárias dos antigos hebreus, embora, nelas mesmas, nada mais tenham de agrário nem de pastoril.

Esse ritmo, aliás, é suscetível de variar de forma, segundo as sociedades. Onde o período de dispersão é longo e a dispersão é extrema, o período de congregação é, por sua vez, muito prolongado. Produzem-se, então, verdadeiros abusos de vida coletiva e religiosa. Festas sucedem-se a festas durante semanas ou meses, e a vida ritual atinge às vezes uma espécie de frenesi. É o caso das tribos australianas e de várias sociedades do Norte e do Noroeste americano[56]. Em outros lugares, ao contrário, essas duas fases da vida social sucedem-se a intervalos mais próximos e o contraste entre elas é, então, menos acentuado. Quanto mais as sociedades se desenvolvem, menos parecem se contentar com intervalos muito longos.

CAPÍTULO III
O CULTO POSITIVO
(Continuação)

II – Os ritos miméticos e o princípio de causalidade

Mas os procedimentos que acabamos de ver não são os únicos empregados para assegurar a fecundidade da espécie totêmica. Há outros que servem ao mesmo objetivo, seja acompanhando os precedentes, seja substituindo-os.

I

Nas cerimônias mesmas que descrevemos, juntamente com as oblações, sangrentas ou outras, ritos diferentes costumam ser celebrados para completar os primeiros e consolidar seus efeitos. Eles consistem em movimentos e gritos que têm por objeto imitar, em suas diferentes atitudes ou em seus diferentes aspectos, o animal cuja reprodução se deseja; por essa razão, chamamo-los *miméticos*.

Assim o Intichiuma da Lagarta witchetty, entre os Arunta, não compreende apenas os ritos realizados nas rochas sagradas e dos quais falamos anteriormente. Quando estes terminam, todos se põem a caminho de volta ao acampamento; mas faltando cerca de uma milha para chegar, a marcha é suspensa e todos se ornamentam ritualmente, retomando a caminhada em seguida. Essas ornamentações anunciam que uma importante cerimônia irá se realizar. E, de fato, enquanto o grupo estava ausente, um dos velhos que ficaram de guarda no acampamento construiu um abrigo de ramagens, longo e estreito, chamado *Umbana*, que representa a crisálida de onde emerge o inseto. Todos os que participaram das cerimônias anteriores se reúnem perto do lugar onde essa construção foi erguida; depois avançam lentamente, detendo-se de tempo em tempo, até chegarem no *Umbana*, no qual penetram. Em seguida, todos os que não são da fratria relacionada ao totem da lagarta witchetty, e que assistem, mas de longe, à cena, deitam-se no chão, a face contra o solo; devem permanecer nessa posição, sem se mover, até que lhes seja permitido levantar-se. Nesse meio tempo, um canto eleva-se do interior do *Umbana*, contando as diferentes fases pelas quais passa o animal ao longo de seu desenvolvimento e os mitos referentes às rochas sagradas. Quando esse canto termina, o Alatunja, embora permanecendo agachado, sai do *Umbana* e avança lentamente no terreno que se estende defronte. É seguido por todos os seus companheiros que reproduzem seus gestos, cujo objeto é evidentemente representar o inseto ao sair da crisálida. Aliás, um canto que se faz ouvir no mesmo momento e que é como um comentário oral do rito consiste precisamente numa descrição dos movimentos que faz o animal nesse estágio de seu desenvolvimento[1].

Um outro Intichiuma[2], celebrado a propósito de um outro tipo de lagarta, a lagarta *unchalka*[3], tem esse caráter de forma ainda mais clara. Os atores do rito se enfeitam com desenhos que representam a sarça *unchalka* na qual essa lagarta vive no início de sua existência; depois eles cobrem um escudo com círculos concêntricos de penugem, que figuram uma outra espécie de sarça na qual o inseto adulto deposita seus ovos. Quando esses preparativos terminam, todos sentam-se no chão de maneira a formar um semicírculo voltado para o oficiante principal. Este, alternadamente, inclina-se até o chão e levanta-se apoiado nos joelhos; ao mesmo tempo, agita os braços estendidos, o que é uma forma de representar as asas do inseto. De tempo em tempo, ele se inclina por cima do escudo, imitando a maneira como a borboleta adeja em torno das árvores onde põe seus ovos. Terminada essa cerimônia, recomeça uma outra num local diferente para onde todos vão em silêncio. Desta vez, empregam-se dois escudos. Num deles são representados, por linhas em ziguezague, os traços da lagarta; no outro, círculos concêntricos, de dimensões desiguais, representam, uns, os ovos do inseto, os outros, as sementes da sarça da qual ele se alimenta. Como na primeira cerimônia, todos sentam-se em silêncio enquanto o oficiante se agita, imitando os movimentos do animal quando deixa a crisálida e se esforça para levantar vôo.

Spencer e Gillen assinalam ainda, entre os Arunta, alguns fatos análogos, embora de menor importância. Por exemplo, no Intichiuma da Ema, os atores, num dado momento, procuram reproduzir por sua atitude a aparência e o comportamento dessa ave[4]; num Intichiuma da água, as pessoas do totem emitem o grito característico do maçarico, grito naturalmente associado nos espíritos à estação das chuvas[5]. Mas os casos de ritos miméticos observados por esses dois pesquisadores são pouco numerosos. É certo, porém, que o silêncio relativo deles acerca desse ponto decorre ou de que não observaram suficientemente os Intichiuma, ou de que negligenciaram esse aspecto das cerimônias. Schulze, ao contrário, ficou impressionado com o caráter essencialmente mimético dos ritos arunta. "Os corrobori sagrados, diz ele, são, na sua maior parte, cerimônias representativas de animais"; ele os chama *animal tjurunga*[6], e seu testemunho é hoje confirmado pelos documentos reunidos por Strehlow. Nesse último autor, os exemplos são tão numerosos que é impossível citar todos: praticamente não há cerimônia em que algum gesto imitativo não nos seja assinalado. Segundo a natureza dos totens cuja festa se celebra, salta-se à maneira dos cangurus, imitam-se os movimentos que eles fazem ao comer, o vôo das formigas aladas, o ruído característico que faz o morcego, o grito do peru selvagem, o da águia, o assobio da serpente, o coaxar da rã, etc.[7] Quando o totem é uma planta, faz-se o gesto de colhê-la[8], ou de comê-la[9], etc.

Entre os Warramunga, o Intichiuma apresenta, em geral, uma forma muito particular que descreveremos no próximo capítulo e que difere das que vimos até agora. No entanto, há nesse povo um caso típico de Intichiuma puramente mimético: o da cacatua-branca. A cerimônia que Spencer e Gillen descrevem começou às dez da noite. Durante a noite toda, o chefe do clã imitou o grito da ave com uma monotonia desesperante. Só se detinha quando estava exausto, sendo, então, substituído por seu filho; depois recomeçava, assim que se sentia um pouco repousado. Esses exercícios estafantes prosseguiram até de manhã sem interrupção[10].

Os seres vivos não são os únicos que se procura imitar. Num grande número de tribos, o Intichiuma da chuva consiste essencialmente em ritos imitativos. Um dos mais simples é o celebrado entre os Urabunna. O chefe do clã senta-se no chão, todo ornamentado de penugem branca e segurando nas mãos uma lança. Ele se agita de todas as maneiras, certamente para soltar de seu corpo a penugem nele fixada e que, espalhada no ar, representa as nuvens. Assim ele imita os homens-nuvens do Alcheringa que, segundo a lenda, tinham o hábito de subir ao céu para formar nuvens de que a chuva caía em seguida. Em uma palavra, todo o rito tem por objeto figurar a formação e a ascensão das nuvens, portadoras de chuva[11].

Entre os Kaitish, a cerimônia é bem mais complicada. Falamos, já, de um dos meios empregados: o oficiante derrama água sobre as pedras sagradas e sobre si mesmo. Mas a ação dessa espécie de oblação é reforçada por outros ritos. O arco-íris é considerado intimamente relacionado à chuva: diz-se que é o filho dela e que sempre tem pressa de aparecer para fazê-la cessar. Para que ela possa cair, é preciso, portanto, que ele não se mostre. Acredita-se obter esse resultado procedendo da seguinte maneira. Executa-se num escudo um desenho que representa o arco-íris. Leva-se esse escudo à aldeia, tendo o cuidado de mantê-lo oculto a todos os olhares. Tem-se certeza de que, ao tornar invisível essa imagem do arco-íris, o próprio arco-íris é impedido de se manifestar. Nesse meio tempo, o chefe do clã, tendo a seu lado um *pitchi* cheio d'água, lança em todas as direções flocos de penugem branca que representam as nuvens. Imitações repetidas do grito do maçarico vêm completar a cerimônia, que parece ter uma gravidade muito particular, pois, enquanto ela dura, os que dela participam, como atores ou como assistentes, não podem ter nenhum contato com suas mulheres, não podem sequer falar-lhes[12].

Entre os Dieri, os procedimentos de figuração são diferentes. A chuva é representada não por água, mas por sangue que homens fazem correr de suas veias sobre a assistência[13]. Ao mesmo tempo, eles lançam punhados de penugem branca, que simboliza as nuvens. Anteriormente, uma choupana foi construída. Nela se depositam duas grandes pedras que representam acúmulos de nuvens, presságio de chuva. Depois de deixadas aí por algum tempo, elas são transportadas a uma certa distância e colocadas no ponto mais alto possível da árvore mais elevada que se puder encontrar: é uma maneira de fazer as nuvens subirem ao céu. Uma pedra de gesso reduzida a pó é lançada num rio; vendo isso, o espírito da chuva faz logo aparecer as nuvens. Enfim, todos, jovens e velhos, reúnem-se em volta da choupana e, de cabeça baixa, precipitam-se sobre ela; passam violentamente por dentro dela e recomeçam o movimento várias vezes, até que, de toda a construção, não reste mais de pé senão as vigas que a suportam. Então, lançam-se contra estas últimas, sacodemnas, arrancam-nas, até que tudo desabe definitivamente. A operação que consiste em atravessar a choupana de lado a lado é destinada a representar as nuvens que se abrem, e o desabamento da construção, a queda da chuva[14].

Nas tribos do Noroeste estudadas por Clement[15], que ocupam o território compreendido entre os rios Fortescue e Fitzroy, são celebradas cerimônias que têm exatamente a mesma finalidade do Intichiuma dos Arunta e que parecem ser, na sua maior parte, essencialmente miméticas.

Chamam-se *tarlow*, entre esses povos, montes de pedras evidentemente sagradas, uma vez que, como veremos, são objeto de ritos importantes. Cada animal, cada planta, em suma, cada totem ou subtotem[16] é representado por um *tarlow*, que um clã determinado[17] deve proteger. Percebe-se facilmente a analogia que há entre esses *tarlow* e as pedras sagradas dos Arunta.

Quando os cangurus, por exemplo, tornam-se raros, o chefe do clã ao qual pertence o *tarlow* dos cangurus dirige-se a ele com um certo número de seus companheiros. Lá, executam-se diferentes ritos, consistindo os principais em saltar ao redor do *tarlow*, como saltam os cangurus, em beber como eles bebem, ou seja, em imitar seus movimentos mais característicos. As armas que servem para a caça do animal desempenham um papel importante nesses ritos. Elas são brandidas, lançadas contra as pedras, etc. Quando se trata de emas, vai-se ao *tarlow* da ema; caminha-se e corre-se como fazem essas aves. A habilidade que demonstram os indígenas nessas imitações é, ao que parece, notável.

Outros *tarlow* são consagrados a plantas, a sementes de capim, por exemplo. Nesse caso, imitam-se as operações que servem para peneirar essas sementes ou moê-las. E como, na vida ordinária, as mulheres é que normalmente se encarregam dessas tarefas, são elas também que executam o rito em meio a cantos e danças.

II

Todos esses ritos são do mesmo tipo. O princípio sobre o qual repousam é um dos que estão na base daquilo que comumente, e impropriamente[18], chama-se magia simpática.

Esses princípios se reduzem, em geral, a dois[19].

O primeiro pode ser assim enunciado: *o que atinge um objeto atinge também tudo o que mantém com esse objeto uma relação de proximidade ou de solidariedade qualquer*. Assim, o que afeta a parte afeta o todo; toda ação exercida sobre um indivíduo transmite-se a seus vizinhos, a seus parentes, a todos os que lhe são solidários por uma razão qualquer. Esses casos são simples aplicações da lei de contágio que vimos anteriormente. Um estado, uma qualidade boa ou má comunicam-se contagiosamente de um sujeito a um outro que mantenha com o primeiro alguma relação.

O segundo princípio se resume geralmente à fórmula: *o semelhante produz o semelhante*. A figuração de um ser ou de um estado produz esse ser ou esse estado. É essa máxima que aplicam os ritos que acabam de ser descritos, e é nessa ocasião que se pode perceber melhor o que ela tem de característico. O exemplo clássico do feitiço, apresentado geralmente como a aplicação típica do mesmo preceito, é bem menos significativo. No feitiço, com efeito, há, em grande parte, um simples fenômeno de transferência. A idéia da imagem é associada nos espíritos à do modelo; daí os efeitos da ação exercida sobre a estatueta se comunicarem contagiosamente à pessoa cujos traços ela reproduz. A imagem desempenha, em relação ao original, o papel da parte em relação ao todo: ela é um agente de transmissão. Assim, acredita-se poder obter o mesmo resultado queimando os cabelos da pessoa que se quer atingir: a única diferença entre esses dois tipos de operação é que, numa, a comunicação se faz por meio da similaridade, na outra, por meio da contigüidade. Acontece algo diferente com os ritos que examinamos. Eles não supõem apenas o deslocamento de um estado ou de uma qualidade dados, que passam de um objeto a outro, mas a criação de algo inteiramente novo. O simples fato de representar o animal dá origem a esse animal e o cria; ao imitar o ruído do vento ou da água que cai, faz-se com que as nuvens se formem e se convertam em chuva, etc. Certamente a semelhança desempenha um papel em ambos os casos, mas muito diferente. No feitiço, ela apenas imprime uma direção determinada à ação exercida; orienta num certo sentido uma eficácia que não provém dela. Nos ritos que examinamos, a semelhança é atuante por si mesma e diretamente eficaz. Assim, ao contrário das definições usuais, o que diferencia realmente os dois princípios da magia dita simpática e as práticas correspondentes não é que a contigüidade age numas e a semelhança noutras, mas sim que, nas primeiras, há simples comunicação contagiosa e, nas segundas, produção e criação[20].

Explicar os ritos miméticos é, portanto, explicar o segundo desses princípios e reciprocamente.

Não nos deteremos muito tempo a discutir a explicação proposta pela escola antropológica, Tylor e Frazer em particular. Da mesma forma que para explicar a contagiosidade do caráter sagrado, eles invocam as propriedades da associação de idéias. "A magia homeopática – diz Frazer, que prefere essa expressão à de magia mimética – baseia-se na associação de idéias por similaridade, assim como a magia contagiosa (*contagious magic*) na associação de idéias por contigüidade. A magia homeopática comete o engano de tomar por idênticas coisas que se assemelham"[21]. Mas isso é desconhecer o caráter específico das práticas em questão. Por um lado, a fórmula de Frazer poderia aplicar-se, com alguma conveniência, ao caso do feitiço[22]. Neste, com efeito, duas coisas distintas são assimiladas uma à outra em razão de sua semelhança parcial: é a imagem e o modelo, o que ela representa de maneira mais ou menos esquemática. Mas, nos ritos miméticos que acabamos de observar, só a imagem é dada; quanto ao modelo, ele não existe, já que a nova geração da espécie totêmica ainda não é senão uma esperança e, inclusive, uma esperança incerta. Não poderia ser o caso, portanto, de assimilação, errônea ou não: há criação propriamente dita, e não se percebe de que maneira a associação de idéias poderia fazer acreditar nessa criação. Como é que o simples fato de figurar os movimentos de um animal poderia dar a certeza de que esse animal irá reproduzir-se em abundância?

As propriedades gerais da natureza humana não saberiam explicar práticas tão especiais. Portanto, ao invés de consolidar o princípio sobre o qual elas repousam em sua forma geral e abstrata, recoloquemo-lo no meio moral de que faz parte e onde acabamos de observá-lo, unamo-lo ao conjunto de idéias e de sentimentos dos quais procedem os ritos em que ele se aplica e poderemos perceber melhor as causas de que resulta.

Os homens que se reúnem por ocasião desses ritos crêem realmente ser animais ou plantas da espécie cujo nome têm. Eles se sentem uma natureza vegetal ou animal, e é ela que constitui, a seu ver, o que há de mais essencial e excelente neles. Uma vez reunidos, portanto, seu primeiro movimento deve ser o de afirmar uns aos outros essa qualidade que se atribuem e pela qual se definem. O totem é o signo de congraçamento deles, e é por essa razão, como vimos, que eles o desenham no corpo. Mas não menos natural é buscarem assemelhar-se a ele por seus gestos, seus gritos, sua atitude. Como são emas ou cangurus, comportar-se-ão, portanto, como animais desses nomes. Deste modo, testemunham-se mutuamente que são membros da mesma comunidade moral e tomam consciência do parentesco que os une. Esse parentesco, o rito não se limita a exprimi-lo: ele o cria ou o recria. Pois é um parentesco que só existe na medida em que se acredita nele, e todas essas demonstrações coletivas têm por efeito conservar as crenças sobre as quais repousa. Assim, os saltos, os gritos, os movimentos de todo tipo, aparentemente bizarros e grotescos, têm, em realidade, uma significação humana e profunda. O australiano busca assemelhar-se a seu totem assim como o fiel das religiões mais avançadas busca assemelhar-se a seu Deus. Para ambos, trata-se de um meio de comungar com o ser sagrado, isto é, com o ideal coletivo que este último simboliza. É uma primeira forma do ὁμοίωσις τῷ θεῷ.

Todavia, como essa primeira razão refere-se ao que há de mais especial nas crenças totêmicas, se ela fosse a única, o princípio segundo o qual o semelhante produz o semelhante não deveria ter sobrevivido ao totemismo. Ora, talvez não haja religião em que não se verifiquem ritos que dele derivem. É preciso portanto que uma outra razão tenha vindo acrescentar-se à precedente.

De fato, as cerimônias nas quais vimos esse princípio ser aplicado não têm apenas o objetivo geral que acabamos de mencionar, por mais essencial que seja: elas visam também um objetivo mais próximo e mais consciente, que é assegurar a reprodução da espécie totêmica. A idéia dessa reprodução necessária está sempre presente no espírito dos fiéis, é nela que se concentram as forças de sua atenção e de sua vontade. Ora, uma mesma preocupação não pode dominar a tal ponto um grupo de homens sem se exteriorizar numa forma material. Como todos pensam no animal ou no vegetal de cujos destinos o clã é solidário, é inevitável que esse pensamento comum venha se manifestar exteriormente por gestos, e os mais indicados para tal função são aqueles que representam esse animal ou essa planta num de seus aspectos mais característicos, pois não há outros movimentos que se adaptem melhor à idéia que ocupa então as consciências, uma vez que são a tradução imediata e quase automática dessa idéia. Todos se esforçam, portanto, em imitar o animal; gritam como ele; saltam como ele; reproduzem as cenas em que a planta é cotidianamente utilizada. Todos esses procedimentos de figuração são meios de assinalar ostensivamente o objetivo para o qual todos os espíritos se voltam, de dizer a coisa que se quer realizar, de convocá-la, de evocá-la[23]. E essa necessidade não é de uma época, independe das crenças desta ou daquela religião: é essencialmente humana. Eis por que, mesmo em religiões muito diferentes da que estudamos, os fiéis, reunidos para solicitar de seus deuses um acontecimento que desejam ardentemente, são como que necessitados a figurar essa coisa. Claro que a fala é também um meio de exprimi-la, mas o gesto não é menos natural: ele brota espontaneamente do organismo, inclusive se antecipa à fala ou, em todo caso, a acompanha.

Mas, se podemos compreender assim como esses gestos entraram na cerimônia, resta explicar a eficácia que lhes é atribuída. Se o australiano os repete regularmente a cada nova estação, é que os julga necessários para o êxito do rito. De onde lhe pode ter vindo a idéia de que, ao imitar o animal, determina-se que ele se reproduza?

Um erro tão manifesto é dificilmente inteligível enquanto só se vir no rito o objetivo material para o qual parece tender. Mas sabemos que, além do efeito que teria sobre a espécie totêmica, o rito exerce uma ação profunda sobre a alma dos fiéis que dele participam. Estes reconhecem uma impressão de bem-estar cujas causas não percebem claramente, mas que é muito justificada. Eles têm consciência de que a cerimônia lhes é salutar; e, de fato, nela refazem seu ser moral. Como é que essa espécie de euforia não lhes daria o sentimento de que o rito teve êxito, foi o que se propunha ser, alcançou o objetivo visado? E já que o único objetivo conscientemente buscado é a reprodução da espécie totêmica, esta parece assegurada pelos meios empregados, cuja eficácia se vê assim demonstrada. Foi deste modo que os homens passaram a atribuir a gestos, vazios por si mesmos, virtudes criadoras. A eficácia moral do rito, que é real, fez acreditar em sua eficácia física, que é imaginária; a do todo, na de cada parte, tomada isoladamente. Os efeitos realmente úteis que o conjunto da cerimônia produz são como uma justificação experimental das práticas elementares de que ela é feita, ainda que, em realidade, essas práticas de modo nenhum sejam indispensáveis ao sucesso. Aliás, o que prova bem que elas não agem por si mesmas é que podem ser substituídas por outras, de natureza muito diferente, sem que o resultado final se modifique. Parece que existem festas do Intichiuma que compreendem apenas oblações sem ritos miméticos; outras são puramente miméticas e não comportam oblações. Entretanto, tanto umas como as outras teriam a mesma eficácia. Assim, se se prezam essas diferentes manobras, não é por causa do valor intrínseco delas, mas por fazerem parte de um rito complexo cuja utilidade global é sentida.

É tanto mais fácil compreendermos esse estado de espírito na medida em que podemos observá-lo a nosso redor. Sobretudo nos povos e nos meios mais cultivados, encontram-se freqüentemente crentes que, embora tendo dúvidas sobre a eficácia especial que o dogma atribui a cada rito considerado separadamente, continuam não obstante a praticar o culto. Eles não estão certos de que o detalhe das observâncias prescritas seja racionalmente justificável, mas sentem que lhes seria impossível libertar-se delas sem cair numa confusão moral diante da qual recuam. O fato mesmo de a fé ter perdido neles suas raízes intelectuais põe, assim, em evidência as razões profundas sobre as quais ela repousa. Eis por que as críticas fáceis que um racionalismo simplista dirige às vezes às prescrições rituais deixam em geral o fiel indiferente: é que a verdadeira justificação das práticas religiosas não está nos fins aparentes que elas perseguem, mas na ação invisível que exercem sobre as consciências, na maneira como afetam nosso nível mental. Assim também, quando os pregadores procuram convencer, eles se dedicam bem menos a estabelecer diretamente e por provas metódicas a verdade de tal proposição particular ou a utilidade desta ou daquela observância, do que a despertar ou a redespertar o sentimento de reconforto moral que a celebração regular do culto proporciona. Deste modo, criam uma predisposição a crer que antecede as provas, que leva a inteligência a passar por cima da insuficiência das razões lógicas e a se dirigir, como que espontaneamente, ao encontro das proposições que se quer fazê-la aceitar. Esse preconceito favorável, esse impulso a crer, é precisamente o que constitui a fé. E é a fé que dá autoridade aos ritos ante o crente, seja ele qual for, cristão ou australiano. Toda a superioridade do primeiro consiste em perceber melhor o processo psíquico do qual resulta sua crença; ele sabe que "é a fé que salva".

É por ter essa origem que a fé, num certo sentido, é "impermeável à experiência"[24]. Se os fracassos intermitentes do Intichiuma não abalam a confiança que o australiano tem em seu rito, é porque ele se apega com todas as forças de sua alma a essas práticas nas quais vem se refazer periodicamente; portanto, ele não poderia negar o princípio delas sem que disso resultasse uma verdadeira perturbação de todo o seu ser que resiste. Mas, por maior que seja essa força de resistência, ela não distingue radicalmente a mentalidade religiosa das outras formas da mentalidade humana, mesmo daquelas que mais costumeiramente se lhe opõem. Sob esse aspecto, a mentalidade do cientista não difere da precedente, a não ser em graus. Quando uma lei científica tem a seu favor a autoridade de inúmeras e variadas experiências, é contrário a todo método renunciar facilmente a ela devido à descoberta de um fato que parece contradizê-la. É preciso, antes, estar seguro de que este fato não comporta senão uma única interpretação e de que não é possível explicá-lo sem abandonar a proposição que ele parece invalidar. Ora, o australiano não procede de outra forma quando atribui o insucesso de um Intichiuma a algum malefício, ou a abundância de uma colheita prematura a algum Intichiuma místico celebrado no além. Ele tem ainda maiores motivos de não duvidar de seu rito em função de um fato contrário, porque o valor desse rito é ou parece estabelecido por um número mais considerável de fatos concordantes. Primeiramente, a eficácia moral da cerimônia é real e é diretamente experimentada por todos que dela participam. Ela constitui uma experiência constantemente renovada, cujo alcance nenhuma experiência contraditória vem diminuir. Além disso, a própria eficácia física não deixa de encontrar nos dados da observação objetiva uma confirmação ao menos aparente. É normal, com efeito, que a espécie totêmica se reproduza regularmente; tudo acontece, portanto, na grande generalidade dos casos, como se os gestos rituais tivessem realmente produzido os efeitos esperados. Os fracassos são a exceção. Como os ritos, sobretudo os periódicos, não pedem outra coisa à natureza a não ser prosseguir seu curso regular, não é surpreendente que, na maioria das vezes, esta dê a impressão de obedecer-lhes. Assim, se acontece ao crente mostrar-se refratário a certas lições da experiência, é por se basear em outras experiências que lhe parecem mais demonstrativas. O cientista não faz outra coisa, apenas o faz com mais método.

A Magia, portanto, não é, como afirmou Frazer[25], um fato primeiro do qual a religião seria tão-só uma forma derivada. Muito pelo contrário, é sob a influência de idéias religiosas que se constituíram os preceitos sobre os quais repousa a arte do mágico, e é somente por uma extensão secundária que eles foram aplicados a relações puramente leigas. Como todas as forças do universo foram concebidas segundo o modelo das forças sagradas, a contagiosidade inerente às segundas foi estendida às primeiras e acreditou-se que, em condições determinadas, todas as propriedades dos corpos podiam se transmitir contagiosamente. Do mesmo modo, assim que o princípio segundo o qual o semelhante produz o semelhante se constituiu para satisfazer necessidades religiosas, ele se separou de suas origens rituais para tornar-se, por uma espécie de generalização espontânea, uma lei da natureza[26]. Mas para compreender esses axiomas fundamentais da magia é necessário recolocá-los nos meios religiosos em que se originaram e que são os únicos capazes de explicá-lo. Quando eles são vistos como obra de indivíduos isolados, de mágicos solitários, cabe perguntar de que maneira espíritos humanos puderam ter a idéia de tais axiomas, uma vez que nada, na experiência, era capaz de sugeri-los nem de verificá-los; sobretudo não se explica como uma arte tão enganadora pôde se impor, e por tanto tempo, à confiança dos homens. Mas o problema desaparece se a fé que a magia inspira for apenas um caso particular da fé religiosa em geral, se ela própria for o produto, pelo menos indireto, de uma efervescência coletiva. Vale dizer que o termo magia simpática, para designar o conjunto de práticas que acabamos de examinar, não deixa de ser impróprio. Há ritos simpáticos, mas eles não são particulares à magia; não somente os encontramos na religião, como também é da religião que a magia os recebeu. Portanto, só pode levar a confusões parecer fazer deles, pelo nome que lhes dão, algo de especificamente mágico.

Os resultados de nossa análise vêm, assim, reforçar e confirmar aqueles a que chegaram Hubert e Mauss quando estudaram diretamente a magia[27]. Eles mostraram que esta era algo muito distinto de uma indústria grosseira, fundada numa ciência truncada. Por trás dos mecanismos, puramente leigos em aparência, que o mágico emprega, eles fizeram ver todo um fundo de concepções religiosas, todo um mundo de forças cuja idéia a magia tomou emprestada da religião. Podemos agora compreender por que ela está assim repleta de elementos religiosos: é que ela nasceu da religião.

III

Mas o princípio que acaba de ser explicado não tem apenas uma função ritual; ele interessa diretamente à teoria do conhecimento. Com efeito, trata-se de um enunciado concreto da lei de causalidade e, muito provavelmente, um dos enunciados mais primitivos que existiram. Toda uma concepção da relação causal está implicada no poder assim atribuído ao semelhante de produzir seu semelhante; e essa concepção domina o pensamento primitivo, já que serve de base tanto às práticas do culto quanto à técnica do mágico. As origens do preceito sobre o qual repousam os ritos miméticos são, portanto, capazes de esclarecer as do princípio de causalidade. A gênese de um deve nos ajudar a compreender a gênese do outro. Ora, acabamos de mostrar que o primeiro é um produto de causas sociais: foram grupos que o elaboraram tendo em vista fins coletivos, e o que ele traduz são sentimentos coletivos. Pode-se, portanto, presumir que o mesmo acontece com o segundo.

Basta, com efeito, analisar o princípio de causalidade para verificar que os diversos elementos de que é composto têm efetivamente essa origem.

O que em primeiro lugar está implicado na noção de relação causal é a idéia de eficácia, de poder produtor, de força ativa. Entende-se comumente por causa o que é capaz de produzir uma mudança determinada. A causa é a força antes que tenha manifestado o poder que está nela; o efeito é o mesmo poder, mas atualizado. A humanidade sempre se representou a causalidade em termos dinâmicos. Certamente alguns filósofos recusam a essa concepção qualquer valor objetivo; vêem nela apenas uma construção arbitrária da imaginação que não corresponderia a nada nas coisas. Mas não precisamos nos perguntar, de momento, se ela tem fundamento ou não na realidade: basta-nos constatar que ela existe, que ela constitui e sempre constituiu um elemento da mentalidade comum; e é o que reconhecem aqueles mesmos que a criticam. Nosso objetivo imediato é saber não o que ela pode valer logicamente, mas como se explica.

Ora, ela depende de causas sociais. A análise dos fatos já nos permitiu mostrar que o protótipo da idéia de força foi o mana, o wakan, o orenda, o princípio totêmico, nomes diversos dados à força coletiva, objetivada e projetada nas coisas[28]. O primeiro poder que os homens conceberam como tal parece ter sido, portanto, aquele que a sociedade exerce sobre seus membros. O raciocínio vem confirmar esse resultado da observação; é possível, com efeito, estabelecer por que essa noção de poder, de eficácia, de força atuante, não pode ter vindo de uma outra fonte.

Em primeiro lugar, é evidente e reconhecido por todos que ela não poderia nos ser fornecida pela experiência externa. Os sentidos só nos fazem ver fenômenos que coexistem ou se sucedem, mas nada do que eles percebem pode nos dar a idéia dessa ação constrangedora e determinante que é característica do que denominamos um poder ou uma força. Os sentidos só alcançam estados realizados, adquiridos, exteriores uns aos outros; o processo interno que liga esses estados lhes escapa. Nada do que eles nos informam seria capaz de sugerir-nos a idéia do que é uma influência ou uma eficácia. É precisamente por essa razão que os filósofos do empirismo viram nessas diferentes concepções um monte de aberrações mitológicas. Mas, mesmo supondo que em tudo isso há apenas alucinações, é preciso ainda explicar como elas surgiram.

Se a experiência externa não conta na gênese dessas idéias e se, por outro lado, é inadmissível que elas nos sejam dadas inteiramente prontas, deve-se supor que nos venham da experiência interior. De fato, a noção de força está manifestamente carregada de elementos espirituais que só podem ter sido tomados de nossa vida psíquica.

Acreditou-se com freqüência que o ato pelo qual nossa vontade encerra uma deliberação, contém nossas inclinações e comanda nossos órgãos, podia servir de modelo a essa construção. Na volição, dizem, apreendemo-nos diretamente como um poder em ato. Portanto, a partir do momento em que o homem teve essa idéia, ele só precisou, parece, estendê-la às coisas para que o conceito de força se constituísse.

Enquanto a teoria animista era tida por uma verdade demonstrada, essa explicação podia parecer confirmada pela história. Se as forças com que o pensamento humano primitivamente povoou o mundo tivessem sido realmente espíritos, isto é, seres pessoais e conscientes, mais ou menos semelhantes ao homem, poderíamos acreditar, de fato, que nossa experiência individual foi suficiente para fornecer os elementos constitutivos da noção de força. Mas sabemos que as primeiras forças que os homens imaginaram são, ao contrário, potências anônimas, vagas, difusas, que se assemelham por sua impessoalidade às forças cósmicas e que contrastam, portanto, da maneira mais definida, com esse poder eminentemente pessoal que é a vontade humana. Assim, é impossível que elas tenham sido concebidas à imagem desta última.

Aliás, há um caráter essencial das forças impessoais que seria inexplicável nessa hipótese: sua comunicabilidade. As forças da natureza sempre foram concebidas como suscetíveis de passar de um objeto a outro, de se misturar, de se combinar, de se transformar umas nas outras. É inclusive essa propriedade que lhes dá seu valor explicativo, pois é graças a ela que os efeitos podem ser ligados a suas causas sem solução de continuidade. Ora, o eu tem um caráter precisamente oposto: ele é incomunicável. Não pode mudar de substrato, estender-se de um a outro, só se comunica por metáfora. A maneira pela qual ele decide e executa suas decisões não poderia, portanto, nos sugerir a idéia de uma energia que se comunica, que pode mesmo se confundir com outras e, por essas combinações e misturas, dar origem a efeitos novos.

Assim, a idéia de força, tal como a implica o conceito de relação causal, deve apresentar um duplo caráter. Em primeiro lugar, só pode nos vir de nossa experiência interior; as únicas forças que podemos diretamente atingir são necessariamente forças morais. Mas, ao mesmo tempo, é preciso que elas sejam impessoais, já que a noção de poder impessoal foi a primeira a se constituir. Ora, as únicas que satisfazem essa dupla condição são as que provêm da vida em comum: as forças coletivas. Com efeito, elas são, por um lado, inteiramente psíquicas, são feitas exclusivamente de idéias e de sentimentos objetivados. Mas, por outro lado, são impessoais por definição, por serem o produto de uma cooperação. Obra de todos, não pertencem a ninguém em particular. Aderem tão pouco à personalidade dos sujeitos nos quais residem que neles jamais se fixam. Assim como os penetram desde fora, estão sempre prontas a separar-se deles. Tendem espontaneamente a espalhar-se mais longe e a invadir novos domínios. Não há outras, sabemos, que sejam mais contagiosas e, conseqüentemente, mais comunicáveis. Claro que as forças físicas têm a mesma propriedade, mas não podemos ter diretamente consciência delas, não podemos sequer apreendê-las como tais, porque nos são exteriores. Quando deparo com um obstáculo, experimento uma sensação de constrangimento e incômodo; mas a força que causa essa sensação não está em mim, está no obstáculo e, por conseguinte, está fora do círculo de minha percepção. Percebemos os efeitos dela, mas não a atingimos nela mesma. Com as forças sociais acontece algo diferente: elas fazem parte de nossa vida interior e, portanto, não conhecemos somente os produtos de sua ação: vemo-las agir. A força que isola o ser sagrado e mantém os profanos à distância não está, em realidade, nesse ser: ela existe na consciência dos fiéis. Assim estes a sentem no momento mesmo em que ela age sobre sua vontade para inibir certos movimentos ou comandar outros. Em uma palavra, essa ação constrangedora e exigente que nos escapa quando vem de uma coisa exterior, percebemo-la aqui nitidamente, porque ela acontece inteiramente em nós. Claro que nem sempre a interpretamos de maneira adequada, mas, pelo menos, não podemos deixar de ter consciência dela.

Além do mais, a idéia de força traz, de maneira evidente, a marca de sua origem. Ela implica a idéia de poder que, por sua vez, sempre se acompanha das de autoridade, domínio, dominação e, correlativamente, de dependência e subordinação; ora, as relações que todas essas idéias exprimem são eminentemente sociais. Foi a sociedade que classificou os seres em superiores e em inferiores, em mestres que comandam e em súditos que obedecem; foi ela que conferiu aos primeiros essa propriedade singular que torna o comando eficaz e que constitui o *poder*. Tudo tende, portanto, a provar que os primeiros poderes de que o espírito humano teve noção são aqueles que as sociedades instituíram ao se organizar: é à imagem deles que as forças do mundo físico foram concebidas. Assim, o homem só pôde chegar a se conceber como uma força que domina o corpo onde ela reside, com a condição de introduzir, na idéia que fazia de si próprio, conceitos tomados da vida social. Era preciso, com efeito que ele se distinguisse de seu duplo físico e se atribuísse, em relação a este último, uma espécie de dignidade superior; em uma palavra, era preciso que se pensasse como uma alma. De fato, foi exatamente sob a forma da alma que ele sempre se representou a força que acredita ser. Mas sabemos que a alma é algo bem diferente de um nome dado à faculdade abstrata de se mover, de pensar ou de sentir; é, antes de tudo, um princípio religioso, um aspecto particular da força coletiva. Em suma, o homem se sente uma alma e, portanto, uma força, porque é um ser social. Embora o animal mova seus membros como nós, embora tenha a mesma ação que nós sobre seus músculos, nada nos autoriza a supor que tenha consciência de si mesmo como uma causa ativa e eficaz. É que ele não tem, ou, para dizer mais exatamente, é que não se atribui alma. Mas, se não se atribui alma, é porque não participa de uma vida social comparável à dos homens. Não existe nada, entre os animais, que se assemelhe a uma civilização[29].

Mas a noção de força não é todo o princípio de causalidade. Este consiste num juízo que enuncia que toda força se desenvolve de maneira definida, que o estado em que ela se encontra em cada momento de seu devir predetermina o estado consecutivo. Chama-se o primeiro causa, o segundo efeito, e o juízo causal afirma a existência de um vínculo necessário entre esses dois momentos de toda força. Essa relação, o espírito coloca, antes de qualquer prova, sob o domínio de uma espécie de coerção da qual ele não pode se libertar; ele a postula, como se diz, *a priori*.

Desse apriorismo e dessa necessidade, o empirismo jamais conseguiu dar conta. Jamais os filósofos dessa escola puderam explicar como uma associação de idéias reforçada pelo hábito podia produzir outra coisa que um estado de espera, uma predisposição mais ou menos forte das idéias a se evocarem segundo uma ordem determinada. Ora, o princípio de causalidade tem um caráter muito diferente. Não é simplesmente uma tendência imanente de nosso pensamento a se desenrolar de uma certa maneira; é uma norma exterior e superior no curso de nossas representações, que ela domina e regula imperativamente. Essa norma é investida de uma autoridade que submete e ultrapassa o espírito; ou seja, o espírito não é o seu autor. Sob esse aspecto, de nada adianta substituir o hábito individual pelo hábito hereditário, pois o hábito não muda de natureza por durar mais que uma vida humana: ele é apenas mais forte. Um instinto não é uma regra.

Os ritos que acabam de ser estudados permitem entrever uma fonte, até o presente pouco suspeitada, dessa autoridade. Lembremos, com efeito, como nasceu a lei causal que os ritos imitativos põem em prática. Sob o domínio de uma mesma preocupação o grupo se reúne: se a espécie que lhe dá o nome não se reproduz, o clã está perdido. O sentimento comum que anima assim todos os seus membros se traduz exteriormente na forma de gestos determinados, que sempre retornam idênticos nas mesmas circunstâncias, e, uma vez realizada a cerimônia, verifica-se, pelas razões expostas, que o resultado desejado parece obtido. Forma-se, portanto, uma associação entre a idéia desse resultado e a dos gestos que o precedem; e essa associação não varia de um sujeito a outro: é a mesma para todos os atores do rito, por ser o produto de uma experiência coletiva. Todavia, se nenhum outro fator interviesse, produzir-se-ia apenas um estado coletivo de espera. Efetuados os gestos miméticos, todos esperariam, com maior ou menor confiança, ver manifestar-se em breve o acontecimento desejado, mas nem por isso uma regra imperativa do pensamento se constituiria. Contudo, como um interesse social de primeira importância está em jogo, a sociedade não pode deixar as coisas seguirem sua marcha ao sabor das circunstâncias; portanto, ela intervém ativamente de modo a regular essa marcha de acordo com suas necessidades. Exige que essa cerimônia, da qual não pode se privar, seja repetida sempre que necessário e, por conseguinte, que os movimentos, condição do sucesso, sejam regularmente executados: ela os impõe obrigatoriamente. Ora, esses movimentos implicam uma atitude definida do espírito que, por via indireta, participa do mesmo caráter de obrigação. Prescrever que se deve imitar o animal ou a planta para fazê-los reproduzir-se é colocar como um axioma, do qual não se deve duvidar, que o semelhante produz o semelhante. A opinião pública não pode permitir que os indivíduos neguem teoricamente esse princípio, sem lhes permitir ao mesmo tempo que o violem em sua conduta. Portanto, ela o impõe juntamente com as práticas que dele derivam e, assim, o preceito ritual é acompanhado de um preceito lógico, que não é senão o aspecto intelectual do primeiro. A autoridade de ambos deriva da mesma fonte, a sociedade. O respeito que esta inspira transmite-se tanto às maneiras de pensar como às maneiras de agir que ela valoriza. Não se pode afastar-se destas nem daquelas sem se deparar com as resistências da opinião pública. Eis por que as primeiras exigem, antes de qualquer exame, a adesão da inteligência, assim como as segundas determinam imediatamente a submissão da vontade.

Pode-se verificar mais uma vez, com esse exemplo, como uma teoria sociológica da noção de causalidade e, de maneira mais geral, das categorias afasta-se das doutrinas clássicas sobre a questão, embora conciliando-as. Juntamente com o apriorismo, ela mantém o caráter anterior e necessário da relação causal, mas não se limita a afirmá-lo; ela o explica, sem no entanto fazê-lo desaparecer sob pretexto de explicá-lo, como faz o empirismo. Além disso, não se poderia negar a parte que cabe à experiência individual. Não há dúvida que, por si mesmo, o indivíduo constata sucessões regulares de fenômenos e adquire assim uma certa *sensação* de regularidade. Só que essa *sensação* não é a *categoria* de causalidade. A primeira é individual, subjetiva, incomunicável; nós mesmos a produzimos com nossas observações pessoais. A segunda é obra da coletividade, nos é dada já pronta. Trata-se de um quadro no qual vêm se dispor nossas constatações empíricas e que nos permite pensá-las, isto é, vê-las de um jeito pelo qual podemos nos entender a respeito delas com outrem. Claro que, se o quadro se aplica ao conteúdo, é porque não deixa de ter relação com a matéria que contém, mas não se confunde com ela. Ele a ultrapassa e a domina. Possui uma outra origem. Não é um simples resumo de recordações individuais: é feito, antes de tudo, para responder a exigências da vida em comum.

Em suma, o erro do empirismo foi ver no vínculo causal apenas uma construção engenhosa do pensamento especulativo e o produto de uma generalização mais ou menos metódica. Ora, por si só, a pura especulação não pode dar origem senão a noções provisórias, hipotéticas, mais ou menos plausíveis, mas que devem sempre ser mantidas sob suspeita, pois não se sabe se, no futuro, alguma observação nova não virá invalidá-las. Um axioma que o espírito aceita e é obrigado a aceitar, sem controle e sem reservas, não poderia, portanto, vir-nos dessa fonte. Somente as necessidades da ação, sobretudo da ação coletiva, podem e devem se exprimir em fórmulas categóricas, peremptórias e taxativas, que não admitem contradição, pois os movimentos coletivos só são possíveis se concertados, portanto se regulados e definidos. Eles excluem as hesitações, fonte de anarquia; tendem naturalmente a uma organização que, uma vez estabelecida, se impõe aos indivíduos. E, como a atividade não pode se privar da inteligência, esta é arrastada pelo mesmo caminho e adota, sem discussão, os postulados teóricos que a prática reclama. Os imperativos do pensamento são verossimilmente tão-só uma outra face dos imperativos da vontade.

Nem sequer cogitamos, porém, apresentar as observações que precedem como uma teoria completa do conceito de causalidade. A questão é demasiado complexa para poder ser assim resolvida. O princípio de causa foi entendido de maneiras diferentes conforme as épocas e os lugares; numa mesma sociedade, ele varia com os meios sociais, com os reinos da natureza aos quais é aplicado[30]. Não se poderia, portanto, com base na consideração de somente uma das formas que ele apresentou na história, determinar com suficiente precisão as causas e as condições de que depende. As idéias que acabam de ser expostas devem ser vistas apenas como indicações que será preciso controlar e completar. Entretanto, como a lei causal em que nos detivemos é certamente uma das mais primitivas que existem e como desempenhou um papel considerável no desenvolvimento do pensamento e da indústria humanos, ela constitui uma experiência privilegiada e, por isso, é presumível que as observações que nos ensejou sejam suscetíveis, numa certa medida, de generalização.

CAPÍTULO IV
O CULTO POSITIVO
(Continuação)

III – Os ritos representativos ou comemorativos

A explicação dos ritos positivos que desenvolvemos nos dois capítulos anteriores atribui-lhes uma significação antes de tudo moral e social. A eficácia física que o fiel lhes reconhece seria o produto de uma interpretação que dissimularia sua razão de ser essencial: é por servirem para refazer moralmente os indivíduos e os grupos que se considera que exercem uma ação sobre as coisas. Mas, se essa hipótese nos permitiu explicar fatos, não se pode dizer que tenha sido diretamente demonstrada; à primeira vista, ela parece inclusive conciliar-se bastante mal com a natureza dos mecanismos rituais que analisamos. Quer consistam em oblações ou em práticas imitativas, os gestos de que são feitos esses ritos visam fins puramente materiais; eles têm ou parecem ter unicamente por objeto fazer com que a espécie totêmica se reproduza. Nessas condições, não é surpreendente que seu verdadeiro papel seja servir a fins morais?

É verdade que sua função física poderia ter sido exagerada por Spencer e Gillen, mesmo nos casos em que ela é mais incontestável. Segundo esses autores, cada clã celebraria seu Intichiuma tendo em vista assegurar aos outros clãs um alimento útil, e todo o culto consistiria numa espécie de cooperação econômica dos diferentes grupos totêmicos; cada um trabalharia para todos os demais. Mas, de acordo com Strehlow, essa concepção do totemismo australiano seria completamente estranha à mentalidade indígena. "Se, diz ele, os membros de um grupo totêmico, ao se esforçarem em multiplicar os animais ou as plantas da espécie consagrada, parecem trabalhar para seus companheiros dos outros totens, cumpre não ver nessa colaboração o princípio fundamental do totemismo arunta ou loritja. Jamais os negros me disseram espontaneamente que tal era a finalidade de suas cerimônias. Certamente, quando eu lhes sugeria e expunha essa idéia, eles a compreendiam e concordavam com ela. Mas ninguém há de me censurar por desconfiar um pouco de respostas obtidas nessas condições." Strehlow observa, aliás, que essa maneira de interpretar o rito é contestada pelo fato de nem todos os animais ou vegetais totêmicos serem comestíveis ou úteis; há alguns que não servem para nada; há inclusive alguns perigosos. As cerimônias que lhes dizem respeito não poderiam, portanto, ter fins alimentares[1].

"Quando, conclui nosso autor, se pergunta aos indígenas qual a razão determinante dessas cerimônias, eles são unânimes em responder: é que os antepassados instituíram as coisas assim. Eis por que agimos dessa maneira e não de outra."[2] Mas dizer que o rito é observado porque procede dos antepassados é reconhecer que sua autoridade se confunde com a autoridade da tradição, coisa social em primeiro lugar. Celebram-no para permanecerem fiéis ao passado, para preservarem a fisionomia moral da coletividade, e não por causa dos efeitos físicos que ele pode produzir. Assim, a maneira mesma pela qual os fiéis o explicam deixa transparecer as razões profundas das quais procede.

Mas há casos em que esse aspecto das cerimônias é imediatamente aparente.

I

É entre os Warramunga que isso pode ser melhor observado[3].

Nesse povo, cada clã descenderia de um mesmo e único antepassado que, nascido num local determinado, teria passado sua existência terrestre a percorrer a terra em todos os sentidos. Ele é que lhe teria dado, ao longo dessas viagens, a forma que apresenta atualmente: teria feito as montanhas e as planícies, as fontes e os riachos, etc. Ao mesmo tempo, ele semeava em seu caminho germes vivos que se soltavam de seu corpo e que se transformaram, ao cabo de sucessivas reencarnações, nos membros atuais do clã. Ora, a cerimônia que, entre os Warramunga, corresponde exatamente ao Intichiuma dos Arunta, tem por objeto comemorar e representar a história mítica do antepassado. Não se trata nem de oblação, nem, salvo um único caso[4], de práticas miméticas. O rito consiste unicamente em relembrar o passado e torná-lo presente, de certo modo, por meio de uma verdadeira representação dramática. A palavra é ainda mais oportuna por não ser o oficiante, nesse caso, de maneira nenhuma considerado uma encarnação do antepassado que representa: ele é um ator que representa um papel.

Eis, a título de exemplo, em que consiste o Intichiuma da cobra-preta, tal como o observaram Spencer e Gillen[5].

Uma primeira cerimônia não parece se referir ao passado; pelo menos, a descrição que nos é dada não autoriza a interpretá-la nesse sentido. Ela consiste em corridas e em saltos que executam dois oficiantes[6], ornamentados de desenhos que representam a cobra-preta. Quando, finalmente, caem exaustos no chão, os assistentes passam suavemente a mão sobre os desenhos emblemáticos que cobrem as costas dos dois atores. Diz-se que esse gesto agrada à cobra-preta. Só depois disso começa a série das cerimônias comemorativas.

Elas põem em ação a história mítica do antepassado Thalaualla, desde que saiu do chão até o momento em que definitivamente retornou a ele. Acompanham-no através de todas as suas viagens. Em cada uma das localidades onde residiu, ele celebrou, segundo o mito, cerimônias totêmicas; estas são repetidas na mesma ordem em que teriam transcorrido na origem. O movimento que retorna com mais freqüência consiste numa espécie de tremor ritmado e violento do corpo inteiro: é que o antepassado se agitava assim nos tempos míticos para fazer soltar os germes de vida nele contidos. Os atores têm a pele coberta de uma penugem que, com esses estremecimentos, solta-se e espalha-se no ar; é uma maneira de figurar a liberação desses germes míticos e sua dispersão no espaço.

Lembramos que, entre os Arunta, o local onde se desenrola a cerimônia é ritualmente determinado: é o lugar onde se acham as pedras, as árvores, os remoinhos sagrados, e os fiéis devem se transportar até lá para celebrar o culto. Entre os Warramunga, ao contrário, o terreno cerimonial é escolhido arbitrariamente por razões de oportunidade. É um cenário convencional. Só que o lugar onde se passaram os acontecimentos cuja reprodução constitui o tema do rito, é, nesse caso, representado por meio de desenhos. Às vezes, esses desenhos são executados no corpo mesmo dos atores. Por exemplo, um pequeno círculo colorido de vermelho, pintado nas costas e no estômago, representa um remoinho[7]. Noutros casos, é no chão que a imagem é traçada. Na terra, previamente sua e coberta de ocre vermelho, desenham-se linhas curvas, formadas por séries de pontos brancos, que simbolizam um riacho ou uma montanha. Trata-se de um começo de cenário.

Além das cerimônias propriamente religiosas que o antepassado teria celebrado outrora, representam-se simples episódios, épicos ou cômicos, de sua carreira terrestre. Assim, num dado momento, enquanto três atores estão em cena, ocupados num rito importante, um outro dissimula-se atrás de umas árvores situadas a certa distância. Em volta de seu pescoço está amarrado um maço de penugem que representa um *wallaby*. Assim que a cerimônia principal termina, um velho traça no chão uma linha que se dirige ao lugar onde se oculta o quarto ator. Os outros marcham atrás, de olhos baixos e fixos nessa linha, como se seguissem uma pista. Ao descobrirem o homem, assumem um ar de espanto e um deles bate-lhe com um bastão. Toda essa mímica representa um incidente da vida da grande cobra-preta. Um dia, seu filho saiu sozinho a caçar, pegou um *wallaby* e o comeu sem dar nada a seu pai. Este último seguiu suas pegadas, surpreendeu-o e o fez vomitar à força; é a isso que faz alusão a cacetada que termina a representação[8].

Não mencionaremos aqui todos os acontecimentos míticos que são sucessivamente representados. Os exemplos que precedem bastam para mostrar qual o caráter dessas cerimônias: são dramas, mas de um gênero muito particular: eles agem ou, pelo menos, acredita-se que ajam sobre o curso da natureza. Quando a comemoração do Thalaualla termina, os Warramunga estão convencidos de que as cobras-pretas não podem deixar de crescer e de se multiplicar. Esses dramas são, portanto, ritos, e inclusive ritos perfeitamente comparáveis, pela natureza de sua eficácia, aos que constituem o Intichiuma dos Arunta.

Assim, ambos são capazes de se esclarecerem mutuamente. Aliás, é ainda mais legítimo aproximá-los na medida em que entre eles não há solução de continuidade. Não somente o objetivo perseguido é o mesmo nos dois casos, como também o que há de mais característico no ritual warramunga encontra-se já no outro em estado de germe. O Intichiuma, tal como o praticam geralmente os Arunta, contém em si, de fato, uma espécie de comemoração implícita. Os locais onde é celebrado são, obrigatoriamente, aqueles que os antepassados ilustraram. Os caminhos por onde passam os fiéis em suas piedosas peregrinações são aqueles que os heróis do Alcheringa percorreram; os lugares onde se detêm para proceder aos ritos são aqueles onde os próprios antepassados residiram, onde desapareceram no solo, etc. Tudo, portanto, chama a lembrança deles ao espírito dos assistentes. Além disso, aos ritos manuais juntam-se com freqüência cantos que narram os feitos ancestrais[9]. Se essas narrativas, ao invés de serem ditas, forem representadas por gestos, se, sob essa nova forma, desenvolverem-se de modo a tornarem-se a parte essencial da cerimônia, teremos a cerimônia dos Warramunga. E mais: o Intichiuma arunta já é, sob certo aspecto, uma espécie de representação. Com efeito, o oficiante identifica-se com o antepassado do qual descendeu e que ele reencarna[10]. Os gestos que faz são os que fazia esse antepassado nas mesmas circunstâncias. Certamente, para dizer com exatidão, ele não representa o personagem ancestral como o faria um ator: ele é esse personagem mesmo. O fato é que, num certo sentido, é o herói que ocupa a cena. Para que o caráter representativo do rito se acentue, bastará que a dualidade do antepassado e do oficiante se acuse ainda mais: é precisamente o que acontece entre os Warramunga[11]. Mesmo entre os Arunta, cita-se pelo menos um Intichiuma em que certas pessoas são encarregadas de representar antepassados com os quais não têm nenhuma relação de filiação mítica e no qual, portanto, há representação dramática propriamente dita: é o Intichiuma da Ema[12]. Nesse caso igualmente, e ao contrário do que costuma ocorrer nesse povo, o palco da cerimônia parece ser disposto artificialmente[13].

Do fato de essas duas espécies de cerimônias, apesar das diferenças que as separam, terem um certo parentesco, não se segue que haja entre elas uma relação definida de sucessão, que uma seja uma transformação da outra. Pode muito bem ocorrer que as semelhanças assinaladas se devam a uma mesma fonte para ambas, isto é, a uma mesma cerimônia original da qual elas seriam modalidades divergentes. Veremos inclusive que essa hipótese é a mais provável. Mas, sem que seja necessário tomar um partido sobre essa questão, o que precede é suficiente para estabelecer que se trata de ritos da mesma natureza. Estamos, pois, autorizados a compará-los e a servir-nos de um para nos ajudar a melhor compreender o outro.

Ora, o que têm de particular as cerimônias warramunga de que acabamos de falar é que nelas não é feito nenhum gesto cujo objeto seja ajudar ou provocar diretamente a espécie totêmica a se reproduzir[14]. Se analisarmos os movimentos efetuados, assim como as palavras pronunciadas, geralmente não encontramos nada que revele alguma intenção desse gênero. Tudo transcorre em representações que se destinam apenas a tornar presente aos espíritos o passado mítico do clã. Mas a mitologia de um grupo é o conjunto das crenças comuns a esse grupo. O que exprimem as tradições cuja lembrança ela perpetua, é a maneira pela qual a sociedade concebe o homem e o mundo; trata-se de uma moral e de uma cosmologia, ao mesmo tempo que de uma história. O rito, portanto, só serve e só pode servir para manter a vitalidade dessas crenças, para impedir que elas se apaguem das memórias, ou seja, em suma, para revivificar os elementos mais essenciais da consciência coletiva. Através dele, o grupo reanima periodicamente o sentimento que tem de si mesmo e de sua unidade; ao mesmo tempo, os indivíduos são revigorados em sua natureza de seres sociais. As gloriosas lembranças que fazem reviver diante de seus olhos e das quais eles se sentem solidários dão-lhes uma impressão de força e de confiança: as pessoas ficam mais seguras em sua fé quando vêem a que passado longínquo ela remonta e os grandes feitos que inspirou. É esse caráter da cerimônia que a torna instrutiva. Toda ela tende a agir sobre as consciências, e somente sobre elas. Portanto, se não obstante acredita-se que ela age sobre as coisas, que ela assegura a prosperidade da espécie, isso só pode ocorrer por um reflexo da ação moral que ela exerce e que, sem a menor dúvida, é a única real. Assim, a hipótese que propusemos se acha verificada por uma experiência significativa, e a verificação é tanto mais probatória por não haver, como acabamos de mostrar, nenhuma diferença de natureza entre o sistema ritual dos Warramunga e o dos Arunta. Um apenas põe mais claramente em evidência o que já havíamos conjeturado do outro.

II

Mas existem cerimônias em que esse caráter representativo e idealista é ainda mais acentuado.

Nas que acabamos de mencionar, a representação dramática não se realizava por si mesma, mas era apenas um meio em vista de um fim inteiramente material: a reprodução da espécie totêmica. Há outras, contudo, que não diferem especificamente das precedentes, apesar de qualquer preocupação desse gênero estar ausente. Nelas, representa-se o passado com o único objetivo de representá-lo, de gravá-lo mais profundamente nos espíritos, sem que se espere do rito nenhuma ação determinada sobre a natureza. Pelo menos, os efeitos físicos às vezes atribuídos a elas são totalmente secundários e sem relação com a importância litúrgica que lhes é dada.

É o caso, em particular, das festas que os Warramunga celebram em honra da serpente Wollunqua[15].

A Wollunqua, como já dissemos, é um totem de um gênero muito particular. Não é uma espécie animal ou vegetal, mas um ser único: só existe uma Wollunqua. Além disso, esse ser é puramente mítico. Os indígenas o concebem como uma espécie de serpente colossal cujo tamanho é tal que, quando se ergue sobre o rabo, sua cabeça se perde nas nuvens. Reside, acredita-se, num remoinho, chamado Thapauerlu, que se esconde no fundo de um vale solitário. Mas, embora se diferencie sob certos aspectos dos totens ordinários, possui todos os caracteres distintivos deles. Serve de nome coletivo e de emblema a um grupo de indivíduos que vêem nela seu antepassado comum, e as relações que estes mantêm com esse animal mítico são idênticas àquelas que os membros dos outros totens acreditam manter com os fundadores de seus respectivos clãs. No tempo do Alcheringa[16], a Wollunqua percorria a terra em todos os sentidos. Nas diferentes localidades onde se detinha, formava um enxame de *spirit-children*, princípios espirituais que servem ainda de almas aos vivos de hoje. A Wollunqua é considerada inclusive uma espécie de totem eminente. Os Warramunga estão divididos em duas fratrias chamadas Uluuru e Kingilli. Quase todos os totens da primeira são cobras de espécies diferentes. Ora, todas são tidas por descendentes da Wollunqua: diz-se que ela é sua avó[17].

Pode-se entrever por aí de que maneira, muito provavelmente, o mito da Wollunqua se originou. Para explicar a presença, numa mesma fratria, de tantos totens similares, imaginou-se que todos eram derivados de um mesmo e único totem; só que foi necessário atribuir-lhe formas gigantescas a fim de que, por seu aspecto mesmo, estivesse de acordo com o papel considerável que desempenhava na história da tribo.

Ora, a Wollunqua é objeto de cerimônias que não diferem em natureza das que anteriormente estudamos: trata-se de cerimônias em que são figurados os principais acontecimentos de sua vida fabulosa. Mostram-na saindo da terra, passando de uma localidade a outra; representam-se os diversos episódios de suas viagens, etc. Spencer e Gillen assistiram a quinze cerimônias desse tipo que se sucederam de 27 de julho a 23 de agosto, encadeando-se umas nas outras segundo uma ordem determinada, de maneira a formar um verdadeiro ciclo[18]. Pelo detalhe dos ritos que a constituem, essa longa festa não se distingue do Intichiuma ordinário dos Warramunga, conforme reconhecem os autores que a descreveram[19]. Mas, por outro lado, trata-se de um Intichiuma que não poderia ter por objeto assegurar a fecundidade de uma espécie animal ou vegetal, já que a Wollunqua é, por si só, sua própria espécie e não se reproduz. Ela é. E os indígenas não parecem julgar que ela tenha necessidade de um culto para perseverar em seu ser. Essas cerimônias não somente não têm a eficácia do Intichiuma clássico, como não parecem ter eficácia material de espécie alguma. A Wollunqua não é uma divindade encarregada de uma ordem determinada de fenômenos naturais, por isso não se espera dela, em troca do culto, algum favor definido. É dito claramente que, se as prescrições rituais são mal observadas, a Wollunqua se zanga, sai de seu esconderijo e vem se vingar dos fiéis por suas negligências. Inversamente, quando tudo se cumpre regularmente, acredita-se que ela ficará satisfeita e que algum acontecimento feliz se produzirá. Mas a idéia dessas sanções possíveis evidentemente só surgiu depois, para explicar o rito. Uma vez instituída a cerimônia, pareceu natural que ela servisse a algo e, portanto, que a omissão das observâncias prescritas expusesse a algum perigo. Mas ela não foi instituída para prevenir esses perigos míticos ou para obter vantagens particulares. Estas, aliás, são representadas nos espíritos de maneira muito imprecisa. Por exemplo, quando tudo está terminado, os velhos anunciam que a Wollunqua, se está satisfeita, enviará chuva. Mas não é para obter chuva que se celebra a festa[20]. Ela é celebrada porque os antepassados a celebraram, porque todos estão ligados a ela como a uma tradição muito respeitada e porque saem dela com uma impressão de bem-estar moral. Quanto às outras considerações, têm apenas um papel complementar: podem servir para confirmar os fiéis na atitude que o rito lhes prescreve, mas não são a razão de ser dessa atitude.

Eis, portanto, todo um conjunto de cerimônias que se propõem unicamente redespertar certas idéias e certos sentimentos, ligar o presente ao passado, o indivíduo à coletividade. Elas não só não podem servir a outros fins, como os próprios fiéis não lhes pedem nada além disso. É mais uma prova de que o estado psíquico no qual se encontra o grupo reunido constitui claramente a única base, sólida e estável, do que se poderia chamar mentalidade ritual. Quanto às crenças que atribuem aos ritos esta ou aquela eficácia física, são elementos acessórios e contingentes, já que podem faltar sem que o rito seja alterado no que tem de essencial. Assim, as cerimônias da Wollunqua, melhor ainda que as precedentes, põem a nu, por assim dizer, a função fundamental do culto positivo.

Aliás, se insistimos especialmente nessas solenidades, é por causa de sua excepcional importância. Mas há outras que têm exatamente o mesmo caráter. Assim, existe entre os Warramunga um totem "do rapaz que ri". O clã que leva esse nome, dizem Spencer e Gillen, tem a mesma organização que os demais grupos totêmicos. Como eles, tem seus locais sagrados (*mungai*), onde o antepassado fundador celebrou cerimônias nos tempos fabulosos, onde deixou, atrás de si, *spirit-children* que se tornaram os homens do clã; e os ritos associados a esse totem são indiscerníveis dos que se relacionam aos totens animais ou vegetais[21]. No entanto, é evidente que eles não poderiam ter eficácia física. Consistem numa série de quatro cerimônias que se repetem mais ou menos umas às outras, mas que se destinam unicamente a divertir, a provocar o riso pelo riso, ou seja, em suma, a manter a alegria e o bom humor no grupo que possui como que a especialidade dessas disposições morais[22].

Encontramos entre os próprios Arunta mais de um totem que não comporta outro Intichiuma. Vimos, com efeito, que, nesse povo, as ondulações ou depressões de terreno que marcam o lugar onde algum antepassado residiu servem às vezes de totens[23]. A esses totens estão ligadas cerimônias que, manifestamente, não podem ter efeitos físicos de espécie alguma. Elas só podem consistir em comemorações cujo objeto é celebrar o passado e não podem visar nenhum objetivo além dessa comemoração[24].

Ao mesmo tempo que nos fazem compreender melhor a natureza do culto, essas representações rituais põem em evidência um importante elemento da religião: o elemento recreativo e estético.

Já tivemos a oportunidade de mostrar que elas são parentes próximas das representações dramáticas[25]. Esse parentesco revela-se com maior evidência ainda nas últimas cerimônias que acabamos de mencionar. Com efeito, elas não somente empregam os mesmos procedimentos que o drama propriamente dito, como também perseguem um objetivo similar: estranhas a todo fim utilitário, fazem homens esquecerem o mundo real, transportando-os a um outro em que sua imaginação está mais à vontade. Elas distraem. Têm inclusive o aspecto exterior de uma recreação: os assistentes riem e se divertem abertamente[26].

Os ritos representativos e as recreações coletivas são inclusive coisas tão próximas que os participantes passam de um gênero a outro sem solução de continuidade. O que as cerimônias propriamente religiosas têm de característico é que devem ser celebradas num local consagrado do qual as mulheres e os não-iniciados são excluídos[27]. Mas há outras em que esse caráter religioso se apaga um pouco sem desaparecer por completo. Elas se realizam fora do terreno cerimonial, o que mostra que já são leigas em certo grau; entretanto, os profanos, mulheres e crianças, ainda não participam. Portanto, tais cerimônias situam-se no limite dos dois domínios. Em geral, elas se referem a personagens legendários, mas que não ocupam posição regular nos quadros da religião totêmica. São espíritos, na maioria das vezes maléficos, que estão mais em contato com os mágicos do que com o fiel comum, espécies de bichos-papões nos quais não se acredita com a mesma seriedade e a mesma firmeza de convicção que nos seres e nas coisas propriamente totêmicas[28]. À medida que se afrouxa o vínculo entre a história da tribo e os acontecimentos e personagens representados, tanto uma como os outros adquirem também um aspecto mais irreal e as cerimônias correspondentes mudam de natureza. É assim que se entra progressivamente no domínio da pura fantasia e se passa do rito comemorativo ao corrobori vulgar, simples regozijo público que nada mais tem de religioso e do qual todos podem indiferentemente participar. Talvez até algumas dessas representações, cujo objetivo único é atualmente distrair, sejam antigos ritos que mudaram de qualificação. Na verdade, as fronteiras entre esses dois tipos de cerimônias são tão flutuantes que há algumas das quais é impossível dizer com precisão a qual dos dois gêneros pertencem[29].

É um fato conhecido que os jogos e as principais formas da arte parecem ter nascido da religião e que conservaram, durante muito tempo, um caráter religioso[30]. Percebe-se qual a razão: é que o culto, embora visando diretamente outros fins, foi ao mesmo tempo para os homens uma espécie de recreação. Esse papel, a religião não desempenhou por acaso, graças a uma feliz circunstância, mas por uma necessidade de sua natureza. De fato, embora o pensamento religioso, conforme estabelecemos, seja algo bem distinto de um sistema de ficções, as realidades às quais ele corresponde só conseguem se exprimir religiosamente se a imaginação as transfigura. Entre a sociedade tal como ela é objetivamente e as coisas sagradas que a representam simbolicamente, a distância é considerável. Foi preciso que as impressões realmente sentidas pelos homens, e que serviram de matéria-prima para essa construção, fossem interpretadas, elaboradas e transformadas até se tornarem irreconhecíveis. O mundo das coisas religiosas é, portanto, mas apenas em sua forma exterior, um mundo parcialmente imaginário, que, por essa razão, se presta mais docilmente às livres criações do espírito. Aliás, como as forças intelectuais que servem para produzi-lo são intensas e tumultuosas, a exclusiva tarefa que consiste em exprimir o real com o auxílio de símbolos adequados não é suficiente para ocupá-las. Em geral, permanece disponível um excedente que procura aplicar-se em obras suplementares, supérfluas e de luxo, isto é, em obras de arte. Isso vale tanto para as práticas como para as crenças. O estado de efervescência em que se encontram os fiéis reunidos se exterioriza necessariamente na forma de movimentos exuberantes que não se deixam submeter facilmente a fins muito estritamente definidos. Eles escapam, em parte, sem objetivo, manifestam-se pelo simples prazer de se manifestar, comprazem-se em espécies de brincadeiras. Além disso, na medida em que são imaginários, os seres aos quais se dirige o culto são impróprios a conter e a regular essa exuberância: é necessária a pressão de realidades tangíveis e resistentes para submeter a atividade a adaptações exatas e econômicas. Assim, corre o risco de cometer enganos quem, para explicar os ritos, acredita dever atribuir a cada gesto um objeto preciso e uma razão de ser determinada. Há alguns que não servem para nada, correspondem simplesmente à necessidade de agir, de se mover, de gesticular que os fiéis sentem. Vemos estes saltarem, rodopiarem, dançarem, gritarem, cantarem, sem que nem sempre seja possível dar um sentido a essa agitação.

Assim, a religião não seria o que é se não concedesse um lugar às livres combinações do pensamento e da atividade, ao jogo, à arte, a tudo o que diverte o espírito fatigado com o que há de sujeição excessiva no trabalho cotidiano: as próprias causas que a fizeram existir fazem disso uma necessidade. A arte não é simplesmente um ornamento exterior com que o culto dissimularia o que pode ter de demasiado austero e demasiado rude: por si mesmo, o culto tem algo de estético. Por causa das relações bem conhecidas que a mitologia mantém com a poesia, pretendeu-se às vezes colocar a primeira fora da religião[31]; a verdade é que há uma poesia inerente a toda religião. As cerimônias representativas que acabam de ser estudadas tornam sensível esse aspecto da vida religiosa; mas praticamente não há ritos que não o apresentem em algum grau.

Por certo, cometeríamos o mais grave erro se só víssemos da religião esse único aspecto, ou mesmo se exagerássemos sua importância. Quando um rito serve apenas para distrair, não é mais um rito. As forças morais que os símbolos religiosos exprimem são forças reais, com as quais devemos contar e das quais não podemos fazer o que nos apraz. Ainda que o culto não vise a produzir efeitos físicos, mas se limite deliberadamente a agir sobre os espíritos, sua ação se exerce num outro sentido que não uma pura obra de arte. As representações que ele tem por função despertar e manter em nós não são imagens vazias que a nada correspondem na realidade, que evocamos sem objetivo, pela mera satisfação de vê-las se manifestar e se combinar diante de nossos olhos. Elas são tão necessárias ao bom funcionamento de nossa vida moral quanto os alimentos para o sustento de nossa vida física, pois é através delas que o grupo se afirma e se mantém – e sabemos a que ponto este é indispensável ao indivíduo. Um rito, portanto, é diferente de um jogo: é vida séria. Mas, embora não seja essencial, o elemento irreal e imaginário não deixa de desempenhar um papel não desprezível. Ele participa, por um lado, desse sentimento de reconforto que o fiel obtém do rito consumado, pois a recreação é uma das formas desse restabelecimento moral que é o objeto principal do culto positivo. Assim que cumprimos nossos deveres rituais, retornamos à vida profana com mais coragem e ardor, não somente porque nos pusemos em contato com uma fonte superior de energia, mas também porque nossas forças se revigoraram ao viver, por alguns instantes, uma vida menos tensa, mais agradável e mais livre. Por isso, a religião tem um encanto que não é um de seus menores atrativos.

É por isso que a idéia mesma de uma cerimônia religiosa de certa importância desperta naturalmente a idéia de festa. Inversamente, toda festa, mesmo que puramente leiga por suas origens, tem certos traços da cerimônia religiosa, pois sempre tem por efeito aproximar os indivíduos, pôr em movimento as massas e suscitar, assim, um estado de efervescência, às vezes até de delírio, que não deixa de ter parentesco com o estado religioso. O homem é transportado fora de si, distraído de suas ocupações e preocupações ordinárias. Por isso, observam-se em ambos os casos as mesmas manifestações: gritos, cantos, música, movimentos violentos, danças, busca de estimulantes que elevem o nível vital, etc. Foi assinalado com freqüência que as festas populares levam aos excessos, fazem perder de vista o limite que separa o lícito do ilícito[32]; também há cerimônias religiosas que determinam como que uma necessidade de violar as regras, ordinariamente as mais respeitadas[33]. Não, é claro, que não haja motivos para diferenciar essas duas formas de atividade pública. O simples regozijo, o corrobori profano não visa nada de sério, ao passo que, em seu conjunto, uma cerimônia ritual sempre tem um objetivo grave. Mas é preciso observar que talvez não haja regozijo no qual a vida séria não tenha algum eco. No fundo, a diferença está, antes, na proporção desigual segundo a qual esses dois elementos se combinam.

III

Um fato mais geral vem confirmar as idéias que precedem.

Em sua primeira obra, Spencer e Gillen apresentavam o Intichiuma como uma entidade ritual perfeitamente definida, falavam dela como de uma operação exclusivamente destinada a assegurar a reprodução da espécie totêmica, dando a entender que deveria necessariamente perder todo sentido fora dessa função única. Mas em *Northern Tribes of Central Australia*, os mesmos autores, talvez sem se darem conta, usam uma linguagem diferente. Reconhecem que as mesmas cerimônias podem indiferentemente ter lugar nos Intichiuma propriamente ditos ou nos ritos de iniciação[34]. Portanto, elas servem tanto para fazer reproduzir animais e plantas da espécie totêmica, quanto para conferir aos noviços as qualidades necessárias para que se tornem membros regulares da sociedade dos homens[35]. Desse ponto de vista, o Intichiuma aparece sob um novo aspecto. Não é mais um mecanismo ritual distinto, repousando sobre princípios que lhe são próprios, mas uma aplicação particular de cerimônias mais gerais, que podem ser utilizadas para fins muito diferentes. Por isso, em sua nova obra, antes de falar do Intichiuma e da iniciação, eles dedicam um capítulo especial às cerimônias totêmicas em geral, sem levar em conta as formas diversas que elas podem assumir conforme os fins para os quais são empregadas[36].

Essa indeterminação intrínseca das cerimônias totêmicas só havia sido indicada por Spencer e Gillen, e de uma maneira bastante indireta, mas acaba de ser confirmada por Strehlow nos termos mais explícitos. "Quando, diz ele, os jovens noviços participam das diferentes festas da iniciação, executa-se diante deles uma série de cerimônias que, ao mesmo tempo que reproduzem até nos detalhes os ritos mais característicos do culto propriamente dito [entenda-se, os ritos que Spencer e Gillen chamam Intichiuma], não têm, no entanto, por objetivo multiplicar e fazer prosperar o totem correspondente."[37] É, portanto, a mesma cerimônia que serve em ambos os casos: só o nome não é o mesmo. Quando ela tem especialmente por objeto a reprodução da espécie, chamam-na *mbatjalkatiuma*, e é somente quando constitui um procedimento de iniciação que lhe dariam o nome de Intichiuma[38].

Entre os Arunta, ainda, esses dois tipos de cerimônia se distinguem um do outro por alguns caracteres secundários. Embora a contextura do rito seja a mesma nos dois casos, sabemos que as efusões de sangue e, de maneira mais geral, as oblações características do Intichiuma arunta estão ausentes das cerimônias de iniciação. Além disso, enquanto, nesse mesmo povo, o Intichiuma realiza-se num local que a tradição fixa regulamentarmente e para o qual se é obrigado a ir em peregrinação, o cenário no qual se realizam as cerimônias da iniciação é puramente convencional[39]. Mas quando, como acontece entre os

Warramunga, o Intichiuma consiste numa simples representação dramática, a indistinção é completa entre os dois ritos. Tanto num como noutro, comemora-se o passado, o mito é encenado, representado, e não se pode representá-lo de duas maneiras sensivelmente diferentes. Uma mesma e única cerimônia serve, portanto, conforme as circunstâncias, a duas funções distintas[40].

Ela pode inclusive ter vários outros empregos. Sabemos que, sendo o sangue coisa sagrada, as mulheres não devem vê-lo correr. Mas sucede que uma briga irrompa em presença delas e resulte numa efusão de sangue. Uma infração ritual é assim cometida. Ora, entre os Arunta, o homem cujo sangue foi o primeiro a correr deve, para reparar sua falta, "celebrar uma cerimônia que se relacione ou ao totem de seu pai, ou ao de sua mãe"[41]. Essa cerimônia tem um nome especial, *Alua uparilima*, que significa apagamento do sangue. Mas, em si, não difere das que se celebram por ocasião da iniciação ou nos Intichiuma: representa um acontecimento da história ancestral. Portanto, ela pode servir igualmente tanto para iniciar ou para agir sobre a espécie animal, quanto para expiar um sacrilégio. Veremos mais adiante que uma cerimônia totêmica também pode fazer as vezes de rito funerário[42].

Hubert e Mauss já assinalaram uma ambigüidade funcional do mesmo gênero no caso do sacrifício e, mais especialmente, do sacrifício hindu[43]. Mostraram como o sacrifício comunial, o sacrifício expiatório, o sacrifício-promessa, o sacrifício-contrato, eram apenas simples variações de um mesmo e único mecanismo. Vemos agora que o fato é bem mais primitivo e que de maneira nenhuma se limita à instituição sacrificial. Talvez não exista rito que não apresente semelhante indeterminação. A missa serve tanto para os casamentos como para os enterros; ela redime as faltas dos mortos, garante aos vivos os favores da divindade, etc. O jejum é uma expiação e uma penitência, mas é também uma preparação à comunhão; ele confere inclusive virtudes positivas. Essa ambigüidade demonstra que a função real de um rito não consiste nos efeitos particulares e definidos que ele parece visar e pelos quais costuma ser caracterizado, mas numa ação geral que, mesmo permanecendo sempre e em toda parte semelhante a si mesma, é capaz de assumir formas diferentes conforme as circunstâncias. Ora, é precisamente o que supõe a teoria que propusemos. Se o verdadeiro papel do culto é despertar nos fiéis um certo estado de alma, feito de força moral e de confiança, e se os efeitos diversos atribuídos aos ritos devem-se apenas a uma determinação secundária e variável desse estado fundamental, não é surpreendente que um mesmo rito, embora conservando a mesma composição e a mesma estrutura, pareça produzir múltiplos efeitos. Pois as disposições mentais que ele tem por função permanente suscitar continuam as mesmas em todos os casos; elas dependem do fato de o grupo estar reunido, não das razões especiais pelas quais ele se reuniu. Mas, por outro lado, elas são interpretadas diferentemente conforme as circunstâncias às quais se aplicam. Se é um resultado físico que se quer obter, a confiança experimentada fará crer que esse resultado é ou será obtido pelos meios empregados. Se se cometeu alguma falta que se quer apagar, o mesmo estado de segurança moral imprimirá aos mesmos gestos rituais virtudes expiatórias. Assim, a eficácia aparente parecerá mudar, enquanto a eficácia real permanece invariável, e o rito parecerá cumprir funções diversas, quando, na verdade, tem apenas uma e sempre a mesma.

Inversamente, assim como um único rito pode servir a vários fins, vários ritos podem produzir o mesmo efeito e se substituir mutuamente. Para assegurar a reprodução da espécie totêmica, pode-se igualmente recorrer a oblações, a práticas iniciáticas ou a representações comemorativas. Essa aptidão dos ritos a se substituírem uns aos outros prova mais uma vez, da mesma forma que sua plasticidade, a extrema generalidade da ação útil que exercem. O essencial é que os indivíduos estejam reunidos, que sentimentos comuns sejam experimentados e que eles se exprimam por atos comuns; mas, quanto à natureza particular desses sentimentos e desses atos, é algo relativamente secundário e contingente. Para tomar consciência de si, o grupo não tem necessidade de produzir certos gestos em vez de outros. É preciso que ele comungue num mesmo pensamento e numa mesma ação, mas pouco importam as formas sensíveis sob as quais se realiza essa comunhão. Claro que não é ao acaso que se determinam essa formas exteriores: elas têm suas razões, mas essas razões não dizem respeito ao que há de essencial no culto.

Tudo, portanto, nos faz voltar à mesma idéia: é que os ritos são, antes de tudo, os meios pelos quais o grupo social se reafirma periodicamente. E por aí, talvez, podemos chegar a reconstruir hipoteticamente a maneira como o culto totêmico deve ter se originado primitivamente. Homens que se sentem unidos, em parte por laços de sangue, porém mais ainda por uma comunhão de interesses e de tradições, se reúnem e tomam consciência de sua unidade moral. Pelas razões que expusemos, eles são levados a representar essa unidade na forma de uma espécie de consubstancialidade muito especial: todos consideram participar da natureza de um animal determinado. Nessas condições, só haverá para eles uma maneira de afirmar sua existência coletiva: afirmarem-se eles próprios como animais dessa mesma espécie, e isso não apenas no silêncio da consciência, mas por atos materiais. São esses atos que constituirão o culto, e eles evidentemente só podem consistir em movimentos pelos quais o homem imita o animal com o qual se identifica. Assim entendidos, os ritos imitativos aparecem como a forma primeira do culto. Acharão que é atribuir um papel histórico muito considerável a práticas que, à primeira vista, parecem brincadeiras infantis. Mas, como mostramos, esses gestos ingênuos e desajeitados, esses procedimentos grosseiros de figuração, traduzem e conservam um sentimento de altivez, de confiança e de veneração inteiramente comparável àquele que exprimem os fiéis das religiões mais idealistas quando, reunidos, proclamam-se filhos do deus onipotente. Pois, tanto num caso como no outro, esse sentimento é feito das mesmas impressões de segurança e de respeito suscitadas, nas consciências individuais, por essa grande força moral que os domina e os sustenta, e que é a força coletiva.

Os outros ritos que estudamos provavelmente não são mais que modalidades desse rito essencial. Uma vez admitida a estreita solidariedade do animal e do homem, sentiu-se fortemente a necessidade de assegurar a reprodução regular da espécie totêmica e fez-se dessa reprodução o objeto principal do culto. Essas práticas imitativas que, na origem, tinham certamente apenas um objetivo moral, viram-se portanto subordinadas a um fim utilitário e material e foram concebidas como meios de produzir o resultado desejado. Mas, à medida que, com o desenvolvimento da mitologia, o herói ancestral, primitivamente confundido com o animal totêmico, dele se distinguiu cada vez mais, à medida que ele se tornou uma figura mais pessoal, a imitação do antepassado substituiu a imitação do animal ou justapôs-se a ela, e as cerimônias representativas tomaram o lugar ou completaram os ritos miméticos. Enfim, para atingir mais seguramente o objetivo visado, sentiu-se a necessidade de empregar todos os meios disponíveis. Tinha-se ao alcance da mão as reservas de forças vivas acumuladas nas pedras sagradas, e elas foram utilizadas; como o sangue do homem era da mesma natureza que o do animal, ele foi utilizado com o mesmo objetivo e derramado. Inversamente, em razão desse mesmo parentesco, o homem empregou a carne do animal para restaurar sua própria substância. Daí os ritos de oblação e de comunhão. Mas, em última instância, todas essas práticas diversas são apenas variações de um mesmo e único tema: por toda parte, na base, encontra-se o mesmo estado de espírito interpretado diferentemente conforme as situações, os momentos da história e as disposições dos fiéis.

CAPÍTULO V
OS RITOS PIACULARES E A AMBIGÜIDADE DA NOÇÃO DO SAGRADO

Por diferentes que sejam uns dos outros pela natureza dos gestos que implicam, os diversos ritos positivos que acabamos de passar em revista têm um caráter comum: todos são realizados num estado de confiança, de alegria e mesmo de entusiasmo. Embora a espera de um acontecimento futuro e contingente sempre se acompanhe de alguma incerteza, é normal que a chuva caia quando chega a estação, que as espécies animais e vegetais se reproduzam regularmente. Uma experiência, muitas vezes repetida, demonstrou que, em princípio, os ritos produzem o efeito que se espera deles e que é sua razão de ser. São celebrados com segurança, desfrutando-se antecipadamente do feliz acontecimento que eles preparam e anunciam. Os movimentos executados participam desse estado de espírito: têm o caráter grave que uma solenidade religiosa sempre supõe, mas essa gravidade não exclui a animação nem a alegria.

São festas alegres. Mas há também festas tristes, que têm por objeto ou enfrentar uma calamidade ou, simplesmente, relembrá-la e deplorá-la. Esses ritos têm uma fisionomia muito particular que procuraremos caracterizar e explicar. É tanto mais necessário estudá-los à parte porque irão nos revelar um novo aspecto da vida religiosa.

Propomos chamar piaculares as cerimônias desse gênero. O termo *piaculum* tem, com efeito, não só a vantagem de sugerir a idéia de expiação, mas também de conter uma significação bem mais ampla. Toda infelicidade, tudo o que é de mau augúrio, tudo o que inspira sentimentos de angústia ou de temor necessita um *piaculum* e, em conseqüência, é chamado piacular[1]. Portanto, a palavra parece própria para designar ritos que se celebram na inquietude ou na tristeza.

I

O luto nos oferece um primeiro e importante exemplo de ritos piaculares.

Contudo, uma distinção é necessária entre os diferentes ritos que constituem o luto. Há alguns que consistem em puras abstenções: é proibido pronunciar o nome do morto[2], permanecer no local onde ocorreu o falecimento[3]; os parentes, sobretudo do sexo feminino, devem abster-se de todo contato com os estranhos[4]; as ocupações ordinárias da vida são suspensas, da mesma forma que em tempo de festa[5], etc. Todas essas práticas dizem respeito ao culto negativo, explicam-se como os ritos do mesmo gênero e, portanto, não devem nos ocupar aqui. Elas decorrem do fato de que o morto é um ser sagrado. Por conseguinte, tudo o que está ou esteve em relação com ele se encontra, por contágio, num estado religioso que exclui todo contato com as coisas da vida profana.

Mas o luto não é feito unicamente de interdições a observar. Atos positivos são exigidos, dos quais os parentes são ao mesmo tempo agentes e pacientes.

Com muita freqüência, esses ritos começam desde o momento em que a morte parece iminente. Eis aqui uma cena testemunhada por Spencer e Gillen entre os Warramunga. Uma cerimônia totêmica acabava de ser celebrada e o grupo de atores e espectadores deixava o local consagrado quando, de repente, um grito agudo se elevou do acampamento: um homem estava morrendo. Imediatamente, todos se puseram a correr o mais rápido possível e a maior parte, enquanto corria, já começava a emitir gritos. "Entre nós e a aldeia, contam os dois observadores, havia um riacho profundo à beira do qual vários homens estavam sentados; espalhados aqui e ali, a cabeça pendida entre os joelhos, eles choravam e gemiam. Atravessando o riacho, encontramos, conforme o costume, a aldeia destroçada. Mulheres, vindas de todas as direções, estavam deitadas sobre o corpo do moribundo, enquanto outras ao redor, de pé ou ajoelhadas, espetavam no alto da cabeça a ponta de seus bastões de desenterrar inhames, provocando-se assim ferimentos e fazendo o sangue escorrer sobre seus rostos. Ao mesmo tempo, elas faziam ouvir um lamento ininterrupto. Nesse momento, chegam os homens; também eles se lançam sobre o corpo enquanto as mulheres se levantam; ao cabo de alguns instantes, não se vê senão uma massa convulsa de corpos entrelaçados. Ao lado, três homens da classe Thapungarti, portando ainda suas ornamentações cerimoniais, haviam se sentado e, com as costas voltadas para o moribundo, emitiam gemidos agudos. Passados um ou dois minutos, um outro homem da mesma classe chega ao local, urrando de dor e brandindo uma faca de pedra. Desde que entrou na aldeia, ele se pratica incisões profundas nas coxas, nos músculos, de tal forma que, incapaz de ficar de pé, acaba caindo no meio de um grupo; duas ou três mulheres, parentes dele, o retiram dali e aplicam seus lábios sobre as feridas abertas, enquanto ele jaz inerte no chão." O moribundo só veio a falecer tarde da noite. Assim que deu seu último suspiro, a mesma cena recomeçou. Só que, desta vez, os gemidos eram ainda mais agudos. Homens e mulheres, tomados por um verdadeiro frenesi, corriam, agitavam-se, feriam-se com facas, com bastões pontiagudos; as mulheres batiam umas nas outras sem que nenhuma procurasse se proteger dos golpes. Finalmente, ao cabo de uma hora, teve lugar uma procissão à luz de tochas, através da planície, até a árvore em cujos ramos o corpo foi depositado[6].

Seja qual for a violência dessas manifestações, elas são estritamente reguladas pela etiqueta. Os indivíduos que se fazem incisões sangrentas são designados pelo costume: eles devem manter com o morto relações de parentesco determinadas. Assim, entre os Warramunga, no caso observado por Spencer e Gillen, os que se feriam nas coxas eram o avô materno do defunto, seu tio materno, o tio materno e o irmão de sua mulher[7]. Outros são obrigados a cortar as costeletas e os cabelos e a cobrir em seguida o couro cabeludo de argila. As mulheres têm obrigações particularmente severas. Devem cortar seus cabelos, cobrir o corpo inteiro de argila; além disso, um silêncio absoluto lhes é imposto durante todo o tempo do luto, que pode durar até dois anos. Por causa dessa interdição, não é raro que, entre os Warramunga, todas as mulheres de uma aldeia sejam condenadas ao silêncio mais completo. Elas incorporam tão bem o hábito que, mesmo após expirar o período do luto, renunciam voluntariamente à linguagem falada e empregam de preferência a linguagem dos gestos, que, aliás, manejam com notável habilidade. Spencer e Gillen conheceram uma velha que havia ficado sem falar durante mais de vinte e quatro anos[8].

A cerimônia que descrevemos inaugura uma longa série de ritos que se sucedem durante semanas e meses. Ela é renovada nos dias seguintes, sob diversas formas. Grupos de homens e de mulheres se mantêm sentados no chão, chorando, lamentando-se e abraçando-se em momentos determinados. Esses abraços rituais repetem-se freqüentemente enquanto dura o luto. Os indivíduos sentem, ao que parece, a necessidade de se aproximar e de se comunicar mais intimamente; são vistos apertados uns contra os outros e entrelaçados ao ponto de formar uma única massa, da qual se eleva um rumor de gemidos[9]. Enquanto isso, as mulheres recomeçam a se lacerar a cabeça e, para exacerbar as feridas que se fazem, chegam a empregar pontas de bastões incandescentes[10].

Esses tipos de práticas são gerais em toda a Austrália. Os ritos funerários, isto é, os cuidados rituais dedicados ao cadáver, a maneira como ele é sepultado, etc., mudam conforme as tribos[11] e, numa mesma tribo, variam com a idade, o sexo e o valor social dos indivíduos[12]. Mas as cerimônias do luto propriamente dito reproduzem sempre o mesmo tema; as variações são apenas de detalhe. Por toda parte, é o mesmo silêncio entrecortado de gemidos[13], a mesma obrigação de cortar os cabelos ou a barba[14], de cobrir a cabeça com argila, com cinzas ou até com excrementos[15]; por toda parte, enfim, é o mesmo furor em se golpear, em se lacerar, em se queimar. No centro de Victoria, "quando acontece um caso de morte, as mulheres choram, lamentam-se, rasgam a pele das têmporas com suas unhas. Os parentes do defunto se laceram com furor, especialmente se foi um filho homem que perderam. O pai bate na cabeça com um *tomahawk* [machado de guerra] e emite tristes gemidos. A mãe, sentada junto ao fogo, queima o peito e o ventre com um bastão incandescente... Às vezes, essas queimaduras são tão cruéis que ocasionam a morte"[16]. De acordo com um relato de Brough Smyth, eis o que se passa nas tribos meridionais do mesmo Estado. Assim que o corpo é baixado à cova, "a viúva começa suas cerimônias fúnebres. Corta os cabelos da parte dianteira da cabeça e, tomada de um verdadeiro frenesi, pega bastões incandescentes e os aplica no peito, nos braços, nas pernas, nas coxas. Ela parece deleitar-se nas torturas que se inflige. Seria temerário e, aliás, inútil tentar detê-la. Quando, esgotada, não consegue mais andar, esforça-se ainda em dar pontapés nas cinzas do braseiro e lançá-las em todas as direções. Caindo no chão, pega as cinzas com as mãos e as esfrega em suas feridas; depois arranha o próprio rosto (a única parte do corpo que os bastões incandescentes não tocaram). O sangue que corre vem misturar-se às cinzas que cobrem suas chagas e, continuando a se arranhar, ela lança gritos e lamentações"[17].

A descrição que nos dá Howitt dos ritos do luto entre os Kurnai assemelha-se singularmente às anteriores. Uma vez envolvido o corpo em peles de gambá e colocado numa mortalha de casca de árvore, é construída uma choupana onde os parentes se reúnem. "Lá, estendidos no chão, eles lamentam sua sorte, dizendo, por exemplo: 'Por que nos deixaste?' De tempos em tempos, sua dor é exasperada pelos gemidos penetrantes emitidos por um deles: a mulher do defunto grita *meu marido morreu*, ou a mãe, *meu filho morreu*. Cada um dos presentes repete o mesmo grito: apenas as palavras mudam, conforme o laço de parentesco com o falecido. Com pedras afiadas ou *tomahawks*, eles se batem e se dilaceram até que suas cabeças e seus corpos estejam jorrando sangue. Os choros e os gemidos continuam a noite toda."[18]

A tristeza não é o único sentimento que se exprime durante essas cerimônias; uma espécie de cólera geralmente vem juntar-se a ela. Os parentes têm como que uma necessidade de vingar, por um meio qualquer, a morte ocorrida. Vemo-los lançarem-se uns contra os outros e buscarem ferir-se mutuamente. Às vezes o ataque é real, outras vezes, fingido[19]. Há casos, inclusive, em que espécies de combates singulares são regularmente organizados. Entre os Kaitish, a cabeleira do defunto pertence por direito a seu genro. Este, em troca, deve ir, acompanhado de um grupo de parentes e amigos, provocar um de seus irmãos tribais, ou seja, um homem da mesma classe matrimonial que ele e que, por esse motivo, teria podido igualmente desposar a filha do morto. A provocação não pode ser recusada e os dois combatentes se infligem sérios ferimentos nos ombros e nas coxas. Terminado o duelo, o provocador entrega a seu adversário a cabeleira que havia provisoriamente herdado. Este último, por sua vez, sai a provocar e a combater um outro de seus irmãos tribais, a quem a preciosa relíquia é em seguida transmitida, mas sempre a título provisório; assim, ela passa de mãos em mãos e circula de grupo em grupo[20]. Aliás, na espécie de furor com que cada parente se golpeia, se queima ou se corta já existe algo desses mesmos sentimentos: uma dor que chega ao paroxismo é inseparável da cólera. Não se pode deixar de ficar impressionado com as semelhanças entre essas práticas e as da vendeta. Ambas procedem do mesmo princípio, de que a morte requer efusões de sangue. A única diferença é que, num caso, as vítimas são parentes e, no outro, estranhos. Não precisamos examinar especialmente a vendeta, mais relacionada ao estudo das instituições jurídicas; mas conviria mostrar de que maneira ela se vincula aos ritos do luto, dos quais anuncia o fim[21].

Em certas sociedades, o luto termina por uma cerimônia cuja efervescência alcança ou ultrapassa a que se produz por ocasião das cerimônias inaugurais. Entre os Arunta, esse rito de encerramento é chamado *Urpmilchima*. Spencer e Gillen assistiram a dois desses ritos. Um era celebrado em honra de um homem, o outro, de uma mulher. Eis a descrição que nos deram do último[22].

Começa-se por manufaturar ornamentos de um gênero muito particular, chamados *Chimurilia* pelos homens e *Aramurilia* pelas mulheres. Com uma espécie de resina, fixam-se pequenos ossos de animais, anteriormente recolhidos e guardados, a cachos de cabelos que parentes da morta forneceram. Como pingentes, eles são presos a uma dessas faixas de cabeça que as mulheres usam normalmente, juntamente com plumas de cacatua-branca e de papagaio. Terminados esses preparativos, as mulheres reúnem-se em sua aldeia. Pintam seus corpos de diferentes cores, conforme o grau de parentesco com a defunta. Após permanecerem abraçadas umas às outras durante uma dezena de minutos, ao mesmo tempo em que emitem um gemido ininterrupto, elas se põem em marcha para o túmulo. A uma certa distância, encontram um irmão de sangue da falecida, acompanhado de alguns dos irmãos tribais dela. Todos se sentam no chão e as lamentações recomeçam. Um *pitchi*[23] contendo os Chimurilia é então apresentado ao irmão mais velho, que o aperta contra o estômago: diz-se que é um meio de aliviar sua dor. Separa-se um desses Chimurilia e a mãe da falecida o põe na cabeça por alguns instantes; a seguir ele é recolocado no *pitchi* que os outros homens apertam, cada um por sua vez, contra o peito. Enfim, o irmão coloca o Chimurilia na cabeça das duas irmãs mais velhas e todos retomam a marcha em direção ao túmulo. No caminho, a mãe atira-se várias vezes ao chão, procurando cortar a cabeça com um bastão pontiagudo. A cada vez, as outras mulheres a levantam e parecem preocupadas em impedir que ela se fira. Chegando ao túmulo, ela se precipita sobre o montículo de terra, procura destruí-lo com as mãos, enquanto as outras mulheres dançam literalmente em cima dela. As mães tribais e as tias (irmãs do pai da falecida) seguem seu exemplo; também elas se atiram ao chão, se golpeiam, se ferem mutuamente; seus corpos acabam ficando completamente cobertos de sangue. Ao cabo de um certo tempo, são retiradas dali. As irmãs mais velhas abrem então um buraco na terra do túmulo, onde depositam os Chimurilia previamente despedaçados. Uma vez mais, as mães tribais se lançam ao chão e se ferem na cabeça umas às outras. Nesse momento, "os choros e os gemidos das mulheres ao redor pareciam levá-las ao último grau de excitação. O sangue, que corria por seu corpo coberto de argila, dava-lhes uma aparência de espectros. No final, a velha mãe foi a única a permanecer deitada sobre o túmulo, completamente exausta e gemendo debilmente". As outras então a levantaram e retiraram a argila que cobria seu corpo. Foi o fim da cerimônia e do luto[24].

Entre os Warramunga, o rito final apresenta características bastante particulares. As efusões de sangue não parecem se verificar, mas a efervescência coletiva se traduz de outra maneira.

Nesse povo, o corpo, antes de ser definitivamente enterrado, fica exposto numa espécie de plataforma armada nos galhos de uma árvore; deixam que ele se decomponha lentamente ali, até que não restem mais que os ossos, que são então recolhidos e, com exceção de um úmero, depositados no interior de um formigueiro. O úmero é envolvido num estojo de casca de árvore ornado de diferentes maneiras. O estojo é levado ao acampamento em meio aos gritos e gemidos das mulheres. Nos dias que seguem, celebra-se uma série de cerimônias totêmicas relacionadas ao totem do defunto e à história mítica dos antepassados que formaram o clã. É quando todas essas cerimônias terminam que se procede ao rito de encerramento.

Uma vala, com trinta centímetros de profundidade e quatro metros e meio de comprimento, é aberta no terreno cerimonial. Antes, executou-se no chão, a uma certa distância dali, um desenho totêmico que representa o totem do morto e alguns dos lugares onde o antepassado residiu. Bem perto desse desenho, uma pequena cova foi cavada no chão. Dez homens ornamentados avançam então em fila e, com as mãos cruzadas atrás da cabeça e as pernas afastadas, colocam-se por cima da vala. A um dado sinal, as mulheres entram na aldeia no mais profundo silêncio; aproximando-se, põem-se em fila indiana, a última delas segurando nas mãos o estojo que contém o úmero. A seguir, todas se lançam ao chão e, apoiadas nas mãos e nos joelhos, passam ao longo da vala entre as pernas abertas dos homens. A cena denota um grande estado de excitação sexual. Assim que a última mulher passou, retiram-lhe o estojo, que é levado para a cova, junto da qual permanece um velho; este, com um golpe seco, quebra o osso e os restos são enterrados precipitadamente. Durante esse tempo, as mulheres permaneceram afastadas, de costas voltadas para a cena que lhes é interdito ver. Mas, quando ouvem o golpe de machado, elas retiram-se, soltando gritos e gemidos. O rito foi consumado; o luto terminou[25].

II

Esses ritos são de um tipo muito diferente dos que anteriormente examinamos. Isso não quer dizer que não se possa encontrar entre aqueles e estes semelhanças importantes que teremos de assinalar; mas as diferenças talvez sejam mais evidentes. Em vez de danças alegres, de cantos, de representações dramáticas que distraem e acalmam o espírito, são choros, gemidos, em uma palavra, as manifestações mais variadas da tristeza angustiada e de uma espécie de piedade mútua que ocupam agora a cena. É verdade que durante os Intichiuma também há efusões de sangue; mas são oblações feitas num movimento de piedoso entusiasmo. Se os gestos se assemelham, os sentimentos que exprimem são diferentes, opostos até. Do mesmo modo, os ritos ascéticos implicam muitas privações, abstinências, mutilações, mas que devem ser suportadas com uma firmeza impassível e uma espécie de serenidade. Aqui, ao contrário, a prostração, os gritos, os choros são a regra. O asceta tortura-se para atestar, a seus olhos e aos olhos de seus semelhantes, que está acima do sofrimento. No luto, as pessoas se maltratam para provar que sofrem. Reconhecemos em todos esses sinais os traços característicos dos ritos piaculares.

De que maneira, portanto, eles se explicam?

Um primeiro fato é certo: o luto não é a expressão espontânea de emoções individuais[26]. Se os parentes choram, se lamentam, se mortificam, não é porque se sintam pessoalmente atingidos pela morte de seu próximo. Certamente pode ocorrer, em casos particulares, que a tristeza expressa seja realmente sentida[27]. Mas, de maneira geral, não há relação alguma entre os sentimentos experimentados e os gestos executados pelos atores do rito[28]. Se, no momento mesmo em que os que choram parecem mais arrasados pela dor, lhes dirigem a palavra para conversar sobre algum assunto temporal, acontece com freqüência que mudem imediatamente de fisionomia e de tom, adquiram um ar sorridente e conversem com a maior naturalidade do mundo[29]. O luto não é um movimento natural da sensibilidade privada, machucada por uma perda cruel, mas um dever imposto pelo grupo. As pessoas se lamentam, não simplesmente porque estejam tristes, mas porque são obrigadas a se lamentar. É uma atitude ritual que se deve adotar por respeito ao costume, mas que em larga medida é independente do estado afetivo dos indivíduos. Essa obrigação, aliás, é sancionada por castigos míticos ou sociais. Acredita-se, por exemplo, que, quando um parente não cumpre o luto como convém, a alma do morto segue seus passos e o mata[30]. Noutros casos, a sociedade não confia às forças religiosas a tarefa de punir os negligentes; ela própria intervém e reprime as faltas rituais. Se um genro não presta a seu sogro as obrigações funerárias que lhe deve, se não pratica em si as incisões prescritas, seus sogros tribais retiram-lhe a mulher e a dão a um outro[31]. Assim, para ficar de acordo com o costume, às vezes forçam as lágrimas a correr por meios artificiais[32].

De onde vem essa obrigação?

Etnógrafos e sociólogos geralmente se contentaram com a resposta que os próprios indígenas dão à questão. Diz-se que o morto quer ser pranteado, que, ao lhe recusarem o tributo de lamentos aos quais tem direito, ele se ofende e que o único meio de evitar sua cólera é conformar-se às suas vontades[33].

Mas essa explicação mitológica apenas modifica os termos do problema, sem resolvê-lo, pois ainda seria preciso saber por que o morto reclama imperativamente o luto. Dir-se-á que faz parte da natureza do homem querer ser pranteado e lamentado. Mas explicar por esse sentimento o complexo aparelho de ritos que constitui o luto, é atribuir ao australiano exigências afetivas que o próprio civilizado não demonstra. Admitamos – o que não é evidente *a priori* – que a idéia de não ser logo esquecido seja naturalmente gratificante ao homem que pensa no futuro. Restaria provar que alguma vez ela ocupou suficientemente o coração dos vivos para que se pudesse razoavelmente atribuir aos mortos uma mentalidade que procederia quase inteiramente dessa preocupação. Sobretudo, parece inverossímil que um tal sentimento tenha podido obsidiar e apaixonar homens que não estavam habituados a pensar muito além da hora presente. Ao contrário de considerar o desejo de sobreviver na memória dos vivos como a origem do luto, cabe antes perguntar se o próprio luto, uma vez instituído, não teria despertado a idéia e o gosto das lamentações póstumas.

A interpretação clássica revela-se mais insustentável ainda quando se sabe o que constitui o luto primitivo. Ele não é feito simplesmente de piedosas lamentações dirigidas àquele que não mais existe, mas de duras abstinências e cruéis sacrifícios. O rito não exige apenas que as pessoas pensem melancolicamente no defunto, mas que se golpeiem, que se mortifiquem, que se lacerem, que se queimem. Vimos, inclusive, que alguns se torturam com tamanho arrebatamento que, às vezes, não sobrevivem a seus ferimentos. Que razão tem o morto para impor-lhes esses suplícios? Uma tal crueldade denota, de sua parte, algo mais que o desejo de não ser esquecido. Para que ele encontre prazer em ver sofrer os seus, é preciso que os odeie, que seja ávido de seu sangue. Essa ferocidade parecerá, certamente, natural aos que consideram todo espírito necessariamente uma potência maléfica e temível. Mas sabemos que há espíritos de todo tipo. Como se explica que a alma do morto seja necessariamente um espírito mau? Enquanto o homem vive, ele ama seus parentes, troca favores com eles. Não é estranho que sua alma, tão logo liberada do corpo, se despoje instantaneamente de seus sentimentos antigos para tornar-se um gênio mau e atormentador? É uma regra geral, porém, que o morto conserva a personalidade do vivo, tem o mesmo caráter, os mesmos ódios e os mesmos afetos. A metamorfose, portanto, está longe de se compreender por si mesma. É verdade que os indígenas admitem isso implicitamente, quando explicam o rito pelas exigências do morto; mas trata-se precisamente de saber de onde lhes veio essa concepção. Ao invés de poder ser vista como um truísmo, ela é tão obscura quanto o próprio rito e, por isso, insuficiente para explicá-lo.

Enfim, mesmo que encontrássemos as razões dessa surpreendente transformação, restaria explicar por que ela é apenas temporária, uma vez que não dura além do luto. Cumpridos os ritos, o morto volta a ser o que era em vida, um parente afetuoso e devotado, que põe a serviço dos seus os poderes obtidos de sua nova condição[34]. Doravante, é visto como um gênio bom, sempre pronto a assistir os que há pouco atormentava. Como explicar essas reviravoltas sucessivas? Se os maus sentimentos que se atribuem à alma viessem unicamente do fato de ela não mais estar em vida, eles deveriam permanecer invariáveis e, se o luto é decorrência disso, ele não deveria findar.

Essas explicações míticas exprimem a idéia que o indígena faz do rito, não o próprio rito. Podemos portanto afastá-las para nos colocar face à realidade que elas traduzem, mas desfigurando-a. Se o luto diferencia-se das outras formas do culto positivo, há um aspecto pelo qual se lhes assemelha: também ele é feito de cerimônias coletivas que provocam, nos que delas participam, um estado de efervescência. Os sentimentos superexcitados são diferentes; mas a superexcitação é a mesma. É presumível portanto que a explicação dos ritos alegres seja suscetível de aplicar-se aos ritos tristes, com a condição de que seus termos sejam transpostos.

Quando um indivíduo morre, o grupo familiar ao qual pertence sente-se diminuído e, para reagir contra essa diminuição, se reúne. Uma infelicidade comum tem os mesmos efeitos que a chegada de um acontecimento feliz: aviva os sentimentos coletivos que, por isso, levam os indivíduos a se procurar e a se aproximar. Vimos inclusive essa necessidade de concentração afirmar-se às vezes com uma energia particular: as pessoas se abraçam, se enlaçam, apertam-se o mais que podem umas contras as outras. Mas o estado afetivo no qual se encontra então o grupo reflete as circunstâncias que ele atravessa. Não somente os próximos mais diretamente atingidos trazem ao encontro sua dor pessoal, como também a sociedade exerce sobre seus membros uma pressão moral para que harmonizem seus sentimentos com a situação. Permitir que eles permaneçam indiferentes ao golpe que a atinge e a diminui seria proclamar que ela não ocupa nos seus corações o lugar a que tem direito; seria negá-la. Uma família que tolera que um dos seus possa morrer sem ser pranteado testemunha com isso sua falta de unidade moral e de coesão: ela abdica, renuncia a existir. O indivíduo, por sua vez, quando firmemente ligado à sociedade de que faz parte, sente-se moralmente compelido a participar de suas tristezas e de suas alegrias; desinteressar-se delas seria romper os vínculos que o unem à coletividade, seria renunciar a querê-la e contradizer-se. Se o cristão, nas festas comemorativas da Páscoa, se o judeu, no aniversário da queda de Jerusalém, jejuam e se mortificam, não é para manifestar uma tristeza espontaneamente sentida. Nessas circunstâncias, o estado interior do crente nada tem a ver com as duras abstinências a que se submete. Se está triste, é sobretudo porque se obriga a ficar triste, e obriga-se a isso para afirmar sua fé. A atitude do australiano durante o luto explica-se da mesma maneira. Se ele chora, se ele geme, não é simplesmente para traduzir uma tristeza individual, é para cumprir um dever que a sociedade em volta não deixa de lembrar-lhe na ocasião.

Sabe-se, por outro lado, como os sentimentos humanos se intensificam quando se afirmam coletivamente. A tristeza, da mesma forma que a alegria, se exalta, se amplifica ao repercutir de consciência em consciência, por isso acaba se exprimindo exteriormente na forma de movimentos exuberantes e violentos. Não é mais a agitação alegre que observávamos há pouco: são gritos, urros de dor. Cada um é arrastado por todos; produz-se algo como um pânico de tristeza. Quando a dor chega a esse grau de intensidade, junta-se a ela uma espécie de cólera e exasperação. Sente-se a necessidade de quebrar, de destruir alguma coisa. As pessoas se voltam contra si mesmas ou contra os outros. Golpeiam-se, ferem-se, queimam-se, ou então se lançam contra alguém para golpeá-lo, feri-lo e queimá-lo. Foi por isso que se estabeleceu o costume de se entregar, durante o luto, a verdadeiras orgias de torturas. Parece-nos muito provável que a vendeta e a caça de cabeças não tenham outra origem. Se toda morte é atribuída a algum sortilégio mágico e se, por essa razão, acredita-se que o morto deve ser vingado, é que se sente a necessidade de encontrar, a qualquer preço, uma vítima sobre a qual descarregar a dor e a cólera coletivas. Essa vítima naturalmente se vai buscar fora, pois um estranho é um sujeito *minoris resistentiae*: como não está protegido pelos sentimentos de simpatia votados a um parente ou a um vizinho, não há nada nele que rechace e neutralize os sentimentos maus e destrutivos que a morte despertou. É pela mesma razão, sem dúvida, que a mulher, com mais freqüência que o homem, serve de objeto passivo aos ritos mais cruéis do luto; como ela tem um menor valor social, é mais diretamente designada para o papel de bode expiatório.

Vê-se que essa explicação do luto faz abstração completa da noção de alma ou de espírito. As únicas forças realmente em jogo são de natureza inteiramente impessoal: são as emoções despertadas no grupo pela morte de um de seus membros. Mas o primitivo ignora o mecanismo psíquico de que resultam todas essas práticas. Portanto, quando procura justificá-las, é obrigado a forjar uma explicação muito diferente. Tudo o que ele sabe é que deve se mortificar dolorosamente. Como toda obrigação desperta a idéia de uma vontade que obriga, ele busca a seu redor de onde pode provir a coerção que sofre. Ora, há uma força moral cuja realidade lhe parece certa e perfeitamente indicada para esse papel: a alma que a morte pôs em liberdade. Pois, quem mais do que ela pode se interessar pelas repercussões que sua própria morte pode ter sobre os vivos? Imagina-se, portanto, que, se estes últimos se infligem um tratamento antinatural, é para se conformarem às exigências dela. Foi assim que a idéia de alma deve ter intervindo posteriormente na mitologia do luto. Por outro lado, como atribuem a ela, nesse caso, exigências inumanas, cumpre supor que, ao deixar o corpo que animava, ela despojou-se de todo e qualquer sentimento humano. Assim se explica a metamorfose que faz do parente de ontem um inimigo temido. Essa transformação não está na origem do luto; é antes conseqüência dele. Traduz a mudança que ocorreu no estado afetivo do grupo: não pranteiam o morto porque ele é temido; ele é temido porque o pranteiam.

Mas essa mudança do estado afetivo tem de ser temporária, pois as cerimônias do luto, ao mesmo tempo que resultam dela, põem-lhe um termo. Pouco a pouco elas neutralizam as próprias causas que ocasionaram essa mudança. O que está na origem do luto é a impressão de enfraquecimento que sente o grupo quando perde um de seus membros. Mas essa impressão tem por efeito aproximar os indivíduos uns dos outros, colocá-los mais intimamente em contato, associá-los num mesmo estado de alma, e de tudo isso resulta uma sensação de reconforto que compensa o enfraquecimento inicial. Se existe pranto em comum, é que uns sempre podem contar com os outros e a coletividade, apesar do golpe que sofreu, não está desmantelada. Claro que nesse momento só se põem em comum emoções tristes; mas comungar na tristeza é ainda comungar, e toda comunhão das consciências, seja sob a forma que for, eleva a vitalidade social. A violência excepcional das manifestações através das quais se exprime necessária e obrigatoriamente a dor comum, atesta inclusive que a sociedade, nesse momento, está mais viva e atuante do que nunca. De fato, quando o sentimento social é machucado dolorosamente, ele reage com mais força do que de ordinário: jamais nos apegamos tanto à nossa família como nos momentos em que ela passa por uma provação. Esse acréscimo de energia apaga ainda mais completamente os efeitos do desamparo produzido na origem, dissipando-se, assim, a sensação de frio que a morte sempre traz consigo. O grupo sente que recupera as forças progressivamente; volta a ter esperança e a viver. Acaba saindo do luto, e saindo graças ao próprio luto. Mas, como a idéia que se faz da alma reflete o estado moral da sociedade, essa idéia deve mudar quando o estado muda. No período de abatimento e angústia, a alma era representada sob os traços de um ser maléfico, inteiramente ocupado em perseguir os homens. Mas agora, quando todos se sentem de novo confiantes e seguros, deve-se admitir que ela retomou sua natureza primeira e seus primeiros sentimentos de ternura e solidariedade. Assim é possível explicar a maneira muito diferente como ela é concebida nos diferentes momentos de sua existência[35].

Os ritos do luto não somente determinam alguns dos caracteres secundários atribuídos à alma, como também não são estranhos, talvez, à idéia de que ela sobrevive ao corpo. Para poder compreender as práticas às quais se submete na morte de um parente, o homem é obrigado a crer que elas não são indiferentes ao defunto. As efusões de sangue que se praticam tão amplamente durante o luto são verdadeiros sacrifícios oferecidos ao morto[36]. É que do morto, portanto, sobrevive alguma coisa; e como não é o corpo, que manifestamente está imóvel e se decompõe, só pode ser a alma. Certamente, é impossível dizer com exatidão qual foi a parte dessas considerações na gênese da idéia de sobrevivência. Mas é provável que a influência do culto tenha sido aqui o que é alhures. Os ritos são mais facilmente explicáveis quando se imagina que eles se dirigem a seres pessoais; os homens foram induzidos, portanto, a ampliar a influência das personalidades míticas na vida religiosa. Para poder explicar o luto, eles prolongaram a existência da alma além do túmulo. É mais um exemplo da maneira como os ritos reagem sobre as crenças.

III

Mas a morte não é o único acontecimento capaz de perturbar uma comunidade. Há, para os homens, muitas outras ocasiões de se entristecerem ou de se angustiarem, por isso pode-se prever que também os australianos conhecem e praticam outros ritos piaculares além do luto. É notável, porém, que apenas um pequeno número de exemplos se encontrem nos relatos dos observadores.

Um primeiro rito desse gênero assemelha-se muito aos que acabam de ser estudados. Lembramo-nos de como, entre os Arunta, cada grupo local atribui virtudes excepcionalmente importantes à sua coleção de churinga: é um paládio coletivo a cuja sorte estaria ligada a própria sorte da coletividade. Assim, quando inimigos ou brancos conseguem roubar um desses tesouros religiosos, essa perda é considerada uma calamidade pública. Ora, esse infortúnio dá ensejo a um rito que tem todas as características de um luto: os corpos são cobertos de argila branca e os Arunta permanecem na aldeia durante duas semanas a chorar e a se lamentar[37]. É mais uma prova de que o luto é determinado não pela maneira como é concebida a alma do morto, mas por causas impessoais, pelo estado moral do grupo. Temos aqui, com efeito, um rito que, por sua estrutura, não se distingue do luto propriamente dito e que, no entanto, é independente de toda noção de espírito ou de gênio maléfico[38].

Uma outra circunstância que motiva cerimônias da mesma natureza é o estado de aflição em que se encontra a sociedade após colheitas insuficientes. "Os indígenas que habitam os arredores do lago Eyre, diz Eylmann, buscam igualmente conjurar a insuficiência dos recursos alimentares por meio de cerimônias secretas. Mas muitas das práticas rituais que se observam nessa região se distinguem das que foram anteriormente vistas: não é através de danças simbólicas, de movimentos miméticos nem de ornamentações deslumbrantes que se procura agir sobre as potências religiosas ou sobre as forças da natureza, mas através de sofrimentos que os indivíduos infligem a si mesmos. Nos territórios do Norte, é também por torturas, tais como jejuns prolongados, vigílias, danças continuadas até o esgotamento dos dançarinos, dores físicas de todo tipo, que se busca apaziguar as potências que não se mostram favoráveis aos homens."[39] Os suplícios a que os indígenas se submetem com esse objetivo os deixam às vezes num tal estado de fadiga, que eles são incapazes, durante vários dias, de ir à caça[40].

É sobretudo para lutar contra a seca que essas práticas são empregadas, já que a falta de água tem por conseqüência uma escassez geral. Para remediar o mal, recorre-se aos meios violentos. Um deles costuma ser a extração de um dente. Entre os Kaitish, por exemplo, arranca-se de um indivíduo um incisivo que é suspenso numa árvore[41]. Entre os Dieri, a idéia da chuva é mais estreitamente associada à de incisões sangrentas praticadas na pele do tórax e dos braços[42]. Nesse mesmo povo, quando a seca é muito prolongada, o grande conselho se reúne e convoca toda a tribo. É um verdadeiro acontecimento tribal. Mulheres são enviadas em todas as direções a avisar as pessoas para se reunirem num local e num momento determinados. Uma vez reunidos, todos se põem a gemer, a gritar com voz aguda o estado miserável da terra e pedem aos *Mura-mura* (antepassados míticos) que lhes dêem o poder de fazer cair uma chuva abundante[43]. Nos casos, muito raros aliás, de haver excesso de umidade, uma cerimônia análoga se realiza para deter a chuva. Os velhos entram então num verdadeiro estado de frenesi[44] e os gritos que a multidão emite chegam a ferir os ouvidos[45].

Spencer e Gillen nos descrevem, sob o nome de Intichiuma, uma cerimônia que poderia perfeitamente ter o mesmo objeto e a mesma origem das precedentes: uma tortura física é praticada para fazer uma espécie animal se multiplicar. Entre os Urabanna, há um clã que tem por totem uma espécie de cobra chamada *wadnungadni*. Eis como procede o chefe do clã para impedir que esse animal venha a faltar. Depois de ter-se ornamentado, ele ajoelha-se no chão com os braços abertos. Um auxiliar puxa com os dedos a pele do braço direito e o operador finca, através da dobra assim formada, um osso pontudo, de cinco polegadas de comprimento. Faz-se o mesmo no braço esquerdo. Acredita-se que essa automutilação produza o resultado desejado[46]. Entre os Dieri, um rito análogo é empregado para fazer as galinhas selvagens pôr ovos: os operadores perfuram-se a pele do escroto[47]. Em certas tribos do lago Eyre, fura-se a orelha para levar os inhames a produzir[48].

Mas a escassez total ou parcial não é o único flagelo que pode se abater sobre uma tribo. Outros acontecimentos se produzem, mais ou menos periodicamente, que ameaçam ou parecem ameaçar a existência coletiva. É o caso, por exemplo, da aurora austral. Os Kurnai acreditam que se trata de um fogo aceso no céu pelo grande deus Mungan-ngaua; por isso, quando o percebem, têm medo de que o incêndio se estenda à terra e os devore. Disso resulta uma grande efervescência na aldeia. Agita-se uma mão dessecada de morto à qual os Kurnai atribuem virtudes variadas e lançam-se gritos tais como: "Manda-o embora, não deixa que ele nos queime." Ao mesmo tempo, realizam-se, por ordem dos velhos, trocas de mulheres, o que é sempre sinal de uma grande excitação[49]. As mesmas licenças sexuais são assinaladas entre os Wiimbaio toda vez que um flagelo parece iminente, especialmente em épocas de epidemia[50].

Sob a influência dessas idéias, as mutilações ou efusões de sangue são às vezes consideradas um meio eficaz para curar as doenças. Entre os Dieri, quando acontece um acidente a uma criança, seus parentes se dão golpes na cabeça com um bastão ou um bumerangue, até que o sangue corra pelo rosto. Por esse procedimento, acredita-se aliviar o mal da criança[51]. Outras vezes, imagina-se obter o mesmo resultado por meio de uma cerimônia totêmica suplementar[52]. Pode-se aproximar desses fatos o exemplo, citado mais acima, de uma cerimônia especialmente celebrada para apagar os efeitos de uma falta ritual[53]. Nesses dois últimos casos, certamente, não há ferimentos, nem golpes, nem sofrimento físico de nenhuma espécie; no entanto, o rito não difere em natureza dos precedentes: trata-se sempre de afastar um mal ou expiar uma falta por meio de uma cerimônia ritual extraordinária.

São esses, além do luto, os únicos casos de ritos piaculares que conseguimos levantar na Austrália. É provável que alguns nos tenham escapado, e pode-se presumir igualmente que outros não foram percebidos pelos observadores. No entanto, se só esses poucos foram descobertos até o presente, é que provavelmente não ocupam um lugar importante no culto. Vê-se o quanto as religiões primitivas estão longe de serem filhas da angústia e do temor, já que os ritos que traduzem emoções dolorosas são relativamente raros. Certamente, isso é porque o australiano, se leva uma existência miserável, comparada à dos povos mais civilizados, em compensação pede tão poucas coisas à vida, que se contenta facilmente. Tudo o que ele precisa é que a natureza siga seu curso normal, que as estações se sucedam regularmente, que a chuva caia na época prevista, em abundância e sem excesso; ora, as grandes perturbações na ordem cósmica são sempre excepcionais. Assim pôde-se notar que a maior parte dos ritos piaculares cujos exemplos demos acima foram observados nas tribos do Centro, onde as secas são freqüentes e constituem verdadeiros desastres. Não deixa de ser surpreendente, é verdade, que os ritos piaculares especialmente destinados a expiar o pecado pareçam quase de todo ausentes. No entanto o australiano, como todo homem, deve cometer faltas rituais que ele tem interesse em redimir; pode-se perguntar, portanto, se o silêncio dos textos sobre esse ponto não se deve às insuficiências da observação.

Mas, ainda que os fatos que pudemos recolher sejam pouco numerosos, eles não deixam de ser instrutivos.

Quando se estudam os ritos piaculares nas religiões mais avançadas, nas quais as forças religiosas são individualizadas, eles parecem ser estreitamente solidários de concepções antropomórficas. Se o fiel se impõe privações ou se submete a sevícias, é para desarmar a malevolência que atribui a alguns seres sagrados dos quais acredita depender. Para apaziguar seu ódio ou sua cólera, ele se antecipa às suas exigências, golpeia-se para não ser golpeado por eles. Parece, portanto, que essas práticas só puderam surgir a partir do momento em que deuses e espíritos foram concebidos como pessoas morais, capazes de paixões análogas às dos humanos. Foi por esse motivo que Robertson Smith acreditou poder referir a uma data relativamente recente os sacrifícios expiatórios, bem como as oblações sacrificiais. Segundo ele, as efusões de sangue que caracterizam esses ritos teriam sido, a princípio, simples procedimentos de comunhão: o homem teria derramado seu sangue sobre o altar para estreitar os vínculos que o uniam a seu deus. O rito só teria adquirido um caráter piacular e penal quando sua significação primeira foi esquecida e quando a nova idéia que se tinha dos seres sagrados permitiu atribuir-lhes uma outra função[54].

Mas, como se verificam ritos piaculares já nas sociedades australianas, é impossível atribuir-lhes uma origem tão tardia. Aliás, todos os que acabamos de observar, com exceção de um[55], são independentes de qualquer concepção antropomórfica: não se trata de deuses nem de espíritos. É por elas mesmas e diretamente que as abstinências e as efusões de sangue impedem a escassez e curam as doenças. Entre o rito e os efeitos que ele deve produzir, nenhum ser espiritual vem inserir sua ação. Portanto, as personalidades míticas só intervieram mais tarde. Uma vez estabelecido o mecanismo ritual, elas serviram para torná-lo mais facilmente representável às inteligências, mas elas não são condições de sua existência. Esse mecanismo foi instituído por outras razões, deve sua eficácia a uma outra causa.

Ele age através das forças coletivas que põe em jogo. Parece iminente um desastre que ameace a coletividade? Esta se reúne, como por ocasião de um luto, e é naturalmente uma impressão de inquietude e de angústia que domina o grupo reunido. A experiência em comum desses sentimentos tem por efeito, como sempre, intensificá-los. Ao se afirmarem, eles se exaltam, se inflamam, atingem um grau de violência que se traduz pela violência correspondente dos gestos que os exprimem. Como na morte de um parente próximo, as pessoas lançam gritos terríveis, se enfurecem, sentem a necessidade de rasgar e destruir; é para satisfazer essa necessidade que elas se batem, se ferem, fazem correr sangue. Mas, quando as emoções têm essa vivacidade, por mais dolorosas que sejam nada têm de deprimente; ao contrário, denotam um estado de efervescência que implica uma mobilização de todas as forças ativas e inclusive um afluxo de energias exteriores. Pouco importa que essa exaltação tenha sido provocada por um acontecimento triste, ela não deixa de ser real e não difere especificamente da que se observa nas festas alegres. Inclusive ela se manifesta às vezes por movimentos da mesma natureza: é o mesmo frenesi que se apodera dos fiéis, a mesma tendência às orgias sexuais, sinal certo de uma grande excitação nervosa. Robertson Smith já havia assinalado essa curiosa influência dos ritos tristes nos cultos semíticos: "Nos tempos difíceis, diz ele, quando os pensamentos dos homens eram habitualmente sombrios, eles recorriam às excitações físicas da religião, assim como agora se refugiam no vinho. Em regra geral, quando, entre os semitas, o culto começava por choros e lamentações – como no luto de Adônis ou como nos grandes ritos expiatórios que se tornaram freqüentes nos últimos tempos –, uma brusca revolução fazia suceder, ao serviço fúnebre pelo qual se iniciara a cerimônia, uma explosão de alegria e vivacidade."[56] Em uma palavra, ainda que as cerimônias religiosas tenham por ponto de partida um fato inquietante ou doloroso, elas conservam, sobre o estado afetivo do grupo e dos indivíduos, seu poder estimulante. Pelo simples fato de serem coletivas, eles elevam a energia vital. Ora, quando as pessoas sentem em si a vida – seja sob a forma de irritação penosa, seja de alegre entusiasmo –, elas não crêem na morte; portanto, se tranqüilizam, voltam a ter coragem e, subjetivamente, tudo acontece como se o rito tivesse realmente afastado o perigo que se temia. É dessa maneira que se atribuem aos movimentos de que ele é feito, aos gritos emitidos, ao sangue derramado, aos ferimentos infligidos em si ou nos outros, virtudes curativas ou preventivas; e, como essas diferentes sevícias fazem necessariamente sofrer, o próprio sofrimento acaba sendo considerado um meio de conjurar o mal, de curar a doença[57]. Mais tarde, quando a maior parte das forças religiosas tomou a forma de personalidades morais, explicou-se a eficácia dessas práticas imaginando que elas tinham por objeto aplacar um deus maléfico ou irritado. Mas essas concepções apenas refletem o rito e os sentimentos que ele suscita, são uma interpretação dele, não sua causa determinante.

Uma falta ritual não age de outra maneira. Também ela é uma ameaça para a coletividade; atinge-a em sua existência moral, já que a atinge em suas crenças. Mas se a cólera que ela provoca se afirma ostensivamente e com energia, essa cólera compensa o mal que a causou. Pois, se ela for intensamente sentida por todos, é que a infração cometida é uma exceção e a fé comum permanece inteira. A unidade moral do grupo não está, portanto, em perigo. Ora, a pena infligida a título de expiação não é senão a manifestação dessa cólera pública, a prova material de sua unanimidade. Com isso ela tem realmente o efeito reparador que lhe atribuem. No fundo, o sentimento que está na raiz dos ritos propriamente expiatórios não difere em natureza daquele que encontramos na base dos outros ritos piaculares: é uma espécie de dor irritada que tende a se manifestar por atos de destruição. Ora ela se alivia à custa daquele mesmo que a sente, ora à custa de um terceiro estranho. Mas em ambos os casos o mecanismo psíquico é essencialmente o mesmo[58].

IV

Um dos maiores serviços que Robertson Smith prestou à ciência das religiões foi ter posto em evidência a ambigüidade da noção do sagrado.

As forças religiosas são de dois tipos. Umas são benéficas, guardiãs da ordem física e moral, dispensadoras da vida, da saúde, de todas as qualidades que os homens estimam: é o caso do princípio totêmico, espalhado por todas as espécies, do antepassado mítico, do animal-protetor, dos heróis civilizadores, dos deuses tutelares de todo tipo e grau. Pouco importa que elas sejam concebidas como personalidades distintas ou como energias difusas; sob ambas as formas, desempenham o mesmo papel e afetam da mesma maneira a consciência dos fiéis: o respeito que inspiram está misturado com amor e reconhecimento. As coisas e as pessoas que estão normalmente em contato com elas partilham os mesmos sentimentos e o mesmo caráter: são as coisas e as pessoas santas. São eles os lugares consagrados ao culto, os objetos utilizados nos ritos regulares, os sacerdotes, os ascetas, etc. Por outro lado, há as potências más e impuras, produtoras de desordens, causadoras de morte, de doenças, instigadoras de sacrilégios. O único sentimento que o homem tem por elas é o temor, geralmente acompanhado de horror. São elas as forças sobre as quais e pelas quais age o feiticeiro, as que emanam dos cadáveres, do sangue da menstruação, as desencadeadas por toda profanação das coisas santas, etc. Os espíritos dos mortos e os gênios malignos de toda espécie são formas personificadas dessas forças.

Entre essas duas categorias de forças e de seres, o contraste é o mais completo possível, chegando inclusive ao antagonismo mais radical. As potências boas e salutares repelem para longe delas as que as negam e as contradizem. Por isso, as primeiras são interditas às segundas: todo contato entre elas é considerado a pior das profanações. É esse o tipo por excelência de interdição entre coisas sagradas de espécies diferentes, cuja existência assinalamos anteriormente[59]. As mulheres durante a menstruação, sobretudo ao primeiro aparecimento do mênstruo, são impuras; assim, nesse momento, elas são rigorosamente isoladas; os homens não devem ter nenhuma relação com elas[60]. Os *bull-roarers*, os churinga, jamais entram em contato com o morto[61]. O sacrílego é excluído da sociedade dos fiéis, o acesso ao culto lhe é interdito. Deste modo, toda a vida religiosa gravita em torno de dois pólos contrários, entre os quais há a mesma oposição que entre o puro e o impuro, o santo e o sacrílego, o divino e o diabólico.

Mas, ao mesmo tempo que esses dois aspectos da vida religiosa se opõem um ao outro, existe entre eles um forte parentesco. Em primeiro lugar, ambos mantêm a mesma relação com os seres profanos: estes devem se abster de toda relação tanto com as coisas impuras como com as coisas mais santas. As primeiras não são menos interditas que as segundas; são igualmente retiradas de circulação. Vale dizer que também são sagradas. Claro que os sentimentos que umas e outras inspiram não são idênticos: uma coisa é o respeito, outra, a aversão e o horror. Entretanto, para que os gestos sejam os mesmos nos dois casos, cumpre que os sentimentos expressos não difiram em natureza. De fato, há horror no respeito religioso, sobretudo quando ele é muito intenso, e o temor que as potências malignas inspiram geralmente é acompanhado de algum caráter reverencial. As nuances pelas quais se diferenciam essas duas atitudes são às vezes tão fugazes, que nem sempre é fácil dizer em que estado de espírito se encontram, ao certo, os fiéis. Entre certos povos semíticos, a carne de porco era interdita; mas nem sempre se sabia com precisão se era a título de coisa impura ou de coisa santa[62], e a mesma observação pode se aplicar a um grande número de interdições alimentares.

Além disso, acontece com muita freqüência que uma coisa impura ou uma potência maléfica se torne, sem mudar de natureza, mas por uma simples modificação das circunstâncias exteriores, uma coisa santa ou uma potência tutelar, e vice-versa. Vimos como a alma do morto, que primeiramente é um princípio temido, transforma-se em gênio protetor assim que o luto termina. Do mesmo modo, o cadáver, que começa por inspirar apenas terror e distanciamento, é tratado mais tarde como uma relíquia venerada: a antropofagia funerária, freqüentemente praticada nas sociedades australianas, é a prova dessa transformação[63]. O animal totêmico é o ser santo por excelência; mas, para aquele que consome indevidamente sua carne, é um princípio de morte. De uma maneira geral, o sacrílego é simplesmente um profano que foi contagiado por uma força religiosa benéfica. Esta muda de natureza ao mudar de hábitat; macula ao invés de santificar[64]. O sangue que provém dos órgãos genitais da mulher, embora evidentemente impuro como o da menstruação, é muitas vezes empregado como um remédio contra a doença[65]. A vítima imolada nos sacrifícios expiatórios é acusada de impureza, uma vez que concentrou nela os pecados que se trata de expiar. No entanto, uma vez abatida, sua carne e seu sangue são empregados nos costumes mais piedosos[66]. Ao contrário, embora a comunhão seja uma operação religiosa que normalmente tem por função consagrar, produz às vezes os mesmos efeitos que um sacrilégio. Indivíduos que comungaram são, em certos casos, obrigados a fugir um do outro como pesteados. Dir-se-ia que se tornaram uma perigosa fonte de contaminação mútua: o vínculo sagrado que os une, ao mesmo tempo os separa. Exemplos desse tipo de comunhão são numerosos na Austrália. Um dos mais típicos é o que se observa entre os Narrinyeri e nas tribos vizinhas. Quando uma criança vem ao mundo, seus pais conservam com cuidado seu cordão umbilical que conteria algo de sua alma. Dois indivíduos que trocam seu cordão assim conservado comungam juntos pelo fato mesmo dessa troca, pois é como se trocassem sua alma. Mas, ao mesmo tempo, não podem se tocar, se falar, nem mesmo se ver. Tudo se passa como se fossem, um para o outro, um objeto de horror[67].

O puro e o impuro não são, portanto, dois gêneros separados, mas duas variedades de um mesmo gênero que compreende todas as coisas sagradas. Há duas espécies de sagrado, um fasto, o outro nefasto, e entre as duas formas opostas não somente não há solução de continuidade, como também um mesmo objeto pode passar de uma à outra sem mudar de natureza. Com o puro se faz o impuro, e reciprocamente. É na possibilidade dessas transmutações que consiste a ambigüidade do sagrado.

Mas, se Robertson Smith percebeu bem essa ambigüidade, jamais a explicou claramente. Limita-se a assinalar que, como todas as forças religiosas são indistintamente intensas e contagiosas, é prudente abordá-las com respeitosas precauções, não importa o sentido no qual se exerce sua ação. Parecia-lhe poder explicar, assim, o aspecto de parentesco que todas apresentam, a despeito dos contrastes que as opõem. Mas, em primeiro lugar, a questão era apenas deslocada: faltava mostrar por que as potências do mal têm a mesma intensidade e contagiosidade. Em outros termos, como se explica que também elas sejam de natureza religiosa? Em segundo lugar, a energia e a força de expansão comuns a ambas não permitem compreender de que maneira, apesar do conflito que as divide, elas podem se transformar umas nas outras e substituir-se em suas funções respectivas, de que maneira o puro pode contaminar enquanto o impuro serve às vezes para santificar[68].

A explicação que propusemos anteriormente dos ritos piaculares permite responder a essa dupla questão.

Vimos, com efeito, que as potências más são um produto desses ritos e os simbolizam. Quando a sociedade atravessa circunstâncias que a entristecem, a angustiam ou a irritam, ela exerce sobre seus membros uma pressão para que demonstrem, por atos significativos, sua tristeza, sua angústia ou sua cólera. Ela lhes impõe como que um dever de chorar, de gemer, de infligir-se ferimentos ou de infligi-los a outrem, pois essas manifestações coletivas, e a comunhão moral que elas testemunham e reforçam, restituem ao grupo a energia que os acontecimentos ameaçavam subtrair-lhe, permitindo assim que ele se recupere. É essa experiência que o homem interpreta, quando imagina, fora dele, seres maléficos cuja hostilidade, constitutiva ou temporária, só pode ser desarmada por sofrimentos humanos. Portanto, esses seres não são mais que estados coletivos objetivados, são a própria sociedade vista sob um de seus aspectos. Mas sabemos, por outro lado, que as potências benéficas não são constituídas de outra maneira; também elas resultam da vida coletiva e a exprimem; também elas representam a sociedade, mas vista numa atitude bem diferente, a saber, no momento em que se afirma com confiança e insta com ardor as coisas a contribuírem para a realização dos fins que persegue. Como essas duas espécies de forças têm uma origem comum, não é surpreendente que, embora dirigidas em sentidos opostos, tenham uma mesma natureza, sejam igualmente intensas e contagiosas e, portanto, interditas e sagradas.

Exatamente por isso pode-se compreender como elas se transformam umas nas outras. Uma vez que refletem o estado afetivo no qual se encontra o grupo, basta que esse estado mude para que também elas mudem de sentido. Assim que o luto termina, a sociedade doméstica está serenada pelo próprio luto; volta a ter confiança; os indivíduos são aliviados da penosa pressão exercida sobre eles; sentem-se mais à vontade. Parece-lhes, portanto, que o espírito do morto abandonou seus sentimentos hostis para se tornar um protetor benevolente. As outras transmutações de que citamos exemplos explicam-se da mesma maneira. O que faz a santidade de uma coisa é, como mostramos, o sentimento coletivo de que ela é objeto. Se, em violação às interdições que a isolam, essa coisa entrar em contato com uma pessoa profana, o mesmo sentimento se estenderá a esta última e lhe imprimirá um caráter especial. Só que, quando isso acontece, ele se acha num estado muito diferente daquele de origem. Machucado, irritado pela profanação que essa extensão abusiva e antinatural implica, ele tornou-se agressivo e propenso à violência destrutiva, tende a se vingar da ofensa sofrida. Por essa razão, o sujeito contagiado é visto como invadido por uma força virulenta e nociva, que ameaça tudo o que dele se aproxima; em conseqüência, inspira apenas afastamento e repugnância, está como que manchado e marcado por uma tara. Não obstante, essa mancha tem por causa o mesmo estado psíquico que, em outras circunstâncias, consagrava e santificava. Mas basta que a cólera assim provocada seja satisfeita por um rito expiatório, para que, aliviada, ela cesse; o sentimento ofendido se apazigua e volta a seu estado inicial. Ele age portanto, mais uma vez, como agia no princípio; ao invés de contaminar, santifica. Como continua a contagiar o objeto ao qual se ligou, este não poderia tornar-se de novo profano e religiosamente indiferente. Mas o sentido da força religiosa que parece ocupá-lo, transformou-se: de impuro, tornou-se puro e instrumento de purificação.

Em resumo, os dois pólos da vida religiosa correspondem aos dois estados opostos por que passa toda vida social. Há entre o sagrado fasto e o sagrado nefasto o mesmo contraste que entre os estados de euforia e de disforia coletiva. Mas, como ambos são igualmente coletivos, há, entre as construções mitológicas que os simbolizam, um íntimo parentesco de natureza. Os sentimentos partilhados variam do extremo abatimento à extrema alegria, da irritação dolorosa ao entusiasmo extático; mas, em todos os casos, há comunhão das consciências e reconforto mútuo em conseqüência dessa comunhão. O processo fundamental é sempre o mesmo; apenas as circunstâncias o colorem diferentemente. Portanto, em última instância, a unidade e a diversidade da vida social é que produzem, ao mesmo tempo, a unidade e a diversidade dos seres e das coisas sagradas.

Essa ambigüidade, aliás, não é particular apenas à noção do sagrado; algo desse mesmo caráter está presente em todos os ritos que acabam de ser estudados. Certamente, era essencial distingui-los: confundi-los teria sido desconhecer os múltiplos aspectos da vida religiosa. Mas, por mais diferentes que possam ser, não há entre eles solução de continuidade. Muito pelo contrário, eles se sobrepõem uns aos outros e podem mesmo substituir-se mutuamente. Já mostramos que ritos de oblação e de comunhão, ritos miméticos, ritos comemorativos, cumprem com freqüência as mesmas funções. Poder-se-ia pensar que o culto negativo, pelo menos, é mais claramente separado do culto positivo; no entanto, vimos que o primeiro é capaz de produzir efeitos positivos, idênticos aos que produz o segundo. Com jejuns, abstinências, automutilações, obtêm-se os mesmos resultados que com comunhões, oblações, comemorações. Inversamente, as oferendas e os sacrifícios implicam privações e renúncias de toda espécie. Entre os ritos ascéticos e os ritos piaculares a continuidade é ainda mais evidente: ambos são feitos de sofrimentos, aceitos ou suportados, aos quais é atribuída uma eficácia análoga. Assim, tanto as práticas como as crenças não se classificam em gêneros separados. Por mais complexas que sejam as manifestações exteriores da vida religiosa, ela é, no fundo, una e simples. Corresponde em toda parte a uma mesma necessidade e em toda parte deriva de um mesmo estado de espírito. Sob todas as suas formas, tem por objeto elevar o homem acima de si mesmo e proporcionar-lhe uma vida superior à que ele teria se obedecesse unicamente a suas espontaneidades individuais: as crenças exprimem essa vida em termos de representações; os ritos a organizam e regulam seu funcionamento.

CONCLUSÃO

Anunciávamos no início desta obra que a religião que iríamos estudar continha os elementos mais característicos da vida religiosa. Pode-se verificar agora a exatidão dessa proposição. Por mais simples que seja o sistema que estudamos, nele encontramos todas as idéias e todas as principais atitudes rituais que estão na base das religiões, inclusive as mais avançadas: distinção das coisas em sagradas e em profanas, noção de alma, de espírito, de personalidade mítica, de divindade nacional e mesmo internacional, culto negativo, com as práticas ascéticas que são sua forma exasperada, ritos de oblação e de comunhão, ritos imitativos, ritos comemorativos, ritos piaculares – nada de essencial falta nela. Temos, portanto, razões para confiar que os resultados a que chegamos não são particulares apenas ao totemismo, mas podem nos ajudar a compreender o que é a religião em geral.

Objetar-se-á que uma única religião, seja qual for sua área de extensão, constitui uma base estreita para semelhante indução. Não pretendemos desconhecer o que uma verificação ampla pode acrescentar de autoridade a uma teoria. Mas não é menos verdade que, quando uma lei foi provada por uma experiência bem-feita, essa prova é válida universalmente. Se, mesmo num caso único, um cientista chegasse a surpreender o segredo da vida, e mesmo que esse caso fosse o do ser protoplásmico mais simples que se pudesse conceber, as verdades assim obtidas seriam aplicáveis a todos os seres vivos, inclusive os mais elevados. Se, portanto, nas humildes sociedades que acabam de ser estudadas, conseguimos realmente perceber alguns dos elementos de que são feitas as noções religiosas mais fundamentais, não há razão para não estender às outras religiões os resultados mais gerais de nossa pesquisa. Não é concebível, com efeito, que, conforme as circunstâncias, um mesmo efeito possa ser devido ora a uma causa, ora a outra, a menos que as duas causas sejam, no fundo, uma só. Uma mesma idéia não pode exprimir aqui uma realidade, ali uma realidade diferente, a menos que essa dualidade seja simplesmente aparente. Se, em alguns povos, as idéias de sagrado, de alma, de deuses se explicam sociologicamente, deve-se cientificamente presumir que, em princípio, a mesma explicação vale para todos os povos nos quais as mesmas idéias se verifiquem com os mesmos caracteres essenciais. Supondo, portanto, que não estejamos enganados, pelo menos algumas de nossas conclusões podem ser legitimamente generalizadas. Chegou o momento de apresentá-las. E uma indução dessa natureza, tendo por base uma experiência bem definida, é menos temerária do que tantas generalizações sumárias que, ao tentarem atingir de um salto a essência da religião sem se apoiarem na análise de nenhuma religião em particular, muito se arriscam a se perder no vazio.

I

Na maioria das vezes, os teóricos que procuraram exprimir a religião em termos racionais viram nela, antes de tudo, um sistema de idéias que correspondia a um objeto determinado. Esse objeto foi concebido de diferentes maneiras: natureza, infinito, incognoscível, ideal, etc. Mas essas diferenças pouco importam. Em todos os casos, as representações, as crenças é que eram consideradas como o elemento essencial da religião. Quanto aos ritos, eles se afiguravam apenas, desse ponto de vista, como uma tradução exterior, contingente e material desses estados internos que seriam os únicos a ter um valor intrínseco. Essa concepção é tão difundida que, na maior parte do tempo, os debates a respeito da religião giram em torno da questão de saber se ela pode ou não se conciliar com a ciência, isto é, se, ao lado do conhecimento científico, há lugar para outra forma de pensamento, que seria especificamente religioso.

Mas os crentes, os homens que, vivendo a vida religiosa, têm a sensação direta do que a constitui, objetam a essa maneira de ver que ela não corresponde à sua experiência diária. Eles sentem, com efeito, que a verdadeira função da religião não é nos fazer pensar, enriquecer nosso conhecimento, acrescentar às representações que devemos à ciência representações de uma outra origem e de um outro caráter, mas sim nos fazer agir, nos ajudar a viver. O fiel que se pôs em contato com seu deus não é apenas um homem que percebe verdades novas que o descrente ignora, é um homem que *pode* mais. Ele sente em si mais força, seja para suportar as dificuldades da existência, seja para vencê-las. Está como que elevado acima das misérias humanas porque está elevado acima de sua condição de homem; acredita-se salvo do mal, seja qual for a forma, aliás, que conceba o mal. O primeiro artigo de toda fé é a crença na salvação pela fé. Ora, não se percebe como uma simples idéia poderia ter essa eficácia. Uma idéia, com efeito, não é senão um elemento de nós mesmos; como poderia nos conferir poderes superiores aos que possuímos por natureza? Por mais rica em virtudes afetivas, ela nada poderia acrescentar à nossa vitalidade natural, pois somente é capaz de desencadear as forças emotivas que estão em nós, não de criá-las nem de fazê-las crescer. Do fato de nos representarmos um objeto como digno de ser amado e buscado, não se segue que nos sintamos mais fortes; é preciso que desse objeto emanem energias superiores às nossas e que, além disso, tenhamos algum meio de fazê-las penetrar em nós e misturá-las à nossa vida interior. Ora, para tanto, não basta que as pensemos, é indispensável que nos coloquemos em sua esfera de ação, que nos voltemos para o lado em que melhor possamos sentir sua influência; em uma palavra, é preciso que ajamos e repitamos os atos assim necessários, toda vez que isso for útil para renovar seus efeitos. Desse ponto de vista, percebe-se como adquire toda a sua importância esse conjunto de atos regularmente repetidos que constitui o culto. De fato, quem quer que tenha praticado realmente uma religião sabe bem que o culto é que suscita essas impressões de alegria, de paz interior, de serenidade, de entusiasmo, que são, para o fiel, como a prova experimental de suas crenças. O culto não é simplesmente um sistema de signos pelos quais a fé se traduz exteriormente, é o conjunto dos meios pelos quais ela se cria e se recria periodicamente. Quer consista em manobras materiais ou em operações mentais, é sempre ele que é eficaz.

Todo o nosso estudo repousa no postulado de que esse sentimento unânime dos crentes de todos os tempos não pode ser puramente ilusório. Da mesma forma que um recente apologista da fé[1], admitimos, portanto, que as crenças religiosas se baseiam numa experiência específica cujo valor demonstrativo, num certo sentido, não é inferior ao das experiências científicas, embora diferente. Também pensamos que "uma árvore se conhece por seus frutos"[2] e que sua fecundidade é a melhor prova do que valem suas raízes. Mas do fato de existir, se quiserem, uma "experiência religiosa" e de ela ter, de alguma maneira, fundamento – aliás, há alguma experiência que não o tenha? –, não se segue de modo algum que a realidade que

CONCLUSÃO

a fundamenta esteja objetivamente de acordo com a idéia que dela fazem os crentes. O fato mesmo de que a maneira como ela foi concebida variou infinitamente com as épocas é suficiente para provar que nenhuma dessas concepções a exprime de modo adequado. Se o cientista estabelece como axioma que as sensações de calor ou de luz que os homens experimentam correspondem a uma causa objetiva, disso não irá concluir que esta seja tal como aparece aos sentidos. Assim também, embora não sendo imaginárias, as impressões sentidas pelos fiéis não constituem intuições privilegiadas; não há nenhuma razão para pensar que nos informam melhor sobre a natureza de seu objeto que as sensações vulgares sobre a natureza dos corpos e de suas propriedades. Portanto, para descobrir em que consiste esse objeto, é preciso que elas sejam submetidas a uma elaboração análoga à que substituiu a representação sensível do mundo por uma representação científica e conceitual.

Ora, foi precisamente isso que tentamos fazer, e vimos que essa realidade, que as mitologias conceberam sob tantas formas diferentes, mas que é a causa objetiva, universal e eterna das sensações *sui generis* que compõem a experiência religiosa, é a sociedade. Mostramos quais as forças morais que ela desenvolve e de que maneira ela desperta esse sentimento de apoio, de proteção, de dependência tutelar que liga o fiel a seu culto. É a sociedade que o eleva acima de si mesmo, é ela, inclusive, que o faz. Pois o que faz o homem é esse conjunto de bens intelectuais que constitui a civilização, e a civilização é obra da sociedade. Assim se explica o papel preponderante do culto em todas as religiões, sejam quais forem. É que a sociedade só pode fazer sentir sua influência se for um ato, e só será um ato se os indivíduos que a compõem se reunirem e agirem em comum. É pela ação comum que ela toma consciência de si e se afirma; ela é, acima de tudo, uma cooperação ativa. Mesmo as idéias e os sentimentos coletivos só são possíveis graças a movimentos exteriores que os simbolizam, conforme estabelecemos[3]. Portanto, é a ação que domina a vida religiosa, pelo simples fato de a sociedade ser a sua fonte.

A todas as razões que foram dadas para justificar essa concepção, pode ser acrescentada uma última, que resulta de toda esta obra. Em nosso percurso, estabelecemos que as categorias fundamentais do pensamento, logo a ciência, têm origens religiosas. Vimos que o mesmo acontece com a magia e, por conseguinte, com as diversas técnicas que dela derivaram. Por outro lado, há muito se sabe que, até um momento relativamente avançado da evolução, as regras da moral e do direito não se distinguiram das prescrições rituais. Pode-se portanto dizer, em resumo, que quase todas as grandes instituições sociais nasceram da religião[4]. Ora, para que os principais aspectos da vida coletiva tenham começado por ser apenas aspectos diversos da vida religiosa, é preciso evidentemente que a vida religiosa seja a forma eminente e como que uma expressão resumida da vida coletiva inteira. Se a religião engendrou tudo o que há de essencial na sociedade, é que a idéia da sociedade é a alma da religião.

As forças religiosas, portanto, são forças humanas, forças morais. Certamente, como os sentimentos coletivos só podem tomar consciência de si ao se fixarem em objetos exteriores, elas próprias não puderam se constituir sem tomar das coisas algumas de suas características. Adquiriram, assim, uma espécie de natureza física, sob esse aspecto vieram se misturar à vida do mundo material e foi através delas que se acreditou poder explicar o que se passa no mundo. Mas, quando as consideramos apenas por esse lado e nesse papel, vemos somente o que elas têm de mais superficial. Em realidade, é da consciência que foram tomados os elementos essenciais que as constituem. É comum achar que essas forças só têm um caráter humano quando são pensadas sob forma humana[5]; mas mesmo as mais impessoais e anônimas não são outra coisa que sentimentos objetivados.

É na condição de ver as religiões por esse ângulo que se pode perceber seu verdadeiro significado. A julgar pelas aparências, os ritos com freqüência dão a impressão de operações puramente manuais – unções, lavagens, refeições. Para consagrar uma coisa, ela é posta em contato com uma fonte de energia religiosa, assim como, atualmente, para aquecer ou eletrizar um corpo, ele é posto em contato com uma fonte de calor ou de eletricidade; os procedimentos empregados num caso e no outro não são essencialmente diferentes. Assim entendida, a técnica religiosa parece ser uma espécie de mecânica mística. Mas essas manobras materiais não são mais que o invólucro externo sob o qual se dissimulam operações mentais. No fundo, trata-se não de exercer uma espécie de coerção física sobre forças cegas e, aliás, imaginárias, mas de atingir consciências, tonificá-las, disciplina-las. Foi dito às vezes das religiões inferiores que elas eram materialistas. A expressão é inexata. Todas as religiões, mesmo as mais grosseiras, são, num certo sentido, espiritualistas, pois as potências que elas põem em jogo são, antes de tudo, espirituais e, por outro lado, é sobre a vida moral que elas têm por principal função agir. Compreende-se, assim, que o que foi feito em nome da religião não poderia ter sido feito em vão, pois foi necessariamente a sociedade dos homens, foi a humanidade que recolheu seus frutos.

Mas, questionam, que sociedade exatamente é essa da qual se faz o substrato da vida religiosa? Será a sociedade real, tal como existe e funciona diante de nossos olhos, com a organização moral e jurídica que laboriosamente se moldou ao longo da história? Mas esta é cheia de taras e de imperfeições. Nela, o mal vai de par com o bem, a injustiça com freqüência reina soberana, a verdade a cada instante é obscurecida pelo erro. Como é que um ser assim tão grosseiramente constituído poderia inspirar os sentimentos de amor, o entusiasmo ardente, o espírito de abnegação que todas as religiões exigem de seus fiéis?

Os seres perfeitos que são os deuses não podem ter tomado seus traços de uma realidade tão medíocre, às vezes até tão baixa.

Tratar-se-á, ao contrário, da sociedade perfeita, na qual a justiça e a verdade seriam soberanas, da qual o mal, sob todas as suas formas, estaria extirpado? Não se contesta que ela esteja em relação íntima com o sentimento religioso, pois, dizem, é para realizá-la que tendem as religiões. Só que essa sociedade não é um dado empírico, definido e observável, é uma quimera, um sonho com que os homens acalentaram suas misérias, mas que jamais viveram na realidade. É uma simples idéia que traduz, na consciência, nossas aspirações mais ou menos obscuras ao bem, ao belo, ao ideal. Ora, essas aspirações têm suas raízes dentro de nós, vêm das profundezas mesmas de nosso ser; portanto, não há nada fora de nós que possa explicá-las. Aliás, elas já são religiosas por si mesmas, portanto a sociedade ideal supõe a religião, em vez de poder explicá-la[6].

Mas, em primeiro lugar, é simplificar arbitrariamente as coisas ver a religião apenas por seu lado idealista: ela é realista à sua maneira. Não há feiúra física ou moral, não há vícios e males que não tenham sido divinizados. Houve deuses do roubo e da astúcia, da luxúria e da guerra, da doença e da morte. O próprio cristianismo, por mais elevada a idéia que faz da divindade, foi obrigado a conceder ao espírito do mal um lugar em sua mitologia. Satã é uma peça essencial do sistema cristão. Ora, mesmo sendo um ser impuro, ele não é um ser profano. O antideus é um deus, inferior e subordinado, é verdade, mas dotado de amplos poderes; é inclusive objeto de ritos, ainda que negativos. A religião, portanto, longe de ignorar a sociedade real e de não levá-la em conta, é a imagem dela, reflete todos os seus aspectos, mesmo os mais vulgares e repulsivos. Tudo se encontra nela, e se, na maioria das vezes, ela mostra o bem prevalecer sobre o mal, a vida sobre a morte, as potências da luz sobre as potências das trevas, é que não poderia ser de outro modo na realidade. Pois, se a relação entre essas forças contrárias fosse invertida, a vida seria impossível; ora, na verdade ela se mantém e tende mesmo a se desenvolver.

No entanto, embora vejamos claramente transparecer a realidade através das mitologias e das teologias, é bem verdade que aquela só se manifesta nestas aumentada, transformada, idealizada. Sob esse aspecto, as religiões mais primitivas não diferem das mais recentes e refinadas. Vimos, por exemplo, como os Arunta colocam na origem dos tempos uma sociedade mítica cuja organização reproduz exatamente a que existe ainda hoje: ela compreende os mesmos clãs e as mesmas fratrias, está submetida à mesma regulamentação matrimonial, pratica os mesmos ritos. Mas os personagens que a compõem são seres ideais, dotados de poderes e virtudes que os simples mortais não podem alcançar. A natureza deles não é somente mais elevada, é diferente, pois vincula-se, ao mesmo tempo, à animalidade e à humanidade. As próprias potências malignas submetem-se a uma metamorfose análoga, o mal sendo como que sublimado e idealizado. A questão que se coloca é saber de onde vem essa idealização.

Respondem que o homem tem uma faculdade natural de idealizar, isto é, de substituir o mundo da realidade por um mundo diferente ao qual se transporta em pensamento. Mas isto é mudar os termos do problema, não é resolvê-lo nem sequer fazê-lo avançar. Essa idealização sistemática é uma característica essencial das religiões. Explicá-las por um poder inato de idealizar é, portanto, substituir simplesmente uma palavra por outra equivalente; é como se disséssemos que o homem criou a religião porque tinha uma natureza religiosa. No entanto, o animal conhece apenas um mundo: o que ele percebe pela experiência tanto interna quanto externa. Somente o homem possui a faculdade de conceber o ideal e ampliar o real. De onde lhe vem, pois, esse singular privilégio? Antes de fazer disso um fato primeiro, uma virtude misteriosa que escapa à ciência, convém estar seguro de que ele não depende de condições empiricamente determináveis.

A explicação que propusemos da religião tem precisamente a vantagem de dar uma resposta a essa questão, pois o que define o sagrado é que ele é acrescentado ao real. Ora, o ideal corresponde à mesma definição: não se pode, portanto, explicar um sem explicar o outro. Vimos, com efeito, que, se a vida coletiva, quando atinge um certo grau de intensidade, desperta o pensamento religioso, é porque determina um estado de efervescência que muda as condições da atividade psíquica. As energias vitais são superexcitadas, as paixões ficam mais intensas, as sensações mais fortes; há algumas inclusive que só se produzem nesse momento. O homem não se reconhece; sente-se como que transformado e, em conseqüência, transforma o meio que o cerca. Para ter uma noção das impressões muito particulares que sente, ele atribui às coisas com as quais está mais diretamente em contato propriedades que elas não têm, poderes excepcionais e virtudes que os objetos da experiência vulgar não possuem. Em uma palavra, ao mundo real no qual transcorre sua vida profana ele sobrepõe um outro que, num certo sentido, existe apenas em seu pensamento, mas ao qual atribui, em relação ao primeiro, uma espécie de dignidade maior. Trata-se, portanto, sob esse duplo aspecto, de um mundo ideal.

Assim, a formação de um ideal não constitui um fato irredutível, que escapa à ciência; depende de condições que a observação pode alcançar; é um produto natural da vida social. Para que a sociedade possa tomar consciência de si e manter, no grau de intensidade necessário, o sentimento que tem de si mesma, é preciso que ela se reúna e se concentre. Ora, essa concentração determina uma exaltação da vida moral que se traduz por um conjunto de concepções ideais nas quais se exprime a vida nova que acabou de despertar; elas correspondem a esse afluxo de forças psíquicas que se sobrepõem àquelas de que dispomos para as tarefas cotidianas da existência. Uma sociedade não pode se criar nem se recriar sem, ao mesmo tempo, criar o ideal. Essa criação não é uma espécie de ato suplementar pelo qual a sociedade se completaria, uma vez formada, mas o ato pelo qual ela se faz e se refaz periodicamente. Assim, quando se opõe a sociedade ideal à sociedade real como dois antagonistas que nos arrastariam em sentidos contrários, o que se faz e o que se opõe são abstrações. A sociedade ideal não está fora da sociedade real, faz parte dela. Longe de estarmos divididos entre elas como entre dois pólos que se repelem, não podemos nos juntar a uma sem nos juntar à outra. Pois uma sociedade não é constituída simplesmente pela massa dos indivíduos que a compõem, pelo solo que ocupam, pelas coisas que utilizam, pelos movimentos que realizam, mas, antes de tudo, pela idéia que ela faz de si mesma. Certamente, às vezes ela hesita sobre a maneira como deve se conceber, sente-se puxada em sentidos divergentes. Mas esses conflitos, quando irrompem, não são entre o ideal e a realidade, mas entre ideais diferentes, entre o de ontem e o de hoje, entre aquele que tem a seu favor a autoridade da tradição e aquele que está apenas vindo a ser. Seguramente há razões para saber por que os ideais evoluem; mas seja qual for a resposta a esse problema, a verdade é que tudo sucede no mundo do ideal.

Portanto, longe de o ideal coletivo que a religião exprime dever-se a não sei que poder inato do indivíduo, foi antes na escola da vida coletiva que o indivíduo aprendeu a idealizar. Foi ao assimilar os ideais elaborados pela sociedade que ele se tornou capaz de conceber o ideal. Foi a sociedade que, arrastando-o em sua esfera de ação, suscitou-lhe a necessidade de se alçar acima do mundo da experiência e, ao mesmo tempo, forneceu-lhe os meios de conceber outro mundo. Pois esse mundo novo foi ela que o construiu ao se construir, já que é ela que ele exprime. Assim, tanto no indivíduo como no grupo, a faculdade de idealizar nada tem de misterioso. Não é uma espécie de luxo que o homem poderia dispensar, mas uma condição de sua existência. Ele não seria um ser social, isto é, não seria um homem, se não a tivesse adquirido. Claro que, ao se encarnar nos indivíduos, os ideais coletivos tendem a se individualizar. Cada um os entende a seu modo e imprime neles a sua marca; alguns elementos são suprimidos, outros acrescentados. O ideal pessoal destaca-se, assim, do ideal social, à medida que a personalidade individual se desenvolve e se torna uma fonte autônoma de ação. Mas, se quisermos compreender essa capacidade, aparentemente tão singular, de viver fora do real, basta conectá-la com as condições sociais das quais depende.

Não se deve, pois, ver nesta teoria da religião um simples rejuvenescimento do materialismo histórico: seria equivocar-se singularmente acerca de nosso pensamento. Ao mostrar na religião uma coisa essencialmente social, de maneira nenhuma queremos dizer que ela se limita a traduzir, numa outra linguagem, as formas materiais da sociedade e suas necessidades vitais imediatas. Certamente, consideramos uma evidência que a vida social depende de seu substrato e traz sua marca, assim como a vida mental do indivíduo depende do encéfalo e mesmo do organismo inteiro. Mas a consciência coletiva é algo mais que um simples epifenômeno de sua base morfológica, da mesma forma que a consciência individual é algo mais que uma simples eflorescência do sistema nervoso. Para que a primeira se manifeste, é preciso que se produza uma síntese *sui generis* das consciências particulares. Ora, essa síntese tem por efeito criar todo um mundo de sentimentos, de idéias, de imagens que, uma vez nascidos, obedecem a leis que lhes são próprias. Eles se atraem, se repelem, se fundem, se segmentam e proliferam sem que essas combinações todas sejam diretamente comandadas e requeridas pelo estado da realidade subjacente. A vida assim suscitada desfruta inclusive de uma independência bastante grande para se entregar às vezes a manifestações sem objetivo, sem utilidade de nenhuma espécie, pelo mero prazer de se afirmar. Mostramos precisamente que é esse, com freqüência, o caso da atividade ritual e do pensamento mitológico[7].

Mas, se a religião é um produto de causas sociais, como explicar o culto individual e o caráter universalista de certas religiões? Se ela nasceu *in foro externo*, como pôde passar para o foro interno do indivíduo e aí se embrenhar cada vez mais profundamente? Se ela é obra de sociedades definidas e individualizadas, como pôde destacar-se delas até ser concebida como o bem comum da humanidade?

Encontramos ao longo de nossa investigação os primeiros germes da religião individual e do cosmopolitismo religioso e vimos de que maneira se formaram; possuímos, assim, os elementos mais gerais da resposta que pode ser dada a essa questão.

Com efeito, mostramos de que maneira a força religiosa que anima o clã, ao se encarnar nas consciências particulares, se particulariza. Assim se formam seres sagrados secundários; cada indivíduo tem os seus, feitos à sua imagem, associados à sua vida íntima, solidários de seu destino: a alma, o totem individual, o antepassado protetor, etc. Esses seres são objeto de ritos que o fiel pode celebrar sozinho, separado de todo grupo; trata-se, portanto, de uma primeira forma de culto individual. Seguramente, é ainda um culto muito rudimentar, porque, como a personalidade individual é, então, pouco acentuada e como lhe atribuem pouco valor, o culto que a exprime não podia ser ainda muito desenvolvido. Mas, à medida que os indivíduos se diferenciaram mais e o valor da pessoa aumentou, também o culto correspondente adquiriu mais espaço no conjunto da vida religiosa, ao mesmo tempo que se fechou mais hermeticamente do lado de fora.

A existência de cultos individuais não implica, portanto, nada que contradiga ou que obstrua uma explicação sociológica da religião, pois as forças religiosas às quais eles se dirigem não são mais que formas individualizadas de forças coletivas. Assim, mesmo que a religião pareça estar inteiramente no foro interior do indivíduo, é ainda na sociedade que se encontra a fonte viva da qual ela se alimenta. Podemos agora apreciar o que vale esse individualismo radical que gostaria de fazer da religião algo puramente individual: ele desconhece as condições fundamentais da vida religiosa. Se permaneceu até hoje no estado de aspirações teóricas que jamais se realizam, é por ser irrealizável. Uma filosofia pode muito bem ser elaborada no silêncio da meditação interior, mas não uma fé. Pois esta é, antes de tudo, calor, vida, entusiasmo, exaltação de toda vida mental, transporte do indivíduo acima de si mesmo. Ora, como ele poderia, sem sair de si, aumentar as energias que possui? Como poderia ultrapassar-se contando apenas com suas forças? A única fonte de calor em que podemos nos aquecer moralmente é aquela formada pela sociedade de nossos semelhantes; as únicas forças morais que podem sustentar e fazer crescer as nossas são as que outrem nos empresta. Admitamos inclusive que existam realmente seres mais ou menos análogos aos que as mitologias nos representam. Para que possam ter sobre as almas a ação útil que é a razão de ser deles, é preciso que se creia neles. Ora, as crenças só são ativas quando partilhadas. Pode-se certamente sustentá-las algum tempo por um esforço inteiramente pessoal, mas não é assim que elas nascem, nem assim que se adquirem; é mesmo duvidoso que possam conservar-se nessas condições. Na verdade, o homem que tem uma verdadeira fé sente a necessidade invencível de espalhá-la; para isso, sai de seu isolamento, aproxima-se dos outros, busca convencê-los, e é o ardor das convicções que suscita que vem reconfortar a sua. Ela rapidamente se estiolaria se permanecesse sozinha.

Com o universalismo religioso acontece o mesmo que com o individualismo. Longe de ser um atributo exclusivo de algumas grandes religiões, vimos que ele está, não certamente na base, mas no topo do sistema australiano. Bunjil, Daramulun e Baiame não são simples deuses tribais; cada um deles é reconhecido por uma pluralidade de tribos diferentes. Seu culto, num certo sentido, é internacional. Essa concepção, portanto, é muito próxima da que encontramos nas teologias mais recentes. Por essa razão, alguns escritores acharam que deviam negar sua autenticidade, por mais incontestável que seja.

Ora, pudemos mostrar de que maneira se formou essa concepção.

Tribos vizinhas e de idêntica civilização não podem deixar de estar em relações constantes umas com as outras. Circunstâncias de todo tipo lhes dão essa oportunidade: além do comércio, que é então rudimentar, há os casamentos, pois os casamentos internacionais são muito freqüentes na Austrália. Nesses encontros, os homens tomam naturalmente consciência do parentesco moral que os une. Têm a mesma organização social, a mesma divisão em fratrias, clãs, classes matrimoniais; praticam os mesmos ritos de iniciação ou ritos muito similares. Empréstimos mútuos ou acordos acabam por reforçar essas semelhanças espontâneas. Os deuses aos quais estavam ligadas instituições tão manifestamente idênticas dificilmente podiam permanecer distintos nos espíritos. Tudo os aproximava e, por isso, mesmo supondo que cada tribo tenha elaborado a noção de seus deuses de uma maneira independente, eles deviam necessariamente tender a se confundir uns com os outros. É provável, aliás, que tenham sido primitivamente concebidos em assembléias intertribais. Pois eles são, antes de tudo, deuses da iniciação e, nas cerimônias de iniciação, tribos diferentes encontram-se geralmente representadas. Portanto, se seres sagrados independentes de qualquer sociedade geograficamente determinada se formaram, não é porque tenham uma origem extra-social. É porque, acima desses grupamentos geográficos, existem já outros cujos contornos são mais indecisos: não possuem fronteiras precisas, mas compreendem tribos mais ou menos vizinhas e aparentadas. A vida social muito particular que daí resulta, tende, portanto, a se espalhar numa área de extensão sem limites definidos. De maneira muito natural, os personagens mitológicos que correspondem a ela têm o mesmo caráter; sua esfera de influência não é delimitada; eles pairam acima das tribos particulares e de seu espaço. São os grandes deuses internacionais.

Ora, não há nada nessa situação que seja específico das sociedades australianas. Não há povo nem Estado que não esteja envolvido numa outra sociedade, mais ou menos ilimitada, que abrange todos os povos, todos os Estados com os quais o primeiro está direta ou indiretamente em contato; não há vida nacional que não seja dominada por uma vida coletiva de natureza internacional. À medida que avançamos na história, esses agrupamentos internacionais adquirem mais importância e extensão. Assim se percebe como, em certos casos, a tendência universalista pôde se desenvolver ao ponto de afetar, já não apenas as idéias mais elevadas do sistema religioso, mas os princípios mesmos sobre os quais ele repousa.

II

Há, portanto, na religião algo de eterno que está destinado a sobreviver a todos os símbolos particulares nos quais o pensamento religioso sucessivamente se envolveu. Não pode haver sociedade que não tenha a necessidade de manter e revigorar, a intervalos regulares, os sentimentos coletivos e as idéias coletivas que fazem sua unidade e sua personalidade. Ora, essa restauração moral só pode ser obtida por meio de reuniões, de assembléias, de congregações, em que os indivíduos, aproximando-se uns dos outros, reafirmam em comum seus sentimentos comuns; ou seja, cerimônias que, por seu objeto, pelos resultados que produzem, pelos procedimentos que nelas são empregados, não diferem em natureza das cerimônias propriamente religiosas. Que diferença essencial há entre uma assembléia de cristãos que celebram as principais datas da vida de Cristo, ou de judeus que festejam a saída do Egito ou a promulgação do decálogo, e uma reunião de cidadãos que comemoram a instituição de um novo código moral ou algum grande acontecimento da vida nacional?

Se, hoje, talvez tenhamos alguma dificuldade para conceber em que poderão consistir essas festas e cerimônias no futuro, é que atravessamos uma fase de transição e de mediocridade moral. As grandes coisas do passado, as que entusiasmavam nossos pais, não mais despertam em nós o mesmo ardor, seja por terem se transformado num hábito comum ao ponto de nos tornar inconscientes, seja por não mais corresponderem às aspirações atuais; no entanto, nada foi feito ainda que as substitua. Não podemos mais nos apaixonar pelos princípios em nome dos quais o cristianismo recomendava aos senhores tratar humanamente seus escravos, mas, por outro lado, a idéia que se tem da igualdade e da fraternidade humanas nos parece hoje dar excessivo lugar a injustas desigualdades. Sua piedade pelos humildes é demasiado platônica; gostaríamos de uma que fosse mais eficaz, mas não vemos ainda claramente o que ela deve ser nem como poderá se realizar nos fatos. Em uma palavra, os antigos deuses envelhecem ou morrem, e outros não nasceram. Foi isso que tornou vã a tentativa de Comte de organizar uma religião com velhas lembranças históricas, artificialmente reavivadas: é da própria vida, e não de um passado morto, que pode sair um culto vivo. Mas esse estado de incerteza e de agitação não poderia durar eternamente. Virá o dia em que nossas sociedades conhecerão de novo horas de efervescência criadora ao longo das quais novos ideais surgirão, novas fórmulas aparecerão para servir, durante um tempo, de guia à humanidade; e, uma vez vividas essas horas, os homens sentirão espontaneamente a necessidade de revivê-las de tempo em tempo pelo pensamento, isto é, de conservar sua lembrança por meio de festas que renovem regularmente seus frutos. Já vimos como a Revolução francesa instituiu todo um ciclo de festas para manter num estado de perpétua juventude os princípios nos quais se inspirava. Se a instituição logo periclitou, é que a fé revolucionária durou pouco, é que as decepções e o desânimo rapidamente sucederam ao primeiro momento de entusiasmo. Mas, embora a obra tenha abortado, ela nos permite conceber o que poderia ter sido em outras condições; e tudo faz pensar que mais cedo ou mais tarde ela será retomada. Não há evangelhos que sejam imortais e não há razão para acreditar que a humanidade seja doravante incapaz de conceber novos. Quanto a saber o que serão os símbolos em que virá se exprimir a nova fé, se irão se assemelhar ou não aos do passado, se serão mais adequados à realidade que lhes competirá traduzir, eis uma questão que ultrapassa as capacidades humanas de precisão e que, aliás, não chega a ser essencial.

Mas as festas, os ritos, o culto, enfim, não são toda a religião. Esta não é somente um sistema de práticas, é também um sistema de idéias com a finalidade de exprimir o mundo: vimos que mesmo os mais humildes têm sua cosmologia. Ainda que possa haver alguma relação entre esses dois elementos da vida religiosa, eles não deixam de ser muito diferentes. Um está voltado para a ação, que ele solicita e regula; o outro, para o pensamento, que ele enriquece e organiza. Portanto, eles não dependem das mesmas condições, havendo motivos para indagar se o segundo corresponde a necessidades tão universais e permanentes quanto o primeiro.

Quando se atribui ao pensamento religioso caracteres específicos, quando se crê que ele tem por função exprimir, através de métodos próprios, todo um aspecto do real que escapa ao conhecimento vulgar e também à ciência, naturalmente há uma recusa em admitir que a religião possa vir a perder seu papel especulativo. Mas a análise dos fatos não nos pareceu demonstrar essa especificidade. A religião que acabamos de estudar é uma daquelas em que os símbolos empregados são os mais desconcertantes para a razão. Tudo nela parece misterioso. Esses seres que participam ao mesmo tempo dos reinos mais heterogêneos, que se multiplicam sem deixarem de ser unos, que se fragmentam sem se diminuírem, parecem, à primeira vista, pertencer a um mundo inteiramente diferente daquele em que vivemos; chegou-se até a dizer que o pensamento que a elaborou ignorava totalmente as leis da lógica. Jamais, talvez, o contraste entre a razão e a fé foi mais acentuado. Se, portanto, houve um momento na história em que a heterogeneidade delas deveria sobressair com evidência, foi bem esse. Ora, contrariamente às aparências, constatamos que as realidades às quais se aplica então a especulação religiosa são as mesmas que servirão mais tarde de objeto à reflexão dos cientistas: a natureza, o homem, a sociedade. O mistério que parece cercá-las é completamente superficial e se dissipa ante uma observação mais aprofundada: basta retirar o véu com que a imaginação mitológica as cobriu para que se mostrem tais como são. Essas realidades, a religião se esforça por traduzi-las numa linguagem inteligível que não difere em natureza daquela que a ciência emprega; de parte a parte, trata-se de vincular as coisas umas às outras, de estabelecer entre elas relações internas, de classificá-las, de sistematizá-las. Vimos até que as noções essenciais da lógica científica são de origem religiosa. Claro que a ciência, para utilizá-las, submete-as a uma nova elaboração; depura-as de todo tipo de elementos acidentais; de uma maneira geral, em todos os seus passos ela utiliza um espírito crítico que a religião ignora; cerca-se de precauções para "evitar a precipitação e o juízo antecipado", para manter a distância as paixões, os preconceitos e todas as influências subjetivas. Mas esses aperfeiçoamentos metodológicos não são suficientes para diferenciá-la da religião. Sob esse aspecto, ambas perseguem o mesmo objetivo: o pensamento científico é tão-só uma forma mais perfeita do pensamento religioso. Parece natural, portanto, que o segundo se apague progressivamente diante do primeiro, à medida que este se torne mais apto a desempenhar a tarefa.

E não é de duvidar, com efeito, que essa regressão tenha se produzido ao longo da história. Oriunda da religião, a ciência tende a substituir esta última em tudo o que diz respeito às funções cognitivas e intelectuais. O próprio cristianismo já consagrou definitivamente essa substituição na ordem dos fenômenos materiais. Vendo na matéria a coisa profana por excelência, ele facilmente abandonou o conhecimento dela a uma disciplina estranha, *tradidit mundum hominum disputationi*. Foi assim que as ciências da natureza puderam se estabelecer e fazer reconhecer sua autoridade sem dificuldades muito grandes. Mas ele não podia abrir mão tão facilmente do mundo das almas, pois é sobre as almas que o deus dos cristãos aspira antes de tudo a reinar. Eis por que, por muito tempo, a idéia de submeter a vida psíquica à ciência parecia uma espécie de profanação; mesmo hoje ela ainda repugna a numerosos espíritos. Entretanto, a psicologia experimental e comparativa se constituiu e hoje é preciso contar com ela. Mas o mundo da vida religiosa e moral permanece interditado. A maioria dos homens continua a crer que existe nele uma ordem de coisas na qual o espírito só pode penetrar por vias muito especiais. Daí as fortes resistências encontradas sempre que se tenta tratar cientificamente os fenômenos religiosos e morais. Mas, a despeito das oposições, as tentativas se repetem e essa persistência mesma permite prever que essa última barreira acabará por ceder e que a ciência se estabelecerá soberana mesmo nessa região reservada.

Nisso consiste o conflito da ciência e da religião. É comum fazer-se uma idéia inexata a respeito. Diz-se que a ciência nega a religião em princípio. Mas a religião existe, é um sistema de fatos dados; em uma palavra, é uma realidade. Como poderia a ciência negar uma realidade?

Além do mais, enquanto a religião é ação, enquanto é um meio de fazer viver os homens, a ciência não poderia ser considerada tal, pois, mesmo exprimindo a vida, não a cria; ela pode perfeitamente procurar explicar a fé, mas, por isso mesmo, a supõe. Assim, não há conflito a não ser num ponto limitado. Das duas funções que a religião primitivamente cumpria, existe uma, mas uma só, que tende cada vez mais a lhe escapar: a função especulativa. O que a ciência contesta à religião não é o direito de existir, é o direito de dogmatizar sobre a natureza das coisas, é a espécie de competência especial que ela se atribuía para conhecer o homem e o mundo. Na verdade, a religião não conhece a si mesma. Não sabe de que ela é feita, nem a quais necessidades responde. Longe de poder ditar a lei à ciência, ela própria é objeto de ciência! E como, por outro lado, fora do real a que se aplica a reflexão científica, não existe objeto próprio sobre o qual incida a especulação religiosa, é evidente que esta não poderia desempenhar no futuro o mesmo papel que no passado.

No entanto, ela parece chamada antes a se transformar do que a desaparecer.

Dissemos que há na religião algo de eterno: o culto, a fé. Mas os homens não podem celebrar cerimônias para as quais não veriam razão de ser, nem aceitar uma fé que não compreenderiam de maneira alguma. Para propagar ou simplesmente para manter a fé, é preciso justificá-la, ou seja, fazer sua teoria. Uma teoria desse gênero certamente é obrigada a se apoiar nas diferentes ciências, a partir do momento em que elas existem: ciências sociais, em primeiro lugar, já que a fé religiosa tem suas origens na sociedade; psicologia, já que a sociedade é uma síntese de consciências humanas; ciências da natureza, enfim, já que o homem e a sociedade são função do universo e só artificialmente podem ser abstraídos. Contudo, por mais importantes que sejam os empréstimos tomados das ciências constituídas, eles não poderiam ser suficientes, pois a fé é, antes de tudo, um impulso a agir e a ciência, por mais longe que se lance, sempre permanece à distância da ação. A ciência é fragmentária, incompleta; avança apenas lentamente e jamais está acabada; a vida, porém, não pode esperar. Teorias destinadas a fazer viver, a fazer agir, são obrigadas, portanto, a se adiantar à ciência e a completá-la prematuramente. Elas só são possíveis se as exigências da prática e as necessidades vitais, tais como as sentimos sem concebê-las distintamente, fazem o pensamento avançar, para além do que a ciência nos permite afirmar. Assim, as religiões, mesmo as mais racionais e laicizadas, não podem e não poderão jamais se privar de uma espécie muito particular de especulação que, embora tendo os mesmos objetos que a ciência, não poderia ser propriamente científica: as intuições obscuras da sensação e do sentimento com freqüência funcionam aí como razões lógicas. Por um lado, essa especulação assemelha-se, portanto, à que encontramos nas religiões do passado; mas, por outro, distingue-se dela. Embora concedendo-se o direito de ultrapassar a ciência, ela deve começar por conhecê-la e por inspirar-se nela. Assim que a autoridade da ciência é estabelecida, cumpre levá-la em conta; pode-se ir mais longe que ela sob a pressão da necessidade, mas é dela que se deve partir. Nada se pode afirmar que ela negue, nada negar que ela afirme, nada estabelecer que não se apóie, direta ou indiretamente, em princípios que lhe são tomados de empréstimo. A partir de então, a fé não exerce mais, sobre o sistema das representações que podemos continuar chamando de religiosas, a mesma hegemonia de outrora. Diante dela, ergue-se uma potência rival que, dela nascida, doravante a submete à sua crítica e a seu controle. E tudo faz prever que esse controle se tornará cada vez mais amplo e mais eficaz, sem que seja possível traçar um limite à sua influência futura.

III

Mas, se as noções fundamentais da ciência são de origem religiosa, como a religião pôde engendrá-las? Não se percebe à primeira vista que relações pode haver entre a lógica e a religião. Inclusive, uma vez que a realidade expressa pelo pensamento religioso é a sociedade, a questão pode ser colocada nos seguintes termos que revelam melhor ainda toda a sua dificuldade: o que é que pôde fazer da vida social uma fonte tão importante de vida lógica? Nada, aparentemente, a predestinava a esse papel, pois é óbvio que não foi para satisfazer a necessidades especulativas que os homens se associaram.

Talvez pareça uma temeridade nossa abordar aqui um problema de tal complexidade. Para poder tratá-lo como convém, seria preciso que as condições sociológicas do conhecimento fossem melhor conhecidas do que o são. Apenas começamos a entrever algumas delas. Entretanto, a questão é tão grave e está tão diretamente implicada por tudo o que precede, que devemos fazer um esforço para não a deixar sem resposta.

Aliás, talvez não seja impossível estabelecer desde já alguns princípios gerais capazes, pelo menos, de esclarecer a solução.

A matéria do pensamento lógico é feita de conceitos. Indagar como a sociedade pode ter desempenhado um papel na gênese do pensamento lógico equivale, portanto, a perguntar como ela pode ter participado da formação dos conceitos.

Se, como acontece mais comumente, no conceito só se vê uma idéia geral, o problema parece insolúvel. Com efeito, o indivíduo pode, por seus próprios meios, comparar suas percepções e suas imagens, ver o que elas têm de comum, em uma palavra, generalizar. Portanto, seria difícil perceber por que a generalização só seria possível na e pela sociedade. Mas, em primeiro lugar, é inadmissível que o pensamento lógico se caracterize exclusivamente pela maior extensão das representações que o constituem. Se as idéias particulares nada têm de lógico, por que seria diferente com as idéias gerais? O geral existe apenas no particular; é o particular simplificado e empobrecido. Assim, o primeiro não poderia ter virtudes e privilégios que o segundo não tem. Inversamente, se o pensamento conceitual pode se aplicar ao gênero, à espécie, à variedade, por mais restrita que esta seja, por que não poderia se estender ao indivíduo, isto é, ao limite para o qual tende a representação à medida que sua extensão diminui? De fato, existem muitos conceitos que têm indivíduos por objeto. Em toda espécie de religião, os deuses são indivíduos distintos uns dos outros; no entanto, eles são concebidos, não percebidos. Cada povo representa de uma certa maneira, variável conforme as épocas, seus heróis históricos ou legendários; essas representações são conceituais. Enfim, cada um de nós possui uma certa noção dos indivíduos com os quais nos relacionamos, de seu caráter, de sua fisionomia, dos traços distintivos de seu temperamento físico e moral: essas noções são verdadeiros conceitos. Claro que eles são, em geral, muito grosseiramente formados. Mas, mesmo entre os conceitos científicos, há muitos que sejam perfeitamente adequados a seu objeto? Sob esse aspecto, não há, entre estes e aqueles, senão diferenças de grau.

É por outras características, portanto, que se deve definir o conceito. Ele se opõe às representações sensíveis de toda ordem – sensações, percepções ou imagens – pelas propriedades que enumeramos a seguir.

As representações sensíveis encontram-se num fluxo perpétuo; sucedem-se umas às outras como as ondas de um rio e, mesmo enquanto duram, não permanecem imutáveis. Cada uma é função do instante preciso em que ocorre. Jamais estamos seguros de reencontrar uma percepção tal como a experimentamos uma primeira vez, pois, se a coisa percebida não mudou, nós é que não somos mais os mesmos. O conceito, ao contrário, está como que fora do tempo e do devir; está subtraído a toda essa agitação; diríamos que está situado numa região diferente do espírito, mais serena e mais calma. Não se move por si mesmo, por uma evolução interna e espontânea; ao contrário, resiste à mudança. É uma maneira de pensar que, a cada momento do tempo, é fixa e cristalizada[8]. Na medida em que ele é o que deve ser, é imutável. Se muda, não é que esteja em sua natureza mudar, é que descobrimos nele alguma imperfeição, é que ele tem necessidade de ser retificado. O sistema de conceitos com o qual pensamos na vida corrente é aquele que o vocabulário de nossa língua materna exprime, pois cada palavra traduz um conceito. Ora, a língua é fixa, modifica-se lentamente e, por isso, o mesmo acontece com a organização conceitual que ela exprime. O cientista se encontra na mesma situação em face da terminologia especial empregada pela ciência a que se dedica e, conseqüentemente, em face do sistema especial de conceitos ao qual essa terminologia corresponde. Claro que ele pode inovar, mas suas inovações são sempre uma espécie de violência praticada contra maneiras de pensar instituídas.

Ao mesmo tempo em que é relativamente imutável, o conceito, se não é universal, pelo menos é universalizável. Um conceito não é meu conceito, é comum a mim e a outros homens ou, em todo caso, pode lhes ser comunicado. É impossível que eu consiga transmitir uma sensação de minha consciência à consciência de outrem; ela depende estritamente de meu organismo e de minha personalidade e não pode ser separada deles. Tudo o que posso fazer é convidar outrem a se colocar diante do mesmo objeto que eu e a se abrir à sua ação. Ao contrário, a conversação, o comércio intelectual entre os homens consiste numa troca de conceitos. O conceito é uma representação essencialmente impessoal, é através dele que as inteligências humanas se comunicam[9].

A natureza do conceito, assim definido, revela suas origens. Se ele é comum a todos, é que é obra da comunidade. Se não traz a marca de nenhuma inteligência particular, é que é elaborado por uma inteligência única na qual todas as outras se encontram e vêm, de certo modo, se alimentar. Se tem mais estabilidade que as sensações ou que as imagens, é que as representações coletivas são mais estáveis que as individuais, pois, enquanto o indivíduo é sensível inclusive a pequenas mudanças que se produzem no seu meio interno e externo, apenas acontecimentos de suficiente gravidade podem chegar a afetar a base mental da sociedade. Toda vez que estamos em presença de um *tipo*[10] de pensamento ou de ação, que se impõe uniformemente às vontades e às inteligências particulares, essa pressão exercida sobre o indivíduo indica a intervenção da sociedade. Aliás, dizíamos há pouco que os conceitos com os quais pensamos correntemente são aqueles consignados no vocabulário. Ora, não há dúvida de que a linguagem e, portanto, o sistema de conceitos que ela traduz, é o produto de uma elaboração coletiva. O que ela exprime é a maneira como a sociedade em seu conjunto representa os objetos da experiência. As noções que correspondem aos diversos elementos da língua são, portanto, representações coletivas.

O próprio conteúdo dessas noções testemunha no mesmo sentido. Com efeito, praticamente não há palavras, mesmo entre as que mais empregamos, cuja acepção não ultrapasse mais ou menos largamente os limites de nossa experiência pessoal. Um termo exprime com freqüência coisas que jamais percebemos, experiências que nunca fizemos ou das quais nunca fomos testemunhas. Mesmo quando conhecemos alguns dos objetos aos quais ele se relaciona, é apenas a título de exemplos particulares que ilustram a idéia, mas que, por si sós, jamais teriam sido suficientes para constituí-la. Na palavra acha-se condensada, portanto, toda uma ciência para a qual eu não colaborei, uma ciência mais do que individual; e ela a tal ponto me excede, que não posso sequer me apropriar completamente de todos os seus resultados. Quem de nós conhece todas as palavras da língua que fala e a significação integral de cada palavra?

Essa observação permite determinar em que sentido queremos dizer que os conceitos são representações coletivas. Se eles são comuns a um grupo social inteiro, não é que representem uma simples média entre as representações individuais correspondentes, pois, nesse caso, seriam mais pobres que estas últimas em conteúdo intelectual, quando, em realidade, estão carregados de um saber que ultrapassa o do indivíduo médio. Eles não são abstrações que só teriam realidade nas consciências particulares, mas representações tão concretas quanto as que o indivíduo pode ter de seu meio pessoal, representações que correspondem à maneira como esse ser especial, que é a sociedade, pensa as coisas de sua experiência própria. Se, de fato, os conceitos são na maioria das vezes idéias gerais, se exprimem categorias e classes em vez de objetos particulares, é que as características singulares e variáveis dos seres só raramente interessam à sociedade; em razão mesmo de sua extensão, ela praticamente só pode ser afetada pelas propriedades gerais e permanentes desses seres. Assim, é para aí que se volta sua atenção: faz parte de sua natureza ver as coisas por grandes massas e sob o aspecto que elas têm mais geralmente. Mas nisso não há pobreza. Em todo caso, mesmo quando essas representações têm o caráter genérico que lhes é mais habitual, elas são obra da sociedade e são ricas de sua experiência.

É nisso, aliás, que está o valor que o pensamento conceitual tem para nós. Se os conceitos fossem apenas idéias gerais, eles não enriqueceriam muito o conhecimento, pois o geral, como já dissemos, nada contém a mais que o particular. Mas se são, antes de tudo, representações coletivas, eles acrescentam, àquilo que nossa experiência pessoal pode nos ensinar, tudo o que a coletividade acumulou de sabedoria e de ciência ao longo dos séculos. Pensar por conceitos não é simplesmente ver o real pelo lado mais geral, é projetar sobre a sensação uma luz que a ilumina, a penetra e a transforma. Conceber uma coisa é, ao mesmo tempo que apreender melhor seus elementos essenciais, situá-la num conjunto, pois cada civilização tem seu sistema organizado de conceitos que a caracteriza. Diante desse sistema de noções, o espírito individual está na mesma situação que o νοῦς de Platão diante do mundo das idéias. Ele se esforça por assimilá-las, pois tem necessidade delas para poder tratar com seus semelhantes; mas a assimilação é sempre imperfeita. Cada um de nós as vê a seu modo. Há algumas que nos escapam completamente, que permanecem fora de nosso círculo de visão; outras, das quais só percebemos alguns aspectos. Muitas, inclusive, são desnaturadas quando as pensamos, pois, sendo coletivas por natureza, não podem se individualizar sem ser retocadas, modificadas e, conseqüentemente, falseadas. Daí termos tanta dificuldade em nos entender; daí, muitas vezes até, mentirmos, sem querer, uns aos outros: é que empregamos todos as mesmas palavras sem lhes darmos todos o mesmo sentido.

Pode-se agora entrever qual o papel da sociedade na gênese do pensamento lógico. Este só é possível a partir do momento em que, acima das representações fugazes devidas à experiência sensível, o homem chega a conceber todo um mundo de ideais estáveis, ponto comum das inteligências. Pensar logicamente, com efeito, é sempre, em alguma medida, pensar de maneira impessoal; é também pensar *sub specie aeternitatis*. Impessoalidade, estabilidade: são essas as duas características da verdade. Ora, a vida lógica supõe evidentemente que o homem saiba, ao menos confusamente, que há uma verdade, distinta das aparências sensíveis. Mas como pôde ele chegar a essa concepção? Argumenta-se, na maioria das vezes, como se ela devesse ter se apresentado espontaneamente a ele assim que abriu os olhos para o mundo. No entanto, não há nada na experiência imediata capaz de sugeri-la; tudo inclusive a contradiz. Por isso, a criança e o animal sequer suspeitam dela. A história mostra, aliás, que essa concepção levou séculos para se delinear e se constituir. Em nosso mundo ocidental, foi com os grandes pensadores da Grécia que ela tomou, pela primeira vez, uma clara consciência de si mesma e das conseqüências que implica, e a descoberta provocou um maravilhamento, que Platão traduziu numa linguagem magnífica. Mas, se foi somente nessa época que a idéia se exprimiu em fórmulas filosóficas, ela necessariamente preexistia no estado de sentimento obscuro. Esse sentimento, os filósofos buscaram elucidá-lo, não o criaram. Para que pudessem pensá-lo e analisá-lo, era preciso que ele lhes fosse dado, e a questão é saber de onde vinha, isto é, em qual experiência estava fundado. Pois bem, na experiência coletiva. Foi sob a forma de pensamento coletivo que o pensamento impessoal pela primeira vez se revelou à humanidade, e não vemos de que outra maneira poderia ter ocorrido essa revelação. Pelo simples fato de existir a sociedade, existe também, fora das sensações e das imagens individuais, todo um sistema de representações que gozam de propriedades maravilhosas. Graças a elas, os homens se compreendem, as inteligências se interpenetram. Elas possuem uma espécie de força, de ascendência moral, em virtude da qual se impõem aos espíritos particulares. Por conseguinte, o indivíduo se dá conta, ao menos obscuramente, de que acima de suas representações privadas existe um mundo de noções-tipos segundo as quais deve regular suas idéias; ele percebe todo um reino intelectual do qual participa, mas que o excede. É uma primeira intuição do reino da verdade. Certamente, a partir do momento em que tomou consciência dessa mais alta intelectualidade, ele se empenhou em investigar sua natureza; quis saber de que essas representações eminentes tiravam suas prerrogativas e, na medida em que acreditou ter descoberto as causas, resolveu ele próprio aplicar essas causas para obter, por suas próprias forças, os efeitos que elas implicam; ou seja, concedeu-se o direito de fazer conceitos. Assim, a faculdade de conceber se individualizou. Mas, para compreender bem as origens da função, é preciso relacioná-la às condições sociais das quais depende.

Objetar-se-á que mostramos o conceito apenas por um de seus aspectos, que ele não tem unicamente por função assegurar a concordância dos espíritos uns com os outros, mas também, e sobretudo, sua concordância com a natureza das coisas. Parece que ele só teria razão de ser se fosse verdadeiro, isto é, objetivo, e que sua impessoalidade deveria ser apenas uma conseqüência de sua objetividade. É nas coisas, pensadas tão adequadamente quanto possível, que os espíritos deveriam comungar. Não negamos que a evolução conceitual ocorra em parte nesse sentido. O conceito, que primitivamente é considerado verdadeiro por ser coletivo, tende a só se tornar coletivo se considerado verdadeiro: pedimos-lhe seus títulos antes de conceder-lhe nosso crédito. Mas, antes de mais nada, convém não perder de vista que, mesmo hoje, a grande maioria dos conceitos que utilizamos não são metodicamente constituídos; são extraídos da linguagem, isto é, da experiência comum, sem que tenham sido submetidos a nenhuma crítica preliminar. Os conceitos cientificamente elaborados e criticados são sempre uma pequena minoria. Além disso, entre estes e aqueles que tiram toda a sua autoridade do simples fato de serem coletivos, há tão-só diferenças de grau. Uma representação coletiva, por ser coletiva, já apresenta garantias de objetividade, pois não é sem razão que ela foi capaz de se generalizar e se manter com suficiente persistência. Se ela estivesse em desacordo com a natureza das coisas, não teria podido adquirir um domínio amplo e prolongado sobre os espíritos. No fundo, o que faz a confiança que os conceitos científicos inspiram é que eles podem ser metodicamente controlados. Ora, uma representação coletiva está necessariamente submetida a um controle indefinidamente repetido: os homens que aderem a ela a verificam por experiência própria. Ela não poderia, portanto, ser completamente inadequada a seu objeto. Poderá exprimi-lo, certamente, com a ajuda de símbolos imperfeitos, mas os próprios símbolos científicos nunca são mais que aproximados. É precisamente esse princípio que está na base do método que seguimos no estudo dos fenômenos religiosos: consideramos ser um axioma que as crenças religiosas, por mais estranhas às vezes em aparência, têm sua verdade que é preciso descobrir[11].

Inversamente, os conceitos, mesmo quando construídos de acordo com todas as regras da ciência, estão longe de derivar sua autoridade unicamente de seu valor objetivo. Não basta que sejam verdadeiros para que se creia neles. Se não estiverem em harmonia com as outras crenças, as outras opiniões, enfim, com o conjunto das representações coletivas, serão negados; os espíritos se fecharão a eles; por conseguinte, será como se não existissem. Se hoje é suficiente, em geral, que eles tragam o selo da ciência para obterem uma espécie de crédito privilegiado, é porque temos fé na ciência. Mas essa fé não difere essencialmente da fé religiosa. O valor que atribuímos à ciência depende, em suma, da idéia que temos coletivamente de sua natureza e de seu papel na vida; vale dizer que ela exprime um estado de opinião. É que tudo na vida social, inclusive a ciência, repousa na opinião. Claro que se pode tomar a opinião como objeto de estudo e dela fazer ciência; é nisso principalmente que consiste a sociologia. Mas a ciência da opinião não faz a opinião; pode apenas esclarecê-la, torná-la mais consciente de si. É verdade que, deste modo, pode fazê-la mudar; mas a ciência continua a depender da opinião no momento em que parece lhe ditar a lei, pois, como mostramos, é da opinião que ela tira a força necessária para agir sobre a opinião[12].

Dizer que os conceitos exprimem a maneira como a sociedade representa as coisas é dizer também que o pensamento conceitual é contemporâneo da humanidade. Recusamo-nos, portanto, a ver nele o produto de uma cultura mais ou menos tardia. Um homem que não pensasse por conceitos não seria um homem, pois não seria um ser social. Reduzido aos meros perceptos individuais, ele não se distinguiria do animal. Se a tese contrária pôde ser defendida, é que se definiu o conceito por caracteres que não lhe são essenciais. Ele foi identificado com a idéia geral[13] e com uma idéia geral claramente delimitada e circunscrita[14]. Nessas condições, chegou-se a pensar que as sociedades inferiores não conhecem o conceito propriamente dito, já que têm apenas procedimentos de generalização rudimentares e as noções de que se servem não são geralmente definidas. Mas a maior parte de nossos conceitos atuais tem a mesma indeterminação; não nos obrigamos muito a defini-los, a não ser nas discussões e quando procedemos como cientistas. Por outro lado, vimos que conceber não é generalizar. Pensar conceitualmente não é simplesmente isolar e agrupar juntos as características comuns a um certo número de objetos; é subsumir o variável no permanente, o individual no social. E, como o pensamento lógico começa com o conceito, segue-se que ele existiu sempre; não houve período histórico durante o qual os homens teriam vivido, de maneira crônica, na confusão e na contradição. Claro que nunca seria demais insistir nas características diferenciais que a lógica apresenta nos diversos momentos da história: ela evolui como as próprias sociedades. Todavia, por mais reais que sejam as diferenças, elas não devem levar a ignorar as similitudes que não são menos essenciais.

IV

Podemos agora abordar uma última questão colocada já em nossa introdução[15] e que ficou como que subentendida em toda a seqüência desta obra. Vimos que pelo menos algumas categorias são coisas sociais. Trata-se de saber de onde lhes vem esse caráter.

Certamente, como elas próprias são conceitos, compreende-se sem dificuldade que sejam um produto da coletividade. Inclusive não há conceitos que apresentem no mesmo grau que elas os sinais pelos quais se reconhece uma representação coletiva. Com efeito, sua estabilidade e sua impessoalidade são tais que com freqüência foram tidas por absolutamente universais e imutáveis. Aliás, como exprimem as condições fundamentais do entendimento entre os espíritos, parece evidente que só puderam ser elaboradas pela sociedade.

Mas, no que diz respeito a elas, o problema é mais complexo, pois elas são sociais num outro sentido e como que em segundo grau. Elas não apenas vêm da sociedade, como as próprias coisas que exprimem são sociais. Não apenas foi a sociedade que as instituiu, como são aspectos diferentes do ser social que lhes serve de conteúdo: a categoria de gênero começou por ser indistinta do conceito de grupo humano; é o ritmo da vida social que está na base da categoria de tempo; o espaço ocupado pela sociedade é que forneceu a matéria da categoria de espaço; a força coletiva é que foi o protótipo do conceito de força eficaz, elemento essencial da categoria de causalidade. No entanto, as categorias não são feitas para serem aplicadas unicamente ao reino social, elas se estendem à realidade inteira. De que maneira, portanto, os modelos com base nos quais elas se construíram foram tomados da sociedade?

Categorias são conceitos eminentes que desempenham no conhecimento um papel preponderante. Com efeito, elas têm por função dominar e envolver todos os outros conceitos: são os marcos permanentes da vida mental. Ora, para que possam cumprir essa função, é preciso que tenham se formado sobre uma realidade de igual amplitude.

Certamente, as relações que elas exprimem existem, de maneira implícita, nas consciências individuais. O indivíduo vive no tempo e possui, como dissemos, um certo sentido da orientação temporal. Está situado num ponto determinado do espaço e foi possível afirmar, com boas razões, que todas as suas sensações têm algo de espacial[16]. Possui um sentimento das semelhanças; nele, as representações similares se atraem, se aproximam, e a nova representação, formada por essa aproximação, tem já algo de genérico. Temos igualmente a sensação de uma certa regularidade na ordem de sucessão dos fenômenos; o próprio animal não é incapaz disso. Só que todas essas relações são pessoais ao indivíduo nelas envolvido e, por conseguinte, a noção que ele delas pode adquirir jamais será capaz de se estender além de seu estreito horizonte. As imagens genéricas que se formam em minha consciência pela fusão de imagens similares não representam senão os objetos que percebi diretamente; não existe nelas nada que possa me dar a idéia de uma classe, ou seja, de marcos capazes de compreender o grupo *total* de todos os objetos possíveis que satisfaçam a mesma condição. Seria preciso ter primeiramente a idéia de grupo, que o simples espetáculo de nossa vida interior seria insuficiente para despertar em nós. Mas, sobretudo, não há experiência individual, por mais extensa e prolongada que seja, capaz de nos fazer sequer suspeitar a existência de um gênero total, que compreenderia a universalidade dos seres e do qual os outros gêneros não seriam mais do que espécies coordenadas entre si ou subordinadas umas às outras. Essa noção do *todo*, que está na base das classificações que apresentamos, não pode provir do indivíduo, que não é senão uma parte em relação ao todo e que não passa de uma fração ínfima da realidade. No entanto, talvez não haja categoria mais essencial do que esta, pois, como o papel das categorias é envolver todos os outros conceitos, a categoria por excelência parece dever ser, exatamente, o conceito de *totalidade*. Os teóricos do conhecimento geralmente o postulam como evidente, ao passo que ele excede infinitamente o conteúdo de cada consciência individual tomada à parte.

Pelas mesmas razões, o espaço que conheço por meus sentidos, do qual sou o centro e no qual tudo está disposto em relação a mim, não poderia ser o espaço total que contém todas as extensões particulares e no qual, além disso, elas estão coordenadas em relação a pontos de referência impessoais, comuns a todos os indivíduos. Do mesmo modo, a duração concreta que sinto escoar em mim e comigo não poderia me dar a idéia do tempo total: a primeira exprime apenas o ritmo de minha vida individual; o segundo deve corresponder ao ritmo de uma vida que não é a de nenhum indivíduo em particular, mas da qual todos participam[17]. Do mesmo modo, enfim, as regularidades que percebo na maneira como minhas sensações se sucedem, podem efetivamente ter valor para mim; elas explicam de que maneira, quando me é dado o antecedente de um par de fenômenos cuja constância experimentei, tendo a esperar o conseqüente. Mas esse estado de espera pessoal não poderia ser confundido com a concepção de uma ordem universal de sucessão que se impõe à totalidade dos espíritos e dos acontecimentos.

Como o mundo que o sistema total dos conceitos exprime é aquele que a sociedade representa, somente a sociedade pode nos fornecer as noções mais gerais segundo as quais ele deve ser representado. Somente um sujeito que envolve todos os sujeitos particulares é capaz de abarcar um tal objeto. Como o universo só existe na medida em que é pensado e como só é pensado totalmente pela sociedade, é nela que ele acontece; ele se torna um elemento de sua vida interior e, assim, ela própria é o gênero total fora do qual nada existe. O conceito de totalidade não é senão a forma abstrata do conceito de sociedade: ela é o todo que compreende todas as coisas, a classe suprema que abrange todas as outras classes. É esse o princípio profundo sobre o qual repousam essas classificações primitivas, em que os seres de todos os reinos são situados e classificados nos quadros sociais com o mesmo direito que os homens[18]. Mas, se o mundo está na sociedade, o espaço que ela ocupa se confunde com o espaço total. Vimos, com efeito, como cada coisa tem seu lugar marcado no espaço social; e o que mostra claramente a que ponto esse espaço total difere das extensões concretas que os sentidos nos fazem perceber é que essa localização é inteiramente ideal e em nada se assemelha ao que seria se nos fosse ditada apenas pela experiência sensível[19]. Pela mesma razão, o ritmo da vida coletiva domina e abrange os ritmos variados de todas as vidas elementares das quais resulta; em conseqüência, o tempo que o exprime domina e abrange todas as durações particulares. É o tempo total. A história do mundo durante muito tempo não foi senão um outro aspecto da história da sociedade. Uma começa com a outra; os períodos da primeira são determinados pelos períodos da segunda. O que mede essa duração impessoal e global, o que fixa os pontos de referência em relação aos quais ela é dividida e organizada, são os movimentos de concentração ou de dispersão da sociedade; de maneira mais geral, são as necessidades periódicas da restauração coletiva. Se esses instantes críticos se ligam com maior freqüência a algum fenômeno material, como a recorrência regular de determinado astro ou a alternância das estações, é porque sinais objetivos são necessários para tornar sensível a todos essa organização essencialmente social. Do mesmo modo, enfim, a relação causal, a partir do momento em que é estabelecida coletivamente pelo grupo, revela-se independente de toda consciência individual; ela paira acima de todos os espíritos e de todos os acontecimentos particulares. É uma lei de valor impessoal. Mostramos que é exatamente assim que ela parece ter se originado.

Uma outra razão explica por que os elementos constitutivos das categorias tiveram de ser tomados da vida social: é que as relações que elas exprimem só podiam tornar-se conscientes na e por meio da sociedade. Se, num certo sentido, elas são imanentes ao indivíduo, este não tinha razão alguma nem meio algum de apreendê-las, de pensá-las, de explicitá-las e de erigi-las em noções distintas. Para orientar-se pessoalmente na extensão, para saber em que momentos devia satisfazer às diferentes necessidades orgânicas, ele não tinha a menor necessidade de elaborar, de uma vez por todas, uma representação conceitual do tempo e do espaço. Muitos animais sabem reencontrar o caminho que os leva aos lugares que lhes são familiares; fazem isso no momento adequado, sem precisar de nenhuma categoria: as sensações são suficientes para dirigi-los automaticamente. Elas também seriam suficientes ao homem se seus movimentos tivessem que satisfazer apenas a necessidades individuais. Para reconhecer que uma coisa se assemelha a outras que já vimos, de modo nenhum é necessário que classifiquemos uma e outras em gêneros e em espécies: a maneira como as imagens semelhantes se atraem e se fundem é suficiente para dar o sentimento da semelhança. A impressão do já visto, do já experimentado, não implica nenhuma classificação. Para discernir as coisas que devemos buscar daquelas que devemos evitar, não precisamos associar os efeitos de ambas a suas causas por um nexo lógico, quando apenas conveniências individuais estão em jogo. Encadeamentos puramente empíricos, fortes conexões entre representações concretas são, para a vontade, guias perfeitamente seguros. Não somente o animal não tem outros, mas também nossa prática privada, com muita freqüência, não supõe nada além. O homem sensato é aquele que tem, do que deve fazer, uma sensação muito clara, mas que na maioria das vezes seria incapaz de traduzir em lei.

Acontece de outro modo com a sociedade. Esta só é possível se os indivíduos e as coisas que a compõem são repartidos entre diferentes grupos, ou seja, classificados, e se esses próprios grupos são classificados uns em relação aos outros. A sociedade supõe, portanto, uma organização consciente de si que nada mais é que uma classificação. Essa organização da sociedade comunica-se naturalmente ao espaço que ela ocupa. Para evitar qualquer conflito, é preciso que a cada grupo particular seja destinada uma porção determinada de espaço; em outros termos, é preciso que o espaço total seja dividido, diferenciado, orientado, e que essas divisões e orientações sejam conhecidas de todos os espíritos. Por outro lado, toda convocação para uma festa, uma caçada, uma expedição militar, implica que datas sejam combinadas, marcadas, e, portanto, que se estabeleça um tempo comum que todos concebem da mesma forma. Finalmente, o concurso de muitos tendo em vista um fim comum só é possível se houver entendimento acerca da relação que existe entre esse fim e os meios capazes de alcançá-lo, isto é, se uma mesma relação causal for admitida por todos os participantes do empreendimento. Não é surpreendente, pois, que o tempo social, o espaço social, as classes sociais e a causalidade coletiva estejam na base das categorias correspondentes, já que é sob suas formas sociais que diferentes relações foram, pela primeira vez, apreendidas com uma certa clareza pela consciência humana.

Em resumo, a sociedade não é de maneira alguma o ser ilógico ou alógico, incoerente e caprichoso que muito seguidamente se comprazem em ver nela. Muito pelo contrário, a consciência coletiva é a forma mais elevada da vida psíquica, já que é uma consciência de consciências. Colocada fora e acima das contingências individuais e locais, ela só vê as coisas por seu aspecto permanente e essencial, fixando-o em noções comunicáveis. Ao mesmo tempo em que vê do alto, ela vê ao longe; a cada momento do tempo, abrange toda a realidade conhecida; por isso só ela pode fornecer ao espírito marcos que se apliquem à totalidade dos seres e que permitam pensá-los. Esses marcos, ela não os cria artificialmente, mas encontra-os dentro de si e apenas toma consciência deles. Eles traduzem maneiras de ser que se verificam em todos os níveis do real, mas que só se revelam com plena clareza no nível superior, porque a extrema complexidade da vida psíquica que aí se manifesta necessita um maior desenvolvimento da consciência. Atribuir ao pensamento lógico origens sociais não é, portanto, rebaixá-lo, diminuir seu valor, reduzi-lo a ser apenas um sistema de combinações artificiais; ao contrário, é relacioná-lo a uma causa que o implica naturalmente. Isso não quer dizer, é óbvio, que noções elaboradas dessa maneira possam se mostrar imediatamente adequadas a seus objetos. Se a sociedade é algo de universal em relação ao indivíduo, ela própria não deixa de ser uma individualidade que tem sua fisionomia pessoal, sua idiossincrasia; ela é um sujeito particular, que, por conseguinte, particulariza o que pensa. Portanto, também as representações coletivas contêm elementos subjetivos, e é necessário que elas sejam progressivamente depuradas para se tornarem mais próximas das coisas. Mas, ainda que grosseiras na sua origem, o fato é que elas traziam o germe de uma nova mentalidade à qual o indivíduo jamais teria podido se elevar apenas por suas forças; a partir de então, o caminho estava aberto ao pensamento estável, impessoal e organizado que só precisava, em seguida, desenvolver sua natureza.

Aliás, as causas que determinaram esse desenvolvimento parecem não diferir especificamente das que suscitaram seu germe inicial. Se o pensamento lógico tende cada vez mais a se desembaraçar dos elementos subjetivos e pessoais que ainda carrega na origem, não é porque fatores extra-sociais intervieram; é, muito pelo contrário, porque uma vida social de um novo tipo passou a se desenvolver. Trata-se dessa vida internacional que tem por efeito, desde então, universalizar as crenças religiosas. À medida que ela se estende, o horizonte coletivo se alarga, a sociedade deixa de aparecer como o todo por excelência, para se tornar a parte de um todo bem mais vasto, com fronteiras indeterminadas e suscetíveis de recuar indefinidamente. Em conseqüência, as coisas não podem mais se manter nos marcos sociais em que primitivamente eram classificadas, requerem ser organizadas segundo princípios que lhes sejam próprios. Assim, a organização lógica diferencia-se da organização social e torna-se autônoma. Eis como, parece, o vínculo que ligava inicialmente o pensamento a individualidades coletivas vai pouco a pouco se afrouxando; como, portanto, este passa a ser impessoal e se universaliza. O pensamento verdadeira e propriamente humano não é um dado primitivo, é um produto da história, é um limite ideal do qual nos aproximamos sempre mais, mas que provavelmente nunca chegaremos a atingir.

Assim, longe de haver entre a ciência, de um lado, a moral e a religião, do outro, a espécie de antinomia que tão freqüentemente se admitiu, esses diferentes modos da atividade humana derivam, em realidade, de uma mesma e única fonte. Foi o que Kant compreendeu claramente. Por isso, ele fez da razão especulativa e da razão prática dois aspectos diferentes da mesma faculdade. O que, segundo ele, faz a unidade delas é que ambas estão orientadas para o universal. Pensar racionalmente é pensar de acordo com leis que se impõem à universalidade dos seres racionais; agir moralmente é conduzir-se de acordo com máximas que possam, sem contradição, ser estendidas à universalidade das vontades. Em outros termos, a ciência e a moral implicam que o indivíduo é capaz de elevar-se acima de seu ponto de vista próprio e de viver uma vida impessoal. E, com efeito, não há dúvida de que este seja um traço comum a todas as formas superiores do pensamento e da ação. Só que o kantismo não explica de onde vem a espécie de contradição que o homem se vê assim realizar. Por que é ele constrangido a se violentar para superar sua natureza de indivíduo e, inversamente, por que a lei impessoal é obrigada a descer e a se encarnar em indivíduos? Acaso dirão que há dois mundos antagônicos dos quais participamos igualmente, o mundo da matéria e dos sentidos, de um lado, o mundo da razão pura e impessoal, do outro? Mas isso é repetir a pergunta em termos quase iguais, pois se trata precisamente de saber por que temos de levar ao mesmo tempo essas duas existências. Por que esses dois mundos, que parecem se contradizer, não permanecem fora um do outro? E o que é que os obriga a se penetrar mutuamente, a despeito de seu antagonismo? A única explicação que foi dada a essa necessidade singular é a hipótese da queda, com todas as dificuldades que ela implica e que é inútil recordar aqui. Ao contrário, todo mistério desaparece a partir do momento em que se reconheceu que a razão impessoal é somente um outro nome dado ao pensamento coletivo. Pois este só é possível através do agrupamento dos indivíduos; portanto, ele supõe os indivíduos, e os indivíduos, por sua vez, o supõem, já que não podem se manter a não ser em grupo. O reino dos fins e das verdades impessoais só pode se realizar com a contribuição das vontades e das sensibilidades particulares, e as razões pelas quais estas participam daquele são as próprias razões mesmas para as quais contribuem. Em uma palavra, há impessoal em nós porque há social em nós, e, como a vida social compreende ao mesmo tempo representações e práticas, essa impessoalidade estende-se naturalmente tanto às idéias quanto aos atos.

Talvez se espantem vendo-nos atribuir à sociedade as formas mais elevadas da mentalidade humana: a causa parece muito modesta, considerado o valor que damos ao efeito. Entre o mundo dos sentidos e dos apetites, de um lado, e o da razão e da moral, de outro, a distância é tão considerável, que o segundo parece só ter podido se sobrepor ao primeiro por um ato criador. Mas atribuir à sociedade esse papel preponderante na gênese de nossa natureza não é negar essa criação, pois a sociedade dispõe precisamente de uma potência criadora que nenhum ser observável pode igualar. Toda criação, com efeito, a menos que seja uma operação mística que escape à ciência e à inteligência, é o produto de uma síntese. Ora, se as sínteses de representações particulares que se produzem no interior de cada consciência individual já são, por si mesmas, produtoras de novidades, quão mais eficazes serão essas vastas sínteses de consciências completas que as sociedades produzem! Uma sociedade é o mais poderoso feixe de forças físicas e morais cujo espetáculo a natureza nos oferece. Em parte nenhuma se encontra uma tal riqueza de materiais diversos, levados a semelhante grau de concentração. Não é surpreendente, pois, que dela emane uma vida mais elevada que, reagindo sobre os elementos de que resulta, os eleva a uma forma superior de existência e os transforma.

Assim, a sociologia parece chamada a abrir um novo caminho à ciência do homem. Até agora, colocávamo-nos diante da seguinte alternativa: ou explicar as faculdades superiores e específicas do homem, reduzindo-as às formas inferiores do ser – a razão aos sentidos, o espírito à matéria –, o que significava negar sua especificidade; ou relacioná-las a alguma realidade supra-experimental postulada, mas cuja existência nenhuma observação é capaz de estabelecer. O que deixava o espírito nesse impasse é que o indivíduo era considerado *finis naturae*: além dele não haveria nada mais, pelo menos nada que a ciência pudesse atingir. Mas a partir do momento em que se reconhece que acima do indivíduo existe a sociedade e que esta não é um ser nominal e de razão, mas um sistema de forças atuantes, uma nova maneira de explicar o homem se torna possível. Para conservar-lhe seus atributos distintivos, não é mais necessário colocá-los fora da experiência. Pelo menos, antes de chegar a esse extremo, convém saber se aquilo que, no indivíduo, ultrapassa o indivíduo não viria dessa realidade supra-individual, mas dada na experiência, que é a sociedade. Claro que não se poderia dizer desde já até onde essas explicações podem se estender e se elas são capazes de resolver todos os problemas. Mas é igualmente impossível estabelecer de antemão um limite que elas não poderiam ultrapassar. O importante é experimentar a hipótese, submetê-la tão metodicamente quanto possível ao controle dos fatos. Foi o que procuramos realizar.

NOTAS

Introdução

1. No mesmo sentido, diremos dessas sociedades que elas são primitivas e chamaremos de primitivo o homem dessas sociedades. A expressão, sem dúvida, carece de precisão, mas é dificilmente evitável e, além disso, quando se teve o cuidado de determinar sua significação, não apresenta inconvenientes.

2. Isso certamente não quer dizer que o luxo esteja de todo ausente dos cultos primitivos. Veremos, ao contrário, que em toda religião se encontram crenças e práticas que não visam fins estritamente utilitários (livro III, cap. IV, § 2). Mas esse luxo é indispensável à vida religiosa: decorre da sua essência mesma. Aliás, ele é muito mais rudimentar nas religiões inferiores que nas outras, e é isso que nos permitirá determinar melhor sua razão de ser.

3. Percebe-se que damos à palavra origens, assim como à palavra primitivo, um sentido muito relativo. Entendemos por ela não um começo absoluto, mas o estado social mais simples atualmente conhecido, aquele além do qual não nos é possível presentemente retroceder. Quando falarmos das origens, dos começos da história ou do pensamento, é nesse sentido que tais expressões deverão ser entendidas.

4. Dizemos do tempo e do espaço que são categorias, porque não há nenhuma diferença entre o papel que desempe-

nham essas noções na vida intelectual e o que cabe às noções de gênero ou de causa (ver sobre esse ponto HAMELIN, *Essai sur les éléments principaux de la représentation*, pp. 63, 76, Paris, Alcan, depois P.U.F.).

5. Ver em apoio dessa asserção, em HUBERT e MAUSS, *Mélanges d'histoire religieuse* (*Travaux de l'Année sociologique*), o capítulo sobre "La représentation du temps dans la religion" (Paris, Alcan).

6. Percebe-se deste modo toda a diferença que existe entre o complexo de sensações e de imagens que serve para nos orientar na duração e a categoria de tempo. As primeiras são o resumo de experiências individuais somente válidas para o indivíduo que as produziu. Ao contrário, o que exprime a categoria de tempo é um tempo comum ao grupo, é o tempo social, se assim é possível dizer. A categoria de tempo é ela própria uma verdadeira instituição social. Por isso, é particular ao homem: o animal não tem representação desse tipo.

A distinção entre a categoria de tempo e as sensações correspondentes poderia igualmente ser feita a propósito do espaço, da causa. Talvez ajudasse a dissipar certas confusões que mantêm as controvérsias em torno dessas questões. Voltaremos a esse ponto na conclusão deste livro (§ 4).

7. *Op. cit.*, pp. 75 ss.

8. Caso contrário, para explicar essa concordância, seria preciso admitir que todos os indivíduos, em virtude de sua constituição orgânico-psíquica, são espontaneamente afetados da mesma maneira pelas diferentes partes do espaço, o que é muito mais improvável, visto que as diferentes regiões, por elas mesmas, são de fato indiferentes. Aliás, as divisões do espaço mudam com as sociedades. É a prova de que não estão fundadas exclusivamente na natureza congênita do homem.

9. Ver DURKHEIM e MAUSS, "De quelques formes primitives de classification", in *Année sociol.*, VI, pp. 47 ss.

10. *Ibid.*, pp. 34 ss.

11. "Zuñi Creation Myths", in *13th Rep. of the Bureau of Amer. Ethnology,* pp. 367 ss.

12. Ver HERTZ, "La prééminence de la main droite. Étude de polarité religieuse", in *Rev. philos.*, dezembro de 1909. Sobre essa mesma questão das relações entre a representação do espaço

e a forma da coletividade, ver em RATZEL, *Politische Geographie*, o capítulo intitulado "Der Raum im Geist der Völker".

13. Não queremos dizer que o pensamento mitológico o ignora, mas que na maioria das vezes o infringe e de forma mais aberta que o pensamento científico. Inversamente, mostraremos que a ciência não é capaz de não o violar, embora conformando-se mais escrupulosamente a ele do que a religião. Entre a ciência e a religião, nesse como em muitos outros aspectos, há tão-só diferenças de grau; mas, embora não devamos exagerá-las, é importante assinalá-las, pois são significativas.

14. Essa hipótese já havia sido formulada pelos fundadores da *Völkerpsychologie*. Encontramo-la particularmente indicada num curto artigo de WINDELBAND intitulado "Die Erkenntnisslehre unter dem Völkpsychologischen Gesichtspunkte", in *Zeitsch. f. Völkerpsychologie,* VIII, pp. 166 ss. Cf. uma nota de STEINTHAL sobre o mesmo assunto, *ibid.*, pp. 178 ss.

15. Mesmo na teoria de Spencer, é com a experiência individual que são construídas as categorias. A única diferença existente, sob esse aspecto, entre o empirismo ordinário e o empirismo evolucionista, é que, segundo este último, os resultados da experiência individual são consolidados pela hereditariedade. Mas essa consolidação não lhes acrescenta nada de essencial; não entra na composição delas nenhum elemento que não tenha sua origem na experiência do indivíduo. Assim, nessa teoria, a necessidade com que as categorias se impõem atualmente a nós é o produto de uma ilusão, de um preconceito supersticioso, fortemente enraizado no organismo, mas sem fundamento na natureza das coisas.

16. Talvez cause surpresa que não definamos o apriorismo pela hipótese das qualidades inatas. Mas, em realidade, essa concepção desempenha na doutrina apenas um papel secundário. É uma maneira simplista de representar a irredutibilidade dos conhecimentos racionais aos dados empíricos. Dizer dos primeiros que são inatos é apenas uma forma positiva de dizer que não são um produto da experiência tal como ela é ordinariamente concebida.

17. Pelo menos, na medida em que há representações individuais e, portanto, integralmente empíricas. Mas, na verdade, é improvável que esses dois tipos de elementos não se encontrem estreitamente unidos.

18. Convém não entender, aliás, essa irredutibilidade num sentido absoluto. Não queremos dizer que não haja nada nas representações empíricas que anuncie as representações racionais, ou que não haja nada no indivíduo que possa ser visto como o anúncio da vida social. Se a experiência fosse completamente estranha a tudo o que é racional, a razão não poderia aplicar-se a ela; do mesmo modo, se a natureza psíquica do indivíduo fosse absolutamente refratária à vida social, a sociedade seria impossível. Uma análise completa das categorias deveria buscar, portanto, inclusive na consciência individual esses germes de racionalidade. Aliás, teremos a oportunidade de voltar a esse ponto em nossa conclusão. Tudo o que queremos estabelecer aqui é que, entre esses germes indistintos de razão e a razão propriamente dita, há uma distância comparável à que separa as propriedades dos elementos minerais que formam o ser vivo e os atributos característicos da vida, uma vez constituída.

19. Observou-se com freqüência que os distúrbios sociais tinham por efeito multiplicar os distúrbios mentais. É mais uma prova de que a disciplina lógica é um aspecto particular da disciplina social. A primeira se relaxa quando a segunda enfraquece.

20. Há analogia entre essa necessidade lógica e a obrigação moral, mas não há identidade, ao menos atualmente. Hoje, a sociedade trata os criminosos diferentemente dos indivíduos cuja inteligência apenas é anormal; é a prova de que a autoridade ligada às normas lógicas e a que é inerente às normas morais, apesar de importantes similitudes, não são da mesma natureza. São duas espécies diferentes de um mesmo gênero. Seria interessante pesquisar em que consiste e de onde provém essa diferença, que, ao que tudo indica, não é primitiva, pois durante muito tempo a consciência pública mal distinguiu o alienado do delinqüente. Limitamo-nos a indicar a questão. Por esse exemplo, vê-se a quantidade de problemas que a análise dessas noções levanta, noções tidas geralmente como elementares e simples, mas que são, em realidade, de uma extrema complexidade.

21. A questão é tratada na conclusão do livro.

22. O racionalismo imanente a uma teoria sociológica do conhecimento é, portanto, intermediário entre o empirismo e o apriorismo clássico. Para o primeiro, as categorias são construções puramente artificiais; para o segundo, são dados naturais; para nós, elas são, num certo sentido, obras de arte, mas de uma

arte que imita a natureza com uma perfeição capaz de crescer ilimitadamente.

23. Por exemplo, o que está na base da categoria de tempo é o ritmo da vida social; mas se há um ritmo da vida coletiva, podemos estar certos de que há um outro na vida individual e, de maneira mais geral, na do universo. O primeiro é apenas mais acentuado e evidente que os outros. Do mesmo modo, veremos que a noção de gênero formou-se sobre a de grupo humano. Mas se os homens formam grupos naturais, pode-se supor que existam, entre as coisas, grupos ao mesmo tempo análogos e diferentes. São esses grupos naturais de coisas que constituem os gêneros e as espécies.

Se a muitos espíritos parece impossível atribuir uma origem social às categorias sem retirar-lhes todo valor especulativo, é que a sociedade ainda é tida muito freqüentemente por não ser uma coisa natural; donde se conclui que as representações que a exprimem nada exprimem da natureza. Mas a conclusão não vale senão o que vale o princípio.

24. Por isso é legítimo comparar as categorias a instrumentos, pois o instrumento, por seu lado, é capital material acumulado. Aliás, entre as três noções de instrumento, de categoria e de instituição há um forte parentesco.

LIVRO I
Capítulo I

1. Já havíamos tentado definir o fenômeno religioso num trabalho publicado em *L'Année sociologique* (t. III, pp. 1 ss.). A definição que demos então difere, como se verá, da que propomos hoje. Explicamos, na nota nº 68 da p. 507, as razões que nos levaram a essas modificações que não implicam, aliás, nenhuma mudança essencial na concepção dos fatos.

2. Ver p. VIII. Não continuaremos insistindo sobre a necessidade dessas definições preliminares nem sobre o método a seguir para chegar a elas. A exposição disso pode ser vista em nossas *Règles de la méthode sociologique,* pp. 43 ss. Cf. *Le Suicide,* pp. 1 ss. (Paris, Alcan, depois P.U.F.).

3. *Premiers principes,* trad. fr., pp. 38-39 (Paris, Alcan).

4. *Introduction à la science des religions,* p. 17. Cf. *Origine et développement de la religion,* p. 21.

5. O mesmo espírito encontra-se igualmente na época escolástica, como testemunha a fórmula pela qual se define a filosofia desse período: *Fides quaerens intellectum*.
6. *Introduction to the History of Religion*, pp. 15 ss.
7. JEVONS, p. 23.
8. Ver adiante, livro III, cap. II.
9. *Prolégomènes à l'histoire des religions*, p. 34.
10. *La Civilisation primitive*, I, p. 491.
11. Desde a primeira edição do *Golden Bough*, I, pp. 30-32.
12. Especialmente Spencer e Gillen, e inclusive Preuss, que chamam mágicas todas as forças religiosas não individualizadas.
13. BURNOUF, *Introduction à l'histoire du bouddhisme indien*, 2ª ed., p. 464. A última parte da citação significa que o budismo não admite sequer a existência de uma Natureza eterna.
14. BARTH, *The Religions of India*, p. 110.
15. OLDENBERG, *Le Bouddha*, p. 51 (trad. fr., Paris, Alcan, depois P.U.F.),
16. OLDENBERG, *Ibid.*, pp. 214, 318. Cf. KERN, *Histoire du bouddhisme dans l'Iinde*, I, pp. 389 ss.
17. *Ibid.*, p. 258; BARTH, p. 110.
18. *Ibid.*, p. 314.
19. BARTH, p. 108. "Tenho a convicção íntima, diz igualmente Burnouf, que, não tivesse Sakia-Muni encontrado a seu redor um panteão povoado com os deuses de que dei os nomes, ele não teria tido a menor necessidade de inventá-lo" (*Intr. à l'hist. du bouddhisme indien*, p. 119).
20. BURNOUF, *op. cit.*, p. 117.
21. KERN, *op. cit.*, p. 289.
22. "A crença universalmente aceita na Índia de que uma grande santidade é necessariamente acompanhada de faculdades sobrenaturais era o único apoio que ele (Sakia-Muni) haveria de encontrar nos espíritos" (Burnouf, p. 119).
23. BURNOUF, p. 120.
24. *Ibid.*, p. 107.
25. *Ibid.*, p. 302.
26. É o que Kern exprime nos seguintes termos: "Sob certo aspecto, ele é um homem; sob certo aspecto, não é um homem; sob certo aspecto, não é nem uma coisa nem outra" (*op. cit.*, p. 290).
27. "A idéia de que o chefe divino da Comunidade não está ausente de entre os seus, mas permanece realmente entre eles

como mestre e rei, de tal modo que o culto não é mais que a expressão da perpetuidade dessa vida comum, essa idéia é completamente estranha aos budistas. O mestre deles encontra-se no Nirvana; mesmo que os fiéis gritassem por ele, ele não poderia ouvi-los" (OLDENBERG, *Le Bouddha,* p. 368).

28. "A doutrina búdica, em todos os seus traços essenciais, poderia existir, tal como existe em realidade, e a noção do Buda ser-lhe totalmente estranha" (OLDENBERG, *ibid.*, p. 322). E o que é dito do Buda histórico aplica-se igualmente a todos os Budas mitológicos.

29. Ver no mesmo sentido Max MÜLLER, *Natural Religion,* pp. 103 ss. e p. 190.

30. *Op. cit.*, p. 146.

31. BARTH, in *Encyclopédie des sciences religieuses,* VI, p. 548.

32. *Le Bouddha,* p. 51.

33. I, *Sam.*, 21, 6.

34. *Lev.*, XII.

35. *Deuter.*, XXII, 10 e 11.

36. *La religion védique,* I, p. 122.

37. *Ibid.*, p. 133.

38. "Nenhum texto, diz Bergaigne, testemunha melhor a consciência de uma ação mágica do homem sobre as águas do céu que o verso X, 32, 7, onde essa crença se exprime em termos gerais, aplicáveis tanto ao homem atual quanto a seus antepassados reais ou mitológicos: 'O ignorante interrogou o sábio; instruído pelo sábio, ele age, e eis o proveito da instrução: ele obtém o escoamento das corredeiras'" (p. 137).

39. *Ibid.* (p. 139).

40. Outros exemplos se encontrarão em HUBERT, art. "Magia", in *Dictionnaire des Antiquités,* VI, p. 1509.

41. Sem falar do sábio e do santo que praticam essas verdades, que, por essa razão, são sagradas.

42. O que não significa que essas relações não possam adquirir um caráter religioso. Mas elas não o possuem necessariamente.

43. SCHULTZE, *Fetichismus,* p. 129.

44. Encontrar-se-ão exemplos desses costumes em PRAZER, *Golden Bough,* 2ª ed., I, pp. 81 ss.

45. A concepção segundo a qual o profano se opõe ao sa-

grado assim como o racional ao irracional, o inteligível ao misterioso, é apenas uma das formas sob as quais se exprime essa oposição. Uma vez constituída, a ciência adquire um caráter profano, sobretudo em face das religiões cristãs; conseqüentemente, pareceu que ela não podia aplicar-se às coisas sagradas.

46. Ver FRAZER, "On some Ceremonies of the Central Australian Tribes", in *Australian Association for the Advancement of Science*, 1901, pp. 313 ss. A concepção, aliás, é de uma extrema generalidade. Na Índia, a simples participação no ato sacrificial tem os mesmos efeitos: o sacrificante, simplesmente por entrar no círculo das coisas sagradas, muda de personalidade (ver HUBERT e MAUSS, "Essai sur le sacrifice", in *Année sociol.*, II, p. 101).

47. Ver mais acima o que dissemos da iniciação, p. 22.

48. Nós mesmos mostraremos mais adiante de que maneira, por exemplo, certas espécies de coisas sagradas entre as quais há incompatibilidade se excluem da mesma forma que o sagrado exclui o profano (livro II, cap. I, § 2).

49. É o caso de certos ritos nupciais ou funerários, por exemplo.

50. Ver SPENCER e GILLEN, *Native Tribes of Central Austrália*, pp. 534 ss., *Northern Tribes of Central Austrália*, p. 463; HOWITT, *Native Tribes of S.-E. Austrália*, pp. 359-361.

51. Ver CODRINGTON, *The Melanesians*, cap. XII.

52. Ver HUBERT, art. "Magia", in *Dictionnaire des Antiquités*.

53. Por exemplo, na Melanésia, o *tindato* é um espírito ora religioso, ora mágico (CODRINGTON, pp. 125 ss., 194 ss.).

54. Ver HUBERT e MAUSS, "Théorie générale de la magie", in *Année sociologique*, t. VII, pp. 83-84.

55. Por exemplo, profana-se a hóstia na missa negra.

56. Fica-se de costas para o altar ou dá-se a volta a este começando pela esquerda e não pela direita.

57. HUBERT e MAUSS, *loc. cit.*, p. 19.

58. Certamente é raro que uma cerimônia não tenha seu diretor no momento em que é celebrada. Mesmo nas sociedades mais grosseiramente organizadas, há geralmente homens cuja importância de seu papel social leva a exercer uma influência diretora sobre a vida religiosa (por exemplo, os chefes de grupos locais em certas sociedades australianas). Mas essa atribuição de funções é ainda muito flutuante.

59. Em Atenas, os deuses aos quais se dirige o culto doméstico são tão-somente formas especializadas dos deuses da cidade (Ζεύς Κτήστος, Ζεύς έφκεὶς). Do mesmo modo, na Idade Média, os padroeiros das confrarias são santos do calendário.

60. Pois o nome igreja não costuma ser aplicado senão a um grupo cujas crenças comuns se relacionem a um círculo de coisas menos especiais.

61. HUBERT e MAUSS, *loc. cit.*, p. 18.

62. Robertson SMITH já havia mostrado que a magia se opõe à religião assim como o individual ao social (*The Religion of the Semites*, 2ª ed., pp. 264-265). Aliás, ao distinguir deste modo a magia da religião, não queremos estabelecer entre elas uma solução de continuidade. As fronteiras entre os dois domínios são, com freqüência, indecisas.

63. CODRINGTON, in *Trans. a Proc. Roy. Soc. of Victoria*, XVI, p. 136.

64. NEGRIOLI, *Dei Genii presso i Romani*.

65. É a conclusão a que chega Spencer em *Ecclesiastical Institutions* (cap. XVI). É também a de SABATIER, em *Esquisse d'une philosophie de la religion d'après la psychologie et l'histoire*, e de toda a escola à qual pertence.

66. Em muitos povos indígenas da América do Norte, particularmente.

67. Essa constatação de fato não resolve, aliás, a questão de saber se a religião exterior e pública não é apenas o desenvolvimento de uma religião interior e pessoal que seria o fato primitivo, ou se, ao contrário, a segunda não seria o prolongamento da primeira no interior das consciências individuais. O problema será diretamente abordado mais adiante (livro II, cap. IV, § 2. Cf. o mesmo livro, cap. VI e VII, § 1). Por enquanto, limitamo-nos a assinalar que o culto individual apresenta-se ao observador como um elemento e uma dependência do culto coletivo.

68. É deste modo que nossa definição atual aproxima-se da que propusemos outrora em *l'Année sociologique*. Nesse último trabalho, definíamos exclusivamente as crenças religiosas por seu caráter obrigatório; mas essa obrigação advém evidentemente, como mostrávamos, do fato de que essas crenças pertencem a um grupo que as impõe a seus membros. As duas definições, portanto, sobrepõem-se em parte. Se julgamos dever propor uma nova, é que a primeira era demasiado formal e negligencia-

va por demais o conteúdo das representações religiosas. Veremos, nas discussões que se seguem, que interesse havia em evidenciar de imediato o que esse conteúdo tem de característico. Além disso, embora seja realmente um traço distintivo das crenças religiosas, esse caráter imperativo comporta um número de graus infinito; conseqüentemente, há casos em que não é facilmente perceptível. Daí as dificuldades e embaraços que evitamos ao substituir esse critério por aquele que agora empregamos.

Capítulo II

1. Deixamos de lado, aqui, as teorias que, na totalidade ou em parte, fazem intervir dados supra-experimentais. É o caso sobretudo da que Andrew LANG expôs em seu livro *The Making of Religion* e que P. SCHMIDT retomou, com variações de detalhe, numa série de artigos sobre *L'origine de l'idée de Dieu* (*Anthropos,* 1908, 1909). Lang não rejeita completamente o animismo nem o naturismo, mas, em última análise, admite um sentido, uma intuição direta do divino. Aliás, se julgamos não dever expor e discutir essa concepção no presente capítulo, não queremos silenciar sobre ela; mais adiante a reencontraremos, quando nós mesmos tivermos de explicar os fatos em que se apóia (livro II, cap. IX, § 4).

2. É o caso, por exemplo, de FUSTEL DE COULANGES que aceita as duas concepções conjuntamente (v. *Cité antique,* livros I e III, cap. II).

3. Assim, Jevons, embora criticando o animismo tal como Tylor o expôs, aceita suas teorias sobre a gênese da idéia de alma, sobre o instinto antropomórfico do homem. Inversamente, USENER, em *Götternamen,* mesmo rejeitando certas hipóteses de Max Müller que serão expostas mais adiante, admite os principais postulados do naturismo.

4. *La civilisation primitive,* cap. XI-XVIII.

5. Ver *Príncipes de sociologie,* partes I e VI.

6. É a palavra de que se serve Tylor. Ela tem o inconveniente de parecer implicar que existem homens no sentido próprio do termo antes de haver uma civilização. Por sinal, não há termo adequado para exprimir essa idéia. O termo primitivo, que utilizamos preferencialmente na falta de melhor, está longe, como dissemos, de ser satisfatório.

7. TYLOR, *op. cit.*, I, p. 529.
8. Ver SPENCER, *Príncipes de sociologie,* I, pp. 205 ss. (Paris, Alcan) e TYLOR, *op. cit.*, I, pp. 509, 517.
9. TYLOR, II, pp. 143 ss.
10. *Ibid.*, pp. 326, 555.
11. *Príncipes de sociologie,* I, p. 184.
12. *Príncipes de sociologie,* pp. 477 ss.
13. *Ibid.*, p. 504.
14. *Ibid.*, pp. 478 e 528.
15. Ver mais adiante, livro II, cap. VIII.
16. Cf. SPENCER e GILLEN, *The Native Tribes of Central Austrália,* pp. 123-127; STREHLOW, *Die Aranda und Loritja-Stämme in Zentral Australien,* II, pp. 52 ss.
17. *The Melanesians,* pp. 249-250.
18. HOWITT, *The Native Tribes of South-East Austrália,* p. 358 (conforme GASON).
19. HOWITT, *ibid.*, pp. 434-442.
20. Os negros da Guiné meridional, diz Tylor, têm "durante o sono quase tantos contatos com os mortos quantos durante a vigília com os vivos" (*Civilisation primitive,* I, p. 515). O mesmo autor cita, a propósito desses povos, esta nota de um observador: "Eles consideram todos os seus sonhos visitas dos espíritos de seus amigos mortos" (*ibid.*, p. 514). A expressão é certamente exagerada, mas é mais uma prova da freqüência dos sonhos místicos entre os primitivos. É o que tende também a confirmar a etimologia que STREHLOW propõe da palavra arunta *altijererema,* que significa sonhar. Ela seria composta de *altjira,* que Strehlow traduz por deus, e *rama,* que significa ver. O sonho seria portanto o momento em que o homem está em contato com os seres sagrados (*Die Aranda und Loritja-Stämme,* I, p. 2).
21. Andrew LANG, que também se recusa a admitir que a idéia de alma foi sugerida pela experiência do sonho, julgou poder derivá-la de outros dados experimentais: os fatos de espiritismo (telepatia, visão à distância, etc.). Não achamos que convenha discutir sua teoria, tal como a expôs em seu livro *The Making of Religion*. Com efeito, ela se baseia na hipótese de que o espiritismo é um fato de observação constante, de que a visão à distância é uma faculdade real do homem ou, pelo menos, de certos homens, e sabemos o quanto esse postulado é cientificamente contestado. O que é mais contestável ainda é que os fatos

de espiritismo sejam tão evidentes e de uma freqüência suficiente para terem podido servir de base a todas as crenças e a todas as práticas religiosas relacionadas às almas e aos espíritos. O exame dessas questões nos afastaria demasiadamente do objeto de nosso estudo. Aliás, é tanto menos necessário dedicar-nos a esse exame na medida em que a teoria de Lang está exposta a várias das objeções que iremos fazer à de Tylor nos parágrafos seguintes.

22. JEVONS faz uma observação análoga. Como Tylor, ele admite que a idéia de alma vem do sonho e que, uma vez criada essa idéia, o homem a projetou nas coisas. Mas, acrescenta ele, o fato de a natureza ter sido concebida como animada à imagem do homem não explica que ela tenha se tornado objeto de um culto. "Do fato de o homem ver na árvore que se agita, na oscilação das chamas, um ser vivo como ele, de modo nenhum resulta que ambas sejam consideradas como seres sobrenaturais; muito pelo contrário, na medida em que se assemelham a ele, nada podem ter de sobrenatural a seus olhos" (*Introduction to the History of Religion*, p. 55).

23. Ver SPENCER e GILLEN, *North. Tr.*, p. 506, e *Nat. Tr.*, p. 512.

24. É esse o tema ritual e místico que FRAZER estuda em seu *Golden Bough*.

25. *The Melanesians*, p. 119.

26. *Ibid.*, p. 125.

27. Parece que, às vezes, há até mesmo oferendas funerárias (ver ROTH, "Superstition, Magic and Medicine", in *N. Queensland Ethnog.*, Buli. N° 5, 69, c, e "Burial Customs", *N Qu. Ethn.*, Buli. N° 10, in *Records of the Australian Museum*, VI, n° 5, p. 395). Mas essas oferendas não são periódicas.

28. Ver SPENCER e GILLEN, *Native Tribes of Central Austrália*, pp. 538, 553, e *Northern Tribes*, pp. 463, 543, 547.

29. Ver especialmente SPENCER e GILLEN, *Northern Tribes*, cap. VI, VII, IX.

30. *The Religions of Primitive Peoples*, pp. 47 ss.

31. *Mythes, cultes et religions*, p. 50.

32. *Les religions dês peuples non civilisés*, II, Conclusão.

33. *The Religion of the Semites*, 2ª ed., pp. 126, 132.

34. É, por exemplo, o raciocínio que faz WESTERMARCK, *Origine du mariage dans l'espèce humaine*, p. 6 (Paris, Alcan).

35. Por comunismo sexual não entendemos um estado de promiscuidade em que o homem não teria conhecido nenhuma regulamentação matrimonial. Acreditamos que esse estado jamais existiu. Mas foi freqüente um grupo de homens estar unido regularmente a uma ou várias mulheres.
36. Ver *Le Suicide*, pp. 233 ss.
37. SPENCER, *Príncipes de sociologie*, 1, p. 188.
38. *The Melanesians*, p. 123.
39. DORSEY, "A Study of Siouan Cults", in *XIth Annual Report of the Bureau of Amer. Ethnology*, pp. 43 ss. e *passim*.
40. *La religion des peuples non civilisés*, I, p. 248.
41. Ver W. DE VISSER, *De Graecorum diis non referentibus speciem humanam*. Cf. P. PERDRIZET, *Bulletin de correspondance hellénique*, 1889, p. 635.
42. Segundo SPENCER, porém, haveria na crença nos espíritos um germe de verdade: a idéia de que "o poder que se manifesta na consciência é uma outra forma do poder que se manifesta fora da consciência" (*Ecclesiastical Institutions*, § 659). Spencer quer dizer com isso que a noção de força em geral é o sentimento da força que estendemos ao universo inteiro; ora, é o que o animismo admite implicitamente quando povoa a natureza de espíritos semelhantes ao nosso. Mas, ainda que essa hipótese sobre a maneira como se formou a idéia de força fosse verdadeira (e ela é passível de muitas reservas que faremos no livro III, cap. III, § 3), ela não possui, por si própria, nada de religioso, não evoca nenhum culto. Portanto, o sistema dos símbolos religiosos e dos ritos, a classificação das coisas em sagradas e profanas, tudo o que há de propriamente religioso na religião continuaria não tendo nenhuma correspondência no real. Aliás, esse germe de verdade é também, e sobretudo, um germe de erro; pois, se é verdade que as forças da natureza e da consciência têm parentesco, elas são também profundamente distintas, e identificá-las era expor-se a singulares equívocos.

Capítulo III

1. É também, certamente, o que explica a simpatia que folcloristas como Mannhardt parecem ter experimentado pelas idéias animistas. Nas religiões populares, como nas religiões in-

feriores, são seres espirituais de segunda ordem que aparecem no primeiro plano.

2. No trecho intitulado *Comparative Mythology* (pp. 47 ss.). Uma tradução francesa foi publicada com o título *Essai de mythologie comparée*, Paris-Londres, 1859.

3. *Herabkunft des Feuers und Göttertranks*, Berlim, 1859 (uma nova edição foi publicada por Ernst Kuhn em 1886). Cf. "Der Schuss des Wilden Jägers auf den Sonnenhirsch", *Zeitschrift f. d. Phil*, I, 1869, pp. 89-169; *Entwickelungsstufen des Mythus*, Abbhandl. d. Berl. Akad., 1873.

4. *Der Ursprung der Mythologie*, Berlim, 1860.

5. Em seu livro *Hercule et Cacus. Étude de mythologie comparée*. O ensaio de mitologia comparada de Max Müller é apontado aí como uma obra "que marca uma nova época na história da Mitologia" (p. 12).

6. *Die Grieschischen Kulte und Mythen*, I, p. 78.

7. Entre os escritores que adotaram essa concepção, cumpre citar RENAN. Ver seus *Nouvelles études d'histoire religieuse*, 1884, p. 31.

8. Além da *Comparative Mythology*, os trabalhos de Max Müller em que estão expostas suas teorias sobre a religião são os seguintes: *Hibbert lectures* (1878), com tradução francesa sob o título *Origine et développement de la religion;* – *Natural Religion*, Londres, 1889; – *Physical Religion*, Londres, 1898; – *Anthropological Religion*, 1892; – *Theosophy or Psychological Religion*, 1893; – *Nouvelles études de mythologie*, Paris, Alcan, 1898. Em conseqüência dos vínculos que unem as teorias mitológicas de Max Müller à sua filosofia lingüística, as obras precedentes devem ser cotejadas com os livros que ele dedicou à linguagem ou à lógica, particularmente *Lectures on the Science of Language*, traduzido em francês sob o título *Nouvelles leçons sur la science du langage*, e *The Science of Thought*.

9. *Natural Rel.*, p. 114.

10. *Physical Religion*, pp. 119-120.

11. *Physic. Rel.*, p. 121; cf. p. 304.

12. *Natural Religion*, pp. 121 ss., pp. 149-155.

13. "The overwhelming pressure of the infinite" (*ibid.*, p. 138).

14. *Ibid.*, pp. 195-196.

15. Max MÜLLER chegará a dizer que, enquanto não ultrapassa essa fase, o pensamento tem muito poucas das características que atribuímos agora à religião (*Physic. Rel.*, p. 120).
16. *Physic. Rel.*, p. 128.
17. Ver *The Science of Thought*, p. 30.
18. *Natural Rel.*, pp. 393 ss.
19. *Physic. Rel.*, p. 133; *The Science of Thought*, p. 219; *Nouvelles leçons sur la science du langage*, t. II, pp. 1 ss.
20. *The Science of Thought*, p. 272.
21. *The Science of Thought*, I, p. 327; *Physic. Rel.*, pp. 125 ss.
22. *Mélanges de mythologie et de linguistique*, p. 8.
23. *Anthropological Religion*, pp. 128-130.
24. A explicação, aliás, não é melhor que a de Tylor. Segundo Max Müller, o homem não poderia ter admitido que a vida se detivesse com a morte; donde teria concluído que existem nele dois seres, um dos quais sobrevive ao corpo. É difícil perceber o que poderia fazer pensar que a vida continua quando o corpo está em plena decomposição.
25. Ver sobre esse ponto *Anthrop. Rel.*, pp. 351 ss.
26. *Anthrop. Rel.*, p. 130. O que não impede que Max Müller veja no cristianismo o apogeu de todo esse desenvolvimento. A religião dos antepassados, diz ele, supõe que existe algo de divino no homem. Ora, não é essa a idéia que está na base do ensinamento de Cristo? (*ibid.*, pp. 378 ss.) É inútil insistir sobre o que há de estranho numa concepção que faz do cristianismo o coroamento do culto dos manes.
27. Ver sobre esse ponto a discussão a que GRUPPE submete as hipóteses de Max Müller em *Griechische Kulte und Mythen*, pp. 79-184.
28. Ver MEILLET, *Introduction à l'étude comparative des langues indo-européennes*, 2ª ed., p. 119.
29. OLDENBERG, *La religion du Veda*, pp. 59 ss.; MEILLET. "Le dieu iranien Mithra", in *Journal asiatique*, X, nº 1, jul-ago 1907, pp. 143 ss.
30. Muitas máximas da sabedoria popular incluem-se nesse caso.
31. O argumento, é verdade, não atinge os que vêem na religião uma técnica (particularmente uma higiene), cujas regras, embora estando sob a sanção de seres imaginários, não deixam de ser bem-fundadas. Mas não nos deteremos para discutir uma

concepção tão insustentável, que, na verdade, jamais foi sustentada de maneira sistemática por espíritos um pouco a par da historia das religiões. É difícil entender em que medida as práticas terríveis da iniciação servem à saúde que elas comprometem; em que medida as interdições alimentares, geralmente aplicadas a animais perfeitamente saudáveis, são higiênicas; de que maneira os sacrifícios, que se faziam por ocasião da construção de uma casa, a tornavam mais sólida, etc. Certamente há preceitos religiosos que demonstram ter, ao mesmo tempo, uma utilidade técnica, mas eles se confundem com os demais e, muitas vezes, os serviços que prestam têm uma compensação. Se há uma profilaxia religiosa, há uma imundície religiosa que deriva dos mesmos princípios. A regra que ordena afastar o morto da aldeia porque ele é habitado por um espírito temido é praticamente útil. Mas a mesma crença faz que os parentes se untem com os líquidos oriundos do corpo em putrefação, por supostamente conterem virtudes excepcionais. Sob o aspecto técnico, a magia serviu mais do que a religião.

32. *Études de mythologie comparée,* pp. 51-52.

33. Ver *Nouvelles leçons sur la science du langage,* II, p. 147, e *Physic. Rel.,* pp. 276 ss. No mesmo sentido, BRÉAL, *Mélanges,* p. 6: "Para trazer a essa questão da origem da mitologia a clareza necessária, cumpre distinguir com cuidado os deuses, que são um produto imediato da inteligência humana, das fábulas, que são apenas um produto indireto e involuntário dela."

34. É o que reconhece Max MÜLLER. Ver *Physic. Rei.,* p. 132, e *Mythologie comparée,* p. 58; "os deuses, diz ele, são *nomina* e não *numina,* nomes sem ser e não seres sem nome".

35. É verdade que Max MÜLLER sustenta que, para os gregos, "Zeus era e continuou sendo, apesar de todos os obscurecimentos mitológicos, o nome da Divindade suprema" (*Science du langage,* II, p. 173). Não discutiremos essa afirmação, historicamente bastante contestável; em todo caso, essa concepção de Zeus nunca pôde ter sido mais que uma pequena luz em meio a todas as outras crenças religiosas dos gregos.

Aliás, numa obra posterior, Max MÜLLER irá fazer da noção mesma de deus em geral o produto de um processo inteiramente verbal e, portanto, uma elaboração mitológica (*Physic. Rel.,* p. 138).

36. Certamente, fora dos mitos propriamente ditos, sempre houve fábulas em que não se acreditava, ou, pelo menos, em

que não se acreditava da mesma maneira e no mesmo grau e que, por essa razão, não tinham caráter religioso. A linha de demarcação entre fábulas e mitos é certamente flutuante e difícil de determinar. Mas isso não é motivo para fazer de todos os mitos fábulas, assim como não pensamos em fazer de todas as fábulas mitos. Há pelo menos uma característica que, em numerosos casos, basta para diferenciar o mito religioso: sua relação com o culto.

37. Ver mais acima, p. 9.

38. Por sinal, há na linguagem de Max MÜLLER verdadeiros abusos de palavras. A experiência sensível, diz ele, implica, ao menos em certos casos, "que para além do conhecido haja *algo desconhecido, algo que peço a permissão de chamar infinito*" (*Natural Rel.*, p. 195. Cf. p. 218). O desconhecido não é necessariamente o infinito, como tampouco o infinito é necessariamente o desconhecido, se ele for, em todos os seus pontos, idêntico e, portanto, idêntico ao que conhecemos dele. Seria preciso demonstrar que o que percebemos do infinito difere em natureza do que não percebemos dele.

39. É o que reconhece involuntariamente Max MÜLLER em certos momentos. Ele confessa ver pouca diferença entre a noção de Agni, o deus do fogo, e a noção de éter, através da qual o físico moderno explica a luz e o calor (*Physic. Rei*, pp. 126-127). Aliás, ele reduz a noção de divindade à de *agency* (*p.* 138) ou de causalidade que nada tem de natural e de profano. O fato de a religião representar as causas assim imaginadas sob a forma de agentes pessoais não é suficiente para explicar que elas tenham um caráter sagrado. Um agente pessoal pode ser profano e, além disso, muitas forças religiosas são essencialmente impessoais.

40. Ao falar dos ritos e da fé em sua eficácia, veremos de que maneira se explicam essas ilusões (ver livro II, cap. II).

Capítulo IV

1. *Voyages and Travels of an Indian Interpreter.*
2. A idéia era tão difundida que RÉVILLE fazia ainda da América a terra clássica do totemismo *(Religion des peuples non civilisés,* I, p. 242).
3. *Journals of two Expeditions in North-West and Western Austrália,* II, p. 228.

4. *The Worship of Animals and Plants. Totems and Totemism* (1869, 1870).

5. A idéia já se encontra claramente expressa num estudo de GALLATIN intitulado "Synopsis of the Indian Tribes" (*Archaeologia Americana*, II, pp. 109 ss.) e numa circular de MORGAN, reproduzida no *Cambrian Journal*, 1860, p. 149.

6. Esse trabalho fora, aliás, precedido e preparado por duas outras obras do mesmo autor: *The League of the Iroquois*, 1851, e *Systems of Consanguinity and Affinity of the Human Family*, 1871.

7. *Kamilaroi and Kurnai*, 1880.

8. Já nos primeiros tomos do *Annual Report of the Bureau of American Ethnology*, encontramos o estudo de POWELL, "Wyandot Government" (I, p. 59), de CUSHING, "Zuni Fetisches" (II, p. 9), de SMITH, "Myths of the Iroquois" (*ibid.*, p. 77), o importante trabalho de DORSEY, "Omaha Sociology" (III, p. 211), que são outras tantas contribuições ao estudo do totemismo.

9. Publicado primeiramente, em forma resumida, na *Encyclopaedia Britannica*.

10. TYLOR já havia, em sua *Primitive Culture*, tentado uma explicação do totemismo, sabre a qual falaremos adiante, mas que não reproduzimos aqui; pois, reduzindo o totemismo a um caso particular do culto dos antepassados, ela desconhece totalmente sua importância. Apenas mencionamos neste capítulo as observações ou as teorias que fizeram o estudo do totemismo realizar progressos importantes.

11. *Kinship and Marriage in Early Arábia*, Cambridge, 1885.

12. *The Religion of the Semites*, 1ª ed., 1889. Trata-se da redação de um curso proferido na Universidade de Aberdeen em 1888. Cf. o artigo "Sacrifice" na *Encyclopaedia Britannica*.

13. Londres, 1890. Saiu depois uma segunda edição em três volumes (1900), e uma terceira em cinco volumes está para ser publicada.

14. Na mesma direção, convém citar a importante obra de Sidney HARTLAND, *The Legend of Perseus*, 3 vol, 1894-1896.

15. Limitamo-nos a dar aqui os nomes dos autores; as obras serão indicadas mais tarde, quando as utilizarmos.

16. Se Spencer e Gillen foram os primeiros a estudar essas tribos de uma maneira aprofundada, não foram porém os primeiros a falar delas. HOWITT havia assinalado a organização

social dos Wuaramongo (Warramunga de Spencer e Gillen), já em 1888, em "Further Notes on the Australian Classes" in *Journal of the Anthropological Institute* (daqui por diante *J.A.I.*), pp. 44-45. Os Arunta já haviam sido sumariamente estudados por SCHULZE ("The Aborigines of the Upper and Middle Finke River", in *Transactions of the Royal Society of South Austrália*, t. XIV, 2ª fase); a organização dos Chingalee (os Tjingilli de Spencer e Gillen), dos Wombya, etc., por MATHEWS ("Wombya Organization of the Australian Aborigines", in *American Anthropological*, nova série, II, p. 494; "Divisions of Some West Australian Tribes", *ibid.*, p. 185; *Proceed. Amer. Philos. Soe*, XXXVII, pp. 151-152 e *Journal Roy Soe of N.S. Wales,* XXXII, p. 71 e XXXIII, p. 111). Os primeiros resultados da pesquisa sobre os Arunta já haviam sido, aliás, publicados no *Report on the Work of the Horn Scientific Expedition to Central Austrália,* parte IV (1896). A primeira parte desse relatório é de STERLING, a segunda, de GILLEN, e a publicação inteira estava sob a supervisão de Baldwin SPENCER.

17. Londres, 1899; doravante, por abreviação, *Native Tribes* ou *Nat. Tr.*

18. Londres, 1904; doravante *Northern Tribes* ou *North. Tr.*

19. Escrevemos os Arunta, os Anula, os Tjingilli, etc., sem acrescentar a esses nomes o s característico do plural. Parece-nos pouco lógico incorporar, a palavras de outra língua, um signo gramatical que só tem sentido na nossa. Só faremos exceção a essa regra quando o nome da tribo estiver claramente incorporado ao francês (os huronianos, por exemplo).

20. Strehlow está na Austrália desde 1892; primeiro viveu entre os Dieri, depois entre os Arunta.

21. *Die Arunta und Loritja-Stämme in Zentral-Australien*. Quatro fascículos foram publicados até o presente; o último apareceu no momento em que o primeiro livro acabava de ser terminado. Não pudemos contar com ele. Os dois primeiros tratam dos mitos e das lendas, o terceiro, do culto. Ao nome de Strehlow, é justo acrescentar aqui o de von Leonhardi, que desempenhou papel importante nessa publicação. Ele não somente se encarregou de editar os manuscritos de Strehlow, como também, em mais de um ponto, através de suas questões judiciosas, fez com que este último precisasse suas observações. Aliás, poderá ser proveitoso consultar um artigo que LEONHARDI escreveu

para *Globus* e onde se encontrarão numerosos trechos de sua correspondência com Strehlow ("Ueber einige religiose und totemistische Vorstellungen der Aranda und Loritja in Zentral-Australien", in *Globus*, XCI, p. 285). Cf. sobre o mesmo assunto um artigo de N.-W. THOMAS publicado em *Folk-lore*, XVI, pp. 428 ss.

22. Spencer e Gillen não a ignoram, mas estão longe de dominá-la como Strehlow.

23. Especialmente por KLAATSCH, "Schlussbericht über meine Reise nach Australien", in *Zeitschriftf. Ethnologie*, 1907, pp. 635 ss.

24. O livro de K. Langloh PARKER, *The Euahlayi Tribe*, o de EYLMANN, *Die Eingeborenen der Kolonie Südaustralien*, o de John MATHEW, *Two Representative Tribes of Queensland*, e alguns artigos recentes de Mathews testemunham a influência de Spencer e Gillen.

25. Encontrar-se-á a lista dessas publicações no prefácio de *Nat. Tr.*, pp. 8 e 9.

26. Londres, 1904. Doravante citaremos o livro com a abreviação *Nat. Tr.*, mas fazendo sempre preceder o nome de Howitt, a fim de distingui-lo do primeiro livro de Spencer e Gillen cujo título abreviamos da mesma maneira.

27. *Totemism and Exogamy*, 4 vol., Londres, 1910. A obra começa com uma reedição do opúsculo *Totemism*, reproduzido sem alterações essenciais.

28. É verdade que, no começo e no final, encontramos teorias gerais sobre o totemismo que serão expostas e discutidas mais adiante. Mas essas teorias são relativamente independentes da coletânea de fatos que as acompanha, pois já tinham sido publicadas em diferentes artigos de revistas, bem antes que a obra aparecesse. Esses artigos foram reproduzidos no primeiro volume (pp. 89-172).

29. *Totemism*, p. 12.

30. *Ibid.*, p. 15.

31. *Ibid.*, p. 32.

32. Deve-se observar que, sob esse aspecto, a obra mais recente, *Totemism and Exogamy*, marca um progresso importante no pensamento e no método de Frazer. Sempre que descreve as instituições religiosas ou domésticas de uma tribo, ele procura determinar as condições geográficas e sociais em que essa tribo se encontra. Por mais sumárias que sejam essas análises, mesmo

assim demonstram uma ruptura com os velhos métodos da escola antropológica.

33. Certamente também nós consideramos que o objeto principal da ciência das religiões é chegar a compreender o que constitui a natureza religiosa do homem. Mas como não vemos nela um dado constitutivo, e sim um produto de causas sociais, não poderíamos pensar em determiná-la fazendo abstração do meio social.

34. A importância que atribuímos ao totemismo, portanto – nunca seria demasiado repetir –, é completamente independente da questão de saber se ele foi universal.

35. É o caso das fratrias e das classes matrimoniais; cf. sobre esse ponto SPENCER e GILLEN, *Northern Tribes,* cap. III; HOWITT, *Native Tribes of South Austrália,* pp. 109 e 137-142; THOMAS, *Kinship and Mariage in Austrália,* cap. VI e VII.

36. *Division du travail social,* 3ª ed., p. 150 (Paris, Alcan).

37. Claro que nem sempre é assim. Acontece freqüentemente, como dissemos, que as formas mais simples ajudam a compreender melhor as mais complexas. Sobre esse ponto não há regra de método que se aplique automaticamente a todos os casos possíveis.

38. Assim, o totemismo individual da América nos ajudará a compreender o papel e a importância do da Austrália. Como este último é muito rudimentar, provavelmente teria passado despercebido.

39. Aliás, não há na América um tipo único de totemismo, mas espécies diferentes que será necessário distinguir.

40. Não sairemos desse conjunto de fatos a não ser excepcionalmente e quando uma aproximação particularmente instrutiva parecer se impor.

LIVRO II
Capítulo I

1. É a definição dada por Cícero da gentilidade: *Gentiles sunt qui inter se eodem nomine sunt (Tópica 6).*
2. Pode-se dizer, de maneira geral, que o clã é um grupo familiar em que o parentesco resulta unicamente da comunhão do nome; é nesse sentido que a *gens* é um clã. Mas, no gênero assim constituído, o clã totêmico é uma espécie particular.

3. Numa certa medida, esses laços de solidariedade se estendem mesmo além das fronteiras da tribo. Quando indivíduos de tribos diferentes têm o mesmo totem, possuem deveres particulares uns em relação aos outros. O fato nos é expressamente afirmado acerca de certas tribos da América do Norte (v. FRAZER, *Totemism and Exogamy,* III, pp. 57, 81, 299, 356-357). Os textos relativos à Austrália são menos explícitos. No entanto, é provável que a proibição de casamento entre membros de um mesmo totem seja internacional.

4. MORGAN, *Ancient Society,* p. 165.

5. Na Austrália, as palavras empregadas variam conforme as tribos. Nas regiões observadas por Grey, dizia-se *Kohong;* os Dieri dizem *Murdu* (HOWITT, *Nat. Tr. of S. E. Aust.*, p. 91), os Narrinyeri, *Mgaitye* (TAPLIN, in CURR, II, p. 244), os Warramunga, *Mungaiou Mungaii* (*North. Tr.*, p. 754), etc.

6. *Indian Tribes of the United States,* IV, p. 86.

7. No entanto, essa fortuna da palavra é ainda mais lamentável por não sabermos sequer com exatidão como ela se ortografa. Uns escrevem *totam,* outros *toodaim,* ou *dodaim,* ou *ododam* (v. FRAZER, *Totemism,* p. 1). O sentido mesmo do termo não é exatamente determinado. Se nos referirmos à linguagem usada pelo primeiro observador dos Ojibway, J. Long, a palavra *totam* designaria o gênio protetor, o totem individual de que se falará mais adiante (Livro II, cap. IV) e não o totem de clã. Mas os testemunhos de outros exploradores vão formalmente em sentido contrário (ver sobre esse ponto FRAZER, *Totemism and Exogamy,* III, pp. 49-52),

8. Os Wotjobaluk (p. 121) e os Buandik (p. 123).

9. Os mesmos.

10. Os Wolgal (p. 102), os Wotjobaluk e os Buandik.

11. Os Muruburra (p. 177), os Wotjobaluk e os Buandik.

12. Os Buandik e os Kaiabara (p. 116). Notar-se-á que todos esses exemplos são tomados de apenas cinco tribos.

13. Do mesmo modo, de 204 espécies de totens, levantados por SPENCER e GILLEN num grande número de tribos, 188 são de animais ou plantas. Os objetos inanimados são o bumerangue, a água fria, a escuridão, o fogo, o relâmpago, a lua, o ocre-vermelho, a resina, a água salgada, a estrela vespertina, a pedra, o sol, a água, o remoinho, o vento, o granizo (*North. Tr.*, p. 773. Cf. FRAZER, *Totemism and Exogamy,* I, pp. 253-254).

14. FRAZER (*Totemism*, pp. 10 e 13) cita casos bastante numerosos e inclusive faz deles um gênero à parte que ele chama *splittotems*. Mas esses exemplos são tomados de tribos em que o totemismo está bastante alterado, como em Samoa e nas tribos de Bengala.

15. HOWITT, *Nat. Tr.*, p. 107.

16. Ver os quadros feitos por STREHLOW, *Die Aranda und Loritja-Stämme*, II, pp. 61-72 (cf. III, pp. xiii-xvii). Chama a atenção que esses totens fragmentários sejam exclusivamente totens animais.

17. STREHLOW, II, pp. 52 e 72.

18. Por exemplo, um desses totens é uma cavidade onde um antepassado do totem do Gato Selvagem repousou; outro é uma galeria subterrânea que um antepassado do clã do Rato escavou, etc. (*ibid.*, p. 72).

19. *Nat. Tr.*, pp. 561 ss. STREHLOW, II, p. 71, nº 2. HOWITT, *Nat. Tr.*, pp. 246 ss.; "On Australian Medicine Men", *J.A.I.*, XVI, p. 53; "Furthern Notes on the Australian Class System", *J.A.I.*, XVIII, pp. 63 ss.

20. Thaballa significa *rapaz que ri,* conforme a tradução de SPENCER e GILLEN. Os membros do clã que têm seu nome acreditam ouvi-lo rir nos rochedos que lhe servem de residência (*North. Tr.*, pp. 207, 215, 227, nota). Segundo o mito relatado na p. 422, teria havido um grupo inicial de Thaballa míticos (cf. p. 208). O clã dos Kati, homens plenamente desenvolvidos, *fullgrown men,* como dizem SPENCER e GILLEN, parece ser claramente do mesmo gênero (*North. Tr.*, p. 207).

21. *North. Tr.*, pp. 226 ss.

22. STREHLOW, II, pp. 71-72. Strehlow cita entre os Arunta e os Loritja um totem que lembra muito o da serpente Wollunqua: é o totem da serpente mítica da água.

23. É o caso de Klaatsch, em seu artigo já citado (ver p. 518, nota 23).

24. Conforme indicamos no capítulo precedente, o totemismo refere-se tanto à questão da religião quanto à da família, já que o clã é uma família. Os dois problemas, nas sociedades inferiores, são estreitamente solidários. Mas ambos são demasiado complexos para que não seja indispensável tratá-los separadamente. Aliás, não se pode compreender a organização familiar primitiva antes de compreender as idéias religiosas primitivas,

pois estas servem de princípios àquela. Por isso era necessário estudar o totemismo como religião, antes de estudar o clã totêmico como agrupamento familiar.

25. Ver TAPLIN, *The Narrinyeri Tribe*, CURR, II, pp. 244-245; HOWITT, *Nat. Tr.*, p. 131.

26. *North. Tr.*, pp. 163, 169, 170, 172. Convém notar, porém, que em todas essas tribos, com exceção dos Mara e dos Anula, a transmissão do totem em linha paterna seria apenas o fato mais geral, mas comportaria exceções.

27. Segundo SPENCER e GILLEN (*Nat. Tr.*, pp. 123 ss.), a alma do antepassado reencarnaria no corpo da mãe e se tornaria a alma da criança. Segundo STREHLOW (II, pp. 51 ss.), a concepção, embora sendo obra do antepassado, não implicaria uma reencarnação. Mas, tanto numa quanto noutra interpretação, o totem próprio da criança não depende necessariamente do de seus pais.

28. *Nat. Tr.*, p. 133; STREHLOW, II, p. 53.

29. Em grande parte, é a localidade onde a mãe crê ter concebido que determina o totem da criança. Cada totem, como veremos, tem seu centro, e os antepassados freqüentam de preferência os lugares que servem de centros a seus respectivos totens. O totem da criança, portanto, é aquele relacionado à localidade onde a mãe crê ter concebido. Aliás, como esta deve com mais freqüência estar próxima do lugar que serve de centro totêmico a seu marido, a criança deverá ser, na maioria das vezes, do mesmo totem que o pai. É o que explica, certamente, por que, em cada localidade, a maior parte dos habitantes pertence ao mesmo totem (*Nat. Tr.*, p. 9).

30. *The Secret of the Totem*, pp. 159 ss. Cf. FISON e HOWITT, *Kamilaroi and Kurnai*, pp. 40 e 41; John MATHEW, *Eaglehawk and Crow;* THOMAS, *Kinship and Marriage in Austrália*, pp. 52 ss.

31. HOWITT, *Nat. Tr.*, p. 124.

32. *Ibid.*, *op. cit.*, pp. 121, 123, 124. CURR, III, p. 461.

33. *Ibid.*, p. 126.

34. *Ibid.*, pp. 98 ss.

35. CURR, II, p. 165; BROUGH SMYTH, I, p. 423; HOWITT, *op. cit.*, p. 429.

36. HOWITT, pp. 101-102.

37. J. MATHEW, *Two Representative Tribes of Queensland*, p. 139.

38. Em apoio a essa hipótese, poderiam ser dadas outras razões, mas seria preciso fazer intervir considerações relativas à organização familiar, e insistimos em separar os dois estudos. A questão, aliás, só diz respeito secundariamente a nosso tema.

39. Por exemplo, Mukwara, que designa uma fratria entre os Barkinji, os Paruinji e os Milpulko, significa, segundo Brough-Smyth, águia-falcão. Ora, entre os clãs compreendidos nessa fratria, há um que tem por totem a águia-falcão. Mas, aqui, esse animal é designado pela palavra Bilyara. Vários casos do mesmo gênero são citados por LANG, *op. cit.*, p. 162.

40. SPENCER e GILLEN, *Nat. Tr.*, p. 115. Segundo HOWITT (*op. cit.*, pp. 121 e 454), entre os Wotjobaluk, o clã do Pelicano seria igualmente representado nas duas fratrias. O fato nos parece duvidoso. É bem possível que os dois clãs tenham por totens duas espécies diferentes de pelicanos. É o que parecem sugerir as indicações dadas por MATHEWS sobre a mesma tribo ("Aboriginal Tribes of N. S.Wales and Victoria", in *Journal and Proceedings of the Royal Society of. N. S. Wales*, 1904, pp. 287-288).

41. Ver sobre essa questão nossa dissertação sobre "Le totémisme", in *Année sociologique,* t. V, pp. 82 ss.

42. Ver, sobre essa questão das classes australianas em geral, nossa dissertação sobre "La Prohibition de l'inceste", in *Année sociol.*, I, pp. 9 ss., e, especialmente sobre as tribos de oito classes, "L'organisation matrimoniale des sociétés australiennes", in *Année sociol.*, VIII, pp. 118-147.

43. Esse princípio não se manteve por toda parte com igual rigor. Nas tribos do Centro de oito classes, em particular, além da classe com a qual o casamento é regularmente permitido, há uma outra com a qual existe uma espécie de *connubium* secundário (SPENCER e GILLEN, *North. Tr.*, p. 106). O mesmo ocorre em certas tribos de quatro classes. Cada classe tem a escolha entre as duas classes da outra fratria. É o caso dos Kabi (ver MATHEW, in CURR, III, p. 1762).

44. Ver ROTH, *Ethnological Studies among the North-West-Central Queensland Aborigines,* pp. 56 ss.; PALMER, "Notes on some Australian Tribes", *J.A.I.*, XIII (1884), pp. 302 ss.

45. Citam-se, porém, certas tribos em que classes matrimoniais teriam nomes de animais ou de plantas: é o caso dos Kabi

(MATHEW, *Two Representative Tribes,* p. 150), das tribos observadas pela sra. BATES ("The Marriage Laws and Customs of the W. Austral. Aborigines", in *Victorian Geographical Journal,* XXIII-XXIV, p. 47) e, talvez, de duas tribos observadas por Palmer. Mas esses fatos são muito raros, e sua significação, mal estabelecida. Aliás, não é surpreendente que as classes, assim como os grupos sexuais, tenham adotado às vezes nomes de animais. Essa extensão excepcional das denominações totêmicas não modifica em nada nossa concepção do totemismo.

46. A mesma explicação talvez se aplique a algumas outras tribos do Sudeste e do Leste, onde, a julgar pelas informações de Howitt, também haveria totens especialmente associados a cada classe matrimonial. Seria o caso dos Wiradjuri, dos Wakelbura, dos Bunta-Murra do rio Bulloo (HOWITT, *Nat. Tr.,* pp. 210, 221, 226). Contudo, os testemunhos que recolheu são, como ele próprio confessa, suspeitos. De fato, nas próprias listas que estabeleceu há vários totens que se acham igualmente nas duas classes da mesma fratria.

A explicação que propomos baseados em FRAZER (*Totemism and Exogamy,* pp. 531 ss.) levanta, aliás, uma dificuldade. Em princípio, cada clã e, conseqüentemente, cada totem são representados indiferentemente nas duas classes de uma mesma fratria, uma vez que uma dessas classes é a dos filhos e a outra a dos pais de quem os primeiros recebem seus totens. Portanto, quando os clãs desapareceram, as interdições totêmicas sobreviventes deveriam ter permanecido comuns às duas classes matrimoniais, enquanto que, nos casos citados, cada classe conserva as suas próprias. De onde provém essa diferenciação? O exemplo dos Kaiabara (tribo do Sul de Queensland) sugere talvez de que maneira a diferenciação se produziu. Nessa tribo, as crianças têm o totem de sua mãe, mas particularizado por meio de um sinal distintivo. Se a mãe tem por totem a águia-falcão negra, o do filho será a águia-falcão branca (HOWITT, *Nat. Tr.,* p. 299). Existe aí como uma primeira tendência dos totens a se diferenciarem conforme as classes matrimoniais.

47. Uma tribo de algumas centenas de pessoas conta até 50 ou 60 clãs, bem mais até. Ver sobre esse ponto DURKHEIM e MAUSS, "De quelques formes primitives de classification", in *Année sociologique,* t. VI, p. 28, nº 1.

48. Com exceção dos índios Pueblo do Sudoeste, onde eles são mais numerosos. Ver HODGE, "Pueblo Indian Clans", in *American Anthropologist*, 1ª série, t. IX, pp. 345 ss. Pode-se perguntar, porém, se os grupos que têm esses totens são clãs ou subclãs.

49. Ver os quadros apresentados por MORGAN em *Ancient Society*, pp. 153-185.

50. KRAUSE, *Die Tlinkit-Indianer*, p. 112; SWANTON, Social Condition, Beliefs and Linguistic Relationship of the Tlingit Indians, *in XXVI th Rep.*, p. 398.

51. SWANTON, *Contributions to the Ethnology of the Haida*, p. 62.

52. "The distinction between the two clans is absolute in every respect", diz Swanton, p. 68. Ele denomina clãs o que chamamos fratrias. As duas fratrias, diz ele em outra parte, estão uma para a outra como dois povos estrangeiros.

53. O totem dos clãs propriamente ditos, pelo menos entre os Haida, é inclusive mais alterado que o das fratrias. De fato, como o costume permite a um clã dar ou vender o direito de usar seu totem, disso resulta que cada clã tem uma pluralidade de totens, alguns dos quais em comum com outros clãs (ver SWANTON, pp. 107 e 268). Como Swanton chama as fratrias de clãs, ele é obrigado a dar o nome de família aos clãs propriamente ditos, e de *household* às famílias verdadeiras. Mas o sentido real da terminologia que ele adota não deixa dúvidas.

54. *Journals of two Expeditions in N. W. and W. Australian*, II, p. 228.

55. *Kamilaroi and Kurnai*, p. 165.

56. *Indian Tribes*, I, p. 420. Cf. I, p. 52. Essa etimologia, aliás, é muito contestável. Cf. Handbook of American Indians North of México (*Smithsonian Inst., Bur. Of Ethnol.*, 2ª parte, s.v. Totem, p. 787).

57. SCHOOLCRAFT, *Indian Tribes*, III, p. 184. Garrick MALLERY, "Picture-Writing of the American Indians", in *Tenth Rep.*, 1893, p. 377.

58. HEARNE, *Journey to the Northern Ocean*, p. 148 (citado conforme FRAZER, *Totemism*, p. 30).

59. CHARLEVOIX, *Histoire et description de Ia Nouvelle France*, p. 329.

60. KRAUSE, *Tlinkit-Indianer*, p. 248.

61. Erminnie A. SMITH, "Myths of the Iroquois", in *Second Rep. of the Bureau of Ethnol.*, p. 78.

62. DODGE, *Our Wild Indians*, p. 225.

63. POWELL, "Wyandot Government", in *A Annual Report of the Bureau of Ethnology* (1881), p. 64.

64. DORSEY, "Omaha Sociology", *Third Rep.*, pp. 229, 240, 248.

65. KRAUSE, *op. cit.*, pp. 130-131.

66. *Ibid.*, p. 308.

67. Ver uma fotografia de uma aldeia Haida em SWANTON, *op. cit.*, pr. IX. Cf. TYLOR, "Totem Post of the Haida Village of Masset", *J.A.I.*, nova série, I, p. 133.

68. Hill TOUT, "Report on the Ethnology of the Statlumh of British *Columbia*", *J.A.I.*, t. XXXV, 1905, p. 155.

69. KRAUSE, *op. cit.*, p. 230; SWANTON, *Haida*, pp. 129, 135 ss.; SCHOOLCRAFT, *Indian Tribes*, I, pp. 52-53, 337, 356. Neste último caso, o totem é representado tombado, em sinal de luto. Costumes similares ocorrem entre os Creek (C. SWAN, in SCHOOLCRAFT, *Indian Tribes of the United States*, V, p. 265) e entre os Delaware (HECKEWELDER, *An Account of the History, Manners and Customs of the Indian Nations who one inhabited Pennsylvannia*, pp. 246-247).

70. SPENCER e GILLEN, *North. Tr.*, pp. 168, 537, 540.

71. *Ibid.*, p. 174.

72. BROUGH SMYTH, *The Aborigines of Victoria*, I, p. 99, nota.

73. *Ibid.*, I, p. 284. STREHLOW cita um fato do mesmo gênero entre os Arunta (III, p. 68).

74. *An Account of the English Colony in N. S. Wales*, II, p. 381.

75. KRAUSE, p. 327.

76. SWANTON, "Social Condition, Beliefs and Linguistic Relationship of the Tlingit Indians", in *XXVI th Rep.*, pp 435 ss.; BOAS, *The Social Organization and the Secret Societies of the Kwakiutl Indians*, p. 358.

77. FRAZER, *Totemism*, p. 26.

78. BOURKE, *The Snake Dance of the Moquis of Arizona*, p. 229; J. W. FEWKES, "The Group of Tusayan Ceremonials called Katcinas", in *XVth Rep.*, 1897, pp. 251-263.

79. MÜLLER, *Geschichte der Amerikannischen Urreligionen*, p. 327.
80. SCHOOLCRAFT, *Indian Tribes*, III, p. 269.
81. DORSEY, Omaha Sociol., *Third Rep.*, pp. 229, 238, 240, 245.
82. SPENCER e GILLEN, *Nat. Tr.*, p. 451.
83. SPENCER e GILLEN, *ibid.*, p. 257.
84. Adiante se verá (livro I, cap. IV) o que significam essas relações de parentesco.
85. SPENCER e GILLEN, *North. Tr.*, p. 296.
86. HOWITT, *Nat. Tr.*, pp. 744-746; cf. p. 129.
87. *Kamilaroi and Kumai*, p. 66, nota. É verdade que o fato é contestado por outros informantes.
88. HOWITT, *Nat. Tr.*, p. 744.
89. SWANTON, *Contributions to the Ethnology of the Haida*, pp. 41 ss., pr. XX e XXI; BOAS, *The Social Organization ofthe Kwakiutl*, p. 318; SWANTON, *Tlingit*, pr. XVI ss. Num caso, alheio aliás às duas regiões etnográficas que estudamos de maneira mais especial, essas tatuagens são praticadas nos animais que pertencem ao clã. Os Bechuana do Sul da África estão divididos num certo número de clãs: há os do Crocodilo, do Búfalo, do Macaco, etc. Os indivíduos do Crocodilo, por exemplo, fazem nas orelhas de seus bovinos uma incisão que lembra por sua forma o rabo do animal (CASALIS, *Les Basoutos*, p. 221). Segundo Robertson SMITH, o mesmo costume teria existido entre os antigos árabes (*Kinship and Mariage in early Arábia*, pp. 212-214).
90. Há algumas, segundo SPENCER e GILLEN, que não teriam nenhum sentido religioso (ver *Nat. Tr.*, pp. 41-42; *North. Tr.*, pp. 45, 54-56).
91. Entre os Arunta, a regra comporta exceções, que serão explicadas mais adiante.
92. SPENCER e GILLEN, *Nat. Tr.*, p. 162; *North. Tr.*, pp. 179, 259, 292, 295-296; SCHULZE, *loc. cit.*, p. 221. O que é assim representado nem sempre é o totem propriamente, mas um dos objetos que, associados a ele, são considerados coisas da mesma família.
93. É o caso, por exemplo, entre os Warramunga, os Walpari, os Wulmala, os Tjingilli, os Umbaia, os Unmatjera (*North. Tr.*, pp. 348, 339). Entre os Warramunga, no momento em que o desenho é executado, os operadores dirigem ao iniciado as se-

guintes palavras: "Essa marca pertence à sua localidade (*your place*): não ponha os olhos numa outra localidade". "Essa linguagem significa, dizem SPENCER e GILLEN, que o jovem não deve intrometer-se em outras cerimônias que não aquelas que concernem a seu totem; mostra igualmente a estreita associação que se supõe existir entre um homem, seu totem e o lugar especialmente consagrado a esse totem" (*North. Tr.*, p. 584). Entre os Warramunga, o totem transmite-se do pai aos filhos; conseqüentemente, cada localidade tem o seu.

94. SPENCER e GILLEN, *Nat. Tr.*, pp. 215, 241, 376.

95. Lembra-se o leitor (ver p. 101) que, nessa tribo, a criança pode ter um totem diferente do de seu pai, de sua mãe e, de maneira mais geral, de seus parentes. Ora, os parentes, de um lado ou de outro, são os operadores designados para as cerimônias da iniciação. Por conseguinte, como um homem, em princípio, só tem qualidade de operador ou de oficiante para as cerimônias de seu totem, resulta que, em certos casos, os ritos aos quais a criança é iniciada estão obrigatoriamente relacionados a um totem que não é o seu. Eis aí de que maneira as pinturas executadas no corpo do noviço não representam necessariamente o totem deste último; encontrar-se-ão casos desse gênero em SPENCER e GILLEN, *Nat. Tr.*, p. 229. Aliás, o que mostra bem que existe aí uma anomalia é que, não obstante, as cerimônias da circuncisão dizem respeito essencialmente ao totem predominante no grupo local do iniciado, isto é, ao totem que seria o do próprio iniciado, se a organização totêmica não fosse perturbada, se fosse entre os Arunta o que ela é entre os Warramunga (ver SPENCER e GILLEN, *ibid.*, p. 219).

A mesma perturbação teve uma outra conseqüência. De maneira geral, ela tem por efeito afrouxar um pouco os laços que unem cada totem a um grupo determinado, uma vez que cada totem pode contar com membros em todos os grupos locais possíveis, e mesmo nas duas fratrias indistintamente. A idéia de que as cerimônias de um totem podiam ser celebradas por um indivíduo de um totem diferente – idéia contrária aos princípios do totemismo, como veremos melhor a seguir – pôde, assim, se estabelecer sem provocar maiores resistências. Admitiu-se que um homem a quem um espírito revelava a fórmula de uma cerimônia estava qualificado para presidi-la, mesmo que não fosse do totem envolvido (*Nat. Tr.*, p. 519). Mas o que prova que essa é uma exceção à regra e o produto de uma espécie de tolerância é que o beneficiário da fórmula assim revelada não pode dispor livremente dela; se a transmitir – e essas transmissões são freqüentes –, só pode ser para um membro do totem ao qual se relaciona o rito (*Nat. Tr.*, *ibid.*).

96. *Nat. Tr.*, p. 140. Nesse caso, o noviço conserva a pintura com que foi enfeitado até que, por efeito do tempo, ela se apague espontaneamente.

97. BOAS, "General Report on the Indians of British Columbia", in *British Association for the Advancement of Science, Fifth Rep. of the Committee on the N. W. Tribes of the Dominion of Canada*, p. 41.

98. Esses instrumentos também existem entre os Warramunga, mas em menor número que entre os Arunta, e não figuram nas cerimônias totêmicas, ainda que ocupem um certo lugar nos mitos (*North. Tr.*, p. 163).

99. Outros nomes são empregados em outras tribos. Damos um sentido genérico ao termo Arunta, porque nessa tribo os churinga têm mais importância e foram melhor estudados.

100. STREHLOW, II, p. 81.

101. Há algumas dessas peças, mas em pequeno número, que não têm nenhum desenho aparente (ver SPENCER e GILLEN, *Nat. Tr.*, p. 144).

102. *Nat. Tr.*, pp. 139 e 648; STREHLOW, II, p. 75.

103. Strehlow, que escreve *Tjurunga*, dá uma tradução um pouco diferente à palavra. "Essa palavra, diz ele, significa o que é secreto e pessoal (*der eigene geheime*). *Tju* é um antigo termo que significa escondido, secreto, e *runga* quer dizer o que me é próprio." Mas Kempe, que, nesse assunto, tem mais autoridade que Strehlow, traduz *tju* por grande, poderoso, sagrado (KEMPE. "Vocabulary of the Tribes inhabiting Macdonnell Ranges", s.v. *Tju*, in *Transactions of the R. Society of Victoria*, t. XIII). No fundo, a tradução de Strehlow não se afasta tanto da precedente quanto se poderia supor à primeira vista, pois secreto é o que se subtrai ao conhecimento dos profanos, ou seja, o sagrado. Quanto à significação atribuída à palavra *runga*, ela nos parece bastante duvidosa. As cerimônias da Ema dizem respeito a todos os membros do clã da Ema; todos podem participar; portanto não são bem pessoal de nenhum deles.

104. *Nat. Tr.*, pp. 130-132; STREHLOW, II, p. 78. Uma mu-

lher que viu um churinga e o homem que lhe mostrou são igualmente condenados à morte.

105. Strehlow chama esse lugar, definido exatamente nos mesmos termos empregados por Spencer e Gillen, *arknanaua* ao invés de *ertnatulunga* (STREHLOW, II, p. 78).

106. *North. Tr.*, p. 270; *Nat. Tr.*, p. 140.

107. *Nat. Tr.*, p. 135.

108. STREHLOW, II, p. 78. Strehlow diz, porém, que um assassino que se refugie perto de um ertnatulunga é impiedosamente perseguido e morto. É um pouco difícil conciliar esse fato com o privilégio que gozam os animais, e nos perguntamos se o maior rigor aplicado ao criminoso não é recente e se não deve ser atribuído a um afrouxamento do tabu que protegia primitivamente o ertnatulunga.

109. *Nat. Tr.*, p. 248.

110. *Ibid.*, pp. 545-546. STREHLOW, II, p. 79. Por exemplo, a poeira obtida ao se raspar um churinga de pedra e dissolvida em água constitui uma poção que devolve a saúde aos enfermos.

111. *Nat. Tr.*, pp. 545-546. STREHLOW (II, p. 79) contesta o fato.

112. Por exemplo, um churinga do totem do Inhame, depositado no solo, faz crescer os inhames (*North. Tr.*, p. 275). Ele tem o mesmo poder sobre os animais (STREHLOW, II, pp. 76, 78; III, pp. 3, 7).

113. *Nat. Tr.*, p. 135; STREHLOW, II, p. 79.

114. *North. Tr.*, p. 278.

115. *Ibid.*, p. 180.

116. *Ibid.*, pp. 272-273.

117. *Nat. Tr.*, p. 135.

118. Um grupo empresta de um outro seus churinga, com o pensamento de que estes lhe transmitirão algo das virtudes que contêm, de que sua presença aumentará a vitalidade dos indivíduos e da coletividade (*Nat. Tr.*, pp. 158 ss.).

119. *Ibid.*, p. 136.

120. Cada indivíduo é unido por um vínculo particular primeiramente a um churinga especial que lhe serve de penhor de vida, depois àqueles que recebeu de seus parentes por herança.

121. *Nat. Tr.*, p. 154; *North. Tr.*, p. 193. Os churinga têm uma marca coletiva tão clara, que substituem os *bastões de mensageiros* usados, em outras tribos, por indivíduos enviados a gru-

pos estrangeiros para convocá-los a alguma cerimônia (*Nat. Tr.*, pp. 141-142).

122. *Ibid.*, p. 326. Convém notar que os *bull-roarers* são empregados da mesma maneira (MATHEWS, "Aboriginal Tribes of N. S. Wales and Victoria", in *Journal of Roy. Soe. of N. S. Wales*, XXXVIII, pp. 307-308).

123. *Nat. Tr.*, pp. 161, 250 ss.

124. *Ibid.*, p. 138.

125. STREHLOW, I, *Vorworet, infine;* II, pp. 76, 77 e 82. Para os Arunta, é o corpo mesmo do antepassado; para os Loritja, é apenas uma imagem dele.

126. Quando uma criança acaba de nascer, a mãe indica ao pai onde ela acredita que a alma do antepassado penetrou nela. O pai, acompanhado de alguns parentes, dirige-se a esse lugar e procura aí o churinga que o antepassado, supõe-se, deixou cair no momento de reencarnar. Se for encontrado, é que algum ancião do grupo totêmico, certamente, o colocou aí (a hipótese é de Spencer e Gillen). Caso contrário, faz-se um novo churinga de acordo com uma técnica determinada (*Nat. Tr.*, p. 132. Cf. STREHLOW, II, p. 80).

127. É o caso dos Warramunga, dos Urabunna, dos Worgaia, dos Umbaia, dos Tjingilli, dos Gnanji (*North. Tr.*, pp. 258, 275-276). Então, dizem SPENCER e GILLEN, "They were regarded as of special value because of their association with a totem" (*ibid.*, p. 276). Há exemplos do mesmo fato entre os Arunta (*Nat. Tr.*, p. 156).

128. STREHLOW escreve *inatanja* (*op. cit.*, I, pp. 4-5).

129. Os Kaitish, os Ilpirra, os Unmatjera; mas é raro entre esses últimos.

130. A vara é às vezes substituída por churinga muito compridos, unidos pelas pontas.

131. Às vezes, no alto do nurtunja, um outro menor é suspenso. Noutros casos, o nurtunja tem a forma de uma cruz ou de um T. Mais raramente, falta o suporte central (*Nat. Tr.*, pp. 298-300, 360-364, 627).

132. Há casos em que são três essas barras transversais.

133. *Nat. Tr.*, pp. 231-234, 306-310, 627. Além do nurtunja e do waninga, SPENCER e GILLEN distinguem uma terceira espécie de mastro ou estandarte sagrado, o kauaua (*Nat. Tr.*, pp. 364, 370, 629), cujas funções, aliás, eles confessam não ter podido

determinar exatamente. Observam apenas que o kauaua "é considerado algo comum aos membros de todos os totens". Mas, segundo STREHLOW (III, p. 23, n. 2), o kauaua de que falam Spencer e Gillen seria simplesmente o nurtunja do totem do Gato Selvagem. Como esse animal é objeto de um culto tribal, explicar-se-ia o fato de a veneração a seu nurtunja ser comum a todos os clãs.

134. *North. Tr.*, p. 342; *Nat. Tr.*, p. 309.

135. *Nat. Tr.*, p. 255.

136. *Ibid.*, cap. X e XI.

137. *Ibid.*, pp. 138, 144.

138. Ver DORSEY, "Slouan Cults", *XIth Rep.*, p. 413; "Omaha Sociology", *IIIrd Rep.*, p. 234. É verdade que há apenas um mastro sagrado para a tribo, ao passo que cada clã tem um nurtunja. Mas o princípio é o mesmo.

139. *Nat. Tr.*, pp. 232, 308, 313, 334, etc.; *North. Tr.*, pp. 182, 186, etc.

140. *Ibid.*, p. 346. Diz-se, é verdade, que o nurtunja representa a lança do antepassado que, no tempo do Alcheringa, chefiava cada clã. Mas ele é apenas uma representação simbólica desta, e não uma espécie de relíquia, como o churinga, que se supõe provir do próprio antepassado. Aqui, o caráter secundário da interpretação é particularmente evidente.

141. *Nat. Tr.*, pp. 614 ss., em particular p. 617; *North. Tr.*, p. 749.

142. *Nat. Tr.*, p. 624.

143. *Ibid.*, p. 179.

144. *Ibid.*, p. 181.

145. Ver exemplos em SPENCER e GILLEN, *Nat. Tr.*, fig. 131. São reproduzidos aí vários desenhos, muitos dos quais visam evidentemente representar animais, plantas, cabeças de homem, etc., muito esquematicamente, é claro.

146. *Nat. Tr.*, p. 617; *North. Tr.*, pp. 716 ss.

147. *Ibid.*, p. 145; STREHLOW, II, p. 80.

148. *Ibid.*, p. 151.

149. *Nat. Tr.*, p. 346.

150. Não é de duvidar, aliás, que esses desenhos e pinturas tenham ao mesmo tempo um caráter estético: é uma primeira forma de arte. Sendo também e sobretudo uma linguagem escrita, o resultado é que as origens do desenho e da escrita se con-

fundem. Parece claro que o homem deve ter começado a desenhar, menos para fixar na madeira ou na pedra belas formas que encantavam seus sentidos, do que para traduzir materialmente seu pensamento (cf. SCHOOLCRAFT, *Indian Tribes*, 1, p. 405; DORSEY, *Siouan Cults*, pp. 394 ss.).

Capítulo II

1. Ver casos em TAPLIN, *The Narrinyeri*, p. 63; HOWITT, *Nat. Tr.*, pp. 146, 769; FISON e HOWITT, *Kamilaroi and Kurnai*, p. 169; ROTH, *Superstition, Magic and Medicine*, § 150; WYATT, *Adelaide and Encounter Bay Tribe*, in WOODS, p. 168; MEYER, *ibid.*, p. 186.

2. É o que acontece entre os Warramunga (*North. Tr.*, p. 168).

3. Por exemplo, entre os Warramunga, os Urabunna, os Wonghibon, os Yuin, os Wotjobaluk, os Buandik, os Ngeumba, etc.

4. Entre os Kaitish, se um homem do clã come demais de seu totem, os membros da outra fratria recorrem a um expediente mágico supostamente capaz de matá-lo (*North. Tr.*, p. 294. Cf. *Nat. Tr.*, p. 204; Langloh PARKER, *The Euahlayi Tribe*, p. 20).

5. *Nat. Tr.*, p. 202 e nota; STREHLOW, II, p. 58.

6. *North. Tr.*, p. 173.

7. *Nat. Tr.*, pp. 207 ss.

8. Ver p. 124.

9. Também deve-se levar em conta o fato de que, nos mitos, os antepassados jamais nos são representados alimentando-se *regularmente* de seu totem. Esse tipo de consumo é, ao contrário, exceção. A alimentação normal deles, segundo Strehlow, era a mesma que a do animal correspondente (ver STREHLOW, I, p. 4).

10. Toda essa teoria, aliás, repousa numa hipótese inteiramente arbitrária: Spencer e Gillen, assim como Frazer, admitem que as tribos do centro australiano, especialmente os Arunta, representam a forma mais arcaica e, portanto, mais pura do totemismo. Diremos mais adiante por que essa conjetura nos parece contrária a toda verossimilhança. É provável, inclusive, que esses autores não teriam aceito tão facilmente a tese que susten-

tam se não tivessem se recusado a ver no totemismo uma religião e, por conseguinte, se não tivessem desconhecido o caráter sagrado do totem.

11. TAPLIN, *The Narrinyeri*, p. 64; HOWITT, *Nat. Tr.*, pp. 145 e 147; SPENCER e GILLEN, *Nat. Tr.*, p. 202; GREY, *loc. cit.*; CURR, III, p. 462.

12. *North. Tr.*, pp. 160, 167. Não basta que o intermediário seja de um outro totem, pois, como veremos, um totem qualquer de uma fratria é, em certa medida, proibido inclusive aos outros membros dessa fratria que são de um totem diferente.

13. *North. Tr.*, p. 167. Pode-se explicar melhor agora por que, quando a interdição não é observada, é a outra fratria que promove a repressão do sacrilégio (ver nota 4 da p. anterior). É que ela é a principal interessada em que a regra seja respeitada. Com efeito, quando a regra é violada, acredita-se que a espécie totêmica corre o risco de não se reproduzir abundantemente. Ora, os membros da outra fratria é que são seus consumidores regulares; portanto, são eles os atingidos. Eis por que se vingam.

14. É o que ocorre entre os Loritja (STREHLOW, II, pp. 60, 61), os Worgaia, os Warramunga, os Walpari, os Mara, os Anula, os Binbinga (*North. Tr.*, pp. 166, 121, 173). Pode-se comê-lo entre os Warramunga e os Walpari, mas somente se for oferecido por um membro da outra fratria. SPENCER e GILLEN assinalam (p. 167, n. 1) que, sob esse aspecto, os totens paterno e materno são submetidos a uma regulamentação que parece ser diferente. Sem dúvida, tanto num caso como no outro, o oferecimento deve vir da outra fratria. Mas, quando se trata do totem do pai ou totem propriamente dito, essa fratria é aquela à qual o totem não diz respeito; ocorre o contrário no caso do totem da mãe. A razão, certamente, é que o princípio foi inicialmente estabelecido para o primeiro e depois estendido mecanicamente ao segundo, embora a situação fosse diferente. Uma vez instituída, a regra em virtude da qual não se podia desrespeitar a interdição que protege o totem a não ser quando a proposta partisse de alguém da outra fratria, foi aplicada sem modificações ao caso do totem materno.

15. Por exemplo, entre os Warramunga (*North. Tr.*, p. 166), entre os Wotjobaluk, os Buandik, os Kurnai (HOWITT, pp. 146-147) e os Narrinyeri (TAPLIN, *The Narrinyeri*, p. 63).

16. E, mesmo assim, não em todos os casos. O Arunta do totem dos Mosquitos não deve matar esse inseto, ainda que in-

comodado por ele: deve limitar-se a expulsá-lo (STREHLOW, II, p. 58. Cf. TAPLIN, p. 63).

17. Entre os Kaitish, os Unmajtera (*North. Tr.*, p. 160). Acontece inclusive, em certos casos, que um ancião dê a um jovem de um totem diferente um de seus churinga para permitir ao jovem caçador matar mais facilmente o animal que serve de totem ao doador (*ibid.*, p. 272).

18. HOWITT, *Nat. Tr.*, p. 146; GREY, *op. cit.*, II, p. 228; CASALIS, *Basoutos*, p. 221. Entre estes últimos, "é preciso purificar-se após ter cometido tal sacrilégio".

19. STREHLOW, II, pp. 58, 59, 61.

20. DORSEY, Omaha Sociology, *IIIrd Rep.*, pp. 225, 231.

21. CASALIS, *ibid.*

22. Mesmo entre os Omaha, não é certo que as interdições de contato, de que acabamos de dar alguns exemplos, sejam de natureza propriamente totêmica, pois várias delas não têm relações diretas com o animal que serve de totem ao clã. Assim, num subclã da Águia, a interdição característica consiste em não poder tocar uma cabeça de búfalo (DORSEY, *op. cit.*, p. 239); num outro subclã que tem o mesmo totem, não se pode tocar o azinhavre, o carvão de madeira, etc. (*ibid.*, p. 245).

Não falamos de outras interdições que menciona Frazer, como as de nomear ou olhar um animal ou uma planta, pois é ainda menos certo que sejam de origem totêmica, salvo talvez no que concerne a certos fatos observados entre os Bechuana (*Totemism*, pp. 12-13). Frazer admitia demasiado facilmente, então – e nesse ponto ele teve imitadores –, que toda interdição de comer ou tocar um animal depende necessariamente de crenças totêmicas. No entanto, há um caso, na Austrália, em que a visão do totem parece proibida. Segundo STREHLOW (II, p. 59), entre os Arunta e os Loritja, um homem que tem por totem a Lua não deve olhá-la por muito tempo, pois se arriscaria a morrer pela mão de um inimigo. Mas acreditamos tratar de um caso único. Convém não perder de vista, aliás, que os totens astronômicos provavelmente não são primitivos na Austrália; portanto, essa proibição poderia ser o produto de uma elaboração complexa. O que confirma essa hipótese é que, entre os Euahlayi, a interdição de olhar a Lua aplica-se a todas as mães e a todas as crianças, quaisquer que sejam seus totens (L. PARKER, *The Euahlayi*, p. 53).

23. Ver livro II, cap. II, § 2.

24. Talvez não haja religião que faça do homem um ser exclusivamente profano. Para o cristão, a alma que cada um traz em si e que constitui a essência mesma de nossa personalidade tem algo de sagrado. Veremos que essa concepção da alma é tão antiga quanto o pensamento religioso. Mas o lugar do homem na hierarquia das coisas sagradas é mais ou menos elevado.

25. *Nat. Tr.*, p. 202.

26. TAPLIN, *The Narrinyeri*, pp. 59-61.

27. Entre certos clãs Warramunga, por exemplo (*North. Tr.*, p. 162).

28. Entre os Urabunna (*North. Tr.*, p. 147). Mesmo quando nos é dito desses primeiros seres que são homens, em realidade eles não passam de semi-humanos e participam ao mesmo tempo da natureza animal. É o caso de certos Unmatjera (*Ibid.*, pp. 153-154). São maneiras de pensar cuja confusão nos desconcerta, mas que devemos aceitar como tais. Seria desnaturá-las querer introduzir nelas uma clareza que lhes é estranha (cf. *Nat. Tr.*, p. 119).

29. Entre alguns Arunta (*Nat. Tr.*, pp. 338 ss.) e Unmatjera (*North. Tr.*, p. 153).

30. *Nat. Tr.*, p. 389. Cf. STREHLOW, I, pp. 2-7.

31. *Ibid.*, pp. 2 ss. Certamente há, nesse tema mítico, um eco dos ritos de iniciação. Também esta tem por objeto fazer do jovem um homem completo e, por outro lado, implica igualmente verdadeiras operações cirúrgicas (circuncisão, subincisão, extração de dentes, etc.). Era natural que se concebessem em base no mesmo modelo os procedimentos que serviram para formar os primeiros homens.

32. É o caso dos nove clãs dos Moqui (SCHOOLCRAFT, *Indian Tribes*, IV, p. 86), do clã do Grou entre os Ojibway (MORGAN, *Ancient Society*, p. 180), dos clãs dos Nootka (BOAS, *VIth Rep. on the N.-W. Tribes of Canada*, p. 43), etc.

33. Assim teria se formado o clã da Tartaruga entre os Iroqueses. Um grupo de tartarugas teria sido obrigado a deixar o lago onde viviam e a buscar outro hábitat. Uma delas, mais pesada que as outras, suportava com dificuldade esse exercício por causa do calor. Fez esforços tão violentos que saiu de sua carapaça. Uma vez começado, o processo de transformação prosseguiu espontaneamente e a tartaruga tornou-se um homem, que foi o ancestral do clã (Erminnie A. SMITH, "The Myths of the Iro-

quois", *IInd Rep.*, p. 77). O clã do Lagostim, entre os Choctaw, teria se formado de maneira análoga. Alguns homens teriam surpreendido um certo número de lagostins que viviam nas suas imediações, os teriam levado consigo, ensinado a falar, a caminhar e finalmente os teriam adotado em sua sociedade (CATLIN, *North American Indians,* II, p. 128).

34. Eis, por exemplo, uma lenda Tsimshian. Durante uma caçada, um índio encontrou um urso negro que o levou para sua toca, ensinou-lhe a pegar o salmão e a construir canoas. Durante dois anos, o homem permaneceu com o urso, voltando depois para sua aldeia natal. Mas as pessoas ficaram com medo dele, porque se assemelhava a um urso. Ele não podia falar, nem comer outra coisa senão alimentos crus. Então friccionaram-no com ervas mágicas e gradualmente ele retomou sua forma primitiva. Posteriormente, em momentos de necessidade, ele chamava seus amigos ursos para ajudá-lo. Construiu uma casa e pintou na entrada principal um urso. Para a dança, sua irmã fez um manto no qual um urso estava desenhado. Por isso, os descendentes dessa irmã tinham o urso como emblema (BOAS, *Kwakiutl,* p. 323. Cf. "Vth Report on the N. W. Tribes of Canada", pp. 23, 29 ss.; Hill TOUT, "Report on the Etnology of the Statlumh of British Columbia", *in J.A.I.*, 1905, XXXV, p. 150).

Por aí se percebe o inconveniente de fazer desse parentesco místico entre o homem e o animal o caráter distintivo do totemismo, como propõe M. Van GENNEP ("Totémisme et méthode comparative", in *Revue de l'histoire des religions*, t. LVIII, 1908, julho, p. 55). Esse parentesco é uma expressão mítica de fatos que são mais profundos; ele pode estar ausente sem que os traços essenciais do totemismo desapareçam. Certamente sempre há, entre os membros do clã e o animal totêmico, vínculos estreitos, mas que não são necessariamente de consangüinidade, embora na maioria das vezes sejam concebidos sob essa forma.

35. Aliás, há mitos Tlinkit em que a relação de descendência entre o homem e o animal é mais particularmente afirmada. Diz-se que o clã originou-se de uma união mista, se é possível dizer assim, ou seja, em que o homem, ou a mulher, era um animal da espécie que dá seu nome ao clã (ver SWANTON, "Social Condition, Beliefs and Linguistic Relationship, of the Tlingit Indians", *XXVIth Rep.*, pp. 415-418).

36. *Nat. Tr.*, p. 284

37. *Ibid.*, p. 179.
38. Ver livro III, cap. II. Cf. SPENCER e GILLEN, *Nat. Tr.*, pp. 184 e 201.
39. *Nat. Tr.*, pp. 204, 262, 284.
40. Entre os Dieri, os Parnkalla. Ver HOWITT, *Nat. Tr.*, pp. 658, 661, 668, 669-671.
41. Entre os Warramunga, o sangue da circuncisão é bebido pela mãe (*North. Tr.*, p. 352). Entre os Binbinga, o sangue que manchou a faca que serviu para a subincisão deve ser sugado pelo iniciado (*ibid.*, p. 368). De maneira geral, o sangue que provém das partes genitais é tido como excepcionalmente sagrado (*Nat. Tr.*, p. 464; *North. Tr.*, p. 598).
42. *Nat. Tr.*, p. 268.
43. *Ibid.*, pp. 144, 568.
44. *Nat. Tr.*, pp. 442, 464. O mito, aliás, é geral na Austrália.
45. *Ibid.*, p. 627.
46. *Ibid.*, p. 466.
47. *Ibid.* Se todas essas formalidades não forem rigorosamente observadas, acredita-se que graves calamidades resultarão para o indivíduo.
48. *Nat. Tr.*, p. 358; *North. Tr.*, p. 604.
49. O prepúcio, uma vez separado pela circuncisão, às vezes também é ocultado dos olhares, como o sangue. Ele tem virtudes especiais; por exemplo, assegura a fecundidade de certas espécies vegetais e animais (*North. Tr.*, pp. 353-354). Os pêlos da barba são assimilados aos cabelos e tratados como tais (*North. Tr.*, pp. 544, 604). Aliás, eles desempenham um papel nos mitos (*ibid.*, p. 158). Quanto à gordura, seu caráter sagrado vem de sua utilização em certos ritos funerários.
50. Isso não significa que a mulher seja absolutamente profana. Nos mitos, pelo menos entre os Arunta, ela desempenha um papel religioso bem mais importante que o que tem na realidade (*Nat. Tr.*, pp. 195-196). Além disso, ela toma parte em certos ritos da iniciação. Seu sangue, enfim, tem virtudes religiosas (v. *Nat. Tr.*, p. 464; cf. "La prohibition de l'inceste et ses origines", *Année sociol.*, I, pp. 51 ss.).

É dessa situação complexa da mulher que dependem as interdições exogâmicas. Não falamos disso aqui, porque elas se ligam mais diretamente ao problema da organização doméstica e matrimonial.

51. *Nat. Tr.*, p. 460.

52. Entre os Wakelbura, segundo HOWITT, p. 146; entre os Bechuana, segundo CASALIS, *Basoutos*, p. 221.

53. Entre os Buandik e os Kurnai (HOWITT, *ibid.*); entre os Arunta (STREHLOW, II, p. 58).

54. HOWITT, *ibid.*

55. Junto ao rio Tully, diz ROTH ("Superstition, Magic and Medicine", in *North Queensland Ethnography*, nº 5, § 74), quando um indígena vai dormir ou ao se levantar de manhã, pronuncia em voz mais ou menos baixa o nome do animal pelo qual ele próprio é nomeado. O objetivo dessa prática é fazer o homem hábil ou feliz na caça, ou prevenir os perigos aos quais pode se expor, provenientes desse animal. Por exemplo, o homem que tem por totem uma espécie de cobra está protegido das mordidas, se essa invocação for regularmente feita.

56. TAPLIN, *The Narrinyeri*, p. 64; HOWITT, *Nat. Tr.*, p. 147; ROTH, *loc. cit.*

57. STREHLOW, II, p. 58.

58. HOWITT, p. 148.

59. *Nort. Tr.*, pp. 159-160

60. *Ibid.*

61. *Ibid.*, p. 255; *Nat. Tr.*, pp. 202-203.

62. A. L. P. CAMERON, "On Two Queensland Tribes", in *Science of Man, Australasian Anthropological Journal*, 1904, VII, 28, col. 1.

Capítulo III

1. *Kamilaroi and Kurnai*, p. 170

2. "Notes on some Australian Tribes", *J.A.I.*, XIII, p. 300.

3. Em CURR, *Australian Race*, III, p. 45; BROUGH-SMYTH, *The Aborigines of Victoria*, I, p. 91; FISON e HOWITT, *Kamilaroi and Kurnai*, p. 168.

4. DURKHEIM e MAUSS, "De quelques formes primitives de classification", in *Année sociol.*, VI, pp. 1 ss.

5. CURR, III, p. 461.

6. Curr e Fison foram informados pela mesma pessoa, D. S. Stewart.

7. MATHEWS, "Aboriginal Tribes of N. S. Wales and Victoria", in *Journal and Proceedings of the Royal Society of. N. S. Wales*, XXXVIII, pp. 287-288; HOWITT, *Nat. Tr.*, p. 121.

8. A forma feminina dos nomes dados por Mathews é: Gurogikurk e Gamatykurk. São essas formas que Howitt reproduziu com uma ortografia ligeiramente diferente. Esses dois nomes, aliás, são equivalentes aos que são usados na tribo do Mont-Gambier (Kumita e Kroki).

9. O nome indígena desse clã é Dyàlup, que Mathews não traduz. Mas essa palavra parece idêntica a Jallup, pela qual Howitt designa um subclã da mesma tribo e que ele traduz por *mussel*, marisco, mexilhão. Por isso acreditamos poder arriscar essa tradução.

10. É a tradução de Howitt. Mathews traduz a palavra (Wartwur) por calor do Sol ao meio-dia.

11. A tabela de Mathews e a de Howitt estão em desacordo em mais de um ponto importante. Parece inclusive que os clãs atribuídos por Howitt à fratria Kroki são contados por Mathews na fratria Gamutch e vice-versa. É uma prova das grandes dificuldades que apresentam essas observações. Mas tais discordâncias não são relevantes para a questão de que tratamos.

12. Sra. Langloh PARKER, *The Euahlayi Tribe*, pp. 12 ss.

13. Os fatos serão vistos mais adiante.

14. CURR, III, p. 27. Cf. HOWITT, *Nat. Tr.*, p. 112. Limitamo-nos a citar os fatos mais característicos. Para os detalhes, ver nossa dissertação já citada sobre as classificações primitivas.

15. *Ibid.*, pp. 34 ss.

16. SWANTON, *The Haida*, pp. 13-14, 17, 22.

17. Isso se manifesta particularmente entre os Haida. Para eles, diz Swanton, todo animal tem dois aspectos. Por um lado, é um ser ordinário que pode ser caçado e comido; mas, ao mesmo tempo, é um ser sobrenatural, que tem a forma exterior de um animal e do qual o homem depende. Os seres míticos que correspondem aos diversos fenômenos cósmicos têm a mesma ambigüidade (SWANTON, *ibid.*, pp. 14, 16, 25).

18. Ver p. 139-140. Ocorre assim entre os Gourditchmara (HOWITT, *Nat. Tr.*, p. 124), nas tribos observadas por Cameron perto de Mortlake e entre os Wotjobaluk (HOWITT, *Nat. Tr.*, pp. 125, 250).

19. J. MATHEW, *Two Repres. Tribes*, p. 139; THOMAS, *Kinship and Mariage*, etc., pp. 53-54.
20. Por exemplo, entre os Osage (ver DORSEY, "Siouan Sociology", in *XVth Rep.*, pp. 233 ss.).
21. Em Mabuiag, ilha do estreito de Torres (HADDON, *Head Hunters*, p. 132). Aliás, a mesma oposição verifica-se entre as duas fratrias dos Arunta: uma compreende as pessoas da água, a outra, as pessoas da terra (STREHLOW, I, p. 6).
22. Entre os Iroqueses, há duas espécies de torneios envolvendo as duas fratrias (Morgan, *Ancient Society*, p. 94). Entre os Haida, diz Swanton, os membros das duas fratrias da Águia e do Corvo "são com freqüência considerados inimigos declarados. Maridos e mulheres (que são obrigatoriamente de fratrias diferentes) não hesitam em trair-se mutuamente" (*The Haida*, p. 62). Na Austrália, essa hostilidade se traduz nos mitos. Os dois animais que servem de totem às duas fratrias costumam ser apresentados como perpetuamente em guerra um contra o outro (ver J. MATHEW, *Eaglehawk and Crow, a Study of Australian Aborigines*, pp. 14 ss.). Nos jogos, cada fratria é a rival natural da outra (HOWITT, *Nat. Tr.*, p. 770).
23. Portanto, é sem razão que THOMAS acusou nossa teoria sobre a gênese das fratrias de não poder explicar sua oposição (*Kinship and Marriage in Australia*, p. 69). Não julgamos, porém, que se deva reduzir essa oposição àquela entre profano e sagrado (ver HERTZ, "La prééminence de la main droite", in *Revue phil.*, 1909, dezembro, p. 559). As coisas de uma fratria não são profanas para a outra; ambas fazem parte de um mesmo sistema religioso (ver p. 152).
24. Por exemplo, o clã da Árvore do chá compreende as pastagens, portanto os herbívoros (ver *Kamilaroi and Kurnai*, p. 169). É certamente isso que explica uma particularidade que Boas assinala nos emblemas totêmicos da América do Norte. "Entre os Tlinkit, diz ele, e em todas as outras tribos da costa, o emblema de um grupo compreende os animais que servem de alimento àquele que dá seu nome ao grupo" (*Fifth Rep. of the Committee, etc., British Association for the Advancement of Science*, p. 25).
25. Assim, entre os Arunta, as rãs são associadas ao totem do eucalipto, porque com freqüência são encontradas nas cavidades dessa árvore; a água é associada à galinha-d'água, o canguru a uma espécie de papagaio que se vê freqüentemente es-

voaçar ao redor desse animal (SPENCER e GILLEM, *Nat. Tr.*, pp. 146-147, 448).

26. Um dos sinais dessa indistinção primitiva é que se atribui às vezes aos gêneros uma base territorial, assim como às divisões sociais com as quais eles inicialmente se confundiam. Assim, entre os Wotjobaluk, na Austrália, e entre os Zuñi, na América, as coisas são repartidas idealmente entre as diferentes regiões do espaço, da mesma forma que os clãs. Ora, a repartição regional das coisas e a dos clãs coincidem (ver *De quelques formes primitives de classification*, pp. 34 ss.). As classificações conservam inclusive algo desse caráter espacial mesmo entre povos relativamente avançados, como na China (*ibid.*, pp. 55 ss.).

27. BRIDGMANN, in BROUGH SMYTH, *The Aborigines of Victoria*, I, p. 91.

28. FISON e HOWITT, *Kamilaroi and Kurnai*, p. 168; HOWITT, "Further Notes on the Australian Class Systems", *J.A.I.*, XVIII, p. 60.

29. CURR, III, p. 461. Trata-se da tribo do Mont-Gambier.

30. HOWITT, "On some Australian Beliefs", *J.A.I.*, XIII, p. 191, n. 1.

31. HOWITT, "Notes on Australian Message Sticks", *J.A.I.*, XVIII, p. 326; "Further Notes", *J.A.I.*, XVIII, p. 61, nº 3.

32. CURR, III, p. 28.

33. MATHEWS, "Ethnological Notes on the Aboriginal Tribes of N. S. Wales and Victoria", in *Journ. and Proc. of the R. Society of. N. S. Wales*, XXXVIII, p. 294.

34. Cf. CURR, III, p. 461, e HOWITT, *Nat. Tr.*, p. 146. As expressões Tooman e Wingo aplicam-se a ambos.

35. HOWITT, *Nat. Tr.*, p. 123.

36. SPENCER e GILLEN, *Nat. Tr.*, pp. 147 ss.; STREHLOW, III, pp. xii ss.

37. FISON e HOWITT, *Kamilaroi and Kurnai*, p. 169.

38. CURR, III, p. 462.

39. Sra. PARKER, *The Euahlayi Tribe*, p. 20.

40. SPENCER e GILLEN, *North. Tr.*, p. 151; *Nat. Tr.*, p. 447; STREHLOW, III, p. xii.

41. SPENCER e GILLEN, *Nat. Tr.*, p. 449.

42. Há, no entanto, certas tribos do Queensland em que as coisas assim ligadas a um grupo social não são proibidas aos membros desse grupo. É sobretudo o caso dos Wakelbura. Nes-

sa sociedade, como se recordam, são as classes matrimoniais que servem de marcos à classificação (ver p. 141). Ora, as pessoas de uma classe não apenas podem comer dos animais atribuídos a essa classe, como *não podem comer de outros*. Qualquer outra alimentação lhes é proibida (HOWITT, *Nat. Tr.*, p. 113; CURR, III, p. 27).

Disso não se deve concluir, porém, que esses animais sejam considerados profanos. Observar-se-á, com efeito, que o indivíduo não tem simplesmente a faculdade de alimentar-se dele, mas é obrigado a isso por causa da proibição de alimentar-se de outro modo. Ora, esse caráter imperativo da prescrição é o sinal certo de que estamos em presença de coisas que têm uma natureza religiosa. Só que a religiosidade com que estão marcadas deu origem a uma obrigação positiva, e não a essa obrigação negativa que é uma interdição. Talvez até não seja impossível perceber de que maneira pôde ocorrer esse desvio. Vimos mais acima (ver p. 134) que todo indivíduo teria uma espécie de direito de propriedade sobre seu totem e, portanto, sobre as coisas que dele dependem. Basta supor que, sob circunstâncias especiais, esse aspecto da relação totêmica se desenvolveu, e chegaremos naturalmente a supor que os membros de um clã seriam os únicos a poder dispor de seu totem e de tudo que lhe pertence, ao passo que os outros não teriam o direito de tocar nele. Nessas condições, um clã só poderia alimentar-se das coisas que lhe dissessem respeito.

43. A sra. Parker utiliza a expressão *multiplex totems*.

44. Ver como exemplos a tribo dos Euahlayi no livro da sra. Parker (pp. 15 ss.) e a dos Wotjobaluk (HOWITT, *Nat. Tr.*, pp. 121 ss.; cf. o artigo de Mathews já citado).

45. Ver exemplos em HOWITT, *Nat. Tr.*, p. 122.

46. Ver *De quelques formes primitives de classification*, p. 28, n. 2.

47. STREHLOW, II, pp. 61-72.

48. *Nat. Tr.*, p. 112.

49. Ver particularmente *Nat. Tr.*, p. 447, e *North. Tr.*, p. 151.

50. STREHLOW, III. pp. xiii-xvii. Acontece estarem os mesmos totens secundários ligados simultaneamente a dois ou três totens principais. Sem dúvida, Strehlow não pôde estabelecer com certeza qual desses totens era realmente o principal.

Dois fatos interessantes, que se deduzem desse quadro, confirmam algumas proposições que enunciamos anteriormente.

Primeiro, os totens principais são quase todos animais, com raras exceções. Segundo, os astros nunca são mais que totens, secundários ou associados. É mais uma prova de que estes últimos só tardiamente foram promovidos à dignidade de totens e de que os totens principais foram primitivamente tomados de preferência do reino animal.

51. Segundo o mito, os totens associados teriam, durante os tempos fabulosos, servido para alimentar as pessoas do totem principal, ou, em se tratando de árvores, oferecido a elas sua sombra (STREHLOW, III, p. xii; SPENCER e GILLEN, *Nat. Tr.*, p. 402). O fato de que o totem associado fosse consumido não implica, aliás, que o considerassem como profano, pois, na época mítica, o próprio totem principal, acredita-se, era consumido pelos antepassados, fundadores do clã.

52. Assim, no clã do Gato Selvagem, os desenhos gravados no churinga representam a árvore de flores Hakea, que é hoje um totem distinto (SPENCER e GILLEN, *Nat. Tr.*, pp. 147-148). STREHLOW (III, p. xii, nota 4) diz que o fato é freqüente.

53. SPENCER e GILLEN, *North. Tr.*, p. 182; *Nat. Tr.*, pp. 151 e 297.

54. *Nat. Tr.*, pp. 151 e 158.

55. *Ibid.*, pp. 447-449.

56. Assim, SPENCER e GILLEN nos falam do pombo chamado Inturita ora como de um totem principal (*Nat. Tr.*, p. 410), ora como de um totem associado (*ibid.*, p. 448).

57. HOWITT, *Further Notes*, pp. 63-64.

58. Assim, com muita freqüência, o clã foi confundido com a tribo. Essa confusão, que causa seguidos problemas nas descrições dos etnólogos, foi feita especialmente por CURR (I, pp. 61 ss.).

59. É o que acontece em particular entre os Warramunga (*North. Tr.*, p. 298).

60. Ver, por exemplo, SPENCER e GILLEN, *Nat. Tr.*, pp. 380 e *passim*.

61. Poder-se-ia mesmo perguntar se não existem às vezes totens tribais. Assim, entre os Arunta há um animal, o gato selvagem, que serve de totem a um clã particular, mas que é interdito à tribo inteira; mesmo as pessoas dos outros clãs só podem comer desse animal muito moderadamente (*Nat. Tr.*, p. 168). Contudo, achamos que seria abusivo falar, nessa circunstância, de um totem tribal, pois o fato de o livre consumo de um animal

ser proibido não implica que este seja um totem. Outras causas podem dar origem à interdição. Sem dúvida, a unidade religiosa da tribo é real, mas é com a ajuda de outros símbolos que ela se afirma. Mostraremos mais adiante quais são esses símbolos (livro II, cap. IX).

Capítulo IV

1. Os totens são bens da tribo no sentido de que ela está envolvida por inteiro no culto que cada clã deve a seu totem.
2. FRAZER fez uma lista bastante completa dos textos relativos ao totemismo individual na América do Norte (*Totemism and Exogamy*, III, pp. 370-456).
3. Por exemplo, entre os Huronianos, os Iroqueses, os Algonquins (CHARLEVOIX, *Histoire de la Nouvelle France*, VI, pp. 67-70; SAGARD, *Le Grand Voyage au pays des Hurons*, p. 160), entre os índios Thompson (TEIT, *The Thompson Indians of British Columbia*, p. 355).
4. É o caso dos YUIN (HOWITT, *Nat. Tr.*, p. 133); dos Kurnai (*ibid.*, p. 135); de várias tribos do Queensland (ROTH, "Superstition, Magic and Medicine", *North Queensland Ethnography*, Boletim nº 5, p. 19); (HADDON, *Head Hunters*, p. 193); entre os Delaware (HECKELWELDER, *An Account of the History... of the Indian Nations*, p. 238); entre os índios Thompson (TEIT, *op. cit.*, p. 355); entre os Salish Statlumh (HILL TOUT, "Rep. of the Ethnol. of the Statlumh", *J.A.I.*, XXXV, pp. 147 ss.)
5. HILL TOUT, *loc. cit.*, p. 154.
6. CATLIN, *Manners and Customs*, etc., Londres, 1876, I, p. 36.
7. *Lettres édifiantes et curieuses*, nova ed., VI, pp. 172 ss.
8. CHARLEVOIX, *op. cit.*, VI, p. 69.
9. DORSEY, *Siouan Cults*, XIth Rep., p. 443.
10. BOAS, *Kwakiutl*, p. 323.
11. Hill TOUT, *loc. cit.*, p. 154.
12. BOAS, *Kwakiutl*, p. 323.
13. Srta. FLETCHER, "The Import of the Totem, a Study from the Omaha Tribe" (*Smithsonian Rep. for 1897*, p. 583). Fatos similares serão encontrados em TEIT, *op. cit.*, pp. 354, 356; Peter JONES, *History of the Ojibway Indians*, p. 87.

14. É o caso, por exemplo, do cão entre os Salish Statlumh, por causa do estado de servidão em que ele vive (Hill TOUT, *loc. cit.*, p. 153).

15. Langloh PARKER, *Euahlayi*, p. 21.

16. "O espírito de um homem, diz a sra. PARKER (*ibid.*), está em seu Yunbeai (totem individual) e seu Yunbeai está nele".

17. Langloh PARKER, *op. cit.*, p. 20. O mesmo acontece entre certos Salish (Hill TOUT, "Ethn. Rep. on the Stseelis and Skaulits Tribes", *J.A.I.*, XXXIV, p. 324). O fato é geral entre os índios da América Central (BRINTON, *Nagualism*, "A Study in Native American Folklore and History", in *Proceedings of the American Philosophical Society*, XXXIII, p. 32).

18. PARKER, *ibid.*; HOWITT, *Nat. Tr.*, p. 147; DORSEY, "Siouan Cults", *XIth Rep.*, p. 443. Frazer, por sinal, fez o levantamento dos casos americanos e estabeleceu a generalidade da interdição (*Totemism and Exogamy*, III, p. 450). Vimos, é verdade, que na América o indivíduo devia começar por matar o animal cuja pele servia para fazer o que os etnógrafos chamam um saco-remédio (*sac-médecine*). Mas esse costume só foi observado em cinco tribos. Trata-se provavelmente de uma forma alterada e tardia da instituição.

19. HOWITT, *Nat. Tr.*, pp. 135, 147, 387; "Austral. Medicine Men", *J.A.I.*, XVI, p. 34; TEIT, *The Shuswap*, p. 607.

20. MEYER, *Manners and Customs of the Aborigines of the Encounter Bay Tribe*, in WOODS, p. 197.

21. BOAS, *VIth Report on the North-West Tribes of Canada*, p. 93; TEIT, *The Thompson Indians*, p. 336; BOAS, *Kwakiutl*, p. 394.

22. Exemplos em Hill TOUT, "Rep. of the Ethnol. of the Statlumh", *J.A.I.*, XXXV, p. 144. Cf. Langloh PARKER, *op. cit.*, p. 29.

23. Conforme uma informação dada por Howitt numa carta pessoal a Frazer (*Totemism and Exogamy*, I, p. 495 e n. 2).

24. Hill TOUT, "Ethnol. Rep. on the Stseelis and Skaulits Tribes", *J.A.I.*, XXXIV, p. 324.

25. HOWITT, "Australian Medicine Men", *J.A.I.*, XVI, p. 34; LAFITAU, *Moeurs des Sauvagens américains*, I, p. 370; CHARLEVOIX, *Histoire de la Nouvelle France*, VI, p. 68. Acontece o mesmo com o *atai* e o *tamaniu*, na ilha de Mota (CODRINGTON, *The Melanesians*, pp. 250-251).

26. Assim, não há, entre esses animais protetores e os fetiches, a linha de demarcação que FRAZER acreditou poder estabelecer. Segundo ele, o fetichismo começaria quando o ser protetor fosse um objeto individual, e não uma classe (*Totemism*, p. 56). Ora, já na Austrália, verifica-se que um animal determinado desempenha esse papel (Ver HOWITT, "Australian Medicine Men", *J.A.I.*, XVI, p. 34). A verdade é que as noções de fetiche e de fetichismo não correspondem a nada de definido.

27. BRINTON, *Nagualism*, "Proceedings of the Amer. Philos. Society", XXXIII, p. 32.

28. CHARLEVOIX, VI, p. 67.

29. Hill TOUT, "Rep. on the Ethnol. of the Statlumh of British Columbia", *J.A.I.*, XXXV, pp. 142.

30. Hill TOUT, "Ethnol. Rep. on the Stseelis and Skaulits Tribes", *J.A.I.*, XXXIV, pp. 311 ss.

31. HOWITT, *Nat. Tr.*, p. 133.

32. Langloh PARKER, *op. cit.*, p. 20.

33. J. W. POWELL, "An American View of Totemism", in *Man*, 1902, nº 84; Tylor, *ibid.*, nº 1. Andrew LANG exprimiu idéias análogas em *Social Origins*, pp. 133-135. Enfim, o próprio FRAZER, reconsiderando sua opinião anterior, julga hoje que, até que se conheça melhor a relação entre os totens coletivos e os *guardian spirits*, convém designá-los por nomes diferentes (*Totemism and Exogamy*, III, p. 456).

34. É o caso, na Austrália, dos Yuin (HOWITT, *Nat. Tr.*, p. 81) e dos Narrinyeri (MEYER, *Manners and Customs of the Aborigines of the Encounter Bay Tribe*, in WOODS, pp. 197 ss.).

35. "O totem se assemelha tão pouco ao padroeiro do indivíduo, diz Tylor, quanto um brasão a uma imagem de santo" (*loc. cit.*, p. 2). Do mesmo modo, se Frazer adere hoje à opinião de Tylor, é por recusar agora todo caráter religioso ao totem de clã (*Totemism and Exogamy*, III, p. 452).

36. Ver adiante, livro II, cap. IX.

37. Contudo, segundo uma passagem de MATHEWS, entre os Wotjobaluk, o totem seria hereditário. "Cada indivíduo, diz ele, tem um animal, uma planta ou um objeto inanimado como seu totem especial e pessoal, que herda de sua mãe" (*J. and Proc. of the R. Society of N. S. Wales*, XXXVIII, p. 291). Mas é evidente que, se todos os filhos de uma mesma família tivessem por totem pessoal o de sua mãe, nem eles nem sua mãe teriam,

em realidade, totens pessoais. Mathews quer provavelmente dizer que cada indivíduo escolhe seu totem individual num círculo de coisas relacionadas ao clã de sua mãe. Veremos, com efeito, que cada clã tem seus totens individuais como propriedade exclusiva, os outros clãs não podendo dispor deles. Nesse sentido, o nascimento determina numa certa medida, mas nessa medida apenas, o totem pessoal.

38. HECKEWELDER, "An Account of the History, Manners and Customs of the Indian Nations who once inhabited Pennsylvania", in *Transactions of the Historical and Literary Committee of the American Philos. Society*, I, p. 238.

39. Ver DORSEY, "Siouan Cults", *XIth Rep.*, p. 507; CATLIN, *op. cit.*, I, p. 37; Srta. FLETCHER, "The Import of the Totem", in *Smithsonian Rep. f. 1897*, p. 580; TEIT, *The Thompson Indians*, pp. 317-320; Hill TOUT, *J.A.I.*, XXXV, p. 144.

40. Encontramos, porém, alguns exemplos. É em sonho que os feiticeiros Kurnai têm a revelação de seus totens pessoais (HOWITT, *Nat. Tr.*, p. 387; "On Australian Medicine Men", in *J.A.I.*, XVI, p. 34). Os habitantes do cabo Bedford crêem que, quando um velho sonha com alguma coisa durante a noite, essa coisa é o totem pessoal da primeira pessoa que ele encontrar na manhã seguinte (W. E. ROTH, *Superstition, Magic and Medicine*, p. 19). Mas é provável que, por esse método, só se obtenham totens pessoais complementares e acessórios, pois, nessa mesma tribo, um outro procedimento é empregado no momento da iniciação, como afirmamos no texto.

41. Em certas tribos de que fala ROTH (*ibid.*); em certas tribos vizinhas de Maryborough (HOWITT, *Nat. Tr.*, p. 147).

42. Entre os Wiradjuri (HOWITT, *Nat. Tr.*, p. 406; "On Australian Medicine Men", in *J.A.I.*, XVI, p. 50).

43. ROTH, *loc. cit.*

44. HADDON, *Head Hunters*, pp. 193 ss.

45. Entre os Wiradjuri (mesmas referências anteriores, nota 2).

46. Em geral, parece que essas transmissões de pai para filho só se produzem quando o pai é um xamã ou um feiticeiro. É o caso igualmente entre os índios Thompson (TEIT, *The Thompson Indians*, p. 320) e entre os Wiradjuri, há pouco mencionados.

47. Hill TOUT (*J.A.I.*, XXXV, pp. 146-147). O rito essencial é o que consiste em soprar a pele: se não fosse corretamente

executado, a transmissão não se efetuaria. É que o sopro, como veremos mais adiante, é a alma. Ao soprarem a pele do animal, tanto o feiticeiro como o jovem exalam algo de suas almas que se penetram, ao mesmo tempo que se comunicam com a natureza do animal, que também toma parte na cerimônia sob a forma de seu símbolo.

48. N. W. THOMAS, "Further Remarks on Mr. Hill Tout's Views on Totemism", in *Man*, 1904, p. 85.

49. Langloh PARKER, *op. cit.*, pp. 20, 29.

50. Hill TOUT, in *J.A.I.*, XXXV, pp. 143 e 146; *ibid.*, XXXIV, p. 324.

51. PARKER, *op. cit.*, p. 30; TEIT, *The Thompson Indians*, p. 320; Hill TOUT, in *J.A.I.*, XXXV, p. 144.

52. CHARLEVOIX, VI, p. 69.

53. Hill TOUT, *ibid.*, p. 145.

54. Assim, no nascimento de uma criança, planta-se uma árvore que é cercada de muitos cuidados, pois acredita-se que sua sorte e a da criança são solidárias. FRAZER, no seu *Golden Bough*, relata vários costumes e crenças que traduzem diferentemente a mesma idéia (cf. HARTLAND, *Legend of Perseus*, II, pp. 1-55).

55. HOWITT, *Nat. Tr.*, pp. 148 ss.; FISON e HOWITT, *Kamilaroi and Kurnai*, pp. 194, 201 ss.; DAWSON, *Australian Aborigines*, p. 52. PETRIE assinala-o também no Queensland (*Tom Petries Reminiscences of Early Queensland*, pp. 62 e 118).

56. *Journal and Proceed. of the R. Society of N. S. Wales*, XXXVIII, p. 339. Os Warramunga têm o seguinte costume: antes de sepultar o morto, retira-se-lhe um osso do braço; se for uma mulher, junta-se ao invólucro em que é guardado plumas de ema; se for um homem, plumas de mocho (*North. Tr.*, p. 169). Deve-se ver nele um traço de totemismo sexual?

57. Cita-se inclusive um caso em que cada grupo sexual teria dois totens sexuais; assim, os Wurunjerri acumulariam os totens sexuais dos Kurnai (ema-garriça e toutinegra) e os dos Wotjobaluk (morcego e coruja *nightjar*). Ver HOWITT, *Nat. Tr.*, p. 150.

58. *Totemism*, p. 51.

59. *Kamilaroi and Kurnai*, p. 215.

60. THRELLDKE, citado por MATHEWS, *loc. cit.*, p. 339.

61. HOWITT, *Nat. Tr.*, pp. 148, 151.

62. *Kamilaroi and Kurnai*, pp. 200-203; HOWITT, *Nat. Tr.*, p. 149; PETRIE, *op. cit.*, p. 62. Entre os Kurnai, essas lutas san-

grentas terminam com freqüência em casamentos, dos quais são uma espécie de preâmbulo ritual. Às vezes, também, essas batalhas se transformam em simples brincadeiras (PETRIE, *loc. cit.*).

63. Ver sobre esse ponto nosso estudo sobre: "La prohibition de l'inceste et ses origines", in *Année sociol.*, pp. 44 ss.

64. No entanto, veremos adiante (cap. IX) que existe uma relação entre os totens sexuais e os grandes deuses.

Capítulo V

1. *Civilisation primitive*, I, p. 465, II, p. 305; "Remarks on Totemism, with special reference to some modern theories concerning it", in *J.A.I.*, XXVIII e I da nova série, p. 138.

2. *Het Animisme bij den Volken van den indischen Archipel*, pp. 69-75.

3. TYLOR, *Civilisation primitive*, II, p. 8.

4. *Ibid.*, pp. 8-21.

5. G. McCall THEAL, *Records of South-Eastern Africa*, VII. Conhecemos esse trabalho somente através de um artigo de FRAZER, "South African Totemism", publicado em *Man*, 1901, nº 111.

6. CODRINGTON, *The Melanesians*, pp. 32-33, e carta pessoal do mesmo autor citada por TYLOR em *J.A.I.*, XXVIII, p. 147.

7. Essa é também, com poucas nuanças, a solução adotada por WUNDT (*Mythus und Religion*, II, p. 269).

8. É verdade que, para TYLOR, o clã não é senão uma família ampliada; portanto, o que se pode dizer de um desses grupos aplica-se, segundo ele, ao outro (*J.A.I.*, XXVIII, p. 157). Mas essa concepção é das mais contestáveis; apenas o clã supõe o totem, o qual só adquire pleno sentido no e através do clã.

9. No mesmo sentido, ver A. LANG, *Social Origins*, p. 150.

10. Ver acima, p. 134.

11. *Civilisation primitive*, II, p. 23.

12. Wundt, que retomou, em suas linhas essenciais, a teoria de Tylor, tentou explicar de outro modo essa relação misteriosa entre o homem e o animal: o espetáculo proporcionado pelo cadáver em decomposição é que teria sugerido essa idéia. Ao ver os vermes escapando do corpo, o homem teria acreditado que a alma estava aí encarnada e escapava com eles. Os vermes e, por

extensão, os répteis (cobras, lagartos, etc.) seriam portanto os primeiros animais a servir de receptáculo às almas dos mortos e, assim, teriam sido também os primeiros a ser venerados e a desempenhar o papel de totens. Somente depois, outros animais e até plantas e objetos inanimados teriam sido elevados à mesma dignidade. Mas essa hipótese não se apóia sequer num começo de prova. WUNDT afirma (*Mythus und Religion*, II, p. 269) que os répteis são totens bem mais difundidos que os outros animais; donde conclui que são mais primitivos. Mas nos é impossível perceber o que pode justificar essa asserção, em apoio da qual o autor não apresenta nenhum fato. Das listas de totens feitas seja na Austrália, seja na América, nada indica que uma espécie animal qualquer tenha desempenhado em alguma parte um papel preponderante. Os totens variam de uma região a outra conforme as condições da fauna e da flora. E, ainda que o círculo original dos totens fosse tão estreitamente limitado, não se percebe como o totemismo teria podido satisfazer ao princípio fundamental em virtude do qual dois clãs ou subclãs de uma mesma tribo devem ter dois totens diferentes.

13. "Adoram-se às vezes certos animais, diz Tylor, porque são vistos como a encarnação da alma divina dos antepassados; essa crença constitui uma espécie de traço-de-união entre o culto prestado aos manes e o culto aos animais" (*Civilisation primitive*, II, p. 305; cf. p. 308 *in fine*). Do mesmo modo, WUNDT apresenta o totemismo como uma seção do animalismo (II, p. 234).

14. Ver p. 134.

15. *Introduction to the History of Religion*, pp. 96 ss.

16. Ver p. 10.

17. É o que o próprio Jevons reconhece: "Há razões para presumir, diz ele, que, na escolha de um aliado, o homem devia preferir... a espécie que possuísse o maior poder" (p. 101).

18. Segunda ed., III, pp. 416 ss.; ver particularmente p. 419, nota 5. Em artigos mais recentes, que serão analisados adiante, FRAZER expôs uma teoria diferente, mas que, no entender dele, não exclui completamente a do *Golden Bough*.

19. "The Origin of the Totemism of the Aborigines of British Columbia", in *Proc. and Transac. of the R. Society of Canada*, 2ª série, VII, 2ª seção, pp. 3 ss. Ver também "Report on the Ethnology of the Statlumh", *J.A.I.*, XXXV, p. 141. Hill TOUT respondeu a diferentes objeções feitas à sua teoria, no tomo IX de *Trans. of the R. Society of Canada*, pp. 61-99.

20. Alice C. FLETCHER, "The Import of the Totem", in *Smithsonian Report for 1897*, pp. 577-586.
21. *The Kwakiutl Indians*, pp. 323 ss., 336-338, 393.
22. "The Development of the Clan System", in *Amer. Anthrop.*, n.s., 1904, VI, pp. 477-864.
23. *J.A.I.*, XXXV, p. 142.
24. *Ibid.*, p. 150. Cf. "Vth Rep. on the Physical Characteristics of the N.-W. Tribes of Canada", *B.A.A.S.*, p. 24. Mencionamos mais acima um mito desse tipo.
25. *J.A.I.*, XXXV, p. 147.
26. *Proc. a. Transac.*, etc., VII, 2ª seção, p. 12.
27. Ver *The Golden Bough*, III, pp. 351 ss. WILKEN já havia assinalado fatos análogos em "De Simsonsage", in *De Gids*, 1890; "De Betrekking tusschen Menschen-Dieren en Plantenleven", in *Indische Gids*, 1884, 1888; "Ueber das Haaropfer", in *Revue coloniale internationale*, 1886-1887.
28. Por exemplo, EYLMANN em *Die Eingeborenen der Kolonie Südaustralien*, p. 199.
29. Se o Yunbeai, diz a sra. PARKER a propósito dos Euahlayi, "confere uma força excepcional, também expõe a perigos excepcionais, pois tudo o que fere o animal fere o homem" (*Euahlayi*, p. 29).
30. Num trabalho posterior ("The Origin of Totemism", in *The Fortnightly Review*, maio de 1899, pp. 844-845), o próprio FRAZER levanta a objeção: "Se, diz ele, guardei minha alma no corpo de uma lebre e se meu irmão John (membro de um clã estrangeiro) mata essa lebre, assa-a e come-a, o que acontece com minha alma? Para evitar esse perigo, é necessário que meu irmão John conheça essa situação de minha alma e que, posteriormente, quando matar uma lebre, tenha o cuidado de extrair dela essa alma e de restituí-la a mim, antes de assar o animal e fazer dele seu jantar." Ora, Frazer julga encontrar essa prática em uso nas tribos da Austrália Central. Todos os anos, durante um rito que descreveremos adiante, quando os animais da nova geração chegam à maturidade, a primeira caça morta é apresentada aos membros do totem, que comem um pouco de sua carne; somente depois os membros dos outros clãs podem consumi-la livremente. Esse é um meio, diz Frazer, de devolver aos primeiros a alma que podem ter confiado a esses animais. Mas, além dessa interpretação do rito ser inteiramente arbitrária, é difícil não

achar esquisito esse meio de evitar o perigo. Essa cerimônia é anual; longos dias podem ter transcorrido desde o momento em que o animal foi morto. Durante esse tempo, em que se transformou a alma que estava sob sua guarda e o indivíduo do qual essa alma é o princípio de vida? Mas é inútil insistir sobre tudo o que há de inconcebível nessa explicação.

31. PARKER, op. cit., p. 20; HOWITT, "Australian Medicine Men", in J.A.I., XVI, pp. 34, 49-50; Hill TOUT, J.A.I., XXXV, p. 146.

32. Segundo o próprio Hill TOUT. "A doação ou a transmissão (de um totem pessoal) só podem ser efetuadas por certas pessoas como xamãs ou homens que possuem um grande poder misterioso" (J.A.I., XXXV, p. 146). Cf. Langloh PARKER, op. cit., pp. 29-30.

33. Cf. HARTLAND, "Totemism and some Recent Discoveries", Folk-lore, XI, pp. 59 ss.

34. Com exceção talvez dos Kurnai. Mesmo assim, existem nessa tribo, além dos totens pessoais, totens sexuais.

35. Entre os Wotjobaluk, os Buandik, os Wiradjuri, os Yuin e as tribos vizinhas de Maryborough (Queensland). Ver HOWITT, Nat. Tr., pp. 114-147; MATHEWS, J. of R. Soc. of N. S. Wales, XXXVIII, p. 291. Cf. THOMAS, "Further Notes on M. Hill Tout's Views of Totemism", in Man, 1904, p. 85.

36. É o caso dos Euahlayi e dos exemplos de totemismo pessoal assinalados por HOWITT em "Australian Medicine Men", in J.A.I., XVI, pp. 34, 45 e 49-50.

37. Srta. FLETCHER, "A Study of the Omaha Tribe", in Smithsonian Report for 1897, p. 586; BOAS, The Kwakiutl, p. 322; do mesmo autor, "Vth Rep. of the Committee... of the N.-W. Tribes of the Dominion of Canada", B.A.A.S., p. 25; Hill TOUT, J.A.I., XXXV, p. 148.

38. Os nomes próprios dos diferentes gentes, diz BOAS a propósito do Tlinkit, são derivados de seus totens respectivos, tendo cada gens seus nomes especiais. A conexão entre o nome e o totem (coletivo) às vezes não é muito evidente, mas existe sempre ("Vth Rep. of the Committee...", p. 25). O fato de os prenomes individuais serem propriedade do clã e o caracterizarem tão seguramente quanto o totem observa-se igualmente entre os Iroqueses (MORGAN, Ancient Society, p. 78); entre os Wyandot (POWELL, "Wyandot Government", in Ist Rep., p. 59); entre os

Shawnee, os Sauk, os Fox (MORGAN, *Ancient Society*, pp. 72, 76-77); entre os Omaha (DORSEY, "Omaha Sociology", in *IIIrd Rep.*, pp. 227 ss.). Ora, sabe-se a relação que existe entre os prenomes e os totens pessoais (ver p. 155).

39. "Por exemplo, diz MATHEWS, se você perguntar a um homem Wartwurt qual é seu totem, ele lhe dirá primeiro seu totem pessoal, mas, muito provavelmente, irá enumerar em seguida outros totens pessoais de seu clã" (*J. of the Roy. Soc. of N. S. Wales*, XXXVIII, p. 291).

40. "The Beginnings of Religion and Totemism among the Australia Aborigines", in *The Fortnightly Review*, julho de 1905, pp. 162 ss., e setembro, p. 452. Cf. do mesmo autor, "The Origin of Totemism", *ibid.*, abril de 1899, p. 648, e maio, p. 835. Esses últimos artigos, um pouco mais antigos, diferem um pouco dos primeiros, mas o fundo da teoria é essencialmente o mesmo. Tanto uns como os outros são reproduzidos em *Totemism and Exogamy*, I, pp. 89-172. Ver, no mesmo sentido, SPENCER e GILLEN, "Some Remarks on Totemism as applied to Australian Tribes", in *J.A.I.*, 1899, pp. 275-280, e observações de FRAZER, sobre o mesmo tema, *ibid.*, pp. 281-286.

41. "Perhaps we may... say that it is but one remove from the original pattern, the absolutely primitive type of totemism" (*Fortn. Rev.*, setembro de 1905, p. 455).

42. Sobre esse ponto, o testemunho de STREHLOW confirma o de SPENCER e GILLEN (II, p. 52). Ver, em sentido contrário, LANG, *The Secret of the Totem*, p. 190.

43. Uma idéia muito próxima já havia sido expressa por HADDON em seu "Address to the Anthropological section" (*B.A.A.S.*, 1902, pp. 8 ss.). Ele supõe que cada grupo local tinha primitivamente um alimento que lhe era mais especialmente próprio. A planta ou o animal que servia assim de principal matéria ao consumo teria se tornado o totem do grupo.

Todas essas explicações implicam naturalmente que a interdição de comer do animal totêmico não era primitiva, tendo sido inclusive precedida de uma prescrição contrária.

44. *Fortn. Rev.*, setembro de 1905, p. 458.

45. *Fortn. Rev.*, maio de 1899, p. 835, e julho de 1905, pp. 162 ss.

46. Embora vendo no totemismo apenas um sistema mágico, FRAZER reconhece que nele se encontram às vezes os pri-

meiros germes de uma religião propriamente dita (*Fortn. Rev.*, julho de 1905, p. 163). Sobre a maneira pela qual, segundo ele, a religião teria saído da magia, ver *Golden Bough*, I, pp. 75-78).

47. "Sur le totémisme", in *Année sociol.*, V, pp. 82-121. Cf. sobre a mesma questão, HARTLAND, "Presidential Address", in *Folk-lore*, XI, p. 75; A. LANG, "A Theory of Arunta Totemism", in *Man*, 1904, nº 44; "Conceptional Totemism and Exogamy", *ibid.*, 1907, nº 55; *The Secret of the Totem*, cap. IV; N. W. THOMAS, "Arunta Totemism", in *Man*, 1904, nº 68; P. W. SCHMIDT, "Die Stellung der Arunta unter den Australischen Stämmen", in *Zeitschrift für Ethnologie*, 1908, pp. 866 ss.

48. *Die Aranda*, II, pp. 57-58.

49. SCHULZE, *loc. cit.*, pp. 238-239.

50. Na conclusão de *Totemism and Exogamy* (IV, pp. 58-59), FRAZER, é verdade, diz que existe um totemismo ainda mais antigo que o dos Arunta: o que RIVERS observou nas ilhas Banks ("Totemism in Polynesia and Melanesia", in *J.A.I.*, XXXIX, p. 172). Entre os Arunta, um espírito de antepassado é que fecundaria a mãe; nas ilhas Banks, um espírito de animal ou de vegetal, como supõe a teoria. Mas, como os espíritos ancestrais dos Arunta têm uma forma animal ou vegetal, a diferença é tênue. Assim, não a levamos em conta em nossa exposição.

51. *Social Origins*, Londres, 1903, particularmente o capítulo VIII intitulado "The Origin of Totem Names and Beliefs", e *The Secret of the Totem*, Londres, 1905.

52. Sobretudo em *Social Origins*, LANG procura reconstituir por conjeturas a forma que deviam ter esses grupos primitivos. Parece-nos inútil reproduzir essas hipóteses que não dizem respeito à sua teoria do totemismo.

53. Sobre esse ponto, LANG se aproxima da teoria de Julius Pikler (ver PIKLER e SZOMLO, *Der Ursprung des Totemismus. Ein Beitrag zur materialistischen Geschichstheorie*, Berlim, 36 p. in-8º). A diferença entre as duas hipóteses é que Pikler atribui mais importância à representação pictográfica do nome do que ao nome propriamente.

54. *Social Origins*, p. 166.

55. *The Secret of the Totem*, p. 121; cf. pp. 116, 117.

56. *The Secret of the Totem*, p. 136.

57. *J.A.I.*, agosto de 1888, pp. 53-54. Cf. *Nat. Tr.*, pp. 89, 488, 498.

58. "With reverence", como diz LANG (*The Secret of the Totem*, p. 111).
59. A esses tabus, Lang acrescenta os que estão na base das práticas exogâmicas.
60. *Ibid.*, pp. 136-137.
61. Não falamos, porém, da teoria da Spencer. Isso porque ela é apenas um caso particular da teoria geral pela qual ele explica a transformação do culto dos mortos em culto da natureza. Como já a expusemos, iríamos apenas nos repetir.
62. Só que Lang deriva de uma outra fonte a idéia dos grandes deuses; ela seria devida, como dissemos, a uma espécie de revelação primitiva. Mas Lang não faz intervir essa idéia em sua explicação do totemismo.

Capítulo VI

1. Num mito kwakiutl, por exemplo, um herói ancestral fura a cabeça de um inimigo estendendo o dedo em direção a ele (BOAS, "Vth Rep. on the North. Tribes of Canada", *B.A.A.S.*, 1889, p. 30).
2. Encontrar-se-ão referências em apoio a essa asserção na p. 533, nota 1, e p. 591, nota 98.
3. Ver livro II, cap. II.
4. Ver, por exemplo, HOWITT, *Nat. Tr.*, p. 482; SCHURMANN, "The Aboriginal Tribes of Port Lincoln", in WOODS, *Nat. Tr. of. S. Australia*, p. 231.
5. FRAZER toma inclusive de Samoa muitos fatos que ele apresenta como propriamente totêmicos (ver *Totemism*, pp. 6, 12-15, 24, etc.). Dissemos, é verdade, que Frazer nem sempre aplicava uma crítica suficiente à escolha de seus exemplos. Mas empréstimos tão numerosos evidentemente não teriam sido possíveis se não houvesse realmente em Samoa sobrevivências de totemismo.
6. Ver TURNER, *Samoa*, p. 21, e cap. IV e V.
7. Alice FLETCHER, "A Study of the Omaha Tribe", in *Smithsonian Rep. for 1897*, pp. 582-583.
8. DORSEY, "Siouan Sociology", in *XVth Rep.*, p. 238.
9. "Siouan Sociology", p. 221.
10. RIGGS e DORSEY, "Dakota English Dictionary", in *Con-

trib. N. Amer. Ethnol., VII, p. 508. Vários observadores citados por Dorsey identificam à palavra wakan as palavras wakanda e wakanta que dela derivaram, mas que em realidade têm uma significação mais precisa.

11. *Xth Rep.*, p. 372, § 21. A srta. Fletcher, embora reconhecendo não menos claramente o caráter impessoal do wakanda, acrescenta que, sobre essa concepção, veio enxertar-se um certo antropomorfismo. Mas esse antropomorfismo concerne às manifestações diversas do wakanda. Fala-se da pedra, da árvore onde se acredita sentir o wakanda, como se fossem seres pessoais. Mas o wakanda, ele mesmo, não é personificado (*Smithsonian Rep. f. 1897*, p. 579).

12. RIGGS, *Tah-Koo Wah-Kon*, pp. 56-57, citado conforme DORSEY, *XIth Rep.*, p. 433, § 95.

13. *XIth Rep.*, p. 380, § 33.

14. *Ibid.*, p. 381, § 35.

15. *Ibid.*, p. 376, § 28, p. 378, § 30. Cf. p. 449, § 138.

16. *Ibid.*, p. 432, § 95.

17. *XIth Rep.*, p. 431, § 92.

18. *Ibid.*, p. 433, § 95.

19. "Orenda and a Definition of Religion", in *American Anthropologist*, 1902, p. 33.

20. *Ibid.*, p. 36.

21. TESA, *Studi del Thavenet*, p. 17.

22. BOAS, *The Kwakiutl*, p. 695.

23. SWANTON, "Social Conditions, Beliefs and Linguistic Relationship of the Tlingit Indians", *XXVIth Rep.*, 1905, p. 451, n. 3.

24. SWANTON, *Contributions to the Ethnology of the Haida*, p. 14. Cf. *Social Condition*, etc., p. 479.

25. Em certas sociedades melanésias (Ilhas Banks, Novas Hébridas do Norte), verificam-se as duas fratrias exogâmicas que caracterizam a organização australiana (CODRINGTON, *The Melanesians*, pp. 23 ss). Em Florida, existem, sob o nome de butose, verdadeiros totens (*ibid.*, p. 31). Encontrar-se-á uma interessante discussão sobre esse ponto em A. LANG, *Social Origins*, pp. 176 ss. Cf. sobre o mesmo tema e no mesmo sentido, W. H. R. RIVERS, "Totemism in Polynesia and Melanesia", in *J.A.I.*, XXXIX, pp. 156 ss.

26. *The Melanesians*, p. 118, n. 1. PARKINSON, *Dressig Jahre in der Südsee*, pp. 178, 392, 394, etc.

27. Encontrar-se-á uma análise dessa noção em HUBERT e MAUSS, "Théorie générale de la Magie", in *Année sociol.*, VII, p. 108.

28. Há não apenas totens de clãs, mas também de confrarias (A. FLETCHER, *Smiths. Rep. 1897*, pp. 581 ss.).

29. FLETCHER, *op. cit.*, pp. 578-579.

30. *Ibid.*, p. 583. Entre os Dakota, o totem é chamado Wakan. Ver RIGGS e DORSEY, "Dakota Grammar, Texts and Ethnog.", in *Contributions N. Amer. Ethn.*, 1893, p. 219.

31. *James's Account of Long's Exped. Rocky Moutains*, I, p. 268 (citado por DORSEY, *XIth Rep.*, p. 431, § 92).

32. Não queremos afirmar que, em princípio, toda representação teriomórfica das forças religiosas seja o indicador de um totemismo preexistente. Mas quando se trata, como é o caso dos Dakota, de sociedades em que o totemismo é ainda visível, é natural pensar que ele não seja estranho a essas concepções.

33. Ver mais adiante, mesmo livro, cap. IX, pp. 302 ss.

34. A primeira ortografia é a de Spencer e Gillen; a segunda, a de Strehlow.

35. *Nat. Tr.*, p. 548, n. 1. É verdade que Spencer e Gillen acrescentam: "A melhor maneira de exprimir a idéia é dizer que o objeto arungquiltha é possuído por um mau espírito." Mas essa livre tradução é uma interpretação de Spencer e Gillen, que nada justifica. A noção de arungquiltha de modo nenhum implica a existência de seres espirituais. É o que resulta do contexto e da definição de Strehlow.

36. *Die Aranda*, etc., II, p. 76, nota.

37. Sob o nome de Boyl-ya (ver BREY, *Journal of Two Expeditions of Discovery in N.W. and W. Australia*, II, pp. 337-338).

38. Ver p. 26. Aliás, é o que reconhecem implicitamente Spencer e Gillen quando dizem que o arungquiltha é "uma força sobrenatural". Cf. HUBERT e MAUSS, "Théorie générale de la magie", in *Année sociol.*, VII, p. 119.

39. CODRINGTON, *The Melanesians*, pp. 191 ss.

40. HEWITT, *loc. cit.*, p. 38.

41. Pode-se inclusive perguntar se um conceito análogo ao de wakan ou de mana está completamente ausente na Austrália. Com efeito, a palavra churinga ou tjurunga, como escreve Strehlow, tem, entre os Arunta, uma significação muito próxima. Esse termo, dizem SPENCER e GILLEN, designa "tudo o que é secreto

ou sagrado. Ele se aplica tanto a um objeto quanto à qualidade que ele possui" (*Nat. Tr.*, p. 648, s.v. Churinga). É quase a definição de mana. Ocorre mesmo que Spencer e Gillen utilizem essa expressão para designar o poder, a força religiosa de uma maneira geral. Descrevendo uma cerimônia entre os Kaitish, eles dizem que o oficiante está "cheio de churinga" (*full of churinga*), isto é, prosseguem "do poder mágico que emana dos objetos chamados churinga". Entretanto, não parece que a noção de churinga seja formada na Austrália com a clareza e a precisão que possui a de mana na Melanésia ou a de wakan entre os Sioux.

42. Certamente, veremos mais adiante (mesmo livro, cap. VIII e IX) que o totemismo não é completamente alheio à idéia de personalidade mítica. Mas mostraremos que essas concepções são o produto de formações secundárias: derivam das crenças que acabam de ser analisadas, longe de ser a base delas.

43. *loc. cit.*, p. 38.

44. *Rep. Peabody Museum*, III, p. 276, nota (citado por DORSEY, *XIth Rep.*, p. 435).

45. Ver p. 17.

46. Expressões como texto em grego , como *Ceres succiditur*, mostra que essa concepção sobrevivia tanto na Grécia quanto em Roma. Aliás, USENER, em seu *Götternamen*, mostrou claramente que os deuses da Grécia, como os de Roma, eram primitivamente forças impessoais pensadas apenas em função de suas atribuições.

47. "Définition du phénomène religieux", in *Année sociol.*, II, pp. 14-16.

48. "Preanimistic Religion", in *Folk-lore*, 1900, pp. 182-182.

49. *Ibid.*, p. 179. Num trabalho mais recente, "The Conception of Mana" (in *Transactions of the third International Congress for the History of Religions*, II, pp. 54 ss.), MARRETT tende a subordinar mais a concepção animista à noção de mana. Mas seu pensamento permanece ainda, sobre esse ponto, hesitante e muito reservado.

50. *Ibid.*, p. 168

51. Esse retorno do pré-animismo ao naturismo é ainda mais visível numa comunicação de CLODD ao III Congresso de História das Religiões ("Preanimistic Stages in Religion", in *Transactions of the third Intern. Congress*, etc., I, p. 33).

52. *Année sociologique*, t. VII, pp. 108 ss.

53. "Der Ursprung der Religion und Kunst", in *Globus*, 1904, t. LXXXVI, pp. 321, 355, 376, 389; 1905, t. LXXXVII, pp. 333, 347, 380. 394, 413.

54. *Globus*, LXXXVIII, p. 381.

55. Ele os opõe claramente a todas as influências de natureza profana (*Globus*, LXXXVI, p. 379, *a*).

56. Encontramo-la até mesmo nas recentes teorias de Frazer. Pois, se este estudioso recusa ao totemismo todo caráter religioso para fazer dele uma espécie de magia, é justamente porque as forças que o culto totêmico emprega são impessoais como aquelas manipuladas pelo mágico. Frazer reconhece, portanto, o fato fundamental que acabamos de estabelecer. Só que tira uma conclusão diferente da nossa, porque, segundo ele, só há religião onde há personalidades míticas.

57. Todavia, não tomamos essa palavra no mesmo sentido que Preuss e Marrett. Segundo eles, teria havido um momento determinado da evolução religiosa em que os homens não teriam conhecido almas nem espíritos, uma fase *pré-animista*. A hipótese é das mais contestáveis. Mais adiante nos explicamos sobre esse ponto (livro II, cap. VIII e IX).

58. Ver sobre a mesma questão um artigo de Alessandro BRUNO, "Sui fenomeni magico-religiosi delle communità primitive", in *Rivista italiana di Sociologia*, XII ano, fasc. IV-V, pp. 568 ss, e uma comunicação, não publicada, feita por W. BORGORAS ao XIV Congresso dos Americanistas, realizado em Stuttgart, em 1904. Essa comunicação é analisada por PREUSS no *Globus*, LXXXVI, p. 201.

59. "Todas as coisas, diz a srta. FLETCHER, são atravessadas por um princípio comum de vida" (*Smiths. Rep. f. 1897*, p. 579).

60. HEWITT, in *American Anthropologist*, 1902, p. 36.

61. *The Melanesians*, pp. 118-120.

62. *Ibid.*, p. 119.

Capítulo VII

1. Ver pp. 98-99.

2. PIKLER, no opúsculo citado mais acima, já havia exprimido, de uma maneira um tanto dialética, o sentimento de que é isso que constitui essencialmente o totem.

3. Ver nossa *Division du travail social*, pp. 64 ss.
4. *Ibid.*, p. 76.
5. É pelo menos o caso de toda autoridade reconhecida como tal por uma coletividade.
6. Esperamos que essa análise e as que seguem ponham fim a uma interpretação inexata de nosso pensamento, de que resultou mais de um mal-entendido. Como fizemos da coerção o *sinal exterior* em que os fatos sociais podem mais facilmente ser reconhecidos e distinguidos dos fatos da psicologia individual, acreditaram que, para nós, a coerção física era o fator essencial da vida social. Em realidade, nunca vimos nela mais que a expressão material e aparente de um fato interior e profundo, este, completamente ideal: a *autoridade moral*. O problema sociológico – se é possível dizer que há *um* problema sociológico – consiste em buscar, através das diferentes formas de coerção exterior, os diferentes tipos de autoridade moral que a elas correspondem e em descobrir as causas que determinaram estas últimas. Em particular, a questão que tratamos na presente obra tem por objeto principal descobrir sob que forma se originou essa espécie particular de autoridade moral inerente a tudo o que é religioso e de que ela é formada. Aliás, adiante se verá que, se fazemos da pressão social um dos caracteres distintivos dos fenômenos sociológicos, não queremos dizer que seja o único. Mostraremos um outro aspecto da vida coletiva, quase oposto ao precedente, mas não menos real (ver p. 217).
7. O que não quer dizer, obviamente, que a consciência coletiva não tenha características específicas (ver sobre esse ponto "Représentations individuelles et représentations collectives", in *Revue de Métaphysique et de Morale*, 1898, pp. 273 ss.).
8. É o que provam a extensão e o caráter apaixonado dos debates em que se deu uma forma jurídica às resoluções tomadas num momento de entusiasmo coletivo. Tanto no clero como na nobreza, mais de um chamou essa noite célebre de a noite dos iludidos, ou, segundo Rivarol, a noite de São Bartolomeu das propriedades (ver STOLL, *Suggestion und Hypnotismus in der Völkerpsychologie*, 2º Aufl., p. 618).
9. Ver STOLL, *op. cit.*, pp. 353 ss.
10. *Ibid.*, pp. 619, 635.
11. *Ibid.*, pp. 622 ss.
12. Os sentimentos de medo, de tristeza, podem desenvol-

ver-se igualmente e intensificar-se sob as mesmas influências. Eles correspondem, como veremos, a todo um aspecto da vida religiosa (ver livro III, cap. V).

13. É esse o outro aspecto da sociedade que, ao mesmo tempo que imperativa, nos aparece como boa e benfazeja. Ela nos domina e nos assiste. Se definimos o fato social antes pelo primeiro desses caracteres que pelo segundo, é que ele é mais facilmente observável por se traduzir por sinais exteriores e visíveis; mas estamos longe de pensar em negar a realidade do segundo (ver *Règles de la méthode sociologique*, prefácio da segunda edição, p. xx, n. 1).

14. CODRINGTON, *The Melanesians*, pp. 50, 103, 120. Aliás, considera-se em geral que, nas línguas polinésias, a palavra *mana* tem primitivamente o sentido de autoridade (ver TREGEAR, *Maori Comparative Dictionary*, s.v.).

15. Ver Albert MATHIEZ, *Les Origines des cultes révolutionnaires (1789-1792)*.

16. *Ibid.*, p. 24.

17. *Ibid.*, pp. 29, 32.

18. *Ibid.*, p. 30.

19. *Ibid.*, p. 46.

20. Ver MATHIEZ, *La Théophilanthropie et le culte décadaire*, p. 36.

21. Ver SPENCER e GILLEN, *North. Tr.*, p. 33.

22. Há inclusive cerimônias, sobretudo as relacionadas com a iniciação, em que são convocados membros de tribos estrangeiras. Todo um sistema de mensagens e de mensageiros é organizado tendo em vista essas convocações, sem as quais não há grandes solenidades (ver HOWITT, "Notes on Australian Message-Sticks and Messengers", in *J.A.I.*, 1889; *Nat. Tr.*, pp. 83, 678-691; SPENCER e GILLEN, *Nat. Tr.*).

23. O corrobori distingue-se da cerimônia propriamente religiosa por ser acessível às mulheres e aos não-iniciados. Mas, embora devam ser distinguidas, essas duas espécies de manifestações coletivas não deixam de ser muito aparentadas. Teremos, aliás, ocasião de falar mais adiante sobre esse parentesco e de explicá-lo.

24. Exceto no caso das grandes caçadas com batedores.

25. "The peaceful monotony of this part of his life" [A pacífica monotomia desta fase de sua vida], dizem SPENCER e GILLEN (*North. Tr.*, p. 33).

26. HOWITT, *Nat. Tr.*, p. 683. Trata-se, no caso, das demonstrações que ocorrem quando uma missão, enviada a um grupo de estrangeiros, volta ao acampamento com a notícia de um resultado favorável. Cf. BROUGH SMYTH, I, p. 138; SCHULZE, *loc. cit.*, p. 222.

27. Ver SPENCER e GILLEN, *Nat. Tr.*, pp. 96-97, *North. Tr.*, p. 137; BROUGH SMYTH, II, p. 319. Essa promiscuidade ritual observa-se particularmente nas cerimônias de iniciação (SPENCER e GILLEN, *Nat. Tr.*, pp. 267, 381; HOWITT, *Nat. Tr.*, p. 657), nas cerimônias totêmicas (SPENCER e GILLEN, *North. Tr.*, pp. 214, 237 e 298). Nessas últimas, as regras exogâmicas ordinárias são violadas. Contudo, entre os Arunta, as uniões entre pai e filha, mãe e filho, irmãos e irmãs (trata-se em todos esses casos de parentesco pelo sangue) permanecem proibidas (*Nat. Tr.*, pp. 96-97).

28. HOWITT, *Nat. Tr.*, pp. 535, 545. O fato é de uma extrema generalidade.

29. Essas mulheres eram elas mesmas Kingilli, portanto essas uniões violavam a regra de exogamia.

30. *North. Tr.*, p. 237.

31. *North. Tr.*, p. 391. Encontrar-se-ão outros exemplos de efervescência coletiva durante cerimônias religiosas em *Nat. Tr.*, pp. 244-246, 365-366, 374, 509-510 (esta última ocorre a propósito de um rito funerário). Cf. *North. Tr.*, pp. 213, 351.

32. Percebe-se que essa fraternidade é uma conseqüência lógica do totemismo, longe de ser seu princípio. Os homens não julgaram ter deveres para com os animais da espécie totêmica por se acreditarem parentes deles, mas imaginaram esse parentesco para explicar a si próprios a natureza das crenças e dos ritos de que esses animais eram objeto. O animal foi considerado um congênere do homem porque era um ser sagrado como o homem, mas não foi tratado como um ser sagrado porque se via nele um congênere.

33. Ver livro III, cap. I, parte III, pp. 337-342.

34. Na base dessa concepção existe, aliás, um sentimento bem fundamentado e que persiste. Também a ciência moderna tende cada vez mais a admitir que a dualidade do homem e da natureza não exclui sua unidade; que as forças físicas e as forças morais, embora distintas, têm um forte parentesco. Claro que, dessa unidade e desse parentesco, fazemos uma idéia bem dife-

rente da do primitivo; mas, sob símbolos diversos, o fato afirmado é o mesmo em ambos os casos.

35. Dizemos dessa derivação que ela é às vezes indireta, por causa das técnicas industriais que, na maioria dos casos, parecem ter derivado da religião unicamente por intermédio da magia (ver HUBERT e MAUSS, "Théorie générale de la magie", *Année sociol.*, VII, pp. 144 ss.), pois as forças mágicas, acreditamos, são apenas uma forma particular das forças religiosas. Haveremos de voltar a esse ponto várias vezes.

36. Pelo menos, o homem adulto e plenamente iniciado, pois os ritos de iniciação, que introduzem o jovem à vida social, constituem, por si mesmos, uma severa disciplina.

37. Ver, sobre essa natureza particular das sociedades primitivas, nosso *Division du travail social*, 3ª ed., pp. 123, 149, 173 ss.

38. Limitamo-nos provisoriamente a essa indicação geral. Voltaremos à idéia e apresentaremos mais explicitamente sua prova quando tratarmos dos ritos (livro III).

39. Ver sobre esse ponto ACHELIS, *Die Ekstase* (Berlim), 1902, particularmente o cap. I.

40. Cf. MAUSS, "Essai sur les variations saisonnières des sociétés eskimos", in *Année sociol.*, IX, p. 127.

41. Vê-se tudo o que há de errôneo nas teorias que, como o materialismo geográfico de RATZEL (ver especialmente sua *Politische Geographie*), fazem derivar toda a vida social de seu substrato material (seja econômico, seja territorial). Elas cometem um erro análogo ao que Maudsley cometeu em psicologia individual. Assim como este último reduzia a vida psíquica do indivíduo a um simples epifenômeno de sua base fisiológica, elas querem reduzir toda a vida psíquica da coletividade à sua base física. É esquecer que as idéias são realidades, forças, e que as representações coletivas são forças mais atuantes ainda e mais eficazes que as representações individuais. Ver sobre esse ponto nosso artigo "Représentations individuelles et représentations collectives", in *Revue de Métaphysique et de Morale*, maio de 1898.

42. Ver pp.190 ss.

43. Mesmo os *excreta* têm um caráter religioso. Ver PREUSS, "Der Ursprung der Religion und Kunst", em particular o capítulo II intitulado "Der Zauber der Defäkation" (*Globus*, LXXXVI, pp. 325 ss.).

44. O princípio passou da religião para a magia: é o *totum ex parte* dos alquimistas.

45. Ver sobre esse ponto *Les Règles de la méthode sociologique*, pp. 5 ss.

46. PROCÓPIO de GAZA, *Commentarii in Isaiam*, 496.

47. Ver THÉBENOT, *Voyage au Levant*, Paris, 1689, p. 638. O fato foi ainda observado em 1862: cf. BERCHON, "Histoire médicale du tatouage", 1869, *Archives de médecine navale*, XI, p. 377, nota.

48. LACASSAGNE, *Les Tatouages*, p. 10.

49. LOMBROSO, *L'Homme criminel*, I, p. 292.

50. *Ibid.*, I, pp. 268, 285, 291-292; LACASSAGNE, *op. cit.*, p. 97.

51. Ver pp. 120-121.

52. Ver, sobre a autoridade dos chefes, SPENCER e GILLEN, *Nat. Tr.*, p. 10; *North. Tr.*, p. 25; HOWITT, *Nat. Tr.*, pp. 295 ss.

53. Pelo menos na Austrália. Na América, a população costuma ser mais sedentária, mas o clã americano representa uma forma de organização relativamente avançada.

54. Para certificar-se disso, basta ver o mapa traçado por THOMAS em *Kinship and Marriage in Australia*, p. 40. Para apreciar esse mapa como convém, é preciso levar em conta o fato de que o autor estendeu, não sabemos por que, o sistema de filiação totêmica em linha paterna até a costa ocidental da Austrália, embora não tenhamos, por assim dizer, informações sobre as tribos dessa região que, por sinal, é em grande parte desértica.

55. Os astros são geralmente considerados, mesmo pelos australianos, como a região das almas e dos personagens míticos, conforme mostraremos no capítulo seguinte. Vale dizer que constituiriam um mundo muito diferente do dos vivos.

56. *Op. cit.*, I, p. 4. Cf. no mesmo sentido SCHULZE, *loc. cit.*, p. 243.

57. Evidentemente, como já tivemos ocasião de mostrar (ver p. 153-154), essa escolha não se fez sem um certo entendimento entre os diferentes grupos, já que cada um deles teve de adotar um emblema diferente daquele dos vizinhos.

58. O estado mental que é estudado neste parágrafo é idêntico ao que LÉVI-BRUHL chama de lei de participação (*Les Fonctions mentales dans les sociétés inférieures*, pp. 76 ss.). As

páginas que seguem já estavam escritas quando apareceu essa obra. Publicamo-las em sua forma primeira, sem nenhuma alteração. Limitamo-nos a acrescentar algumas explicações onde assinalamos de que maneira divergimos de Lévy-Bruhl na apreciação dos fatos.

59. Ver pp. 226-227.

60. Uma outra causa contribuiu, em larga medida, para essa fusão: o extremo contágio das forças religiosas. Elas invadem todo objeto a seu alcance, seja qual for. Assim, uma mesma força religiosa pode animar as coisas mais diferentes que, por esse motivo, se acham estreitamente aproximadas e classificadas num mesmo gênero. Voltaremos a falar desse contágio mais adiante, ao mesmo tempo que mostraremos que ele se deve às origens sociais da noção de sagrado (ver livro III, cap. I, *in fine*).

61. LÉVY-BRUHL, *op. cit.*, pp. 77 ss.

62. LÉVY-BRUHL, p. 79.

63. Ver p. 143.

Capítulo VIII

1. É o caso dos Gnanji; ver *North. Tr.*, pp. 170, 546; cf. um caso semelhante em BROUGH SMYTH, II, p. 269.

2. *Australian Aborigines*, p. 51.

3. Houve certamente um tempo, entre os Gnanji, em que as mulheres tinham uma alma, pois existe ainda hoje um grande número de almas de mulheres. Só que elas não reencarnam jamais; e como, nesse povo, a alma que anima um recém-nascido é uma alma antiga que reencarna, o fato de as almas das mulheres não reencarnarem faz com que as mulheres não possam ter alma. Aliás, pode-se explicar de onde vem essa ausência de reencarnação. Entre os Gnanji, a filiação, depois de ter sido uterina, faz-se hoje em linha paterna: a mãe não transmite seu totem ao filho. Portanto, a mulher jamais tem descendentes que a perpetuem, ela é *finis familiae suae*. Para explicar essa situação, só havia duas hipóteses possíveis: ou as mulheres não têm alma, ou as almas das mulheres são destruídas após a morte. Os Gnanji adotaram a primeira dessas duas explicações; certos povos do Queensland preferiram a segunda (ver ROTH, "Superstition, Magic and Medicine", in *N. Queensland Ethnog.*, nº 5, § 68).

4. "As crianças com menos de quatro ou cinco anos não têm alma nem vida futura", diz Dawson. Mas o fato que esse autor traduz assim é simplesmente a ausência de ritos funerários para as crianças pequenas. Veremos mais adiante a verdadeira significação disso.

5. DAWSON, p. 51; PARKER, *The Euahlayi*, p. 35; EYLMANN, p. 188.

6. *North. Tr.*, p. 542; SCHURMANN, *The Aboriginal Tribes of Port Lincoln*, in WOODS, p. 235.

7. É a expressão empregada por Dawson, p. 50.

8. STREHLOW, I, p. 15, n. 1; SCHULZE, *loc. cit.*, p. 246. É o tema do mito do vampiro.

9. STREHLOW, I, p. 15; SCHULZE, p. 244; DAWSON, p. 51. É verdade que é dito às vezes das almas que elas não têm nada de corporal. Segundo certos testemunhos recolhidos por Eylmann (p. 188), elas seriam *ohne Fleische und Blut*. Mas essas negações radicais nos deixam céticos. O fato de não se fazer oferenda às almas dos mortos de modo nenhum implica, como acredita ROTH (*Superstition, Magic*, etc., § 65), que elas não comam.

10. ROTH, *ibid.*, § 65; *North. Tr.*, p. 500. Acontece também que a alma libere odores (ROTH, *ibid.*, § 68).

11. ROTH, *ibid.*, § 67; DAWSON, p. 51.

12. ROTH, *ibid.*, § 65.

13. SCHÜRMANN, *Aborig. Tr. of Port Lincoln*, in WOODS, p. 235.

14. PARKER, *The Euahlayi*, pp. 29, 35; ROTH, *ibid.*, §§ 65, 67, 68.

15. ROTH, *Superstition*, etc., § 65; STREHLOW, I, p. 15.

16. STREHLOW, I, p. 14, n. 1.

17. FRAZER, "On Certain Burial Customs, as Illustrative of the Primitive Theory of the Soul", in *J.A.I.*, XV, p. 66.

18. É o que acontece entre os Kaitish e os Unmatjera. Ver SPENCER e GILLEN, *North. Tr.*, p. 506 e *Nat. Tr.*, p. 512.

19. ROTH, *ibid.*, §§ 65, 66, 67, 68.

20. ROTH, *ibid.*, § 68. É dito nessa passagem que, quando há desmaio após uma perda de sangue, é porque a alma partiu. Cf. PARKER, *The Euahlayi*, p. 38.

21. PARKER, *The Euahlayi*, pp. 29 e 35; ROTH, *ibid.*, § 65.

22. STREHLOW, I, pp. 12, 14. Fala-se nessas diferentes passagens de maus espíritos que matam criancinhas, das quais co-

mem a alma, o fígado e a gordura, ou então a alma, o fígado e os rins. O fato de a alma ser equiparada a diferentes vísceras ou tecidos e de constituir um alimento do mesmo gênero mostra claramente a estreita relação que mantém com eles. Cf. SCHULZE, p. 246.

23. Por exemplo, entre os povos do rio Pennefather (ROTH, *ibid.*, § 68), há um nome para a alma que reside no coração (*Ngai*), outro para a que reside na placenta (*Choi*), um terceiro para a que se confunde com a respiração (*Wanji*). Entre os Euahlayi, há três ou até quatro almas (PARKER, *The Euahlayi*, p. 35).

24. Ver a descrição do rito do Urpmilchima, entre os Arunta (SPENCER e GILLEN, *Nat. Tr.*, pp. 503 ss.).

25. SPENCER e GILLEN, *Nat. Tr.*, pp. 497 e 508.

26. SPENCER e GILLEN, *North. Tr.*, pp. 547, 548.

27. *Ibid.*, pp. 506, 527 ss.

28. MEYER, *The Encounter Bay Tribe*, in WOODS, p. 198.

29. SPENCER e GILLEN, *North. Tr.*, pp. 551, 463; *Nat. Tr.*, p. 553.

30. *Ibid.*, p. 540.

31. Por exemplo, entre os Arunta e os Loritja (STREHLOW, I, p. 15, n. 2; II, p. 77). A alma, em vida, chama-se *Guruna*, e *Ltana* após a morte. O *Ltana* de Strehlow é idêntico ao *ulthana* de SPENCER e GILLEN (*Nat. Tr.*, pp. 514 ss.). O mesmo acontece entre os povos do rio Bloomfield (ROTH, *Superstition*, etc., § 66).

32. EYLMANN, p. 188.

33. SPENCER e GILLEN, *Nat. Tr.*, pp. 524, 491, 496.

34. SPENCER e GILLEN, *North. Tr.*, pp. 508, 542.

35. MATHEWS, "Ethnol. Notes on the Aboriginal Tribes of N. S. Wales and Victoria", in *Journ. a. Proc. of the R. S. of N. S. Wales*, XXXVIII, p. 287.

36. STREHLOW, I, pp. 15 ss. Assim, entre os Arunta, segundo Strehlow, os mortos vivem numa ilha; segundo Spencer e Gillen, num lugar subterrâneo. É provável que os dois mitos coexistam e que não sejam os únicos. Veremos que existe até um terceiro. Sobre essa concepção da ilha dos mortos, ver HOWITT, *Nat. Tr.*, p. 498; SCHÜRMANN, *Aborig. Tr. of Port Lincoln*, in WOODS, p. 235; EYLMANN, p. 189.

37. SCHULZE, p. 244.

38. DAWSON, p. 51.

39. Encontram-se nessas mesmas tribos traços evidentes de um mito mais antigo, segundo o qual as almas viviam num lugar subterrâneo (DAWSON, *ibid.*).

40. TAPLIN, *The Narrinyeri*, pp. 18-19; HOWITT, *Nat. Tr.*, p. 473; STREHLOW, I, p. 16.

41. HOWITT, *Nat. Tr.*, p. 498.

42. STREHLOW, I, p. 16; EYLMANN, p. 189; HOWITT, *Nat. Tr.*, p. 473.

43. São os espíritos dos antepassados de um clã especial, o clã da bolsa de veneno (*Giftdrüsenmänner*).

44. Às vezes a ação dos missionários é manifesta. Dawson nos fala de um verdadeiro inferno oposto ao paraíso. Ele próprio tende a ver nessa concepção uma importação européia.

45. Ver DORSEY, "Siouan Cults", in *XIth Rep.*, pp. 419-420, 422, 485; cf. MARILLIER, *La Survivance de l'âme et de l'idée de justice chez les peuples non civilisés*, relatório da École des Hautes Études, 1893.

46. Elas podem desdobrar-se provisoriamente, como veremos no capítulo seguinte. Mas esses desdobramentos não acrescentam uma unidade ao número de almas suscetíveis de reencarnar.

47. STREHLOW, I, p. 2.

48. *Nat. Tr.*, p. 73, n. 1.

49. Ver, sobre esse conjunto de concepções, SPENCER e GILLEN, *Nat. Tr.*, pp. 119, 123-127, 387 ss.; *North. Tr.*, pp. 145-174. Entre os Gnanji, não é necessariamente junto ao okananikilla que ocorre a concepção. Mas se acredita que cada casal é acompanhado, em suas peregrinações pelo continente, por um enxame de almas do totem do marido. Quando surge a ocasião, uma dessas almas penetra no corpo da mulher e a fecunda, onde quer que esta se encontre (*North. Tr.*, p. 169).

50. *Nat. Tr.*, pp. 512-513. Cf. cap. X e XI.

51. *Nat. Tr.*, p. 119.

52. Entre os Kaitish (*North. Tr.*, p. 154), entre os Urabunna (*ibid.*, p. 146).

53. É o caso dos Warramunga e das tribos próximas, Walpari, Wulmala, Worgaia, Tjingilli (*North. Tr.*, p. 161), e também dos Umbaia e dos Gnanji (*ibid.*, p. 170).

54. STREHLOW, I, pp. 15-16. Em relação aos Loritja, ver STREHLOW, II, p. 7.

55. STREHLOW chega a dizer que as relações sexuais nem sequer são consideradas uma condição necessária, uma espécie de preparação à concepção (II, p. 52, n. 7). É verdade que ele acrescenta, algumas linhas abaixo, que os velhos sabem perfeitamente qual a relação entre o comércio carnal e a geração e que, no que diz respeito aos animais, as próprias crianças estão a par. O que não deixa de diminuir um pouco o alcance de sua primeira afirmação.

56. Empregamos em geral a terminologia de Spencer e Gillen em vez da de Strehlow, por ser a primeira consagrada por um longo uso.

57. *Nat. Tr.*, pp. 124, 513.

58. I, p. 5. *Ngarra*, segundo STREHLOW, significa eterno. Entre os Loritja, apenas pedras desempenham esse papel.

59. Strehlow traduz por *Kinderkeime* (germes de crianças). Aliás, Spencer e Gillen estão longe de haver ignorado o mito dos *ratapa* e os costumes a eles relacionados. Falam-nos disso explicitamente em *Nat. Tr.*, pp. 336 ss. e p. 552. Assinalam, em diferentes pontos do território arunta, a existência de pedras chamadas *Erathipa*, de onde saem as almas das crianças (*spirit children*) que se introduzem no corpo das mulheres e as fecundam. Segundo SPENCER e GILLEN, *Erathipa* significaria criança, embora, acrescentem, essa palavra só raramente se empregue neste sentido na conversação corrente (*ibid.*, p. 338).

60. Os Arunta estão repartidos ora em quatro, ora em oito classes matrimoniais. A classe de uma criança é determinada pela de seu pai; inversamente, da primeira pode-se deduzir a segunda (ver SPENCER e GILLEN, *Nat. Tr.*, pp. 70 ss.; STREHLOW, I, pp. 6 ss.). Resta saber como o ratapa tem uma classe determinada. Voltaremos a esse ponto mais adiante.

61. STREHLOW, II, p. 52. Ocorre às vezes, mas raramente, que surjam contestações sobre a natureza do totem da criança. Strehlow cita um caso (p. 53).

62. É a mesma palavra que *namatwinna*, que encontramos em SPENCER e GILLEN (*Nat. Tr.*, p. 541).

63. STREHLOW, II, p. 53.

64. *Ibid.*, II, p. 56.

65. MATHEWS atribui aos Tjingilli (aliás Chingalee) uma teoria análoga da concepção (*Proc. R. Gegor. Trans. and Soc. Queensland*, XXII (1907), pp. 75-76).

66. Acontece às vezes que um antepassado, que teria lançado o namatuna, mostre-se à mulher sob as aparências de um animal ou de um homem: é mais uma prova da afinidade da alma ancestral por uma forma material.

67. SCHULZE, *loc. cit.*, p. 237.

68. É o que resulta do fato de o ratapa só poder encarnar no corpo de uma mulher que pertença à mesma classe matrimonial da mãe do antepassado mítico. Assim não compreendemos como STREHLOW pôde dizer (I, p. 42, *Anmerkung*) que, exceto num caso, os mitos não relacionam os antepassados do Alcheringa a classes matrimoniais determinadas. Sua própria teoria da concepção supõe exatamente o contrário (cf. II, pp. 53 ss.).

69. STREHLOW, II, p. 58.

70. A diferença entre as duas versões se atenua ainda mais e praticamente se reduz a nada se notarmos que, quando SPENCER e GILLEN nos dizem que a alma ancestral encarna no corpo da mulher, as expressões que utilizam não devem ser tomadas ao pé da letra. Não é a alma por inteiro que vem fecundar a mãe, mas apenas uma emanação dessa alma. De fato, como eles admitem, uma alma com poderes iguais, e até superior àquela que encarnou, continua a residir na árvore ou na pedra nanja (ver *Nat. Tr.*, p. 514). Teremos ocasião de voltar a esse ponto (cf. pp. 292 ss.).

71. II, pp. 76, 81. Segundo SPENCER e GILLEN, o churinga seria, não o corpo do antepassado, mas o objeto no qual reside a alma deste último. Essas duas interpretações míticas são, no fundo, idênticas, e percebe-se facilmente como se pôde passar de uma para a outra: o corpo é o lugar onde reside a alma.

72. STREHLOW, I, p. 4.

73. STREHLOW, I, pp. 53-54. Nesses relatos, o antepassado começa por se introduzir ele próprio no seio da mulher, produzindo nela as perturbações características da gravidez. Depois sai e só então deixa o namatuna.

74. STREHLOW, II, p. 76.

75. *Ibid.*, p. 81. Eis a tradução literal dos termos empregados, tal como nos é dada por Strehlow: *Dies du Körper bist; dies du der nämliche*. Num mito, o herói civilizador Mangarkunjerkunja, apresentando a cada homem o churinga de seu antepassado, diz-lhe: "Tu nasceste deste churinga" (*ibid.*, p. 76).

76. STREHLOW, II, p. 76.

77. *Ibid.*

78. No fundo, a única divergência real que há entre Strehlow, de um lado, e Spencer e Gillen, de outro, é a seguinte: para estes, a alma do indivíduo, após a morte, retorna à árvore nanja onde se confunde de novo com a alma do antepassado (*Nat. Tr.*, p. 513); para Strehlow, ela parte para a ilha dos mortos, onde acaba por ser aniquilada. Tanto num mito como no outro, ela não sobrevive individualmente. Quanto à causa dessa divergência, renunciamos a determiná-la. É possível que tenha havido um erro de observação cometido por Spencer e Gillen, que não nos falam da ilha dos mortos. É possível também que o mito não seja o mesmo entre os Arunta do Leste, mais especialmente observados por Spencer e Gillen, e em outras partes da tribo.

79. STREHLOW, II, p. 51.

80. *Ibid.*, II, p. 56.

81. *Ibid.*, I, pp. 3-4.

82. *Ibid.*, II, p. 61.

83. Ver p. 183.

84. STREHLOW, II, p. 57 e I, p. 2.

85. *Ibid.*

86. ROTH, *Superstition, Magic, etc.*, § 74.

87. Ou seja, a espécie totêmica é constituída muito mais pelo grupo dos antepassados, pela espécie mítica, do que pela espécie animal ou vegetal propriamente dita.

88. Ver pp. 266-267.

89. STREHLOW, II, p. 76.

90. *Ibid.*

91. *Ibid.*, pp. 57, 60, 61. A lista dos totens é chamada por Strehlow de lista dos ratapa.

92. HOWITT, *Nat. Tr.*, pp. 475 ss.

93. *The Manners and Customs of the Dieyerie Tribe of Australian Aborigines*, in CURR, II, p. 47.

94. HOWITT, *Nat. Tr.*, p. 482.

95. *Ibid.*, p. 487.

96. TAPLIN, *Folklore, Customs, Manners, etc., of South Austral. Aborig.*, p. 88.

97. Cada clã de antepassados tem, debaixo da terra, sua aldeia especial; o miyur é essa aldeia.

98. MATHEWS, in *Journal of R. S. of N. S. Wales*, XXXVIII, p. 293. Mathews assinala a mesma crença em outras tribos de Victoria (*ibid.*, p. 197).

99. MATHEWS, *ibid.*, p. 349.

100. J. BISHOF, "Die Niol-Niol", in *Anthropos*, III, p. 35.

101. ROTH, *Superstition, etc.*, § 68. Cf. 69 *a*, o caso semelhante dos indígenas do rio Proserpine. Para simplificar a exposição, deixamos de lado a complicação devida à diferença dos sexos. A alma das meninas é feita com o *choi* de sua mãe, enquanto elas partilham com seus irmãos o *ngai* de seu pai. Essa particularidade, que decorre talvez do fato de os dois sistemas de filiação terem estado sucessivamente em uso, não afeta, aliás, o princípio da perpetuidade da alma.

102. *Ibid.*, p. 16.

103. *Die Tlinkit-Indianer*, p. 282.

104. SWANTON, *Contributions to the Ethnology of the Haida*, pp. 117 ss.

105. BOAS, *Sixth Rep. of the Committee on the North-Western Tribes of Canada*, p. 59.

106. LAFITAU, *Moeurs des sauvages américains*, II, p. 434; PETITOT, *Monographie des Dénè-Dindjié*, p. 59.

107. Ver pp. 130 ss.

108. Ver pp. 131-132.

109. HOWITT, *Nat. Tr.*, p. 147. Cf. *ibid.*, p. 769.

110. STREHLOW (I, p. 15, n. 2) e SCHULZE (*loc. cit.*, p. 246) nos representam a alma, como Howitt nos representa aqui o totem, saindo do corpo para ir comer uma outra alma. Assim também, vimos mais acima o altjira ou totem materno manifestar-se em sonho da mesma forma que uma alma ou um espírito.

111. FISON e HOWITT, *Kurnai e Kamilaroi*, p. 280.

112. *Globus*, t. CXI, p. 289. Apesar das objeções de Leonhardi, Strehlow manteve suas afirmações sobre esse ponto (ver STREHLOW, III, p. xi). Leonhardi acha que há uma contradição entre essa asserção e a teoria segundo a qual os ratapa emanam de árvores, de pedras, de churinga. Mas o animal totêmico encarna o totem tanto quanto a árvore ou a pedra nanja; portanto, ele pode desempenhar o mesmo papel. Essas diferentes coisas são mitologicamente equivalentes.

113. "Notes on the West Coastal Tribes of the Northern Territory of S. Australia", in *Trans. R. Soc. South Australia*, XXXI

(1907), p. 4. Cf., a propósito das tribos do distrito de Cairns (Queensland setentrional), *Man*, 1909, nº 86.

114. Entre os Wakelbura, onde, segundo Curr e Howitt, cada classe matrimonial tem seus totens próprios, o animal diz a classe (ver CURR, III, p. 28); entre os Buandik, ele revela o clã (Sra. James S. SMYTH, *The Booandik Tribes of S. Austral. Aborigines*, p. 128). Cf. HOWITT, "On some Austral. Beliefs", in *J.A.I.*, XIII, p. 191; XIV, p. 362; THOMAS, "An American View of Totemism", in *Man*, 1902, nº 85; MATHEWS, *Journal of R. S. of N. S. Wales*, XXXVIII, pp. 347-348; BROUGH SMYTH, I, p. 110; SPENCER e GILLEN, *North. Tr.*, p. 513.

115. ROTH, *Superstition, etc.*, § 83. É provavelmente uma forma de totemismo sexual.

116. Prinz zu WIED, *Reise in das innere Nord-Amerika*, II, p. 190.

117. K. von den STEINEN, *Unter den Naturvölkern Zentral-Bräsiliens*, 1894, pp. 511-512.

118. Ver FRAZER, *Golden Bough*², I, pp. 250, 253, 256, 257, 258.

119. *Third Rep.*, pp. 229, 233.

120. *Indian Tribes*, IV, p. 86.

121. Por exemplo, entre os Batta de Sumatra (ver *Golden Bough 2*, III, p. 420), na Melanésia (CODRINGTON, *The Melanesians*, p. 178), no arquipélago malaio (TYLOR, "Remarks on Totemism", in *J.A.I.*, nova série, I, p. 147). Observar-se-á que os casos em que a alma, após a morte, apresenta-se claramente sob forma animal, são tomados de sociedades onde o totemismo encontra-se mais ou menos no início. É que, lá onde as crenças totêmicas são relativamente puras, a idéia de alma é necessariamente ambígua; pois o totemismo implica que ela participa ao mesmo tempo dos dois reinos. Ela não pode ser determinada num sentido ou noutro de uma maneira exclusiva, mas adquire ora um aspecto e ora outro conforme as circunstâncias. Quanto mais o totemismo regride, tanto menos essa ambigüidade se torna necessária, ao mesmo tempo que os espíritos sentem uma necessidade de distinção mais intensa. Então, as afinidades tão marcadas da alma pelo reino animal se fazem sentir, sobretudo depois que ela é liberada do corpo humano.

122. Ver p. 165. Sobre a generalidade da crença na metempsicose, ver TYLOR, II, pp. 8 ss.

123. Se as representações religiosas e morais constituem, como acreditamos, os elementos essenciais da idéia de alma, não queremos dizer com isso que sejam as únicas. Em torno desse núcleo central, outros estados de consciência, que têm o mesmo caráter, embora em menor grau, vêm se agrupar. É o caso de todas as formas superiores da vida intelectual, em razão do valor muito particular e da dignidade que lhe atribui a sociedade. Quando vivemos a vida da ciência ou da arte, temos a impressão de nos mover num círculo de coisas superiores à sensação. É o que teremos, aliás, a ocasião de mostrar com mais precisão em nossa conclusão. Por isso, as altas funções da inteligência sempre foram consideradas manifestações específicas da atividade da alma. Mas, provavelmente, elas não teriam sido suficientes para constituir essa noção.

124. F. TREGEAR, *The Maori-Polynesian Comparative Dictionary*, pp. 203-205.

125. É a tese de PREUSS nos artigos de *Globus* que citamos várias vezes. Parece que também LÉVY-BRUHL tende para a mesma concepção (ver *Fonctions mentales*, etc., pp. 92-93).

126. Ver sobre esse ponto nosso *Suicide*, pp. 233 ss.

127. Objetar-se-á talvez que a unidade é a característica da personalidade, enquanto a alma sempre foi concebida como múltipla, como suscetível de se dividir e se subdividir quase ao infinito. Mas sabemos, hoje, que a unidade da pessoa é feita igualmente de partes, que também ela é suscetível de se dividir e se decompor. No entanto, a noção de personalidade não desaparece pelo simples fato de cessarmos de concebê-la sob a forma de um átomo metafísico e indivisível. O mesmo acontece com essas noções populares da personalidade que encontraram sua expressão na idéia de alma. Elas mostram que os povos sempre tiveram o sentimento de que a pessoa humana não tinha essa unidade absoluta que lhe atribuíram certos metafísicos.

128. Nem por isso negamos a importância do fator individual: de nosso ponto de vista, ele se explica tão facilmente quanto seu contrário. Se o elemento essencial da personalidade é o que há de social em nós, por outro lado não pode haver vida social a não ser que indivíduos distintos estejam associados, e ela será tanto mais rica quanto mais numerosos eles forem e diferentes uns dos outros. O fator individual é, portanto, condição do fator impessoal. A recíproca não é menos verdadeira, pois a própria

sociedade é uma fonte importante de diferenciações individuais (ver *Division du travail social*, 3ª ed., pp. 627 ss.).

Capítulo IX

1. ROTH, *Superstition, Magic, etc.*, §§ 65, 68; SPENCER e GILLEN, *Nat. Tr.*, pp. 514, 516.
2. SPENCER e GILLEN, *Nat. Tr.*, pp. 515, 521; DAWSON, *Austral. Aborig.*, p. 58; ROTH, *Superstition, etc.*, § 67.
3. SPENCER e GILLEN, *Nat. Tr.*, p. 517.
4. STREHLOW, II, p. 76 e n. 1; SPENCER e GILLEN, *Nat. Tr.*, pp. 514, 516.
5. SPENCER e GILLEN, *Nat. Tr.*, p. 513.
6. Ver sobre essa questão NEGRIOLI, *Dei Genii presso i Romani*; os artigos "Daimon" e "Genius" no *Diction. des Ant.*; PRELLER, *Roemische Mythologie*, II, pp. 195 ss.
7. NEGRIOLI, p. 4.
8. *Ibid.*, p. 8.
9. NEGRIOLI, p. 7.
10. *Ibid.*, p. 11. Cf. SAMTER, "Der Ursprung des Larencultus", in *Archiv. f. Religionswissenschaft*, 1907, pp. 368-393.
11. SCHULZE, *loc. cit.*, p. 237.
12. STREHLOW, I, p. 5. Cf. SPENCER e GILLEN, *Nat. Tr.*, p. 133; GASON, in CURR, II, p. 69.
13. Ver em HOWITT (*Nat. Tr.*, p. 482) o caso de um Mura-mura que é considerado o espírito de certas fontes termais.
14. *North. Tr.*, pp. 313-314; MATHEWS, *Journ. of. R. S. of N. S. Wales*, XXXVIII, p. 351. Do mesmo modo, entre os Dieri, há um Mura-mura cuja função é produzir chuva (HOWITT, *Nat. Tr.*, pp. 798-799).
15. ROTH, *Superstition, etc.*, § 67. Cf. DAWSON, p. 58.
16. STREHLOW, I, pp. 2 ss.
17. Ver pp. 261.
18. *North. Tr.*, cap. VII.
19. SPENCER e GILLEN, *North. Tr.*, p. 277.
20. STREHLOW, I, p. 5.
21. Existem, é verdade, árvores e pedras nanja que não estão situadas em volta do ertnatulunga; encontram-se esparsas em pontos diferentes do território. Diz-se que correspondem a

lugares onde um antepassado isolado desapareceu no solo, perdeu um membro, deixou correr seu sangue ou esqueceu um churinga, que se transformou em árvore ou em pedra. Mas esses sítios totêmicos têm apenas uma importância secundária. STREHLOW chama-os *kleinere Totemplätze* (I, pp. 4-5). Pode-se pensar, portanto, que só adquirem esse caráter por analogia com os centros totêmicos principais. As árvores e as pedras que, por uma razão qualquer, lembravam as que se encontravam nas imediações de alguns ertnatulunga, inspiraram sentimentos análogos e, por conseguinte, o mito que se formara a propósito das segundas estendeu-se às primeiras.

22. *Nat. Tr.*, p. 139.

23. PARKER, *The Euahlayi*, p. 21. Geralmente a árvore que serve a essa finalidade é uma das que figuram entre os subtotens do indivíduo. Dá-se como razão dessa escolha que, sendo da mesma família que esse indivíduo, elas devem estar mais dispostas a prestar-lhe assistência (*ibid.*, p. 29).

24. *Ibid.*, p. 36.

25. STREHLOW, II, p. 81.

26. PARKER, *op. cit.*, p. 21.

27. CODRINGTON, *The Melanesians*, pp. 249-253.

28. TURNER, *Samoa*, p. 17.

29. São essas as expressões empregadas por Codrington (p. 251).

30. Essa estreita relação entre a alma, o gênio protetor e a consciência moral do indivíduo é particularmente evidente entre certas populações da Indonésia. "Uma das sete almas do Tobabatak é enterrada com a placenta; embora residindo de preferência nesse lugar, ela pode deixá-lo para fazer advertências ao indivíduo ou manifestar-lhe sua aprovação quando ele se conduz bem. Desempenha, portanto, em certo sentido, o papel de consciência moral. Todavia, suas advertências não se estendem apenas ao domínio dos fatos morais. Ela é chamada de irmão mais jovem da alma, assim como chamam a placenta de irmão caçula da criança... Na guerra, ela inspira ao homem a coragem de marchar contra o inimigo" (WARNECK, "Der bataksche Ahnen und Geisterkult", in *Allg. Missionszeitschrift*, Berlim, 1904, p. 10. Cf. KRUIJT, *Het Animisme in den indischen Archipel*, p. 25).

31. Restaria saber por que, a partir de um certo momento da evolução, esse desdobramento da alma se fez sob a forma do

totem individual ao invés da do antepassado protetor. A questão talvez tenha um interesse mais etnográfico que sociológico. Eis, no entanto, como é possível representar a maneira pela qual provavelmente se operou essa substituição.

O totem individual deve ter desempenhado no começo um papel simplesmente complementar. Os indivíduos que queriam adquirir poderes superiores aos do vulgo não se contentaram, e não podiam se contentar, com a mera proteção do antepassado; procuraram arranjar, portanto, outro auxiliar do mesmo gênero. Assim, entre os Euahlayi, os mágicos são os únicos que possuem ou que podem conseguir totens individuais. Como, além disso, cada um deles tem um totem coletivo, ele acaba tendo várias almas. Mas essa pluralidade de almas nada tem de surpreendente: ela é a condição de uma eficácia superior.

Só que, quando o totemismo coletivo perdeu terreno e, portanto, a concepção do antepassado protetor começou a se apagar dos espíritos, tornou-se necessário representar de uma outra maneira a dupla natureza da alma que continuava a ser sentida. Subsistia a idéia de que fora da alma individual havia outra, encarregada de velar pela primeira. Já que essa força protetora não era mais designada pelo fato mesmo do nascimento, achou-se natural empregar, para descobri-la, meios análogos aos que os mágicos utilizavam para entrar em contato com as forças com as quais contavam.

32. Ver, por exemplo, STREHLOW, II, p. 82.

33. WYATT, *Adelaide and Encounter Bay Tribes*, in WOODS, p. 168.

34. TAPLIN, *The Narrinyeri*, pp. 62-63; ROTH, *Superstition*, etc., § 116; HOWITT, *Nat. Tr.*, pp. 356, 358; STREHLOW, pp. 11-12.

35. STREHLOW, I, pp. 13-14; DAWSON, p. 49.

36. STREHLOW, I, pp. 11-14; EYLMANN, pp. 182, 185; SPENCER e GILLEN, *North. Tr.*, p. 211; SCHÜRMANN, *The Aborig. Tr. of Port Lincoln*, in WOODS, p. 239.

37. EYLMANN, p. 182.

38. MATHEWS, *Journ. of R. S. of N. S. Wales*, XXXVIII, p. 345; FISON e HOWITT, *Kamilaroi and Kurnai*, p. 467; STREHLOW, I, p. 11.

39. ROTH, *Superstition*, etc., § 115; EYLMANN, p. 190.

40. *Nat. Tr.*, pp. 390-391. STREHLOW chama *Erintja* de maus espíritos, mas esta palavra e Oruncha são evidentemente

equivalentes. No entanto, há uma diferença na maneira pela qual uns e outros nos são apresentados. Os Oruncha, segundo Spencer e Gillen, seriam mais maliciosos do que malvados; inclusive, segundo esses observadores (p. 328), os Arunta não conheceriam espíritos intrinsecamente malévolos. Já os Erintja de Strehlow normalmente costumam fazer o mal. Aliás, segundo certos mitos que os próprios Spencer e Gillen relatam (*Nat. Tr.*, p. 390), parece de fato que eles embelezaram um pouco a fisionomia dos Oruncha: primitivamente, estes eram espécies de ogres (*ibid.*, p. 331).

41. SPENCER e GILLEN, *Nat. Tr.*, pp. 390-391.
42. *Ibid.*, p. 551.
43. SPENCER e GILLEN, *Nat. Tr.*, pp. 326-327.
44. STREHLOW, I, p. 14. No caso de gêmeos, acredita-se que o primeiro a nascer tenha sido concebido dessa maneira.
45. SPENCER e GILLEN, *Nat. Tr.*, p. 327.
46. HOWITT, *Nat. Tr.*, pp. 358, 381, 385; SPENCER e GILLEN, *Nat. Tr.*, p. 334; *North. Tr.*, pp. 501, 530.
47. Como o mágico pode ou causar a doença, ou curá-la, há, às vezes, ao lado dos espíritos mágicos cuja função é fazer o mal, outros cujo papel é prevenir ou neutralizar a má influência dos primeiros. Encontrar-se-ão casos desse tipo em *North. Tr.*, pp. 501-502. O que mostra bem que os segundos são tão mágicos quanto os primeiros é que, entre os Arunta, ambos têm o mesmo nome. São, portanto, aspectos diferentes de uma mesma força mágica.
48. STREHLOW, I, p. 9. Putiaputia não é, aliás, o único personagem desse tipo de que falam os mitos arunta: algumas parcelas da tribo dão um nome diferente ao herói a que atribuem a mesma invenção. Convém não esquecer que a extensão do território ocupado pelos Arunta não permite à mitologia ser perfeitamente homogênea.
49. SPENCER e GILLEN, *North. Tr.*, p. 493.
50. *Ibid.*, p. 498
51. *Ibid.*, pp. 498-499.
52. HOWITT, *Nat. Tr.*, p. 135.
53. *Ibid.*, pp. 476 ss.
54. STREHLOW, I, pp. 6-8. A obra de Mangarkunjerkunja precisou ser retomada mais tarde por outros heróis, pois, segundo uma crença que não é particular aos Arunta, veio um tempo

em que os homens esqueceram os ensinamentos de seus primeiros iniciadores e se corromperam.

55. É o caso, por exemplo, de Atnatu (SPENCER e GILLEN, *North. Tr.*, p. 153), de Witurna (*North. Tr.*, p. 498). Se Tundun não instituiu os ritos, foi ele o encarregado de dirigir sua celebração (HOWITT, *Nat. Tr.*, p. 670).

56. *North. Tr.*, p. 499.

57. HOWITT, *Nat. Tr.*, p. 493; *Kamilaroi and Kurnai*, pp. 497 e 267; SPENCER e GILLEN, *North. Tr.*, p. 492.

58. Ver, por exemplo, *North. Tr.*, p. 499.

59. *North. Tr.*, pp. 338, 347, 499.

60. SPENCER e GILLEN afirmam, é verdade, que esses seres míticos não desempenham nenhum papel moral (*North. Tr.*, p. 493); mas é que dão à palavra um sentido mais estrito. Os deveres religiosos são deveres: o fato de vigiar a maneira como são observados concerne portanto à moral, ainda mais que, nesse momento, a moral inteira tem um caráter religioso.

61. O fato foi observado, já em 1845, por EYRE, *Journals, etc.*, II, p. 362, e, antes de Eyre, por HENDERSON, em suas *Observations on the Colonies of N. S. Wales and Van Diemens's Land*, p. 147.

62. *Nat. Tr.*, pp. 488-508.

63. Entre os Kulin, os Wotjobaluk, os Woëworung (Victoria).

64. Entre os Yuin, os Ngarrigo, os Wolgal (Nova Gales do Sul).

65. Entre os Kamilaroi, os Euahlayi (parte setentrional da Nova Gales do Sul); mais ao centro, na mesma província, entre os Wonghibon, os Wiradjuri.

66. Entre os Wiimbaoi e as tribos do Baixo Murray (RIDLEY, *Kamilaroi*, p. 137; BROUGH SMYTH, I, p. 423, n. 431).

67. Nas tribos do rio Herbert (HOWITT, *Nat. Tr.*, p. 498).

68. Entre os Kurnai.

69. TAPLIN, p. 55; EYLMANN, p. 182.

70. É certamente a esse Mura-mura supremo que Gason faz alusão na passagem já citada (CURR, II, p. 55).

71. *Nat. Tr.*, p. 246.

72. Entre Baiame, Bunjil, Daramulun, de um lado, e Altjira, de outro, haveria a diferença de que este último seria inteiramente alheio ao que concerne à humanidade: não teria feito os homens e não se ocuparia com o que eles fazem. Os Arunta não

teriam por ele nem amor, nem temor. Mas, se essa concepção foi exatamente observada e analisada, é muito difícil admitir que seja primitiva, pois se Altjira não desempenhasse nenhum papel, não explicasse nada, não servisse para nada, o que poderia ter levado os Arunta a imaginá-lo? Talvez se deva ver nele uma espécie de Baiame que teria perdido seu prestígio, um antigo deus cuja lembrança iria se apagando. Pode ser também que Strehlow tenha interpretado mal os testemunhos que recolheu. Segundo EYLMANN, que não é, diga-se de passagem, um observador competente nem muito seguro, Altjira teria feito os homens (*op. cit.*, p. 184). Aliás, entre os Loritja, o personagem de nome Tukura, que corresponde ao Altjira dos Arunta, é tido por celebrar ele próprio cerimônias de iniciação.

73. Acerca de Bunjil, ver BROUGH SMYTH, I, p. 417; acerca de Baiame, RIDLEY, *Kamilaroi*, p. p. 136; acerca de Daramulun, HOWITT, *Nat. Tr.*, p. 495.

74. Sobre a composição da família de Bunjil, por exemplo, ver HOWITT, *Nat. Tr.*, pp. 128, 129, 489, 491; BROUGH SMYTH, I, pp. 417, 423; sobre a de Baiame, L. PARKER, *The Euahlayi*, pp. 7, 66, 103; HOWITT, *Nat. Tr.*, pp. 497, 502, 585; sobre a de Nurunderi, TAPLIN, *The Narrinyeri*, pp. 57-58. Evidentemente, há todo tipo de variações na maneira como são concebidas essas famílias dos grandes deuses. Um personagem que é aqui o irmão, alhures é chamado filho. O número de mulheres e seus nomes variam com as regiões.

75. HOWITT, *Nat. Tr.*, p. 128.

76. BROUGH SMYTH, I, pp. 430-431.

77. *Ibid.*, I, p. 432, nota.

78. HOWITT, *Nat. Tr.*, pp. 498, 538; MATHEWS, *J. of R. S. of N. S. Wales*, XXXVIII, p. 343; RIDLEY, p. 136.

79. HOWITT, *Nat. Tr.*, p. 538; TAPLIN, *The Narrinyeri*, pp. 57-58.

80. L. PARKER, *The Euahlayi*, p. 8.

81. BROUGH SMYTH, I, p. 424.

82. HOWITT, *Nat. Tr.*, p. 492.

83. Segundo certos mitos, ele teria feito os homens e não as mulheres. É o que dizem de Bunjil. Mas atribui-se, então, a origem das mulheres a seu filho-irmão, Pallyan (BROUGH SMYTH, I, pp. 417 e 423).

84. HOWITT, *Nat. Tr.*, pp. 489, 492; MATHEWS, *J. of R. S. of N. S. Wales*, XXXVIII, p. 340.

85. L. PARKER, *The Euahlayi*, p. 7; HOWITT, *Nat. Tr.*, p. 630.

86. RIDLEY, *Kamilaroi*, p. 136; L. PARKER, *The Euahlayi*, p. 114.

87. L. PARKER, *More Austr. Leg. Tales*, pp. 84-89, 90-91.

88. HOWITT, *Nat. Tr.*, pp. 495, 498, 543, 563, 564; BROUGH SMYTH, I, p. 429; L. PARKER, *The Euyahlayi*, p. 79.

89. RIDLEY, p. 137.

90. L. PARKER, *The Euahlayi*, pp. 90-91.

91. HOWITT, *Nat. Tr.*, p. 495; TAPLIN, *The Narrinyeri*, p. 58.

92. HOWITT, *Nat. Tr.*, pp. 588, 543, 553, 555, 556; MATHEWS, *loc. cit.*, p. 318; L. PARKER, *The Euahlayi*, pp. 6, 79, 80.

93. HOWITT, *Nat. Tr.*, pp. 498, 528.

94. *Ibid.*, p. 493; L. PARKER, *The Euahlayi*, p. 76.

95. L. PARKER, *The Euahlayi*, p. 76; HOWITT, *Nat. Tr.*, pp. 493, 612.

96. RIDLEY, *Kamilaroi*, p. 153; L. PARKER, *The Euahlayi*, p. 67; HOWITT, *Nat. Tr.*, p. 585; MATHEWS, *loc. cit.*, p. 343. Por oposição a Baiame, Daramulun é às vezes apresentado como um espírito intrinsecamente malévolo (L. PARKER, *loc. cit.*; RIDLEY, in BROUGH SMYTH, II, p. 285).

97. *J.A.I.*, XXI, pp. 492 ss.

98. *The Making of Religion*, pp. 187-293.

99. LANG, *ibid.*, p. 331. Lang limita-se a dizer que a hipótese de são Paulo lhe parece a menos defeituosa.

100. O padre SCHMIDT retomou a tese de A. LANG em *Anthropos* (1908, 1909). Contra Sidney HARTLAND, que havia criticado a teoria de Lang num artigo de *Folk-lore* (t. IX, pp. 290 ss.), intitulado "The 'High Gods' of Australia", o padre SCHMIDT tenta demonstrar que Baiame, Bunjil, etc., são deuses eternos, criadores, onipotentes, oniscientes, guardiães da ordem moral. Não entraremos nessa discussão, que nos parece sem interesse e sem alcance. Se a esses diferentes adjetivos se der um sentido relativo, de acordo com a mentalidade australiana, estamos prontos a assumi-los e nós mesmos já os empregamos. Desse ponto de vista, onipotente quer dizer que tem mais poder que os outros seres sagrados; onisciente, que vê coisas que escapam ao vulgo, inclusive aos maiores mágicos; guardião da ordem moral, que faz respeitar as regras da moral australiana, por mais

diferente que seja da nossa. Mas se se quer dar a essas palavras uma significação que somente um espiritualista cristão é capaz de conceber, parece-nos inútil discutir uma opinião tão contrária aos princípios do método histórico.

101. Ver sobre essa questão N. W. THOMAS, "Baiame and Bell-bird. A note on Australian Religion", in *Man*, 1905, nº 28. Cf. LANG, *Magic and Religion*, p. 25. WAITZ já havia afirmado o caráter original dessa concepção em *Anthropologie d. Naturvölker*, pp. 796-798.

102. DAWSON, p. 49; MEYER, *Encounter Bay Tribe*, in WOODS, pp. 205, 206; HOWITT, *Nat. Tr.*, pp. 481, 491, 492, 494; RIDLEY, *Kamilaroi*, p. 136.

103. TAPLIN, *The Narrinyeri*, pp. 55-56.

104. L. PARKER, *More Austr. Leg. Tales*, p. 94.

105. TAPLIN, *ibid.*, p. 61.

106. BROUGH SMYTH, I, pp. 425-427.

107. TAPLIN, *ibid.*, p. 60.

108. "O mundo foi criado por seres chamados Nuralie; esses seres, que existiam há muito tempo, tinham uns a forma do corvo, outros a da águia-falcão" (BROUGH SMYTH, I, pp. 423-424).

109. "Baiame, diz a sra. PARKER, é para os Euahlayi o que o Alcheringa é para os Arunta" (*The Euahlayi*, p. 6)

110. Ver p. 271.

111. Num outro mito, relatado por SPENCER e GILLEN, um papel inteiramente análogo é cumprido por dois personagens que habitam no céu e que são chamados Ungambikula (*Nat. Tr.*, pp. 338 ss.).

112. HOWITT, *Nat. Tr.*, p. 493.

113. L. PARKER, *The Euahlayi*, pp. 67, 62-66. É por estar intimamente relacionado ao *bull-roarer* que o grande deus é identificado com o trovão, pois o ronco produzido por esse instrumento ritual é assimilado ao barulho do trovão.

114. HOWITT, *Nat. Tr.*, p. 135. A palavra que significa totem é escrita *thundung*, por Howitt.

115. STREHLOW, I, pp. 1-2 e II, p. 59. Como o leitor deve se lembrar, é bastante verossímil que o totem materno era primitivamente, entre os Arunta, o totem propriamente dito.

116. HOWITT, *Nat. Tr.*, p. 555.

117. *Ibid.*, pp. 546, 560.

118. RIDLEY, *Kamilaroi*, pp. 136, 156. Ele é representado

sob essa forma nos ritos de iniciação dos kamilaroi. Segundo outra lenda, ele seria um cisne negro (L. LARKER, *More Austr. Leg. Tales*, p. 94).

119. STREHLOW, I, p. 1.
120. BROUGH SMYTH, I, pp. 423-424.
121. *Nat. Tr.*, p. 492.
122. HOWITT, *Nat. Tr.*, p. 128.
123. BROUGH SMYTH, I, pp. 417-423.
124. Ver p. 102.
125. São as tribos em que as fratrias têm os nomes de Kilpara (Corvo) e de Mukwara. É o que explica o mito mesmo relatado por BROUGH SMYTH (I, pp. 423-424).
126. BROUGH SMYTH, I, pp. 425-427. Cf. HOWITT, *Nat. Tr.*, p. 486; nesse último caso, Karween é identificado com a garça-real azul.
127. BROUGH SMYTH, I, p. 423.
128. RIDLEY, *Kamilaroi*, p. 136; HOWITT, *Nat. Tr.*, p. 585; MATHEWS, *J. Of. R. S. of N. S. Wales*, XXXVIII (1894), p. 111.
129. Ver p. 143. Cf. P. SCHMIDT, "L'Origine de l'idée de Dieu", in *Anthropos*, 1909.
130. *Op. cit.*, p. 7. Nesse mesmo povo, a mulher principal de Baiame é representada como a mãe de todos os totens, sem que ela própria seja de algum totem (*ibid.*, pp. 7 e 78).
131. Ver HOWITT, *Nat. Tr.*, pp. 511-512, 513, 602 ss.; MATHEWS, *J. of R. S. of N. S. Wales*, XXXVIII, p. 270. Convidam-se às festas da iniciação não somente as tribos com as quais um *connubio* regular é mantido, mas também aquelas com as quais há questões a acertar. Nessas ocasiões, realizam-se vendetas, em parte cerimoniais e em parte sérias.
132. Ver pp. 153-154.

LIVRO III
Capítulo I

1. Há, em particular, uma forma do ritual que deixaremos completamente de lado: o ritual oral, que deve ser estudado num volume especial da coleção de *L'Année sociologique*.
2. Ver o artigo "Taboo" na *Encyclopaedia Britannica*, cujo autor é FRAZER.

3. Os fatos provam a realidade desse inconveniente. Não faltam escritores que, confiando na palavra, acreditaram que a instituição assim designada era específica das sociedades primitivas em geral, ou mesmo dos povos polinésios apenas (ver RÉVILLE, *Religion des peuples primitifs*, II, p. 55; RICHARD, *La Femme dans l'histoire*, p. 435).

4. Ver pp. 26-27.

5. Isso não quer dizer que entre as interdições religiosas e as interdições mágicas haja uma solução de continuidade radical; ao contrário, há algumas cuja verdadeira natureza é indecisa. Há interdições do folclore que não é fácil afirmar se são religiosas ou mágicas. Mesmo assim a distinção é necessária, pois as interdições mágicas só podem ser compreendidas, acreditamos, em função das interdições religiosas.

6. Ver p. 147.

7. Muitas das interdições entre coisas sagradas se reduzem, a nosso ver, à interdição entre sagrado e profano. É o caso das interdições de idade ou de grau. Na Austrália, por exemplo, há alimentos sagrados reservados apenas aos iniciados. Mas nem todos esses alimentos são sagrados no mesmo grau; há entre eles uma hierarquia. Por outro lado, nem todos os iniciados são iguais. Não usufruem desde o início a plenitude de seus direitos religiosos, entrando apenas passo a passo no domínio das coisas sagradas. Devem passar por toda uma série de graus que lhes são conferidos, uns após os outros, depois de provas e cerimônias especiais; é preciso meses, às vezes até anos, para chegar ao mais elevado. Ora, a cada um desses graus correspondem alimentos determinados; os homens dos graus inferiores não podem tocar nos alimentos que pertencem de direito aos homens de graus superiores (ver MATHEWS, *Ethnol. Notes, etc.*, *loc. cit.*, pp. 262 ss.; Langloh PARKER, *The Euablayi*, p. 23; SPENCER e GILLEN, *North. Tr.*, pp. 611 ss.; *Nat. Tr.*, pp. 470 ss.). O mais sagrado repele portanto o menos sagrado; mas isso porque o segundo é profano em relação ao primeiro. Em suma, todas as interdições religiosas se dispõem em duas classes: as interdições entre o sagrado e o profano, e as entre o sagrado puro e o sagrado impuro.

8. Ver pp. 131-132.

9. SPENCER e GILLEN, *Nat. Tr.*, p. 463.

10. *Nat. Tr.*, p. 538; *North. Tr.*, p. 604.

11. *North. Tr.*, p. 531.

12. *North. Tr.*, pp. 518-519; HOWITT, *Nat. Tr.*, p. 449.

13. SPENCER e GILLEN, *Nat. Tr.*, p. 498; SCHULZE, *loc. cit.*, p. 231.

14. SPENCER e GILLEN, *Nat. Tr.*, p. 449.

15. HOWITT, *Nat. Tr.*, p. 451.

16. Embora as interdições alimentares que se aplicam ao vegetal ou ao animal totêmicos sejam as mais importantes, estão longe de ser as únicas. Vimos que há alimentos interditos aos não-iniciados, porque são considerados sagrados; ora, causas muito diversas podem conferir-lhes esse caráter. Por exemplo, como veremos mais adiante, os animais que sobem até o topo das árvores mais altas são reputados sagrados por serem vizinhos do grande deus que mora nos céus. É possível também que, por razões diferentes, a carne de certos animais tenha sido especialmente reservada aos velhos e que, em conseqüência disso, parecesse participar do caráter sagrado que é reconhecido a estes últimos.

17. Ver FRAZER, *Totemism*, p. 7.

18. HOWITT, *Nat. Tr.*, p. 674. Há uma interdição de contato sobre a qual não diremos nada, porque sua natureza exata não é muito facilmente determinável: o contato sexual. Há períodos religiosos em que o homem não deve ter relações com a mulher (*North. Tr.*, pp. 293, 295; HOWITT, *Nat. Tr.*, p. 387). Será porque a mulher é profana ou porque o ato sexual é um ato temido? A questão não pode ser resolvida de passagem. Nós a adiamos, assim como tudo o que concerne aos ritos conjugais e sexuais. Estes estão muito estreitamente vinculados ao problema do casamento e da família para poderem ser separados dele.

19. SPENCER e GILLEN, *Nat. Tr.*, p. 134; HOWITT, *Nat. Tr.*, p. 354.

20. SPENCER e GILLEN, *Nat. Tr.*, p. 624.

21. HOWITT, *Nat. Tr.*, p. 572.

22. HOWITT, *ibid.*, p. 661.

23. SPENCER e GILLEN, *Nat. Tr.*, p. 386; HOWITT, *Nat. Tr.*, pp. 655, 665.

24. Entre os Wiimbaio (HOWITT, *ibid.*, p. 451).

25. HOWITT, *ibid.*, pp. 624, 661, 663, 667; SPENCER e GILLEN, *Nat. Tr.*, pp. 221, 382 ss.; *North. Tr.*, pp. 335, 344, 353, 369.

26. SPENCER e GILLEN, *Nat. Tr.*, pp. 221, 262, 288, 303, 367, 378, 380.

27. *Ibid.*, p. 302.
28. HOWITT, *Nat. Tr.*, p. 581.
29. *North. Tr.*, p. 227.
30. Ver p. 304.
31. SPENCER e GILLEN, *Nat. Tr.*, p. 498; *North. Tr.*, 526; TAPLIN, *Narrinyeri*, p. 19.
32. HOWITT, *Nat. Tr.*, pp. 466, 469 ss.
33. WYATT, *Adelaide and Encounter Bay Tribes*, in WOODS, p. 165.
34. HOWITT, *Nat. Tr.*, p. 470.
35. HOWITT, *Nat. Tr.*, p. 657; SPENCER e GILLEN, *Nat. Tr.*, p. 139; *North. Tr.*, pp. 580 ss.
36. HOWITT, *Nat. Tr.*, p. 537.
37. *Ibid.*, pp. 544, 597, 614, 620.
38. Por exemplo, o cinto de cabelos que costuma usar. (SPENCER e GILLEN, *Nat. Tr.*, p. 171).
39. *Ibid.*, pp. 624 ss.
40. HOWITT, *Nat. Tr.*, p. 556.
41. *Ibid.*, p. 587.
42. É verdade que esse ato adquire um caráter religioso quando o alimento é sagrado. Mas o ato, em si mesmo, é tão claramente profano que o consumo de um alimento sagrado constitui sempre uma profanação. A profanação pode ser permitida ou até ordenada, mas, como veremos mais adiante, contanto que os ritos que a precedem ou a acompanham possam atenuá-la ou expiá-la. A existência desses ritos mostra bem que, por si mesma, a coisa sagrada repugna a ser consumida.
43. *North. Tr.*, p. 263.
44. SPENCER e GILLEN, *Nat. Tr.*, p. 171.
45. HOWITT, *Nat. Tr.*, p. 674. Talvez a proibição de falar durante as grandes solenidades religiosas deva-se, em parte, à mesma causa. Fala-se, sobretudo em voz alta, na vida corrente; portanto, na vida religiosa deve-se ou se calar ou falar em voz baixa. A mesma consideração não é alheia às interdições alimentares (ver p. 135).
46. *North. Tr.*, p. 33.
47. Como existe, dentro de cada homem, um princípio sagrado, que é a alma, o indivíduo se viu cercado, desde a origem, de interdições, primeira forma das interdições morais que isolam e protegem hoje a pessoa humana. Assim, o corpo de sua vítima

é considerado perigoso para quem mata (SPENCER e GILLEN, *Nat. Tr.*, p. 492) e lhe é interdito. Ora, as interdições que têm essa origem são freqüentemente utilizadas pelos indivíduos como meio de retirar certas coisas do uso comum e estabelecer sobre elas um direito de propriedade. "Um homem que sai do acampamento nele deixando armas, alimentos, etc. — diz ROTH a propósito das tribos do rio Palmer (Queensland do Norte) —, se urinar nas proximidades dos objetos assim deixados, estes se tornam *tami* (equivalente da palavra tabu), e ele pode estar seguro de encontrá-los intactos em seu retorno" ("North Queensland Ethnography", in *Records of the Australian Museum*, vol. VII. nº 2, p. 75). É que a urina, como o sangue, é tida por conter algo da força sagrada que é pessoal ao indivíduo. Portanto, ela mantém os estranhos à distância. A fala, pelas mesmas razões, pode igualmente servir de veículo a tais influências; por isso é possível proibir o acesso a um objeto por simples declaração verbal. Esse poder de criar interdições, aliás, varia conforme os indivíduos; é tanto maior quanto mais sagrado for seu caráter. Os homens têm esse privilégio quase com exclusão das mulheres (Roth cita um único caso de tabu imposto pelas mulheres); e ele atinge o seu grau máximo entre os chefes, os anciãos, que dele se servem para monopolizar as coisas que lhes convêm (ROTH, *ibid.*, p. 77). Assim, a interdição religiosa torna-se direito de propriedade e regulamento administrativo.

48. Ver adiante, mesmo livro, cap. II.

49. Ver p. XVI.

50. Ver p. 225-226.

51. Ver HUBERT e MAUSS, "Essai sur la nature el la fonction du sacrifice", in *Mélanges d'histoire des religions*, pp. 22 ss.

52. HOWITT, *Nat. Tr.*, pp. 560, 657, 659, 661. Nem mesmo a sombra de uma mulher deve cair sobre ele (*ibid.*, p. 633). O que ele toca não pode ser tocado por uma mulher (*ibid.*, p. 621).

53. *Ibid.*, pp. 561, 563, 670-671; SPENCER e GILLEN, *Nat. Tr.*, p. 223; *North. Tr.*, pp. 340, 342.

54. A palavra Jeraeil, por exemplo, entre os Kurnai; Kuringal, entre os Yuin e os Wolgat (HOWITT, *Nat. Tr.*, pp. 581, 617).

55. SPENCER e GILLEN, *Nat. Tr.*, p. 348.

56. HOWITT, p. 561.

57. *Ibid.*, pp. 538, 560, 633.

58. *Ibid.*, p. 674; Langloh PARKER, *The Euahlayi*, p. 75.

59. RIDLEY, *Kamilaroi*, p. 154.
60. HOWITT, p. 563.
61. *Ibid.*, p. 611.
62. *Ibid.*, pp. 549, 674.
63. HOWITT, *Nat. Tr.*, pp. 580, 596, 604, 668, 670; SPENCER e GILLEN, *Nat. Tr.*, pp. 223, 351.
64. HOWITT, p. 567.
65. *Ibid.*, p. 557.
66. *Ibid.*, p. 604; SPENCER e GILLEN, *Nat. Tr.*, p. 351.
67. HOWITT, p. 611.
68. HOWITT, p. 589.
69. Pode-se aproximar dessas práticas ascéticas aquelas que são utilizadas por ocasião da iniciação do mágico. Da mesma forma que o jovem neófito, o aprendiz de mágico é submetido a uma série de interdições cuja observância contribui para fazê-lo conquistar seus poderes específicos (ver "L'origine des pouvoirs magiques", em *Mélanges d'histoire des religions*, por HUBERT e MAUSS, pp. 171, 173, 176). O mesmo ocorre com os casais na véspera ou no dia seguinte ao casamento (tabus dos noivos e dos recém-casados); é que o casamento implica igualmente uma grave mudança de estado. Limitamo-nos a mencionar sumariamente esses fatos, sem nos determos neles, pois os primeiros concernem à magia, que não faz parte do nosso tema, e os segundos, ao conjunto de regras jurídico-religiosas relacionadas ao comércio dos sexos e cujo estudo só será possível conjuntamente com os outros preceitos da moral conjugal primitiva.
70. Preuss, é verdade, interpreta esses fatos dizendo que a dor é um meio de aumentar a força mágica do homem (*die menschliche Zauberkraft*); com base nessa expressão, poder-se-ia pensar que o sofrimento é um rito mágico e não religioso. Mas, como já dissemos, Preuss chama de mágicas, sem muita precisão, todas as forças anônimas e impessoais, quer digam respeito à magia, quer à religião. Certamente há torturas que servem para fazer mágicos; mas muitas das que ele nos descreve fazem parte de cerimônias propriamente religiosas e, portanto, é o estado religioso dos indivíduos que elas têm por objeto modificar.
71. PREUSS, "Der Ursprung der Religion und der Kunst", *Globus*, XXXVII, pp. 309-400. Preuss classifica sob a mesma rubrica um grande número de ritos díspares, por exemplo, efusões de sangue que agem em razão das qualidades positivas atribuí-

das ao sangue, e não por causa dos sofrimentos que elas implicam. Retemos apenas os fatos em que a dor é o elemento essencial do rito e a causa de sua eficácia.

72. *North. Tr.*, pp. 331-332.

73. *Ibid.*, p. 335. Verifica-se uma prática similar entre os Dieri (HOWITT, *Nat. Tr.*, pp. 658 ss.)

74. SPENCER e GILLEN, *Nat. Tr.*, pp. 214 ss. Vê-se por esse exemplo que os ritos de iniciação têm, às vezes, todas as características do trote nos calouros. É que, de fato, o trote é uma verdadeira instituição social que surge espontaneamente sempre que dois grupos, desiguais por sua situação moral e social, se acham intimamente em contato. Nesse caso, o que se considera superior ao outro resiste à intrusão dos recém-chegados: reage contra eles de maneira a demonstrar-lhes a superioridade que julga possuir. Essa reação, que se produz de maneira automática e adquire naturalmente a forma de crueldades mais ou menos graves, destina-se, ao mesmo tempo, a submeter os indivíduos à sua nova existência e a assimilá-los a seu novo meio. Ela constitui, portanto, uma espécie de iniciação. Assim se explica que a iniciação, por seu lado, seja uma espécie de trote, pois o grupo dos mais velhos é superior em dignidade religiosa e moral ao dos jovens, e no entanto deve assimilar este último. Todas as condições do trote acham-se portanto dadas.

75. SPENCER e GILLEN, *Nat. Tr.*, p. 372.

76. *Ibid.*, p. 335.

77. HOWITT, *Nat. Tr.*, p. 675.

78. *Ibid.*, pp. 569, 604.

79. SPENCER e GILLEN, *Nat. Tr.*, p. 251; *North. Tr.*, pp. 341, 352.

80. Assim, entre os Warramunga, a operação deve ser feita por sujeitos favorecidos por uma bela cabeleira.

81. HOWITT, *Nat. Tr.*, p. 675; trata-se das tribos do Darling inferior.

82. EYLMANN, *op. cit.*, p. 212.

83. *Ibid.*

84. Encontrar-se-ão indicações sobre essa questão em nossa dissertação sobre "La prohibition de l'inceste et ses origines" (*Année sociologique*, I, pp. 1 ss.), e em CRAWLEY, *Mystic Rose*, pp. 37 ss.

85. SPENCER e GILLEN, *Nat. Tr.*, p. 133.

86. Ver p. 114-115.
87. SPENCER e GILLEN, *Nat. Tr.*, pp. 134-135; STREHLOW, II, p. 78.
88. SPENCER e GILLEN, *North. Tr.*, pp. 167, 299.
89. Afora os ritos ascéticos de que falamos, há outros positivos que têm por finalidade carregar, ou, como diz Howitt, saturar o iniciado de religiosidade (HOWITT, *Nat. Tr.*, p. 535). É verdade que Howitt, em vez de religiosidade, fala de poderes mágicos; mas sabemos que, para a maior parte dos etnógrafos, essa palavra significa simplesmente virtudes religiosas de natureza impessoal.
90. HOWITT, *ibid.*, pp. 674-675.
91. SPENCER e GILLEN, *Nat. Tr.*, p. 454. Cf. HOWITT, *Nat. Tr.*, p. 561.
92. HOWITT, *Nat. Tr.*, p. 557.
93. *Ibid.*, p. 560.
94. Ver pp. 261-263. Cf. SPENCER e GILLEN, *Nat. Tr.*, p. 498; *North. Tr.*, pp. 506, 507, 518-519, 526; HOWITT, *Nat. Tr.*, pp. 449, 461, 469; MATHEWS, in *Journ. R. S. of N. S. Wales*, XXXVIII, p. 274; SCHULZE, *loc. cit.*, p. 231; WYATT, *Adelaide and Encounter Bay Tribes*, in WOODS, pp. 165, 198.
95. *Australian Aborigines*, p. 42.
96. HOWITT, *Nat. Tr.*, pp. 470-471.
97. Ver sobre essa questão Robertson SMITH, *The Religion of the Semites*, pp. 152 ss., 446, 481; FRAZER, artigo "Taboo" na *Encyclopaedia Britannica*; JEVONS, *Introduction to the History of Religion*, pp. 59 ss.; CRAWLEY, *Mystic Rose,* cap. II-IX; VAN GENNEP, *Tabou et totémisme à Madagascar*, cap. III.
98. Ver as referências p. 533, nota 1. Cf. SPENCER e GILLEN, *North. Tr.*, pp. 323, 324; *Nat. Tr.*, p. 168; TAPLIN, *The Narrinyeri*, p. 16; ROTH, "North Queensland Ethnography", Bull. 10, in *Records of the Australian Museum*, VII, p. 76.
99. Lembramos que, quando a interdição violada é religiosa, essas sanções não são as únicas; há, também, ou uma pena propriamente dita, ou o estigma da opinião.
100. Ver JEVONS, *Introduction to the History of Religion*, pp. 67-68. Não diremos nada da teoria, aliás pouco explícita, de CRAWLEY (*Mystic Rose*, cap. IV-VII), segundo a qual a contagiosidade dos tabus seria devida a uma interpretação errônea de certos fenômenos de contágio. Ela é arbitrária. Como assinala

muito precisamente Jevons na passagem a que nos referimos, o caráter contagioso do sagrado é afirmado *a priori*, e não com base em experiências mal interpretadas.

101. Ver p. 238.
102. Ver p. 196.
103. Ver pp. 202-203.
104. É o que mostrou claramente PREUSS nos artigos de *Globus* já citados.
105. É verdade que essa contagiosidade não é particular às forças religiosas; as relacionadas à magia têm a mesma propriedade, no entanto é evidente que não correspondem a sentimentos sociais objetivados. Mas isso porque as forças mágicas foram concebidas com base no modelo das forças religiosas. Voltaremos mais adiante a esse ponto (ver p. 392).
106. Ver pp. 245 ss.

Capítulo II

1. STREHLOW, I, p. 4.
2. Evidentemente, a palavra que designa essa festa muda conforme as tribos. Os Urabunna chamam-na *Pitjinta* (*North. Tr.*, p. 284); os Warramunga, *Thalaminta* (*ibid.*, p. 297), etc.
3. SCHULZE, *loc. cit.*, p. 243; SPENCER e GILLEN, *Nat. Tr.*, pp. 169-170.
4. SPENCER e GILLEN, *Nat. Tr.*, pp. 170 ss.
5. Evidentemente, as mulheres estão submetidas à mesma obrigação.
6. O Apmara foi o único objeto trazido da aldeia.
7. *Nat. Tr.*, pp. 185-186.
8. *North. Tr.*, p. 288.
9. *Ibid.*
10. *North. Tr.*, p. 312.
11. *North. Tr.*, p. 312.
12. Veremos mais adiante que esses clãs são muito mais numerosos do que dizem Spencer e Gillen.
13. *Nat. Tr.*, pp. 184-185.
14. *Nat. Tr.*, pp. 438, 461, 464; *North. Tr.*, pp. 596 ss.
15. *Nat. Tr.*, p. 201.
16. *Ibid.*, p. 206. Empregamos a linguagem de Spencer e

Gillen e, com eles, dizemos que o que sai das rochas são espíritos de cangurus (*spirits* ou *spirit parts of kangaroo*). STREHLOW (III, p. 7) contesta a exatidão da expressão. Segundo ele, o que o rito faz aparecer são cangurus reais, corpos vivos. Mas a contestação não é essencial, assim como aquela concernente à noção de *ratapa* (ver p. 265). Os germes de cangurus que saem das rochas não são visíveis, portanto não são feitos da mesma substância que os cangurus que nossos sentidos percebem. É tudo o que Spencer e Gillen querem dizer. Não resta dúvida, por outro lado, que não se trata de puros espíritos como um cristão poderia conceber. Assim como as almas humanas, eles são formas materiais.

17. *Nat. Tr.*, p. 181.
18. Tribo situada a leste do lago Eyre.
19. *North. Tr.*, pp. 287-288.
20. HOWITT, *Nat. Tr.*, p. 798. Cf. HOWITT, "Legends of the Dieri and Kindred Tribes of Central Australia", in *J.A.I.*, XXIV, pp. 124 ss. Howitt crê que a cerimônia é celebrada pelos membros do totem, mas não chega a certificar o fato.
21. *North. Tr.*, p. 295.
22. *Ibid.*, p. 314.
23. *North. Tr.*, pp. 296-297.
24. *Nat. Tr.*, p. 170
25. *Ibid.*, p. 519. A análise dos ritos que acabam de ser estudados foi feita unicamente com as observações que devemos a Spencer e Gillen. Depois que nosso capítulo estava redigido, Strehlow publicou o terceiro fascículo de sua obra que trata precisamente do culto positivo e, em particular, do Intichiuma, ou, como ele diz, dos ritos do *mbatjalkatiuma*. Mas não encontramos nada nessa publicação que nos obrigue a modificar a descrição precedente, nem mesmo a completá-la com acréscimos importantes. O que Strehlow nos mostra de mais interessante a esse respeito é que as efusões e as oblações de sangue são muito mais freqüentes do que se podia suspeitar com base no relato de Spencer e Gillen (ver STREHLOW, III, pp. 13, 14, 19, 29, 39, 43, 46, 56, 67, 80, 89).

As informações de Strehlow sobre o culto devem, aliás, ser empregadas com cautela, pois ele não foi testemunha dos ritos que descreve: limitou-se a recolher testemunhos orais, geralmente bastante sumários (ver Fasc. III, prefácio de LEONHARDI,

p. v). Pode-se mesmo perguntar se não confundiu em excesso as cerimônias totêmicas da iniciação com aquelas que chama *mbatjalkatiuma*. É verdade que ele faz um louvável esforço para distingui-las e evidencia claramente duas de suas características diferenciais. Primeiro, o Intichiuma sempre se realiza num lugar consagrado, relacionado à lembrança de algum antepassado, enquanto as cerimônias de iniciação podem ser celebradas em qualquer lugar. Segundo, as oblações de sangue são particulares ao Intichiuma, o que prova que elas concernem ao que há de mais essencial nesse ritual (III, p. 7). Mas, na descrição que ele nos dá dos ritos, acham-se confundidas informações que se referem indiferentemente a ambas as cerimônias. Com efeito, naquelas que nos descreve sob o nome de *mbatjalkatiuma*, os jovens geralmente desempenham um papel importante (ver, por exemplo, pp. 11, 13, etc.), o que é característico da iniciação. Do mesmo modo, o local do rito parece ser arbitrário, pois os atores constroem sua cena artificialmente, cavando um buraco no qual se colocam; de maneira geral, não é feita nenhuma alusão às rochas ou árvores sagradas e a seu papel ritual.

26. *Nat. Tr.*, p. 203. Cf. MEYER, *The Encounter Bay Tribe*, in WOODS, p. 187.

27. SPENCER e GILLEN, *Nat. Tr.*, p. 204.

28. *Nat. Tr.*, pp. 205-207.

29. *North. Tr.*, pp. 286-287.

30. *Ibid.*, p. 294.

31. *Ibid.*, p. 296.

32. MEYER, in WOODS, p. 187.

33. Já citamos um caso; outros serão encontrados em SPENCER e GILLEN, *Nat. Tr.*, p. 205; *North. Tr.*, p. 286.

34. Os Walpari, Wulmala, Tjingilli, Umbaia.

35. *North. Tr.*, p. 318.

36. Para essa segunda parte da cerimônia, bem como para a primeira, seguimos Spencer e Gillen. Mas o recente fascículo de Strehlow, nesse ponto, apenas confirma as observações de seus predecessores, pelo menos no que elas têm de essencial. Ele reconhece que, após a primeira cerimônia (dois meses depois, é dito na p. 13), o chefe do clã come ritualmente do animal ou da planta totêmica e que, a seguir, procede-se ao levantamento das interdições; ele chama essa operação *die Freigabe des Totems zum allgemeinen Gebrauch* (III, p. 7). Inclusive nos

informa que essa operação é muito importante para ser designada por uma palavra especial na língua dos Arunta. Acrescenta, é verdade, que esse consumo ritual não é o único, mas que às vezes o chefe e os velhos comem igualmente da planta ou do animal sagrado antes da cerimônia inicial e que o ator do rito faz o mesmo após a celebração. O fato nada tem de inverossímil. Esses consumos são meios empregados pelos oficiantes ou pelos assistentes para obterem as virtudes que querem adquirir; não é surpreendente que se multipliquem. Nada existe aí que invalide o relato de Spencer e Gillen, pois o rito sobre o qual estes insistem, e não sem razão, é a *Freigabe des Totems*.

Em dois pontos, apenas, Strehlow contesta as alegações de Spencer e Gillen. Em primeiro lugar, ele declara que o consumo ritual nem sempre ocorre. Isso é possível, uma vez que há animais e plantas totêmicas não comestíveis. Mesmo assim, o rito é muito freqüente; o próprio Strehlow cita numerosos exemplos (pp. 13, 14, 19, 23, 33, 36, 50, 59, 67, 68, 71, 75, 80, 84, 89, 93). Em segundo lugar, vimos que, segundo Spencer e Gillen, se o chefe do clã não comesse do animal ou da planta totêmica, perderia seus poderes. Strehlow garante que os testemunhos dos indígenas não confirmam essa asserção. Mas a questão nos parece inteiramente secundária. O fato certo é que esse consumo ritual é prescrito, portanto é considerado útil ou necessário. Ora, como toda comunhão, ele só pode servir para conferir ao sujeito que comunga as virtudes que necessita. Do fato de que os indígenas ou alguns deles tenham perdido de vista essa função do rito, não se conclui que ela não seja real. Será necessário repetir que os fiéis ignoram na maioria das vezes as verdadeiras razões de ser das práticas que cumprem?

37. Ver *The Religion of the Semites*, lições VI a XI, e o artigo "Sacrifice" na *Encyclopaedia Britannica*.

38. Ver HUBERT e MAUSS, "Essai sur la nature et la fonction du sacrifice", in *Mélanges d'histoire des religions*, pp. 40 ss.

39. Ver, para a explicação dessa regra, p. 238.

40. Ver STREHLOW, III, p. 3.

41. Convém não perder de vista, aliás, que, entre os Arunta, não é completamente interdito comer do animal totêmico.

42. Ver outros fatos em FRAZER, *Golden Bough*[2], pp. 348 ss.

43. *The Religion of the Semites*, pp. 275 ss.

44. *Ibid.*, pp. 318-319.

45. Ver sobre esse ponto HUBERT e MAUSS, *Mélanges d'histoire des religions*, prefácio, pp. V ss.

46. *The Religion of the Semites*, 2ª ed., pp. 390 ss.

47. O próprio R. SMITH cita casos em *The Religion of the Semites*, p. 231.

48. Ver, por exemplo, *Êxodo*, XXIX, 14-14; *Levítico*, IX, 8-11; é o seu próprio sangue que derramam sobre o altar os sacerdotes de Baal (I, *Reis*, XVIII, 28)

49. STREHLOW, III, p. 12, vers. 7.

50. Pelo menos, quando é completo; ele pode, em certos casos, reduzir-se a um único desses elementos.

51. Os indígenas, diz STREHLOW, "consideram essas cerimônias uma espécie de serviço divino, da mesma forma que o cristão considera os exercícios de sua religião" (III, p. 9).

52. Seria o caso de perguntar, sobretudo, se as efusões de sangue, as oferendas de cabelos, nas quais Smith vê atos de comunhão, não são oblações propriamente ditas (ver SMITH, *op. cit.*, pp. 320 ss.).

53. Os sacrifícios piaculares, de que falaremos mais em particular no capítulo V deste mesmo livro, consistem exclusivamente em oblações. Eles servem a comunhões apenas de maneira acessória.

54. É o que faz que tanto se tenha falado dessas cerimônias como se elas se dirigissem a divindades pessoais (ver, por exemplo, um texto de Krichauff e um outro de Kempe citados por EYLMANN, pp. 202-203).

55. Num sentido filosófico, o mesmo acontece com toda coisa, pois nada existe a não ser pela representação. Mas, conforme mostramos (pp. 236-237), a proposição é duplamente verdadeira para as forças religiosas, porque, na constituição das coisas, não há nada que corresponda ao caráter sagrado.

56. Ver MAUSS, "Essai sur les variations saisonnières des sociétés Eskimos", in *Année sociol.*, IX, pp. 96 ss.

Capítulo III

1. *Nat. Tr.*, p. 176.

2. *North. Tr.*, p. 179. Spencer e Gillen, é verdade, não dizem expressamente que a cerimônia seja um Intichiuma. Mas o contexto não deixa dúvida sobre o sentido do rito.

3. No índice dos nomes de totens, SPENCER e GILLEN escrevem *Untjalka* (*North. Tr.*, p. 772).
4. *Nat. Tr.*, p. 182.
5. *Ibid.*, p. 193.
6. SCHULZE, *loc. cit.*, p. 221; cf. p. 243.
7. STREHLOW, III, pp. 11, 31, 36, 37, 68, 72, 84.
8. *Ibid.*, p. 100.
9. *Ibid.*, pp. 81, 100, 112, 115.
10. *North. Tr.*, p. 310.
11. *Ibid.*, pp. 285-286. Talvez os movimentos da lança tenham por objeto furar as nuvens.
12. *North. Tr.*, pp. 294-296. É curioso que, entre os Anula, o arco-íris seja, ao contrário, considerado um produtor da chuva (*ibid.*, p. 314).
13. O mesmo procedimento é empregado entre os Arunta (STREHLOW, III, p. 132). Pode-se perguntar, é verdade, se essa efusão de sangue não seria uma oblação destinada a liberar princípios produtores de chuva. No entanto, Gason diz formalmente que se trata de um meio de imitar a água que cai.
14. GASON, *The Dieyerie Tribe*, in CURR, II, pp. 66-68. HOWITT (*Nat. Tr.*, pp. 798-900) menciona um outro rito dos Dieri para obter chuva.
15. "Ethnographical Notes on the Western-Australian Aborigines", in *Internationales Archiv. f. Ethnographie*, XVI, pp. 6-7. Cf. WITHNAL, "Mariage Rites and Relationship", in *Science of Man*, 1903, p. 42.
16. Supomos que um subtotem pode ter um *tarlow* porque, segundo Clement, certos clãs têm vários totens.
17. Clement diz a *tribal-family*.
18. Explicaremos mais adiante (p. 393) em que consiste essa impropriedade.
19. Ver sobre essa classificação FRAZER, *Lectures on the Early History of Kingship*, pp. 37 ss.; HUBERT e MAUSS, *Théorie générale de la magie*, pp. 61 ss.
20. Não dizemos nada da que foi chamada de lei de contrariedade, pois, como mostraram HUBERT e MAUSS, o contrário só produz seu contrário por intermédio do semelhante (*Théorie générale de la magie*, p. 70).
21. *Lectures on the Early History of Kingship*, p. 39.
22. Ela se aplica ao feitiço no sentido de que há realmente

assimilação da estatueta e da pessoa enfeitiçada. Mas essa assimilação está longe de ser um simples produto da associação de idéias por similaridade. A verdadeira causa determinante do fenômeno é a contagiosidade própria das forças religiosas, conforme mostramos.

23. Sobre as causas que determinam essa manifestação exterior, ver pp. 239 ss.

24. LÉVY-BRUHL, *Les Fonctions mentales dans les sociétés inférieures*, pp. 61-68.

25. *Golden Bough*[2], I, pp. 69-75.

26. Não estamos querendo dizer que tenha havido um tempo em que a religião teria existido sem a magia. Provavelmente, à medida que a religião se formou, alguns desses princípios foram estendidos a relações não religiosas e, assim, ela se completou com uma magia mais ou menos desenvolvida. Mas, se esses dois sistemas de idéias e de práticas não correspondem a fases históricas distintas, não deixa de haver entre eles uma relação de derivação definida. Foi tudo o que nos propusemos afirmar.

27. *Loc. cit.*, pp. 108 ss.

28. Ver pp. 206-208.

29. Certamente existem sociedades animais. Mas a palavra não tem exatamente o mesmo sentido conforme se aplique aos homens ou aos animais. A instituição é o fato característico das sociedades humanas; não existem instituições nas sociedades animais.

30. A idéia de causa não é a mesma para um cientista e para um homem desprovido de cultura científica. Por outro lado, muitos de nossos contemporâneos entendem diferentemente o princípio de causalidade, conforme o apliquem a fatos sociais ou a fatos físico-químicos. É comum que se tenha da causalidade, na ordem social, uma concepção que lembra singularmente aquela que esteve, por muito tempo, na base da magia. Pode-se até perguntar se um físico e um biólogo concebem a relação causal do mesmo modo.

Capítulo IV

1. As cerimônias não são naturalmente acompanhadas de uma comunhão alimentar. Segundo Strehlow, elas têm, ao menos quando se trata de plantas não comestíveis, um nome gené-

rico distinto; chamam-nas, não mbatjalkatiuma, mas *knujilelama* (STREHLOW, III, p. 96).

2. STREHLOW, III, p. 8.

3. Os Warramunga não são os únicos em que o Intichiuma apresenta a forma que iremos descrever. Observamo-la igualmente entre os Tjingilli, os Umbaia, os Wulmala, os Walpari e mesmo entre os Kaitish, embora o ritual destes últimos lembre, sob certos aspectos, o dos Arunta (*North. Tr.*, pp. 291, 309, 311, 317). Se tomamos os Warramunga como modelo, é que eles foram melhor estudados por Spencer e Gillen.

4. É o caso do Intichiuma da cacatua-branca; ver p. 382.

5. *North. Tr.*, pp. 300 ss.

6. Um dos dois atores pertence, não ao clã da Cobra-preta, mas ao do Corvo. É que o Corvo é considerado como um "sócio" da Cobra-preta. Dito de outro modo, é um subtotem dela.

7. *North. Tr.*, p. 302.

8. *Ibid.*, p. 305.

9. Ver SPENCER e GILLEN, *Nat. Tr.*, p. 188; STREHLOW, III, p. 5.

10. É o que reconhece o próprio Strehlow: "O antepassado totêmico e seu descendente, isto é, aquele que o representa (*der Darsteller*), são apresentados nesses cantos sagrados como sendo um só" (III, p. 6). Como esse fato incontestável contradiz a tese segundo a qual as almas ancestrais não reencarnariam, Strehlow, é verdade, acrescenta em nota que "ao longo da cerimônia, não há encarnação propriamente dita do antepassado na pessoa que o representa". Se Strehlow quer dizer que a encarnação não ocorre na ocasião da cerimônia, nada mais certo. Mas se entende que não há em absoluto encarnação, não compreendemos como o oficiante e o antepassado possam se confundir.

11. Talvez essa diferença se deva em parte a que, entre os Warramunga, cada clã descenderia de um mesmo e único antepassado, em torno do qual a história legendária do clã veio se concentrar. É esse antepassado que o rito comemora; ora, o oficiante não descende dele necessariamente. Pode-se mesmo perguntar se esses chefes míticos, espécie de semideuses, estão sujeitos à reencarnação.

12. Nesse Intichiuma, três assistentes representam antepassados "de uma considerável antiguidade"; eles desempenham um verdadeiro papel (*Nat. Tr.*, pp. 181-182). SPENCER e GILLEN

acrescentam, é verdade, que se trata de antepassados posteriores à época do Alcheringa. Mas estes não deixam de ser personagens míticos, representados durante um rito.

13. Nada nos é dito, com efeito, de pedras ou fontes sagradas. O centro da cerimônia é uma imagem da ema desenhada no chão, que pode ser executada num lugar qualquer.

14. Não queremos dizer, porém, que todas as cerimônias dos Warramunga sejam desse tipo. O exemplo da cacatua-branca, mencionado mais acima, prova que há exceções.

15. *North. Tr.*, pp. 226 ss. Cf., sobre o mesmo assunto, algumas passagens de EYLMANN que se relacionam evidentemente ao mesmo ser mítico (*Die Eingeborenen*, etc., p. 185). Strehlow nos fala igualmente, entre os Arunta, de uma serpente mítica (*Kulaia*, cobra-d'água) que poderia não ser muito diferente da Wollunqua (STREHLOW, I, p. 78; cf. II, p. 72, onde a Kulaia aparece na lista dos totens).

16. Para não complicar a terminologia, servimo-nos da palavra arunta: entre os Warramunga, chama-se Wingara esse período mítico.

17. "Não é fácil, dizem SPENCER e GILLEN, exprimir com palavras o que para os indígenas é antes um vago sentimento. Mas, após termos observado atentamente as diferentes cerimônias, tivemos a nítida impressão de que, no espírito dos indígenas, a Wollunqua correspondia à idéia de um totem dominante" (*North. Tr.*, p. 248).

18. Uma das mais solenes dessas cerimônias foi a que tivemos a ocasião de descrever mais acima (pp. 223-224), durante a qual uma imagem da Wollunqua é desenhada numa espécie de montículo posteriormente destruído em meio a uma efervescência geral.

19. *North. Tr.*, pp. 227, 248.

20. Eis em que termos se exprimem SPENCER e GILLEN na única passagem que trata de uma possível relação entre a Wollunqua e o fenômeno da chuva. Alguns dias depois de celebrado o rito em volta do montículo, "os velhos declararam que tinham ouvido a Wollunqua falar, que ela estava satisfeita com o que se passara e que ia enviar a chuva. A razão dessa profecia é que eles tinham ouvido, como nós, o trovão ressoar a uma certa distância dali". A produção da chuva é tão pouco o objeto imediato da cerimônia, que só é imputada à Wollunqua vários dias após a

celebração do rito e por circunstâncias acidentais. Um outro fato mostra o quanto as idéias dos indígenas são vagas sobre esse ponto. Algumas linhas adiante, o trovão é apresentado como um sinal, não da satisfação da Wollunqua, mas de seu descontentamento. Apesar dos prognósticos, continuam nossos autores, "a chuva não veio. Mas, alguns dias depois, ouviu-se de novo o trovão ressoar ao longe. Os velhos disseram que a Wollunqua resmungava porque não estava contente" com a maneira pela qual o rito fora realizado. Assim, um mesmo fenômeno, o ruído do trovão, é ora interpretado como um sinal de disposições favoráveis, ora como um indício de intenções malévolas.

Há, no entanto, um detalhe ritual que, se aceitássemos a explicação proposta por Spencer e Gillen, seria diretamente eficaz. Segundo eles, a destruição do montículo se destinaria a assustar a Wollunqua e a impedi-la, por uma coação mágica, de sair de seu esconderijo. Mas essa interpretação nos parece muito suspeita. Com efeito, na circunstância que acabamos de mencionar e na qual a Wollunqua estava descontente, esse descontentamento era atribuído ao fato de não se ter feito desaparecer os restos do montículo. Esse desaparecimento é portanto reclamado pela própria Wollunqua, ao invés de ser destinado a intimidá-la e a exercer sobre ela uma influência coercitiva. Provavelmente esse é apenas um caso particular de uma regra mais geral em vigor entre os Warramunga: os instrumentos do culto devem ser destruídos depois de cada cerimônia. Assim, os ornamentos rituais vestidos pelos oficiantes lhes são violentamente arrancados, uma vez terminado o rito (*North. Tr.*, p. 205).

21. *North. Tr.*, pp. 207-208.

22. *Ibid.*, p. 210.

23. Ver na lista dos totens elaborada por STREHLOW os nos 432-442 (II, p. 72).

24. Ver STREHLOW, III, p. 8. Há igualmente entre os Arunta um totem *Worra* que muito se assemelha ao totem do "rapaz que ri" entre os Warramunga (*ibid.* e III, p. 124). *Worra* significa pessoas jovens. A cerimônia tem por objeto fazer que os jovens sintam mais gosto pelo jogo de *labara* (ver sobre esse jogo STREHLOW, I, pp. 55, n. 1).

25. Ver pp. 408-409.

26. Encontrar-se-á um caso desse gênero em *North. Tr.*, p. 206.

27. *Nat. Tr.*, p. 118 e n. 2, pp. 618 ss.; *North. Tr.*, pp. 716 ss. Há, porém, cerimônias sagradas das quais as mulheres não são totalmente excluídas (ver por exemplo *North. Tr.*, pp. 375 ss.). Mas constituem exceção.

28. Ver *Nat. Tr.*, pp. 329 ss.; *North. Tr.*, pp. 210 ss.

29. É o caso, por exemplo, do corrobori do Molonga entre os Pitta-Pitta do Queensland e as tribos vizinhas (ver ROTH, *Ethnog. Studies among the N.-W. Central Queensland Aborigines*, pp. 120 ss.). Sobre os corrobori ordinários, encontrar-se-ão informações em STIRLING, *Rep. of the Horn Expedition to Central Australia*, Parte IV, p. 72, e em ROTH, *op. cit.*, pp. 117 ss.

30. Ver, em particular, sobre essa questão, o belo trabalho de CULIN, "Games of the North American Indians" (*XXIVth Rep. of the Bureau of Amer. Ethnol.*).

31. Ver p. 72-73.

32. Especialmente em matéria sexual. Nos corrobori ordinários, as licenciosidades sexuais são freqüentes (ver SPENCER e GILLEN, *Nat. Tr.*, pp. 96-97 e *North. Tr.*, pp. 136-137). Sobre as licenciosidades sexuais nas festas populares em geral, ver HAGELSTANGE, *Süddeutsches Bauernleben im Mittelalter*, pp. 221 ss.

33. Assim, as regras de exogamia são violadas obrigatoriamente durante certas cerimônias religiosas (ver p. 563, nota 29). Provavelmente não cabe buscar nessas licenciosidades um sentido ritual preciso. É uma simples conseqüência mecânica do estado de superexcitação provocado pela cerimônia. Trata-se de um exemplo desses ritos que não têm, por si próprios, objeto definido, que são simples descargas de atividade (ver p. 416). O próprio indígena não lhe atribui um fim determinado: diz apenas que, se não houver essas licenças, o rito não produzirá seus efeitos; a cerimônia fracassará.

34. Eis as expressões que SPENCER e GILLEN utilizam: "Elas (as cerimônias que se relacionam aos totens) são com freqüência, mas não sempre, associadas às que dizem respeito à iniciação dos jovens, ou então fazem parte dos Intichiuma" (*North. Tr.*, p. 178).

35. Deixamos de lado a questão de saber em que consiste esse caráter. É um problema que nos levaria a desenvolvimentos muito longos e muito técnicos e que, por essa razão, demanda-

ria um tratamento à parte. Aliás, ele não diz respeito às proposições estabelecidas ao longo da presente obra.

36. Trata-se do capítulo VI intitulado "Ceremonies connected with the totems".

37. STREHLOW, III, pp. 1-2.

38. Assim se explicaria o erro que, segundo Strehlow, Spencer e Gillen teriam cometido: eles teriam aplicado a uma das modalidades do rito o termo que convém mais especialmente à outra. Mas, nessas condições, o erro não parece ter a gravidade que lhe atribui Strehlow.

39. Ele inclusive não pode ter outro caráter. De fato, como a iniciação é uma festa tribal, noviços de totens diferentes são iniciados no mesmo momento. As cerimônias que se sucedem assim num mesmo lugar sempre se relacionam, portanto, a vários totens e, em conseqüência, é preciso que elas se realizem fora das localidades a que correspondem segundo o mito.

40. Pode-se explicar agora por que não estudamos, em parte alguma, os ritos de iniciação em si: eles não constituem uma entidade ritual, mas são formados por um conglomerado de ritos de espécies diferentes. Há, em particular, interdições, ritos ascéticos e cerimônias representativas que não se distinguem das celebradas por ocasião do Intichiuma. Tivemos, portanto, que desmembrar esse sistema compósito e tratar separadamente cada um dos ritos elementares que o compõem, classificando-os com os ritos similares dos quais é necessário aproximá-los. Por outro lado, vimos (pp. 302 ss.) que a iniciação serviu de ponto de partida para uma nova religião, que tende a ultrapassar o totemismo. Mas, dessa religião, nos foi suficiente mostrar que o totemismo continha o germe: não precisávamos seguir seu desenvolvimento. O objeto deste livro é estudar as crenças e as práticas elementares; devemos, portanto, nos deter no momento em que elas dão origem a formas mais complexas.

41. *Nat. Tr.*, p. 463. Se o indivíduo pode, à sua escolha, celebrar uma cerimônia, seja do totem paterno, seja do materno, é porque, pelas razões expostas mais acima (pp. 183-184), ele participa de ambos.

42. Ver p. 433.

43. Ver "Essai sur le sacrifice", in *Mélanges d'histoire des religions*, p. 83.

Capítulo V

1. *Piacularia auspicia appellabant quae sacrificantibus tristia portendebant* (Paulo ex *Fest.*, p. 244, ed. Muller). A palavra *piaculum* é empregada inclusive como sinônimo de infelicidade. "*Vetonica herba*, diz Plínio, *tantum gloriae habet ut domus in qua sata sit tuta existimetur a piaculis omnibus*" (XXV, 8, 46).

2. *North. Tr.*, p. 526; EYLMANN, p. 239. Cf. p. 324.

3. BROUGH SMYTH, I, p. 106; DAWSON, p. 64; EYLMANN, p. 239.

4. DAWSON, p. 66; EYLMANN, p. 241.

5. *Nat. Tr.*, p. 502; DAWSON, p. 67.

6. *North. Tr.*, pp. 516-517.

7. *North. Tr.*, pp. 520-521. Os autores não nos dizem se se trata de parentes tribais ou de parentes de sangue. A primeira hipótese é a mais provável.

8. *North. Tr.*, pp. 525-526. Essa interdição de falar, particular às mulheres, embora consista numa simples abstenção, tem toda a aparência de um rito piacular: é uma maneira de se mortificar. Por isso a mencionamos aqui. Também o jejum pode, conforme as circunstâncias, ser um rito piacular ou um rito ascético. Tudo depende das condições nas quais ocorre e do objetivo visado (ver sobre a diferença entre esses dois tipos de ritos, p. 434).

9. Encontrar-se-á em *North. Tr.*, p. 525, uma gravura muito expressiva, em que esse rito é representado.

10. *Ibid.*, p. 522.

11. Ver sobre os principais tipos de ritos funerários HOWITT, *Nat. Tr.*, pp. 446-508, para as tribos do Sudeste; SPENCER e GILLEN, *North. Tr.*, p. 505, e *Nat. Tr.*, pp. 497 ss., para as tribos do centro; ROTH, "North Queensland Ethnog.", Bull. nº 9, in *Records of the Australian Museum*, VI, nº 5, pp. 365 ss. (*Burial Ceremonies and Disposal of the Dead*).

12. Ver especialmente ROTH, *loc. cit.*, p. 368; EYRE, *Journals of Exped. into Central Australia*, II, pp. 344-345, 347.

13. SPENCER e GILLEN, *Nat. Tr.*, p. 500; *North. Tr.*, pp. 507-508; EYLMANN, p. 241; Langloh PARKER, *The Euahlayi*, pp. 83 ss.; BROUGH SMYTH, I, p. 118.

14. DAWSON, p. 66; HOWITT, *Nat. Tr.*, p. 466; EYLMANN, pp. 239-240.
15. BROUGH SMYTH, I, p. 113.
16 W. E. STANBRIDGE, *Trans. Ethnological Society of London*, n. s., t. I, p. 286.
17. BROUGH SMYTH, I, p. 104.
18. HOWITT, *Nat. Tr.*, p. 459. Encontrar-se-ão cenas análogas em EYRE, *op. cit.*, II, p. 255 n. e p. 347; ROTH, *loc. cit.*, pp. 394-395, especialmente; GREY, II, pp. 320 ss.
19. BROUGH SMYTH, I, pp. 104, 112; ROTH, *loc. cit.*, p. 382.
20. *North. Tr.*, pp. 511-512.
21. DAWSON, p. 67; ROTH, *loc. cit.*, pp. 366-367.
22. *Nat. Tr.*, pp. 508-510.
23. Pequena vasilha de madeira de que já se falou mais acima, p. 359.
24. *Nat. Tr.*, pp. 508-510. O outro rito final a que assistiram Spencer e Gillen é descrito nas pp. 503-508 da mesma obra. Ele não difere essencialmente do que acabamos de analisar.
25. *North. Tr.*, pp. 531-540.
26. Contrariamente ao que diz JEVONS, *Introd. to the History of Relig.*, pp. 46 ss.
27. É o que leva DAWSON a dizer que o luto é sinceramente assumido (p. 66). Mas EYLMANN assegura ter conhecido apenas um caso em que tenha havido ferimentos por tristeza realmente sentida (*op. cit.*, p. 113).
28. *Nat. Tr.*, p. 510.
29. EYLMANN, pp. 238-239.
30. *North. Tr.*, p. 507; *Nat. Tr.*, p. 498.
31. *Nat. Tr.*, p. 500; EYLMANN, p. 227.
32. BROUGH SMYTH, I, p. 114.
33. *Nat. Tr.*, p. 510.
34. Encontram-se vários exemplos dessa crença em HOWITT, *Nat. Tr.*, p. 435. Cf. STREHLOW, I, pp. 15-16, e II, p. 7.
35. Talvez perguntem por que repetidas cerimônias são necessárias para produzir o apaziguamento após o luto. Mas é que os funerais, em primeiro lugar, geralmente são muito longos; compreendem operações múltiplas que se distribuem durante meses e que, assim, prolongam e mantêm a perturbação moral causada pela morte (cf. HERTZ, "La représentation collective de

la mort", in *Année sociol.*, X, pp. 48 ss.). De maneira geral, a morte é uma mudança de estado grave que tem repercussões amplas e duráveis no grupo. É preciso tempo para neutralizar seus efeitos.

36. Num caso que Grey relata a partir de uma observação de Bussel, o rito tem todo o aspecto do sacrifício: o sangue é derramado sobre o próprio corpo do morto (GREY, II, p. 330). Noutros casos, há como que uma oferenda da barba: os homens de luto cortam uma parte de sua barba, que é lançada sobre o cadáver (*ibid.*, p. 335).

37. *Nat. Tr.*, pp. 135-136.

38. Certamente, considera-se que todo churinga se relaciona com um antepassado. Mas não é para apaziguar os espíritos dos antepassados que se pratica o luto dos churinga perdidos. Mostramos, aliás (p. 116), que a idéia de antepassado só interveio secundária e tardiamente na noção de churinga.

39. *Op. cit.*, p. 207; cf. pp. 163-164.

40. EYLMANN, p. 208.

41. EYLMANN, p. 211.

42. HOWITT, "The Dieri", in *J.A.I.*, XX (1891), p. 93.

43. HOWITT, *Nat. Tr.*, p. 394.

44. HOWITT, *ibid.*, p. 396.

45. Comunicação de GASON, in *J.A.I.*, XXIV (1895), p. 175.

46. *North. Tr.*, p. 286.

47. GASON, *The Dieyerie Tribe*, in CURR, II, p. 68.

48. GASON, *ibid.*; EYLMANN, p. 208.

49. HOWITT, *Nat. Tr.*, pp. 277 e 430.

50. *Ibid.*, p. 195.

51. GASON, *The Dieyerie Tribe*, in CURR, II, p. 69. O mesmo procedimento é empregado para expiar um ridículo. Quando uma pessoa, por falta de jeito ou por outro motivo, provoca o riso dos assistentes, ela pede a um deles que bata na cabeça dela até o sangue correr. Nesse momento, as coisas voltam ao normal e a pessoa de quem zombavam participa ela própria da satisfação geral (*ibid.*, p. 70).

52. EYLMANN, pp. 212 e 447.

53. Ver pp. 420-421.

54. *The Religion of the Semites*, XI.

55. É o caso dos Dieri que invocam, segundo Gason, os Mura-mura da água em tempos de seca.

56. *Op. cit.*, p. 262.

57. É possível, aliás, que a crença nas virtudes moralmente tonificantes do sofrimento (ver p. 331) tenha desempenhado aqui um papel. Uma vez que a dor santifica, uma vez que eleva o nível religioso do fiel, ela pode também soerguê-lo quando cai abaixo do normal.

58. Cf. o que dissemos sobre a expiação em nossa *Division du travail social*, 3ª ed., pp. 64 ss.

59. Ver pp. 320-321.

60. SPENCER e GILLEN, *Nat. Tr.*, p. 460; *North. Tr.*, p. 601; ROTH, *North Queensland Ethnography*, Bull. nº 5, p. 24. É inútil multiplicar as referências em apoio a um fato tão conhecido.

61. SPENCER e GILLEN citam, porém, um caso em que os churinga seriam colocados sob a cabeça do morto (*Nat. Tr.*, p. 156). Mas, como eles reconhecem, o fato é único, anormal (*ibid.*, p. 157), e é energicamente negado por STREHLOW (II, p. 79).

62. Robertson SMITH, *Rel. of Semites*, p. 153; cf. p. 446, a nota adicional intitulada "Holiness, Uncleanness and Taboo".

63. HOWITT, *Nat. Tr.*, pp. 448-450; BROUGH SMYTH, I, pp. 118, 120; DAWSON, p. 67; EYRE, II, p. 257; ROTH, "North Queensland Ethn.", Bull. nº 9, in *Rec. of the Australian Museum*, VI, nº 5, p. 367.

64. Ver pp. 340-341.

65. SPENCER e GILLEN, *Nat. Tr.*, p. 464; *North. Tr.*, p. 599.

66. Por exemplo, entre os hebreus, com o sangue da vítima expiatória se lustra o altar (*Levítico*, IV, 5 ss.); queima-se a carne e os produtos da combustão servem para fazer uma água de purificação (*Números*, XIX).

67. TAPLIN, *The Narrinyeri Tribe*, pp. 32-34. Quando os dois indivíduos que trocaram assim seus cordões umbilicais pertencem a tribos diferentes, eles são empregados como agentes do comércio intertribal. Nesse caso, a troca dos cordões ocorre pouco tempo após o nascimento deles e por intermédio de seus respectivos parentes.

68. SMITH, é verdade, não admite a realidade dessas substituições e dessas transformações. Segundo ele, se a vítima expiatória servia para purificar, é que nela mesma não havia nada de impuro. Primitivamente, tratava-se de uma coisa santa; ela estava destinada a restabelecer, por meio de uma comunhão, os laços de parentesco que uniam o fiel a seu deus quando uma falta ritual

os havia afrouxado ou rompido. Escolhia-se inclusive, para essa operação, um animal excepcionalmente são, para que a comunhão fosse mais eficaz e apagasse mais completamente os efeitos da falta. Foi somente quando se deixou de compreender o sentido do rito que o animal sacrossanto foi considerado impuro (*op. cit*., pp. 347 ss.). Mas é inadmissível que crenças e práticas tão universais quanto as que encontramos na base do sacrifício expiatório sejam o produto de um simples erro de interpretação. De fato, não há dúvida de que a vítima expiatória seja acusada da impureza do pecado. Aliás, acabamos de ver que essas transformações do puro em impuro, ou vice-versa, encontram-se desde as sociedades mais inferiores que conhecemos.

Conclusão

1. William JAMES, *The Varieties of Religion Experience*.
2. JAMES, *op. cit.* (p. 19 da tradução francesa).
3. Ver pp. 239 ss.
4. Uma única forma da atividade social ainda não foi expressamente vinculada à religião: a atividade econômica. Contudo, as técnicas derivadas da magia revelam, por isso mesmo, ter origens indiretamente religiosas. Além disso, o valor econômico é uma espécie de poder, de eficácia, e sabemos as origens religiosas da idéia de poder. A riqueza pode conferir *mana*; portanto, ela o possui. Por aí se percebe que a idéia de valor econômico e a de valor religioso devem ter alguma relação. Mas saber qual a natureza dessa relação é um assunto que ainda não foi estudado.
5. É por essa razão que Frazer e mesmo Preuss colocam as forças religiosas impessoais fora ou, no máximo, no limiar da religião, para associá-las à magia.
6. BOUTROUX, *Science et religion*, pp. 206-207.
7. Ver pp. 413 ss. Cf., sobre essa mesma questão, nosso artigo: "Représentations individuelles et représentations collectives", in *Revue de Métaphysique*, maio de 1898.
8. William JAMES, *The Principles of Psychology*, I, p. 464.
9. Essa universalidade do conceito não deve ser confundida com sua generalidade: são coisas muito diferentes. O que chamamos universalidade é a propriedade que tem o conceito

de ser comunicado a uma pluralidade de espíritos e até, em princípio, a todos os espíritos; ora, essa comunicabilidade é totalmente independente de seu grau de extensão. Um conceito que se aplica a um único objeto, cuja extensão, portanto, é mínima, pode ser universal, no sentido de que é o mesmo para todos os entendimentos, como o conceito de uma divindade.

10. Objetar-se-á que freqüentemente, no indivíduo, pelo mero efeito da repetição, maneiras de agir ou de pensar se fixam e se cristalizam na forma de hábitos que resistem à mudança. Mas o hábito é apenas uma tendência a repetir automaticamente um ato ou uma idéia, sempre que as mesmas circunstâncias os despertam; ele não implica que a idéia ou o ato sejam constituídos como tipos exemplares, propostos ou impostos ao espírito ou à vontade. É somente quando um tipo desse gênero é preestabelecido, ou seja, quando uma regra ou uma norma é instituída, que a ação social pode e deve ser presumida.

11. Está se vendo que, pelo simples fato de ter uma origem social, uma representação está longe de carecer de valor objetivo.

12. Cf. p. 213.

13. *Les Fonctions mentales dans les sociétés inférieures*, pp. 131-138.

14. *Ibid.*, p. 446.

15. Ver pp. XXVI-XXVII.

16. William JAMES, *Principles of Psychology*, I, p. 134.

17. Fala-se com freqüência do espaço e do tempo como se fossem apenas a extensão e a duração concretas, tais como as pode sentir a consciência individual, mas empobrecidas pela abstração. Em realidade, trata-se de representações de um gênero bem distinto, construídas com outros elementos, segundo um plano muito diferente e tendo em vista fins igualmente diferentes.

18. No fundo, os conceitos de totalidade, de sociedade e de divindade não são, provavelmente, mais que aspectos diferentes de uma mesma e única noção.

19. Ver *Classifications primitives*, *loc. cit.*, pp. 40 ss.

SUMÁRIO

INTRODUÇÃO: OBJETO DA PESQUISA
Sociologia religiosa e teoria do conhecimento

I – Objeto principal do livro: análise da religião mais simples que se conhece, a fim de determinar as formas elementares da vida religiosa. – Por que é mais fácil apreendê-las e explicá-las através das religiões primitivas V

II – Objeto secundário da pesquisa: gênese das noções fundamentais do pensamento ou categorias. – Razões para acreditar que elas tenham uma origem religiosa e, conseqüentemente, social. – De que maneira, desse ponto de vista, se vislumbra um meio de renovar a teoria do conhecimento XV

LIVRO I
QUESTÕES PRELIMINARES

Capítulo I – DEFINIÇÃO DO FENÔMENO RELIGIOSO E DA RELIGIÃO

Utilidade de uma definição prévia da religião; método a seguir para proceder a essa definição. – Por que convém examinar primeiro as definições usuais 3

I – A religião definida pelo sobrenatural e pelo misterioso. – Crítica: a noção de mistério não é primitiva 5
II – A religião definida em função da idéia de Deus ou de ser espiritual. – Religiões sem deuses. – Nas religiões deístas, há ritos que não implicam nenhuma idéia de divindade 11
III – Busca de uma definição positiva. – Distinção das crenças e dos ritos. – Definição das crenças. – Primeira característica: divisão das coisas em sagradas e profanas. – Caracteres distintivos dessa divisão. – Definição dos ritos em função das crenças. – Definição da religião 18
IV – Necessidade de uma outra característica para distinguir a magia da religião. – A idéia de igreja. – As religiões individuais excluem a idéia de igreja? .. 26

Capítulo II – AS PRINCIPAIS CONCEPÇÕES DA RELIGIÃO ELEMENTAR

I – O animismo

Distinção entre animismo e naturismo 33

I – As três teses do animismo: 1) Gênese da idéia de alma; 2) Formação da idéia de espírito; 3) Transformação do culto dos espíritos em culto da natureza 35

II – Crítica da primeira tese. – Distinção da idéia de alma e da idéia de duplo. – O sonho não explica a idéia de alma 42
III – Crítica da segunda tese. – A morte não explica a transformação da alma em espírito. – O culto das almas dos mortos não é primitivo 48
IV – Crítica da terceira tese. – O instinto antropomórfico. Crítica que Spencer fez dele; reservas a esse respeito. Exame dos fatos pelos quais se julga provar a existência desse instinto. – Diferença entre a alma e os espíritos da natureza. O antropomorfismo religioso não é primitivo 54
V – Conclusão: o animismo reduz a religião a não ser mais que um sistema de alucinações 58

Capítulo III – AS PRINCIPAIS CONCEPÇÕES DA RELIGIÃO ELEMENTAR *(cont.)*

II – O naturismo

Histórico da teoria 61

I – Exposição do naturismo segundo Max Müller 63
II – Se a religião tem por objeto exprimir as forças naturais e se as exprime de maneira errônea, não se compreende como tenha podido se manter. – Suposta distinção entre a religião e a mitologia 70
III – O naturismo não explica a distinção das coisas em sagradas e em profanas 76

Capítulo IV – O TOTEMISMO COMO RELIGIÃO ELEMENTAR

Histórico da questão. Método para tratá-la

I – História sumária da questão do totemismo 82

II – Razões de método pelas quais o estudo terá por objeto especialmente o totemismo australiano. – Importância que será dada aos fatos americanos... 87

LIVRO II
AS CRENÇAS ELEMENTARES

Capítulo I – AS CRENÇAS PROPRIAMENTE TOTÊMICAS

I – O totem como nome e como emblema

I – Definição do clã. – O totem como nome do clã. – Natureza das coisas que servem de totens. – Maneiras pelas quais se adquire o totem. – Os totens de fratrias, de classes matrimoniais............ 96

II – O totem como emblema. – Desenhos totêmicos gravados ou esculpidos nos objetos, tatuados ou desenhados nos corpos.................... 107

III – Caráter sagrado do emblema totêmico. – Os churinga. – O nurtunja. – O waninga. – Caráter convencional dos emblemas totêmicos. 112

Capítulo II – AS CRENÇAS PROPRIAMENTE TOTÊMICAS *(cont.)*

II – O animal totêmico e o homem

I – Caráter sagrado dos animais totêmicos. – Interdição de comê-los, de matá-los, de colher as plantas totêmicas. – Atenuações diversas dessas interdições. – Proibições de contato. – O caráter sagrado do animal é menos pronunciado que o do emblema............................. 123

II – O homem. – Seu parentesco com o animal ou a planta totêmicos. – Mitos diversos que explicam esse parentesco. – O caráter sagrado do homem é mais manifesto em certos pontos do organismo: o sangue, os cabelos, etc. – Como esse caráter varia com o sexo e a idade. – O totemismo não é uma zoolatria nem uma fitolatria 129

Capítulo III – AS CRENÇAS PROPRIAMENTE TOTÊMICAS *(cont.)*

III – O sistema cosmológico do totemismo e a noção de gênero

I – As classificações das coisas por clãs, fratrias, classes 138
II – Gênese da noção de gênero: as primeiras classificações das coisas tomam seus marcos da sociedade. – Diferença entre o sentimento das semelhanças e a idéia de gênero. – Por que esta é de origem social 142
III – Significação religiosa dessas classificações: todas as coisas classificadas num clã participam da natureza do totem e de seu caráter sagrado. – O sistema cosmológico do totemismo. – O totemismo como religião tribal 146

Capítulo IV – AS CRENÇAS PROPRIAMENTE TOTÊMICAS *(final)*

IV – O totem individual e o totem sexual

I – O totem individual como prenome; seu caráter sagrado. – O totem individual como emblema pessoal. – Vínculos entre o homem e seu totem individual. – Relações com o totem coletivo 155

II – Os totens dos grupos sexuais. – Semelhanças e diferenças em relação aos totens coletivos e individuais. – Seu caráter tribal 162

Capítulo V – ORIGENS DESSAS CRENÇAS

I – Exame crítico das teorias

I – Teorias que derivam o totemismo de uma religião anterior: do culto dos antepassados (Wilken e Tylor); do culto da natureza (Jevons). – Crítica dessas teorias.. 166
II – Teorias que derivam o totemismo coletivo do totemismo individual. – Origens atribuídas por essas teorias ao totem individual (Frazer, Boas, Hill Tout). – Inverossimilhança dessas hipóteses. – Razões que demonstram a anterioridade do totem coletivo 171
III – Teoria recente de Frazer: o totemismo concepcional e local. – Petição de princípio em que ela repousa. – O caráter religioso do totem é negado. – O totemismo local não é primitivo............... 180
IV – Teoria de Lang: o totem seria apenas um nome. – Dificuldades para explicar desse ponto de vista o caráter religioso das práticas totêmicas 184
V – Todas essas teorias somente explicam o totemismo postulando noções religiosas que lhe seriam anteriores 186

Capítulo VI – ORIGENS DESSAS CRENÇAS *(cont.)*

II – A noção de princípio ou mana totêmico e a idéia de força

I – A noção de força ou princípio totêmico. – Sua

ubiqüidade. – Seu caráter ao mesmo tempo físico e moral 189
II – Concepções análogas em outras sociedades inferiores. – Os deuses em Samoa. – O wakan dos Sioux, o orenda dos Iroqueses, o mana na Melanésia. – Relações dessas noções com o totemismo. – O Arùnkulta dos Arunta 193
III – Anterioridade lógica da noção de força impessoal em relação às diferentes personalidades míticas. – Teorias recentes que tendem a admitir essa anterioridade 201
IV – A noção de força religiosa é o protótipo da noção de força em geral 206

Capítulo VII – ORIGENS DESSAS CRENÇAS *(final)*

III — Gênese da noção de princípio ou mana totêmico

I – O princípio totêmico é o clã, mas pensado sob formas sensíveis. 209
II – Razões gerais pelas quais a sociedade é apta a despertar a sensação do sagrado e do divino. – A sociedade como potência moral imperativa; a noção de autoridade moral. – A sociedade como força que eleva o indivíduo acima de si mesmo. – Fatos que provam que a sociedade cria o sagrado 211
III – Razões específicas às sociedades australianas. – As duas fases por que passa alternadamente a vida dessas sociedades: dispersão, concentração. – Grande efervescência coletiva durante os períodos de concentração. Exemplos. – Como a idéia religiosa nasceu dessa efervescência. Por que a força coletiva foi pensada sob as formas do totem: por que o totem é o emblema do clã. – Explicação das principais crenças totêmicas 221

IV – A religião não é um produto do temor. – Ela exprime algo de real. – Seu idealismo essencial. – Esse idealismo é um caráter geral da mentalidade coletiva. – Explicação da exterioridade das forças religiosas em relação a seus substratos. – O princípio *a parte equivale ao todo* 231

V – Origem da noção de emblema: o emblematismo, condição necessária das representações coletivas. – Por que o clã tomou seus emblemas do reino animal e do reino vegetal 239

VI – Da inclinação do primitivo a confundir os reinos e as classes que distinguimos. – Origens dessas confusões. – Como elas abriram caminho para as explicações científicas. – Elas não excluem a tendência à distinção e à oposição 245

Capítulo VIII – A NOÇÃO DE ALMA

I – Análise da idéia de alma nas sociedades australianas 251

II – Gênese dessa noção. – A doutrina da reencarnação segundo Spencer e Gillen: ela implica que a alma é uma parcela do princípio totêmico. – Exame dos fatos mencionados por Strehlow; eles confirmam a natureza totêmica da alma 257

III – Generalidade da doutrina da reencarnação. – Fatos diversos em apoio da gênese proposta 269

IV – A antítese da alma e do corpo: o que ela tem de objetivo. – Relações entre a alma individual e a alma coletiva. – A idéia de alma não é cronologicamente posterior à idéia de mana 275

V – Hipótese para explicar a crença na sobrevivência... 281

VI – A idéia de alma e a idéia de pessoa; elementos impessoais da personalidade 284

Capítulo IX – A NOÇÃO DE ESPÍRITOS E DE DEUSES

I – Diferença entre a alma e o espírito. – As almas dos antepassados míticos são espíritos, tendo funções determinadas. – Relações entre o espírito ancestral, a alma individual e o totem individual. – Explicação deste último. – Sua significação sociológica 289
II – Os espíritos da magia 298
III – Os heróis civilizadores 300
IV – Os grandes deuses. – Sua origem. – Sua relação com o conjunto do sistema totêmico. – Seu caráter tribal e internacional 302
V – Unidade do sistema totêmico 312

LIVRO III
AS PRINCIPAIS ATITUDES RITUAIS

Capítulo I – O CULTO NEGATIVO E SUAS FUNÇÕES. OS RITOS ASCÉTICOS

I – O sistema das interdições. – Interdições mágicas e religiosas. Interdições entre coisas sagradas de espécies diferentes. Interdições entre sagrado e profano. – Estas últimas estão na base do culto negativo. – Principais tipos dessas interdições; sua redução a dois tipos essenciais 318
II – A observância das interdições modifica o estado religioso dos indivíduos. – Casos em que essa eficácia é particularmente evidente. – Eficácia religiosa da dor. – Função social do ascetismo 327
III – Explicação do sistema das interdições: antagonismo entre o sagrado e o profano, contagiosidade do sagrado 337
IV – Causas dessa contagiosidade. – Ela não pode ser explicada pelas leis da associação de idéias. –

Ela resulta da exterioridade das forças religiosas em relação a seus substratos. – Interesse lógico dessa propriedade das forças religiosas 342

Capítulo II – O CULTO POSITIVO

I – Os elementos do sacrifício

A cerimônia do Intichiuma nas tribos da Austrália central. – Formas diversas que ela apresenta 349

I – Forma Arunta. – Duas fases. – Análise da primeira: visita aos lugares santos, dispersão de poeira sagrada, efusões de sangue. etc., para assegurar a reprodução da espécie totêmica 351
II – Segunda fase: consumo ritual da planta ou do animal totêmicos 358
III – Interpretação da cerimônia completa. – O segundo rito consiste numa comunhão alimentar. – Razão dessa comunhão 361
IV – Os ritos da primeira fase consistem em oblações. – Analogias com as oblações sacrificiais. – O Intichiuma contém, portanto, os dois elementos do sacrifício. – Interesse desses fatos para a teoria do sacrifício 366
V – Do pretenso absurdo das oblações sacrificiais. – Como elas se explicam: dependência dos seres sagrados em relação a seus fiéis. – Explicação do círculo no qual parece se mover o sacrifício. – Origem da periodicidade dos ritos positivos 370

Capítulo III – O CULTO POSITIVO *(cont.)*

II – Os ritos miméticos e o princípio de causalidade

I – Natureza dos ritos miméticos. – Exemplos de

cerimônias em que eles são empregados para assegurar a fecundidade da espécie 379
II – Eles se baseiam no princípio: o *semelhante produz o semelhante*. – Exame da explicação dada pela escola antropológica a esse princípio. – Razões que levam a imitar o animal ou a planta. – Razões que levam a atribuir a esses gestos uma eficácia física. – A fé. – Em que sentido ela se fundamenta na experiência. – Os princípios da magia nasceram na religião 385
III – O princípio precedente considerado como um dos primeiros enunciados do princípio de causalidade. – Condições sociais das quais este último depende. – A idéia de força impessoal, de poder, é de origem social. – A necessidade do julgamento causal explicada pela autoridade inerente aos imperativos sociais 393

Capítulo IV – O CULTO POSITIVO *(cont.)*

III – Os ritos representativos ou comemorativos

I – Ritos representativos com eficácia física. – Suas relações com as cerimônias anteriormente descritas. – A ação que eles produzem é inteiramente moral 405
II – Ritos representativos sem eficácia física. – Eles confirmam os resultados precedentes. – O elemento recreativo da religião; sua importância; suas razões de ser. – A noção de festa 410
III – Ambigüidade funcional das diferentes cerimônias estudadas; elas se substituem mutuamente. – Como essa ambigüidade confirma a teoria proposta 418

Capítulo V – OS RITOS PIACULARES E A AMBIGÜIDADE DA NOÇÃO DO SAGRADO

Definição do rito piacular 425

I – Os ritos positivos do luto. – Descrição desses ritos 426
II – Como eles se explicam. – Eles não são uma manifestação de sentimentos privados. – A maldade atribuída à alma do morto tampouco é capaz de explicá-los. – Eles dependem do estado de espírito no qual se encontra o grupo. – Análise desse estado. – Como ele cessa através do luto. – Mudanças paralelas na maneira como a alma do morto é concebida 434
III – Outros ritos piaculares: em decorrência de um luto público, de uma colheita insuficiente, de uma seca, de uma aurora austral. – Raridade desses ritos na Austrália. – Como eles se explicam 442
IV – As duas formas do sagrado: o puro e o impuro. – Seu antagonismo. – Seu parentesco. – Ambigüidade da noção do sagrado. – Explicação dessa ambigüidade. – Todos os ritos apresentam o mesmo caráter 449

CONCLUSÃO

Em que medida os resultados obtidos podem ser generalizados 457

I – A religião apóia-se numa experiência bem fundada, mas não privilegiada. – Necessidade de uma ciência para apreender a realidade que fundamenta essa experiência. – Qual é essa realidade: os agrupamentos humanos. – Sentido humano da religião. – Da objeção que opõe a sociedade ideal e a sociedade real. Como se explicam, nessa teoria, o individualismo e o cosmopolitismo religioso 458

II – O que há de eterno na religião. – Do conflito entre a religião e a ciência; ele diz respeito unicamente à função especulativa da religião. – Em que essa função parece chamada a se transformar 472

III – Como pode a sociedade ser uma fonte de pensamento lógico, isto é, conceitual? Definição do conceito; ele não se confunde com a idéia geral; caracteriza-se por sua impessoalidade, sua comunicabilidade. – Ele tem uma origem coletiva. – A análise de seu conteúdo testemunha no mesmo sentido. – As representações coletivas como noções-tipos das quais os indivíduos participam. – Da objeção segundo a qual elas só seriam impessoais com a condição de ser verdadeiras. – O pensamento conceitual é contemporâneo da humanidade 479

IV – Como as categorias exprimem coisas sociais. – A categoria por excelência é o conceito de totalidade, que só pode ser sugerido pela sociedade. – Por que as relações que as categorias exprimem não podiam se tornar conscientes a não ser na sociedade. – A sociedade não é um ser alógico. – Como as categorias tendem a se separar dos agrupamentos geográficos determinados.
Unidade da ciência, de um lado, da moral e da religião, de outro. – Como a sociedade permite compreender essa unidade. – Explicação do papel atribuído à sociedade: sua potência criadora. – Repercussões da sociologia sobre a ciência do homem 488

Notas 499

1ª edição 1996 | **4ª reimpressão** 2014 | **Fonte** Garamond Light
Papel Chambril Book 63 g/m² | **Impressão e acabamento** Yangraf